Kiyoshi Suzaki

Die ungenutzten Potentiale

Neues Management
im Produktionsbetrieb

Die oben dargestellten Kalligraphiezeichen bedeuten gen, ba, kan und ri, also genba kanri. Das erste Symbol gen bedeutet sowohl „Realität“ als auch „Erscheinung“, während ba, das zweite Symbol, „Raum“ bedeutet. Genba ist also der Ort, wo die Realität existiert oder gerade in Erscheinung tritt, ob im guten oder schlechten Sinne. Das nächste Symbol kan bedeutet „verwalten“, ri läßt sich mit „Naturgesetz“ übersetzen. Kanri heißt also Verwaltung unter Berücksichtigung der Naturgesetze.

Für diejenigen, die erkennen, daß wir mehr Erfolg haben, wenn wir uns direkt dort mit den Problemen auseinandersetzen, wo sie entstehen – nämlich auf dem Shop Floor – zeigt dieses Buch die Bedeutung des Shop Floor Managements unter einem neuen, frischen Gesichtspunkt.

(Kalligraphie des Autors)

Kiyoshi Suzaki

Die ungenutzten Potentiale

Neues Management im Produktionsbetrieb

Carl Hanser Verlag München Wien

Titel der Originalausgabe:
The New Shop Floor Management
empowering people for continuous improvement

Published by The Free Press. A Division of Macmillan, Inc.
866 Third Avenue, New York, N.Y. 10022

Die Deutsche Bibliothek – CIP Einheitsaufnahme

Suzaki, Kiyoshi:
Die ungenutzten Potentiale : neues Management im Produktionsbetrieb / Kiyoshi Suzaki. – München ; Wien : Hanser, 1994
Einheitssacht.: The new shop floor management <dt.>
ISBN 3-446-17607-1

Druck und Bindung: Druckhaus „Thomas Müntzer“ GmbH, Bad Langensalza
Printed in Germany

Für alle, die etwas Licht in die dunklen Ecken dieser Welt bringen.

Inhalt

Vorwort XV

Vorwort der Übersetzerin XVI

Geleitwort zur deutschen Ausgabe XVII

Einleitung 1

Umdenken im Shop Floor 1
Inspektion unseres Shop Floors 3
Taylors Theorie hinter uns lassen 3
Erst Leute machen, dann Produkte herstellen 4
Bedürfnisse des einzelnen ansprechen 5
Genba-orientiertes Denken (3 Realitäten) 5
Genba-orientiertes Denken entwickeln. 7
Aus der Erfahrung im Shop Floor lernen 8
Umformung eines Betriebes 9
Die kreative Kraft aller nutzen 11

1. Kapitel – Wir entwickeln eine Vision des perfekten Shop Floors 14

Auf Segeltour durch die heutige Geschäftswelt 14
Veränderung der Umwelt – Vergangenheit contra Zukunft 14
Unsere Vision 16
Schaffung eines Betriebes, in dem sich die Mitarbeiter selbst managen 16
Verantwortung an der Quelle 18
Betrachten wir uns einmal aufmerksam im Spiegel 18
Wie man ein hohe Leistung im Shop Floor Management (SFM) erzielt 19
Den Prozeß kontrollieren 21
Traditionelle und progressive Betriebe 22
Entwicklung eines progressiven Betriebes 25
Woran wir arbeiten sollten 27

Wo stehen wir jetzt? 28
Der Veränderungsprozeß 29
Unser Schicksal ändern 30
Klarheit über Visionen und Missionen schaffen 32
Zusammenfassung 32

2. Kapitel – Entwicklung eines kundenorientierten Betriebes 35

Die Kunden/Lieferanten-Beziehung in unserer Gesellschaft 35
Die Wünsche der Kunden respektieren 35
Wie sieht ein kundenorientierter Betrieb aus? 36
Das Kunden/Lieferanten-Verhältnis verstehen lernen 37
Verschiebung von lokaler zu totaler Optimierung 38
An unserer Einstellung arbeiten 41
Entwicklung des Nervensystems in unserem Betrieb 42
Klarheit in den Arbeitsablauf bringen 45
Kundenorientierung in einer Planwirtschaft 47
Wie wir den Kunden verstehen können – wir versetzen uns in seine Lage 47
Kriterien für die Zufriedenheit der Kunden 50
Bedürfnisse der Kunden ansprechen 50
Entwicklung von Kundenorientierung innerhalb der Firma 51
Ausweitung des Kunden/Lieferanten-Konzeptes 52
Zusammenfassung 54

3. Kapitel – Gründung einer Firma innerhalb einer Firma 55

Kunden/Lieferanten-Beziehung zwischen dem Chef und seinen Untergebenen . . . 55
Mitarbeiterorientierter Betrieb:
Leute machen, bevor Produkte gemacht werden 56
Konzept der Minifirma 56
Betreiben einer eigenen Minifirma 58
Der nominelle Abteilungsleiter als Chef der Minifirma 59
Das System der Minifirma verstehen lernen 60
Bedeutung einer Mission 61
Missionen für Minifirmen entwickeln 62
Vorteile der Minifirmen 64
„Glass Wall Management“ 65
Selbst ein Außenstehender sollte unsere Shop Floor-Aktivitäten begreifen 67
Rollen und Verantwortlichkeiten ändern 70
Zusammenfassung 72

4. Kapitel – Jeden einzelnen am Prozeß der Verbesserung beteiligen 74

Überleben des Stärkeren 74
Konzentration auf die Bedürfnisse des Betriebes 75
Schlüsselbegriffe für betriebliche Neuerungen 75
Aufstellung einer Schautafel:
Definition des Spiels, das wir spielen 76
Diagnostische Werkzeuge zur Überwachung der Gesundheit des Betriebes 79
Zeichen für Leistung auf dem Shop Floor 79
Prozeß der ständigen Verbesserung 81
Verbesserung und Standardisierung 82
Ausübung von Standards 85
Standards repräsentieren die Fähigkeiten einer Firma 88
Einsatz von genormten Betriebsverfahren zur Kontrolle des Angriffpunktes 91
Entwicklung genormter Betriebsverfahren 93
Standards mit allen Beteiligten erhalten:
Die Theorie des Holzfasses 94
Verbesserungsaktivitäten von oben lenken 95
Grundlagen der Minifirma kommunizieren 96
Zusammenfassung 96

5. Kapitel – Fertigkeiten aller verbessern 99

Anpassung der Fertigkeiten an die Bedürfnisse des Betriebes 99
Fertigkeiten für das Selbstmanagement 100
Verbesserung unserer Fertigkeiten 100
Mit dem Betrieb wachsen 101
Intelligenz auf den Shop Floor bringen 102
Aufgabe der Manager und leitenden Angestellten 106
Schrittweise Übernahme wichtiger Aufgaben 106
Leute in ihren Aufgaben schulen: Jobtraining 107
Leute zur Verbesserung ihrer Fertigkeiten ermutigen 108
Bewahrung einer offenen Einstellung 110
Geistige Haltung gegenüber ständiger Verbesserung 112
Idee einer Facharbeiterin 114
Leute zur Überwindung von Schwierigkeiten auffordern 122
Zusammenfassung 122

6. Kapitel – Problemlösende Fertigkeiten erwerben 124

Willenskraft für die eigene Verbesserung erwerben 124
Kreativität aller nutzen 125

Gefallen am „zeigen und erzählen“ finden . . . 127
Notwendige Einstellung für aktives Problemlösen . . . 129
Probleme identifizieren . . . 130
Problemlösende Werkzeuge . . . 131
Erlernen von Fertigkeiten zwecks Förderung unserer Karriere . . . 135
Gewohnheit des gegenseitigen Unterrichtens entwickeln . . . 138
Werkzeuge zur Aufdeckung von Problemen . . . 139
Zusammenfassung . . . 151

7. Kapitel – Anwendung problemlösender Fertigkeiten . . . 153

Erbarmungslose Jagd nach Verbesserungen . . . 153
Einstellung gegenüber problemlösenden Aktivitäten klären . . . 154
Grundstufen des Problemlösens . . . 156
Ein Fall von ständiger Verbesserung „Meine Finger schmerzen“ . . . 158
Effektiver Einsatz von Vorschlagsprogrammen . . . 160
Effektive Anwendung von Verbesserungsaktivitäten im Team . . . 165
Entwicklung einer teamorientierten Umgebung . . . 166
Problemlösen als Team . . . 168
Betriebliches Austauschprogramm . . . 170
Management des Verbesserungsprozesses mit Hilfe von PAPH (Planen–Ausführen–Prüfen–Handeln) . . . 170
Zusammenfassung . . . 173

8. Kapitel – Anleitung zur ständigen Verbesserung . . . 174

Manager als Führungskräfte: Angestellte als Kunden . . . 174
Führung ist situationsbedingt . . . 176
Wunsch nach Selbstverbesserung läßt die Dinge geschehen . . . 176
Verbesserungsaktivitäten leiten . . . 177
Stolz auf unsere Arbeit sein . . . 179
Erfolg miteinander teilen . . . 181
Verbesserung der Kommunikation auf dem Shop Floor . . . 183
Kommunikation anhand visueller Hilfsmittel . . . 184
Anerkennung und Prämien . . . 188
Leute gemeinsam mit der Firma wachsen lassen . . . 188
Aussprüche, die seitens der Manager vermieden werden sollten . . . 191
Qualifikation als Führungskraft . . . 193
Erzeugung positiver Bestärkung zwecks Veränderung unseres Verhaltens . . . 193
Zusammenfassung . . . 196

9. Kapitel – Shop Floor-Aktivitäten managen 198

Zielsetzung 198
„Benchmarking“. 200
Managementkreislauf 202
Entwicklung des PAPH-Rhythmus 203
Zeit auf dem Shop Floor managen 206
Verbesserungsaktivitäten mit Hilfe von Kontrollpunkten managen 207
Einen Treffpunkt für unsere Minifirma einrichten 212
Organisation des Arbeitsplatzes 215
Anwendung der Kontrollpunkte erlernen 217
Entwicklung des Netzwerkes von Kontrollpunkten 218
Entwicklung von Dokumentations- und Präsentationsfertigkeiten 220
Überprüfung des Fortschritts der Verbesserungsaktivitäten 222
Zusammenfassung 224

10. Kapitel – Verknüpfung des SFMs mit dem Firmengeschäft als Ganzes . . . 226

Firmenweite Planung 226
Geschäftsplanung hinsichtlich Selbstmanagement 227
Entwicklung eines Geschäftsplans für eine Minifirma 227
Den Entwicklungsprozeß für den Geschäftsplan koordinieren 229
Ausführung des Geschäftsplans 232
Sich über den Fortschritt austauschen 233
Zusammenfassung des Fortschritts in einem Jahresbericht 236
Vom Prozeß der Geschäftsplanung lernen 241
Den Geschäftsplan mit dem Budget verknüpfen 243
„Policy Management“
(Management der strategischen Führung) 244
Kreuzfunktionales Management 250
Koordination der Einstellungen zwecks ständiger Verbesserung 251
Zusammenfassung 253

11. Kapitel – Uns selbst im Spiegel betrachten 255

Verknüpfung der Dinge 255
Bewertung des Niveaus des SFMs 258
Die Präsidialprüfung 261
Der Prüfungsprozeß 262
Von der Präsidialprüfung lernen 265

Wie eine effektive Präsidialprüfung durchgeführt wird 267
Externe Prüfung 268
Prämien- und Belohnungssysteme 270
Entdeckung der Firmenschätze 272
Zusammenfassung 272

12. Kapitel – Wie geht es jetzt weiter? 274

Von einem zerbrechlichen zu einem starken Betrieb 274
Probleme rechtzeitig aufdecken 275
Wie es uns gelingt, viele zu erreichen 276
Ideen zur Realisierung 277
Verwirklichung des Shop Floor Managements auf firmenweiter Ebene 278
Lassen wir es funktionieren 279
Aufgabe des Beraters 286
Planung des Realisierungsprozesses 287
Fragen und Antworten zur Realisierung 290
Shop Floor Management in der Perspektive 292
Vorteile des Shop Floor Managements 293
Wie geht es jetzt weiter?. 293
Tau und Mond 294
Unseren Verstand in einer turbulenten Welt trainieren 294
Zusammenfassung 295

Anhänge 297

Anhang 1.1 Angestelltenumfrage 297
Anhang 2.1 Kundenumfrage 300
Anhang 3.1 Checkliste für Aufgaben und Verantwortlichkeiten eines Abteilungsleiters 302
Anhang 3.2 Entwicklung einer Mission 306
Anhang 4.1 Checkliste zur Sicherstellung der Grundlagen von Just-In-Time-Produktion 310
Anhang 4.2 Grundlagen des genormten Betriebsverfahrens (GBV) 313
Anhang 5.1 Job-Training 317
Anhang 6.1 Fehler vermeiden 321
Anhang 6.2 Problemlösende Werkzeuge 324
Anhang 6.3 Checkliste für die Entwicklung von Ideen 338
Anhang 7.1 Ratschläge für Vorschlagsprogramme 343

Anhang 7.2 Aufbau eines erfolgreichen Teams 345

Anhang 7.3 Checkliste zur Beurteilung der wichtigen Schritte des teamorientierten Problemlösens 347

Anhang 7.4 Ständige Verbesserungsaktivitäten der Arbeitsgruppe 352

Anhang 8.1 Effektive Verwendung visueller Hilfsmittel 356

Anhang 9.1 Tägliche, wöchentliche, monatliche und jährliche Aktivitäten des Abteilungsleiters 362

Anhang 11.1 Checkliste für eine Shop Floor-Besichtigung 368

Anhang 12.1 Meinungen der für das neue Shop Floor Management engagierten Leute 371

Nachwort: Dem Regen widerstehen 380

Bibliographie 384

Danksagung 385

Sachwortregister 389

Vorwort

Je mehr sich das Weltwirtschaftsklima ändert, desto schwieriger wird es für uns, wettbewerbsfähig zu bleiben. Kunden verlangen Änderungen, Technologien verändern sich sowie auch die Konkurrenz. Kurz gesagt, die Zeiten sind sehr turbulent geworden.

Gerade weil die Herausforderungen, denen wir heute gegenüberstehen, gewaltig sind, sollten wir uns auf einen Bereich konzentrieren, der unserer Kontrolle unterliegt – den Shop Floor.

Schlüsselbegriffe bei der Bewältigung dieser Aufgabe sind:

- Gemeinsame Utopien
- Kundenorientierung
- Verantwortung
- Probleme bei ihrer Entstehung lösen
- Selbstmanagement
- Die Qualität in allen Geschäftsprozessen

Dieses Buch wird sich mit diesen Themen beschäftigen, indem es

- die Wichtigkeit des Shop Floor Managements hervorhebt,
- die Ideen, Techniken, Konzepte und Philosophie vorstellt, die für die bessere Ausübung des Shop Floor Managements notwendig sind,
- erläutert, wie diese Faktoren in den verschiedenen Firmen Anwendung finden können,
- Leser ermutigt, unter Einbeziehung jedes Einzelnen entscheidende Schritte zur ständigen Verbesserung zu unternehmen,
- Fertigkeiten verbessert und die Einsichten ins Selbstmanagement vertieft, um das Potential aller bestmöglich zu nutzen.

Anders ausgedrückt, statt die Organisation von oben nach unten aufzubauen, versucht dieses Buch die organisatorischen Notwendigkeiten vom Shop Floor aus zu betrachten. Es präsentiert eine neue Sicht des Shop Floors und seine Verkettung mit dem Gesamtsystem.
Es macht darauf aufmerksam, daß der Manager von heute direkt mit den Shop Floor-Tätigkeiten zu tun haben muß, um die Selbstmanagement-Fähigkeiten seines Personals bestmöglich zu nutzen, vergleichbar mit einem Arzt, der seinen Patienten für eine genaue Diagnosestellung sehen muß.

D. h. wenn wir die „menschenfreundlichen Techniken“ der stetigen Verbesserung ausweiten, die in meinem vorherigen Buch „Modernes Management im Produktionsbetrieb“ (Carl Hanser Verlag, 1989) beschrieben wurden, konzentriert sich dieses Buch auf Menschen und Management auf dem Shop Floor.

Während die Experten überall nach intellektuellen und raffinierten Lösungen suchen, liegt hier der Nachdruck auf der Praxis und der Integration von „menschenfreundlichen Techniken", wobei das kollektive Wissen aller genutzt wird.

Kritische Anmerkungen, Fragen oder Vorschläge richten Sie bitte an c/o Suzaki & Company, 1137 El Medio Avenue, Suite 101, Pacific Palisades, Kalifornien 90272.

Zu diesem Buch steht auch ein englischsprachiges Trainingsprogramm auf Video mit Begleitmaterial zur Verfügung. Für nähere Informationen wenden Sie sich bitte an Herrn Dr. Harald Henzler, Carl Hanser Verlag, Postfach 86 04 20, 81631 München.

Vorwort der Übersetzerin

Im Deutschen läßt sich der Begriff Shop Floor Management nicht genau wiedergeben. Daher wurde er im Original belassen. Der Begriff steht für das Management an dem Ort, an dem dem Produkt Wert zugeführt wird, wo die Arbeit ihre praktische Anwendung findet. Hinter dem Begriff Shop Floor Management verbirgt sich eine neue Sichtweise des Managements – nämlich die, daß eine Firma nur dann erfolgreich und wettbewerbsfähig bleiben kann, wenn bereits auf der untersten Hierarchieebene Selbstmanagement betrieben wird. Kiyoshi Suzaki zeigt in diesem Buch einen Weg auf, wie sich dieses Selbstmanagement innerhalb eines Betriebes etablieren und optimieren läßt.

Yvonne Fischer

Geleitwort zur deutschen Ausgabe

Die Bedeutung des neuen *Suzaki* für die Reorganisation unserer Unternehmen und Verwaltungen

Der Wirtschaftsstandort Deutschland befindet sich im zweiten Frühling. Die Zielstellung ist klar. Die meisten deutschen Unternehmen sind in den Jahren der Prosperität bequem und unbeweglich geworden. Nun wird abgespeckt und getrimmt. Total Quality, Lean, Dezentralisierung, Reengineering, an Leitbildern mangelt es nicht. Zu den Vätern dieser Effizienzrevolution zählt Kiyoshi Suzaki (ausgesprochen Zusaki). Der in Los Angeles und Irland lebende Unternehmensberater und Erfolgsautor lieferte bereits 1986 (deutsch 1989: Modernes Management im Produktionsbetrieb) die erste umfassende Darstellung zum Aufbau von Lean Production, dem Toyota-Produktions-System. Der heimliche Bestseller gilt auch heute noch als Grundlagenwerk für praktisches Lean Reorganization im Produktionsbetrieb. Von der „Vermeidung von Verschwendung" über „Neues Maschinenlayout" und „Kanban" bis hin zur „Beseitigung von Bereichsgrenzen" finden sich alle Verfahren zum Aufbau einer schlanken Fertigung.

Suzakis Credo am Schluß seines ‚Modernen Managements' lautet: „Der Mensch macht es möglich." Aus dieser Überzeugung hat er inzwischen ein praxisnahes Programm entwickelt: „Empowering People for Continuous Improvement" durch „The New Shop Floor Management". Die Befähigung aller Betriebs- und Verwaltungsmitarbeiterinnen und -mitarbeiter für die Reorganisation des eigenen Unternehmens, für die Entwicklung einer kundenorientierten Kompetenz und für die ständige Verbesserung der Leistungsprozesse vollzieht sich in einem stufenweisen Prozeß. Er beginnt und endet beim Top Management. Dazwischen liegen acht Schritte oder Kampagnen, die aus Mitarbeitern Unternehmer und aus einer Büro- und Exportokratie eine markttüchtige Wertschöpfungskette macht:

Kundenorientierung [Kap. 2],
Firmen in der Firma („Ownership") [Kap. 3],
Ständige Verbesserung [Kap. 4],
Beteiligung aller und Eigenverantwortung [Kap. 5],
Problemlösungskompetenz an der Basis [Kap. 6],
Team-gestütztes Verbesserungssystem [Kap. 7],
Qualitäts- und Innovationskultur [Kap. 8],
Management des permanenten Wandels [Kap. 9].

In der Einführungsphase orientiert sich das Top Management erst einmal über den „State of the Reorganization-Art". Suzaki liefert hierzu das vorliegende Buch und zusätzlich in Englisch ein ausgearbeitetes, videounterstütztes Schulungsprogramm. Hinzu kommen sollte das Studium der Spezialliteratur zum Thema Lean Production, Qualität etc. (im einzelnen siehe hierzu Kapitel 12). Besuche bei Firmen mit Reorganisationserfahrung und Beratungen durch Spezialisten runden die Vorbereitung ab. Im zweiten Teil der Einführungsphase wendet sich das Top Management dem eigenen Shop Floor, der eigenen wertschöpfenden Basis zu. Nach der Diagnose der Shop Floor-Kultur folgt die Entwicklung einer Vision der eigenständigen Shop Floor-Exzellenz, dem Leitbild für die weitere Reorganisationsarbeit. Die Grundgedanken hierzu liefert Kapitel 1 dieses Buches. Das Beraterhandbuch (Facilitator's Guide) bietet entsprechende Vorgehensmuster und Übungen.

Den ersten Durchgang durch die oben aufgelisteten Reorganisationsschritte nennt Suzaki „Förderungsphase". Hier liegt der Schwerpunkt auf dem praktischen Umbau des Unternehmens. Dabei spielt das mittlere Management sowohl in positiver wie in negativer Hinsicht eine Schlüsselrolle. Hierfür werden etwa drei Jahre benötigt. Jährliche Schwerpunkte könnten dabei sein: ‚Kosten', ‚Qualität' und ‚Zeit'. Am Ende dieser Phase steht der Aufbau eines „Management Support System" [Kap. 10], das es erlaubt, die inner-, über- und außerbetriebliche Koordination, Kommunikation und Kooperation weiter zu entwickeln.

Das Top Management bereitet eine unternehmensweite „Reifeprüfung" [Kapitel 11] – Suzaki schlägt hierzu ein betriebsinternes „President's Audit" und ein unabhängiges „External Audit" – vor. Diese Prüfung bilanziert das erreichte Niveau der Reorganisation und legt damit die Basis für die nun folgende „Ausweitungsphase". Suzaki weiß aus seiner beinahe zwanzigjährigen Reorganisationserfahrung, daß der erste Turnaround kein stabiles Ergebnis zeitigt, das gesamte Unternehmen eher labilisiert. Gegen die erste Gefahr, dem Rückfall in alte Denk-, Arbeits- und Organisationsstile konzipiert Suzaki die „Ausweitungsphase" [Kapitel 12]. Auch hierfür bietet der videounterstützte ‚Facilitator's Guide' Vorgehensmuster und praktische Schulungsaufgaben. Nach ein bis zwei Jahren der Intensivierung und Extensivierung des Shop Floor Managements folgt erst die „Stabilisierungsphase". Sie sorgt dafür, daß die erreichten Erfolge in neue Herausforderungen münden und vielleicht ein neuer visionärer Anlauf zur nächsten Stufe kundenorientierter Shop Floor-Exzellenz genommen wird.

Suzakis Reorganisationskonzept, dieses Buch, die Videofilme und die Lernmaterialien bilden eine hinreichende Basis, um Management und Mitarbeiter auf einem mehrjährigen und mehrphasigen Reorganisationsweg zu begleiten. Was unterscheidet Suzakis Methode von anderen Büchern und Beratungskonzepten? Ersten bezieht Suzaki die technischen, wirtschaftlichen und sozialen Teilstrategien der meisten Berater – sein „Modernes Management" eingeschlossen – ausdrücklich ein. Aber, so resümiert Suzaki die Reorganisationserfahrungen der letzten 25 Jahre: Bisher haben wir uns allzusehr auf die einzelnen Techniken und Instrumente des Lean Management (Qualität, Produktionsfluß, Hierarchie, Gruppenarbeit etc.) konzentriert und darüber die eigentlichen Umsetzer, die Mitarbeiterinnen und Mitarbeiter der wertschöpfenden Ebene und auch das vielgescholtene Middle Management etwas aus den Augen verloren. Suzakis Programm bietet allen Unternehmensebenen alle erdenklichen Hilfen, um die am meisten vernachlässigte Ebene, den „Shop Floor" wieder in den Blick zu bekommen.

Das Know-how dafür erwarb sich der Unternehmensberater und Erfolgsautor in japanischen Unternehmen, wo er seine Karriere – wie alle „leanen" Führungskräfte – in eben diesem Shop Floor begann. „Shop Floor Management" versteht sich als Überwindung des im Westen immer noch vorherrschenden Taylorismus und seiner Trennung von Planung und Ausführung. Leanes Shop Floor Management kehrt diese Sicht um: Hochqualifizierte Mitarbeiterinnen und Mitarbeiter verbessern ihre Arbeitsplätze mit tayloristischen, aber auch mit moderneren Methoden selbst – eigenverantwortlich, so als wären sie Unternehmer („Ownership"). Das technische System folgt der Logik menschlicher Arbeits- und Kreativitätspotentiale, nicht umgekehrt. Diese Potentiale entfalten sich in dem Rahmen, den die Kunden und der Markt honoriert – dies ist das Konzept der kundenorientierten Kompetenz.

„Shop Floor", japanisch „Genba", schwäbisch „Gschäft" ist der Ort, an dem die wertschöpfenden Prozesse, Arbeiten und Dienstleistungen passieren. Diese Orte, die Baustelle, das Büro, der Laden, die Fertigung, das Labor, der Schulungsraum, die Werkstatt, das Fließband, der Servicebereich, die Steuerzentrale, das Feld, der Transporter, sie alle gewinnen im Lean Management ihre alte (vorindustrielle) Vorrangstellung zurück. Die Führungs-, Stabs- und Verwaltungsebene wird nicht länger als übergeordnet betrachtet, sondern auf eine unterstützende, quasi dienstleistende Funktion hin umorientiert.

Ein populäres Bonmot konstatiert, Manager würden nicht für das bezahlt, was sie tun, sondern für das, was andere für sie tun. Hand aufs Herz. Was tun Sie direkt für die Menschen, die Ihren Kunden die gewünschten Produkte und/oder Dienstleistungen erstellen? Wieviel Prozent Ihrer kostbaren Managementzeit verbringen Sie persönlich in Ihrem Shop Floor – fünf, fünfundzwanzig oder gar 50%? Wann haben Sie das letzte Mal Ihre Mitarbeiterinnen und Mitarbeiter gefragt, was Sie für sie tun können? Wie steht's diesbezüglich mit den übrigen Führungskräften Ihres Unternehmens? Wissen Sie, wie die „Directors of Operation" über ihre Chefs/über Sie denken? – Unternehmen Sie doch einfach mit diesem Buch unterm Arm eine „Shop Floor Tour" [Reiseführer siehe Anhang 11.1]. Wie auch immer das Resultat Ihrer Visite ausfallen mag, Suzakis Buch weist Ihnen den Weg hin zu einem exzellenten „Level of Shop Floor Management".

Die Stationen dieses Weges: eine radikale Umorientierung des Managements auf die Shop Floor-Belange und die Befähigung („Empowerment") der Shop Floor-Mitarbeiter zum Selbstmanagement sowie zur Lösung der Leistungsprobleme. Als Suzaki vor kurzem auf Einladung eines großen deutschen Konzerns sein Managementcredo präsentierte, prägten die anwesenden Manager die Losung: „Go to Genba!" Diese Selbstaufforderung ist nicht nur geistig zu verstehen, sondern durchaus auch körperlich. Für beide Sphären liefert dieses Buch und die anderen Arbeitsmittel eine Fülle von Ideen, Werkzeugen und praktische Tips. Mit ihrer Hilfe bleibt Ihnen kein Mitarbeiterpotential, Ihren Kunden kein Leistungspotential verschlossen. So let's go!

Februar 1994 *Dr. Heinz Metzen*

Einleitung

Umdenken im Shop Floor

Anfang des Jahrhunderts veröffentlichte Frederick Taylor ein Buch mit dem Titel „Shop Management“, in dem er empfahl, Planung und Ausführung der Arbeit voneinander zu trennen. Da sowohl die Spezialisierung als auch die Rationalisierung ständig zunahm, bildete sich eine große Kluft zwischen Management und Arbeitern. Taylors Ziel war es, Wege zu finden, Arbeitern hohe Löhne zu zahlen und gleichzeitig die Betriebskosten niedrig zu halten, aber die Durchführbarkeit dieser Theorien wurde später angezweifelt.

Taylors Ansicht, der Arbeiter wäre lediglich die Erweiterung der Maschine, hat nach der Einschätzung vieler die westliche Managementpraxis jahrzehntelang beeinflußt. Verglichen mit Taylors Anschauungen nimmt dieses Buch eine weit humanistischere und ganzheitlichere Haltung gegenüber den doch empfindlichen Elementen des Shop Floor Managements ein.

Die meisten von uns werden sicherlich zustimmen, daß jeder einzelne davon profitieren wird, wenn man die Fähigkeiten des Personals verbessert. Wenn man es schafft, das Niveau der Fertigkeiten anzuheben, können viele unnötige Entlassungen vermieden werden. Probleme können direkt bei ihrer Entstehung gelöst werden, bessere Kommunikation zwischen den Leuten ermöglicht es, die Arbeit schneller zu erledigen.

Schon wenige Managementebenen werden ausreichen, die Tätigkeiten im Shop Floor transparent zu machen.

In diesem Buch wird der Shop Floor als ein Ort betrachtet, an dem die meisten grundlegenden, wertsteigernden Tätigkeiten stattfinden, sei es bei der Herstellung, bei der Dienstleistung oder bei der Konstruktion.

Auch heute findet man noch viele Organisationsformen, die nach den Prinzipien von Taylor aufgebaut sind.

Gerade weil viele Manager meinen, die Arbeitskraft ihres Personals bis zum Äußersten ausnutzen zu müssen, ist deren Mitwirkung noch sehr begrenzt.

Spezielle Methoden zur Maximierung des Shop Floors wurden bisher noch nicht entwickelt.

Dieses Buch wird diese Möglichkeiten untersuchen, wobei eben der Shop Floor im Mittelpunkt stehen wird.

Wenn wir den Shop Floor aus einem neuen Blickwinkel betrachten und Wege suchen, die dortigen Probleme zu lösen, können wir ein System entwickeln, das statt auf Vorurteilen eher auf den tatsächlichen Erfordernissen basiert.

Dies ermöglicht uns, die Aufmerksamkeit auf wertsteigernde Tätigkeiten zu lenken, das Personal zu motivieren und dadurch das Fundament des Betriebes zu verbessern.

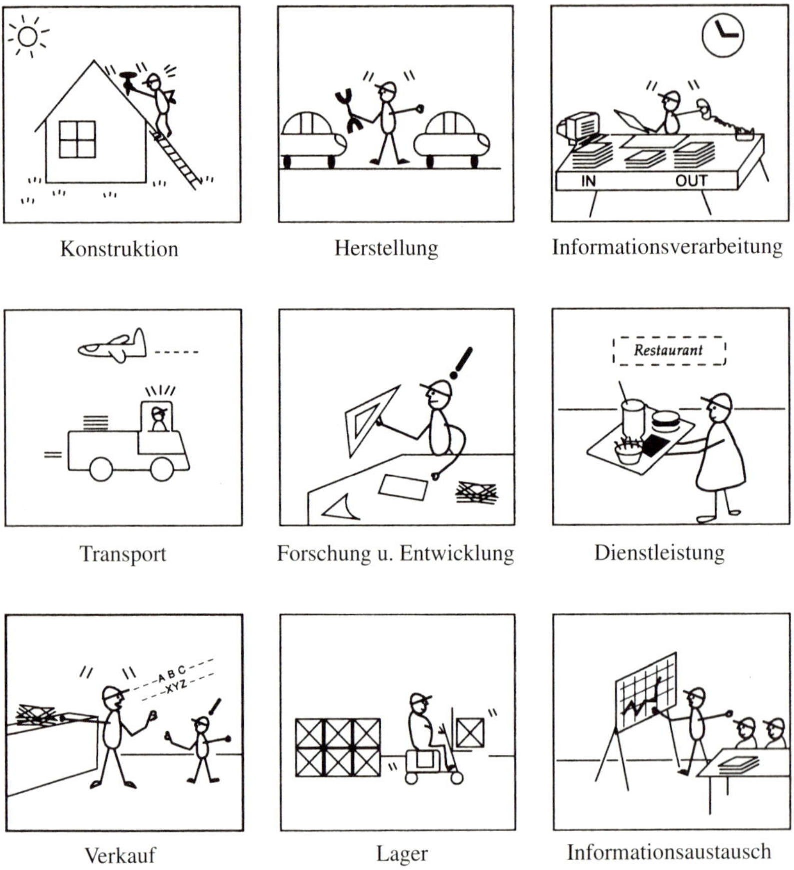

Abb. 1 Wertsteigerung im Shop Floor

Wenn wir einen Blick für das Wesentliche bekommen, den Arbeitsprozeß straffen und das Personal sich selbst managen lassen, können wir enorme Verbesserungen in den Bereichen Qualität, Kosten, Transport, Sicherheit, Arbeitsmoral und der Wettbewerbsfähigkeit erreichen.

Die Kluft zwischen Top Management und Shop Floor läßt sich so ebenfalls verringern.

Die Firma wird von der beträchtlichen Arbeitskraft, die durch das neue Shop Floor Management freigesetzt wird, nur profitieren können.

Ebenso hoffe ich, daß die Leute, die im Shop Floor tätig sind, die gewonnenen Erfahrungen genauso lohnenswert wie aufregend finden und dies ihrer eigenen persönlichen Entwicklung dient.

Dementsprechend vertraue ich darauf, daß jeder von uns – auch in diesen turbulenten Zeiten – seinen richtigen Weg gehen wird.

Inspektion unseres Shop Floors

Eines der zentralen Themen dieses Buches ist das Selbstmanagement des Shop Floor-Personals. Der Shop Floor ist das Fundament unseres Denkens; er schafft eine Basis für die Entwicklung unserer Gesellschaft.

Die Japaner nennen Shop Floor Management *genba kauri*.

Der Shop Floor (genba) wird als Ort verehrt, an dem die Menschen den Wert ihrer Gesellschaft steigern und ihr Fundament stärken.

Ob es sich um Tätigkeiten bei der Herstellung (Schrauben anziehen), der Konstruktion (Nägel einschlagen) oder bei der Dienstleistung (Informationsverarbeitung) handelt, jede Stufe ist wichtig (s. Abb. 1). Ohne sie würde sich unsere Gesellschaft einfach auflösen.

Da Menschen, die Tätigkeiten im Shop Floor verrichten, einen Großteil unserer Gesellschaft ausmachen, sind sie nicht nur die Wertehersteller, sondern auch die Konsumenten.

Wir stellen daher fest, daß der Shop Floor der Ort ist, wo viele von uns ihre berufliche Laufbahn beginnen, wo sie lernen, wie Dinge funktionieren und wie man mit anderen zusammenarbeitet.

Darüber hinaus verbringen viele von uns die meiste Zeit ihres Berufslebens im Shop Floor oder befassen sich mit Fragen, die mit ihm eng verknüpft sind.

Wenn sich die Weltwirtschaftslage ändert, sind es meist die Leute aus dem Shop Floor-Bereich und ihre Familien, die im Hinblick auf ihren Lebensunterhalt am ehesten verwundbar sind.

Um sowohl die Belange der Manager als auch die des Shop Floor-Personals zu berücksichtigen und den Shop Floor effektiver zu gestalten, versucht dieses Buch neue Perspektiven für das Management des Shop Floors zu entwickeln und pragmatische Methoden zur Steigerung der Fähigkeit des Selbstmanagements des Personals auszuarbeiten. (Abb. 2 faßt die wichtigen Merkmale der Tätigkeiten im Shop Floor zusammen).

Wenn man versteht, daß die Arbeit im Shop Floor den Wert unserer Gesellschaft erhöht und auch einsieht, daß wir von den von uns geschaffenen Veränderungen beeinflußt werden, sollten wir in der Lage sein, einen klaren Kurs in die Zukunft zu bestimmen.

Taylors Theorie hinter uns lassen

Im Gegensatz zu dieser Denkweise sind traditionelle Haltungen gegenüber dem Shop Floor nicht immer positiv gewesen (s. Abb. 3).

Konosuke Matsushita, der Gründer von Matsushita Electric Industries, einer japanischen Elektronikfirma mit 60 Millarden Dollar Umsatz, dachte ganz anders darüber.

Abb. 2 Überdenken der Bedeutung des Shop Floors

- Tätigkeiten im Shop Floor sind entscheidend für den Fortschritt des Betriebes.
- Das Shop Floor-Personal stellt die Mehrheit der arbeitenden Bevölkerung unserer Gesellschaft dar.
- Die Leute, die im Shop Floor tätig sind, sind nicht nur Wertehersteller, sondern auch Konsumenten.
- Der Shop Floor schafft eine wichtige Umgebung für die Entwicklung der beruflichen Karriere.
- Viele Leute verbringen die meiste Zeit ihres Berufslebens im Shop Floor.
- Selbstmanagende Tätigkeiten im Shop Floor zu entwickeln, hilft den Menschen, einen Kurs im heutigen stürmischen Berufsleben festzulegen.

Abb. 3 Traditionelle Ansichten zum Shop Floor

- Im Shop Floor wird keine geistige Arbeit verrichtet.
- Da das Management alle Tätigkeiten kontrolliert, wird das Shop Floor-Personal nicht nach seiner Meinung gefragt.
- Die Beschäftigten benötigen keine Weiterbildung, so lange sie in der Lage sind, ihre Arbeit zu verrichten.
- Wenn Muskelkraft alles ist, was nötig ist, um im Shop Floor zu arbeiten, ist es besser, die Arbeit dort verrichten zu lassen, wo die Löhne am niedrigsten sind.
- Da die Shop Floor-Beschäftigten schon bei geringen Lohnverbesserungen den Job wechseln, ist es besser, keine Bemühungen im Hinblick auf deren Weiterbildung zu unternehmen.
- Je einfacher der Job ist, desto leichter kann man Personal einstellen und entlassen.

Zur traditionellen Sicht des Shop Floors meinte er:

> ... Sie glauben fest daran, daß gutes Management Führungskräfte auf der einen und Arbeiter auf der anderen Seite bedeutet; d. h. einerseits Menschen, die denken und andererseits Menschen, die lediglich arbeiten. Management ist die Kunst, die Ideen der Führungskräfte problemlos in die Hände der Arbeiter zu legen. Wir haben das Taylorsche Stadium überwunden. Wir sind uns bewußt, daß das Geschäft fürchterlich kompliziert geworden ist. Das Überleben ist sehr ungewiß in einer Umgebung, die voller Risiken, Unerwartetem und voller Wettbewerb ist.
> Um zu überleben, muß sich eine Firma deshalb immer des fortwährenden Einsatzes all ihrer Beschäftigten sicher sein.
> Für uns bedeutet Management der Einsatz des gesamten intellektuellen Potentials der Belegschaft zum Nutzen der Firma, ohne selbstauferlegte funktionelle oder klassenbedingte Schranken.
> Wir haben uns ein Bild von den neuen technologischen und ökonomischen Herausforderungen gemacht. Daher wissen wir, daß die Intelligenz einiger Technokraten – selbst wenn sie über außerordentliche Fähigkeiten verfügen – nicht ausreicht, diese Herausforderungen anzunehmen.
> Nur der Intellekt aller Mitarbeiter ermöglicht es einer Firma, alle Höhen und Tiefen zu meistern und den Anforderungen ihrer neuen Umgebung zu entsprechen.
> – *Konusuke Matsushita*, aus einer Rede vor amerikanischen Führungskräften, 1988 –

Erst Leute machen, dann Produkte herstellen

Während Matsushita heute vor allem durch Markennamen wie Panasonic, Technics und Quasar bekannt ist, lohnt es sich, darauf hinzuweisen, daß Kanosuke Matsushita seine Karriere wegen finanzieller Schwierigkeiten seiner Familie mit neun Jahren als Lehrling begann. Obwohl seine Meinung hart klingen mag, lag es nicht in seiner Absicht, negativ zu wirken. Er vertrat die Auffassung, daß wir uns selbst in einer sehr mißlichen Lage wiederfinden würden, wenn wir nicht bemerkten, daß es falsch sei, Menschen als Erweiterung von Maschinen zu behandeln.
Bei einer Gelegenheit fragte er einen Angestellten:
„Was macht Matsushita Electric?" Der Angestellte antwortete:
„Wir produzieren Fernseher, Radios und Staubsauger."
„Nein, nein, nein!" rief Konosuke Matsushita.
„Wir machen Leute! Wir machen erst Leute, bevor wir Produkte herstelllen. Matsushita Electric ist der Ort, an dem Leute gemacht werden. Dafür sollte unsere Firma bekannt sein!"

Wenn wir von Qualitätssicherung sprechen, lernen wir die Prinzipien der Qualitätskontrolle.

Die bestmögliche Prozeßkontrolle jedoch kann dadurch erreicht werden, wenn man Leute macht, bevor man Produkte herstellt.

Bedürfnisse des einzelnen ansprechen

Hier geht es um den Weg, den das Management gehen muß, um jedem einzelnen die Einstellung zu vermitteln: „Wachse ich, wächst auch die Firma". Anders ausgedrückt, wenn jeder als Bestandteil des Systems über selbstmanagende Fähigkeiten verfügt, können wir ein System schaffen, das menschlicher ist und den Geist der Menschen erreicht, statt das Geschäftsleben einfach nur auf die finanzielle Ebene zu beschränken.

Da unsere Gesellschaft sich ständig weiterentwickelt und der Wettbewerb intensiver wird, wird das Eingehen auf Bedürfnisse des einzelnen, sowohl interner als auch externer Kunden, schwierig. Außerdem führt dieses Denken zu einem genba (Shop Floor), wo die Aufmerksamkeit gegenüber dem Detail sich auch im Verhältnis zu jeder Person (Mensch), jeder Maschine, jeder speziellen Methode, jedem Material und Umgebung manifestiert.

Genba-orientiertes Denken (3 Realitäten)

Da wir uns mit jedem dieser drei Themen befassen werden, müssen wir uns an der Realität orientieren, statt an Konzepten festzuhalten. Hier können wir uns mit drei grundsätzlichen Ideen des Shop Floor Managements vertraut machen. In Japan heißen sie genba

Abb. 4 Genba, Genbutsu, Genjitsu (3 Realitäten)

(realer Ort oder Shop Floor), genbutsu (reale Sache) und genjitsu (reales Wissen). Hier nennen wir sie die drei „Realitäten" (s. Abb. 4 zur Illustration).

Für die Anwendung der drei „Realitäten" ist es erforderlich, zum „realen Ort" zu gehen, die „reale Sache" vor unseren Augen zu sehen und das „reale Wissen" zu verstehen, um die realen Probleme verbessern zu können. (Bitte beachten Sie, daß die Produkte der Dienstleistungsunternehmen in Wirklichkeit Dienstleistungen sind.) Hier wird jedes der drei „Realitäten" im einzelnen beschrieben:

Genba (realer Ort oder Shop Floor)

Jedesmal, wenn wir uns mit Shop Floor-Problemen befassen, stoßen wir bezeichnenderweise auf Faktoren, die zueinander in Wechselbeziehung stehen, wie z. B. Veränderungen von Produkten oder Prozessen. Besonders dann, wenn menschliche Faktoren eine Rolle spielen, wird die Einschätzung von Problemen sehr schwierig, ja es bedarf nahezu detektivischen Spürsinns. In einer derartigen Umgebung ist einem mit reiner Theorie nicht geholfen. Und egal wie groß unser Intellekt und wie weitreichend unser Wissen ist, wenn dieses Wissen sich nicht an der Realität orientiert, verwirrt es uns einfach noch mehr; vielleicht können wir sogar zu absolut unterschiedlichen Hypothesen in Bezug auf ein und dasselbe Problem kommen.

Eine wichtige Aufgabe für uns ist jetzt die Betonung des Inhalts gegenüber der Form. Der Shop Floor ist ein Ort, wo pragmatische Problemlösung betrieben wird. Er kann sogar als experimentelles Labor angesehen werden. Bücher, Vorträge und intellektuelle Aufgaben im Büro, weit ab vom Geschehen, können uns niemals eine solche Erfahrung vermitteln.

Genbutsu (reale Sache)

„Sache" kann hier Produkte, Teile, Maschinen oder Material bedeuten. Wenn es ein Problem mit unserem Produkt gibt, müssen wir uns diese „reale Sache" ansehen. So läßt sich eher die Beschaffenheit des Problems begreifen, und wir müssen uns nicht auf die Darstellung eines anderen verlassen. Wenn uns die Zufriedenheit der Kunden und die Vermeidung von Verschwendung wichtig sind, sollten wir das Problem nicht vom Shop Floor wegdiskutieren. Wir sollten uns die Ursache des Problems selber ansehen, um reagieren zu können. Genauer gesagt, wenn wir Produkte für Verbraucher – egal, ob die Produkte für Personen in der nächsten Fertigungsstufe oder für externe Kunden gedacht sind – herstellen, repräsentieren diese Produkte auch den Produzenten. Sie können sogar die Philosophie der Firma verkörpern.

Beim Verbraucher angelangt, sprechen die Produkte für sich. Im Gegensatz zu Worten und Gedanken, die Zweideutigkeiten, Fehler oder sogar Lügen enthalten können – wie im Fall zu hoch bewerteter Werbung – gibt es hier keine Entschuldigungen oder Lügen. Entschuldigungen für ein Produkt ändern nicht den Wert für den Konsumenten.

Unsere Produkte sind alles, was wir haben. Auch wenn wir über Probleme nachdenken, sollten wir stets objektiv sein, genbutsu genau betrachten und uns mit dem Problem identifizieren.

Genjitsu (reales Wissen)

Beim Besuch des „realen Ortes" und beim Betrachten der „realen Sache" sollten wir jede mögliche Ursache mit „realem Wissen" überprüfen, um das Problem einzukreisen. Wir müssen uns stets fragen: „Warum?" und uns wie Detektive benehmen, die jedem kleinsten Hinweis nachgehen, um sicher zu sein, daß die Informationen stimmen.

Wenn wir ein Problem entdecken, müssen wir den Verurteilten (Problem) ins Gefängnis (standardisierte Gegenmaßnahme) stecken und sicherstellen, daß der Sträfling nicht flüchten kann (Prozeßkontrolle). Um jedoch erfolgreich zu sein, sollten diese Maßnahmen von jedem einzelnen angewandt werden.

Genba-orientiertes Denken entwickeln

Daher ist es in vielen Fällen eine Herausforderung für uns, sich von einer voreingenommenen und konzeptorientierten Einstellung zu lösen und uns auf ein realitätsbezogenes Denken zu konzentrieren. Die folgenden Beispiele dienen der Veranschaulichung des Wandels unserer Denkweise.

Wenn wir einen Berg betrachten, denken wir: dort ist ein „Berg". Doch wir dürfen nicht von ihm als „BERG" denken. Hier repräsentiert „Berg" den Gedanken oder die Vorstellung, die unser Verstand über Jahre mit Hilfe des Erkennens von Mustern entwickelt hat.

Dagegen repräsentiert „BERG" das reale Objekt mit verschiedenen Schattierungen von Felsen und dem Geruch von Bäumen – das ist nicht der begriffliche Berg.

Als anderes Beispiel können wir uns eine „Blume" als rote Tulpe vorstellen, oder wir können diesen Begriff als Kinderzeichnung assoziieren. Das ist jedoch nicht die „BLUME", die wirklich in unserem Garten wächst. Wenn unser Verstand mit etwas beschäftigt ist, sehen wir nur die „Tulpe", aber nicht die „TULPE". Der impressionistische Maler Monet ist bekannt dafür, seinen Schülern folgendes erklärt zu haben: „Sehen wir Bäume und Häuser, sollten wir sie nicht aufgrund ihrer Namen sehen, sondern anhand von farbigen Tupfen oder Drei- und Vierecken."

Können wir uns mit einem Objekt identifizieren, werden wir mit Konzentration und Ausdauer die wahre Beschaffenheit des Objekts verstehen. Wir können lernen zu „SEHEN" statt zu „sehen" und möglicherweise sogar „LEBEN" und „ARBEITEN" statt zu „leben" und zu „arbeiten".

Im Hinblick auf das Shop Floor Management (SFM) können wir ein „Problem" bearbeiten, aber nicht das „PROBLEM". Schlimmstenfalls können wir das „Problem" im Büro von allen Seiten beleuchten, statt das „PROBLEM" mit dem realen Produkt und realem Wissen am realen Ort anzugehen.

Der verstorbene Taiichi Ohno, der als Gründer von Toyota Production System bekannt war, sagte oft, verstünden wir ein Problem nicht, sollten wir einige Zeit – falls erforder-

Abb. 5 Ein Berg ist ein „BERG", aber kein „Berg"

lich, einen ganzen Tag – auf dem Shop Floor (genba) verbringen, das Problem beobachten und so herausfinden, was falsch sei. Solch eine Übung lehrt uns, zum Kern des Problems zu gelangen, anstatt es nur begrifflich zu betrachten.

Ohno zog sogar einen Kreis auf dem Boden für seinen Angestellten, in dem dieser so lange stehen mußte, bis er ein bestimmtes Betriebsproblem herausgefunden hatte. Wenn heutige Manager ihn jedoch aufgesucht hätten, würde ich mich fragen, wer von ihnen das verstanden hätte.

Beim Studieren des Managements versuchen wir es mit Worten, Modellen, Konzepten und ähnlichem. Wir suchen jedoch nach der Wahrheit, einer pragmatischen Lösung statt einer intellektuellen Abstraktion. Wenn wir nicht aufpassen, denken wir vielleicht, daß das Modell oder das Konzept die Realität darstellt und nicht eine Abbildung der Realität. Doch obwohl wir Prinzipien und Theorien aus Schulen und Lehrbüchern verstehen sollten, müssen wir auch Ansichten entwickeln, die sich an der Realität orientieren. Besonders in unserer zunehmend komplizierteren Gesellschaft ist es notwendig, zur Basis zurückzukehren und mit der Führung eines Haushalts und der Organisation des eigenen Arbeitsplatzes zu beginnen, bevor wir anspruchsvolle Managementpraktiken in Angriff nehmen.

Aus der Erfahrung im Shop Floor lernen

Um das richtige Gespür für Shop Floor-Tätigkeiten und realitätsorientiertes Denken zu bekommen, ist es in japanischen Firmen allgemein üblich, die Mitarbeiter – ob in der Buchhaltung, im Marketing oder in den technischen Bereichen – ein Training an der vordersten Front der Firma absolvieren zu lassen, bevor sie mit ihrem eigentlichen Job beginnen. Als ich nach dem Studium bei Toshiba anfing, verbrachte ich die ersten paar Monate am Fließband. Ich arbeitete neben erfahrenen, älteren Arbeitern und war erstaunt über ihre Fertigkeiten.

Ich verkaufte ebenfalls Fernseher im Kaufhaus, als Konkurrent eines Verkäufers von Matsushita, der über ein erstaunliches Wissen von Produkten und ausgezeichnete zwischenmenschliche Begabungen verfügte. Für westliche Geschäftsleute sind solche Erfahrungen selten. Auch Bob Miner, ein Manager bei NUMMI (New United Motor Manufactoring, Inc.), ein Joint Venture zwischen General Motors und Toyota, teilte mit mir die Erfahrung am Fließband bei Toyota, bevor er zum Manager ernannt wurde.

> Am ersten Tag wies mich Herr Sata, mein Ausbilder, in die Arbeit ein. Ich sagte: „Kein Problem“, da mir die Arbeit nicht schwierig erschien. Herr Sata lächelte nur. Am nächsten Tag kam er während der Arbeitszeit auf mich zu und fragte: „Kein Problem?“ und lächelte. Können Sie sich vorstellen, wie ich dort schweißüberströmt arbeitete, mir meinen Kopf in sechs Minuten sechsmal stieß und ein Gefühl hatte, als ob ich fünf Daumen an jeder Hand besäße? Ich schwor mir, daß ich nicht mehr sagen würde: „Kein Problem“ ... Obwohl die Arbeit für mich körperlich sehr anstrengend war, war diese Ausbildung das beste Training, das ich jemals hatte. Jeder, der in der Automobilindustrie beschäftigt ist, sollte eine solche Erfahrung machen.
>
> *K. Suzaki*, JIT Kakumei No Shogeki, S. 8–9

Ich habe sogar gehört, daß die festangestellten Mitarbeiter von McDonalds das Verkaufen von Hamburgern und das Bedienen der Milchshakemaschinen an der McDonalds-Universität lernen. In der Honda-Fabrik in Ohio sah ich einen Vertreter der Personalabteilung so lange am Fließband stehen, bis er begriffen hatte, wie Leute ihre Arbeit empfinden. Bei Robert Bosch in Deutschland bemerkte ich Ingenieure, die einige Tage im Produktionsbetrieb verbrachten, um die Kommunikation zwischen Design und Herstellung zu verbessern. Wenn wir diese Erfahrungen machen, werden sie eine langanhaltende Wirkung auf uns haben.

Das typische Feedback ist: (1) diese Erfahrungen machen uns bescheiden; (2) sie lassen uns die Arbeit, die auf dem Shop Floor verrichtet wird, anerkennen; (3) sie erinnern uns daran, Dinge aus anderen Blickwinkeln zu betrachten; (4) sie erweitern die Grundlage unseres Wissens und (5) sie lehren, daß Konzepte nicht von selbst funktionieren, sondern daß sie erst von den Leuten zum Funktionieren gebracht werden.

Umformung eines Betriebes

Im heutigen Geschäftsleben lauert überall die Konkurrenz. Dank des Systems der freien Marktwirtschaft und des Prinzips „Survival of the fittest" werden Betriebe aussterben, die altmodische oder nicht konkurrenzfähige Produkte, Leistungen, Konzepte oder Systeme anbieten. Dasselbe gilt für Managementstrategien. Es gibt viele moderne Strategien, doch die Konkurrenz wird diejenigen, die nicht viel Substanz haben, ausmerzen. Wir stellen fest, daß es immer mehr Seminare, Bücher und Videokurse gibt, die neue Strategien und Techniken versprechen. Doch sollten wir uns klarmachen, daß es letztendlich unsere Pflicht ist, diese Ideen genau zu überdenken. Führt dies zu keinem Ergebnis, ist es trotz alledem wichtiger, das Problem lösen zu können oder nicht, als dauernd die Konzepte und Techniken zu ändern, in der Hoffnung, daß die Dinge eines Tages funktionieren werden.

Einige Symptome für eine mangelnde Koordination oder unzureichende Managementstrategie in traditionell geführten Firmen lassen sich schon leicht auf dem Shop Floor entdecken, wie in Abb. 6 aufgeführt.

Wenn wir hier die drei „Realitäten" anwenden, sollten wir mit unseren eigenen Augen sehen können, was nicht gut funktioniert und die Ursachen dafür herausfinden.

In einer Firma im mittleren Westen der Vereinigten Staaten lagen z. B. Getränkedosen unter den Maschinen.

Ich beobachtete auch einen Maschinenführer, der Informationen über Fehlerquellen sammelte und sie in den Computer eingab. Aber trotz dieser erstaunlich vielen Informationen im Computer erhielten die anderen Maschinenführer keine Mitteilungen darüber. Das Qualitätspersonal war fleißig, doch sehr viel konnte vom Potential der Maschinenführer nicht genutzt werden. Ein Maschinenführer meinte: „Es funktionierte viel besser, als ich die Daten noch in Listen eingetragen habe."

Abb. 6 Symptome von traditionell geführten Firmen auf dem Shop Floor

- Abfall auf dem Boden
- Arbeiter verrichten beschwerliche Arbeit
- Arbeiter verrichten sehr eintönige Arbeit
- Zu hoher Lagerbestand
- Werkstücke liegen am Boden herum
- Schmutzige Naßzellen
- Managementinformationen werden nicht weitergegeben
- Wunsch der Arbeiter, Verbesserungen zu machen, wird ignoriert

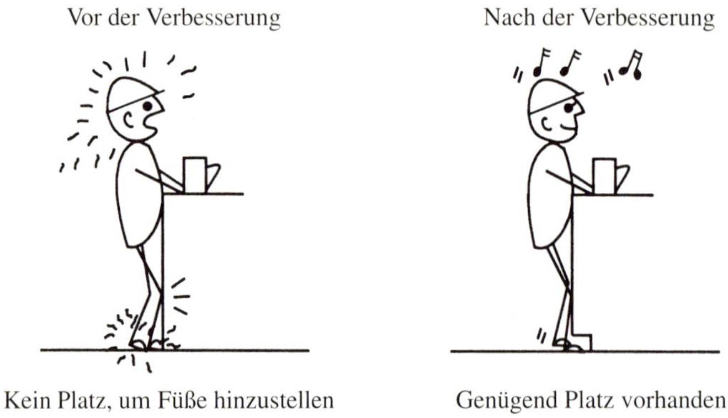

Abb. 7 Was für den einen eine kleine Verbesserung bedeutet, kann für den anderen eine große Hilfe sein.

In einem anderen Bereich der Fabrik dauerte es viele Jahre, bevor man dem Vorschlag eines Maschinenführers Gehör schenkte, wie man die Konstruktion einer Maschine so ändern könnte, daß genügend Platz für die Füße vorhanden wäre (s. Abb. 7). Und in einem noch anderen Winkel der Fabrik verrenkten sich Arbeiter fast den Rücken beim Umgang mit Werkstücken.

Ein Maschinenführer legte den ganzen Tag Werkzeug in ein „funktioniert/funktioniert nicht" Meßgerät, ein sehr eintöniger Job.

Vielleicht hilft es uns, wenn wir uns ein Gespräch zwischen diesem Maschinenführer und seinem Sohn beim Abendbrot vorstellen, bei dem der Sohn fragt: „Hallo Vati, was hast Du heute auf der Arbeit gemacht?" Wenn wir dieser Maschinenführer wären, was würden wir wohl antworten?

Als ich diese Punkte vor dem neu ernannten, stellvertretenden Direktor der Herstellungsabteilung erwähnte, einem guten Freund von mir, erzählte er mir, daß es peinlich sei, irgendjemanden, seien es Freunde, seine Familie oder Kunden, mit auf den Shop Floor zu nehmen.

In Fällen wie diesen brauchen wir keine hochentwickelten Konzepte, um festzustellen, ob wir ein Problem haben.

Wir brauchen einfach nur unsere Augen aufzumachen, um herauszufinden, ob diese Symptome an unserem Arbeitsplatz vorhanden sind. Die Ursache dieser Symptome liegt im Verhalten eines jeden; sie spiegeln lediglich unser Denken wider.

In dem Maße, wie wir Unruhe, Verbrechen oder Drogen in unseren Städten wahrnehmen, können wir auch ähnliche Symptome an unserem Arbeitsplatz feststellen.

Themen wie Sicherheit, bessere Arbeitsbedingungen und die Schaffung eines Selbstmanagements werden oft vernachlässigt. Auch der Wunsch der Leute, ihr Schicksal zu lenken, ihre Kreativität zu nutzen und ihr Wunsch nach Ausdruck der eigenen Persönlichkeit werden ignoriert.

Wer lernen will, mit diesen Dingen umzugehen, dem rate ich, sich auf den Shop Floor zu begeben und sich die Geschehnisse vor Ort anzusehen. Statt Probleme wissenschaftlich in ihre Einzelteile zu zerlegen, sie zu analysieren und die Lösung von Experten zu erhalten, sollten wir eine andere Methode ausprobieren.

So lange wir uns an Taylors Theorien halten, werden wir niemals die Methoden begreifen, über die wir hier sprechen.

Es ist fast so, als würde man verlorene Dinge nur an Orten suchen, die gut beleuchtet sind, d. h. weit ab vom Shop Floor.

Ein bekannter Zen-Ausspruch sagt: „Weil wir nicht wissen, wie nah die Wahrheit ist, suchen wir sie in der Ferne“ (aus: Nine Hundred Dragon River von Hakuin, S. 42).

Die kreative Kraft aller nutzen

In meinem vorherigen Buch „Modernes Management im Produktionsbetrieb“ wies ich darauf hin, daß der schlimmste Fall von Verschwendung derjenige sei, das Talent der Leute nicht zu nutzen.

In diesem Sinne sollten selbst Leute an der Spitze eines Betriebes als nutzlos angesehen werden, wenn sie keine Ideen aufweisen, wie man den Betrieb vorwärts bringen kann. Und es ist noch schlimmer, wenn sie keine Möglichkeiten für andere unterstützen bzw. schaffen, um deren Kreativität zu nutzen.

Um diese Probleme anzupacken und unseren Traum von Perfektion zu verwirklichen, müssen wir kreativ sein. Die Leute an der Spitze müssen noch kreativer sein, damit auch andere von ihrer Kreativität profitieren können.

Wir sollten auch bedenken, daß oberflächliche Visionen zu oberflächlichen Ergebnissen führen.

Der Gebrauch von Computern oder neue Managementtechniken sind nicht der Weisheit letzter Schluß. Wir brauchen keine Experten, die uns sagen, wie schlecht die Situation ist. Wir brauchen nicht über die Probleme im Büro nachzudenken, wenn draußen auf dem Shop Floor ungenützte Ressourcen sind.

Wieder ist ein schwieriger Faktor des Shop Floor Managements die Idee des Selbstmanagements – jeder einzelne trägt zum Ganzen bei, doch jeder arbeitet selbständig.

Selbst wenn die Probleme auf dem Shop Floor groß erscheinen, besonders dann, wenn Manager versuchen, sie alleine zu lösen, können wir es schaffen, wenn man die Kreativität aller nutzt. Wir können es wirklich schaffen.

Da diese Probleme von uns selbst erzeugt werden, sollten wir sie auch angehen können, indem wir einfach unser Augenmerk darauf richten.

Es ist klar, daß die Leute auf dem Shop Floor eine viel größere Rolle spielen müssen. Auch wenn jede Situation unterschiedlich sein mag und sich die Einstellung der Leute nicht über Nacht ändern kann, brauchen wir eine Vision, die jeder verinnerlichen und der er sich zu jeder Zeit anschließen kann.

Wenn wir eine solche universale Vision entwickeln können, sollten wir unseren Weg in die Zukunft finden.

> Wenn Du ein Schiff bauen willst, dann ruf nicht Deine Leute und trag ihnen auf, daß sie Holz beschaffen, Werkzeuge vorbereiten, Aufgaben übernehmen sollen . . . Ruf sie einfach und weck in ihnen die Sehnsucht nach dem unendlichen Meer.
>
> – *Antoine de Saint-Exupéry* –

Bei der Vorbereitung der Reise durch das Buch wird in Abb. 8 ein Überblick über das Shop Floor Management gegeben.

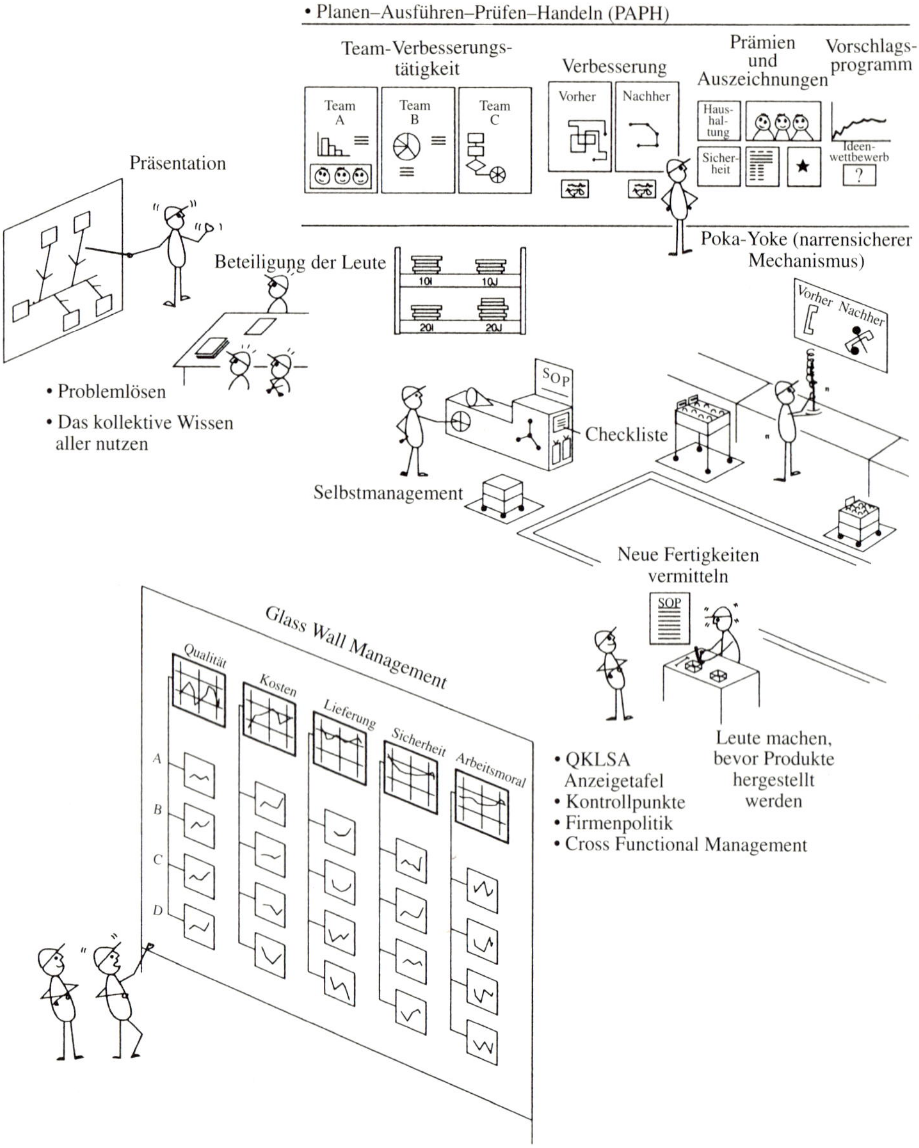

Abb. 8 Überblick über das Shop Floor Management

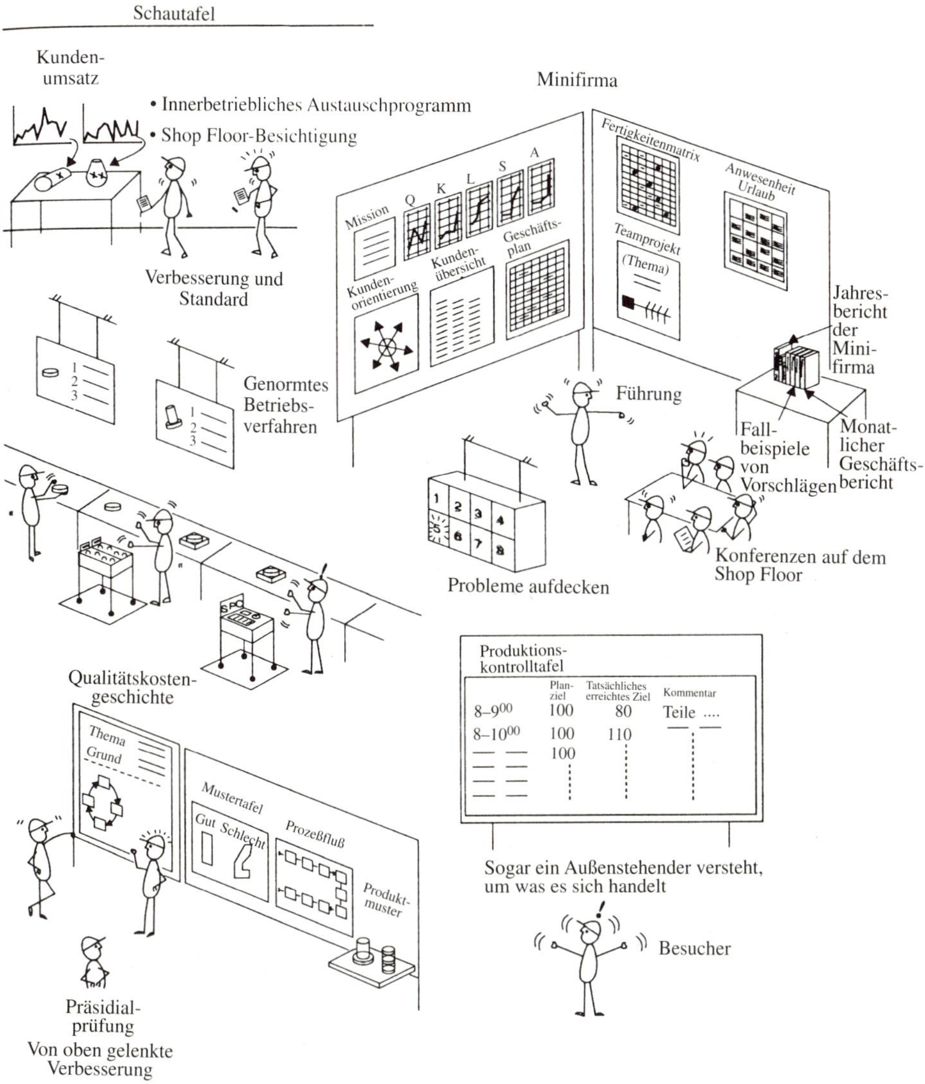

Abb. 8 Fortsetzung

1. Kapitel

Wir entwickeln eine Vision des perfekten Shop Floors

In diesem Kapitel werden wir die Merkmale der heutigen Geschäftswelt begreifen lernen, die einen starken Einfluß auf uns alle haben. Dann werden wir uns mit der Notwendigkeit befassen, unseren Betrieb so zu verändern, daß er den neuen Herausforderungen gewachsen ist. Und schließlich geht es um die Veränderungsprozesse, die wir alle durchlaufen müssen, um uns auf die Zukunft vorbereiten zu können.

Auf Segeltour durch die heutige Geschäftswelt

Die Welt von heute ist voller Veränderung und Unsicherheit. Verglichen mit der Welt vor 10 Jahren, veralten Produkte und Dienstleistungen heutzutage immer schneller. Es werden immer mehr neue Technologien entwickelt und neue Firmen gegründet, und diejenigen, welche mit den Veränderungen nicht Schritt halten können, sehen oftmals ihre Existenz bedroht.

Trotz der Tatsache, daß qualitativ hochwertigere Produkte und bessere Dienstleistungen unser Leben angenehmer gestalten, kann eine sich schnell verändernde Geschäftswelt unsere Firmen und unsere Arbeitsplätze bedrohen. Dies wiederum kann unser Verhältnis zu unseren Kollegen, unserer Familie, unseren Freunden und vielen anderen beeinflussen. Tatsächlich können Veränderungen in der Geschäftswelt eine traumatische Wirkung haben, wenn sie plötzliche Entlassungen oder Konkurse zur Folge haben.

Wenn wir jedoch weitsichtig und vorbereitet sind, können diese Veränderungen vermehrt Gelegenheit bieten, unser Potential auszuschöpfen. Statt durch stürmische See zu segeln, können wir unseren Kurs ändern und uns einen sicheren Weg durch das Unwetter bahnen.

Zu dieser Überlegung sagte einmal jemand: „Selbst wenn wir nicht in der Lage sind, die Windrichtung zu ändern, können wir unsere Segel so setzen, daß wir überall dahin kommen, wo wir hin wollen."

Um mit dieser Idee konform zu gehen, ist der Zweck dieses Buches, uns auf solche turbulenten Zeiten vorzubereiten, indem wir Fähigkeiten entwickeln, die Situation besser in den Griff zu bekommen und ein besseres Arbeitsleben zu entwickeln.

Veränderung der Umwelt – Vergangenheit contra Zukunft

Beginnen wir mit der Studie der Umwelt, in der wir leben. Abb 1.2 faßt unsere sich ändernde Umwelt zusammen, vergleicht die Vergangenheit mit der Zukunft und zählt hauptsächliche Gründe für solche Veränderungen auf. Selbstverständlich können einzelne Situationen von

Abb. 1.1. „Wir sind nicht in der Lage, die Windrichtung zu ändern . . . aber wir können die Segel setzen"

dieser Tabelle abweichen. Doch wenn wir genau hinsehen, finden wir einige interessante Trends. Wenn wir uns z. B. die internationale Szenerie ansehen, wie immer mehr Länder aus dem ehemaligen Ostblock und den Entwicklungsländern der westlichen Welt beitreten, nehmen auch immer mehr Menschen an der freien Marktwirtschaft, am Freihandel und am freien Informationsaustausch unserer Gesellschaft teil. Diese Menschen werden neue Mitglieder unserer globalen Gesellschaft, stellen ihre Arbeitskraft und Intelligenz zur Verfügung und sind dann auch Nutznießer von Waren, Dienstleistungen und Wissen.

Abb. 1.2 Veränderungen in unserer Umwelt

	Vergangenheit	**Zukunft**	**Grund für Veränderung**
Vorhersehbarkeit im Geschäftsleben	vorhersehbar	unvorhersehbar	schnelle Erneuerungsrate
Stabilität der Werte	stabil	veränderlich	schnelles Tempo für modernes Leben
Profil der Kunden	Masse	unterschiedlich	unterschiedliche individuelle Geschmäcker
Wichtigkeit der Fähigkeiten der Angestellten	gering	stark	kompliziertere Arbeiten
Tempo des Fortschritts	periodisch	beständig	Beitrag von mehr Menschen
Profil der Manager	lenkend	führend	stärkere Abhängigkeit von Menschen
Managementsystem	ergebnisorientiert	prozeß- und ergebnisorientiert	Sicherheit wird erlangt durch gutes Prozeßmanagement

Wenn man dieses Tor aufstößt, ist es, als ob man ein Brainstorming auf globaler Ebene betreibt, wo mehr Menschen ihre Ideen und Werte austauschen und ihr kollektives Wissen nutzen. Wir können gelegentlich die Situation wegen ihrer massiven Auswirkungen auf unsere politischen, sozialen und wirtschaftlichen Systeme chaotisch finden. Wenn mehr Menschen reisen, fernsehen, lesen und Ideen austauschen, scheint der Veränderungsprozeß seinen eigenen Kurs zu nehmen.

Selbst wenn unsere Umwelt chaotisch zu sein scheint, wenn wir mehr Menschen finden, die ihr Talent beitragen und Nutzen daraus ziehen wollen, ist eine solche Umgebung tatsächlich wünschenswert. Wir sollten auch beachten, daß diese Globalisierung der Geschäftsaktivitäten dem System der freien Marktwirtschaft folgt, wo die Ideen und Werte eines jeden genutzt werden.

Wenn wir dies verstehen, lassen sich die durch die Veränderungen entstehenden Spannungen besser begreifen. Demokratie verlangt von jedem, seine Ideen und Werte einzubringen und nicht, jemandem blindlings zu folgen, der zufällig in einer Führungsposition sitzt; jeder von uns sollte die Antworten für sich selbst finden. Mit anderen Worten, wir sind kollektiv gesehen die Ursache für Veränderung. Und gleichzeitig liegt es deshalb auch an uns, entweder ein Nutznießer oder ein Opfer solcher Veränderungen zu werden.

Unsere Vision

Die Geschichte hat uns gezeigt, daß viele Faktoren den Fortschritt beeinflussen. Sicherlich ist Kreativität eine der Hauptfaktoren, wenn man Hürden überwinden will. Wenn Kreativität allerdings mit Überleben oder Wohlstand verknüpft ist, fühlen wir uns mehr in die Enge getrieben.

Ja, wenn wir uns an unsere persönlichen Erfahrungen erinnern, stellen wir fest, daß sich unsere Vorstellungen und Handlungsweisen mit der Zeit geändert haben. Beurteilt man diese Veränderungen weiterhin, können wir sehen, ob wir unser Verständnis dahingehend vertieft haben, was wichtig in unserem (Arbeits-)leben ist und wie kreativ wir waren, um ständig zu wachsen. Die Firma kann einen ähnlichen Prozeß durchlaufen. So sollten wir uns fragen:

(1) Wächst unsere Firma derart, daß sie neuen Herausforderungen gewachsen ist? und (2) kommen wir in dem Bemühen weiter, unsere eigene Zukunft zu gestalten?

Um diese Fragen zu beantworten, müssen wir viele Faktoren bedenken, solche wie verstärkten Wettbewerb, Veränderungen im Management oder bei den Gewerkschaften, Veränderungen des Kundengeschmacks, Veränderungen in Beziehungen zu Kollegen, Führung durch Vorgesetzte, Niveau der Bildung oder neue Einsichten, gewonnen durch Zeitungen, Fernsehen und ähnliches. Weil eine Vision etwas ist, was von einzelnen oder Gruppen von Leuten innerhalb der Firma kreiert wird, sollte jeder von uns herausfinden, wie diese Faktoren unsere gemeinsame Vision beeinflussen können.

Außerdem sollten wir uns fragen: (1) Verändert sich unsere Vision in eine positive oder negative Richtung? und (2) was können wir daran ändern?

Schaffung eines Betriebes, in dem sich die Leute selbst managen

Natürlich könnten wir, wenn wir auf einen weit entfernt liegenden Berggipfel wie Eremiten leben würden, eine ganz andere Lösung für unsere Fragen finden. Doch viele von uns leben in einer Umgebung, in der Veränderung die Norm ist. Daher müssen wir selbstmanagende Fähigkeiten entwickeln, damit wir das Steuer selbst in der Hand halten und unseren Kurs in die Zukunft selbst bestimmen können.

Um dies zu erreichen, muß jeder von uns:

- unsere Geschäftswelt besser verstehen,
- auf kommende Veränderungen besser vorbereitet sein,
- Informationen effektiv austauschen und nutzen,
- Initiative zeigen, um unsere Fähigkeiten und unsere Position ständig zu verbessern.

Wenn wir als Analogie wieder das Segeln verwenden, ähnelt diese Situation dem Segeln auf rauher See (Abb. 1.3). Unvorhersehbare Wellen, Wind und Regen können es äußerst schwierig machen, die Kontrolle über das Boot zu behalten und dorthin zu gelangen, wo wir hin wollen. Wir müssen unsere Umgebung gut kennen, die nahenden Veränderungen deuten, Informationen mit unserer Mannschaft gut austauschen und stets die Fertigkeiten der Mannschaft verbessern. Wie in der heutigen Geschäftswelt, bleibt nicht viel Platz für Fehleinschätzungen.

Wenn wir annehmen, daß dieses Meer der Veränderung in unserer Gesellschaft das Ergebnis guter Absichten ist – wie z. B. freier Informationsaustausch, freie Marktwirtschaft, bessere Nutzung der Talente der Menschen, usw. – stellen wir fest, daß wir sowohl die Ursache der Veränderungen als auch diejenigen sind, die beeinflußt werden. Wenn wir uns das bewußt machen, sollten wir in der Lage sein, das Schiff dorthin zu lenken, wo wir es hinhaben wollen.

Um jedoch erfolgreich zu sein, müssen wir uns selbst motivieren, selbständig denken und uns selbst kontrollieren. Wir müssen uns also selbst managen. Ob wir in einer Firma arbeiten oder nicht, unabhängig von Rang und Titel, sollte jeder von uns einen bestimmten Auftrag als Teil seiner Arbeit erfüllen.

Abb. 1.3 Segeln auf rauher See

Zur Vermeidung von Havarien brauchen wir einen klar festgelegten Kurs, eine fähige Mannschaft, eine gemeinsame Vision, Teamwork und eine gesunde Strategie.

Verantwortung an der Quelle

Im Gegensatz zu einem totalitären System stellen in einer freien Gesellschaft die individuellen Fertigkeiten der Menschen die Hauptantriebskraft für die Masse der Veränderungen in der Gesellschaft dar.

Da mehr Informationen zur Verfügung stehen, werden mehr Talente der Menschen genutzt, und die Gesellschaft der freien Marktwirtschaft schafft mehr Möglichkeiten für mehr Menschen.

Dies erlaubt mehr Menschen sich auszuzeichnen, als jemals zuvor.

Innerhalb dieses selbst verursachten Chaos entdecken wir eine Welt voller Möglichkeiten für diejenigen, die ihr Potential ausschöpfen wollen.

Während ein Ansteigen der selbstmanagenden Fähigkeiten den einzelnen eine bessere Kontrolle über ihr Schicksal ermöglichen wird, sorgt es gleichzeitig für einen größeren Nutzen für die Firma und die Gesellschaft, wie im folgenden aufgeführt:

Probleme an der Wurzel packen. Selbst wenn es kompetente Leute gibt, die unsere Probleme an der Spitze der Firma lösen können, sind ihnen sicherlich Grenzen gesetzt, denn wieviel Informationen können sie schon aufnehmen und wie schnell können sie auf diese reagieren? Wenn stattdessen Leute, die direkt mit dem Problem konfrontiert sind, dieses lösen können, werden zusätzliche Ressourcen, wie mehr Personal oder neue Managementschichten überflüssig. Daher bedeutet, Probleme direkt an der Wurzel zu packen, kostbares Gut einzusparen – nämlich Zeit.

Besserer Kundendienst. Wenn wir Probleme lösen, können wir den Prozeß besser überwachen, damit wir unsere Kunden stets besser bedienen können. Hier steht „Kunde" auch für die Person im nächsten Prozeß und nicht nur für den Endverbraucher des Produktes oder der Dienstleistung. Da jeder auf dem Shop Floor wertsteigernd arbeitet, wird die absolute Zufriedenheit der Kunden oder die absolute Qualitätskontrolle aller Firmenprozesse nur dann erreicht, wenn jeder in der Firma die Probleme an der Wurzel packt und einen hohen Standard aufrechterhält.

Entwicklung hochmotivierter Leute. Das Selbstmanagement legt das Schicksal der Leute mehr in ihre eigenen Hände. Es verleiht ihnen mehr Verantwortung und ermöglicht ihnen, höherwertige Fertigkeiten zu nutzen. Wird bei der Lösung von Problemen kreativ gearbeitet, sind die Menschen stolz darauf und bekommen mehr Vertrauen in ihre eigenen Fähigkeiten. Firmen können also von der Freisetzung des Potentials hochmotivierter Leute, die mit ihrem Betrieb mitwachsen, nur profitieren.

Betrachten wir uns einmal aufmerksam im Spiegel

Wir wissen, daß es ohne Eigenverantwortung schwer ist, Dinge zu erledigen und noch stolz darauf zu sein.

Ohne Verantwortung treiben wir einfach dahin, wenn sich die Situation im Geschäftsleben ändert.

Wir wissen jedoch auch, daß es nicht einfach ist, sich im Spiegel zu betrachten und unseren Fortschritt zu erkennen, wenn wir zu sehr im Alltag verstrickt sind oder uns sogar ständig weigern, uns selbst zu betrachten. Vielleicht leben wir lieber in der Vergangenheit und versuchen, neue Bedrohungen durch die Konkurrenz zu ignorieren.

Eben weil immer alles gleich abgelaufen ist, ist es für die Leute auf dem Shop Floor oft ein Problem, mit einer innovativen Idee zu ihrem Chef zu gehen. Es ist z. B. nicht erstrebenswert, als einziger seinen Arbeitsplatz in Ordnung zu halten. Doch wenn wir uns gegenüber ehrlich sind, können wir vielleicht doch nach unserer eigenen Überzeugung handeln. Eine Organisation, in der die Leute keine Eigenverantwortung haben, ist wie eine Nation ohne *wahre* Demokratie. Wir müssen davon überzeugt sein, daß wir unsere Visionen nur dann realisieren können, wenn wir das tun, woran wir glauben.

Wenn wir uns regelmäßig im Spiegel betrachten, sollten wir den Fortschritt unseres Betriebes oder den mangelnden Fortschritt objektiv überdenken. Wir können uns z. B. fragen, ob die Leute auf dem Shop Floor mehr Verantwortung übernehmen oder ob sich die Kluft zwischen Management und Arbeitern verringert.

Wie man eine hohe Leistung im Shop Floor Management (SFM) erzielt

Um diese Fragen zu beantworten, müssen wir berücksichtigen, daß der Shop Floor innerhalb eines Betriebes den empfindlichsten Bereich darstellt, ähnlich wie der Punkt, an dem ein Reifen die Straße berührt. Es ist der „Punkt", wo Werte geschaffen, Güter produziert und Dienstleistungen erfüllt werden, um unsere Kunden zufriedenzustellen. Wir müssen uns den Problemen stellen und Möglichkeiten an der Quelle entwickeln, statt die Firma

Abb. 1.4 Probleme, die von einem schlechten Shop Floor Management herrühren.

Schlüsselbegriff	Probleme
Grundsätzliche Fähigkeiten, wie z. B. Lesen + Rechnen, fehlen	Jemand anderes muß die Arbeit erledigen und die Fehler berichtigen. (Dies kann passieren, wenn das Management das Wachstum der Leute ignoriert und sie einfach als Erweiterung von Maschinen behandelt.)
Keine klare Definition der Anforderungen, z. B. Kontrollstandards	Der Abteilungsleiter muß jedesmal gerufen werden, wenn Unklarheiten herrschen. Zeit wird vergeudet, und oftmals werden schlechte Entscheidungen getroffen, die noch mehr Probleme schaffen.
Disziplinlosigkeit bei der Einhaltung der Norm, z. B. Haushaltung, Arbeitsplatzorganisation, Arbeitsnorm	Mehrarbeit entsteht; z. B. Nacharbeitung, Pförtnertätigkeiten, unnötige Entlassungen, problemlösende Arbeit, um die Situation zu identifizieren und zu korrigieren. Die gleichen oder ähnlichen Probleme werden dauernd wiederholt.
Mangel an problemlösenden Fähigkeiten	Mitarbeiter, Ingenieure oder Manager müssen am Geschehen aktiv teilnehmen, um das Problem zu lösen. Die Kreativität der Leute wird nicht genutzt, die Gesamtkosten steigen und die Arbeitszeit der Mitarbeiter wird für weniger wichtige Arbeiten vergeudet.
Unflexibilität im Umgang mit den Bedürfnissen der Kunden	Die Leute können mit wechselnden Bedürfnissen der Kunden nicht umgehen. Die Fähigkeit zur Selbstkontrolle fehlt. Dies kann zu noch mehr Entlassungen führen, zu zusätzlichem Personal, Maschinen, Computern, etc.
Unfähigkeit, mit der häufigen Einführung neuer Modelle fertig zu werden	Wenn Modellwechsel häufig vorkommen, wird die meiste Arbeit eher von den Ingenieuren erledigt, anstatt dies in detaillierter Arbeit vom SF-Personal fertigen zu lassen.

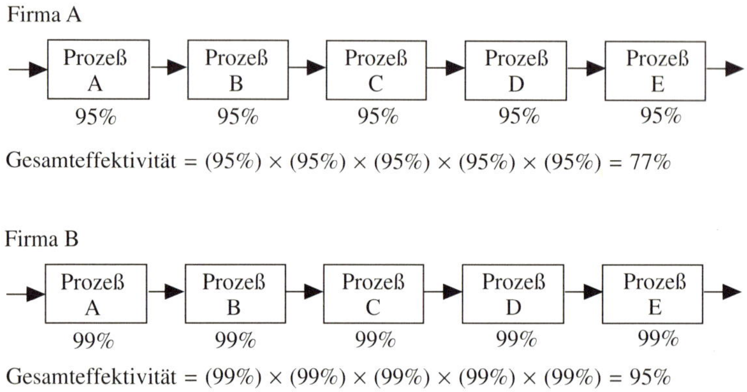

Abb. 1.5 Wirkung des Shop Floor Managements auf die Effektivität des Geschäftsvorganges

nur in finanzieller Hinsicht zu betrachten. Auch wenn Zahlen für die Entwicklung eines Einblicks in die Gesamtsituation wichtig sind, kann die Firma nicht ohne die Berücksichtigung der Umstände auf dem Shop Floor funktionieren. Von diesem Standpunkt aus wird jeder Kunde und jeder Angestellte für seinen eigenen Wert respektiert.

Statt Wege zu finden, Dinge besser zu machen und den Prozeß an dem Punkt zu kontrollieren, wo Wertsteigerung entsteht, stellen wir fest, daß der traditionelle Weg der Firmenführung das genaue Gegenteil bewirkt.

Abb. 1.4 zählt einige der Probleme auf, die wir auf dem Shop Floor finden und zeigt, daß wir uns unsere Arbeit detaillierter betrachten müssen.

Unabhängig von unserer Leistung, wird jeder Geschäftsvorgang durch eine Prozeßkette wie in Abb. 1.5 zunichte gemacht. Je höher die Effektivität bei jedem Prozeß ist, desto besser ist das Endergebnis, was sich an den Fehlerquoten, der Mehrleistung und der Einhaltung der Lieferfristen erkennen läßt.

Bei der Messung von Fehlerquoten beträgt die Fehlerquote der Firma A 23%, während die der Firma B 5% beträgt. Wenn die Firma A jetzt in Konkurrenz zur Firma B tritt, benötigt sie viermal so viele Ressourcen wie B, um ihr Ziel zu erreichen. Wenn wir daher all die Entlassungen betrachten, die Firma A tätigen muß, sowie deren Auswirkungen auf das Kundenverhältnis, liegen die Vorteile der Firma B gegenüber Firma A klar auf der Hand.

Bei diesen Vorgängen kann es sich um folgende handeln: (1) Herstellungsprozeß von Produkten, (2) Dienstleistungsprozeß, (3) Informationsprozeß, der schriftlich oder über Datenverarbeitung abgewickelt werden kann, oder (4) Managementprozeß, bei dem Informationen ausgetauscht, Dinge erledigt und Leute effektiv angeleitet werden.

Wenn wir den Prozeß nicht kontrollieren können oder die Grundlagen des Shop Floor Managements nicht kennen, entsteht Chaos. Abb. 1.6 beschreibt die typischen Auswirkungen, wenn bei der maßgeblichen Leistung einer Firma das Shop Floor Management fehlt. Der Einfluß eines Prozesses innerhalb der Firma mag gering sein, komprimiert gesehen, kann er jedoch eine gewaltige Gesamtauswirkung haben, wie in Abb. 1.5 gezeigt wird. Außerdem wird die Situation durch mehr Produktvielfalt und die Einführung von immer mehr neuen Produkten verbessert. Um die Zufriedenheit der Kunden in dem Maße zu steigern, wie man die Verschwendung abbaut, sollten wir daher Wege finden, jeden dieser individuellen Prozesse besser zu kontrollieren.

Abb. 1.6 Auswirkung des fehlenden Shop Floor Managements auf den Geschäftsbetrieb

Qualität:	Wir müssen zusätzliche Ressourcen zur Kontrolle schaffen, damit den Kunden keine fehlerhaften Produkte ausgehändigt werden.
Kosten:	Zusätzliche Ressourcen beinhalten nicht nur Inspekteure, sondern ebenfalls Expediteure und Manager, die Kündigungen aussprechen.
Lieferung:	Es dauert länger, bis etwas erledigt ist. Gebuchte Frachttermine werden nicht wahrgenommen. Das Risiko, erhöhten Lagerbestand zu haben, wächst.
Sicherheit:	Die Sicherheitsbestimmungen und der Umweltschutz werden nicht ihrem Stellenwert entsprechend beachtet.
Arbeitsmoral:	Die Moral sinkt, je mehr Leute entlassen werden.

Den Prozeß kontrollieren

Wenn wir versuchen, einen Prozeß zu kontrollieren, brauchen wir eine Art „Feedback-System“, wie in Abb. 1.7 erläutert. Die Prämisse ist, daß das richtige Feedback an Informationen uns ermöglicht, den Kurs zu korrigieren und so den Input oder den Prozeß selbst besser zu überwachen.

Wenn wir Produktivität als repräsentierende Prozeßleistung messen, kann dies so aussehen:

Produktivität = Output/Input = Output/Minimum Input + Verschwendung

oder

Produktivität = (Geschaffener Wert/Investierter Wert) = Leistung in QKLSA (Qualität, Kosten, Lieferung, Sicherheit, Arbeitsmoral)/Mann + Maschine + Material + Methode + Messungen

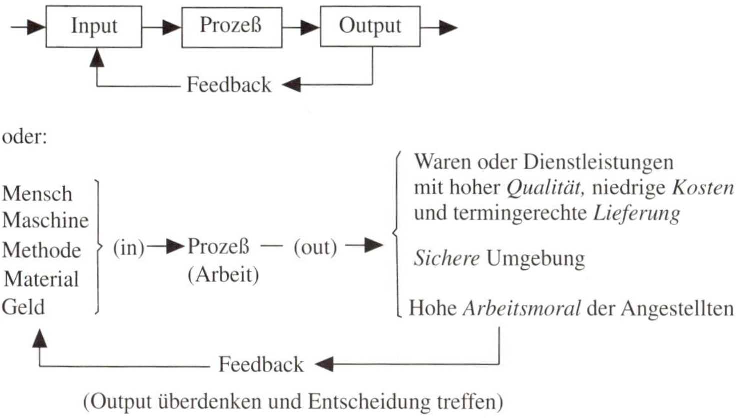

Abb. 1.7 „Feedback-System“ zur Prozeßkontrolle

Wir müssen diese 5 „Ms" kontrollieren, um Verschwendung zu vermeiden und die termingerechte Zustellung unserer hochwertigen Produkte zu garantieren; und das bei niedrigen Kosten, bei Gewährleistung einer sicheren Umgebung und einer hohen Arbeitsmoral für die Leute innerhalb der Firma.

Eine wichtige Frage, die sich durch das ganze Buch zieht, ist deshalb, wie erreicht man ein angemessenes Feedback und wie kontrolliert man den Prozeß effektiver und rascher?

Beim Betrachten von Abb. 1.5 sollten wir uns vor Augen halten, daß sogar 99% Effektivität noch nicht ausreichen. Wären wir die Kunden, die das verbleibende 1% erhalten würden, würden wir das gut verstehen. Wir müssen erkennen, daß ein einziger Fehler für das totale Versagen jener Abteilung steht, welche die Ware oder Dienstleistung für den Kunden bereitstellt.

Traditionelle und progressive Betriebe

Wenn wir den Prozeß von Anfang an kontrollieren wollen und der ganze Betrieb erfolgreich sein soll, dürfen wir nicht nur von bestimmten Personen abhängig sein, die dafür „verantwortlich" sind. Wir sollten eher danach trachten, jeden im Betrieb miteinzubeziehen, seine Talente zu nutzen, damit der ganze Betrieb und jeder Mitarbeiter bessere Arbeit verrichtet und davon profitiert.

Selbstverständlich müssen so manche Hürden genommen werden, wenn jeder im Betrieb miteinbezogen werden soll. Seltsamerweise stellt jedoch gerade die Vorstellung, die eigene Arbeit zu verbessern, für viele Menschen ein Problem dar. Dies trifft vor allen Dingen zu, wenn ein Problem in einer Gruppe gelöst werden soll. Ohne von ihren Managern oder Kollegen dazu ermutigt zu werden, Fortschritte zu machen, scheint dies doch schwieriger zu sein, als es tatsächlich ist.

Um die Vorteile eines progressiven Betriebes besser verstehen zu können, werden in Abb. 1.8 zwei Betriebsmodelle miteinander verglichen. Das spindelähnliche Modell links stellt den traditionellen Betrieb dar, wo Fertigkeiten und Wissen auf eine kleine Zahl von Managern oder Angestellten konzentriert ist. Es existiert eine Arbeitsteilung zwischen denjenigen, die denken und denen, die manuelle Arbeit verrichten. Diese Betriebsform ist in feudalen Gesellschaften oder Planwirtschaften verbreitet. Wenn die Leute an der Spitze der Spindel hervorragend arbeiten, könnte dieses Modell theoretisch funktionieren. Doch die potentielle Leistung aller Leute ist nicht erkennbar, und die Verantwortung der Leute und ihre Kreativität kommen nicht zutage.

Selbst in der freien Marktwirtschaft existieren ähnliche Situationen.

Das Top Management einer Firma kann z. B. ein „Monopol" auf Informationen haben und Entscheidungen treffen, ohne den anderen mitzuteilen, was geschieht. (Wir werden diese Art von Management „Black Box Management" oder „Brick Wall Management" nennen, da Informationen einfach nicht durch den ganzen Betrieb fließen.)

Theoretisch kann das noch funktionieren, wenn von der Spitze Informationen gesammelt, analysiert und Entscheidungen getroffen werden, vorausgesetzt, dies geschieht effektiv und ohne Verzögerung. Doch im turbulenten Geschäftsleben von heute, wo das Tempo der Veränderungen rasch zunimmt und neue Technologien sowie Produkte häufig wechseln, nehmen die Chancen, daß das „Black Box Management" effektiv ist, stetig ab.

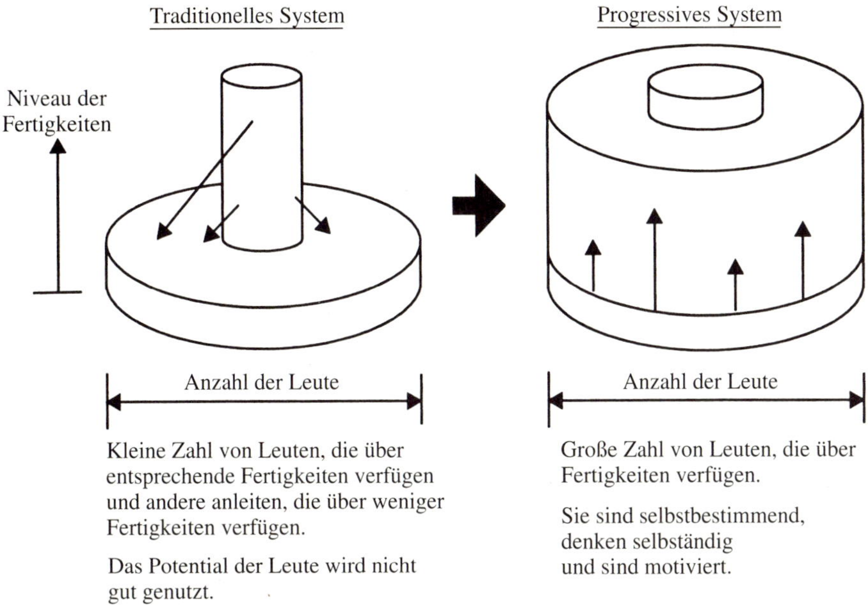

Abb. 1.8 Traditionelle und progressive Betriebe

Ein Übermaß an Informationen oder ein Stau verschiedenartiger Informationen an der Spitze sind symptomatisch für das „Black Box Management". Da der Beitrag des Shop Floor-Personals auf die manuelle Arbeit beschränkt ist, muß sich das obere Management immer mehr mit Entlassungen beschäftigen und verliert so kostbare Zeit, die eigentlich dazu benötigt wird, die Firma auf dem richtigen Kurs zu halten. Wie der verstorbene Konosuke Matsushita sagte, sollten wir erkennen, daß „nur der Intellekt aller Mitarbeiter es einer Firma ermöglichen kann, mit den Höhen und Tiefen zu leben und den Anforderungen an ihre neue Umgebung gerecht zu werden".

Der dickere Zylinder rechts in Abb. 1.8 stellt einen progressiveren Betrieb dar, in dem ein größerer Pool an Organisationstalent genutzt wird. Dort können die Leute Vorschläge zur Verbesserung machen, problemlösende Aktivitäten entwickeln und als Team arbeiten, statt sich nur auf individuelle Interessen zu konzentrieren. In dem Maße, wie sich die Basis der Fertigkeiten vergrößert, können die Mitarbeiter Ordnung in ihre Arbeitsbereiche bringen und sie auch selbst organisieren, grundlegende Wartungsjobs dirigieren und so flexibel werden, daß sie verschiedene Jobs ausüben können. Die Gruppe wird dann sich selbst genügen, als Minifirma funktionieren oder eine autonome Organisationseinheit bilden.

D. h. statt gemanagt zu werden, managen sich die Leute selber. Statt die Probleme von der Führung lösen zu lassen, nehmen sie sie selbst in die Hand und schaffen so mehr Raum, indem sich Management und höhere Angestellte mit der Zukunft und bedeutenden Themen befassen können, statt sich mit Kündigungsplänen auseinanderzusetzen.

Abb. 1.9 und 1.10 zeigen jedoch, wie sich die Einstellung ändern muß, damit ein Betrieb sich ändert und sich das neue Shop Floor Management zu eigen macht. Wir mei-

Abb. 1.9 Typische Denkweisen in traditionellen Betrieben

Abb. 1.10 Unterschiedliche Einstellungen in traditionellen contra progressiven Betrieben

Ebene	**Traditionelles System**	**Progressives System**
Top Management	Mangelndes Wissen über Shop Floor-Aktivitäten „Ich kümmere mich nur um meine Angelegenheiten."	Puls des Shop Floors ist spürbar: „Wie können die SF-Leute besser einbezogen werden?"
Manager	Erteilt einfach nur Befehle: „Tun Sie, was ich Ihnen sage."	Dirigiert die Leute so, daß sie Verantwortung übernehmen: „Wie kann ich Ihnen helfen?"
Höhere Angestellte	Konzentriert sich auf die eigenen Aufgaben: „Ich kann das Problem lösen."	Verschiebt die Konzentration auf Verbesserung. „Wie kann ich meinen Job delegieren?"
Facharbeiter	Geben ihren Verstand an der Stechuhr ab: „Ich habe es aufgegeben, meinen Chef anzusprechen."	Respektieren Chef als Lehrer, Trainer, Förderer. „Hier sind meine Vorschläge."

nen natürlich nicht, daß diese Veränderungen über Nacht geschehen können. Alles, was mit dem Shop Floor verknüpft ist, ist von den Veränderungen betroffen. Doch so lange eine Firma das volle Potential seiner Angestellten nicht erkennt, werden deren Fähigkeiten auch nicht vollständig genutzt; jeder in der Firma darf immer nur eine Veränderung nach der anderen machen – kontinuierlich, im Einklang mit den anderen und mit Engagement.

Der Veränderungsprozeß erfordert die Beteiligung vieler Leute.

Jeder Versuch, einen Treffer zu landen, zählt. Man darf nicht erwarten, daß ein paar Spitzenspieler das Spiel gewinnen. Um diese neue Einstellung zu erreichen, brauchen wir eine gute „Führung" – einen Katalysator – und Individuen, die Initiative zeigen, sich selbst verbessern zu wollen; keinen Diktator und kein passives Publikum.

Entwicklung eines progressiven Betriebes

Manche bevorzugen natürlich immer noch die herkömmlichen Betriebspraktiken aufgrund der Leistung, die durch die Arbeitsteilung erzielt wird. Jemand, der dasselbe schon seit Jahr und Tag macht, ist sicherlich besser geeignet, einen bestimmten Job auszuüben als jemand anderes. Wenn wir jedoch eine Idee fördern, bei der Denken und Handeln strikt getrennt bleiben, unterfordern wir die Leute nicht nur, sondern beleidigen den einzelnen außerdem.

Um diesen Punkt besser zu verstehen, müssen wir uns ein bestimmtes Beispiel anschauen. Ich finde es sehr merkwürdig, daß der Abteilungsleiter in vielen traditionellen Betrieben nicht einmal ein fünfminütiges Gespräch mit seinen Mitarbeitern zu Beginn oder am Ende eines Arbeitstages führt. Doch diese Art von Unterredung sollte man damit vergleichen, wenn beim American Football die Spieler die Köpfe zusammenstecken und beraten. Wenn die Situation analysiert wird, kann das Team eine Strategie zwecks besserer Leistung festlegen. Wie sollte das Team Strategien entwickeln, ohne dieses „Köpfezusammenstecken"?

Doch manche halten es für effizienter, wenn ein Abteilungsleiter mit jedem einzelnen spricht, statt die Arbeit einen Augenblick ruhen zu lassen, um mit allen auf einmal zu sprechen. Auch wenn dieses Argument vernünftig klingen mag, liegt oft ungenutztes Potential brach. Nicht jeder versteht z. B. das Anliegen des Betriebes, Ziele über Schlüsselbegriffe mitzuteilen. Oder Leute werden nicht über neue Produkte, neue Prozesse oder technische Veränderungen informiert und sind deshalb nicht vorbereitet und können keine eigenen Ideen beisteuern (siehe Abb. 1.11).

Aus der Sicht der Mitarbeiter stellt es sich einfach so dar:

Wenn eine Maschine plötzlich lärmt, vibriert oder mehr Öl als sonst verbraucht, wenn sich Mängel zeigen oder jemandem eine interessante Idee in den Sinn kommt, dann gibt es keine Gelegenheit zu diskutieren oder ein „Brainstorming" abzuhalten.

Ein weiteres typisches Merkmal des traditionellen Betriebes ist, daß die Leute auf dem Shop Floor „Tagelöhner" genannt werden.

Dies ist wiederum eine Umschreibung dafür, daß das Shop Floor-Personal lediglich als ausführendes Organ angesehen wird. Schlimmstenfalls könnte man sagen, daß die Dichotomie zwischen Hirn und Muskeln eine Kluft bildet, die groß genug ist, Kommunikation, Koordination und Kooperation zu unterbinden. Deswegen entwickelt das SF-Personal oft sogar eine feindselige Haltung, zieht sich in sich zurück oder wird gleichgültig.

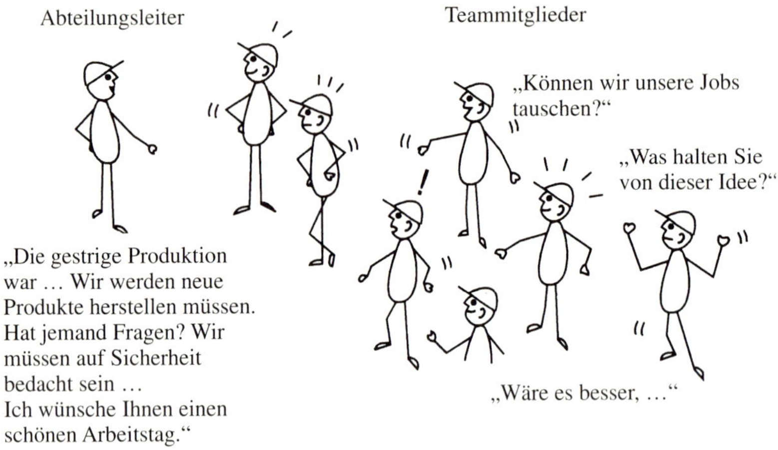

Abb. 1.11 Bessere Kommunikation entwickeln (Meetings auf dem Shop Floor)

Dies ist vergleichbar mit dem Versagen der Wirtschaft in kommunistischen Ostblockstaaten. Wenn wir die Leute einander entfremden, indem Macht, Fertigkeiten oder Informationen nur an der Spitze zu finden sind, erstickt diese strenge Hierarchie die Kreativität der Menschen. Statt sie in starren Bereichen einzusperren, brauchen wir Möglichkeiten, die Probleme der Leute direkt anzusprechen und ihre kreative Kraft zu entfesseln.

Gelingt es uns, daß jeder an Verbesserungsaktivitäten teilnimmt, können diese die Leute bestärken, ihre Fertigkeiten zu verbessern, ihre Kreativität zu nutzen, sowie Stolz und ein stärkeres Selbstbewußtsein in Bezug auf ihre Arbeit zu entwickeln – und höchstwahrscheinlich wird dies auch in ihrem Privatleben der Fall sein. Aus diesem einen Grund sollten wir versuchen, unseren Betrieb auf allen möglichen Ebenen zu ändern und eine harmonische Mischung aus Führung seitens des Managements und Selbstmanagement seitens des SF-Personals zu schaffen.

Zusammengefaßt läßt sich sagen, daß die Umwandlung einer traditionellen Betriebsform zu einer progressiven enorme Vorteile mit sich bringt:

- Mehr Kreativität wird genutzt. Weil Kreativität eines der fundamentalen Merkmale des Menschen ist, ist es auch menschlicher, alle miteinzubeziehen.
- Wir erschließen das unbekannte Potential der Leute. Wenn wir Wege finden, um ihre Talente im Betrieb einsetzen zu können, wird die Wachstumsrate keine Grenzen kennen, wie die Geschichte beweist.
- Da nicht länger nur einige wenige über Fertigkeiten verfügen, erleichtert der höhere Grad an Fertigkeiten, egal in welchem Bereich, die Koordination von Aktivitäten, und die notwendige Arbeit wird leichter erledigt.
- Da die Fähigkeiten der Leute erkannt und besser genutzt werden, wird das System als Ganzes konkurrenzfähiger. Der Gewichtsunterschied der beiden Betriebe in Abb. 1.8 spiegelt auch den Unterschied ihrer Wettbewerbsfähigkeit wider.

Allerdings bedeutet die Tatsache, daß die Leute das Potential ihrer Kreativität nutzen können, nicht, daß jeder machen kann, was er will. Das Geschäftsleben ist eine stetig fortschreitende Angelegenheit, und Ressourcen wie Zeit und Geld sind stets knapp. Daher muß es uns gelingen, die Ressourcen intelligent zu verteilen und den Leuten zu beweisen, daß sie ihren Beitrag zum Erfolg des Unternehmens leisten.

Woran wir arbeiten sollten

Um einen progressiven Betrieb zu entwickeln, müssen wir jedoch auf verschiedenen Gebieten an uns arbeiten:

- *Klarheit in die Vision bringen.* Da sich Shop Floor-Aktivitäten und die Aufgaben sowie die Verantwortlichkeiten der einzelnen ständig ändern, kann das zu Unruhe bei den Leuten führen. Wir müssen unsere Vision festigen und uns auf Werte konzentrieren, wenn bei unserer Arbeit hervorragende Ergebnisse erzielt werden sollen.
- *Kundenorientierung entwickeln.* Wenn wir den nächsten Prozeß als Verbraucher betrachten, sollte jeder im Betrieb die Bedeutung der Kundenorientierung erkennen und Wege finden, die Zufriedenheit der Kunden zu gewährleisten.
- *Die Beteiligung aller fördern.* Wenn wir kundenorientierter werden wollen, müssen wir die Kreativität der Leute fördern und dabei die Zufriedenheit der Verbraucher im Auge behalten. Das verlangt allerdings eine Veränderung der Aufgaben und Verantwortlichkeiten.
- *Problemlösende Fähigkeiten stärken.* Da jetzt jeder mehr Verantwortung trägt, um den Verbraucherwünschen gerecht zu werden, muß die Fähigkeit, Probleme lösen zu können, von allen verbessert werden.
- *Schaffung adäquater Führungsqualitäten.* Anstatt eine Situation zu „managen", werden von den Managern echte Führungsqualitäten benötigt. Die meisten der traditionellen Aufgaben des Managements werden von den Mitarbeitern selbst erledigt werden, wenn ihre selbstmanagenden Fähigkeiten gewachsen sind.
- *Klarheit im Umfeld des Managements schaffen.* Der Managementprozeß muß neu definiert und geklärt werden, um sowohl das neue Denken und die neuen Werte als auch die veränderten Aufgaben und Verantwortlichkeiten einzugliedern.

Die hier aufgelisteten Punkte sind breit gefächert, sie müssen jedoch angegangen werden, wenn wir unsere Visionen verwirklichen wollen. Ein kritischer Punkt bei der Sache ist auch, daß die Leute auf dem Shop Floor diese Themen verstehen und auch ausführen müssen. Die äußerste Wettbewerbsgrenze des Betriebes basiert auf der gesamten wertsteigernden Arbeit eines jeden.

Jedes dieser Themen wird in den folgenden Kapiteln ausführlicher behandelt, und es ist wichtig, dabei zu beachten, daß sie eng miteinander verknüpft sind. Da sich auf dem Shop Floor alle unterschiedlichen Disziplinen treffen, müssen wir eine einheitliche Annäherung finden, statt uns immer nur auf eine Disziplin zu konzentrieren.

Statt jedes dieser Themen isoliert zu behandeln, werden wir detailliert untersuchen, wie die Themen zusammenhängen. Diese Annäherung wird in einigen Fällen gleich sein, dennoch erscheint es mir wichtig, unser ganzheitliches Verstehen des Shop Floor Managements zu vertiefen.

Das Thema Shop Floor Management verlangt nach einer anderen Art des Lernens. Es ist nicht sehr effektiv für die Anwendung des Shop Floor Managements, einfach nur Wissen anzuhäufen. Genauso gut könnte man über Schwimmunterricht im Klassenzimmer sprechen. Das baut auch keine Muskeln auf oder trägt zur Verbesserung von Fähigkeiten bei. Wir sollten uns daher lieber an der wirksamen Ausführung als an der Intellektualisierung orientieren. Folglich werden wir immer wieder die gleichen Dinge besprechen, um das Wesentliche des Shop Floor Managements zu begreifen; tatsächlich aber bedarf es Jahre der täglichen Anwendung.

Die zahlreichen Anhänge und Abbildungen in diesem Buch haben den Zweck, als Werkzeug, Bezugspunkte und Checklisten zu dienen, um dem Leser dabei zu helfen, Schlüsselbegriffe zu behalten und später über das Gesagte nachzudenken.

Wo stehen wir jetzt?

Zunächst einmal müssen wir uns darüber klarwerden, wo wir uns im Verhältnis zu einigen Schlüsselelementen des Shop Floor Managements befinden. Wir könnten das System, entweder als Firma oder Abteilung, in jeder Kategorie, wie oben beschrieben, beurteilen. (Benutzen Sie Abb. 1.12 für eine Selbsteinschätzung.)

Nachdem wir beurteilt haben, wo wir jetzt stehen, müssen wir uns fragen, ob wir verpflichtet sind, das System von einem traditionellen in ein progressiveres umzuwandeln und ob das System eine Einheit, eine Abteilung oder eine ganze Firma darstellt.

Wie in Abb. 1.8 bereits illustriert wurde, erfordert die Übernahme von Verantwortung und die Fähigkeit, jeden einzelnen in die Praxis des Shop Floor Managements zu integrieren, eine enorme Anstrengung.

Es wird zu Veränderungen im Managementsystem kommen, ebenso bei den Aufgaben und Verantwortlichkeiten, im Bereich der Problemlösung und dem Erwerb von Führungsqualitäten. Packt man die Probleme gleich an der Wurzel, werden mehr Manager und Mitarbeiter ihre Zeit mit zukunftsorientierten Themen verbringen, und es wird gleichzeitig auch die Koordination, Kooperation und Kommunikation zwischen den Leuten sichergestellt. Das Topmanagement wird ebenfalls dafür sorgen, daß dies alles funktioniert und sich mit zukünftigen geschäftlichen Entwicklungen beschäftigen.

Egal, ob wir ganz vorne stehen, zum Top Management, mittleren Management oder zum Umfeld des Managements gehören, jeder wird von diesen Veränderungen beeinflußt werden, und jeder wird die Bedeutung für sich selbst herausfinden müssen. Daher sollten wir uns auch fragen: Existiert so etwas wie ein gemeinsames Verständnis und ein gemeinsames Engagement? Sind die Leute bereit, es zu versuchen?

Abb. 1.12 Beurteilung des Niveaus des Shop Floor Managements

Kategorie	**Beurteilung (0 = schlecht; 10 = ausgezeichnet) und Kommentare**
Klarheit der Vision (wichtigster Wert)	
Kundenorientierung	
Einbeziehung von allen	
Problemlösende Fähigkeiten	
Führungsqualitäten	
Umfeld des Managements	

Anmerkung: Hier soll die Einschätzung nur kurz und rasch erfolgen, da wir uns damit in den nachfolgenden Kapiteln ausführlicher beschäftigen werden. (Als Einschätzungskriterium können wir auf ein Wahrnehmungsbeispiel von Leuten auf dem Shop Floor bezüglich ihrer Arbeit verweisen, wie es im Anhang 1.1 zu sehen ist.)

Der Veränderungsprozeß

Wie wir uns vorstellen können, passieren solche tiefgreifenden Veränderungen nicht einfach über Nacht. Es findet gewissermaßen ein kultureller Veränderungsprozeß im gesamten Betrieb statt. Man könnte es auch mit dem Erwachsenwerden von Kindern vergleichen. Zum besseren Verständnis des Veränderungsprozesses und zur besseren Vorbereitung sollten wir uns an unsere eigenen Erfahrungen erinnern.

Unser Verhalten resultiert aus unserer Denkweise. Bis wir unsere Gedanken nicht auf den Punkt gebracht haben, verhalten wir uns falsch. Das Ergebnis kann daher nicht zufriedenstellend sein. D. h. was oder wie wir denken ist oftmals wichtiger als die eigentliche Handlung.

Abb. 1.13 zeigt Veränderungen in den Denkprozessen, sowohl bei Kindern als auch bei Erwachsenen, die eine neue Sportart oder neue Fertigkeiten erlernen.

Wie Sie sehen, folgen alle drei Fälle dem gleichen Muster, obwohl die Ziele ganz unterschiedlich sind. Wir erkennen ebenfalls, daß oftmals Reize nicht genügend Reaktionen auslösen, damit sich Gewohnheiten ändern. Folge: Der Prozeß bleibt auf Stufe 2 oder 3 stehen. Die Kindheit des einzelnen, Probleme zu bestimmten Zeitpunkten und andere Faktoren können selbstverständlich das Verhalten beeinflussen, selbst wenn der Reiz oder der Trainingsprozeß die gleichen sind.

Doch die Natur von Veränderungsprozessen scheint noch logisch zu sein. Weil Betriebe eine Ansammlung von Individuen darstellen, können wir auch hier den gleichen

Abb. 1.13 Lernen von verschiedenen Veränderungsprozessen

Schritte	**Lernen als Kind**	**Tennis lernen**	**Änderung des Lebensstils**
1. Reiz von außen	Berührt eine heiße Pfanne und verbrennt sich die Finger.	Sieht einen Tennisspieler mit einer guten Vorhand.	Entdeckt eine schöne Landschaft.
2. Auswirkung auf uns	Großer Schreck; es mag dieses Ding überhaupt nicht mehr.	Jede Bewegung ist sinnvoll, kraftvoll und schön.	Dies löst eine Erinnerung aus glücklichen Kindheitstagen aus.
3. Veränderung der Einstellung	In der Küche steht ein gefährliches Ding.	„Ich habe den starken Wunsch, meine Gewohnheiten zu ändern."	Möchte wieder so glücklich sein, wie damals.
4. Verhaltensänderung	Es berührt keine Gegenstände mehr, die wie Pfannen aussehen.	„Ich versuche, den Ball differenzierter zu schlagen, so wie der Spieler, den ich gesehen habe."	„Ich versuche, die Beziehung zu meinen Freunden zu erneuern."
5. Änderung der Gewohnheiten	„Ich habe mein Leben mehr unter Kontrolle, wenn ich mehr auf meine Umgebung achtgebe."	Wenn ich Erfolg erlebe und merke, daß ich mich weiterentwickeln will, kann ich von guten Beispielen lernen.	„Ich erlebe häufiger schöne Momente mit meinen Freunden."

Abb. 1.14 Veränderungsprozeß im Betrieb

Stufen	**Veränderung im Betrieb**
1. Reiz von außen	Wettbewerbsdruck entsteht; es werden mehr neue Produkte und Ideen eingeführt.
2. Auswirkung auf uns	Wir erinnern uns an Tage, wo wir alle hart arbeiten mußten.
3. Änderung der Einstellung	Es wird wirklich erforderlich, als Team zu arbeiten.
4. Änderung im Verhalten	Wir versuchen, Probleme als Gruppe zu lösen, da alle von dem Problem betroffen sind.
5. Änderung der Gewohnheit	Stellen wir Anzeichen für eine Verbesserung fest, teilen wir sie öfters anderen mit und werden zufriedener.

Prozeß anwenden. Wenn eine Veränderung notwendig erscheint, müßte der Betrieb ähnliche Stufen durchlaufen wie oben beschrieben. Wir müssen uns darüber klarwerden, daß der gleiche Reiz nicht jeden in gleicher Weise beeinflußt.

Weil wir in einer komplizierten Welt voller neuer Informationen und Reize leben, müssen wir uns mehr anstrengen, wenn wir diese ganzen Stufen durchlaufen wollen, bevor ein neues Verhalten auch zu einer neuen Kultur innerhalb des Betriebes führt.

Wenn wir uns nicht jede Stufe bewußt machen und die jeweils relevante Information herausfiltern, können wir von neuen Reizen abgelenkt werden und im Prozeß verlorengehen, bevor wir etwas erreicht haben. Will man einen guten Vorsatz für das Neue Jahr wirkungsvoll in die Tat umsetzen, muß man die Reize auseinandersortieren (z. B. wichtige Informationen und Nebensächlichkeiten voneinander unterscheiden), eine klare Vorstellung von etwas entwickeln und den starken Wunsch haben, das gesteckte Ziel zu erreichen. Dies sind die ersten wichtigen Schritte, wenn wir oder unser Betrieb wachsen soll.

Abb. 1.14 erläutert, wie der Veränderungsprozeß in einer Firma angewandt werden kann. Der erste Schritt ist wiederum, die Reize auseinanderzuhalten, eine klare Vorstellung zu entwickeln und den starken Wunsch zu haben, die Vorstellung auch zu realisieren.

D. h. eine Firma muß gemeinsame Werte und Vorstellungen entwickeln, damit sie zunächst einmal ein einheitliches Verhalten erreicht. Dann wird das Ganze zu einer Institution, die sich das Ziel gesetzt hat, den Firmenauftrag als Gruppe zu erfüllen.

Selbst wenn wir das gedanklich begriffen haben, müssen wir uns noch verdeutlichen, daß es einen Unterschied gibt zwischen dem Wissen um unser Tun und dem Handeln nach unserem Wissen. Deshalb müssen wir unsere neue Denkweise zu einer Gewohnheit werden lassen. Einmal verinnerlicht stellt dieser Prozeß die genaue Entsprechung zum „Leute machen“ dar – wie es Matsushita forderte – bzw. formt ein ganz neues Individuum.

Unser Schicksal ändern

Wenn wir einmal zurückdenken, dann hat unsere Gesellschaft von einer primitiven Kommunikation in der prähistorischen Ära über Zeichensprache, gesprochene und geschriebene Sprache bis hin zum Gebrauch von Fernsehen und Computern Fortschritte gemacht

Abb. 1.15 Wir ändern unser Schicksal (Modell zur Verhaltensänderung)

Stufen	**Beschreibung**
1. Reiz von außen	Informationen von außen
2. Auswirkung auf uns	
• Idee erzeugen	• Etwas neues finden, auf der Grundlage des vorherigen Wissens
• Sich über die Idee klarwerden	• Anhand eines Bezugsrahmens prüfen, z. B. Prioritäten setzen, die sich als effektiv herausgestellt haben.
• Mit der Idee experimentieren	• Verschiedene Dinge mit der Idee gedanklich durchspielen, um zu sehen, ob sie sinnvoll ist.
3. Änderung der Einstellung	Den Bezugsrahmen oder die Prioritäten ändern.
4. Änderung des Verhaltens	Neuen Rahmen erstellen oder neue Paradigma in unsere Verhaltensmuster bringen.
5. Änderung der Gewohnheit	Neue Verhaltensmuster werden zum Lebensstil.
6. Änderung des Schicksals	Die Entwicklung neuer Denkweisen führt zu einem neuen Potential in unserem Leben.

– bis hin zu der Tatsache, daß wir Nachrichten über Satelliten oder optoelektronische Leiter senden können. Folglich sind wir in der Lage, auf neue Informationen sehr rasch zu reagieren. Und diese neuen Informationen bewirken neue Einblicke, da immer mehr Menschen am Prozeß des Informationsaustausches beteiligt sind, was Kettenreaktionen auslösen kann.

Dieser Prozeß hatte beträchtliche Auswirkungen auf unsere Gesellschaft. Da wir uns selbst inmitten einer Flut von Informationen befinden, sollten wir uns vor Augen führen, daß unsere Reaktionen auf Informationen (Reize) unser Leben gewaltig verändern können. Abb. 1.15 beschreibt zusammengefaßt die Art des Veränderungsprozesses, den ein Individuum oder ein System durchläuft. Das kann sogar unser Schicksal verändern. Damit jetzt keine Mißverständnisse auftreten, werde ich dafür den Begriff „Modell zur Verhaltensänderung" verwenden.

Unser Schicksal oder das Schicksal des Betriebes ist abhängig davon, wie wir auf äußere Reize reagieren. Wir müssen die Fähigkeit besitzen, die Reize voneinander zu trennen und zu entscheiden, ob sie wichtig sind oder nicht. Ich bin optimistisch, daß wir unser Schicksal entsprechend ändern können, wenn wir nach guten Ideen Ausschau halten, eine positive Haltung einnehmen, uns sinnvoll verhalten bzw. gute Gewohnheiten annehmen und einen Schritt nach dem anderen machen. Wie Walt Disney einst sagte: „Wenn wir davon träumen können, sind wir auch in der Lage, es zu verwirklichen."

Es ist sehr wichtig, die einzelnen Schritte auf eine Weise zu gehen, daß sowohl das Individuum als auch das System als Ganzes seine Bedeutung herausfinden kann; jedenfalls wenn wir die Herausforderungen im Geschäftsleben annehmen wollen und die Notwendigkeit einsehen, die Leistung unseres Betriebes konsequent zu verbessern.

Abb. 1.16 Die Vision eines perfekten Shop Floors

- Der Shop Floor ist das Zentrum der Aktivitäten
- Gegenseitiges Vertrauen
- Glauben an Veränderung
- Positive Arbeitsmoral
- Kooperation
- Homogene Gruppe
- Betriebliches Kundenverständnis
- Liebe zum Produkt
- Aufdeckung von Problemen
- Motivierte Mitarbeiter
- Offenes, transparentes System
- Mitwirkung der Mitarbeiter
- Haushaltung
- Sorgfalt im Umgang mit dem Produkt
- Anstreben von höchster Qualität
- Gute Kommunikation
- Lernfähigkeit
- Übersichtlichkeit
- Disziplin im Zusammenhang mit dem Herstellverfahren
- Verantwortlichkeit für den eigenen Bereich

Klarheit über Visionen und Missionen schaffen

Im Gegensatz zu den Aufgaben des Tages, die leicht von äußeren Reizen beeinflußt werden, ändern sich unsere fundamentalen Werte weniger radikal.

Abb. 1.16 faßt die Vision eines perfekten Shop Floors zusammen. Die Schlüsselbegriffe wurden von Leuten zusammengestellt, die an einem von mir geleiteten SFM Workshop in Spanien teilgenommen haben.

Als wir über die einzelnen Punkte sprachen, stellten wir fest, daß unsere grundsätzlichen Ansichten die gleichen waren, obwohl wir alle einen unterschiedlichen Hintergrund hatten. Ebenso wurde uns klar, daß wir Wege finden mußten, diese Werte zu verinnerlichen und sie als Maßstab für unser Verhalten im Alltag zu nehmen.

Bevor ein Betrieb seinen „Auftrag erfüllen" kann, muß er sich erneuert haben und anfangen zu wachsen. Daher sollte er die Veränderungsprozesse, die in Abb. 1.13 beschrieben sind, wieder und wieder durchlaufen. Jemand, der nicht richtig überzeugt ist, kann seine Vorstellungen inmitten von Turbulenzen sehr leicht aus den Augen verlieren. Das gleiche gilt auch für jedes System (siehe Abb. 1.17 und 1.18).

Letztendlich brauchen wir eine Vision für die Zukunft, die jeder jederzeit verinnerlichen kann. Gelingt es uns, solch eine allgemein gültige Vision zu entwickeln – unabhängig von Zeit und nationalen Grenzen – werden sowohl unsere Firmen als auch unsere ganze Gesellschaft davon profitieren. Im Verlaufe dieses Buches und beim Durchschreiten unseres eigenen Veränderungsprozesses sollten wir in der Lage sein, unsere eigene Vision der Perfektion zu entwickeln und dafür vorbereitet sein.

Zusammenfassung

- Um heutzutage in der unruhigen Geschäftswelt Erfolg zu haben, muß jeder von uns vorbereitet sein und Fähigkeiten verinnerlichen, auf Veränderungen zu reagieren.
- Packt jeder Probleme dort an, wo sie entstehen (z. B. Shop Floor), wird jeder von uns zum Problemlöser. Der Bedarf an zusätzlichen Ressourcen, wie ein extra Mitarbeiterstab oder Managementschichten, wird reduziert.
- Mit Hilfe des Selbstmanagements können die Leute ihr Schicksal selbst in die Hand nehmen. Sie werden über mehr Stolz, Selbstbewußtsein, mehr Verantwortung verfügen und mehr zur Firma und Gesellschaft beitragen.

Matsushita

Abb. 1.17 Tägliches Meeting auf dem Shop Floor bei Matsushita. Hier leitet ein Abteilungsleiter die Meetings jeweils zu Beginn und am Ende einer Schicht, um wichtige Informationen mit seiner „Minifirma" auszutauschen. Die Schaffung einer Vorstellung und das Ändern unseres Verhaltens ist wichtig, um als Mensch oder als Team zu wachsen. Genauso wichtig ist es aber auch, sich daran zu erinnern, daß ein großer Unterschied zwischen der Entwicklung einer Idee und ihrer Durchführung besteht.

Abb. 1.18 Zurückhaltung von Informationen. Hier belegen die Ergebnisse einer Studie, wie wichtig es ist, eine Idee in die Praxis umzusetzen und daraus eine gute Gewohnheit werden zu lassen, um die Idee zu verinnerlichen.

Methode	**Erinnerung nach 72 Stunden (bis zu)**
Nur zugehört	10%
Nur gesehen	20%
Gehört und gesehen	50%
Verbale Beteiligung	70%
Körperliche Beteiligung	80%
Hören, sehen und ausführen	90%

- Um Perfektion im Shop Floor Management zu erreichen, müssen traditionelle Probleme, wie unüberbrückbare Hindernisse zwischen Managern und ihren Untergebenen sowie Koordinationsmangel zwischen einzelnen Tätigkeiten, gelöst werden.
- Obwohl die Effektivität jedes einzelnen Prozesses gering erscheinen mag, kann die Wirkung auf das Gesamtsystem beträchtlich sein. Wenn wir jeden dieser Prozesse besser managen können, verbessern wir deutlich die Zufriedenheit der Kunden und reduzieren gleichzeitig die Verschwendung.
- Damit Shop Floor Management erfolgreich ist, muß die Wirkung auf die betriebliche Struktur, das Managementsystem, die Fertigkeiten und Einstellungen der Leute ebenfalls angesprochen werden.
- Die ersten wichtigen Schritte zur Veränderung sind das Aussortieren von Reizen, die Entwicklung einer klaren Vorstellung und der starke Wunsch nach Erfüllung der Vision. Gehen wir Schritt für Schritt voran, stellen wir fest, daß sich dadurch sogar unser Schicksal ändert.
- Die Vision eines perfekten Shop Floors ist etwas, was jeder von uns suchen muß und nicht etwas, was uns jemand anderer einfach anbietet. Wenn wir unseren Geist schulen, sollten wir eine Vision des perfekten Shop Floors haben.

2. Kapitel

Entwicklung eines kundenorientierten Betriebes

Einer der wichtigsten Punkte unsere Vision vom Shop Floor ist unsere Haltung gegenüber dem Kunden. Im alltäglichen Geschäftsleben neigen wir jedoch dazu, sie zu vergessen und beschäftigen uns nur noch mit unseren eigenen Problemen.

Zur besseren Orientierung werden wir uns zunächst einmal die Beziehung Kunde–Lieferant anschauen. Dann werden wir das Prinzip des zufriedenen Kunden in unserem eigenen Betrieb anwenden. Als nächstes werden wir untersuchen, wie jede Betriebseinheit mit den Bedürfnissen der Kunden umgeht, um ein absolut kundenorientiertes System entwickeln zu können.

Die Kunden/Lieferanten-Beziehung in unserer Gesellschaft

Tag für Tag kaufen wir Dinge, ohne darüber nachzudenken, wie viele Leute an ihrer Produktion beteiligt sind. Tatsächlich sind aber nicht nur die Hersteller beteiligt, sondern von den Rohstofflieferanten bis zu den Lieferanten und Spediteuren auch viele andere. Diejenigen, die dafür sorgen, daß die Produkte unsere Häuser oder unseren Arbeitsplatz erreichen, können aus vielen Ländern kommen. Manchmal müssen sie zu diesem Zweck sogar den Ozean mehrmals überqueren.

Wenn dies für Produkte zutrifft, wie sieht es da mit den Informationen aus? Umgeben von einer Fülle von Informationsquellen wie Radios, Fernsehern, Videos, Computern, Faxapparaten, Telefonen, Büchern und Filmen, finden wir uns wieder einmal inmitten einer fürchterlich komplizierten Verkettung Kunde–Lieferant wieder. Außerdem gibt jede Generation ihre Gedanken an die nächste weiter, Eltern an ihre Kinder oder Lehrer an ihre Schüler. Ohne die koordinierten Aktivitäten einer Vielzahl von Leuten, hätten wir unseren jetzigen Lebensstandard weder erreicht noch könnten wir ihn aufrecht erhalten.

Die Wünsche des Kunden respektieren

Durch die Nachrichtenmedien hören wir, daß auf internationaler Ebene massive Veränderungen stattfinden. In unserer unmittelbaren Umgebung gibt es den verstärkten Wettbewerb, der dazu führt, neue Produkte und Dienstleistungen einzuführen, und das Tempo dieser Veränderung scheint schneller zu werden. Bei sorgfältiger Überlegung haben diese Trends etwas gemeinsam. Die Machtbasis wird mehr und mehr dezentralisiert, und der Informationsaustausch ist freier geworden. Da Informationen leichter zugänglich werden und die Leute mehr Wissen erlangen, nehmen auch mehr Leute an den unterschiedlichsten neuen Aktivitäten teil.

Der Veränderungsprozeß hat ebenfalls etwas mit diesen Trends gemeinsam. Es findet eine Art Erdrutsch im Veränderungsprozeß statt, wenn Leute mehr Verantwortung übernehmen. Oftmals fallen alte Schranken – wie z. B. der Fall der Berliner Mauer im November 1989 – nicht durch den Gebrauch von Macht im traditionellen Sinn, sondern durch den Wunsch der Leute nach Veränderung. In verschiedenen Teilen der Welt finden ähnliche Prozesse statt.

Massive Veränderungen ereignen sich ebenso in der Konzernwelt. Nicht nur neue Firmen, sondern auch solche mit einer langen Tradition, suchen nach Wegen, die Bedürfnisse der Kunden besser als ihre Konkurrenten zu befriedigen. Folglich wird die Umstrukturierung in den Konzernen zu etwas Alltäglichem. Das führt zu veränderten Rollen und Verantwortlichkeiten für viele von uns.

Allerdings ist Veränderung stets von Schmerz begleitet. Ja, der Schmerz ist sogar voraussehbar, denn, laut Definition, benötigt Veränderung Energie. Gemäß den physikalischen Gesetzen heißt es, je größer die Masse (oder im Falle von Betrieben die Zahl der Leute) und je größer die Geschwindigkeit (der Veränderung), desto größer auch die Energie, die zur Durchführung der Veränderung benötigt wird. Die Menge an Energie, die ein Tanker braucht, um seinen Kurs zu ändern, ist weitaus größer als die, die zur Steuerung eines Kanus benötigt wird. Zur reibungslosen Durchführung der Veränderung sollte die Energie jedoch von innen kommen, in Form von Eigeninitiative der Leute.

Vielleicht wundern wir uns noch, warum wir Veränderung brauchen. Veränderung findet zum einen deshalb statt, weil wir mehr und mehr auf die Stimmen unserer Mitarbeiter und unserer Kunden hören, und versuchen, ihre Bedürfnisse herauszufinden. Es gibt in unserer Gesellschaft Probleme, doch es sieht so aus, als ob wir alle die Vision einer besseren Zukunft teilen.

Wie sieht ein kundenorientierter Betrieb aus?

Eine Möglichkeit, sich bewußt zu machen, wie Veränderung in unserer Gesellschaft mit dem Shop Floor Management verknüpft ist, ist die, sich einen Schwerpunkt der Firma genauer anzusehen, nämlich die Bedürfnisse ihrer Kunden zu befriedigen. Wer auch immer die besseren Produkte oder Dienstleistungen für die Kunden bereithält, geht aus dem Konkurrenzkampf als Sieger hervor. Selbstverständlich ist das für Anbieter von Produkten oder Dienstleistungen ein schwieriges Unterfangen, doch mit Sicherheit ist es das Beste für den Kunden. Betrachtet man den inneren Aufbau eines Betriebes, findet man Kunden/Lieferanten-Beziehungen, wie in den folgenden Abbildungen erläutert wird.

Zunächst einmal unterscheiden wir zwischen externen und internen Kunden (siehe Abb. 2.1). Die Kunden/Lieferanten-Beziehung bildet einen geschlossenen Kreislauf. D. h. die Bedürfnisse der Kunden werden identifiziert (Marketing), Produkte entworfen (Design) und hergestellt (Lieferant–Herstellung–Montage) und diese an die Kunden verkauft (Versand–Kunden). Es ist die Aufgabe der Marketingabteilung, Produkte, die bei den Kunden Unzufriedenheit hervorrufen, zu identifizieren, um mit besseren Produkten auf den Markt zu kommen. Innerhalb dieses Kreislaufs trachtet jeder danach, die Kundenwünsche besser zu befriedigen.

An dieser Stelle sollten wir festhalten, daß sich die Kunden/Lieferanten-Beziehung nicht nur auf den Material-, sondern auch auf den Informationsfluß zwischen Industrie, Dienstleistung und Konstruktion bezieht. In diesen Industriezweigen wird der Herstel-

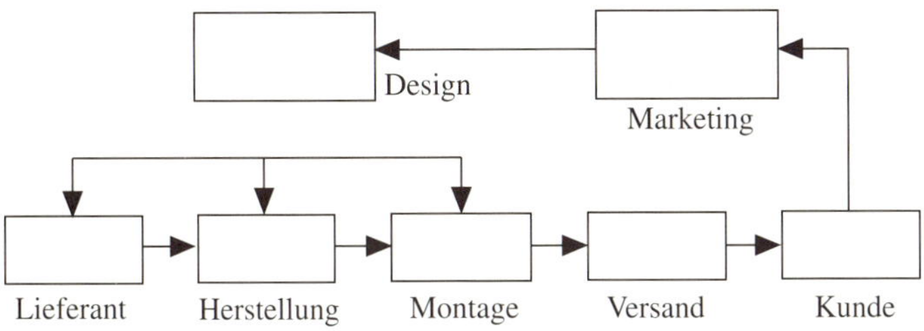

Hinweis: Jeder Pfeil weist auf eine Kunden/Lieferanten-Beziehung hin.

Abb. 2.1 Kunden/Lieferanten-Beziehung in verschiedenen Betriebsbereichen

lungsprozeß durch solche wertsteigernden Prozesse wie Anrufbeantworter, Lebensmittellieferungen, Bankwesen, Transport oder das Bauen von Häusern repräsentiert. Unabhängig davon, um welche Aktivität es sich handelt, kann der Begriff „Herstellung" einfach als „Wert produzieren" für den Kunden interpretiert werden, da im Grunde jede geschäftliche Funktion wertproduzierend sein sollte.

Abb. 2.1 stellt einen in sich geschlossenen Verbesserungskreislauf dar. Wenn jeder Bereiche innerhalb dieses Kreislaufs den nächsten besser befriedigt, ist das Wachstum jedes Einzelnen sichergestellt. Selbst wenn der Markt gesättigt ist, können wir Erfolg haben, wenn wir ständig unbefriedigte Bedürfnisse von Kunden herausfinden und Produkte (oder Dienstleistungen) entwerfen sowie herstellen, die diese Bedürfnisse erfüllen. Die Mitarbeiter einer solchen Firma halten das Steuer fest in der Hand und werden ihren Kurs in die Zukunft selbst bestimmen.

Das Kunden/Lieferanten-Verhältnis verstehen lernen

Bleiben wir einmal bei den internen und externen Kunden und den Lieferanten eines Betriebes. Abb. 2.2 zeigt die Organisation einer Automobilfabrik. Die Tatsache, daß der Schwerpunkt auf die Entwicklung eines anschaulichen Bildes gelegt wird und die Mitarbeiter daran teilhaben, ermöglicht, daß sie die Firma besser steuern können. Das Zeichnen solcher Diagramme entwickelt ein klareres Verständnis für die wichtige Rolle, den jeder einzelne Prozeß bei der Bewältigung von Aufgaben spielt. Um sicherzustellen, daß der Kunde überall, wo Kunden/Lieferanten-Verbindungen bestehen, völlig befriedigt wird, müssen alle Prozesse gut kontrolliert werden; und kein Prozeß darf dabei von der Norm abweichen.

Lassen Sie uns unseren Betrieb im Detail betrachten. Und zwar werden wir diesmal ein Kunden/Lieferanten-Verhältnis in einer einzelnen Betriebseinheit untersuchen. Normalerweise gibt es viele Kunden und Lieferanten. Abb. 2.3 wurde z. B. für eine Einheit, die für Wartung und Technik innerhalb eines Herstellungsbetriebes zuständig ist, entwickelt.

Der dicke Pfeil in der Abbildung, der auf die Produktion deutet, zeigt, daß diese der Hauptkunde der Wartungs-/Technikabteilung ist. Einige Pfeile zeigen in beide Richtungen, da je nach Situation der gleiche Kunde ebenfalls ein Lieferant sein kann. Eine Gruppe kann z. B. der anderen Material liefern, während die zweite Gruppe als Gegenzug dazu Informationen bereithält.

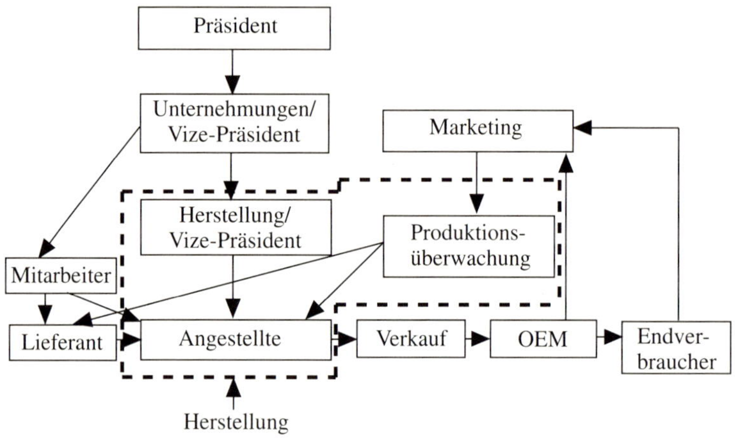

Mit freundlicher Genehmigung von Borg-Warner

Abb. 2.2 Diagramm eines Kunden/Lieferanten-Verhältnisses innerhalb eines Herstellungsbetriebes

Wenn die Leute in jeder Einheit Kunden/Lieferanten-Diagramme, wie sie in diesen Beispielen gezeigt werden, zeichnen und diese Diagramme untereinander vergleichen, wird dies folgende Vorteile haben:

- Mehr Überblick über seine Arbeit bekommen.
- Identifizierung von wichtigen Kunden.
- Sich über die Wechselbeziehungen von Systemen klarwerden, die sich schwer durch traditionelle, pyramidenförmige Diagramme darstellen lassen.
- Sich über Rollen und Verantwortlichkeit bewußt werden.
- Neue Mitarbeiter ausbilden.
- Die Anstrengungen des Personals auf die Zufriedenheit der Kunden konzentrieren.

Eine solche Übung wird den Leuten helfen, ein besseres Verständnis für die internen Firmenfunktionen zu entwickeln, mit deren Hilfe ein Unternehmen geleitet wird.

Verschiebung von lokaler zu totaler Optimierung

Nach Verdeutlichung der Beziehung Kunde–Lieferant führt die gemeinsame Konzentration auf die Zufriedenheit der Kunden zur ständigen Verbesserung. Wie uns schon die Geschichte gezeigt hat, hören weder die Bedürfnisse der Kunden jemals auf noch die Anstrengungen, diesen Bedürfnissen zu entsprechen. Verbesserung findet per definitionem jenseits von Zwängen statt und führt so zu Lösungen, die aus neuen Einsichten gewonnen werden. Unabhängig davon, ob Zwänge im Zusammenhang mit Menschen, Maschinen, Materialien, Methoden oder Messungen bestehen, ist es wichtig, daß jeder von uns ein tieferes Verständnis für unseren Betrieb entwickelt und unsere Mission, Rolle und Verantwortlichkeit klar deuten kann. Versteht jeder innerhalb des Betriebes, wie wichtig es ist, die Wünsche der Kunden zu befriedigen, können wir eine absolut kundenorientierte Firma auf die Beine stellen.

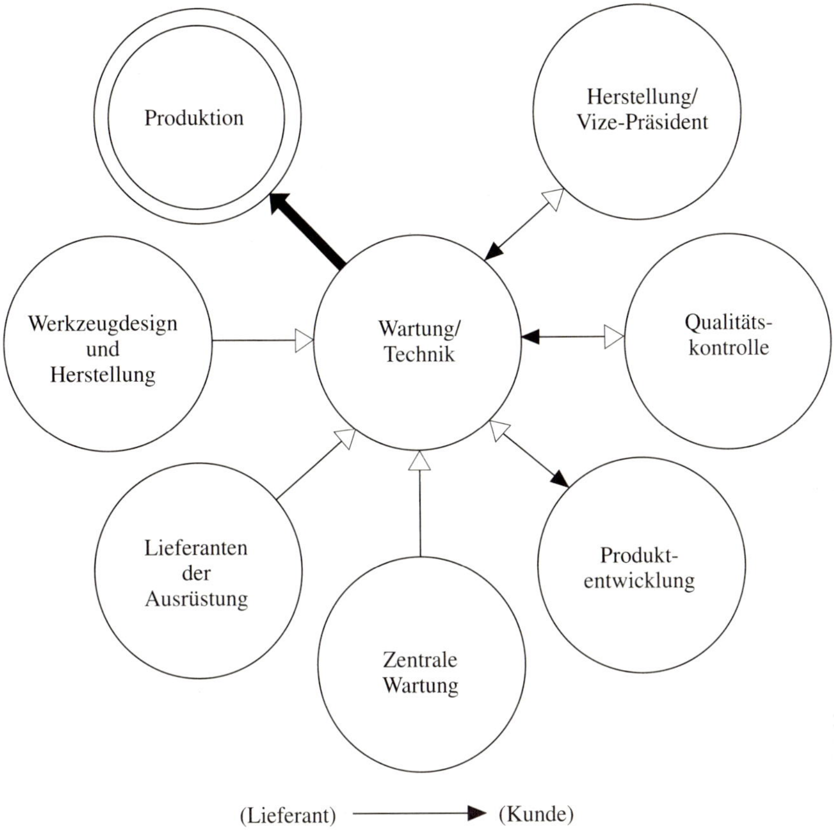

Mit freundlicher Genehmigung von Borg-Warner

Hinweis: Die Pfeile können in beide Richtungen zeigen, d. h. je nach Situation kann man entweder Kunde oder Lieferant sein. Einer stellt dem anderen z. B. Material zur Verfügung, während der andere im Gegenzug dazu Informationen liefert.

Abb. 2.3 Diagramm eines Kunden/Lieferanten-Verhältnisses für eine Einheit, die für Wartung und Technik zuständig ist

Während das Konzept noch verständlich ist, kann sich die aktuelle Anwendung als problematisch herausstellen, denn die meisten von uns neigen dazu, ihre eigenen Interessen zu „optimieren". Bei der Herstellung werden die Arbeiter z. B. längere Produktionsdurchläufe mit weniger Umstellungen bevorzugen, wenn sie sich nur auf ihre eigene Leistung konzentrieren. Lieferanten von Materialien würden vielleicht größere Paletten bevorzugen, da sie dann weniger oft liefern bräuchten. Doch diese Einstellung trägt dazu bei, den Bestand zu vermehren, die Gesamtkosten zu erhöhen und die Lieferzeiten zu verlängern, da nicht genügend Flexibilität vorhanden ist.

Die Modelle, die in Abb. 2.4 abgebildet sind, dienen als Erklärung. Das Modell links zeigt drei verschiedene Gruppen innerhalb einer Firma, wobei sich jede auf ihr Interes-

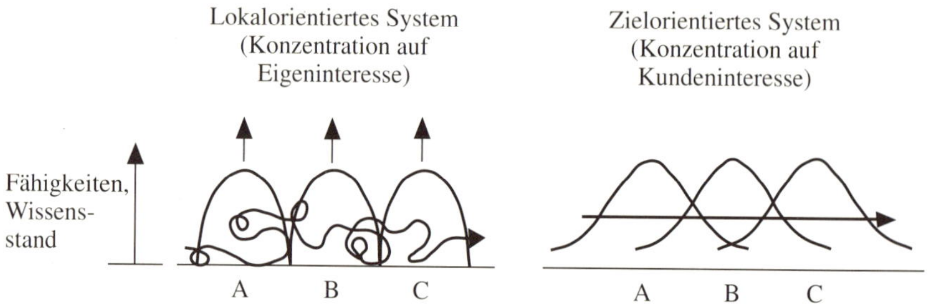

Abb. 2.4 Vergleich zwischen lokaler und totaler Optimierung

sengebiet konzentriert. Sie könnten z. B. die Herstellung, die Vormontage, die Montage oder die Tätigkeiten A, B und C repräsentieren.

Es könnte sich auch um Marketing, technische Bereiche und Herstellung oder Lieferanten, Hersteller und Verkaufsgeschäfte handeln.

Die enggefaßten Zielvorstellungen jeder Gruppe führen zu einem Defizit an Kommunikation, gemeinsamen Zielen und Kooperation. Es werden auch unterschiedliche Sprachen gesprochen. Die Marketingleute sprechen z. B. eine Sprache, die von den Designern oder Herstellern nicht verstanden wird, und die Monteure können sich nicht gut mit den Leuten aus der Herstellung oder externen Lieferanten verständigen.

Konzentrieren wir uns nur auf unser eigenes Interessengebiet, schaffen wir so Probleme an den betrieblichen Grenzen, schränken den Überblick der Leute ein und behindern das Verstehen der Kundensprache. Daraus resultieren hohe Material- oder Informationsbestände, lange Herstellungszeiten und oftmals hohe Beanstandungsraten, was alles auf ein unzureichendes Feedback zurückzuführen ist.

Diese Situation wird mit dem Modell auf der rechten Seite verglichen. Hier ist mehr Kommunikation, Koordination und Kooperation vorhanden. Wir sollten erkennen, daß solche Techniken wie Kanban (System zur Produktionskontrolle), Rotation am Arbeitsplatz und visuelle Kontrolle mit der Absicht entwickelt werden, die Bedürfnisse der Kunden besser zu befriedigen und die Probleme an den betrieblichen Grenzen, die im Modell links offensichtlich vorhanden sind, zu vermindern. (Für eine ausführliche Erklärung dieser Techniken empfehle ich Ihnen mein Buch „Modernes Management im Produktionsbetrieb".)

Mit Hilfe dieser einfachen Hilfsmittel können die Leute über betriebliche Grenzen hinweg besser miteinander kommunizieren, und zwar ohne große Schwierigkeiten und ohne eine höhere Managementebene zwischenzuschalten. Das führt dazu, daß die Dinge reibungsloser funktionieren, wie es durch den geraden Pfeil in Abb. 2.4 gezeigt wird (siehe ebenfalls Beispiele Abb. 2.5).

Mit freundlicher Genehmigung von Borg-Warner

Motorola

Abb. 2.5 Die Mauern niederreißen. Bei Borg-Warner wird ein offenes Büro gebaut (linkes Foto). Ted Woods von Motorola, Vize-Präsident der Operation, reißt die Mauern ein, um eine bessere Kommunikation zu erzielen (rechtes Bild). Die Errichtung von Mauern ist ein Zeichen für das Tayloristische Denken und führt zu einem Betrieb, der nicht kundenfreundlich arbeitet. Es erschwert die Kommunikation und schafft „Black Boxes".

An unserer Einstellung arbeiten

Obwohl die hier vorgeschlagenen Ideen schlicht klingen mögen, haben sie doch eine tiefere Bedeutung für das gemeinschaftliche Arbeiten an unserer Einstellung. Die Kundenorientierung ist mit Selbstlosigkeit, Offenheit, Bescheidenheit und unserem Glauben verbunden, diese Techniken so anzuwenden, daß sie auch funktionieren.

Wenn dies nicht durch unsere eigene Initiative geschieht, existieren immer noch Mauern in unserem eigenen Denken.

Wir müssen Selbstlosigkeit praktizieren, statt immer nur auf uns selbst konzentriert zu sein. Ebenso müssen wir allen Dingen gegenüber offen sein, statt Dinge zu verbergen und uns unsicher zu fühlen. Statt Kunden zu ignorieren, müssen wir bescheiden sein und sie entsprechend würdigen. Statt Experten zu bemühen, müssen wir darauf vertrauen, jeden einzelnen bei der Problemlösung im Kundenbereich miteinzubeziehen und davon überzeugt sein, daß das auch funktioniert.

Es sollten sich so viel Leute wie möglich mit der Kundenorientierung beschäftigen, damit ein Betrieb entsteht, der sich in Richtung totale Optimierung bewegt, denn das bedeutet totale Zufriedenheit der Kunden.

Damit dies alles geschieht, müssen wir an unserer Einstellung arbeiten. Wenn wir die Mitarbeit aller wollen, müssen wir Einfachheit und Klarheit besonders hervorheben. Traditionelle Betriebe, wie sie in Abb. 2.4 im Modell auf der linken Seite dargestellt werden, tragen nicht gerade dazu bei, den Austausch von Fertigkeiten oder Wissen zu erleichtern, da sie eine Expertenmentalität aufrechterhalten.

Die Leute neigen dazu, enge Sichtweisen zu vertreten, statt sich offen zu verhalten, und sie schauen lieber nur auf sich selbst, statt sich an den Kunden zu orientieren. Folgende Beispiele zeigen eine solche Denkweise:

Fall 1: Wir meinen, daß uns unsere Fähigkeiten und unser Wissen helfen, unseren Arbeitsplatz sichern, wenn wir sie nicht an andere weitergeben.

Fall 2: Wir sind gegenüber Veränderungen oder neuen Konzepten, die etwas bedrohen könnten, was so lange funktioniert hat, defensiv und mißtrauisch eingestellt. Wir sagen z. B.: „Wir haben das schon einmal versucht", „Warum sollten wir das ändern?" usw.

Fall 3: Statt Konferenzen abzuhalten, bei denen Ideen ausgetauscht werden, ziehen wir Einzelgespräche vor, die effizienter erscheinen. Es liegt offenbar kein Vorteil darin, Ideen auszutauschen oder die gute Arbeit von jemandem in solchen Konferenzen zu würdigen.

Fall 4: Selbst wenn wir auf offensichtliche Probleme stoßen, versuchen wir nicht, unsere Hilfe bei der Problemlösung anzubieten, wenn es nicht unser Aufgabengebiet betrifft.

Jeder einzelne von uns mag mit dieser Haltung Erfolg haben, seinen Job langfristig zu behalten, doch weiterentwickeln werden wir uns dann mit Sicherheit nicht. So lange die Kundenorientierung bei dieser Denkweise nicht den Stellenwert einnimmt, der ihr gebührt, dürfen wir nicht überrascht sein, wenn wir eines Tages feststellen, daß die Firma pleite macht. Wir müssen uns einen Gesamtüberblick verschaffen und unser Denken am Kunden orientieren. Darüber hinaus müssen wir uns mit den Kunden identifizieren und ihre Zufriedenheit erreichen, um unsere Zukunft zu sichern.

Entwicklung des Nervensystems in unserem Betrieb

Unsere Arbeit besteht bezeichnenderweise darin, mehrere unterschiedliche Kunden zufriedenzustellen, wie in Abb. 2.3 beschrieben. Werden sie zusammengebracht, stellen wir fest, daß unser Betrieb aus verschiedenen Einheiten besteht, die oftmals miteinander in einem komplizierten Netzwerk verbunden sind, ähnlich wie das Nervensystem unseres Gehirns. (Es ist tatsächlich so, daß unser Gehirn über unser Nervensystem verschiedene Muster erkennen kann, während unser Betrieb über unser kompliziertes Kommunikationssystem bestimmte Werte erzeugt.)

Ein Modell, das diese Art von Kunden/Lieferanten-Beziehung mit der traditionellen Sichtweise der Organisationsstruktur vergleicht, ist in Abb. 2.6 dargestellt. Hier müssen die Informationen im traditionelleren Betrieb über eine vorher geschaffene Befehlskette fließen, was das System sehr starr werden läßt. Oftmals führt dies auch zu einem Verkehrschaos der Informationen. Von oben wird z. B. ein Auftrag oder eine Strategie entwickelt, ohne dabei andere miteinzubeziehen. So war das auch in alten ägyptischen Königreichen, großen Armeen oder großen, traditionell geführten Firmen.

Dann sind die Leute nämlich daran „gewöhnt", Befehle von oben auszuführen, ohne selbständig zu denken.

Wenn die Leute über wenig Fähigkeiten verfügen, mag eine solche Vorgehensweise praktisch sein. Doch wenn eigene Führungsqualität und Ausbildung vorhanden sind, sind viele Betriebe der Auffassung, daß mehr Delegierung von Autorität und Selbstmanagement möglich wird, wobei von oben weniger gesteuert werden muß. In einem kundenorientierten Betrieb (z. B. einer Art organischen oder biologischen Organisation) können die Informationen so fließen, wie es die Kunden/Lieferanten-Beziehung erfordert. Und solche Betriebe entwickeln Ansichten, die auf einer breiten Ebene von den Leuten geteilt werden. Dadurch ist der Betrieb flexibel genug, die Bedürfnisse der Kunden rascher zu befriedigen. Die Verlagerung vom traditionellen Betrieb – der dazu neigt, seinen eigenen Wirtschaftsmaßstab anzulegen – zu einem kundenorientierteren Betrieb repräsentiert das

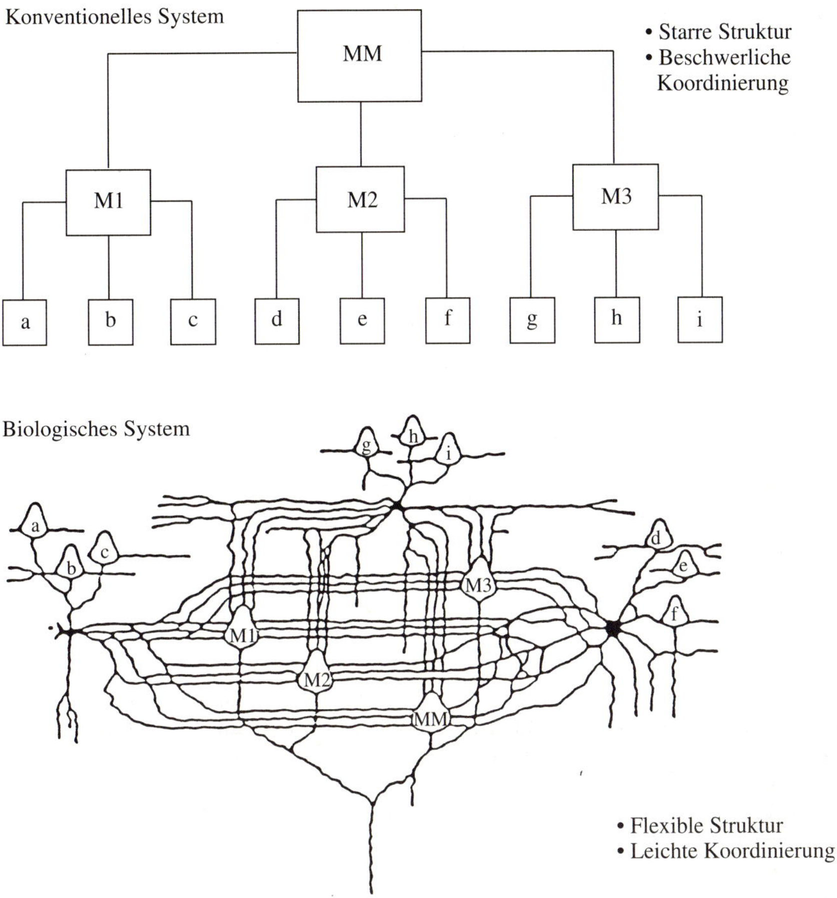

Hinweis: Dieser Vergleich wurde entwickelt, um die organisatorische Entwicklung von Jean Bounine und Kiyoshi Suzaki in „Produire-juste à temps" (Paris: Masson, 1986) darzustellen. Das Konzept des biologischen Betriebes wurde ursprünglich von Stafford Beer in „The Brain of the Firm" entwickelt (London: Allen Lane, 1972).

Abb. 2.6 Vergleich konventioneller und biologischer Systeme

Wachstum unserer Gesellschaft. So ist die Firma dann in der Lage, die spezifischen Bedürfnisse der einzelnen zu befriedigen.

Wenn bei der Entwicklung eines kundenorientierten Betriebes eine Verkettung zur Befriedigung der Kundenbedürfnisse fehlt, werden die jetzt befähigten Leute die Entwicklung neuer Kanäle und Nervenbahnen vorantreiben, um die Grenzen zu durchbrechen. Dies ist vergleichbar mit der Entwicklung des Nervensystems des Gehirns. Deshalb haben Titel und Arbeitsplatzbeschreibungen in einem kundenorientierten System auch viel weniger Bedeutung. Jeder Job ist schwierig; die wichtigste Aufgabe ist aber, die Kunden zufriedenzustellen, sowohl interne als auch externe.

Mit freundlicher Genehmigung von Matsushita

Abb. 2.7 Beschreibung eines auf einer Schautafel festgehaltenen Prozesses in einer japanischen Firma

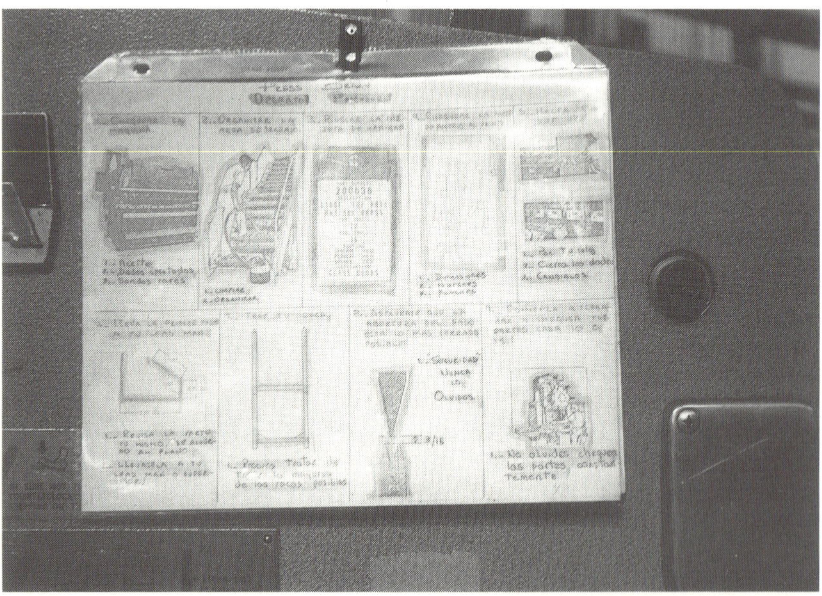

Mit freundlicher Genehmigung von Fireplace Manufacturers, Inc.

Abb. 2.8 Genormtes Betriebsverfahren

Klarheit in den Arbeitsablauf bringen

Bei der Entwicklung einer engen, kommunikativen Verkettung von Kunden/Lieferanten-Beziehungen auf firmenweiter Ebene stellen wir fest, daß dies zu einem Netzwerk von Informations- und Warenflüssen führt, wie es in Abb. 2.6 anhand der biologischen Organisation verdeutlicht wird. Auf dem Shop Floor kann dies als Arbeitsfluß dargestellt werden (Abb. 2.6). In dieser Abbildung werden neben der Prozeßbeschreibung Schlüsselbegriffe der Verkettung und Produkte erläutert. Ebenso werden Muster von Produkten gezeigt, damit die Leute eine Vorstellung davon bekommen, wie die einzelnen Teile zusammenpassen.

Wir können auch für jeden Arbeitsplatz genormte Betriebsverfahren schaffen, die die Beziehungen der verarbeiteten Teile oder Leistungen innerhalb der verschiedenen Prozesse darstellen.

In Abb. 2.8 werden grundsätzliche Aufgaben für Arbeiter beschrieben, die für das Anhalten von Pressen verantwortlich sind. Die hier verwendeten Beschreibungen beinhalten Verfahren für die Haushaltung, der Montage von Preßformen, Maschinenwartung, wichtige Stufen des Betriebsablaufes, die Art und Weise, wie man Zeichnungen liest und Regeln des Kanbans. Das Erstaunliche an diesen Verfahren ist, daß ein junger, immigrierter Abteilungsleiter sie entwickelte, ohne vorher sonderlich ausgebildet worden zu sein.

Wie hier beschrieben wird, kann der Arbeitsfluß jeden Arbeitsschritt, die Prozeßbeschreibung oder das Qualitätskontrollverfahren darstellen. Da die meisten Firmen darauf setzen, neue Produkte zu entwickeln, diese kontinuierlich zu verbessern und an Kunden zu liefern, müssen wir dafür ein solides System entwickeln. Abb. 2.9 demonstriert ein Netzwerk von Kunden/Lieferanten-Beziehungen verschiedener Organisationen innerhalb einer Firma.

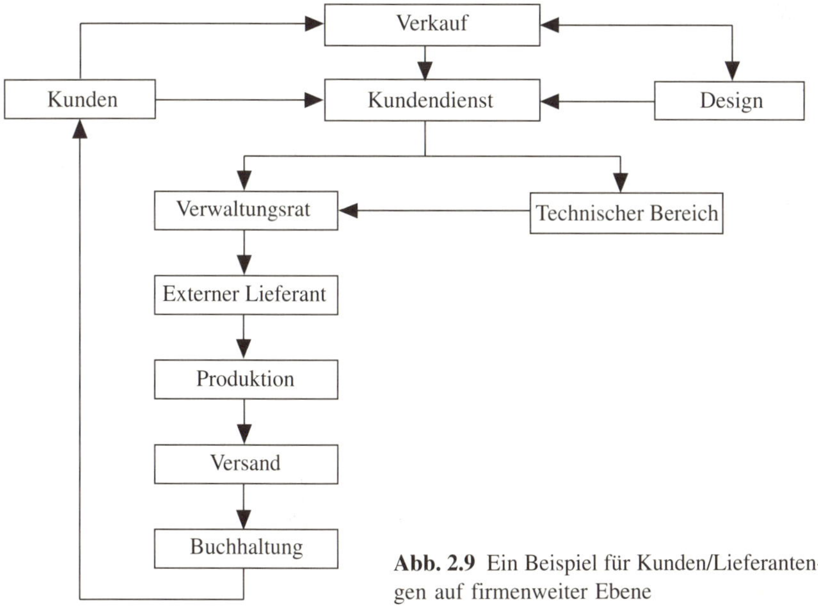

Abb. 2.9 Ein Beispiel für Kunden/Lieferanten-Beziehungen auf firmenweiter Ebene

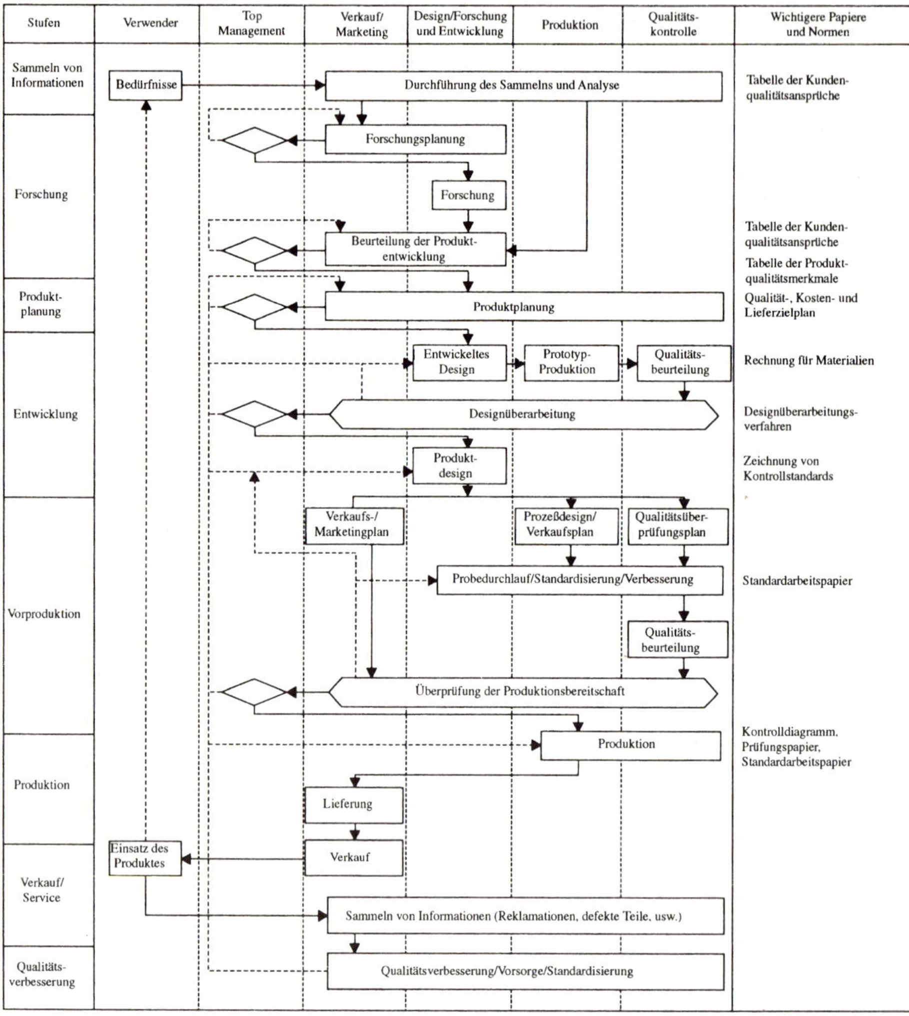

Abb. 2.10 Prozeßflußdiagramm eines neu entwickelten Produktes

Obwohl die in Abb. 2.9 dargestellte Firma noch vergleichsweise unerfahren bei der Schaffung von Qualität an der Quelle ist, hat das Verstehen der Kunden/Lieferanten-Beziehungen den Leuten geholfen, ein Teamwork aufzubauen, das für die stetige Verbesserung notwendig ist.

Abb. 2.10 zeigt den Arbeitsablauf einer anderen Firma, jedoch mit ausführlicheren Prozessen. Die Pfeile beziehen sich wieder auf die Kunden/Lieferanten-Beziehungen. Feedbacks und Entscheidungen werden anhand von gestrichelten Linien dargestellt bzw. von rautenförmigen Figuren. Bitte berücksichtigen Sie, daß die Firma, die dieses Diagramm entworfen hat, es als Grundlage für ihr Qualitätskontrollsystem verwendete, um bei jeder Stufe des Prozesses Qualität aufzubauen.

Kundenorientierung in einer Planwirtschaft

Ein kurzer Vergleich der Planwirtschaft mit der Marktwirtschaft in Hinblick auf Kundenorientierung erscheint mir jetzt angebracht. Es gibt Gemeinsamkeiten zwischen den Leuten in planwirtschaftlichen Systemen und denen in traditionell geführten Firmen. Infolge einer freien Marktwirtschaft und einem demokratischen Prozeß der Entscheidungsfindung verfügen Leute in den westlichen Industrieländern über viele Annehmlichkeiten, die sich Menschen in anderen Ländern nicht vorstellen können. Dinge wie Kabelfernsehen, unzählige Supermarktprodukte, Autos, Stereoanlagen, Videogeräte und Kreditkarten sind für diejenigen, die sich in langen Schlangen für ein paar Lebensmittel anstellen müssen, nicht vorstellbar.

Obwohl eine Zentralmacht die Fähigkeit besitzen mag, mit äußeren Bedrohungen fertigzuwerden und Entscheidungen für ihre Leute zu treffen, können sich solche autoritäts- oder machtorientierten Organe nicht mit den einzelnen Bedürfnissen der Leute innerhalb ihres Systems befassen. Wir haben das Ergebnis bereits in bürokratischen Alpträumen kennengelernt.

Wenn unsere Manager nicht die gleichen bürokratischen Alpträume erleben wollen, müssen sie lernen, ihre Firmen in Bezug auf die Entscheidungsfindung und die Art, wie die Dinge erledigt werden, nicht wie einen zentralistischen Staat zu führen.

Manche werden jetzt sagen, daß es manchmal jemanden geben *muß*, der Entscheidungen für andere trifft, nämlich dann, wenn es zu Bedrohungen von außen kommt oder den Leuten die Fähigkeit fehlt, Probleme selbst in die Hand zu nehmen. Auch wenn dies ab und zu der Fall sein kann, ist das genau der Grund, warum wir eine Spezialisten- bzw. Expertenmentalität entwickeln, die die Beteiligung anderer ausschließt. Daher müssen folgende Punkte beachtet werden:

- Falls Leute die Fähigkeit haben, zusätzliche Fertigkeiten zu erwerben, werden sie in der Lage sein, sich selbst zu managen, wie die historische Entwicklung der Marktwirtschaft beweist.
- Wenn Leute keine Selbstkontrolle oder Selbstmanagement ausüben können, kann die Ursache darin liegen, daß die Manager entweder kein geeignetes Werkzeug zur Verfügung gestellt haben oder die richtige Umgebung fehlt.
- Wir müssen unser System für jedermann einfach und verständlich gestalten und geeignetes Werkzeug beschaffen oder für Mittel sorgen, die die Selbstmanagementfähigkeiten der Leute fördern.

Nicht zuletzt weil wir, die Leute, sowohl Kunden als auch Lieferanten sind, sollten wir auf alle Bedürfnisse unserer Kunden eingehen, Probleme lösen und uns ständig verbessern. Jeder sollte mit Hilfe dieser Denkweise in der Lage sein, zu wachsen und sein Schicksal in die eigene Hand zu nehmen.

Wie wir den Kunden verstehen können – wir versetzen uns in seine Lage

Um den Kunden zufriedenzustellen, müssen wir jedoch unsere Denkweise ändern. Egal ob die Kunden nun Produkte oder Dienstleistungen kaufen, wir haben es jedenfalls mit Menschen zu tun. So lange wir diese Leute nicht als Individuen begreifen und ihre Freude, ihre Sorgen und Frustrationen, ihren Ärger, ihr Glück und ihre Wünsche nicht verste-

Abb. 2.11 Überblick über die Zufriedenheit der Kunden

Lieber Kunde,
wie geht es Ihnen? Bitte füllen Sie diesen Abschnitt aus und senden Sie ihn an den für Sie zuständigen Abteilungsleiter zurück. Vielen Dank.
(mehrere Antworten möglich)

Service	Gut	Einigermaßen	Schlecht
Ausrüstung komplett?	Ja	Nein	
Wenn nicht, was fehlt?	Spannzeug	Schneidewerkzeug	Einsätze
	Planung	Routing	Meßgeräte

Werkstücknr.: ______________________

Tätigkeit: ________________________

Vielen Dank für Ihre Mitarbeit

Mit freundlicher Genehmigung des BFM Luft- und Raumfahrtunternehmen

hen, solange werden wir nicht in der Lage sein, Produkte oder Dienstleistungen anzubieten, mit denen unsere Kunden zufrieden sind.

Wir als Lieferer müssen uns in ihre Situation versetzen können, wenn wir unsere Arbeit richtig tun wollen.

Die Produktionsabteilung eines Luft- und Raumfahrtunternehmens entwickelte, als sie diese Notwendigkeit erkannte, ein Schema für die Beurteilung von Kunden (Abb. 2.11). Anschließend wurden die internen Kunden nach ihrer Meinung gefragt. Da das Feedback der Kunden immer stärker wurde und sich zwischen Kunden und Lieferanten eine wechselseitige Beziehung entwickelte, konnten die Leute aus der Produktionsabteilung ihre Anstrengungen darauf konzentrieren, die Erwartungen der Kunden besser zu erfüllen.

Ein weiteres Beispiel – vom Toledomaßstab – finden Sie im Anhang 2.1. Anzumerken ist, daß das Schema für alle Organisationseinheiten standardisiert und als Teil eines Handbuches verteilt wurde, um jedem Angestellten die Wichtigkeit der Kundenzufriedenheit zu verdeutlichen. Dieses Schema wird als Teil eines vierteljährlichen Bewertungssystems genutzt – und beurteilt sogar das Personal im Umfeld des Managements nach seiner Leistung.

Zur Auflistung der Kundenmeinungen in systematischer Form kann eine Tabelle mit dem Titel „Qualitätsanforderungen der Kunden" verwendet werden (Abb. 2.12). Wie Sie sehen, sind die Bedürfnisse der Kunden tabellarisch festgehalten worden, um ihre Bedürfnisse klar in Kategorien für einen bestimmten Typ industrieller Ausrüstung einzuteilen. Diese Begriffe dienen in erster Linie dazu, das Profil der Kunden objektiv zu beschreiben. So einleuchtend sich das auch anhören mag, wir können im Geschäftsleben nicht überleben, wenn wir nicht auf die Meinung unserer Kunden hören und ihre Bedürfnisse nicht befriedigen.

Abb. 2.12 Tabelle für Qualitätsansprüche der Kunden

Ebene 1	Ebene 2	Ebene 3	Priorität	Werkstücknr.
(1) Kein Maschinen-versagen	(110) Bricht nicht bei mechanischer Beanspruchung	(111) Maschine wird überansprucht	9	EL-98, EL-104
	(120) Verschleißt nicht		7	FB-102, 111
	(130) Rostet nicht		6	SA-101
(2) Leicht zu bedienen	(210) Leicht zu handhaben	(211) Gutes Bedienungs-handbuch (212) Gut lesbare Anzeige	9	
	(220) Gut lenkbar	(221) Ruhige Gangschaltung (222) Leicht zu wenden	8	
	(230) Leichte Problem-erkennung	(231) Gutes Bedienungs-handbuch (222) Leicht auszu-wechselnde Teile	8	
(3) Minimale Wirkung auf äußere Umgebung	(310) Wenig Lärm		6	
	(320) Wenig Gestank		5	
	(330) Geringe Vibration		6	
	(340) Keine Verschmutzung	(341) Keine Ver-schwendung (342) Kein Auslaufen von Öl	8	
(4) Energie-ausbeutung	(410) ...	...	...	

Kriterien für die Zufriedenheit der Kunden

Wir müssen die Schlüsselbegriffe für die Zufriedenheit von Kunden klar definieren, damit jeder effektiv daran arbeiten kann.

Um dies einfacher zu gestalten, stellt Abb. 2.13 die wichtigsten Kundenbedürfnisse in einer Baumform dar. Alle einzelnen Begriffe werden unter drei Überschriften zusammengefaßt. Falls wir die Kunden fortwährend mit hochwertigen Produkten oder Dienstleistungen (Q), weniger Kosten (K) und kürzerer, aber pünktlicher Lieferzeit (L) als Konkurrenzunternehmen zufriedenstellen können, sollten wir das auch tun. Lassen Sie uns diese einzelnen Begriffe die „QKL-Kriterien" für die Zufriedenheit von Kunden nennen.

Da alle Angestellten aus der Sicht der Firma als Kunden betrachtet werden können, müssen ihre Bedürfnisse ebenfalls befriedigt werden. Daher werden wir noch die Faktoren Sicherheit (S) und Arbeitsmoral (A) hinzufügen, und so wird QKLSA zum bedeutenden Kriterium für den Erfolg einer Firma. Wenn wir den Schwerpunkt auf diese fünf Begriffe legen, werden wir in der Lage sein, die hauptsächlichen Ziele der Firma abzudecken. (Der Begriff Umwelt ist unter S enthalten.)

Selbstverständlich geschieht eine Verbesserung der QKL oder QKLSA nicht automatisch. Dazu benötigt man die Bereitschaft und Anstrengung aller. Ebenso garantiert eine einzige Verbesserung keinen immerwährenden Erfolg. Egal, ob es uns gefällt oder nicht, wir müssen vorwärts streben. Wie einmal jemand sagte: „Selbst wenn wir auf der richtigen Spur sind, wird man uns überrennen, falls wir einfach nur untätig herumsitzen."

Abb. 2.13 Bedürfnisbaum für die Zufriedenheit von Kunden

- Kundenbedürfnisse
  - Qualität (Zweckmäßigkeit, Service, usw.)
  - Kosten (Betriebskosten, Gesamtkosten, usw.)
  - Lieferung (pünktliche Lieferung, lead time, usw.)

Bedürfnisse der Kunden ansprechen

Wir sollten ernsthaft über die Art und Weise nachdenken, wie wir unsere Zeit am Arbeitsplatz verbringen, falls wir keines dieser Stichworte bei den Bedürfnissen der Kunden anwenden. In späteren Kapiteln werden wir über verschiedene Möglichkeiten nachdenken, wie das Problem zu bewältigen ist, sei es mit Hilfe von Verbesserung unserer Fertigkeiten, Arbeiten an Problemlösungen, Erreichen von Führungsqualitäten und Entwicklung von Managementsystemen, die diese Aktivitäten unterstützen. Wir sollten sicherstellen, daß sich zwischen diesen Themen eine Verkettung entwickelt, wie in der Beziehungsmatrix in Abb. 2.14 dargestellt. Denn das Ansprechen der Kundenbedürfnisse ist ein Grundstein des Geschäftslebens. Diese Matrix kann ebenso als Selbstbeurteilungs-Checkliste unseres Shop Floor Managements dienen, daher sollten alle Felder hinsichtlich der Aktivitäten der Organisation und der Effektivität solcher Aktivitäten beurteilt werden.

Natürlich hängt die Wirkung von QKLSA von unserer jeweiligen Bemühung ab. Aber zunächst einmal müssen wir sicherstellen, daß diese Bemühungen auch die Bedürfnisse der Kunden erreichen. Dann müssen wir Möglichkeiten herausfinden, diese Aktivitäten so gut wie möglich miteinander zu kombinieren, damit wir bei allem was wir tun auch erfolgreich sind.

Abb. 2.14 Die Bedürfnisse der Kunden durch unsere Arbeit ansprechen

		Bemühungen zum Ansprechen von Kundenbedürfnissen			
		Fertigkeiten verbessern (z. B. GBV folgen)	*Problem-lösung (z. B. Vorschläge machen)*	*Führungs-qualitäten (z. B. für Anerkennung sorgen)*	*Management-system (z. B. Ziele setzen, Ausführung von Plänen)*
Kunden-bedürfnisse	Qualität				
	Kosten				
	Lieferung				
	Sicherheit				
	Arbeitsmoral				
Bezugnahme auf Kapitel		4 & 5	6 & 7	8	9 & 10

Hinweis: Bei Überprüfung jedes Feldes in der Matrix müssen wir z. B. fragen: (1) Wie lernen und praktizieren wir neue Fertigkeiten, damit bestimmte Kundenbedürfnisse angesprochen werden? (2) Wenn wir Vorschläge machen, welche Kundenbedürfnisse werden dabei befriedigt? (3) Erkennen wir die Anstrengung, die manche unternehmen, um bestimmte Kundenbedürfnisse anzusprechen? oder (4) verfügen wir über ein Managementsystem, das den Fortschritt mißt, mit dem wir den Kundenbedürfnissen entsprechen?

Die Kapitel 2 und 3 befassen sich mit der Orientierung an Kunden und die Kapitel 11 und 12 mit ihrer Vervollständigung und Durchführung. Die Mission und die Vorstellungen der Firma sollten in jedem Feld der Matrix widergespiegelt werden.

Entwicklung von Kundenorientierung innerhalb der Firma

Viele denken, daß sie wissen, wie ihre Firma funktioniert. Doch tatsächlich existiert nur selten ein echtes Verständnis. Daher ist es wirklich wichtig, die Kundenbedürfnisse zu definieren und für jeden Mitarbeiter eine Kundenorientierung zu entwickeln. Nur wenn jede Firmeneinheit weiß, wer die Kunden eigentlich sind und welches ihre Bedürfnisse sind, werden wir eine Basis für das Geschäftsleben entwickeln und etwas in Bewegung setzen.

Ist erst einmal die Bedeutung der Kundenorientierung von allen Firmeneinheiten verstanden worden, können wir damit beginnen, die Bedürfnisse der Endverbraucher zu begreifen und sie sich in der ganzen Organisation entwickeln lassen, vom Marketing über Design zur Herstellung, usw. (Abb. 2.1). Auf diese Art und Weise entwickeln wir bei all unseren Geschäftsaktivitäten Kundenorientierung.

Wenn das Kundeninteresse mit Qualität zusammenhängt, sollte unsere Qualitätssicherung bei der Gewährleistung der Zufriedenheit der Kunden eine Rolle spielen. Dreht es sich um Kosten, sollte unser Kostenkontrollsystem dafür sorgen, daß dieses Bedürfnis angesprochen wird. Handelt es sich um die Lieferung, müssen uns unsere Produktionsplanung und unser Kontrollsystem unterstützen. Insgesamt sollten diese Systeme als Netzwerk funktionieren, damit die Leute auf dem Shop Floor so gut wie möglich inte-

Abb. 2.15 Vergleich zwischen traditionellen und progressiven Firmen hinsichtlich Kundenorientierung

	Traditionelle Firma	**Progressive Firma**
Struktur	– Zuerst kommt die Form – Zentrale Kontrolle	– Zuerst kommt der Bedarf – Dezentralisierte Kontrolle
Organisatorische Verantwortung	– Spitze/Mitarbeiter erteilen Befehle – Spitze/Mitarbeiter sind verantwortlich	– Spitze/Mitarbeiter unterstützen die anderen – Jeder trägt Verantwortung
Kundenorientierung	– Undurchdacht – Spitze/Spezialist	– Weiterentwickelt – Alle
Schlüsselbegriffe		
– Qualität	– Inspekteur, Qualitätskontrolle	– Alle, einschließlich der Leute auf dem Shop Floor, sind beteiligt
– Kosten	– Betriebsingenieur	
– Lieferung	– Forscher, Planer	

griert werden. Das Gegenteil davon ist die Art und Weise, wie traditionelle Firmen mit der Situation umgehen (siehe Abb. 2.15).

Rekapitulieren wir die letzten Abschnitte noch einmal:

- Wir müssen organisatorische Schranken durchbrechen, indem wir kundenorientiert handeln; d. h. die Vorgehensweise sollte sich nach den Bedürfnissen der Kunden richten.
- Wir müssen Probleme von Anfang an ansprechen; z. B. können Inspekteure, Expediteure und Spezialisten nicht immer rechtzeitig Lösungen anbieten.
- Wir müssen kundenfreundliche Haltungen annehmen, z. B. Kundenübersichten benutzen, poka-yoke (narrensicherer Mechanismus) und kanban (ein Produktionskontrollmechanismus).

Vor allem ist der Schlüssel zu unserem Erfolg das Ansprechen von Problemen und der Kundenbedürfnisse von Anfang an.

Ausweitung des Kunden/Lieferanten-Konzeptes

Bevor wir dieses Kapitel abschließen, sollten wir die Kunden/Lieferanten-Beziehung noch einmal von einem anderen Blickwinkel aus betrachten. In dem Maße, wie der internationale Wettbewerb zunimmt, werden auch oftmals Handelsschranken errichtet und Protektionismus vorangetrieben. Während die Kunden davon profitieren können, kann es auch zu unangenehmen Situationen, wie dem Verlust von Arbeitsplätzen, kommen. Lautet der Auftrag einer Firma, die Bedürfnisse der Kunden zu befriedigen, sollte sie nicht nur ihren unmittelbaren Kunden Dienste erweisen, sondern auch ihrem Land, da beide nicht unabhängig voneinander existieren können. Daher könnte man den Wert einer Firma daran messen, wie sehr die Bürger einer Stadt diese Firma schätzen. Wenn die Firmenaktivitäten in engem Zusammenhang mit dem Nutzen für alle Menschen stehen, läßt sich daraus schließen, daß die Öffentlichkeit stets am besten über das Verhalten einer Firma urteilen kann.

Hinweis: Bei Grand Rapids Spring & Wire wird das Warenlager für Treffen der Angestellten genutzt und speziell das Untergeschoß für eine Art Klassenunterricht. Erkennt die Firma ihre Angestellten als wichtige Kunden, schaffen diese für das Unternehmen Zeit und Raum, um Ideen miteinander zu teilen und die Botschaft untereinander weiterzutragen.

Mit freundlicher Genehmigung von Grand Rapids Spring & Wire

Abb. 2.16 Wie man die Botschaft den Leuten näherbringt

Im nächsten Schritt sollten wir über uns selbst nachdenken. Angenommen, wir sind die Kunden, wer sind dann unsere Lieferer? Können wir uns unsere Eltern als Lieferer vorstellen, die uns Liebe gaben und uns zu dem gemacht haben, was wir heute sind?

Nachbarn, Freunde und Lehrer haben uns natürlich auch beeinflußt.

Selbst diejenigen, die Bücher geschrieben haben und Kleidung, Fernseher und Fahrräder hergestellt haben, haben uns beeinflußt. Und zwar im Sinne unseres Wissens und unserer Kreativität, ebenso wie sie auch unseren Erfahrungsschatz bereichert haben. Unsere Vorfahren können ebenfalls als unsere genetischen Lieferer betrachtet werden – ohne sie würden wir nicht die sein, die wir sind. Wir sind das Ergebnis all dieser Prozesse, die unsere Lieferer durchlebt haben. D. h., was in der Vergangenheit geschah, steht in einem Ursache/Wirkungs-Verhältnis zu dem, der wir im Moment sind.

Wenn wir schließlich über all die Kunden nachdenken, die wir beeinflussen, sollten wir uns darauf beschränken, was wir ihnen für Dienste erweisen, statt über persönliche Erfolge nachzudenken und so den weiteren Zusammenhang aus den Augen zu verlieren. Diese kleine Übung zur Kunden/Lieferanten-Beziehung diente dazu, darüber nachzudenken, wie jeder von uns in Beziehung zu unserer gesamten Welt steht.

Zusammenfassung

- Wenn wir damit beschäftigt sind, unseren Horizont zu erweitern, ist es wichtig, nicht das Gefühl dafür zu verlieren, wie wir Waren und Dienstleistungen als Kunden erhalten und wie wir diese als Lieferer bereitstellen. Unsere Gesellschaft besteht aus Netzwerken von Kunden/Lieferanten-Beziehungen.
- Die neusten Trends bei den internationalen Ereignissen und in der Geschäftswelt zeigen eine Verschiebung der Machtbasis von der traditionellen zu derjenigen, wo die Leute mehr Verantwortung übernehmen.
- Die Kunden/Lieferanten-Beziehung existiert in unserem System ebenfalls. Ob es sich um die Veredelung von Informationen oder Materialien handelt, wie im Fall der Meinungen der Endverbraucher zum Design, zur Herstellung oder über die Operation A über B nach C, jeder in der Organisation muß die Bedürfnisse seiner Kunden befriedigen, damit das System funktioniert.
- Es empfiehlt sich daher, ein Kunden/Lieferanten-Diagramm für jede Firmeneinheit zu entwickeln.
- Wenn jeder kundenorientiert arbeitet, sind wir in der Lage, eine völlig zielorientierte Organisation zu entwickeln und nicht bei einer lokal begrenzten Organisation (z. B. nur auf sich selbst sich zu konzentrieren) stehenzubleiben.
- Zentralisierte Kontrolle kann uneffektiv für die Entscheidungsfindung und die Nutzung der Fähigkeiten der Leute sein, besonders dann, wenn sich die Fähigkeiten der Leute entwickelt haben.
- Die Kunden verstehen, ihre Bedürfnisse erkennen, den Arbeitsfluß harmonisch entwickeln und das alles mit Beständigkeit vorantreiben, das sind die Mittel, mit denen wir die lästigen organisatorischen Schranken niederreißen und einen progressiven Betrieb schaffen können.
- Damit dies geschieht, müssen sich alle in der Organisation auf die Zufriedenstellung ihrer Kunden konzentrieren, sowohl interner als auch externer. Hält sich jeder daran, wird er auch davon profitieren, denn das Kunden/Lieferanten-Verhältnis ist ein geschlossener Kreislauf.

3. Kapitel

Gründung einer Firma innerhalb einer Firma

Damit die Kundenorientierung bei unserer Arbeit anwendbar wird, müssen wir uns fragen, wie wir den Kunden vom Shop Floor bis hin zu allen anderen Betriebsebenen zufriedenstellen können. Natürlich wollen wir alle Hindernisse aus dem Wege räumen, die die Kommunikation erschweren. Weiterhin wollen wir erreichen, daß jeder innerhalb des Betriebes seine Fähigkeiten voll einsetzen kann.

Verwenden wir die Idee des „Leute machen, bevor Produkte gemacht werden", erläutert dieses Kapitel eine Möglichkeit, eine Form der Kundenorientierung zu praktizieren, in die jeder miteinbezogen wird. Dazu ist es wichtig, daß „jeder der Chef seines Verantwortungsgebietes ist". Dies bedeutet, daß jede Einheit des Betriebes einer „Minifirma" entspricht, in der die Leute die Besitzer sind und diese Firma leiten, um ihre Mission zu erfüllen. Wir werden ebenso einen traditionellen Betrieb (wir nennen ihn „Black Box Management") und einen progressiven Betrieb („Glass Wall Management") miteinander vergleichen und Möglichkeiten herausfinden, notwendige Veränderungen vornehmen zu können.

Kunden/Lieferanten-Beziehung zwischen dem Chef und seinen Untergebenen

Wenn wir die Idee Kunden/Lieferanten-Beziehungen weiterverfolgen, stellen wir fest, daß solche Beziehungen in der hierarchischen Struktur einer Firma ebenso sichtbar werden. (siehe Abb. 3.1). Hier können Manager die Leute auf dem Shop Floor als ihre Kunden betrachten und zwar bei der Vermittlung der Idee, daß die Dinge erledigt werden müssen. Umgekehrt können die Leute vom Shop Floor die Manager ebenfalls als Kunden betrachten, indem sie ihnen Verbesserungen von Ideen vorschlagen und Ressourcen zur Verfügung stellen.

In einer traditionell geführten Firma wird dem Chef jedoch stets recht gegeben und die Leute führen das aus, was der Manager ihnen sagt. Folglich entwickeln die Leute eine „sag' mir einfach, was ich machen soll"-Mentalität, während der Manager eine „macht' einfach, was ich sage"-Haltung einnimmt. Das Wachstumspotential der Leute wird dadurch stark eingeschränkt.

In einem progressiven Betrieb begreifen die Manager dagegen, daß die Leistung davon abhängt, wie effektiv das Talent der Leute genutzt wird. Die Manager müssen Wege finden, um persönliches Wachstum zu ermöglichen, ohne den Leuten alles vorzuschreiben. Anders gesagt, statt „Tut' einfach, was ich euch sage" anzuordnen, könnte man „Was haltet ihr davon?" fragen. Und statt ihre eigene Weisheit oder Kreativität zur Lösung von Problemen zu nutzen, müssen sie ihre Weisheit nutzen, um andere dazu zu befähigen, ihrerseits ihre Weisheit anzuwenden.

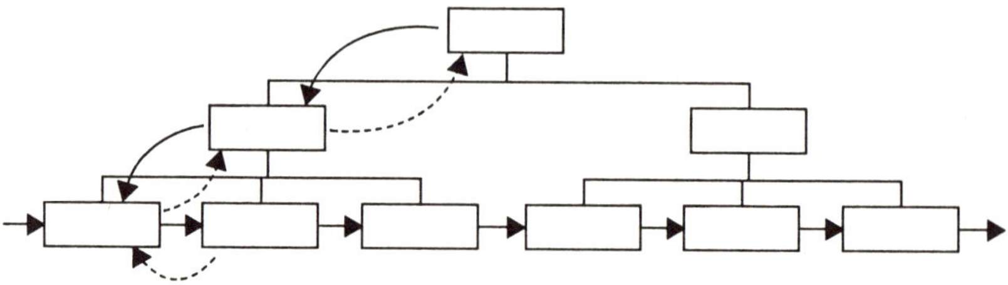

Hinweis: Jeder Pfeil in der Abbildung zeigt eine Kunden/Lieferanten-Beziehung an.

Abb. 3.1 Kunden/Lieferanten-Beziehungen innerhalb organisatorischer Hierarchie

Mitarbeiterorientierter Betrieb: „Leute machen, bevor Produkte gemacht werden"

Versorgt man die Leute mit den Informationen, die sie brauchen, stellt man ihnen problemlösendes Werkzeug und eine pädagogische Umgebung zur Verfügung, erlaubt man ihnen zu wachsen – so wie auch Kinder unter der Obhut ihrer Eltern wachsen. Erkennen die Manager erst einmal, daß sie sozusagen „machtlos" sind, wenn die Leute mit ihrer Arbeit nicht zurechtkommen, dann werden sie vielleicht eher ihre Angestellten auch als ihre Kunden betrachten.

Stellen wir uns einmal vor, daß ein Arbeiter ein Arbeitsverfahren ignoriert, was dazu führt, daß ein Maschinenschaden auftritt oder die Maschine zumindest erhebliche Mängel aufweist. In einer traditionell geführten Firma würde dieser Arbeiter vielleicht entlassen werden, d. h. aber nicht, daß dies in der Zukunft nicht wieder geschieht. Sind die Leute stolz auf ihre Arbeit und handeln eigenverantwortlich, werden sie auch bemüht sein, solche Probleme gar nicht erst entstehen zu lassen. Wieder müssen wir das Problem bei seiner Entstehung angehen. Denken die Manager einmal genau über das „Leute machen, bevor Produkte gemacht werden" nach, wie es von Konosuke Matsushita beschrieben wurde, können wir ein System entwickeln, das Probleme sofort entdeckt. Ein kundenorientierter Betrieb sollte auch ein mitarbeiterorientierter Betrieb sein.

Konsequenterweise muß eine der Hauptaufgaben der Manager eines solchen Betriebes sein, Fähigkeiten der Leute zu entwickeln. Daher sagen wir im Jargon des Qualitätsbereiches auch: „Qualitätskontrolle beginnt mit Erziehung und endet mit Erziehung." Entläßt ein Manager seine Leute, wenn etwas schiefgeht, und stellt dafür neue ein, wird dem Betrieb kein Wert hinzugefügt, da es für die Leute keine Chance gibt, innerhalb des Systems zu wachsen.

Konzept der Minifirma

In der Geschäftswelt ist bekannt, daß ein Geschäftsführer nur dann eine Firma erfolgreich leiten kann, wenn er Schlüsselaufgaben im Management effektiv zu lösen vermag. Je erfolgreicher die Firma ist, desto mehr Vertrauen herrscht bei den Investoren. Das hilft wiederum dem Geschäftsführer und seinen Kollegen, weitere Möglichkeiten zu sondieren, um sich einen sicheren Weg in die Zukunft zu bahnen.

Abb. 3.2 Jeder ist der Chef seiner Minifirma

Das Gleiche gilt auch *innerhalb* jeder Firma. Betrachten wir den nächsten Prozeß als Kunden und den vorherigen als Lieferanten, kann in der Tat jeder einzelne im Betrieb als Chef seines Verantwortungsbereiches betrachtet werden, indem er Waren oder Dienstleistungen zur Zufriedenstellung der Kunden anbietet. Nennen wir jeden dieser Bereiche einmal eine „Minifirma". Das würde bedeuten, daß jeder eine Firma innerhalb der Firma betreibt (siehe Abb. 3.2).

Gleiches gilt für jede Einheit oder jede Abteilung einer Firma.

Es sieht gewissermaßen so aus, als ob jede Betriebseinheit unabhängig voneinander operiert und nicht als Team zusammenarbeitet. Doch die Kunden/Lieferanten-Beziehungen innerhalb der Betriebseinheiten werden für einen lebendigen Kontroll- und Gleichgewichtsmechanismus sorgen, der gleichzeitig die Kundenorientierung sicherstellt und das Selbstmanagement fördert.

Sehen wir uns einmal an, wie Lagerarbeiter diese Idee bei einem Hersteller von High-tech-Produkten anwandten. Zunächst entwickelten die Leute im Lager ein Kunden/Lieferanten-Diagramm (ähnlich wie das in Abb. 2.3), welches das Lager als Minifirma darstellte (Abb. 3.3). Sie gaben ihrer Minifirma den Namen „Material Movers Inc.", der die Wichtigkeit der Materialbewegung in und aus dem Lager heraus unterstrich, im Gegensatz zu dem nicht wertsteigernden Vorgang der einfachen Lagerhaltung.

Wie bereits in vorherigen Abbildungen zeigen die Pfeile die Kunden/Lieferanten-Beziehungen an, die oftmals wechselseitig sind und auf verschiedene Material- und Informationsflüsse innerhalb und außerhalb des Lagers hindeuten. Aus der Breite des Pfeils läßt sich schließen, daß manche Kunden/Lieferanten-Beziehungen stärker oder schwächer sind als andere, während sich die Kundendienst- und Materialflüsse durch die weißen und schwarzen Pfeilspitzen voneinander abheben.

Wir sollten uns bei dieser Übung daran erinnern, daß bloße Beschäftigung und das blinde Ausführen von Arbeit nicht notwendigerweise zur Zufriedenheit der Kunden führen muß. Daher stellten sich auch die Leute aus dem Lager, als sie sich das Kunden/Lieferanten-Beziehung-Diagramm ansahen, folgende Fragen:

1. Wie sorgfältig und wie oft haben wir auf die Meinung unserer jeweiligen Hauptkunden geachtet?

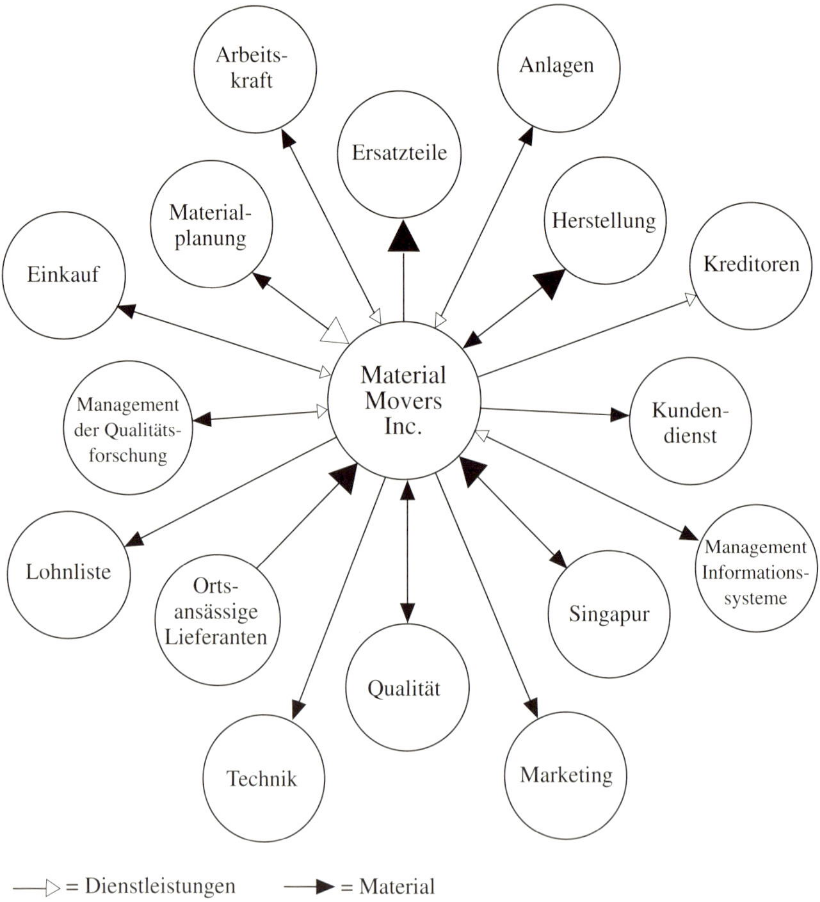

Abb. 3.3 Kunden/Lieferanten-Beziehung-Diagramm für ein Lager

2. Waren diese Kunden mit dem vom Lager geleisteten Service zufrieden?
3. Sind diese Kundenbedürfnisse den Leuten im Lager klar?

Daraufhin beschlossen die Lagerarbeiter, eine Art Konferenz mit ihren Hauptkunden abzuhalten. Obwohl einige der Beschwerden außerhalb ihrer Verantwortung lagen oder von anderen Abteilungen verursacht worden waren, würdigten die Kunden das Interesse der Lagerarbeiter, und alle fanden diese Konferenz sehr produktiv.

Betreiben einer eigenen Minifirma

Folgen wir diesem Denkprozeß, sollte jede Firmeneinheit in der Lage sein, eine Minifirma gründen und führen zu können, in die jeder miteinbezogen wird (siehe Abb. 3.4).

Abb. 3.4 Schritte beim Betreiben einer Minifirma

Schritt 1.	Geben Sie der Minifirma einen Namen.
Schritt 2.	Halten Sie die Aufgabe der Minifirma schriftlich fest.
Schritt 3.	Erstellen Sie ein Firmenprofil, indem Sie eine Liste der Leute machen und ihre Maschinen, usw. beschreiben.
Schritt 4.	Entwickeln Sie ein Kunden/Lieferanten-Beziehung-Diagramm für die Minifirma und diskutieren Sie die Bedeutung der Pfeile.
Schritt 5.	Machen Sie das Ziel der Minifirma deutlich.
Schritt 6.	Entwickeln Sie Aktionspläne zur Erreichung dieser Ziele und führen Sie sie aus.
Schritt 7.	Überwachen Sie den Fortschritt und würdigen Sie Erfolge angemessen.
Schritt 8.	Wiederholen Sie diese Schritte in regelmäßigen Abständen.

Die Schritte 1–6 stellen den Geschäftsplan der Minifirma dar, während die Schritte 7 und 8 den monatlichen, vierteljährlichen, halbjährlichen oder jährlichen Bericht der Minifirma repräsentieren. Es ist natürlich schwierig, den Geschäftsplan und die Berichte mit den Kollegen auszutauschen.

Auf diese Art und Weise werden jedoch die Schlüsselthemen Planentwicklung sowie Planausführung gemeinsam angegangen. (Einzelheiten dieser Prozesse werden in Kapitel 10 diskutiert.)

Diese Art Übung soll dabei helfen, die Geschäftsumgebung, in der eine solche Minifirma funktioniert, zu definieren. Es ist eine Tatsache, daß es in den Minifirmen nicht nur Kunden und Lieferanten gibt, sondern auch die Äquivalente zu Bankern und Angestellten beteiligt sind. Z. B. können die Manager als Banker, Aktienbesitzer oder Investoren betrachtet werden, welche die Minifirma mit Ressourcen versorgen (Leute, Ausrüstung, Zeit, Geld), mit dem Ziel, die Arbeit zu erledigen und die Kunden zufriedenzustellen.

Der nominelle Abteilungsleiter als Chef der Minifirma

Da die Chefs denjenigen gegenüber verantwortlich sind, die die Ressourcen bereitstellen, müssen sie (1) in der Lage sein, die Art und Weise zu beschreiben, wie sie ihre Firma führen, (2) konkurrenzfähig bei der Nutzung der Ressourcen sein, (3) Pläne wie besprochen ausführen und (4) den Erfolg zusammenfassen und den Bankern und Investoren Bericht erstatten.

Zur besseren Veranschaulichung zeigt Abb. 3.5 ein Beispiel der Struktur einer Minifirma für den nominellen Abteilungsleiter. Seine Aufgaben und Verantwortlichkeiten in Beziehung zu anderen Gruppen werden in Abb. 3.6 zusammengefaßt.

Beratende Stellen werden in diesem Fall als Lieferanten betrachtet. Es können Wechselbeziehungen entstehen, d. h. Materialien oder Informationen können in beide Richtungen bewegt werden.

Bei der Führung einer Minifirma ist es außerdem wichtig, effektive Berichterstattung zu betreiben, sowie Informationsaustausch-Prozesse zwischen Kunden und Lieferanten zu entwickeln.

Die Aufgaben der Abteilungsleiter, wie sie hier beschrieben sind, können sich von denen in der Praxis unterscheiden und vielleicht zu idealistisch erscheinen. Da sie aber die Basis für unsere Herausforderung im neuen Shop Floor Management darstellen, sollten wir gründlich darüber nachdenken.

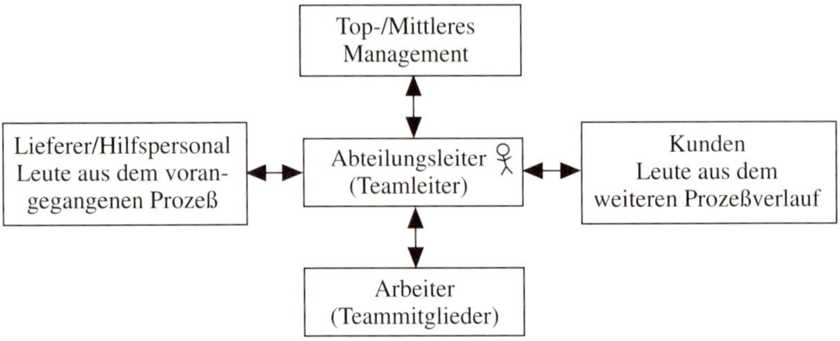

Abb. 3.5 Rollen und Verantwortlichkeiten des nominellen Abteilungsleiters im Verhältnis zu anderen Gruppen

Abb. 3.6 Aufgaben und Verantwortlichkeiten des Abteilungsleiters als Chef der Minifirma

1. bei der Zusammenarbeit mit dem Top-/Mittleren Management (Banker oder Investoren):
   - Ideen entwickeln, gesteckte Ziele zu erreichen.
   - Sicherstellen, daß diese Ziele und Ideen mit der Firmenpolitik übereinstimmen.
   - Pläne ausführen, den Fortschritt erkennen und die Ergebnisse mit entsprechenden Erklärungen in Berichte fassen.
     Die periodische Zusammenfassung des Fortschritts kann Jahres- oder Halbjahresbericht der Minifirma genannt werden.
2. bei der Zusammenarbeit mit Arbeitern (Teammitgliedern):
   - Ideen und Ziele miteinander teilen; die Ideen der Arbeiter dabei berücksichtigen.
   - Pläne ausführen und Ziele abstecken, um das Gruppenziel zu erreichen.
   - Die notwendige Erziehung und Ausbildung zur Verfügung stellen und für ein angemessenes Feedback sorgen.
3. bei der Zusammenarbeit mit Leuten aus dem weiteren Prozeßverlauf (Kunden):
   - Die Idee des „der nächste Prozeß ist Ihr Kunde" praktizieren.
   - Die Bedürfnisse des Kunden genau verstehen.
   - Den Prozeß kontrollieren, um die Zufriedenheit der Kunden zu gewährleisten.
4. bei der Zusammenarbeit mit den Leuten aus dem vorangegangenen Prozeßverlauf (Lieferanten):
   - Für Feedback in der Eigenschaft als Kunde sorgen.
   - Unterstützung bei der Erreichung von Zielen in Bereichen gewähren, in denen bestimmte Fertigkeiten fehlen.
   - Erziehung und Ausbildung erhalten, um das Niveau der Shop Floor-Kontrolle zu erhöhen.

Hinweis: Einzelheiten zu Aufgaben und Verantwortlichkeiten der Abteilungsleiter finden Sie in Anhang 3.1 (Selbstbewertungs-Checkliste). Sie sollten sich an solche Checklisten halten; nicht etwa, weil es Ihr Chef so wünscht, sondern weil es uns hilft, Selbstachtung bei unserer Arbeit zu entwickeln.

Das System der Minifirmen verstehen lernen

So wie jeder Betriebsleiter Kapital erhalten und die Investoren über den Geschäftsbetrieb informieren muß, indem er angemessene Geschäftspläne präsentiert, muß auch jeder von uns diese Aufgaben als Verantwortlicher eines bestimmten Bereiches übernehmen. Anders ausgedrückt, die Pflicht zur Rechenschaft geht mit der Verantwortung einher.

Abb. 3.7 Struktur von Minifirmen aus der Sicht verschiedener Arbeitsbereiche

	Kunde	Lieferer	Banker	Mitarbeiter
Fließbandarbeiter	Arbeiter im nachfolgenden Prozeß	Arbeiter im vorangehenden Prozeß	Abteilungsleiter	Maschine
Abteilungsleiter	Abteilungsleiter im nachfolgenden Prozeß	Abteilungsleiter im vorangehenden Prozeß	Produktionsmanager	Arbeiter
Produktionsmanager	Versandabt.	Warenannahme	Vizepräs. Herstellung	Angestellte d. Produktion
Vizepräs. Herstellung	Verteiler Endverbraucher	techn. Abt. Warenausgang	Präsident alle berichten ihm	
Präsident	Verbraucher Gemeinde	Lieferanten	Banker Aktionäre	alle Angestellten

Daher sollte jeder, unabhängig von seiner Stellung innerhalb der Firma, begreifen, wofür er verantwortlich ist und wie über seine Vorgehensweise Bericht erstattet wird. Ein effektiver Berichterstattungsmechanismus sollte uns erlauben, das Verhältnis zwischen dem Beitrag der Minifirma und der Gesamtleistung der Abteilung oder Firma zu sehen.

Abb. 3.7 beschreibt Beispiele für die Struktur von Minifirmen für verschiedene Bereiche, vom Fließbandarbeiter bis zum Geschäftsführer.

Da jeder der Chef seines Verantwortungsgebietes ist, sollte letztendlich jeder zusammen mit seinen Mitarbeitern seine Minifirma selbst managen. Dies bedeutet, daß jede Minifirma ihre eigene Arbeit selbst überprüfen muß. Weiterentwicklung gehört natürlich auch zum Verantwortungsbereich einer Minifirma.

Zusätzlich zu den Kunden, Lieferanten, Angestellten und Investoren, gibt es noch andere „Aktionäre" in unserer Minifirma, z. B. die Gemeindemitglieder und die Familienangehörigen der Angestellten. Wir sollten auch überlegen, wie wir den Fortschritt mit diesen teilen können und wie ihre Meinungen und Interessen beim Betreiben der Minifirma berücksichtigt werden können.

Bedeutung einer Mission

Wenn wir unseren Betrieb als Ansammlung von Minifirmen sehen, die alle durch Kunden/Lieferanten-Beziehungen miteinander vernetzt sind, sollte jede Minifirma ihre eigene Mission oder ihre eigene Wertigkeit haben (siehe Schritt 1 und 2 in Abb. 3.4). Diese Idee mag vielen befremdlich erscheinen, doch sobald Leute Verantwortung übernehmen und sich mit ihrer Gruppe identifizieren, wird ihnen die Entwicklung einer solchen Einstellung dabei helfen, als Team zu arbeiten und Situation, Wert, Verantwortlichkeit und Vision der Firma besser zu verstehen.

Was bedeutet Mission? Ist es nur ein Wort? Oder bedeutet es tatsächlich etwas? Für mich stellt Mission die Willenskraft und Kreativität der Leute dar – sozusagen das Herz des Betriebes. Maschinen und Materialien verfügen nicht über Willenskraft. Doch wir unterscheiden uns von Maschinen und Materialien: wir haben den Wunsch nach eigenem Ausdruck, der nicht ignoriert werden kann. Arbeiten wir die Mission unseres Betriebes heraus, muß es etwas sein, mit dem wir uns auch identifizieren können.

So wie wir das Leben schätzen, sollte das Leben eines Betriebes mit seiner Mission im Einklang stehen. Ich meine, wir müssen den Wert, der hinter einer Mission steht, mehr schätzen, als die Mission an sich, nämlich als Äquivalent für das Leben eines Betriebes – statt den Auftrag als Ansammlung von Wörtern zu betrachten, die nur oberflächlich interpretiert werden.

Wenn wir diese Idee verinnerlichen, sollte alles, was wir in unserem Betrieb leisten, Ausdruck unserer Mission sein.

Betrachten wir unseren Auftrag als Spiegel der inneren Werte des Betriebes, sollte sich unsere gegenwärtige Situation oder Orientierung deutlich von unserem Leitmotiv oder Auftrag unterscheiden. Der Unterschied zwischen den beiden stellt dann die Probleme dar, die gelöst werden müssen. Dies läßt sich auch mittels einer Formel ausdrücken:

Probleme des Betriebes = Mission (Vorstellung, die Realität werden soll)
– gegenwärtige Situation.

Damit unsere Firma in Harmonie mit ihrer Umgebung wächst, müssen wir Fähigkeiten entwickeln, unseren Kurs entsprechend dem inneren Wert (Mission) anzupassen.

Missionen für Minifirmen entwickeln

So wie jeder einzelne in der Firma für seine Kreativität oder seinen eigenen Ausdruck respektiert wird, sollte auch jede Minifirma ihre eigene Vorstellung einer Mission entwickeln. Selbst wenn einige von Ihnen Unstimmigkeiten mit dem Gesamtauftrag der Firma befürchten, bin ich sicher, daß jede Einzelmission der Minifirmen mit dem Gesamtauftrag eng verknüpft sein wird, vorausgesetzt, die Leute arbeiten kreativ und orientieren sich am Kunden.

Letztendlich schafft dies eine Basis, um auftretende Unstimmigkeiten zu diskutieren und aus dem Weg zu räumen.

Abb. 3.8 zeigt Erklärungen von Missionen und Namen von Minifirmen, die von Gruppen aus verschiedenen Firmen entwickelt wurden.

Wie Sie sehen können, sind diese Erklärungen unterschiedlicher Natur.

Die erste davon ist ein langer Satz, für dessen Formulierung die Abteilungsleiter der Produktionsabteilung viele Stunden benötigt haben. Er zeugt auch von der Schwierigkeit, viele Meinungen unter einen Hut zu bringen. Doch nachdem die ganze Abteilungsleitung damit fertig war, unterschrieben alle und eilten zum Shop Floor, um dort ihre Gedanken zu erläutern und die Kommentare der Arbeiter zu erfahren. (Insgesamt besteht diese Abteilung aus fast 1000 Leuten.)

Die Buchhaltung erfand für ihre Minifirma den Namen „Baxter Accounting Service“, aus dem sich eventuell die Absicht ableiten läßt, einen Personalservice einrichten zu wollen. Die Qualitätssicherung kam der Sache mit Humor am nächsten: „Quality Makes Cents, Inc.“.

Abb. 3.8. Beispiele für Aussagen zur Mission von Minifirmen

Etablierung und Unterstützung eines Managementprozesses, der automatisch zu fortwährender Verbesserung unserer profitbringenden Fähigkeiten führt, durch

(1) Anhebung des Niveaus unseres Wissens und unserer Fertigkeiten, zusammen mit unserem Verständnis des Geschäftslebens, wie es sich heute auf dem Weltmarkt darstellt, zur

(2) Motivierung einsatzfreudiger und am Geschehen beteiligter Mitarbeiter, die es zu schätzen wissen, mit Werkzeugen und Fertigkeiten ausgestattet zu sein, die dazu nötig sind, Abweichungen zu reduzieren, Probleme zu lösen und entstehende Hindernisse zu überwinden, bei

(3) enger Orientierung am „Entscheidungsfindungsprozeß" hinsichtlich Betriebskosten, Lagerbestand und Produktionsmenge, sowie

(4) gleichem Interesse bei der Befriedigung der Kundenbedürfnisse, besonders im Qualitäts-, Kosten- und Lieferbereich, was

(5) zu einer besseren Einteilung unserer Ressourcen und zur Freude an langfristiger Existenz führen wird.

– „G.B. Company" (Produktionsabteilung eines Automobilzulieferers aus dem mittleren Westen der USA)

Führen Sie eine solide Buchführungskontrolle über die Aktivitäten des Geschäftes ein und schaffen Sie gleichzeitig eine starke finanzielle Führung/Lenkung für das betriebliche Management Team.

– Baxter Accounting Service (Buchhaltungsabteilung eines Automobilzulieferers aus dem mittleren Westen der USA)

Realisieren Sie ein alles umfassendes Qualitätsverbesserungsprogramm.

– Quality makes Cents, Inc. (Qualitätssicherungsabteilung eines Raumfahrt- und Rüstungsunternehmens)

Bringen Sie kontinuierlich den Prozeß der Annahme, Lagerung und der Materialausgabe in einen pünktlichen Ablauf und verbessern Sie die Lagerverwaltung.

– Material Movers, Inc. (Lagerbetrieb einer Hi-tech Elektronikfirma)

Wir von der Shipping Company, Inc. sind als Versand höchster Qualität und der Zufriedenheit unserer Kunden verpflichtet, ohne daß die Ware beschädigt wird oder Versandirrtümer auftreten.

– Shipping Company, Inc. (Versandabteilung einer Haushaltswarenfirma)

Im Falle des Lagers symbolisiert der Name „Material Movers, Inc." das Ziel der Leute, Just-in-time-Produktion zu praktizieren, statt mit der weitverbreiteten Vorstellung von einem Lager als reinem Aufbewahrungsort einherzugehen.

Diese Beispiele zeigen, daß das Benennen einer Minifirma den Leuten ein Gefühl der Identität verleiht, wodurch sie zielorientierter werden, mehr Verantwortung übernehmen und auf diese Weise stolz auf das sind, was sie tun.

Der Fall der Versandabteilung kleiner Haushaltsgeräte ist besonders interessant, denn diese prägnante Aussage wurde von Immigranten gemacht, die der englischen Sprache nur beschränkt mächtig waren.

Bitte beachten Sie Anhang 3.2, um nähere Einzelheiten in Hinblick auf Entwicklung und Ausführung einer Mission zu erhalten.

Hier erfahren Sie auch, wie man die Meinungen der Leute zusammenfaßt und wie daraus ein Auftrag abgeleitet werden kann, der von allen mitgetragen wird. Obwohl das Fallbeispiel für eine Firma mittlerer Größe in Großbritannien gilt, sollten wir in der Lage sein, einen ähnlichen Prozeß für jede Minifirma konstruieren zu können.

Diese Übungen sollten für die Leute in der Firma wichtig sein, auch wenn das Finden einer Aussage und das Erfinden eines Namens eine Weile dauern mag. Denn auf diese Art und Weise ergibt sich für die Leute eine Gelegenheit, ihre Meinungen auszutauschen. Dies gilt vor allem dann, wenn bisher sehr wenig Teamwork praktiziert wurde. Diese Übungen werden das Eis zwischen den Leuten brechen, sie werden besser miteinander kommunizieren und ihre Aufgaben als Team erfüllen.

Vorteile der Minifirmen

Wenn wir unsere Mission begreifen, wissen, was wir tun müssen und warum, und uns bemühen, die Mission stets im Auge zu behalten, dann sollte sich auch unser Verhalten entsprechend ändern. In einigen Firmen gibt es immer noch Leute, die sofort ihre Arbeit beenden, wenn die Glocke ertönt, selbst wenn sie gerade im Begriff sind, eine Schraube an einem Auto festzuschrauben. Das kann dazu führen, daß die nächste Schicht ihre Arbeit beginnt, ohne daß die Schraube jemals festgedreht wird.

Selbstverständlich ist solch ein Verhalten sehr fragwürdig. Daher ist es verständlich, wenn Ingenieure Aufgaben entwerfen oder Inspekteure verlangen, daß die Leute einfach ihren Anweisungen folgen, ohne diese näher zu erklären. Folglich entwickeln die Leute die Einstellung „Das ist meine Arbeit und das ist deine Arbeit", ohne darüber nachzudenken, **warum** sie ihre Arbeit verrichten. Darunter leidet die Kreativität der Leute, und ihre Sorgfalt gegenüber den Kunden geht verloren.

Doch wenn sie begreifen, warum es wichtig ist, die Schraube festzuziehen, beginnen sie mit der Erforschung ihres unentdeckten Potentials. Sie lernen vielleicht warum Schrauben so wichtig sind, wenn sie ihre Funktion verstehen, und vielleicht ,machen sie sogar Vorschläge, wie sie die Schrauben besser befestigen könnten oder sie finden gar Wege, die Schraube durch neue Befestigungsmethoden oder neue Designs zu ersetzen.

Entwickelt jeder den Ausdruck der eigenen Persönlichkeit, der notwendig für die Durchführung unseres Auftrages ist, werden wir in der Lage sein, das unbekannte Potential der Leute zu erschließen.

Während die Realisierung des Konzeptes der Minifirma etwas ist, was jeder einzelne als Teil seiner Arbeitsverantwortung sowieso tun sollte, bedeutet die Durchführung dieser Übung mit der Mehrheit der Leute im Betrieb eine Nutzung vieler Vorteile (siehe Abb. 3.9).

Oftmals bringen junge Leute oder Leute mit Unternehmungsgeist, die sich mit diesen Minifirma-Übungen beschäftigt haben, frische Ansichten in die Firma und bieten ihr ein enormes Potential.

Folgende Fragen sollten wir uns bei unserer Vorgehensweise stellen:

1. Wie oft treffen wir uns zum Gedankenaustausch über den Fortschritt der jeweiligen Geschäftsoperation mit den Investoren/Bankern?
2. Wie wird ein Geschäftsplan entwickelt und wie gelingt die Freisetzung von Mitteln, die notwendig sind, um eine Minifirma zu betreiben?

Abb. 3.9 Vorteile, eine Minifirma zu leiten

- Die Leute entwickeln einen Sinn für Verantwortung.
- Wenn sich die Gruppe auf bestimmte Dinge konzentriert, lernen die Leute als Team effektiv zusammenzuarbeiten.
- Die Entwicklung einer Mission, eines Kunden/Lieferanten-Beziehung-Diagramms, usw. wird den Leuten helfen, sich auf klare Ziele zu konzentrieren.
- Mittels Kundenorientierung und des gemeinsamen Prozesses der Entwicklung eines Geschäftsplans und Berichtes über den Fortschritt werden Schranken zwischen Betriebseinheiten abgebaut.
- Der Managementprozeß wird für alle mittels Geschäftsplan und des Berichtes über den Fortschritt verdeutlicht.
- Werden diese Prozesse als Gruppe erfahren, können die Leute den Prozeß leicht kontrollieren und gegebenenfalls wieder ins Gleichgewicht bringen.
- Indem alles schriftlich festgehalten wird, werden viele Dinge klarer, und dies führt wiederum zum verstärkten Einsatz eines jeden.
- Da die Minifirma sich auf die Kundenorientierung konzentriert, werden kreuzfunktionale Verkettungen gefördert.
- Da für mehr Kontrollen und harmonisches Gleichgewicht gesorgt wird, werden weniger Kräfte vergeudet.
- Indem viele Leute diesen Prozeß durchlaufen, können wir Schwachstellen und Gebiete, auf denen Verbesserungen stattfinden müssen, besser erkennen.
- Da die Schritte einfach und leicht zu begreifen sind, werden die meisten Leute sich ohne große Schwierigkeiten daran beteiligen können.
- Da ein Austausch über alle Pläne der Minifirma und ihren Fortschritt stattfindet, kann der Betrieb als Ganzes leichter zu einer Übereinstimmung der Ziele kommen.
- Da diese Übung ohne Zwang ausgeführt werden kann, trägt sie auch dazu bei, Ängste abzubauen.
- Da das System der Minifirma auf allen Ebenen gleich ist, wird ein verständlicher Managementrahmen entwickelt, der die niedrigste Betriebsebene mit der höchsten verbindet.
- Da der Geschäftsplan und der Jahresbericht die Anstrengungen des Chefs der Minifirma darstellen, beschreiben diese Dokumente im wesentlichen, wie die Dinge gemanagt werden.
- Folglich werden diese Dokumente zur Karrierebewertung oder weiteren Beförderung genutzt.

3. Verfügen wir über so etwas wie einen Jahresbericht, der die Leistung unserer Geschäftstätigkeit zusammenfaßt?
4. Ist das Managementsystem jedem verständlich und erlaubt es jedem, daran teilzunehmen?

Da die Leute an Beförderungen interessiert sind oder irgendwann ihr eigenes Geschäft gründen möchten, sollten wir uns darüber im klaren sein, daß das Verstehen und Praktizieren des Minifirmenkonzeptes die Voraussetzung dafür ist, gute Manager, Geschäftsführer oder Gemeindevorsteher heranwachsen zu lassen.

Glass Wall Management

Das Betreiben von Minifirmen ist, selbst wenn die Idee verstanden wurde, in einer isolierten Umgebung nicht sehr sinnvoll. Die Firma muß Möglichkeiten herausfinden, die kreativen Ressourcen der Leute enger miteinander zu verknüpfen. Eine Möglichkeit, die Konosuke Matsushita vorschlägt, ist die Idee des Glass Wall Managements, des Managements mit gläsernen Wänden.

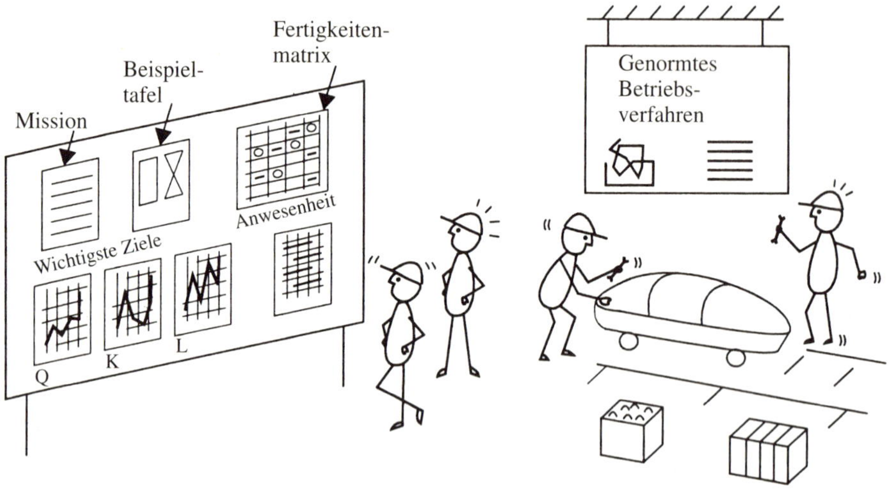

Abb. 3.10 Wie der Managementprozeß für alle transparent gemacht wird (Glass Wall Management)

Glass Wall weist auf eine offene Kommunikation innerhalb der Firma hin. Matsushita glaubt, daß alle Leute in der Firma daran beteiligt sein können, die Firma kollektiv zu managen, wenn sachdienliche Informationen von allen ausgetauscht werden. (siehe Abb. 3.10).

Die Schlüsselmerkmale des Glass Wall Managements beinhalten:

- Es wird bewußt gesteuert.
- Alles wird offengelegt.
- Es findet ein Austausch über den Fortschritt statt.
- Das System eines freien Marktes wird innerhalb der Firma praktiziert.

Die Idee klingt einfach, doch Matsushitas genialer Einfall war darauf begründet, diese Idee unter Ausschöpfung des gesamten Potentials in seiner Firma anzuwenden. Vom Austausch wichtiger Managementinformationen bis zur graphischen Darstellung von Prozessen, von der Ausstellung von Mustern bis hin zu Kundenreklamationen auf dem Shop Floor – wurden alle relevanten Informationen, egal, ob sie gut oder schlecht waren, ausgetauscht, so daß jeder die Situation richtig einschätzen konnte.

In Abb. 3.11 werden Informationen über Qualität, Kosten und Lieferung zusammen mit Analysen der Abteilung und des Projektes dargestellt. Außerdem trifft sich der Werksmanager einmal im Monat mit allen Angestellten vor dieser Tafel, um die Situation, die wichtigsten Interessen und weitere Ziele miteinander zu besprechen.

Vergleichen wir doch das Glass Wall Management, einen progressiven Managementstil, mit dem, was ich Black Box (oder Brick Wall, „Steinwand")-Management nenne – einem traditionellen Stil (siehe Abb. 3.12). Bitte denken Sie daran, daß die Abbildung Unterschiede zwischen diesen Managementstilen übertreibt, um die beiden besser voneinander abgrenzen zu können.

Wie die Abbildung deutlich macht, existieren fundamentale Unterschiede. Der eine Stil ist sehr macht- und hierarchieorientiert, während der andere demokratischer erscheint. Wenn wir erreichen wollen, daß sich unser Betrieb mehr an den Leuten orientiert, müs-

Mit freundlicher Genehmigung von Matsushita

Abb. 3.11 Die wichtigen Managementinformationen werden in der Fabrik ausgetauscht

sen wir uns jedoch über unser Tun klarwerden, unser Arbeitsgebiet besser organisieren und den Managementprozeß transparent machen.

Unser Shop Floor sollte erklärbar sein, so daß alle miteinbezogen und ihre Selbstmanagement-Fähigkeiten gefördert werden.

Selbst ein Außenstehender sollte unsere Shop Floor-Aktivitäten begreifen

Um unser Glass Wall Management bewerten zu können, empfehle ich als Kriterium die Feststellung, ob unser Shop Floor alle wichtigen Fragen so ausreichend beantworten kann, daß selbst ein Außenstehender, der über keinerlei Informationen über den Betrieb

Abb. 3.12 Vergleich zwischen Black Box und Glass Wall Management

	Black Box Management (traditionelle Firmen)	**Glass Wall Management (progressive Firmen)**
Top Management	• Arbeitet schwer, um zu managen	• Arbeitet schwer, um zu führen und koordinieren
	• Harte Beurteilung seitens der Investoren, wird aber gewöhnlich gut bezahlt	• Teilt Schicksal mit Investoren, Lieferanten und Mitarbeitern
	• Versucht Konkurrenz durch Fähigkeiten an der Spitze auszustechen	• Versucht Wettbewerb durch Kreativität aller zu gewinnen
	• Ergebnisorientiert	• Ergebnis- und prozeßorientiert
	• Kurzfristig orientiert	• Langfristig orientiert
	• Nutzt Leute als Verlängerung von Maschinen; Entlassungen sind an der Tagesordnung	• Sieht Leute als Quelle der Kreativität, teilt Last in schweren Zeiten
Mittleres Management/ Mitarbeiter	• Spezialisiert sich auf verschiedenen Gebieten, neigt zu beschränkter Sichtweise	• Ist auf verschiedenen Gebieten erfahren, neigt zur weiteren Sichtweise
	• Teilt Wissen nicht	• Teilt Wissen, Ideen, Erfahrungen
	• Hilft anderen nicht; erhält auch keine Hilfe	• Hilft anderen, erhält auch Hilfe
	• Gibt Anweisungen	• Leitet und befähigt die Leute
	• Löst Probleme ohne die Mitwirkung anderer	• Löst Probleme durch Mitwirkung anderer
	• Schützt den gegenwärtigen Job vor anderen	• Versucht, den gegenwärtigen Job gegen einen wichtigeren einzutauschen
Leute auf dem Shop Floor	• Werden nicht darum gebeten, ihren Verstand zu gebrauchen	• Werden gefördert, ihren Verstand zu gebrauchen
	• Werden nicht bestärkt, ihre Fähigkeiten zu erweitern	• Müssen sich ständig mehr Fähigkeiten aneignen
	• Haben keine Verantwortung für ihre Arbeit	• Haben Verantwortung für ihre Arbeit
	• Haben keinen Einfluß auf ihr Schicksal	• Versuchen, ihr Schicksal in die Hand zu nehmen
	• Ihre Kreativität bleibt verborgen	• Ihre Kreativität tritt zutage
	• Haben geringen Anteil am Erfolg des Unternehmens	• Haben großen Anteil am Erfolg des Unternehmens

(Fortsetzung)

Abb. 3.12 Fortsetzung

	Black Box Management (traditionelle Firmen)	**Glass Wall Management (progressive Firmen)**
Investoren	• „Geld zu machen und die Firma wachsen zu sehen" ergänzt sich nicht	• Große Aktionäre wollen mit der Firma zusammen wachsen
	• Treiben Top Management an	• Arbeiten dort, wo es sinnvoll ist, mit dem Top Management zusammen
	• Keine moralische Verantwortung den Leuten gegenüber	• Moralische Verantwortung durch große Aktionäre
	• Wollen kurzfristig Geld machen	• Wollen langfristig Geld durch Aufbau des Unternehmens machen
Mentalität, die allen Unparteiischen gemein ist	• Einzigartige/besondere Fähigkeiten sind der Weg, um zu überleben; der Austausch von Fähigkeiten ist zweitrangig	• Einzigartige Fähigkeiten sind der Weg, um zu überleben, doch der Austausch von Fähigkeiten gestaltet sich schwierig
	• Ergebnisorientiert	• Ergebnis- und prozeßorientiert
	• Kurzfristig orientiert (Geld machen um jeden Preis)	• Langfristig orientiert (Leute machen, bevor Produkte gemacht werden; erst richtige Produkte herstellen, bevor damit Geld gemacht wird)
	• Rechnungen zu bezahlen, stellt einen großen Teil der Zufriedenheit im Beruf dar	• Zahlungsfähig zu sein, macht einen Teil Zufriedenheit im Beruf aus
	• Die Leute müssen ihre Zukunft selbst in die Hand nehmen	• Die Leute müssen ihre Zukunft selbst in die Hand nehmen; doch sie können sich gegenseitig helfen
	• Materialistischer	• Humanistischer
Gebrauch von Management-Werkzeug	• Die meisten Techniken, wie Just-in-time oder Total Quality Management, sind nur für Spezialisten geeignet	• Techniken, wie Just-in-time oder Total Quality Management, werden von den Leuten verinnerlicht
	• Die Leute sind nicht als wichtige Verteiler beim Gebrauch dieser Werkzeuge integriert	• Die Leute sind als Verteiler beim Gebrauch dieser Werkzeuge integriert
	• Es wird wenig unternommen, um die Leute vom Shop Floor zu beteiligen; Bsp.: Austausch von Informationen	• Es wird viel unternommen, um die Leute vom Shop Floor zu beteiligen; Bsp.: verschiedene Wege, um die Leute zu beteiligen
	• Alle Aktivitäten finden versteckt statt, niemand weiß genau, was auf dem Shop Floor passiert	• Ziele und Einstellungen werden offen ausgetauscht, jeder weiß genau, was passiert

verfügt, das Wesen der Shop Floor-Aktivitäten ebenso gut versteht wie ihre Beziehungen zum gesamten Geschäftsbetrieb. Alles sollte an seinem Platz sein – markiert, beschriftet und organisiert. Nicht nur Materialien, Maschinen, Ersatzteile und ähnliches, sondern auch Informationen, einschließlich solcher Begriffe wie Arbeitsverfahren, Kunden/Lieferanten-Beziehungen und wichtige Ziele des Managements. Oftmals fragen Besucher: „Was geschieht jetzt mit diesem Teil?“, „Sind dies Mängel?“, „Sind Sie Ihrem Zeitplan voraus oder hinken Sie hinterher?“, „Welches sind Beispiele für Verbesserung?“, „Wie viele Vorschläge wurden diesen Monat entwickelt?“. Oder: „Was sind die Kriterien der Qualitätskontrolle?“ Andere wiederum fragen: „Werden den Materialien und Maschinen stets wichtige Informationen beigefügt?“ oder „Begreifen die Leute, warum sie diese Arbeit machen?“

Statt jemanden zu finden, der diese Fragen beantworten kann, ist es wichtiger, daß sie durch gute Organisation des Arbeitsplatzes oder durch effektive Präsentation von Informationen ohne Erläuterung verständlich sind. Wenn wir diese Idee praktizieren, wird unser Shop Floor viel beliebter bei den Leuten. Gleichzeitig sind wir in der Lage, die Talente der Leute auf dem Shop Floor zu nutzen, um wichtige Belange sofort in Angriff zu nehmen.

Wenn wir ein gutes Glass Wall Management haben, können wir das kollektive Wissen der Leute besser nutzen. Wenn wir zu sehr mit unseren eigenen dringenden Aufgaben beschäftigt sind, denken wir jedoch nicht so. Wir sollten uns aber stark bemühen, diese Dinge umzusetzen, da die Durchführung dieser Ideen unser Interesse für unsere Kunden und unsere eigenen Mitarbeiter reflektiert.

Rollen und Verantwortlichkeiten ändern

Die Idee der Minifirma ist folgendermaßen mit dem Selbstmanagement verknüpft: Jeder ist der Chef seines Verantwortungsgebietes. Statt gemanagt zu werden, möchten wir erreichen, daß jeder sein Bestes gibt, um selbst zu managen. Statt uninformiert zu sein, sollte jeder in der Lage sein, solche Fragen zu beantworten wie (1) Wie lautet der Auftrag? (2) Wo liegen die Probleme und (3) Welches sind die Prozesse, um das Problem zu lösen?

Einige werden zwar noch sagen: „Sagen Sie mir, was ich tun soll“, statt die Initiative zu übernehmen. Einige Chefs werden immer noch die Haltung „Tun Sie, was ich sage“ einnehmen, statt das Potential ihrer Angestellten zu erforschen. Die Frage lautet, wie können wir unsere Zukunft bei solchen Einstellungen gestalten?

Wie in Abb. 2.4. die lokale und totale Optimierung für verschiedene Arbeitsfunktionen miteinander verglichen wird, können wir eine ähnliche Idee in einem Modell entwickeln, das eine vertikale Ansicht des Betriebes zeigt (Abb. 3.13). Hier stellen die Ebenen A, B und C das Top Management, Mittlere Management und die Angestellten dar. Der Verkettungsmechanismus im Modell rechts repräsentiert das angewandte Glass Wall Management. Wir können auch erkennen, daß das Abhalten täglicher Meetings auf dem Shop Floor, die Aufstellung eines klaren, genormten Arbeitsverfahrens, der Austausch von wichtigen Managementinformationen durch den Gebrauch der Schautafel oder der Einsatz von Managementtechniken, Policy Management genannt (siehe Kapitel 1), wichtig für die Verminderung von Grenzproblemen sind, wie sie im Modell links auftreten. Außerdem wird das Konzept der Minifirma bei der Verdeutlichung des Management-Berichtmechanismus eine wichtige Rolle spielen, damit der Betrieb sich vom linken zum rechten Modell hin verändert (siehe auch Abb. 3.14).

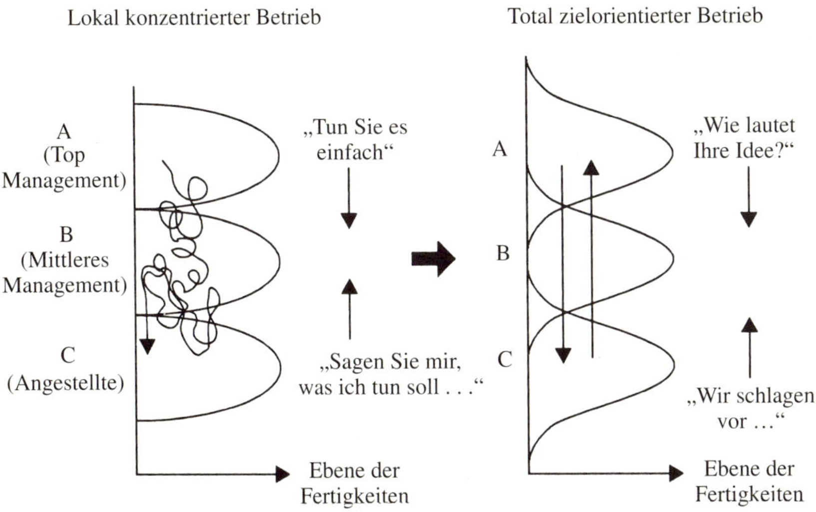

Jede Ebene der Organisation konzentriert sich auf das eigene Interesse. In einem eng definierten Verantwortungsbereich verfügt man über Fähigkeiten. Der Informationsfluß ist nicht stromlininenförmig.

Verschiedene Ebenen der Organisation tauschen Informationen aus. Es entwickeln sich mehr Verständnis und Zusammenarbeit unter den Leuten. Der Informationsfluß ist stromlinienförmig.

Hinweis: Eine zielorientierte Organisation benötigt sowohl den Verkettungsmechanismus als auch die Initiative der Leute.

Abb. 3.13 Vergleich von lokaler und totaler Optimierung (vertikale Sicht)

Es ist auf jeden Fall nicht einfach, unsere geistige Haltung zu verändern, auch wenn wir alles vom Konzept her begreifen. Besonders schwierig wird es, wenn wir unsere Gewohnheiten schon über lange Zeit haben. Es gibt aber ein Sprichwort: „Wenn wir das tun, was wir schon immer getan haben, werden wir auch das bekommen, was wir schon immer bekommen haben.“ Wo auch immer dies möglich ist, sollten wir einen kleinen Schritt nach vorn wagen. Wir können es mit dem Erlernen eines Mannschaftssportes vergleichen – je öfter wir üben, desto besser werden wir.

Die Situation im Geschäftsleben kann sich ändern. Das Management kann sich ändern. Neue, ernstzunehmende Konkurrenten können auftauchen. Doch die geistige Haltung der Leute ändert sich nicht so einfach. Dies sind auch die Hindernisse, die überwunden werden müssen. Die wichtige Frage ist deshalb: „Was können wir tun, um unser Schicksal in die Hand zu nehmen?“ Um die Fähigkeit zu entwickeln, die Segel so zu setzen, daß wir dorthin segeln, wo wir auch hinwollen – selbst wenn wir die Windrichtung nicht ändern können – müssen wir weiterhin untersuchen, was wir tun können.

Mit freundlicher Genehmigung von Aisin Seiki

Abb. 3.14 Der Chef einer Minifirma und seine Schautafel. Das Lächeln des Abteilungsleiters auf dem Bild zeigt sein Vertrauen in das Management seiner Minifirma. Seine Schautafel muß gute Resultate aufweisen, solange seine Leute daran arbeiten, den Auftrag der Minifirma zu erfüllen.

Zusammenfassung

- Da aus der Sicht des Managements Leute innerhalb des Betriebes als Kunden betrachtet werden, sollte ein kundenorientierter Betrieb sich auch an den Leuten orientieren.
- Wir müssen das Problem an der Wurzel packen, um Fortschritte zu erzielen. Die Manager müssen die Idee des „Leute machen, bevor Produkte gemacht werden" unterstützen, damit der Betrieb wachsen kann.
- Jeder innerhalb der Organisation sollte als Chef seines Verantwortungsbereiches angesehen werden und sich mit Kunden, Lieferanten, Angestellten und Bankern bei der Leitung seiner Minifirma befassen.
- Die Veränderungen im Geschäftsleben widerspiegelnde traditionelle Sichtweise von Aufgaben und Verantwortlichkeiten muß drastisch geändert werden, damit auch der Betrieb besser den heutigen Bedürfnissen im Geschäftsleben entsprechen kann.
- Zur Entwicklung von Verantwortung und stärkerer Kundenorientierung sollte jede Firmeneinheit die Idee der Minifirma praktizieren. Die Leute können ihren eigenen Geschäftsplan entwickeln, ausführen und ihren Chef (Banker) anhand von Jahresberichten, usw. informieren.
- Minifirmen können auf allen Betriebsebenen eingerichtet werden, da jeder Kunden, Lieferanten, Bankers und Angestellte hat. Die Angestellten der Arbeiter können ihre Werkzeuge, Maschinen, Systeme, usw. sein.

- Die Mission eines Betriebes bedeutet Leben, Willenskraft oder Kreativität. Wir müssen solche inneren Werte als Basis unserer Firmenführung respektieren und anwenden.
- Beginnend mit der Entwicklung einer Mission und dem Namen einer Minifirma, trägt die Gründung einer Minifirma nicht nur dazu bei, den einzelnen mehr Selbstachtung zu verleihen, sondern auch dazu, den Firmen bei der Lösung von Problemen mit stärker motivierten Leuten zu helfen.
- Es existiert ein größerer Bedarf nach Leuten, die ihre Arbeit selbst koordinieren können. Unsere traditionelle Bedarfskette sollte verändert werden, damit ein reibungsloserer Informationsfluß entstehen kann.
- Durch Praktizieren des Glass Wall Managements und den Austausch wichtiger Managementaktivitäten können wir uns viele Dinge besser klarmachen. Dies befähigt die Betriebe, das kollektive Wissen der Leute besser zu nutzen.
- Tätigkeiten auf dem Shop Floor sollten ohne Erläuterung verständlich sein, und zwar selbst für Besucher, die mit der Situation nicht vertraut sind. Dies ist ein guter Indikator, um zu beurteilen, wie sehr die Leute in jedem Betrieb miteinbezogen werden.

4. Kapitel

Jeden einzelnen am Prozeß ständiger Verbesserung beteiligen

Bisher haben wir das Shop Floor Management in Beziehung zu Kundenorientierung und dem Konzept der Minifirma studiert. In diesem Kapitel werden wir uns eingehender mit dem Thema beschäftigen, wie sich die Leistungsfähigkeit einer Firma steigern läßt, wenn jeder Mitarbeiter miteinbezogen wird.

Zunächst betrachten wir, wie sich ein Betrieb verbessern kann, indem er sich kontinuierlich auf seine Bedürfnisse konzentriert. Ebenso werden wir Möglichkeiten diskutieren, unsere Mission durch Definition dessen zu erfüllen, was sich auf dem Shop Floor abspielt. Anschließend werden wir den Prozeß der ständigen Verbesserung untersuchen, dabei besonders den Hintergrund beleuchten und Standards anwenden.

Überleben des Stärkeren

Unsere Geschäftswelt läßt sich gut mit der Tierwelt vergleichen, in der das Überleben des Stärkeren gilt. Bei Betrachten des Evolutionsprozesses verschiedener Arten fällt auf, daß sich einige Arten ihrer Umgebung besser angepaßt haben als andere. Interessanterweise haben sich z. B. die Schaben beständig über Millionen von Jahren allen Veränderungen angepaßt und so nicht nur Klimaveränderungen überlebt, sondern auch die Anwendung moderner Insektizide. Dagegen gelang es den Dinosauriern nicht, mit plötzlichen klimatischen Veränderungen fertigzuwerden.

In der Geschäftswelt muß sich eine Firma auch Veränderungen anpassen können, um zu überleben. Unterstützt von dem Gesetz des Überlebens des Stärkeren, das in unserer freien Marktwirtschaft angewandt wird, ist hier die Kernaussage, daß jeder Mitarbeiter daran beteiligt sein muß, den Kunden bestmöglich mit einem Minimum an Verschwendung zufriedenzustellen.

Sobald wir das Licht der Welt erblicken, beginnt auch unser Urinstinkt: zu überleben. Doch das ist natürlich nicht der ganze Sinn und Zweck unseres Erdendaseins. Laut A. H. Maslow existiert eine Hierarchie von Bedürfnissen, wie in Abb. 4.1 abgebildet. Er ging davon aus, daß, sobald die Bedürfnisse auf einer Ebene befriedigt sind, Bedürfnisse auf der nächsten Ebene entstehen und der einzelne versuchen wird, die nächste Stufe der Bedürfnisse zu erklimmen. Folglich wird er die Leiter der Bedürfnishierarchie kontinuierlich nach oben klettern. Auch wenn es Unterschiede in den einzelnen Persönlichkeiten gibt, vermittelt uns dieses Modell zumindest eine Vorstellung davon, wie wir uns im Alltag verhalten.

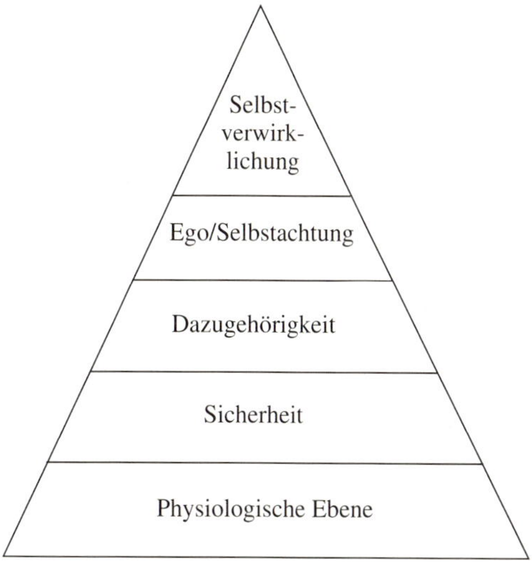

Abb. 4.1 Hierarchie der Bedürfnisse

Konzentration auf die Bedürfnisse des Betriebes

Wenn Individuen über eine derartige Bedürfnishierarchie verfügen, wie sieht das dann mit Betrieben aus? Da ein Betrieb aus vielen Individuen besteht, sollte es sich doch ähnlich verhalten. D. h. der Betrieb ist kontinuierlich bemüht, höhere Bedürfnisebenen zu erreichen. Ein Betrieb strebt danach, zu überleben, Geld zu machen oder hat den Drang nach Verbesserung und einem Beitrag zu unserer Gesellschaft. Obwohl die einzelnen Personen innerhalb des Betriebes physisch voneinander getrennt sind, kommunizieren sie verbal oder visuell miteinander.

Wenn dies zutrifft, wie lassen sich dann Leute in traditionellen und progressiven Betrieben miteinander vergleichen? Wenn wir den Verstand als Analogie für den Betrieb nehmen, lautet die Frage: Ist jede Gehirnzelle gut oder schlecht ausgelastet? Wenn z. B. an der Spitze des Betriebes zuviel Energie für externe oder politische Angelegenheiten verbraucht und internen Entwicklungen keinerlei Aufmerksamkeit entgegengebracht wird, verkümmern die Leute auf dem Shop Floor.

Praktizieren wir dagegen das Glass Wall Management, ähnelt dies der Entwicklung eines gut strukturierten Nervensystems oder Nervenleitungssystems in unserem Gehirn, in dem unsere Gehirnzellen aktiv sind. Wenn wir folglich Leuten vertrauen, die sich selbst managen und ihre Probleme alleine lösen können, kann sich auch unser Betrieb durch Erfüllung seiner Mission verwirklichen.

Schlüsselbegriffe für betriebliche Neuerungen

Damit ein Betrieb innovativ sein kann, müssen wir an folgenden Schlüsselbegriffen arbeiten:

- Das Top Management sollte seinen Verstand von allem Überflüssigen befreien, um Möglichkeiten zur Erforschung des Potentials der Leute zu finden.

- Es muß einen Wechsel von der Spitze des Betriebes zu einer niedrigeren Ebene geben (Konzept der Minifirma), damit eine Entscheidungsfindung auch auf der niedrigsten Ebene möglich ist.
- Das Top Management sollte dabei helfen, diese Aktivitäten zu koordinieren und die notwendige Unterstützung zur Verfügung stellen.
- Da jeder innerhalb des Betriebes als Chef einer Minifirma betrachtet werden kann, sollte auch jeder die oben erwähnten Punkte durcharbeiten.
- Bei der Durchführung dieser Ideen muß jeder versuchen, seinen Job überflüssig zu machen, damit mehr Raum für das Wachstum aller geschaffen wird.

Wenn dies dem Top Management nicht gelingt, lassen sich die daraus entstehenden Probleme innerhalb der Firma mit Krankheiten wie Krebs oder einem Herzanfall vergleichen. Ist das Gleichgewicht im Körper gestört und es gibt keinerlei Anzeichen für eine Krankheit, ist das Immunsystem überfordert.

Aufstellung einer Schautafel: Definition des Spiels, das wir spielen

Wenn wir die Aussage akzeptieren, daß die Beteiligung aller notwendig ist, um zu überleben und zu wachsen, müssen wir klären, welche Rolle jeder von uns in diesem Spiel spielt und wie wir als Team zusammenspielen. Wir brauchen daher eine Schautafel, von der wir ablesen können, wir erfolgreich wir dabei sind. D. h. wenn wir die Ideen aller in einer Mission für unsere Minifirma vereinigt haben, sollten wir auch das Ziel des Spiels und schließlich die Aufgabe der Schautafel definiert haben.

Da wir wissen, daß Kundenorientierung der Schlüssel zum Erfolg und daß QKLSA (Qualität, Kosten, Lieferung, Sicherheit und Arbeitsmoral) das Kriterium zur Zufriedenheit der Kunden ist, sollte auch jede Minifirma eine Schautafel haben, um ihren Erfolg in Relation zu ihren Zielen messen zu können. So wie der Verlauf eines sportlichen Wettkampfes für den Zuschauer auf einer Anzeigetafel festgehalten wird, so kann jeder innerhalb des Betriebes die Leistung seines Teams durch Überwachung der Schautafel der Minifirma feststellen.

Obwohl einige bei schlechten Ergebnissen lieber nicht an die Tafel schauen, könnte gerade ihr Unbehagen für den notwendigen Anreiz zur Verbesserung sorgen. Außerdem ist ein kleiner Schmerz im Anfangsstadium besser als ein großer, abrupt einsetzender Schmerz (z. B. Entlassungen) zu einem späteren Zeitpunkt. Wir müssen einfach aufmerksam, flexibel und fähig sein, unsere Strategien ändern zu können, wie dies auch die Mitglieder einer Sportmannschaft tun, wenn sie gewinnen wollen.

Um die Schautafel jedoch effektiv zu nutzen, sollten wir uns folgendes merken: (1) die Ziele sollten meßbar und größtenteils von der Gruppe kontrollierbar sein, (2) die Anzahl der Ziele sollte gemanagt werden können, z. B. fünf, (3) diese speziellen Ziele sollten mit den Gesamtzielen der Firma eng verknüpft sein und (4) die Leute sollten Werkzeuge erwerben und angemessene Unterstützung für die Bearbeitung dieser Ziele erhalten.

Abb. 4.3 zeigt Beispiele für die Messung von QKLSA als mögliche Kriterien für die Schautafel. Abb. 4.4 und 4.5 erläutern Schautafeln, die von Leegin Creative Leather Products für ihren gesamten Herstellungsbetrieb und für eine Abteilung entwickelt wurden. Mit Hilfe der Verdeutlichung dieser Ziele sollten die Leute den Fortschritt der Firma besser begreifen können. Hier ein Kommentar von Victor Paredes, Lagerleiter:

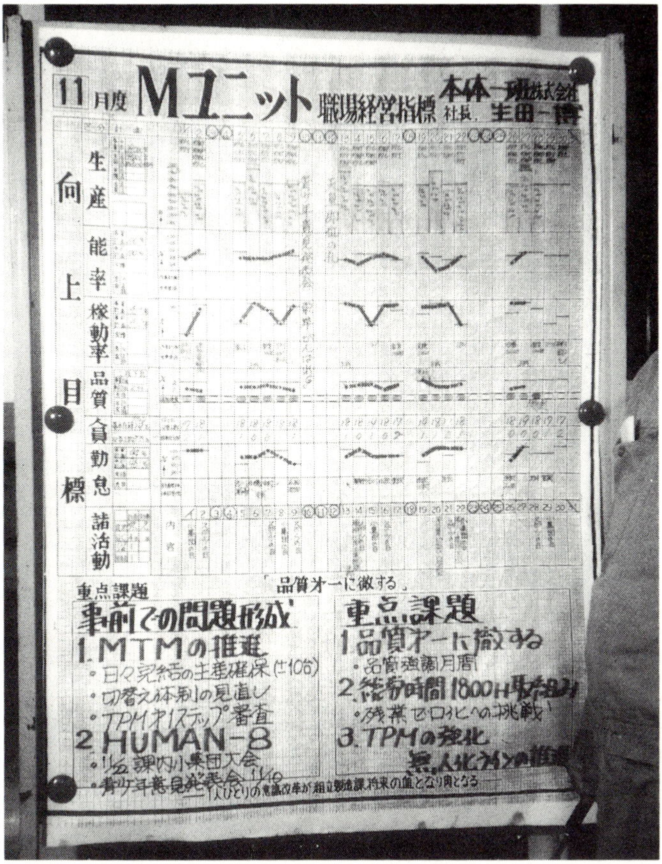

Mit freundlicher Genehmigung von Matsushita

Abb. 4.2 Management-Schautafel auf dem Shop Floor

Abb. 4.3 Beispiele für die Messung der QKLSA-Kriterien

Q (Qualität)	Ebene der Qualitätsakzeptanz, Überarbeitung, Anzahl der Kundenbeschwerden, Mängel
K (Kosten)	Produktivität, Überstunden, Ausgaben, Platz
L (Lieferung)	Übereinstimmung mit Plan, Lieferfrist, Produktionsvolumen, Absatzvolumen
S (Sicherheit)	Anzahl der Unfälle, Anzahl der Vorschläge im Bereich Sicherheit
A (Arbeitsmoral)	Abwesenheit/Verspätungsrate, Umsatzrate, Anzahl von Vorschlägen

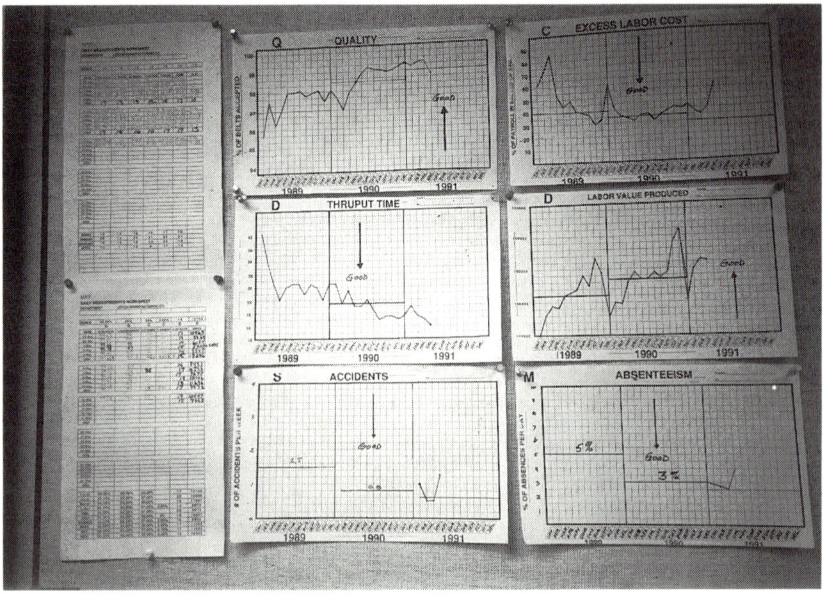

Mit freundlicher Genehmigung von Leegin Creative Leather Products

Abb. 4.4 Schautafel eines Herstellungsbetriebes

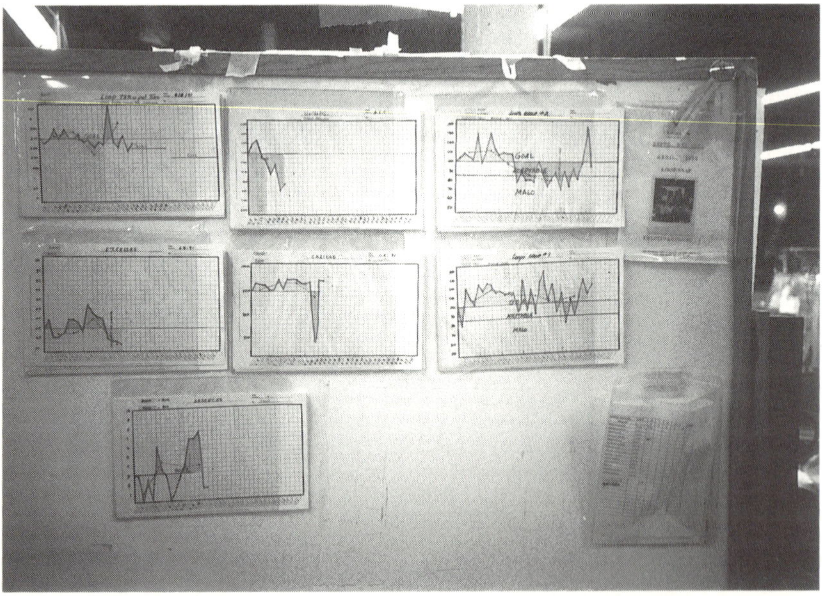

Mit freundlicher Genehmigung von Leegin Creative Leather Products

Abb. 4.5 QKLSA-Schautafel für eine Abteilung

„Früher haben wir uns wie die Pferde verhalten. Wir trotteten gemeinsam einen Weg lang. Wir wußten nicht, ob wir vorne oder hinten waren, ob die Firma Geld machte oder nicht. Wir kamen nur her, arbeiteten acht Stunden und das war's.
Wir kannten weder unser Ziel noch unsere Mission. Wir wußten nicht, in welche Richtung es ging. Dann fingen wir mit diesem Programm an (Shop Floor Management), und alles kam an die Oberfläche. Das Top Management begann, mehr Informationen mit uns auszutauschen. Es bezog uns mit ein. Das hatte eine sehr dramatische Veränderung zur Folge. Heute wissen wir, wohin wir gehen, welches unser Ziel und welches das Ziel der Firma ist."

– Aus dem Kursus „The New Shop Floor Management" (Video)
von Kiyoshi Suzaki, SME, 1992

Außerdem wurden die täglichen, wöchentlichen und monatlichen Konferenzen effizienter. Gleichzeitig wurde die Aussetzung einer monatlichen Prämie, basierend auf den QKLSA-Kriterien, zu einem wichtigen Ereignis für alle.

Diagnostische Werkzeuge zur Überwachung der Gesundheit des Betriebes

Zwar gibt die Messung der QKLSA-Kriterien den Zustand eines Betriebes an, doch müssen wir weiterhin die Leute miteinbeziehen und Möglichkeiten zur Verbesserung finden. Um dies zu erreichen, müssen wir gute diagnostische Werkzeuge erwerben und viele Kontrollstellen innerhalb des Betriebes einrichten, damit jeder von uns problemlos die Bedürfnisse des Betriebes identifizieren kann.

Wenn wir hier die Idee des Selbstmanagements weiter verfolgen, sollte jeder Mitarbeiter dafür zuständig sein, die Gesundheit seines Betriebes zu überwachen, statt jemand anderem dafür die Verantwortung zu übertragen.

Obwohl einige wahrscheinlich meinen, daß es angesichts der vielen Abbildungen und Anhänge in diesem Buch noch zu viele Kontrollstellen gibt, geht es hier hauptsächlich darum, viele Leute an der Verwendung dieser Werkzeuge zu beteiligen.

Da niemand die Arbeit allein erledigen kann, müssen wir Wege suchen, die Leute miteinzubeziehen, den Zustand der Minifirmen zu diagnostizieren und eine korrigierende Kursänderung vorzunehmen. Zur Erläuterung beschreibt Anhang 4.1 eine Checkliste, die als diagnostisches Werkzeug von Toyota zur Gewährleistung der Grundlagen seines Produktionssystems verwendet wird. Wir stellen fest, daß die Verfolgung der Grundlagen durch Anwendung dieser ausführlichen Checkliste eine starke Unterstützung findet.

Beim Vertiefen unserer Kenntnisse über das neue Shop Floor Management sollten wir nicht vergessen, daß der Gebrauch solcher Checklisten und die sorgfältige Anwendung grundsätzlicher Praktiken oftmals viel wichtiger sind als theoretisches oder abstraktes Wissen.

Zeichen für Leistung auf dem Shop Floor

Wenn wir uns progressive Betriebe näher anschauen, die solche Merkmale wie Respekt für den einzelnen und Nutzung des kollektiven Wissens aufweisen, welche spezifischen Merkmale finden wir dann auf dem Shop Floor? Die Begriffe in Abb. 4.6 fassen die Zeichen für Leistungen auf dem Shop Floor zusammen:

Abb. 4.6 Zeichen für Leistung auf dem Shop Floor

- QKLSA-Schautafel
  Egal ob für die gesamte Firma, eine Abteilung oder eine Betriebseinheit – wir brauchen eine angemessene Schautafel, um unseren Fortschritt zu dokumentieren. Die Tatsache, ob eine solche Schautafel existiert oder nicht, oder ob sie effektiv genutzt wird, sagt etwas über die Beteiligung der Mitarbeiter am Management auf dem Shop Floor aus.
- Anzahl der Vorschläge
  Die Anzahl der Vorschläge ist ein Indikator für die Arbeitsmoral der Leute im allgemeinen und ein Maßstab für die gesamte Kreativität des Betriebes. Folglich stehen viele Vorschläge für gute Qualität, niedrige Kosten, schnelle Lieferung und ein hohes Maß an Sicherheit.
- Abwesenheit, Beschwerden und Unzufriedenheit
  Diese Faktoren zeigen ebenfalls das Niveau der Arbeitsmoral und das Interesse der Leute an ihrer Arbeit an.
- Haushaltung und Organisation
  Ein unorganisierter Arbeitsplatz bedeutet fehlende Aufmerksamkeit gegenüber der grundlegendsten Sache im Geschäftsleben. Wie können wir von den Leuten die Ausübung komplexerer Aufgaben inmitten allgemeiner Unordnung erwarten? (Oft erkläre ich in meinen Reden, daß es Zeitverschwendung ist, über fortschrittlichere Techniken zu sprechen, wenn wir schon diese grundsätzliche Aufgabe nicht lösen können.)
- Einsatz von Diagrammen, Graphiken und Zeichnungen auf dem Shop Floor
  Ob sie effektiv dargestellt werden oder nicht und ob sie aktualisiert werden oder nicht, sagt einiges über das Niveau der Verbesserungen aus. (Dies kann ebenfalls als ein Bestandteil der Arbeitsplatzorganisation betrachtet werden.)
- Informationsaustausch mittels visueller Hilfsmittel, Firmenrundschreiben, usw.
  Das Wachstum der Leute innerhalb der Firma ist mit Anreiz verbunden, den sie auf verschiedene Weise erhalten. Die visuelle Darstellung der Leistung eines Kollegen bzw. das Lesen seines Namens in einem Rundschreiben oder am schwarzen Brett beeinflußt die Einstellung und die Haltung der Leute gegenüber ihrem eigenen Wachstum in der Firma. (In einigen Fällen können die Leute vor dieser Art von Publizität zurückschrecken. Doch ich glaube, daß diese Leute einfach noch nicht genug Erfolg haben, um diese Anstrengungen entsprechend zu würdigen. In dem Moment, wo sie sich erfolgreicher fühlen und sich darauf eingestellt haben, wird diese Schüchternheit verschwinden. Ich empfehle, diese psychologischen Hindernisse so schnell wie möglich zu übergehen.)
- Treffen auf dem Shop Floor
  Tägliche, wöchentliche oder monatliche Treffen werden für eine Umgebung sorgen, in der man sich kritisch mit dem Management auseinandersetzt. Außerdem ist es wichtig, eine Strategie zu bekräftigen, wie dies auch die Footballspieler während einer Angriffsplanung tun. (Erstaunlicherweise gibt es noch immer überall in der Welt viele Firmen, die keine regelmäßigen Shop Floor-Treffen abhalten. Viele Manager halten dies für Zeitverschwendung. Doch die Treffen sind eine Möglichkeit, die Leute miteinzubeziehen und Ideen über ständige Verbesserung auszutauschen. Selbst wenn die Leute an solche Praktiken nicht gewöhnt sind, sollten sie unter der richtigen Anleitung der Manager lernen, ihre versteckten Talente besser zu nutzen.)
- Die Teilnahme des Top Managements an Treffen, bei denen der Austausch von Verbesserungen im Vordergrund steht
  Ihre Anwesenheit und ihre hilfreichen Erläuterungen während solcher Treffen stellen für die beteiligten Personen eine Orientierungshilfe dar. Wenn sich das Top Management Gedanken über das Wachstum der Leute macht, warum sollten sie dann kein Interesse haben, solchen Veranstaltungen beizuwohnen?
- Präsenz des Top Managements auf dem Shop Floor
  Die Anwesenheit des Top Managements auf dem Shop Floor vermittelt die Botschaft, daß der Shop Floor der Motor des Betriebes ist. Können die Leute einige ihrer kürzlich durchgeführten Verbesserungen mit dem Top Management austauschen, bedeutet dies, daß die Kluft zwischen Top Management und Shop Floor nur noch sehr schmal ist. Findet kein Austausch statt, managen die Manager den Shop Floor, ohne direkt am Geschehen beteiligt zu sein.

- Effektivität von Ausbildung und Training
  Progressive Firmen streben danach, über organisierte Ausbildungs- und Trainingsprogramme zu verfügen, die eng mit dem Wachstum der Mitarbeiter verknüpft sind – statt eine Art „Programm des Monats" zu praktizieren, bei dem das Management rasch von einem Programm zum nächsten wechselt.
- Transparenz des Managementprozesses
  Wie wir vorher schon mal im Fall des Glass Wall Managements diskutierten, besteht für die Beteiligung aller nur eine geringe Chance, wenn der Managementprozeß nicht transparent ist. Ein gutes Kriterium ist wiederum, herauszufinden, ob selbst ein Außenstehender verstehen kann, was geschieht.
- Verwendung genormter Verfahrensweisen
  Das Niveau des Shop Floor Managements läßt sich ebenfalls anhand der effektiven Verwendung genormter Verfahrensweisen messen. Genormte Verfahrensweisen sind nicht nur für bestimmte Aufgaben geeignet, sondern auch für Haushaltung, Organisation, visuelle Hilfsmittel, Treffen auf dem Shop Floor, usw.
- Mechanismus zur Aufdeckung von Problemen
  Je fortschrittlicher eine Firma ist, desto mehr Mechanismen hat sie zur Verfügung, Probleme frühzeitig aufzudecken. Im Falle, daß Standards verwendet werden, kann jeder sofort die Probleme erkennen und die Situation positiv verändern. Progressive Firmen streben danach, raffinierte Möglichkeiten zur Aufdeckung von Problemen zu entwickeln, statt sich auf das Ergebnis ausgedruckter Computerinformationen zu verlassen.

Kurze Anmerkung zu den obigen Punkten hinsichtlich eines von Hand erstellten Diagramms: Progressive Firmen wünschen, daß die entsprechenden Facharbeiter die Daten per Hand zeichnen, statt jemand anderen die Daten zeichnen oder den Computer ein Diagramm erstellen zu lassen. Dadurch „besitzen" die Leute die Informationen und können darüber nachdenken, statt blindlings den vom Computer erstellten Zahlen vertrauen zu müssen.

Darauf werden wir aber noch später zurückkommen. Es ist jedoch ebenso sinnvoll, das Niveau unseres Betriebes – die Minifirma – zu bewerten, und zwar bezüglich der eben erwähnten Punkte. So können wir feststellen, woran unser Betrieb noch arbeiten muß.

Diese Aufgabe ist zwar gewaltig, doch mit angemessener Unterstützung von oben und der Ausdauer sowie dem Eifer der Leute können wir uns Schritt für Schritt vorwärtsbewegen – ähnlich wie beim Fall der Berliner Mauer. Die gute Nachricht ist, daß dies nicht jeder für sich tun muß, sondern daß wir diese Aufgabe als Gruppe lösen dürfen.

Prozeß der ständigen Verbesserung

Wenn man bedenkt, daß alle Verbesserungen einer Firma der Ausdruck ihrer gesamten Kreativität sind, was bedeutet dann Prozeß der ständigen Verbesserung und wie können wir jeden Mitarbeiter effektiv daran beteiligen? Unser Grundkonzept ist der in Abb. 4.7 beschriebene Kreislauf.

Die einzelnen Schritte lassen sich wie folgt zusammenfassen:

1. Untersuchen Sie den jetzigen Geschäftsbetrieb und standardisieren Sie das Arbeitsverfahren.
2. Entdecken Sie die Problemzonen.
3. Lösen Sie die Probleme und entwickeln Sie Verbesserungsmethoden.
4. Wenn die neuen Methoden zufriedenstellend sind, entwickeln Sie neue Arbeitsnormen. Gehen Sie dann zu Punkt 2 zurück und setzen Sie den Kreislauf fort.

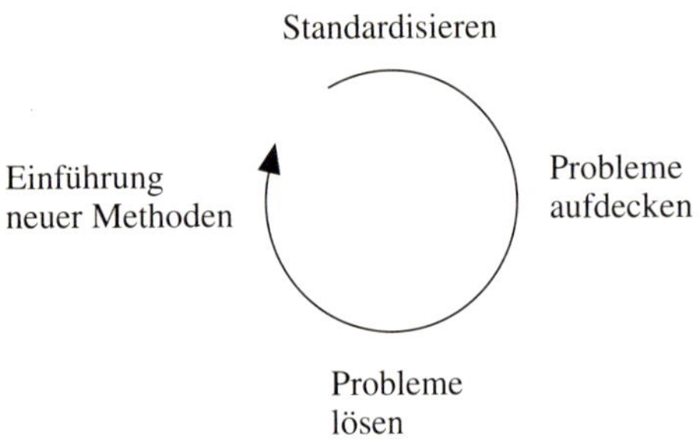

Abb. 4.7 Prozeß der ständigen Verbesserung

Standardisierung und Verbesserung sind also zwei schwierige Faktoren. Beide werden aber, wie die zwei Seiten einer Münze, für die Realisierung der ständigen Verbesserung benötigt.

Verbesserung und Standardisierung

Die Verbesserung ist eine Art Aktivität, die Qualität, Kosten, Lieferung, Sicherheit oder Arbeitsmoral (QKLSA) positiv beeinflußt. Standardisierung und die Anwendung von Standards sind Aktivitäten, die die gegenwärtige Situation aufrechterhalten und sich nach vorher festgelegten Verfahrensweisen richten. Obwohl die Verbesserung besser sichtbar ist, sind beide gleichermaßen wichtig.

Abb. 4.8 erläutert, daß es ohne die Aufrechterhaltung von Standards keine effektive Verbesserung gibt. Das „positive" Beispiel der Abbildung zeigt, daß Standards die jeweilige Position in dem Moment sichern, wo eine Verbesserung eintritt. So können wir zügig vorankommen. Das „negative" Beispiel zeigt jedoch, daß wir ohne Standards unsere Zeit

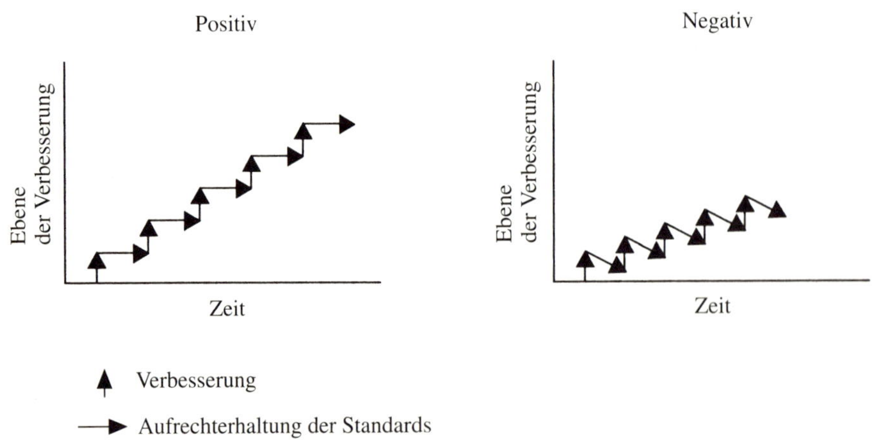

Abb. 4.8 Verbesserung und Standardisierung

Abb. 4.9 Ziele bei der Festlegung von Standards

- Schwankungen reduzieren, Vorhersehbarkeit erhöhen
- Wiederholbarkeit, Vertrauen und Beständigkeit fördern
- Verfahrensweisen klären
- Entspannte Kommunikation
- Harmonie
- Gute Disziplin entwickeln
- Bewußtsein entwickeln
- Basis für Verbesserungen schaffen
- Mechanismen zur Aufdeckung von Problemen entwickeln
- Basis für Ausbildung und Training schaffen
- Grundlinie abstecken
- Überarbeitung (Mehrarbeit), Ablehnungen, Sicherheitsprobleme, Produkthaftungsprobleme, usw. beseitigen

damit vergeuden, Entlassungen vorzunehmen und Dinge immer wieder von vorn anzufangen. Auf diese Weise lassen sich natürlich nur begrenzt Fortschritte erzielen.
Es ist daher typisch, daß Firmen mit langen Verbesserungslisten jeden Mitarbeiter dazu anhalten, sich genau an die Standards zu halten. In der Tat wollen diese Firmen die Bedeutung der Standards hervorheben, diese häufig aktualisieren und gute Praktiken innerhalb aller Betriebszweige austauschen. Folglich erhöht sich die Leistungsfähigkeit des gesamten Betriebes.

Nehmen wir einmal die Fertigungsstraße eines Autoherstellers als Beispiel, bei der Sicherheit an oberster Stelle steht. Wenn jetzt ein Maschinenführer seine Aufgabe jedesmal anders verrichtet, weisen auch die Autos jedesmal andere Sicherheitsmerkmale auf, was höchstwahrscheinlich zu riskanten Situationen führt. Selbst wenn die Arbeit nicht unmittelbar mit Sicherheit oder Produkthaftung verbunden ist, können die Ergebnisse dieser Unfähigkeit, genormte betriebliche Verfahrensweisen (GBV) auszuüben, wacklige Projekte, Ablehnungen und Überarbeitung der Projekte sein. Abb. 4.9 zeigt daher, warum Standards so wichtig sind.

Wenn dies so ist, wie können wir dann jeden Mitarbeiter dazu bewegen, diese Standards auszuüben? Bevor wir diese Frage beantworten können, sollten wir zunächst einige Beispiele betrachten, die zum weiten Feld der Standarddefiniton gehören (Abb. 4.10).

Abb. 4.10 Beispiele für Standards

- Gelbe Linien am Boden
- Farbcodes
- Letztes Produktionsstück am Stanzenende zurücklassen
- Produktionskontrolltafel
- Fließbandstop-Verfahrensweise
- Niedrigster und höchster Lagerbestand
- Andon (Störlicht) Licht mit ausgehängter Erklärung
- Checkliste, z. B. Maschinenwartung, Sicherheit, Schichtwechsel, usw.
- GBV (Genormte betriebliche Verfahrensweise)
- Qualitätskontrolltafel
- Matrix über gegenseitiges Training
- Mustertafel
- QKLSA-Schautafel
- Ausbildungsverfahren
- Verbesserungsschautafel

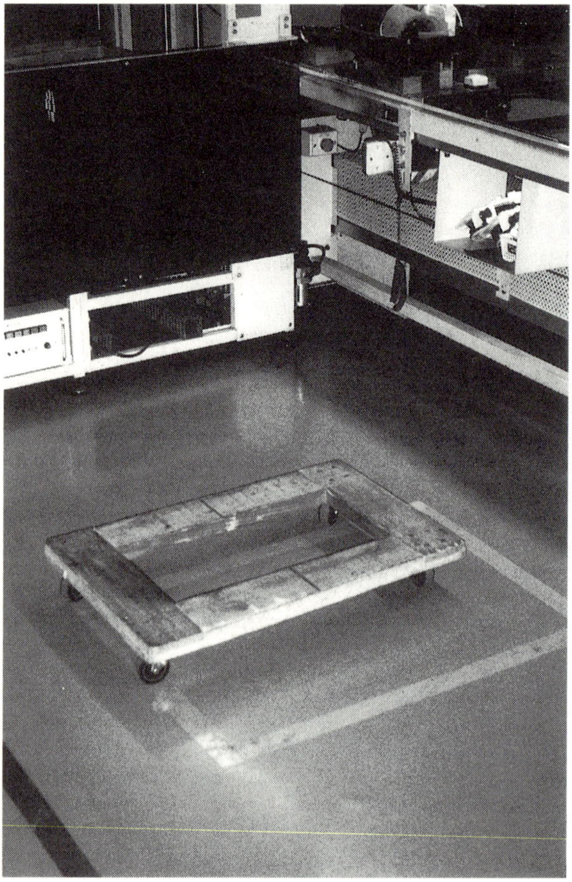

Mit freundlicher Genehmigung von Matsushita

Abb. 4.10a Gelbe Linie für bessere Organisation

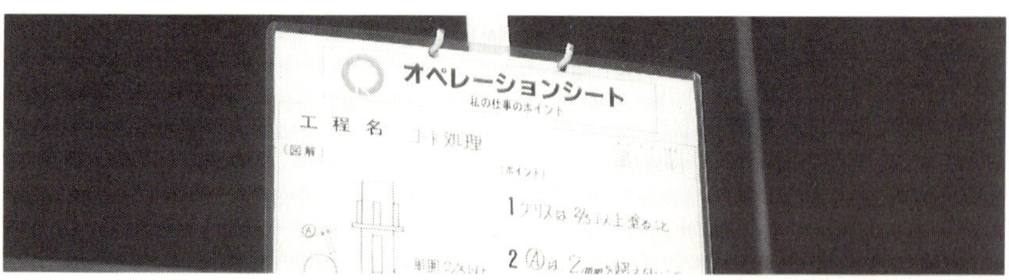

Mit freundlicher Genehmigung von Matsushita

Abb. 4.10b Verwendung von genormter betrieblicher Verfahrensweise (GBV)

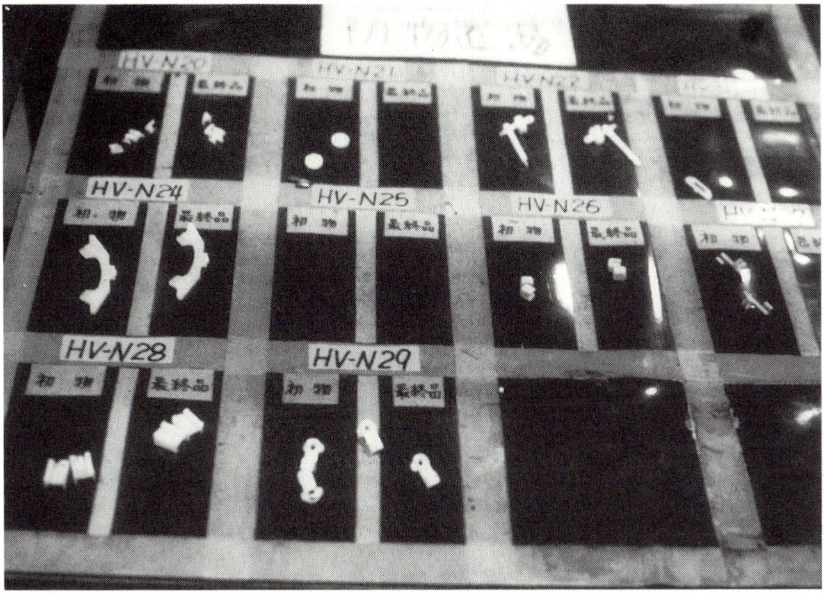

Mit freundlicher Genehmigung von Tokai Rika

Abb. 4.10c Inspektion des ersten und letzten Werkstückes

Diese Beispiele beweisen, daß das Festlegen von genormtem Verhalten jedem einzelnen die Gelegenheit gibt, sich danach zu richten und seinen Job gut zu erledigen. In diesem Sinne sollten selbst Firmenrundschreiben standardisiert werden und zwar in dem Maße, daß alle Artikel pünktlich für die Herausgabe vorliegen. Da komplexe oder unklare Standards die Leute nur verunsichern, sollten wir wieder die Bedeutung des einfachen und klar aufgebauten Glass Wall Managements zu schätzen wissen.

Ausübung von Standards

Das Ausüben von Standards am Arbeitsplatz läßt sich mit den einfachsten Schlägen beim Tennis vergleichen, bevor man zu den schwierigeren übergeht. Für die Ausübung von Standards gilt auch das gleiche Wiederholungstraining wie beim Erlernen des Tennisspiels. Ein guter Trainer und ein Spieler mit viel Eigeninitiative sind Garanten für den Erfolg.

Ein anderer Vergleich hat sich ebenfalls als nützlich erwiesen. Abb. 4.11 vergleicht den Geschäftsbetrieb einer Firma mit einem Sinfonieorchester. Wir stellen mit Hilfe der Abbildung fest, daß Standards wie eine Partitur sind, die allen Musikern hilft, harmonisch zu agieren.

Im Falle eines Orchesters nehmen alle geschulten Ohren Unstimmigkeiten sofort wahr, z. B. verstimmte Instrumente oder Musiker, die nicht dem Rhythmus oder der Melodie eines Stückes folgen. So wie Musiker die Impulse ihres Publikums für ihren Auftritt nutzen, müssen wir Möglichkeiten finden, ein Nervensystem für unsere Firma zu entwickeln, damit Probleme schnell aufgedeckt und rasch gelöst werden können.

Abb. 4.11 Vergleich eines Geschäftsbetriebes einer Firma mit einem Orchester

Orchester	**Geschäftsbetrieb**
Musiker	Facharbeiter
Instrumente	Maschinen, Werkzeuge
Dirigent	Abteilungsleiter
Musikstücke	Standards

Während wir effektive Möglichkeiten zur Aufdeckung von Problemen genauer in Kapitel 6 besprechen werden, sind verschiedene Methoden zur Ausübung und Prüfung von Standards in Abb. 4.12 aufgeführt.

Natürlich dürfen wir die Leute nicht nur anhand visueller Hilfsmittel anleiten, doch sollten wir dies tun, sooft einige Punkte der besonderen Aufmerksamkeit bedürfen. Ein Manager der japanischen Firma Komatsu, Ltd., Megumu Kubo, meinte: „Falls visuelle Hilfsmittel nicht verwendet werden, führt dies zu typischen Problemen. Daher vermitteln wir unseren Leuten sofort Beispiele möglicher Mängel. Es ist extrem wichtig, die Standards zu befolgen und die notwendige Führung zur Verfügung zu stellen . . .“

Unsere Anweisungen sollten positiv klingen. Statt von disziplinarischen Handlungsweisen abhängig zu sein, die bewirken sollen, daß die Leute ihre schlechten Gewohnheiten ablegen, ist der Appell an ihr Gewissen ein besserer und zumeist auch effektiverer Weg, um ihre Aufmerksamkeit auf die Ausübung von Standards zu lenken.

Wenn wir bei der Arbeit auf ein spezielles Wissen stoßen oder bedeutende Ideen durch Bücher, Seminare oder ähnliches erhalten, sollten wir uns diese merken und sie anderen mitteilen, damit sie davon genauso profitieren können. Dadurch kann sich das Verhalten der gesamten Firmenbelegschaft ändern, was zu einer guten Disziplin führt. Nun, je mehr wir über die Bedeutung dieser Kenntnisse reden und sie bestätigen, desto wahrscheinlicher ist es auch, daß diese zu den fundamentalen Werten einer Firma gehören werden.

Abb. 4.12 Ausübung und Prüfung von Standards

- Visuelle Darstellungen
  Die Darstellung guter und schlechter Praktiken anhand von Zeichnungen oder aktuellen Mustern spricht das Bewußtsein der Leute an.
- Ausbildung und Training
  Die Leute müssen so angeleitet werden, daß sie die Konsequenzen einer Nichteinhaltung von Verfahrensweisen begreifen. Oftmals ist die Erläuterung von guten und schlechten Beispielen am effektivsten.
- Treffen
  Die direkte Kommunikation zwischen Abteilungsleitern und Leuten auf dem Shop Floor gestaltet sich schwierig, wenn die Bedeutung von Standards hervorgehoben werden soll. Die Abteilungsleiter sollten ihren Standpunkt mit Hilfe von Beispielen klarmachen und dabei logisch argumentieren.
- Slogans
  Ein Slogan, der an eine Wand geschrieben wird, kann die Aufmerksamkeit der Leute erhöhen. Es wäre noch besser, wenn die Slogans von den Angestellten selbst stammten.
- Prämien
  Prämien werden dazu beitragen, daß das Engagement der Leute zunimmt. Prämien können von einer Betriebsprämie bis zu einer Präsidentenprämie, bzw. von einer Prämie für Qualität des Lieferanten bis zu einer Prämie für nationale Qualität reichen.

Die Überschrift über der Beschreibung eines schwierigen Prozesses lautet: „Dieser Prozeß spielt eine wichtige Rolle bei der Sicherheit des Produktes."

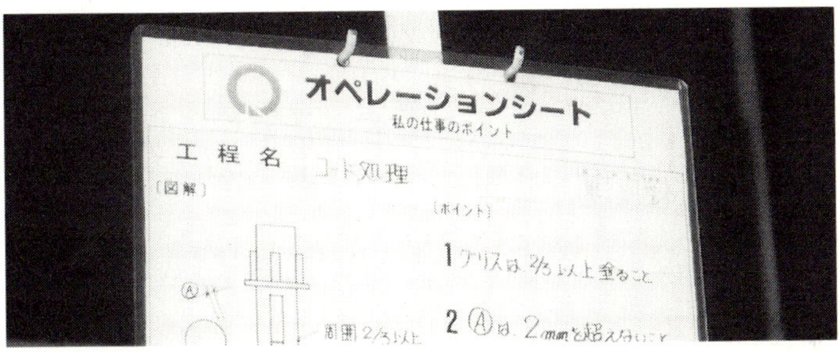

Die Überschrift über der genormten betrieblichen Verfahrensweise lautet: „Kernpunkte meiner Arbeit."

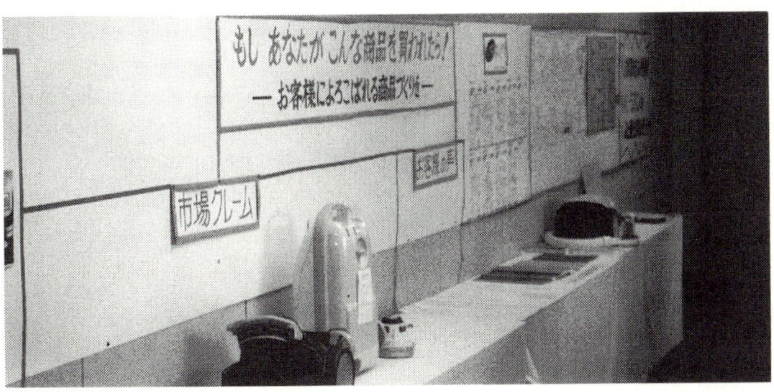

Die Überschrift über der Stelle, an der Kunden Produkte zurückgelegt haben: „Was wäre, wenn Sie solch ein Produkt kaufen würden?"

Mit freundlicher Genehmigung von Matsushita

Abb. 4.13 Die Verwendung von Überschriften zur Vermittlung von Kernpunkten

Wie bereits in unserem Verhaltensänderungs-Modell in Kapitel 1 besprochen, können wir als Firma derart viele gute Gewohnheiten entwickeln, daß sich auch unser Schicksal als Firma verändert. D. h. dadurch, daß wir diese Geschichten austauschen und die Leute sich mit den Situationen identifizieren können, werden diese Kenntnisse als wichtige Lehre für jeden innerhalb der Firma verinnerlicht. Und da die Firma mit der Zeit solches Wissen anhäufen wird, nehmen auch ihre Werte zu.

Standards repräsentieren die Fähigkeiten einer Firma

Ein Orchester und die Aktivitäten auf dem Shop Floor haben zwar einiges gemeinsam, doch existieren auch einige Unterschiede. Bei einem Orchester dauert es z. B. eine gewisse Zeit, bis der Musiker das jeweilige Stück gelernt hat. Im Fall von Shop Floor-Aktivitäten sollten wir einen Standard jedoch derart einfach gestalten, daß er für jeden innerhalb weniger Tage erlernbar ist. Die Grundidee ist hier: „Wenn es zu kompliziert ist, dann ist etwas falsch (und bedarf der Verbesserung)“ und „Was Studenten noch nicht gelernt haben, haben wir auch noch nicht gelehrt.“

Die Standards (Stücke) für ein Orchester werden vom Komponisten geschrieben. In unserem Fall werden die Standards jedoch von den Facharbeitern und den höheren Angestellten entwickelt und kontinuierlich verbessert. Es kann natürlich sein, daß in traditionell geführten Firmen die Standards ausschließlich von den Ingenieuren entwickelt werden. Doch in progressiven Firmen wird den Facharbeitern viel mehr Verantwortung übertragen, damit sie auch ihr Talent für die Entwicklung und Ausübung von Standards sowie deren Weitergabe an andere beisteuern können.

Daher repräsentiert letztendlich das Niveau der Standards die Fähigkeiten einer Firma. Während wir in Kapitel 9 das Konzept von Kontrollpunkten ausführlich besprechen werden, ist es an dieser Stelle wichtig, sich darüber klarzuwerden, daß Kontrollpunkte wichtige Parameter für den Geschäftsbetrieb einer Firma sind. Ihre von den Mitarbeitern kontrollierte Gesamtzahl zeigt an, wie gut die Firma geführt wird. So wie Piloten Meßgeräte verwenden, die kritische Flugparameter anzeigen, so geben Kontrollpunkte darüber Auskunft, wie es um eine Firma bestellt ist, und repräsentieren gleichzeitig das Niveau der Standards.

Je mehr Fähigkeiten die Leute entwickeln, desto mehr Standards und Kontrollpunkte werden sie verwalten müssen. Deshalb sollte die Anzahl der Kontrollpunkte in einem ähnlichen Profil dargestellt werden wie das Fertigkeitenprofil für traditionelle und progressive Firmen (Abb. 1.8).

Das bedeutet, daß Standards, Kontrollpunkte, Ziele und die Aufträge der Firmen alle miteinander in Beziehung stehen (siehe Abb. 4.14a und 4.14b). Abb. 4.14a zeigt, daß Shop Floor-Standards aufrechterhalten werden müssen, um das gewünschte Niveau der Kontrollpunkte zu erreichen. Dann werden die Kontrollpunkte eng mit den Zielen verknüpft und diese miteinander verbunden, damit die Mission einer Firma erfüllbar wird. Das gleiche Ziel wird mit der Entwicklung und entsprechenden Ausführung von Geschäftsplänen verfolgt. D. h. diese stellen für das erfolgreiche Managen einer Firma eine Ursache/Wirkung-Beziehung dar.

Wenn wir diese Beziehung genauer untersuchen und die Minifirma, Verbesserungsprojekte und die Aufgabe jedes Facharbeiters in die Zeichnung integrieren, lassen sich deren Wechselbeziehungen wie in Abb. 4.14b darstellen. Hier sehen wir den Rahmen eines Firmenmanagements aus einer hierarchischen Sicht – d. h. Firma, Minifirma, Pro-

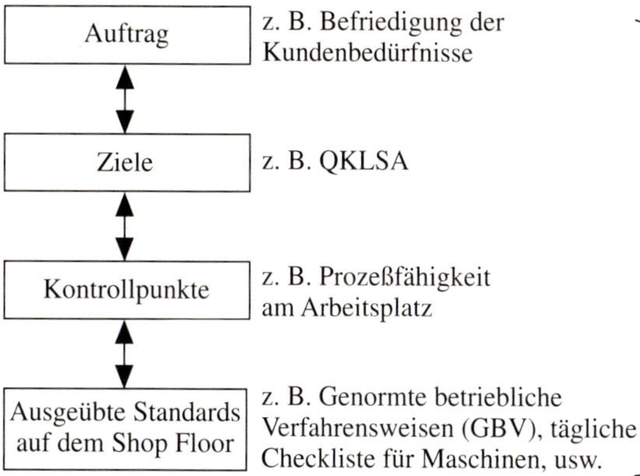

Abb. 4.14a Beziehung zwischen Standards, Kontrollpunkten, Zielen und Auftrag einer Firma

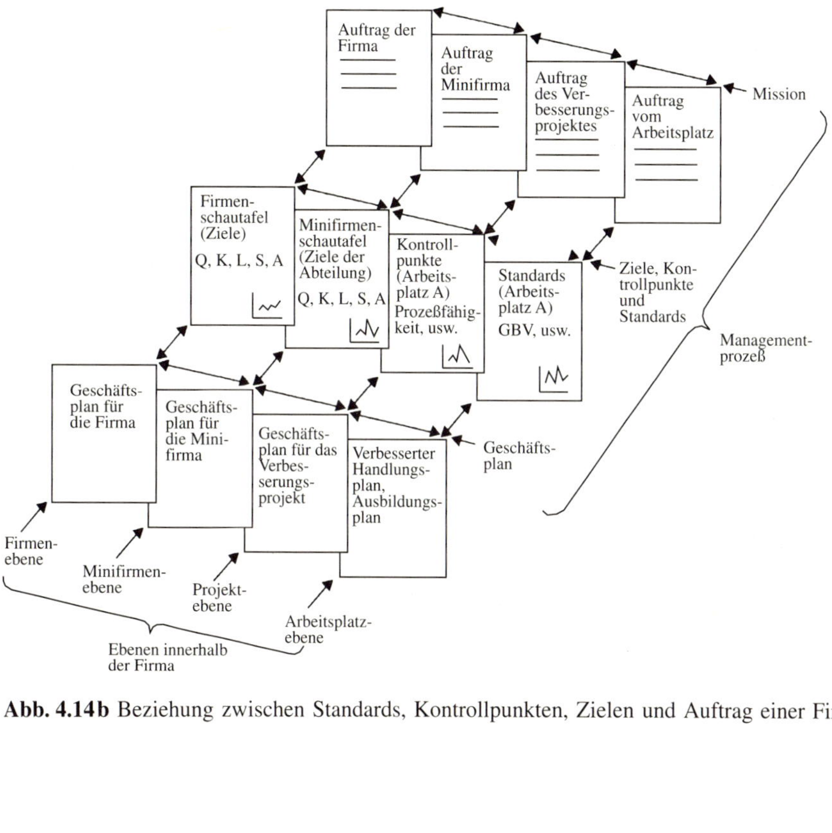

Abb. 4.14b Beziehung zwischen Standards, Kontrollpunkten, Zielen und Auftrag einer Firma

Abb. 4.15 Ausübung von Standards im traditionellen Betrieb

- Es gibt keine klaren Standards.
- Auch wenn es sie gibt, sind sie nicht für jeden Mitarbeiter klar verständlich.
- Es existiert keine klare Beziehung zwischen Betriebsverfahrensweisen und ihrem Einfluß auf Qualität, Kosten, Lieferung, Sicherheit und Arbeitsmoral.
- Die Standards verfügen über zu viele Parameter, d. h. wichtige Parameter sind nicht klar definiert.
- Standards, welche die einzelnen Betriebsstufen beschreiben, sind nur für diejenigen Facharbeiter geeignet, für die ein Prozeß neu ist. Sie werden jedoch nicht als Basis für eine ständige Verbesserung genutzt.
- Standards werden miteinander verknüpft, um die Leistung der Leute anzuspornen, doch sobald sie näher erklärt werden, neigen die Leute dazu, das System zu manipulieren.
- Es gibt allgemeine Standards, doch es wird nicht deutlich, was jeder einzelne bedeutet.

jekt, Arbeitsplatz – ebenso wie aus der Sicht des Managementprozesses – d. h. Mission, Kontrollpunkte und Geschäftsplan. Pfeile geben die Wechselbeziehungen zwischen ihnen an. Natürlich weist uns die Mission eine Richtung, Ziele und Kontrollpunkte auf; Standards vermitteln uns Schwerpunkte und Messungen; und Geschäftspläne liefern uns Strategien, um die Ziele zu erreichen. Der Punkt ist, daß alle miteinander verbunden werden müssen, um ein optimales Ergebnis zu erzielen. Wenn das Niveau der Standards auf dem Shop Floor nicht angehoben wird, führt das zu einer Einschränkung des Potentials, die Mission zu verwirklichen.

Da das Management der ständigen Verbesserungsprozesse in einem engen Zusammenhang mit dem Planen–Handeln–Prüfen-Kreislauf steht (Planung, Ausführung des Planes, Prüfung seiner Effektivität und Handeln je nach Ergebnis, d. h. entweder Standardisierung und/oder weitere Verbesserung des Prozesses), müssen wir diesen Kreislauf auf jeder in den Abb. 4.14a und 4.14b dargestellten Ebene durchlaufen. Wir müssen diesen Kreislauf durchlaufen, um uns unsere Mission, unsere Ziele, Kontrollpunkte und Standards auf jeder Firmenebene wieder ins Gedächtnis zu rufen. Wir sollten dann erkennen, daß wir unsere Mission erfüllen können, wenn wir dieses System klären und alle an der Aufrechterhaltung und Verbesserung von Standards beteiligen.

Im Vergleich zu gut geführten Firmen neigen traditionelle Firmen jedoch dazu, alles neu zu erfinden, ständig Entlassungskreisläufe durchzuführen und eine Anzahl von Problemen zu haben, die auf eine mangelnde Disziplin bei der Ausübung von unklar defi-

Vorher

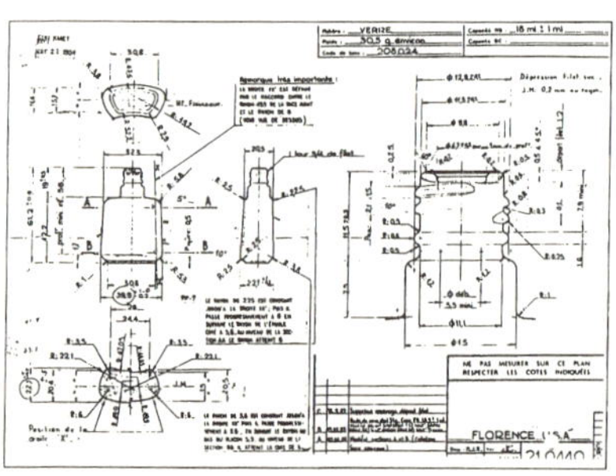

Nachher

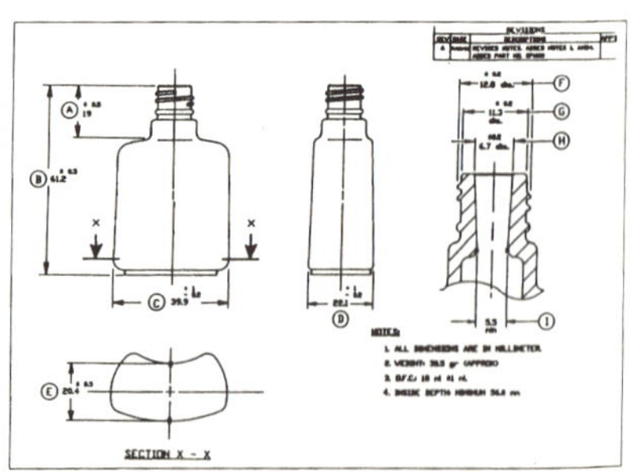

Abb. 4.16 Standards müssen menschenfreundlich sein

nierten Standards zurückzuführen sind. Wir zeigen hier, wie eine neue vereinfachte Zeichnung erstellt wurde, als man merkte, daß die Leute von den komplizierten Messungen der ersten Zeichnung verwirrt waren.

In einer japanischen Firma ging die Mängelrate edler chemischer Produkte von 10 Prozent auf ein Prozent innerhalb weniger Monate zurück, weil das Problem unklarer Standards und die Beteiligung von Facharbeitern gelöst werden konnte. In einer Firma für medizinische Geräte im mittleren Westen der USA fanden die Mitarbeiter bei der Entwicklung bestimmter genormter betrieblicher Verfahrensweisen für Maschinen heraus, daß sich die Kapazität einer teureren Maschine verdreifacht hatte.

Natürlich haben wir mit der Zeit die Gewohnheit entwickelt, Probleme von unserem Schreibtisch aus zu lösen. Doch, wie diese Beispiele zeigen, haben diejenigen, die sich darauf konzentriert haben, bestimmte Probleme auf dem Shop Floor (genjitsu) anzugehen und sich der Realität zu stellen, enorm davon profitiert.

Einsatz von genormten Betriebsverfahren zur Kontrolle des Angriffpunktes

Wenn jeder darauf trainiert ist, auf den schwierigen Angriffspunkt zu achten, bei dem der letztendliche Wert hinzugefügt wird, können wir davon gewaltig profitieren. Zum besseren Verständnis sollten wir uns genau ansehen, wie genormte Betriebsverfahren (GBV) zur Erreichung solcher Ziele eingesetzt werden können.

Der Zweck des Einsatzes von genormten Betriebsverfahren ist der, die höchstmögliche wertsteigernde Arbeit anhand der Kombination von Mensch, Maschine und Material mit der effektivsten Methode zu erreichen, damit wir Qualitätsprodukte zu niedrigen Kosten, pünktlich und sicher herstellen können, ohne den Facharbeiter zu überfordern. Das Ziel von GBV sollte sein, Verschwendung zu eliminieren, Fluktuation zu reduzieren und Überlastung auszuschalten. Folglich muß GBV eine Grundregel darstellen, an die sich jeder bei der Herstellung eines Produktes oder Bereitstellung einer Dienstleistung halten kann.

Damit jedoch jeder in der Lage ist, GBV gut nutzen zu können, müssen verschiedene Kriterien erfüllt sein:

- Der Schwerpunkt von GBV liegt auf der Handlungsweise des Facharbeiters.
- GBV gilt für sich wiederholende Arbeitsvorgänge (entweder einmal pro Minute oder einmal im Monat).
- GBV wird auf dem Shop Floor erstellt.
- GBV wird, soweit dies möglich ist, von den Facharbeitern selbst entwickelt.
- GBV wird ständig verbessert/geändert.

Abb. 4.17 zeigt als Beispiel, wie GBV bei Mazda angewandt wird. Hier sind die Hauptmerkmale, daß GBV solche Informationen beinhaltet wie:

- Zeitrhythmus (Zeit zwischen Fertigstellung des letzten und des nächsten Produktes).
- Netzarbeitszeit.
- Bestandshöhe innerhalb des Prozesses.
- Schutzausrüstung, z. B. Helme, Handschuhe, Schutzbrillen, Lärmschutzstöpsel.
- Datum der geplanten Lieferung, korrigiertes Lieferdatum.
- Inhalt des Arbeitsvorganges.

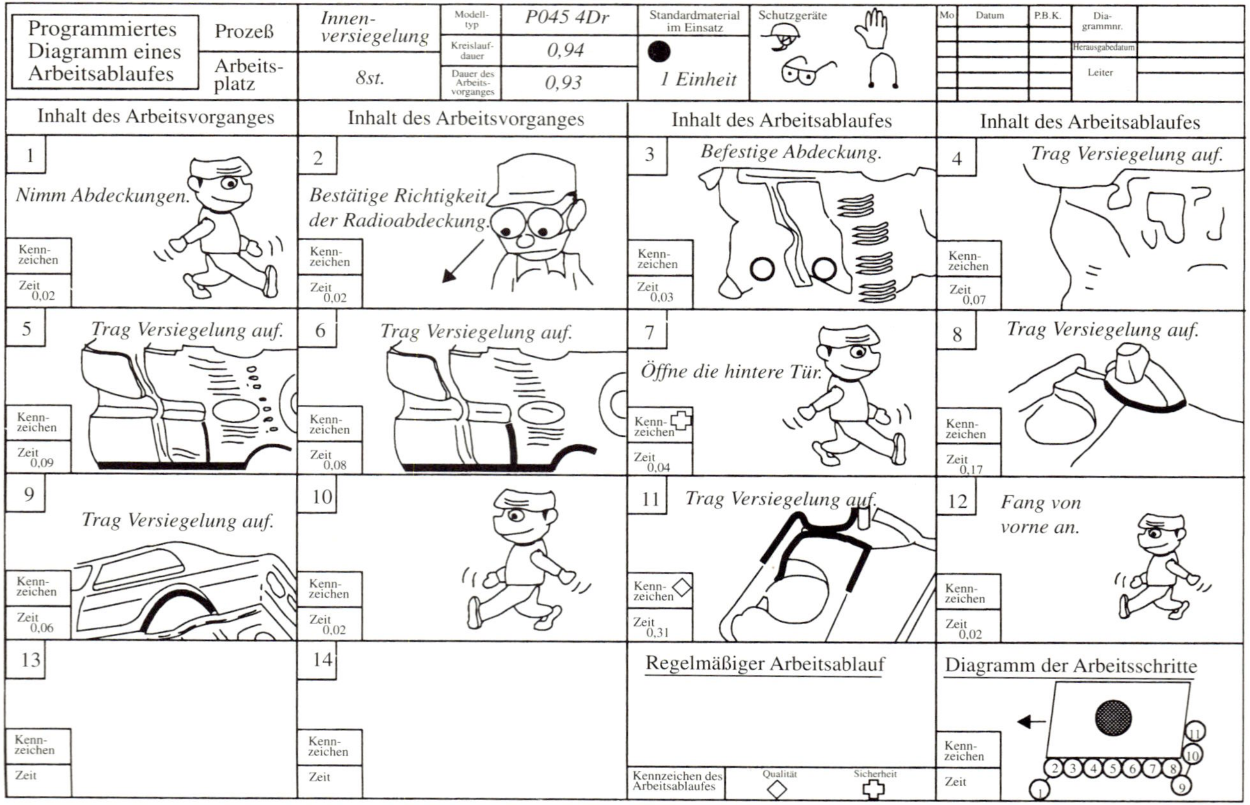

Mit freundlicher Genehmigung von Mazda

Abb. 4.17 Beispiel für genormtes Betriebsverfahren

- Beschreibung des Arbeitsvorganges (ein Gang, eine Stufe), z. B. Versiegelung auftragen.
- Benötigte Zeit für die Beendigungen aller Arbeitsvorgänge.
- Entwurf, der die Beschaffenheit der Arbeit beschreibt.
- Diagramm, das den Arbeitsablauf anhand einer knappen Skizze darstellt.
- Markierung von Qualität und Sicherheit.

Anhand von Cartoons wirken diese Instruktionen zur Erreichung der GBV-Ziele freundlicher.

Entwicklung genormter Betriebsverfahren

Um einen Arbeitsablauf präzise beschreiben zu können, sollten wir uns an folgende grundsätzliche Regeln halten:

- Ein Arbeitsschritt, eine Stufe.
- Beginne den Satz mit einem Verb, z. B. „hol eine Abdeckung".
- Schreibe ausführliche Anleitungen für schwierige Arbeitsabläufe, z. B. „hol eine Abdeckung, nimm die Abdeckung, bestätige die Bezeichnung, befestige die Abdeckung, trage Versiegelung auf" usw.
- Dann faß die wichtigsten Arbeitsschritte zusammen.

  Um GBV effektiv anzuwenden, sollten wir uns folgendes überlegen:

PAGE NO.: 1
PART NAME: 3A4534 Lever Line
OPERATION NAME: Spotweld Pin to Bracket
WRITTEN BY: Mary Kay Ganger

Note: 15 minutes before beginning process, put knobs in knob heater and turn on the heat stamper.

NO.	OPERATIONS ANALYSIS	NO.	MAIN STEP	QTY.	SFTY	EASE	KEY POINT	ILLUSTRATIVE DESCRIPTION (REASON FOR VITAL POINT PREP & CHANGE OF JIG & TOOL, COMB OF PROC., DIMENSION, ETC.)
	Work Station Set Up: -Brackets to the right in box. -Pins to the right in bread pan.		Work Station Set Up				-brackets right -pins to the right	
1.	Pick up bracket out of the box using right hand. Use left hand to help unhook the other brackets if necessary. Position bracket so ridge is protruding from the flat plate on the top. Bent edge should be bent downward. Grasp the top and bottom edges of the protruding wings with left and right hands. This will position bracket correctly for inserting into press. (the large flat portion in horizontal plane with bend facing toward your body) Place bracket on the bottom die of the press. Hooks on the left side of bracket will fit into openings of the die and front bend will be flush with front of die. Make sure holes are lined up to correspond with those in the die.	1.	Get brackte with left hand and position in die.					
2.	With right thumb and forefinger grab the edges of the collar pin and place into the hole in the top of the bracket. The long end of the pin must point downward.	2.	Place collar pin in the bracket.					
3.	At the same time reach up with your left hand and grasp the guard. As soon as the pin is in place and right hand is out of the way, pull guard down over the bracket. This will automatically trip the spotwelder & seed the collar pin into place.	3.	Pull guard over bracket with left hand to activate spotwelder.				3. This is an automatic trip device and should be used wiht caution.	
4.	Remove bracket from the welder by grasping left hand and place to the left on cardboard to cool. Pick up 8 more out of box to get ready for welding	4.	Remove bracket from the welder by grasping left hand and place to the left on cardboard to cool.				4. This will leave right hand open for grasping new bracket.	
5.	When cardboard piece is full, gently place the welded bracktes into the large box to the left. Allow for all parts to cool 5 minutes before proceeding. Do several of these as needed for complete job. Wheel cart around to left side of lever & spring clip assy. area.	5.	Place brackets in pan and allow to cool for 5 minutes before using.	X			5. Box to the left.	

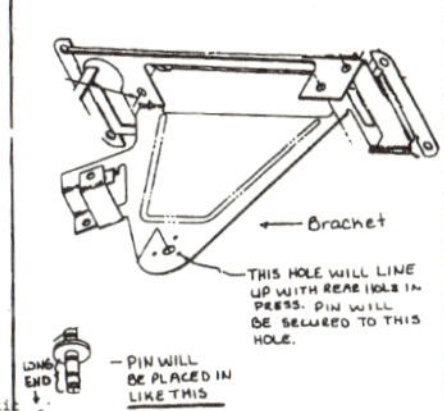

Mit freundlicher Genehmigung von Glass Master Control

Abb. 4.18 GBV bei Glass Master Control

- GBV sollte dort transparent sein, wo etwas geschieht und nicht im hinteren Schreibtischwinkel der Ingenieure vor sich hin schlummern.
- Beim Vergleich geplanter Arbeit mit tatsächlicher Arbeit lassen sich Probleme lösen. Unterschiede weisen auf Verschwendung, Produktschwankungen oder Überlastung des Personals hin. Eine andere Möglichkeit der Darstellung ist:
  Problem = Geplante Leistung – Tatsächliche Leistung.
- GBV ist wie ein Spiegel, in dem wir uns selbst sehen. Wenn sich bei GBV auf Dauer nichts verändert, bedeutet daß, daß auch keine Verbesserung stattgefunden hat.
- GBV sollte dazu dienen, Angestellte weiter zu schulen.
- Wenn in den Bereichen von QKLSA Probleme auftreten, kann das Überdenken von GBV dazu führen, daß die Ursache für das Problem entdeckt wird.

Nachdem wir den Unterschied zwischen Ziel und tatsächlicher Leistung bei QKLSA festgestellt haben, sollten wir zu GBV zurückkehren, um das Problem zu lösen (weitere Einzelheiten finden Sie im Anhang 4.2).

Standards mit allen Beteiligten erhalten: Die Theorie des Holzfasses

Abb. 4.19 illustriert die Theorie des Holzfasses, um zu zeigen, daß ohne die Erhaltung der eigentlichen Standards keine bedeutende Veränderung stattfinden kann. So wichtig es ist, jedes Leck im Faß zu finden, damit kein Wasser auslaufen kann, so wichtig ist es auch, einen guten Mechanismus zu finden, der Standards erhält und auf dem wir aufbauen können. Wir stellen fest, daß Standardisierung und Verbesserung untrennbar zusammengehören.

So wie die Mitarbeit jedes einzelnen für die Ordnung an unserem Arbeitsplatz und die Sauberhaltung unserer Straßen erforderlich ist, so reflektiert auch die Feststellung, ob wir

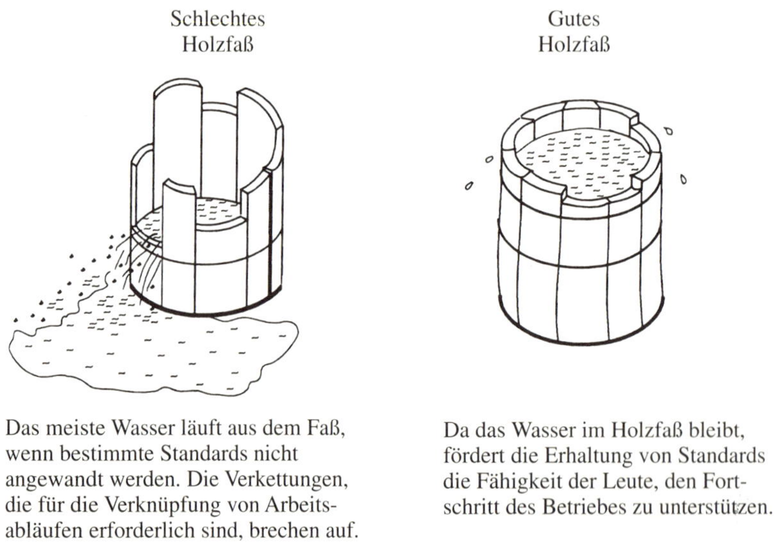

Abb. 4.19 Die Theorie des Holzfasses

letztendlich bestimmte Standards anwenden oder nicht, den Wert jedes einzelnen und ebenfalls den Wert des gesamten Betriebes. Nur wenn diese Standards und Mechanismen zur Anwendung und Verbesserung der Standards sowie die Fähigkeiten der Leute integriert werden, werden wir Fortschritte machen.

Verbesserungsaktivitäten von oben lenken

Ausgehend von der Anwendung der Standards und der Beteiligung aller, sollte das Top Management den in Abb. 4.20 dargestellten Kreislauf herstellen, wenn es Verbesserungsaktivitäten auf firmenweiter Ebene entwickeln will.

Der Shop Floor ist der Ort, wo Theorie und Wirklichkeit aufeinanderprallen. Egal wieviel Wissen wir uns auch bereits angeeignet haben mögen, wir können nichts ohne Disziplin erreichen. Um den Kreislauf der ständigen Verbesserung zu fördern, müssen die Manager daher praktische Erfahrungen sammeln, wenn sie die Leute verstehen wollen.

Sobald die Verbesserungen erfolgt sind und für ein angemessenes Feedback gesorgt ist, können wir mit der Beteiligung der Leute und der Bereitstellung von mehr Werkzeugen beginnen, um weitere Verbesserungen zu erzielen. Innerhalb dieses Prozesses betrachten die Leute jedoch das mittlere Management als eine Art Mauer oder Hindernis für die Durchführung von Verbesserungen. Doch wenn sich die Manager selbst als Präsidenten ihrer eigenen Minifirmen sehen, sollten sie auch den Kreislauf der ständigen Verbesserung in ihren eigenen Verantwortungsbereichen lenken können.

Falls diese Präsidenten mit ihrer Geschäftsführung erfolgreich sind, sollten sie versuchen, ihre eigenen Aufgaben zu eliminieren, zu standardisieren und sie an ihre Untergebenen zu delegieren. Auf diese Weise haben sie mehr Zeit für die Erforschung wichtigerer Verantwortungsbereiche zur Verfügung, anstatt weiterhin auf ihren jetzigen Posten wertvolle Zeit zu vertrödeln. Ist es nicht das, worauf es ankommt, wenn eine Firma Erfolg haben will?

Wenn wir das Konzept der Minifirma unterschreiben, hat diese Idee auch für jeden Mitarbeiter Gültigkeit; wenn wir die Idee des Selbstmanagements verfolgen, müssen wir die Antworten auch bei uns selbst suchen, statt auf die (schlechten) Antworten anderer zu hoffen.

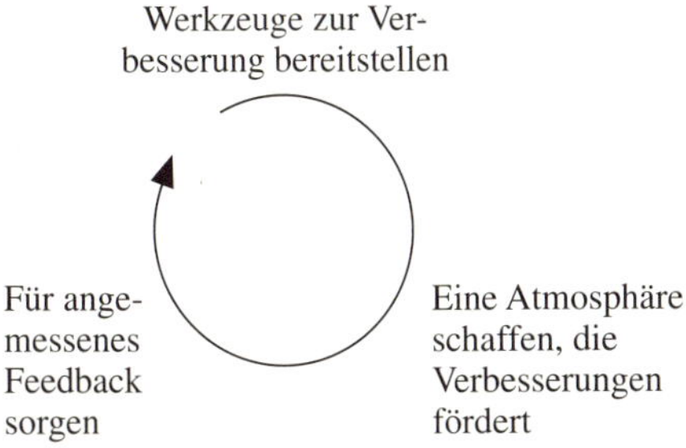

Abb. 4.20 Den Kreislauf der ständigen Verbesserung lenken

Wir wissen, daß jeder von uns bei seiner Arbeit mit Kunden, Lieferanten, Banken und Angestellten zu tun hat. Daher sollte sich auch jeder als Präsident unserer Firma sehen.
Wenn wir uns unseren Abteilungsleiter als Präsidenten unserer Minifirma vorstellen, werden wir an den folgenden grundlegenden Punkten gemeinsam arbeiten:

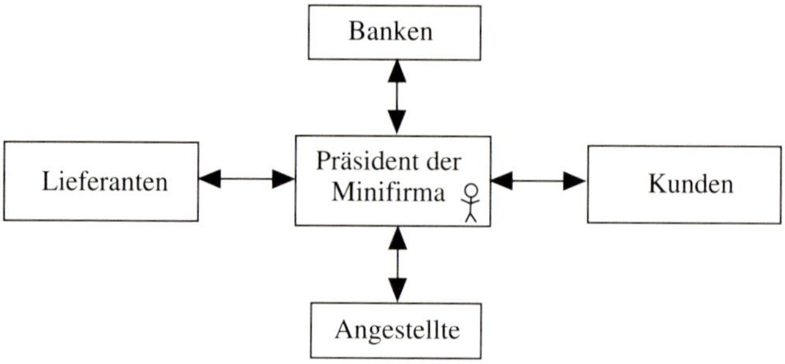

Abb. 4.21 Grundlagen der Minifirma

- Wir haben für unsere Minifirma eine Mission.
- Wir haben spezielle Ziele (QKLSA), um unsere Mission zu erfüllen.
- Wir überwachen den Fortschritt unserer Leistung mit Hilfe unserer Schautafel.
- Wir halten regelmäßige Treffen ab, um uns über den Fortschritt auszutauschen.
- Wir entwickeln einen Handlungsplan, um unsere Ziele zu erreichen.
- Wir tauschen unsere Fertigkeiten am Arbeitsplatz aus.
- Wir veranstalten, wenn angemessen, Präsentationen für Banken oder ähnliche Institutionen.
- Wir verbessern gemeinsam unsere Fertigkeiten und Arbeit und tragen zu diesem Zweck das Wissen aller zusammen.
- Wir tauschen uns über die Fortschritte im Jahresbericht unserer Minifirma aus.
- Wir praktizieren den PAPH-Kreislauf der ständigen Verbesserung, um uns vorwärts zu bewegen.

Grundlagen der Minifirma kommunizieren

Wenn wir die Bedeutung des Shop Floor Managements erkannt haben, wissen wir, daß die Zusammenfassung von Schlüsselinformationen und deren Austausch besonders für diejenigen die wichtigsten Aufgaben darstellen, die in Managementpositionen sitzen. Um einen besseren Überblick über die Grundlagen der Minifirma zu geben und die ständige Verbesserung mit jedem Beteiligten zu fördern, sollte ein einseitiges Schaubild, wie in Abb. 4.21 illustriert, auf dem Shop Floor ausgehängt und erklärt werden.

Zusammenfassung

- Unsere Geschäftswelt ähnelt der Natur, wo das Überleben des Stärkeren der Name für das Spiel ist, das wir spielen. Wir müssen jeden beteiligen, um den Kunden mit einem Minimum an Verschwendung besser zufriedenstellen zu können.
- Um in der heutigen Geschäftswelt Erfolg zu haben, müssen wir unseren traditionellen Betrieb in einen progressiveren umwandeln. So wie Individuen danach trachten, ihre Bedürfnisse auf einer niedrigen Ebene (z. B. physiologische Bedürfnisse) zu befriedi-

Abb. 4.22 Alle am Prozeß der ständigen Verbesserung beteiligen

gen und dann eine höhere Ebene (z. B. Selbstverwirklichung) zu erklimmen, kann der Betrieb als Ganzes das Gleiche tun, wobei er die Werte der Leute reflektiert.

- Wenn wir jeden darin bestärken, am Prozeß der ständigen Verbesserung beteiligt zu sein, sollte auch jeder Angestellte Eigeninitiative entwickeln können, ohne darauf zu warten, daß ein anderer für ihn die Arbeit erledigt.
- Wenn wir die Arbeit klar definieren und eine Schautafel aufstellen, um zu kontrollieren, wie erfolgreich solche Maßnahmen wie QKLSA (Qualität, Kosten, Lieferung, Sicherheit, Arbeitsmoral) angewandt wurden, hilft das den Leuten, ihre Anstrengungen als Team zu unternehmen.
- Dieser Umwandlungsprozeß kann sowohl vom Management als auch von den Angestellten gesteuert werden. Jedoch sollte das Erreichen einer selbstmanagenden Einstellung der Grundstein dafür sein, den Übergang fließend zu gestalten.
- Aus der Sicht der Individuen kann der Prozeß der ständigen Verbesserung diesem Kreislauf folgen: (1) standardisieren, (2) Probleme aufdecken, (3) Probleme lösen und (4) neue Methoden einführen.
- Die Wichtigkeit der Standardisierung kann nicht oft genug betont werden. Es ist besonders dann schwierig, eine gemeinsame Basis für die Beteiligung aller zu finden, wenn die Leute mehr an schnellen Erfolgen interessiert sind, Entlassungen an der Tagesordnung sind und die Arbeitsmoral niedrig ist.
- Selbst wenn wir über hochentwickelte Ausrüstung und innovative Ideen verfügen, ist das Potential des Betriebes bei Nichteinbeziehung der Grundlagen begrenzt. Daher sollten wir das Potential mit Hilfe jedes wichtigen Elementes des Arbeitsablaufes verfolgen: Mensch, Maschine, Methode und Material.
- Progressive Betriebe streben danach, sich bei der Ausübung von Standards sehr diszipliniert zu verhalten. Standards sind auch praktisch, zutreffend und werden oft über-

prüft, damit eine Verbesserung sichtbar werden kann. Ohne über die Grundlage von Standards zu verfügen, ist es schwierig, eine Verbesserung zu bewirken und die Mission einer Firma zu erfüllen.

- Aus der Sicht der Firma folgt der Prozeß der Verbesserungsaktivitäten auf firmenweiter Ebene folgendem Kreislauf: (1) Werkzeug zur Verbesserung bereitstellen, (2) eine Atmosphäre schaffen, die Verbesserung begünstigt und (3) sobald die Verbesserung erfolgt ist, für ein Feedback sorgen, damit mehr Individuen beteiligt sein wollen.

5. Kapitel

Fertigkeiten aller verbessern

Bei der Verfolgung unserer Vision eines perfekten Shop Floors mit Kundenorientierung und gleichzeitiger Beteiligung der Mitarbeiter können wir erkennen, daß das Shop Floor Management nur dann funktioniert, wenn die Fertigkeiten der Leute verbessert werden. Letztendlich sollten wir uns alle selbst managen, um unsere Aufgaben erfüllen zu können. Daher werden wir uns in diesem Kapitel damit beschäftigen, wie wir Fertigkeiten verbessern können und eine positive Haltung gegenüber ständiger Verbesserung entwickeln.

Anpassung der Fertigkeiten an die Bedürfnisse des Betriebes

Um unsere Arbeit effektiv und effizient zu erledigen, bedarf es vieler verschiedener Fertigkeiten. Einige beziehen sich auf Verbesserungen oder auf besondere Fertigkeiten, die eine Aufgabe erfordert, andere stehen im Zusammenhang mit zwischenmenschlichen Fähigkeiten oder Managerqualitäten. Damit wir uns selbst besser managen und die Probleme bzw. Möglichkeiten bei ihrer Entstehung entdecken können, müssen wir uns erst einmal über die Bedürfnisse klar werden. Dann müssen wir danach trachten, auftretende Hindernisse zu überwinden, indem wir uns selbst ausbilden und unsere Fertigkeiten verbessern. Unser Ziel sollte sein, unseren Kurs in die Zukunft selbst bestimmen zu können.

Da unsere Leistung beträchtlich davon abhängen wird, wie sehr uns unsere Arbeit gefällt, sollten die Fertigkeiten des Betriebes so weit wie möglich den individuellen Interessen angeglichen werden. Folgt man daher dem System der freien Marktwirtschaft, wo sich Angebot und Nachfrage bestimmter Fertigkeiten bestimmten Preisen angleichen, kann man die Leute dazu bringen, wertvollere Fertigkeiten zu erwerben. Deshalb ist es die Pflicht jedes einzelnen, allmählich wertvollere Fertigkeiten zu erlernen und sie effektiv anzuwenden.

Aus der Sicht des Betriebes beeinflußt die Tatsache, ob die Mitarbeiter neue Fertigkeiten effektiv erlernen oder nicht, seinen Kurs im Geschäftsleben. Wir können uns natürlich die Mitarbeiter, die über die benötigten Fertigkeiten verfügen, extern suchen. Doch da unsere Konkurrenz das gleiche tun kann, liegt darin kein Wettbewerbsvorteil. Eine wichtige Frage lautet daher: Wie kann ein Betrieb Fertigkeiten entwickeln, die sich sein Konkurrent nicht so leicht aneignen kann?

Fertigkeiten für das Selbstmanagement

Um unsere Selbstmanagement-Fertigkeiten verbessern und Probleme bei ihrer Entstehung lösen zu können, damit sowohl die Individuen als auch der ganze Betrieb davon profitieren, müssen wir an vielen unterschiedlichen Fertigkeiten arbeiten. Sie beinhalten:

- Fähigkeiten, die mit Aufrechterhaltung verknüpft sind. Dies sind Fertigkeiten, mit denen sich Standards aufrechterhalten, Verfahrensweisen korrekt anwenden und die Aufgabe pünktlich, ohne Unfälle und Mängel erledigen lassen.
- Fertigkeiten, die mit Verbesserung verknüpft sind. Dies sind Fertigkeiten, mit denen sich Probleme identifizieren und anschließend lösen lassen, entweder von einzelnen oder mehreren Leuten.
- Fertigkeiten, die mit Individuen verknüpft sind. Dies sind analytische und spezielle Fertigkeiten für Individuen, die sie dazu anspornen, Selbstmanagement sogar in schwierigen Situationen auszuüben.
- Fertigkeiten, die mit Teamwork verknüpft sind. Dies sind Kommunikations- und Führungsfertigkeiten, die dazu benötigt werden, effektive Teammitarbeiter zu werden, Ideen beizutragen und daran zu arbeiten, die Mission des Teams zu erfüllen.
- Fertigkeiten, die mit besonderen Aufgaben verknüpft sind. Dies sind technische Fertigkeiten, die das Verstehen bestimmter Kenntnisse erfordern, z. B. patentierte Technologien, Know how, usw., ohne die die spezielle Aufgabe nicht erledigt werden kann.
- Fertigkeiten, die mit dem Management verknüpft sind. Dies sind Führungsqualitäten, die für die Koordination, Kommunikation und Kooperation benötigt werden. Das Beherrschen der oben genannten Fertigkeiten ist notwendig, um wirklich effektiv zu arbeiten.

Wir müssen also viele verschiedene Fertigkeiten erwerben, um unsere Arbeit äußerst effektiv erledigen zu können.

Verbesserung unserer Fertigkeiten

Statt über Mitarbeiter zu verfügen, bei denen wenig Aussicht auf persönliches Wachstum besteht, muß sich eine Firma ihren Wettbewerbsvorteil selbst schaffen, indem sie die Idee des „Leute machen, bevor Produkte hergestellt werden" praktiziert. Und sobald die Leute daran glauben, daß „unser Potential unbegrenzt ist", kann der Betrieb seinen Mitarbeitern viele Herausforderungen und Wachstumsmöglichkeiten anbieten. Die Schwierigkeiten, denen wir gegenüberstehen, erschweren jedoch eine solche Betrachtungsweise.

Ein Experiment mit Flöhen, die sich in einem Glas befanden, unterstützt diese These. Als ein Deckel oben auf das Glas gesetzt wurde, hörten die Flöhe schließlich auf, nach oben zu hüpfen, nachdem sie sich ihre Köpfe viele Male gestoßen hatten. Selbst als der Deckel nach einiger Zeit wieder abgenommen wurde, versuchten die Flöhe nicht auszubrechen, da sie dachten, daß es sinnlos wäre. Wenn wir dieses Beispiel – auch wenn es nicht alle Punkte abdeckt – mit unseren Erfahrungen vergleichen, müssen wir einfach zu der Überzeugung kommen, daß unser Potential tatsächlich viel größer ist, als wir uns das vorstellen. So offensichtlich das auch klingen mag – es ist wichtig, eine unterstützende Umgebung zu schaffen und die Leute darin zu bestärken, eine positive Einstellung einzunehmen, damit wir endlich unsere Bequemlichkeit aufgeben. Es heißt: „Wo ein Wille ist, ist auch ein Weg." In unserem Fall stellt der Wille des einzelnen die Antriebskraft

Abb. 5.1 Wie wir Erfolg aufbauen

Schwierigkeitsgrad	Bewegung	Mathematik	SFM
Einfach	Körper bewegen	1 und viele	Haushaltung
	Kriechen	1, 2, 3 ...	Organisation
	Gehen	1 + 1 ...	Sich an Standards halten
	Laufen	2×4	Probleme identifizieren
Mittel	Ein Dreirad fahren	3,141 592	SPK anwenden
	Ein Auto fahren	3(X + 5Y)	Problemlösende Werkzeuge als Team benutzen
	Flugzeug fliegen	dx/dt ...	Minifirma leiten
Schwer	Zum Mond fliegen	$\Sigma f(\partial\mu/\partial t + \ldots$	Eine Firma leiten

für die Erfüllung unserer Mission dar. Trotz mangelnder Ressourcen können wir uns Möglichkeiten zur Überwindung von Hindernissen ausdenken, vorausgesetzt, wir sind dazu entschlossen.

Wenn wir auf unsere Erfahrungen zurückblicken, kann sich bestimmt jeder von uns an etwas erinnern, was diese Aussage untermauert. Gab es nicht z. B. Momente, wo wir verwundert waren, eine bestimmte Aufgabe lösen zu können, die unmöglich erschien? Vielleicht handelte es sich um eine Aufgabe, die pünktlich erledigt werden mußte oder um eine Situation beim Sport oder in der Musik? Oder es war einfach ein Beispiel für gutes Teamwork. Ob am Arbeitsplatz oder irgendwo anders, ob durch einen einzelnen oder ein Team – es ist nahezu ausgeschlossen, daß jemand diese Erfahrung noch nicht gemacht hat.

Ein Schlüssel zu unserem Erfolg scheint daher zu sein, uns selbst mit Hilfe von Erfolgen und Fertigkeiten zu konditionieren. Unabhängig davon, wie bescheiden diese auch am Anfang sein mögen, das dadurch gewonnene Vertrauen wird uns darin bestärken, die Herausforderung schwierigerer Aufgaben Schritt für Schritt anzunehmen, so wie das auch unsere Kinder beim Erwachsenwerden tun.

Abb. 5.1 erläutert verschiedene Beispiele für die Verbesserung unserer Fertigkeiten. Ein natürlicher Weg, unser Verhalten in eine positive Richtung zu verändern (und die Leiter der Veränderung, wie in Abb. 1.15 beschrieben, hinaufzusteigen) ist, uns selbst dahin zu konditionieren, daß wir ein grundsätzliches Muster für den Aufbau unseres Vertrauens schaffen, um unser Potential weiter erforschen zu können. D. h. der Ideenaustausch und die Entwicklung einer offenen Atmosphäre innerhalb der Gruppe werden dazu beitragen, den Erfolg anderer zu verinnerlichen, damit die Individuen sowie der Betrieb als Ganzes Vertrauen fassen und mehr Herausforderungen für den weiteren Fortschritt annehmen können.

Mit dem Betrieb wachsen

Wir verfügen in unserer Eigenschaft als homo sapiens über einen Überlebenswillen und Kreativität. Als Kinder erlernen wir neue Fertigkeiten, wenn wir verschiedene Dinge

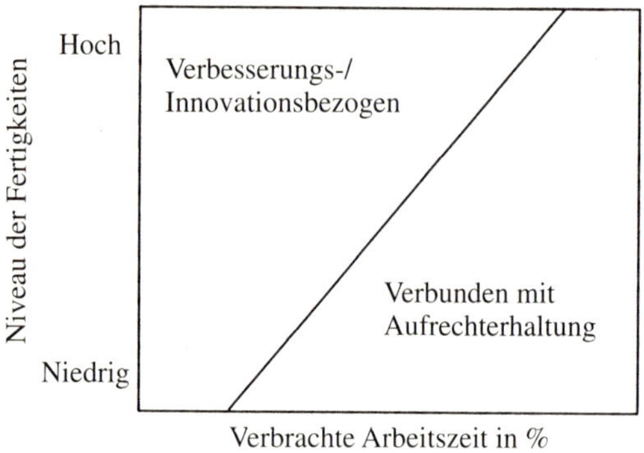

Abb. 5.2 Fertigkeitenprofil, das in der betrieblichen Hierarchie genutzt wird

erforschen. Ebenso lernen wir einiges von unseren Eltern, Nachbarn, Lehrern und Spielkameraden. Natürlich sind unser Wille und unsere Kreativität das Zentrum unseres Wachstums. Wenn wir davon überzeugt sind, sollten wir uns auch darüber klarwerden, daß es sehr unmenschlich ist, Leuten die Möglichkeit zu nehmen, ihre Kreativität zu nutzen.

Wenn wir in einer geeigneten Umgebung leben, sollte daher jeder von uns in der Lage sein, beständig zu wachsen und seine Fertigkeiten zu verbessern. Im Grunde zeigt diese Weitergabe von Fertigkeiten von einer Generation zur nächsten, wie wir uns als Menschen weiterentwickelt haben.

Wenn wir der Notwendigkeit zustimmen, den Betrieb von einem traditionellen in einen progressiveren umzuwandeln, müssen wir als nächstes die Bedingungen für die Fertigkeiten eines Betriebes verstehen. Abb. 5.2 zeigt, daß wir desto mehr Zeit mit Verbesserungen und Tätigkeiten verbringen, die mit Innovationen verknüpft sind, je höher das Niveau unserer Fertigkeiten ist – wie die Entwicklung von Strategien, neue Produkte, neue Herstellungsverfahren, neue Märkte, neue Managementprozesse oder die Verbesserung betrieblicher Kapazitäten.

Umgekehrt befähigen auch ein Mehr an Produktion und die Zufriedenstellung der Kunden mehr Leute dazu, ihre Kreativität zu nutzen und ihre Fähigkeiten auszubauen. Wenn wir erfolgreich sind, wird der Betrieb als Ganzes kreativer und leistungsfähiger (s. Abb. 5.3).

Doch dafür muß sich jeder innerhalb des Betriebes Möglichkeiten ausdenken, seine Arbeit zu vereinfachen bzw. Maschinen oder Werkzeuge zu entwickeln, die seine Aufgabe für ihn erledigen. Gleichzeitig sollten wir neue Fertigkeiten entwickeln, die es uns ermöglichen, wichtigere Tätigkeiten zu verrichten. Ebenso sollten wir als Nutznießer solcher Leute, die bereits ihren Beitrag zum Fortschritt unserer Gesellschaft geleistet haben, begreifen, daß es unsere Pflicht ist, unsere Fertigkeiten zu verbessern und diese anderen zu vermitteln.

Intelligenz auf den Shop Floor bringen

Was können wir tun? Zunächst müssen wir über einen klaren Verstand verfügen und die Situation objektiv beurteilen können. Selbst wenn wir uns inmitten einer Entlassungswelle befinden, müssen wir noch die Zeit finden, die grundsätzlichen Dinge zu erfassen,

Abb. 5.3 Unsere Aufgaben auf jeder Betriebsebene verbessern

	Den jetzigen Job eliminieren durch	**Den neuen Job schaffen durch**
Top Management	Delegation an Leute	Suche nach neuen geschäftlichen Möglichkeiten
Mittleres Management	Delegation an Angestellte	Mehr Verantwortung
Angestellte	Delegation an Werkzeuge, Maschinen, Systeme	Mehr Verantwortung
Werkzeuge, Maschinen Systeme, usw.	Vereinfachung: Gebrauch neuer Ideen, neuer Technologien	Mehr Verantwortung

uns selbst besser zu organisieren und uns mit fundamentalen Fähigkeiten auszurüsten. Egal welche Tätigkeit wir auch verrichten, wir müssen in der Lage sein, die grundsätzlichen Dinge richtig zu tun. Einige dieser Dinge sind pünktliche Arbeit, Lesen, Schreiben, Zuhören und das Beherrschen von Arithmetik. Das Praktizieren von Arbeitsplatzorganisation, die Wartung von Maschinen und Werkzeugen und das Beachten von Arbeitsverfahren können die nächste Ebene für erforderliche Fertigkeiten darstellen.

Da jedes Individuum sofort alles richtig machen und sich selbst managen sollte, ist eine wichtige Lektion, welche viele progressive Firmen bereits gelernt haben, diejenige, daß ihr größter Wettbewerbsvorteil in ihren Mitarbeitern liegt. Maschinen, Ausrüstung, Computer und Systeme lassen sich verdoppeln, doch Leute, die gemeinsame Wertvorstellungen haben, die als Team gut zusammenarbeiten und die über kollektiv verbesserte Fertigkeiten verfügen, lassen sich nicht so einfach verdoppeln oder von Konkurrenten herausfordern.

Wenn das ganze Firmenmanagement nach dem Konzept des „Leute machen, bevor Produkte hergestellt werden" arbeitet, kann es sogar machbar sein, daß sich Probleme unserer Gesellschaft – wie Verbrechen und Drogenkonsum – verringern. Schließlich arbeiten die meisten Menschen in einer Art Betrieb. Wenn ihre Kreativität besser genutzt wird, sollte es für sie alle möglich sein, davon zu profitieren, sowohl als Erzeuger von Produkten und Dienstleistungen als auch als deren Nutznießer.

Die Anstrengung, im heutigen Geschäftsleben zu wachsen, erfordert es, Selbstmanagement auf jeder individuellen Ebene anzuwenden und auch jeden einzelnen Prozeß zu managen. Wir müssen uns an alle Standards halten, sämtliche Kontrollpunkte verifizieren, alle Prozesse bis hin zum erneuten Festziehen von Schrauben kontrollieren, uns um die Arbeitsmoral des einzelnen und um die „Feineinstellung" der Managementprozesse kümmern.

Um einen Einblick zu bekommen, wie die Idee, Intelligenz auf den Shop Floor zu bringen, praktiziert wird, sollten wir als nächstes das Beispiel in Abb. 5.4 studieren. Das Bild mag auf den ersten Blick nicht außergewöhnlich erscheinen. Doch es enthüllt bei näherem Hinsehen wichtige Elemente des Shop Floor Managements.

Die Elemente in der Abbildung, die besondere Aufmerksamkeit verdienen, sind durchnumeriert und entsprechen den folgenden Punkten:

1. Produktionskontrolltafel. Geplante und tatsächliche Produktionsmengen werden stündlich miteinander verglichen. Wird das Planziel nicht erreicht, tragen die Facharbeiter die tatsächliche Anzahl rot ein und schreiben ihre Kommentare in die Spalte „Bemerkungen". Dies hilft den Abteilungsleitern und Facharbeitern bei der gemeinsamen Aufgabe, einen eventuell nötigen Korrekturkurs vorzunehmen. Abgesehen davon, daß diese manuelle Methode für die Facharbeiter auch Verantwortung bedeutet, liefert sie Informationen, die für die Abteilungsleiter aufschlußreicher sein können als der bereits eine Woche alte Bericht eines Computers. Diese wichtige Information wird ebenfalls durch Aushang auf dem Shop Floor bekanntgegeben. (Die Tatsache, daß die Facharbeiter die Zahlen, Kommentare oder Punkte auf dem Diagramm eintragen, überträgt ihnen Eigenverantwortung für den Prozeß, statt blindlings auf die Datenausgabe eines Computers zu vertrauen.)
2. „Mängelregal". Wenn Produktmängel festgestellt werden, werden die entsprechenden Produkte kategorisiert und in die dafür bestimmten Fächer des Regals gelegt. In diesem Regal läßt sich dann auch das Pareto-Diagramm der Probleme finden. Je nach Art der Mängel kann nun ein Korrekturkurs vorgenommen werden. Hierbei handelt es sich um einen Vorschlag eines Facharbeiters. (Es ist sinnvoll, wenn derjenige einen solchen Vorschlag macht, der mit der Situation bestens vertraut ist.)
3. Gelbes Etikett. Das herunterhängende Etikett wird mit dem Andon (Störlicht) verbunden, um Probleme aufzudecken und die Aufmerksamkeit des Abteilungsleiters darauf

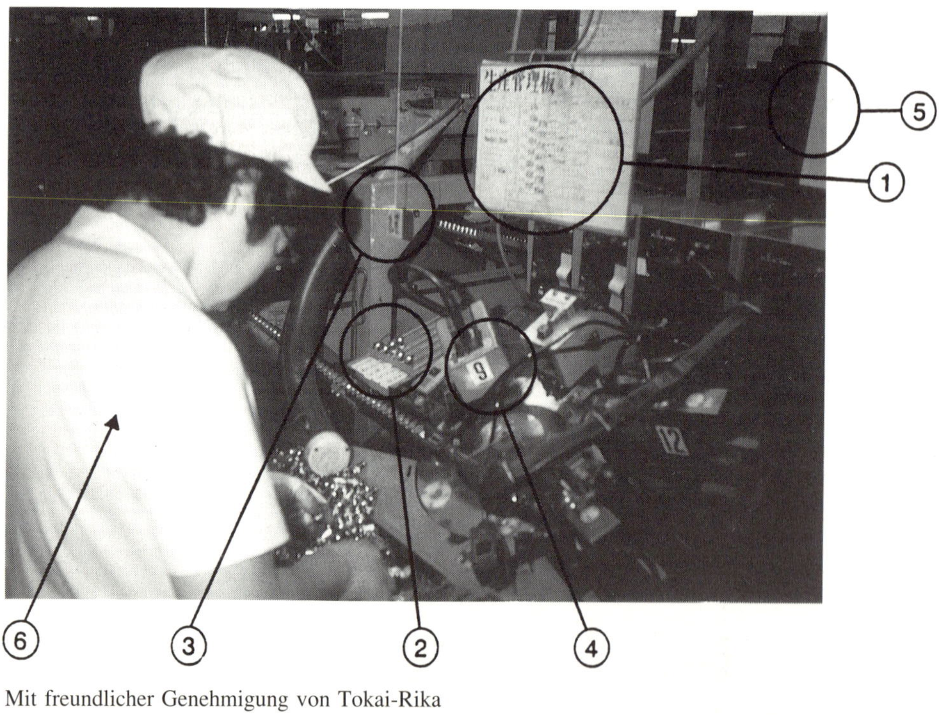

Mit freundlicher Genehmigung von Tokai-Rika

Abb. 5.4 Wie die Intelligenz der Leute auf den Shop Floor gebracht wird zu lenken. Egal ob das Problem in Verbindung mit Qualität, Produktionsplanung, Maschinen, usw. auftritt, der Facharbeiter kann dieses Etikett herunterreißen und die Hilfe des Abteilungsleiter erbitten, um das Störlicht anzumachen. Sollten noch mehr Probleme auftreten, wird der Abteilungsleiter öfter gerufen, was ihn wiederum dazu veranlaßt, die Probleme zu lösen. (Diese Übung veranschaulicht die Bedeutung, die der Shop Floor aus der Sicht der höheren Angestellten hat.)

4. Wartung/Kontrollpunkt. Die Zahlen auf den Maschinen geben den Kontrollpunkt für die Maschinenwartung an. Wenn auf den Kontrollpunkt deutlich hingewiesen wird, kann selbst ein neuer Angestellter erkennen, wie die notwendige Wartung funktioniert, z. B. die Sauberhaltung, das Ölen. (Entsprechend dem Prinzip des Glass Wall Managements sollte alles ohne Erläuterung verständlich sein.)
5. Genormtes Betriebsverfahren (GBV). GBV wird an jeder Arbeitsstelle ausgehängt. Die Facharbeiter werden angewiesen, Möglichkeiten zur Verbesserung von GBV zu finden. Das Korrekturdatum auf den überarbeiteten GBVs gibt an, wie lange die letzte Verbesserung her ist. (GBV befindet sich am Ort des Geschehens.)
6. Stehend arbeiten. Vorher verrichtete der Facharbeiter seinen Job im Sitzen. Durch die veränderte Planung und Kombination der Arbeit mit vorherigen Arbeitsplätzen verfügt der Facharbeiter über viele Fertigkeiten. Folglich kann auch die Produktion auf wechselnde Nachfrage ruhiger und flexibler reagieren. Gleichzeitig hat der Facharbeiter kaum noch Rückenschmerzen, der Lagerbestand ist niedriger und der Platz wird besser genutzt. (Der Fortschritt hängt davon ab, wieviel Kooperation wir von den Leuten vom Shop Floor erhalten.)

Abb. 5.5 zeigt noch ein weiteres Beispiel aus einer mittelgroßen Firma in den Vereinigten Staaten, die Ledergürtel herstellt. Die Leute vom Shop Floor halten vor dem

Mit freundlicher Genehmigung von Leegin Creative Leather Products

Abb. 5.5 Präsentationsveranstaltung auf dem Shop Floor

Abb. 5.6 Typische Managementprobleme bei der Verbesserung der Fertigkeiten der Leute

- Erkennen nicht die Wichtigkeit, die Fertigkeiten der Leute zu verbessern.
- Sind unsicher, wie sie neue Fertigkeiten lehren sollen.
- Sind der Auffassung, daß viele Leute einfach nicht fähig sind, etwas zu lernen.
- Konzentrieren sich darauf, zunächst ihre eigenen Fertigkeiten zu verbessern.
- Verfügen nicht über die Fähigkeit, anderen etwas beizubringen oder sie anzuleiten.

Management und ihren Kollegen eine Präsentation ab, deren Thema Verbesserungen sind. Damit es für das Publikum interessant und leicht verständlich wird, zeigen die Vortragenden Bilder, auf denen verbesserte Bereiche abgebildet sind. Nach der Präsentation werden diese Bilder in der Cafeteria und in den Fluren aufgehängt, damit jeder sie sehen kann.

Die erste Photographie wurde 1985 aufgenommen; die zweite 1991. Auch wenn sich Zeit und Raum voneinander unterscheiden, die Botschaft ist die gleiche – wenn wir das Problem direkt auf dem Shop Floor in Angriff nehmen, werden wir einfach erfolgreicher sein. Die Firma im ersten Beispiel expandierte sehr schnell im Ausland, und die zweite Firma hat innerhalb der letzten vier Jahre eine jährliche Umsatzsteigerung von über 30% erreicht.

Da es nicht einfach ist, diesen Kampf zu gewinnen – denken wir nur einmal daran, wie schwer es uns schon fällt, unseren Haushalt in Ordnung zu halten – muß jeder von uns schrittweise daran arbeiten. Heute sollte es besser als gestern und morgen besser als heute funktionieren. Dieser Prozeß erinnert mich daran, wie es ist, Baseball zu lernen. Zuerst müssen wir Grundübungen erlernen, d. h. wie muß ich den Ball schlagen? Anschließend sollten wir versuchen, eher „Bunts“ und „Singles“ im Baseball zu spielen, statt gleich zu Anfang „Home Runs“ zu wagen.

Während das Top Management seine ganze Aufmerksamkeit auf die Firmenstrategie richten mag, müssen die Fertigkeiten aller Betriebsangehörigen als ein Teil dieser Strategie verbessert werden, um die Gesamtleistung des Betriebes zu steigern. Dadurch werden sich dann mehr strategische Möglichkeiten ergeben, aus denen die Firma auswählen kann.

Aufgabe der Manager und leitenden Angestellten

Eine wichtige Aufgabe der Manager und der höheren Angestellten ist es, die Fähigkeiten ihrer Mitarbeiter zu verbessern. Leider machen das viele von uns nicht bzw. wissen nicht, wie sie es am besten anstellen sollen. Einige der Probleme, welche die Manager und die leitenden Angestellten haben, werden in Abb. 5.6 aufgezählt. Folglich können wir keine Verantwortung übernehmen und genügend Ausbildungszeit zur Verfügung stellen, wenn wir uns nicht um die Leute kümmern. Logischerweise wurden wir in der Vergangenheit durch traditionelle oder autokratische Chefs beeinflußt. Dadurch haben wir es gelernt, in Beziehungen zu Leuten eine gewisse Distanz zu bewahren. Doch wenn wir die Notwendigkeit einsehen, unsere Vision zu erfüllen, werden wir auch den in Abb. 5.7 erläuterten Ideen zustimmen können.

Schrittweise Übernahme wichtiger Aufgaben

Wenn wir darüber nachdenken, wieviel Zeit wir an unserem Arbeitsplatz verbringen, müssen wir uns merken, daß es einen Unterschied zwischen dringenden und wichtigen

Abb. 5.7 Ideen für Manager und leitende Angestellte, wie sie die Fertigkeiten der Leute verbessern können

---

- Betrachten Sie die Leute als Kunden, deren Bedürfnis nach der Entwicklung ihrer Fertigkeiten gestillt werden muß.
  Nur mit ihrer Hilfe können auch Manager und leitende Angestellte ihre Aufgaben erledigen.
- Entwickeln Sie die Überzeugung, daß die Leute auch anspruchsvollere Tätigkeiten erledigen können, wenn ihnen die entsprechende Gelegenheit geboten wird.
- Seien Sie freundlich und offen gegenüber den Leuten, hören Sie ihren persönlichen Problemen zu.
- Stellen Sie die guten Eigenschaften der Leute heraus und halten Sie sich nicht an ihren Schwächen auf.
- Erteilen Sie Anweisungen mit Einfühlungsvermögen, statt den Leuten einfach nur zu sagen, was sie tun sollen.
- Wenn Untergebene Fehler machen, versuchen Sie, Arbeitsanweisungen vernünftig zu formulieren. Wenn der Auftrag nicht klar formuliert ist, sollten Sie sich an die Aussage „was die Facharbeiter nicht gelernt haben, haben wir ihnen auch noch nicht beigebracht“ erinnern.

Aufgaben gibt. Dringende Tätigkeiten müssen natürlich schnell erledigt werden. Wenn wir uns jedoch nur noch mit ihnen befassen, verhalten wir uns kurzsichtig und werden den Rest unseres Lebens damit zubringen, Leute zu entlassen, ohne eine fundamentale Verbesserung zustande gebracht zu haben. Wenn wir die Zeit mit Entlassungen verbringen und sie nicht dazu nutzen, unsere Fertigkeiten zu verbessern, wird unsere Zukunft nicht gerade rosig aussehen.

Wir müssen uns vor Augen halten, daß diejenigen, die mit Entlassungen beschäftigt sind, leicht in den Turbulenzen verloren gehen. Wir müssen Wege finden, wie wir wichtige Aufgaben nicht nur als einzelner, sondern als Gruppe wahrnehmen können.

Z. B.:

- Können wir unsere Aufgaben in dringend und wichtig einteilen. Dann können wir überprüfen, ob der jeweilige Zeitaufwand gleich ist.
- Wenn wir glauben, daß wir mehr Zeit, Geld, Personal oder Werkzeug brauchen, sollten wir uns die Frage stellen, ob wir gelernt haben, mit dem von uns kontrollierbaren Faktor umzugehen, d. h. unsere eigenen Fähigkeiten zu verbessern. Wie haben wir unsere eigene Fähigkeit verbessert, Prioritäten zu setzen, zu kommunizieren, uns für bestimmte Dinge Zeit zu nehmen und unsere Arbeit besser zu erledigen?
- Experimentieren wir und versuchen wir, unser Potential zu nutzen? Wenn wir dabei unsicher sind, schränken wir dann nicht unser eigenes Potential ein?
- Betrachten wir Fehler als Rückschläge oder eher als wichtige Investitionen für die Zukunft? Wir können ein paar Beispiele für wichtige und weniger wichtige Verbesserungen auflisten, untersuchen, wie sie zustande kamen und aus diesen Erfahrungen lernen.

Leute in ihren Aufgaben schulen – Jobtraining

Wir wissen jetzt, wie wichtig es ist, unsere Fertigkeiten zu verbessern. Als nächstes sollten wir uns damit beschäftigen, wie wir neue Fertigkeiten erlernen können. Der Kunde ist ein sogenannter Trainee, der neue Fertigkeiten erwirbt, der Lieferant ist der Trainer und der Prozeß, den wir untersuchen werden, ein Lernprozeß (s. Abb. 5.8). Wir durchlaufen dabei einen Kreislauf:

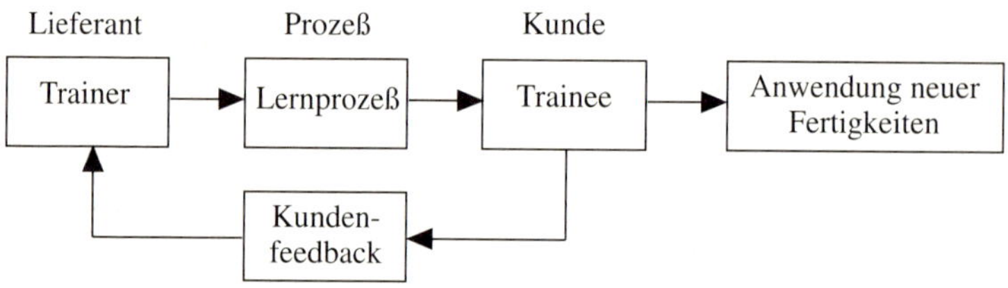

Abb. 5.8 Einem Trainee neue Fertigkeiten vermitteln

1. Planen, ein Training durchzuführen (Plan).
2. Training durchführen (Do).
3. Nachprüfen, wie die Idee verarbeitet und angewandt wurde (Control).
4. Sich über die Anwendung der Fertigkeiten mit anderen austauschen und für ein Feedback sorgen, damit der Lernprozeß verbessert und standardisiert werden kann (Act).
5. Zu Punkt 1 zurückkehren und den Kreislauf von vorn beginnen. Die Trainingsprogramme neu definieren.

Da dieser Prozeß gegenüber jeglichen anderen Lernprozessen allgemeingültig ist, gelten die gleichen Prinzipien auch, wenn wir Tätigkeiten am Fließband erlernen, lesen lernen oder problemlösende Fertigkeiten erlernen.

Das Prinzip ist daher einfach. Die Schwierigkeit liegt eher in der Ausführung. Wenn z. B. in Firma A das Lehren einer bestimmten Aufgabe oder einer bestimmten problemlösenden Fertigkeit drei Tage und in Firma B drei Monate oder länger dauert, dann liegt der Gesamtunterschied in der Firmenleistung im heutigen turbulenten Geschäftsleben klar auf der Hand.

Daher müssen wir Möglichkeiten aufspüren, die Leute zu trainieren, ohne externe Spezialisten oder zentralisierte Trainingsorganisationen zu bemühen. Der Lernprozeß sollte eher vereinfacht und direkt auf dem Shop Floor durchgeführt werden.

Anhang 5.1 beschreibt ausführlich die vier Grundstufen des Jobtrainings: (1) Vorbereitung, (2) Erklärung und Demonstration, (3) Ausführung und (4) weitere Nutzung. Auch wenn die Anweisung zu strukturiert erscheint, müssen wir solche Lernprozesse beherrschen, um die Arbeit auf dem Shop Floor kontrollieren zu können.

Manager und leitende Angestellte sollten auf den Shop Floor gehen und die in Anhang 5.1 beschriebene Anweisungsmethode anwenden, indem sie sich einen Prozeß herausgreifen.

Die Facharbeiter eines Arbeitsbereiches können sich ebenfalls jemanden aus einem anderen Aufgabengebiet suchen, dem sie ihre Tätigkeit vermitteln. Hinterher sollte diskutiert werden, was richtig und was falsch war und was die Trainer und Trainees aus dieser Übung gelernt haben.

Leute zur Verbesserung ihrer Fertigkeiten ermutigen

Wenn Leute ihre Fertigkeiten verbessern, können sie dies für eine interessante Herausforderung halten und erkennen, daß sich nicht nur der einzelne, sondern auch die ganze Firma weiterentwickelt.

Während wir uns in Kapitel 8, 9 und 10 damit beschäftigen werden, wie Führung und managementunterstützende Systeme diesen Prozeß beeinflussen, sollten wir uns in Abb. 5.9 ansehen, wie wir Leute dazu ermutigen können, ihre Fertigkeiten zu verbessern (siehe Seite 128–131).

a. Fertigkeitenmatrix: Das Niveau der Fertigkeiten aller wird zusammen mit den bereits beherrschten Fertigkeiten, dem genauen Datum und dem Anstellungsdatum ausgehängt. Dies ermuntert zur weiteren Verbesserung der Fertigkeiten.

b. Facharbeiterlizenz: Jeder Facharbeiter besitzt eine Lizenzkarte, die ihn dazu berechtigt, bestimmte Aufgaben wahrzunehmen. In diesem Fall geht es um einen wichtigen Produkthaftungsprozeß, der besonderer Sorgfalt bedarf. Die Karte wird am Arbeitsplatz aufgehängt und gibt Auskunft darüber, daß nur die dazu ermächtigten Facharbeiter die Aufgabe erledigen dürfen.

Abb. 5.9 Leute ermutigen, ihre Fertigkeiten zu verbessern

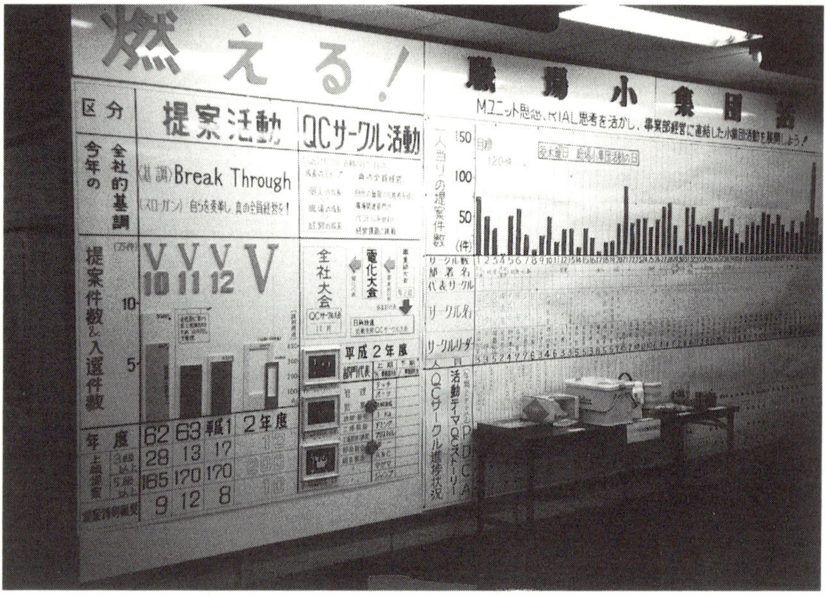

c. Vorschlägetafel: Mehrere Gruppenvorschläge werden ausgehängt. Ziel dieser Firma ist es, pro Jahr und pro Person 120 Vorschläge zu erhalten. Vorrangig werden diejenigen Ideen behandelt, welche die Leute selbst ausführen können.

Abb. 5.9 Fortsetzung

Bewahrung einer offenen Einstellung

Als nächstes sollten wir uns über unsere Einstellung hinsichtlich dieser neuen Herausforderung Gedanken machen. Wenn wir unsere Aufgaben eine Zeitlang machen und gewisse Erfahrungen gesammelt haben, neigen wir dazu, bestimmte Gewohnheiten zu entwickeln. Das hat natürlich seine Vorteile, doch wenn wir stets von alten Gewohnheiten abhängig sind, werden wir den strengen Anforderungen im heutigen Geschäftsleben nicht gerecht werden können.

Wir müssen vorurteilsfrei *sehen*, *hören* und *lernen*. Wir müssen in der Lage sein, andere etwas zu fragen, ohne Verwunderung darüber auszudrücken, daß es tatsächlich noch etwas gibt, was wir nicht wissen. Wenn wir uns bescheiden und offen verhalten, können wir sogar von dreijährigen Kindern lernen. Die Leute werden dann auch ihre Ideen viel lieber präsentieren.

Natürlich brauchen wir ein bestimmtes Grundwissen, um Situationen bewerten und genau analysieren zu können. Doch wenn wir nur über ein oberflächliches Wissen verfügen, ist unser Urteilsvermögen eingeschränkt. Dies erschwert uns den Zugang zu den Dingen. Daher ist es oftmals besser, nichts zu wissen, die Situation unvoreingenommen zu betrachten sowie zu lernen, unsere Weisheit bestmöglich zu nutzen.

Wenn wir uns mit dem Problem auseinandersetzen und von Leuten umgeben sind, die uns in dieser Situation helfen, ohne gegenüber Titel oder Vorbildung voreingenommen

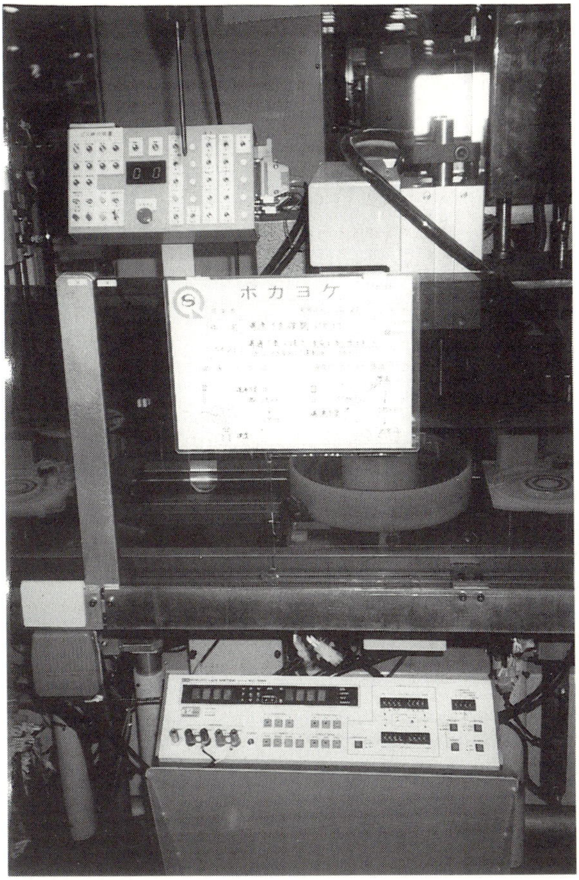

d. Ideen aushängen: Nach der Realisierung der Ideen werden einige zusammen mit einer kurzen Beschreibung der Situation vorher–nachher am jeweiligen Arbeitsplatz ausgehängt, damit andere Leute davon lernen können. Dadurch, daß der Name der Person, die den Verbesserungsvorschlag gemacht hat, auch ausgehängt wird, erlangt diese Anerkennung.

Abb. 5.9 Fortsetzung

zu sein, dann haben wir die richtige offene Einstellung bzw. sind *genba*-orientiert. Folglich wird nicht nur unser eigenes Leben reicher, sondern die Firma profitiert ebenfalls davon.

Gerade weil wir stets mit unseren alltäglichen Aufgaben beschäftigt sind, müssen wir die Wichtigkeit einer offenen Einstellung erkennen. Statt sich von Impulsen steuern zu lassen, müssen wir in der Lage sein, gelegentlich innezuhalten und über unsere Arbeit nachzudenken. Nicht nur jeder einzelne muß sich so verhalten, sondern auch der Betrieb als Ganzes muß für eine Umgebung sorgen, in der ein solches Verhalten gefördert wird (siehe Abb. 5.10).

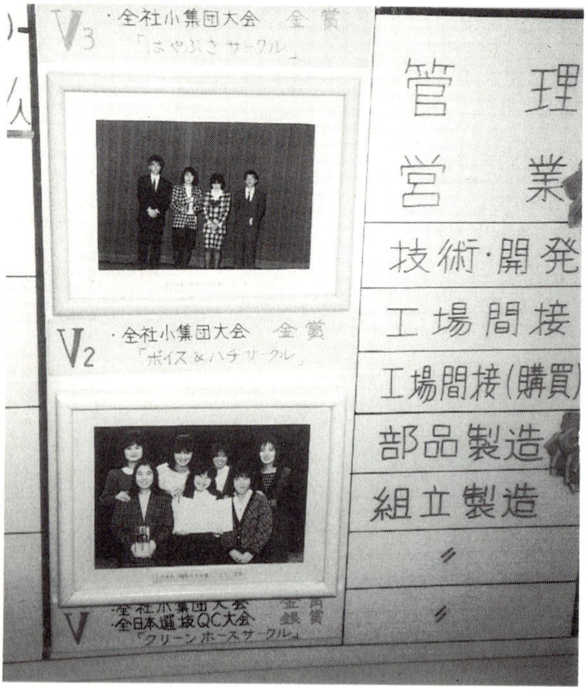

e. Prämie für Qualität: Wenn Teams Präsentationen veranstalten und Prämien erhalten, werden ihre Photos an der Informationstafel in Anerkennung ihrer Leistung aufgehängt.

Mit freundlicher Genehmigung von Matsushita

Abb. 5.9 Fortsetzung

Geistige Haltung gegenüber ständiger Verbesserung

Bei der Ausübung unserer Tätigkeit und Verbesserung unserer Fertigkeiten haben wir gelernt, zwischen dringenden und wichtigen Aufgaben zu unterscheiden. Wir können jedoch leichtsinnigerweise denken, daß Aufgaben, die Entlassungen betreffen, wichtiger sind als grundlegende Verbesserungen und unterstützende Aktivitäten. Obwohl „dringende“ Aufgaben der Aufmerksamkeit bedürfen, müssen wir für ein gutes Gleichgewicht sorgen. Anderenfalls werden wir den Rest unseres Lebens mit der Erledigung dringender Aufgaben beschäftigt sein, ohne in irgendeiner Weise voranzukommen.

Bestimmte Leute tendieren dazu, Erfolgen nachzujagen, während sich andere darauf konzentrieren, schrittweise eine ständige Verbesserung zu erzielen (wie in Abb. 5.11 erläutert).

Doch was wir brauchen ist ein gutes Gleichgewicht zwischen Erfolgen und ständiger Verbesserung. Selbstverständlich wollen die meisten von uns „Home Runs“ schlagen, wenn sie Baseball spielen. Oder wir möchten lieber eine Million Dollar gewinnen, statt hart zu arbeiten. Doch wir sollten unsere Vision, die der klügere Weg ist, nicht aus den Augen verlieren.

Abb. 5.10 Eine offene Einstellung entwickeln

Als Individuen

- *Wir müssen unser Urteil auf Fakten begründen.* Es ist nicht unbedingt negativ, wenn wir uns bei unserem Handeln nach Gewohnheiten, bewährten Theorien oder Prinzipien richten. Doch wenn wir davon zu abhängig sind, können wir feine Unterschiede nicht erkennen, bzw. wir ignorieren die Fakten, die nicht zu unserem Denken passen. Wir sollten keine vorschnellen Schlußfolgerungen ziehen.

- *Entwickeln Sie Kundenorientierung.* Das hört sich einfach an, ist aber in der Durchführbarkeit schwierig. Wenn wir zu sehr mit uns selbst beschäftigt sind, hören wir natürlich kaum auf die Meinung unserer Kunden. Folglich müssen wir darauf vertrauen, daß die Kundenorientierung in unserem Sinne bestmöglich funktioniert. Bescheidenheit und Selbstlosigkeit führen dazu, daß wir unseren Kunden unvoreingenommen zuhören.

- *Nutzen Sie problemlösende Werkzeuge.* Wenn wir offen und kundenorientiert sind, können wir Probleme viel eher erkennen. Wir sollten unsere Kreativität und unsere neu erworbenen Fertigkeiten nutzen, wenn wir die Probleme lösen wollen. Das ist nicht so sehr eine Frage von Rang und Titel, sondern vielmehr eine Frage unserer Bereitschaft, das eigene Potential zu vergrößern.

- *Wenden Sie den Planen–Ausführen–Prüfen–Handeln-Kreislauf an.* Damit Verbesserungen stattfinden können, müssen wir zunächst einmal die Probleme lösen. Dies geschieht mit Hilfe des wichtigen PAPH-Kreislaufprozesses. Wir sind zwar oft mit Entlassungen beschäftigt, doch wir müssen lernen, gut zu planen und die Arbeit auch wie vorher geplant durchzuführen. Anschließend werden die Ergebnisse überprüft und entsprechende Aktionen durchgeführt. War die Arbeit z. B. erfolgreich, muß sie standardisiert werden. War sie es nicht, müssen die Probleme weiterhin analysiert werden, um die Situation korrigieren zu können.

- *Nutzen Sie das kollektive Wissen der Leute.* Wenn wir als Betrieb etwas erreichen wollen, ist Teamwork unbedingt erforderlich. Statt von anderen abhängig zu sein, muß jeder das, wozu er fähig ist, beitragen und am Management des Betriebes als Ganzes teilnehmen.

Als ein Betrieb

- *Teilen Sie eine Vision.* Wenn eine Firma irgendetwas erreichen will, muß sie ihre Vision in der Weise mit den Leuten teilen, daß sie für jeden klar und verständlich wird.

- *Entwickeln Sie eine Vision.* Da die Vision selbst für die Leute keinen Anreiz zum Handeln bietet, muß es einen Austauschmechanismus geben, der unter bestimmten Bedingungen funktioniert und gleichzeitig die realen Bedürfnisse des Betriebes verdeutlicht.

- *Entwickeln Sie verständliche Managementsysteme.* Da die Leute die wertvollste Ressource der Firma darstellen, sollte ein Managementsystem vorhanden sein, das die Nutzung des kollektiven Wissens der Leute fördert. Damit die Leute auch aktiv teilnehmen und ihre Ideen beisteuern, müssen die Systeme jedoch für jeden leicht verständlich sein.

- *Bilden Sie die Leute aus und trainieren Sie sie.* Es ist schwierig, das Potential der Leute zu erkennen und Karrierepläne für sie zu erstellen. Da die Firma bestimmte Fertigkeiten von ihren Mitarbeitern benötigt, sollte diese die Leute auch dazu veranlassen, sich die Fertigkeiten anzueignen.

- *Feiern Sie die Erfolge.* Die gemeinsame Freude über Erfolge leitet die Energie zurück in den Betrieb und fördert eine gute Arbeitsdisziplin. Dadurch entwickeln die Leute gegenüber ihrer Arbeit eine offenere Einstellung und den Mut, ihr Potential zu erforschen, selbst wenn die Fortschritte anfangs nur gering sind und die Probleme noch überwiegen.

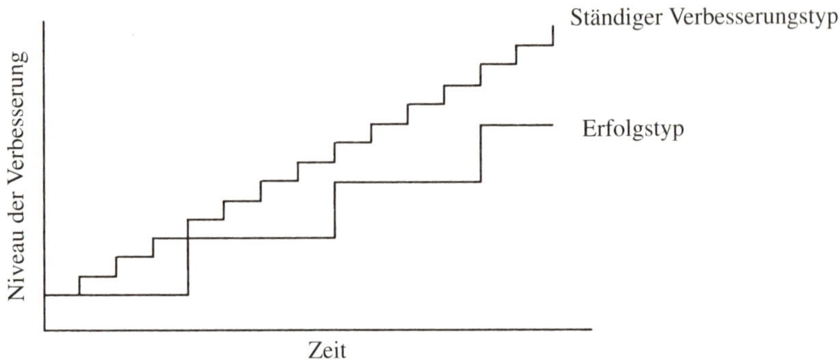

Hinweis: Die ständige Verbesserung bezieht jeden mit ein, während Erfolge auf einige wenige zurückzuführen sind.

Abb. 5.11 Vergleich zwischen Erfolgen und ständiger Verbesserung

Um die Analogie der Anwendung von „Bunts" und „Singles" ins Geschäftsleben zu übertragen, sollten wir kurz darüber nachdenken, wie die Firmen mit den Vorschlägen von Mitarbeitern umgehen. Ein Angestellter einer großen Firma, der entlassen wurde, berichtete, daß er während seiner 16jährigen Firmenzugehörigkeit nicht einmal nach einem Vorschlag gefragt wurde. Im Gegensatz dazu liegt die durchschnittliche Vorschlagsquote einer ausländischen Firma, die ihren Marktanteil in der gleichen Branche kontinuierlich erhöht, bei mehr als 30 pro Angestellten und pro Jahr, und mehr als 96% dieser Vorschläge werden realisiert. Daraus geht klar hervor, daß die erste Firma noch keine Wege gefunden hat, das Potential ihrer Leute zu nutzen.

Wenn diese Vorschläge etwas über das kreative Talent von Leuten aussagen, wie sieht es dann mit diesen Vorschlägen aus? Einige zeichnen z. B. eine gelbe Linie auf den Boden, um den Bereich für einen Abfallbehälter zu markieren, versehen Werkzeuge mit Etiketten oder farbigen Kodierungen oder beschaffen ein Brett, auf dem Werkstücke abgestellt werden können. Wir werden Vorschlagsprogramme ausführlich in Kapitel 7 besprechen. Wir sollten uns jetzt darüber klarwerden, daß Geld nicht die einzige Motivation der Leute ist, kreativ zu sein und ihre Ideen beizutragen. Eher kann eine Umgebung, in der die Kreativität der Leute anerkannt und genutzt wird, zu leichteren, sicheren, angenehmeren und weniger Verschwendung erzeugenden Tätigkeiten führen – zugunsten aller.

Idee einer Facharbeiterin

Um zu begreifen, wie wichtig die Erforschung der Kreativität der Leute sowie der Aufbau der Betriebsleistung ist, müssen wir uns den Vorschlag einer Facharbeiterin näher anschauen. In einer Halbleiterfabrik beschäftigte sich eine junge Arbeiterin mit der Frage, wie sich das Ergebnis eines Prozesses verbessern lassen könnte. Ihre Chefs und Manager interessierten sich auch dafür, weil einfach deutlich wurde, daß diese Werksleistung im Vergleich zu anderen noch viel Raum für Verbesserungen offen ließ. Doch so sehr sie sich auch alle bemühten, es stellte sich kein Erfolg ein.

Eines Tages, als die junge Frau an einem geschlossenen Bahnübergang wartete, spürte sie, wie der Boden unter ihr vibrierte. Sie überlegte, ob diese Vibrationen wohl die Ursache für die Störung der Maschine sein könnten, an der sie arbeitete. Später, als sie an ihrer Arbeitsstelle angelangt war, versuchte sie herauszufinden, ob der Boden bei vorbeifahrenden Zügen vibrierte, doch sie konnte nichts feststellen.

Sie dachte jedoch weiter darüber nach und teilte ihre Beobachtung ihrem Abteilungsleiter mit. Dieser besprach sich dann mit dem Werksmanager. Selbst wenn diese Maschine weit genug von den Eisenbahnschienen entfernt war, konnten andere Feinmaschinen durchaus beeinflußt werden.

„Das ist es!" rief der Werksmanager, als er von der Beobachtung hörte. Ein langer, tiefer Graben wurde zwischen Fabrik und Eisenbahnschienen gezogen und mit Wasser gefüllt. Siehe da, die Produktionsergebnisse verbesserten sich wieder.

Auch wenn diese Geschichte von einer japanischen Halbleiterfabrik stammt, läßt sich ihre Moral gut auf unsere individuelle Situation anwenden. Wie können noch mehr Leute an Verbesserungsaktivitäten teilnehmen? Wie können wir mehr Leute dazu ermutigen, an ihrer Arbeit interessiert zu sein? Es gibt darauf keine einfache Antwort. Doch wenn wir mit diesen Fragen fortfahren, sollte jeder für sich selbst eine Antwort darauf finden können, ebenso wie sich auch die Dinge auf unterschiedliche Weise erledigen lassen. Dieser Prozeß kann dauern. Wenn wir unsere Mission jedoch erfüllen wollen, müssen wir mit unseren Problemen genauso wie die junge Facharbeiterin aus Südjapan umgehen. Daher sollten wir uns folgende Fragen stellen:

Was hat die Arbeiterin veranlaßt, über Verbesserung nachzudenken?

Es sieht so aus, als ob sich die Leute in dieser Halbleiterfabrik über die Firmeninteressen austauschen, sei es in ihren täglichen, wöchentlichen oder monatlichen Treffen oder durch das Ausstellen von Diagrammen mit Zielvorgabe. Der Austausch verschiedener Verbesserungsaktivitäten kann die Leute auch dazu ermutigt haben, untereinander über ihre eigenen Verbesserungsvorschläge zu sprechen. Die Idee der Facharbeiterin muß durch einen Reiz ausgelöst worden sein, der dieser Umgebung entstammt, als sie auf das Vorbeifahren des Zuges wartete.

Warum teilte diese Arbeiterin ihre Überlegungen ihrem Abteilungsleiter mit?

Im Gegensatz zu einer traditionellen Arbeitsatmosphäre, in der eine gewisse Angst vor der Überschreitung von Grenzen und dem Austausch von Ideen herrscht, orientierte sich diese Werksabteilung mit Hilfe von Teamwork daran, den Aufschwung ihrer Firma zu unterstützen. Der Abteilungsleiter verfügte über ein breiteres Wissen und konnte sich ein Urteil über schwierigere Probleme erlauben. Aus diesem Grund diskutierte die Facharbeiterin ihren Vorschlag mit dem Abteilungsleiter und dieser beriet sich wiederum mit dem Werksmanager. Es handelte sich hier um eine offene Kommunikation, bei der es keine Schwierigkeiten zu überwinden galt.

Wie wichtig ist es, daß diese Ideen vom Shop Floor kommen?

In der heutigen Geschäftswelt, wo sehr viel Konkurrenz herrscht, ist die Nutzung des kollektiven Wissens der Leute wichtiger geworden als jemals zuvor. Diejenige Firma, die das erkennt, wird erfolgreicher sein als andere, die das nicht tun. Das gleiche gilt auch für Individuen innerhalb des Betriebes. Leute, die noch einen traditionellen Managementstil gewöhnt sind, werden fragen: „Was sollen wir denn mit so vielen Vorschlägen anfangen?" In diesem Zusammenhang ist das natürlich die falsche Fragestellung. Die richtige Frage muß lauten: „Wenn auf dem Shop Floor so viel ungenutztes Talent brachliegt, was können wir dagegen tun?"

a. Ein Facharbeiter baute eine Kiste aus Metallabfällen.

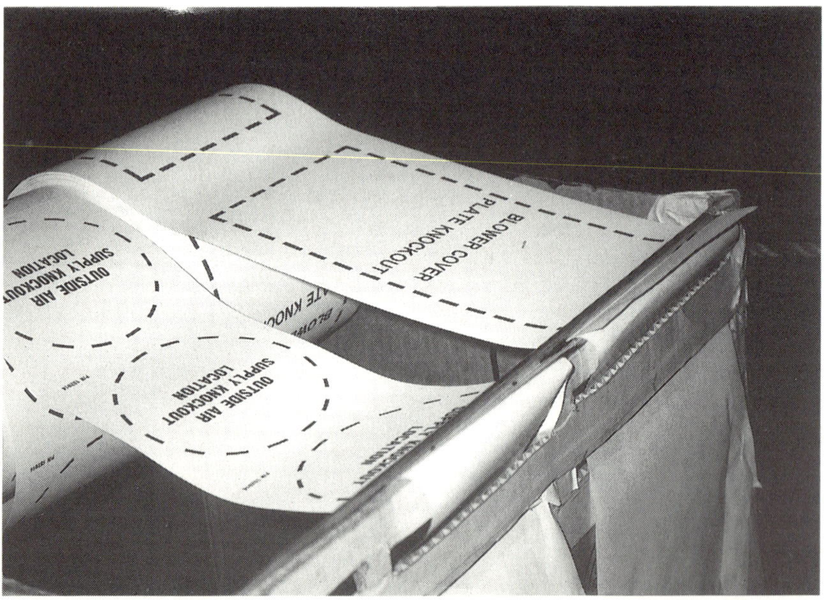

b. Das obige Bild zeigt einen Mechanismus, der das Abreißen von Etiketten erleichtert, besonders dann, wenn Facharbeiter Handschuhe tragen.

Abb. 5.12 Beispiele für Vorschläge

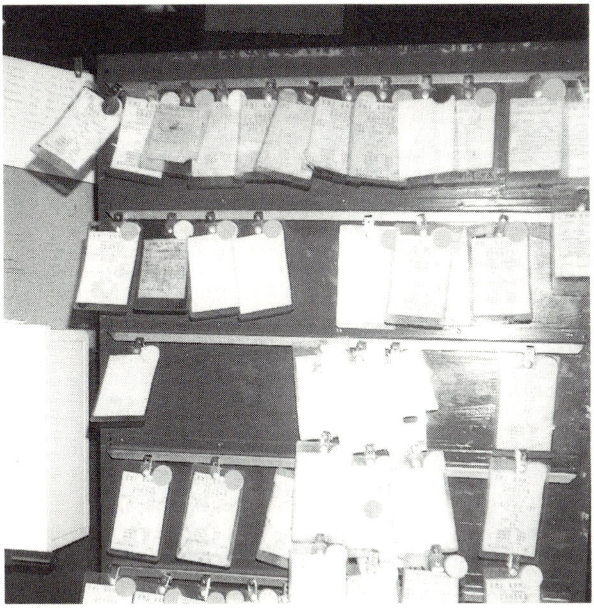

c. Farbcodierung hilft, Prioritäten bei der Arbeit zu erkennen.

d. Die Anpassung von Tischwinkeln erleichtert die Arbeit.

Abb. 5.12 Fortsetzung

e. Ein elektrischer Papierschneider.

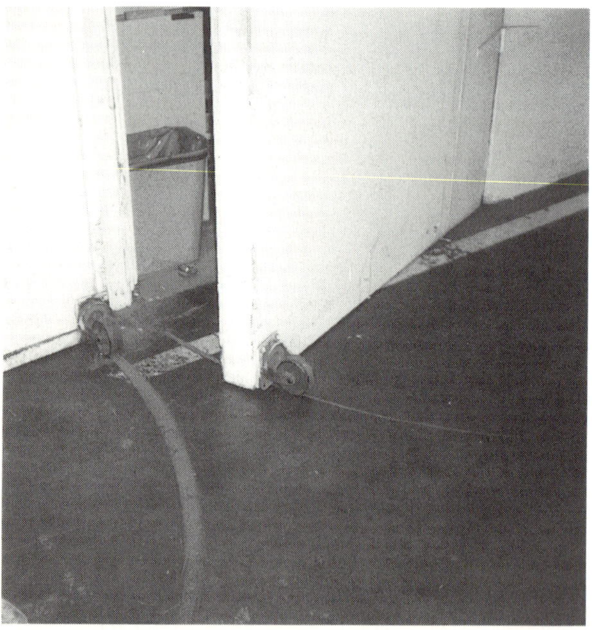

f. Gleitrollen erleichtern das Öffnen schwerer Türen; eine durch die Gleitrollen verursachte Linie auf dem Boden zeigt den Leuten, in welchem Bereich keine Sachen liegen dürfen.

Abb. 5.12 Fortsetzung

g. Mit Hilfe eines aufklappbaren Förderbandes haben zwei Facharbeiter von jeder Seite aus leichten Zugang.

h. Zwei Modelle mit verschiedener Anordnung von Löchern wurden zu einem Teilstück verbunden, indem in jedes Modell extra Löcher gebohrt wurden.

Abb. 5.12 Fortsetzung

i. Der gekennzeichnete Bereich bestimmt den Standort des nächsten Stanzvorganges.

j. Durch die Verbindung des Förderbandes mit der Presse ist die Umstellung auf die Stanze viel einfacher.

Abb. 5.12 Fortsetzung

k. Besen werden da aufgehängt, wo sie wenig Platz in Anspruch nehmen, damit sie die Bewegungsfreiheit der Leute nicht einschränken.

l. Um Vorschläge zu fördern, werden die Namen der Leute zusammen mit der Anzahl der von ihnen gemachten Vorschläge ausgehängt.

Mit freundlicher Genehmigung von Fireplace Manufacturers, Inc.

Abb. 5.12 Fortsetzung

Wie können wir mit diesen Vorschlägen effektiv umgehen?
Ein erfolgreicher Betrieb wird nicht nur viele Ideen hervorbringen, sondern auch Wege finden, diese effektiv umzusetzen. Das eine ohne das andere wird das Potential einschränken. Doch nur die Leute selbst können den Betrieb verbessern bzw. ihn funktionieren lassen.

Leute zur Überwindung von Schwierigkeiten auffordern

In Anbetracht der gewaltigen Aufgaben, die vor uns liegen, können wir durch Zeitdruck, Budgetbeschränkungen oder vertragliche Zwänge leicht entmutigt werden. Oder wir meinen, daß sich die Dinge wegen des Präsidenten, dieser Person oder der Einstellung unseres Managers oder wegen dieser Maschine oder dieses Werkzeuges nicht verbessern lassen. Doch anstatt die Gründe aufzuzählen, warum es nicht geht, sollte jeder von uns lieber sein Bestes in den Bereichen geben, die seiner Kontrolle unterliegen. Das ist der Sinn des Selbstmanagements.

Doch einige werden wieder fragen: „Was bedeutet das für mich persönlich?" Der Punkt ist, wenn wir andere nach Lösungen für unsere Probleme fragen oder andere darum bitten, etwas zu tun, bevor wir selbst etwas geleistet haben, dann werden wir keinen Boden unter den Füßen gewinnen. Mit dieser Einstellung wäre das Spiel sowohl im Mannschaftssport wie auch im Geschäftsleben schon verloren, bevor es überhaupt angefangen hätte. Wir müssen stattdessen fragen: „Wie kann ich selbst zum Erfolg meiner Firma beitragen?"

Jeder Betrieb sieht sich ständig mit der Herausforderung konfrontiert, Schwierigkeiten zu überwinden. Eines der schwersten Hindernisse sind die inneren Zwänge, wenn die Leute z. B. unsicher sind, ob sie ihr Wissen an andere weitergeben sollen oder nicht. Doch durch die gleichzeitige Weitergabe von Wissen an andere und das Erlernen neuer Fertigkeiten kann sich jeder innerhalb des Betriebes weiterentwickeln.

Statt sich nur auf unsere eigenen Interessen zu konzentrieren, sollte ein Austausch von Missionen, Werten und allgemeinen Interessen stattfinden. Die Aufgabe des Managements ist es dann, diese Idee zu teilen, damit die Leute innerhalb des Betriebes wachsen können. Auf der anderen Seite ist es die Aufgabe der Leute, ihren Wunsch nach Selbstverbesserung zu äußern, indem sie Ideen beitragen, die von ihren eigenen Arbeitsbereichen ausgehen. Dies wird einige Zeit in Anspruch nehmen. Doch so wie Eltern sich am Gedeihen ihrer Kinder erfreuen und die Kinder darüber glücklich sind, genügend Raum für ihre Selbstverwirklichung zu haben, birgt auch der Veränderungsprozeß etwas Unvergeßliches in sich.

Zusammenfassung

- Um Selbstmanagement-Fähigkeiten zu erlangen, müssen wir Fertigkeiten erwerben, die den Bedürfnissen des Betriebes und des Marktes entsprechen. Da dadurch unterschiedliche Bedürfnisse der Gesellschaft widergespiegelt werden, müssen wir auch verschiedene Fertigkeiten erlernen.
- Eine Möglichkeit, Fertigkeiten zu verbessern, ist die, die individuelle Arbeit zu vereinfachen oder sie von einer Maschine erledigen zu lassen. Indem die Arbeit an Maschinen, Werkzeuge oder Untergebene delegiert wird, können wir mehr Zeit für die

Erweiterung unserer Fertigkeiten oder die Übernahme wichtiger bzw. schwieriger Aufgaben gewinnen.

- Je mehr wir unsere Arbeit vereinfachen, desto mehr Vorbereitungen können wir für die Zukunft treffen. Je mehr die Intelligenz bei allem, was auf dem Shop Floor geschieht, ins Spiel kommt, desto mehr Zeit werden wir haben, um zu expandieren.
- Statt Entlassungen durchzuführen oder von plötzlichen Erfolgen zu träumen, sollten wir der Erledigung grundsätzlicher Dinge mehr Beachtung schenken. Dies beinhaltet z. B. das Unterrichten von Trainees hinsichtlich neuer Fertigkeiten.
- Wir müssen zwischen wichtigen und dringenden Aufgaben unterscheiden und lernen, wichtigere Jobs zu erledigen. Wir sollten erkennen, daß Aufgaben wie die Durchführung von Entlassungen erst dann überflüssig werden, wenn wir wichtige Aufgaben übernehmen.
- Wir sollten uns darüber klarwerden, daß unsere geistige Haltung oftmals ein Hindernis für die Durchführung von Verbesserungen darstellt. Wir müssen offen sein und unser Urteilsvermögen auf Fakten gründen.
- Statt „Home Runs“ zu schlagen, sollten wir tatsächlich mehr Boden unter den Füßen gewinnen, indem wir schrittweise Verbesserungen durchführen und alle daran beteiligen.
- Ein wichtiger Faktor für die Entwicklung von Selbstmanagement-Fähigkeiten ist der Wunsch eines jeden nach Selbstverbesserung.

6. Kapitel

Problemlösende Fertigkeiten erwerben

Um unser Schicksal selbst zu bestimmen, müssen wir mit Fertigkeiten ausgestattet sein, mit deren Hilfe wir auftretende Schwierigkeiten überwinden können. In diesem Kapitel werden wir den Charakter dieser Fertigkeiten genauer betrachten und lernen, wie wir diese erwerben können.

Zunächst werden wir die Bedeutung der Willenskraft für die eigene Verbesserung besprechen. Danach werden wir sehen, wie jeder von uns seine Kreativität für die Überwindung von arbeitsbedingten Schwierigkeiten nutzen kann. Anschließend werden wir viele Werkzeuge für die Problemlösung kennenlernen. Und zum Schluß werden wir über Wege nachdenken, wie Probleme aufgedeckt werden können, um problemlösende Aktivitäten zu erleichtern.

Willenskraft für die eigene Verbesserung erwerben

Selbstmanagement kann es nur geben, wenn wir uns selbst verbessern wollen. Statt einfach nur das zu tun, was unser Chef verlangt oder wozu wir durch Arbeitsleistung, Maschinen, Geld oder Material gezwungen werden, sollten wir in der Lage sein, unsere eigenen Ressourcen zu nutzen – d. h. unseren Verstand – und uns selbst dazu auffordern, diese Zwänge zu überwinden.

Auf dem Shop Floor lauern überall Probleme, angefangen von der Haushaltung bis zur Maschinenwartung, von der Qualitätsverbesserung bis zur Produktivitätssteigerung und von der Entwicklung effektiver Kommunikation bis zur Förderung von Teamwork, um die Mission erfüllen zu können. Es sind Probleme der Qualität, Kosten, Lieferung, Sicherheit und der Arbeitsmoral (QKLSA), die wir lösen müssen, um unsere Mission zu erfüllen und unsere Kunden mit dem geringsten Aufwand an Verschwendung zufriedenzustellen.

Wenn wir alle über problemlösende Fertigkeiten verfügen und diese Fertigkeiten anwenden, wo auch immer sie verlangt werden und in welcher Situation wir uns auch befinden, dann wäre dies doch viel besser, als immer auf jemanden zu warten, der die Aufgabe für uns erledigt. Der verstorbene Konosuke Matsushita machte dazu folgende Anmerkung:

> Wir leben in einem schwierigen Zeitalter. Es läßt sich nicht einfach voraussagen, was alles passieren kann. Es ist nicht leicht zu entscheiden, worauf man sich verlassen soll und welche Art von Führung eine Firma benötigt. Eine Konsequenz daraus ist, daß wir gezwungen sind, die Leitung und das Management unseres Betriebes im Dunklen zu lassen.
>
> Doch wenn wir behaupten, daß das die Schuld der Umgebung ist, in der wir leben, wird sich dieser Zustand niemals ändern. Das ist der Moment, in dem sich unser Denken ändern muß. Ich

meine, auch wenn wir nicht wissen, was zukünftig passieren mag, wird es das Ergebnis dessen sein, was wir heute tun. Es ist für jeden von uns wichtig, sich etwas zu wünschen und zu versuchen, es mit Überzeugung zu erreichen sowie eine positive Haltung einzunehmen, um unsere eigene Ära zu gestalten.
Auch in einer sehr schwierigen Situation im Geschäftsleben läßt sich das notwendige Wissen stets erlangen, wenn die betreffende Person den starken Willen hat, die Schwierigkeiten zu überwinden. Wir sind keine Berufsanfänger mehr, sondern wir verfügen über Erfahrung und Wissen. Wenn wir also den Willen haben, etwas zu erreichen – auch unter sehr schwierigen Umständen – und uns dabei auf unsere Denkweise und Philosophie stützen, dann glaube ich fest daran, daß diese beiden Dinge uns dabei helfen werden, den richtigen Weg zu gehen.

– Aus der Einleitung zu
„The Sayings of Konosuke Matsushita"

Konosoke Matsushita sprach aus lebenslanger Erfahrung. Er beendete nicht einmal die Grundschule und erlebte schwierige Situationen, bevor er Matsushita Electric Industries gründete, die heute einen Gesamtumsatz von 60 Milliarden Dollar haben. Diejenigen, welche persönliche Schwierigkeiten zu bewältigen haben, werden seine Worte besonders ermutigend finden. Er meinte, daß Zwänge nur deshalb Zwänge sind, weil wir sie als Zwänge denken. Daher beruhen die einzigen wirklichen Zwänge auf unserer eigenen eingeschränkten Denkweise.

Es gibt viele Programme und Seminare, die neue Schneidetechniken oder Managementkonzepte anbieten, welche uns dabei helfen, unsere Zwänge zu überwinden. Jedes behandelt ein bestimmtes Thema aus einem anderen Blickwinkel und verspricht irgendeinen Profit. Doch da einige Firmen ein Programm nach dem anderen ausprobieren, in der Hoffnung auf eine rasche Lösung ihrer Probleme, sprechen ihre verwirrten Angestellten häufig von dem „Programm des Monats".

Da unsere geschäftliche Situation meist schon aufregend genug ist, kann die Wirkung dieser Programme noch zusätzliche Verwirrung auf dem Shop Floor stiften. Wenn die Welt beginnt, kompliziert zu werden, hilft es uns oftmals, zu grundsätzlichen Disziplinen zurückzukehren, um unsere Vision zu bewahren.

Matsushita argumentierte ebenfalls, daß das Wissen der Leute der Schlüssel zum Erfolg eines Betriebes ist. Die Geschichte der Menschheit lehrt uns, daß wir oftmals Wege finden, Schwierigkeiten zu überwinden. Trotz vieler Mißerfolge haben wir es irgendwie immer wieder geschafft, uns zu verbessern.

Wenn wir also bestätigen, daß sich unser Lebensstandard über die Jahrzehnte verbessert hat, dann sollten wir auch die Arbeit früherer Generationen würdigen und für uns selbst Möglichkeiten finden, unserer Gesellschaft an Wert zu verleihen. Sich allzusehr über Probleme aufzuregen bedeutet, verschwenderisch zu sein – anstatt die kreative Kraft zu nutzen, die uns als Menschen in die Wiege gelegt worden ist.

Kreativität aller nutzen

Befassen wir uns nun mit den problemlösenden Aktivitäten auf dem Shop Floor, nachdem wir den Stellenwert unserer Willenskraft erkannt haben. Obwohl jeder von uns sein Haushaltsgeld verwalten kann oder in der Lage ist, sich mit vielen Problemen zu Hause auseinanderzusetzen – wenn es um unsere Arbeit geht, denken einige, daß problemlösende Aktivitäten nur etwas für diejenigen ist, die über besondere Fertigkeiten oder ein besonders hohes Bildungsniveau verfügen.

Doch wenn man ihnen erst einmal die Gelegenheit dazu gibt, können auch die meisten die Probleme lösen, die an ihrem Arbeitsplatz auftreten. Wenn wir uns einmal die Verbesserungen anschauen, welche auf dem Shop Floor durchgeführt wurden, erscheinen manche derart primitiv, daß es wirklich erstaunlich ist, daß bisher noch kein anderer auf diese Idee gekommen ist. (Denken Sie an Abb. 5.12!) In den meisten Fällen werden solche Ideen, die auf den gesunden Menschenverstand zurückzuführen sind, weitaus effektiver verwirklicht als komplizierte Lösungen.

Das beweisen die Millionen von Vorschlägen, die in Firmen wie Toyota, Matsushita und Toshiba eingereicht werden – oftmals mehr als 50 Vorschläge pro Angestellten jährlich, mit einer Teilnahmequote von mehr als 90% und einer Akzeptanzquote von mehr als 80%. Viele dieser Firmen sind schon derart fortschrittlich, daß ihre Statistiken nur noch die bereits durchgeführten Vorschläge erfassen – d. h. die Akzeptanzquote liegt bei 100%.

Wir sollten jedoch daran denken, daß keine dieser Ideen Einsparungen in Höhe von Millionen oder Hunderten von Dollar bedeutet. Eher sollte jeder von uns das Ziel haben, die Aufgaben des Facharbeiters leichter, schneller, sicherer, weniger ermüdend, genauer bzw. angenehmer zu gestalten.

Wenn jetzt immer noch einige der Ansicht sind, daß alle diese Vorschläge unwesentlich sind und den Kurs einer Firma nicht beeinflussen werden, sollten sie sich klarmachen, daß diese Vorschläge oder Teamverbesserungsprojekte nicht nur individuelle Probleme lösen, sondern auch der Unterstützung von Standards dienen, da die Leute aufmerksamer auf Details achten. Wenn daher die Anzahl der Vorschläge zunimmt, werden konsequenterweise auch alle QKLSA-Faktoren größer.

Die Anzahl der Vorschläge steht für die Gesamtkreativität des Betriebes. Wenn das Top Management ein Vorschlagsprogramm als wichtig einstuft, sollte es auch aktiv daran teilnehmen, damit dieses Programm nicht scheitert. Wenn Präsidenten der Minifirmen diese Bedeutung erkennen, sollten sie die Leute so anleiten, daß alle von ihren Ideen profitieren können. Wenn Individuen davon überzeugt sind, daß es wichtig ist, ihre Kreativität zu erforschen und ihr Potential auszuschöpfen, sollten sie auch daran interessiert sein, so lange Vorschläge zu machen, bis sich ein Erfolg eingestellt hat.

Viele Vorschläge sollten daher auf folgendes aufmerksam machen:

- Der Verstand der Leute arbeitet, und sie nutzen ihre Kreativität.
- Die Leistung ist besser hinsichtlich der QKLSA-Faktoren.
- Das Management achtet darauf, die Leute bei der Erforschung ihres Potentials zu unterstützen.
- Die Leute erhalten viel Ausbildung und Anleitung, und es werden viele Ideen ausgetauscht.
- Die Denkweise des Managements läßt einen Zusammenhang zwischen ständiger Verbesserung und der Beteiligung aller erkennen.

Warum versagen dann oftmals solche Programme? Ob es sich um einen totalen Mißerfolg oder die passive Handlungsweise bestimmter Abteilungen bei einem ansonsten erfolgreichen Programm handelt, typische Gründe dafür sind eine zu starke Betonung auf Prämien, zu lange Feedbackkreisläufe, zuviel Gewicht auf gewaltige Verbesserungen, mangelnde Geduld hinsichtlich der Vorschläge und zuviel Vertrauen darauf, daß jemand anders die Idee verwirklicht. In solchen Situationen finden die Leute einfach keinen Gefallen daran, Verbesserungen zu machen und ihre Kreativität zu nutzen.

Gefallen am „zeigen und erzählen" finden

Statt über schwierige Theorien nachzugrübeln, sollten wir uns lieber ansehen, wie sich einige Leute mit „zeigen und erzählen"-Aktivitäten beschäftigen, um sich dann an den durchgeführten Verbesserungen erfreuen zu können. Ein Beispiel dafür ist eine Veranstaltung für Angestellte, welche der „Ideenwettstreit" genannt wird und allgemein in Japan bekannt ist. Von der Firma Honda ins Leben gerufen, bestärkt dieser Ideenwettbewerb die Angestellten darin, ihre Phantasie und Kreativität bei der Entstehung von etwas Außergewöhnlichem zu nutzen – bei etwas, das über ihre Routineaufgaben hinausgeht. Bei Honda wird der „Honda-Ideenwettstreit" einmal im Jahr veranstaltet, und die Ausstellungsstücke werden auf einem großen Feld präsentiert.

Abb. 6.1 zeigt Beispiele für solche Ideen. Bei der Kreativität wird hier etwas übertrieben. Auf diese Weise werden die Leute gut unterhalten.

Ein weiteres Beispiel ist der „Tag des Teamworks" bei der Firma Xerox. Um die Beteiligung der Angestellten zu fördern und die Arbeit der Teams anzuerkennen, die bei der Anwendung problemlösender Prozesse erfolgreich waren, wurde der erste „Tag des Teamworks" 1983 in der Werkscafeteria zusammen mit 30 Teams organisiert, die ihre Projekte dort ausstellten sowie sechs Teams, die Präsentationen veranstalteten. Als das Interesse an diesem Ereignis größer wurde, nahmen noch mehr Werke daran teil, einschließlich ausländischer. 1991 wurden Teamworktage, die am gleichen Tag stattfanden, per Satellit übertragen und von mehr als 10000 Menschen mit Aufmerksamkeit verfolgt. (Siehe Abb. 6.2, wo Tausende von Leuten Ausstellungsstücke betrachten, um davon zu lernen und diese Ideen zu feiern.)

a. Fahrrad: Wir können überflüssige Radteile einfach weglassen.

Abb. 6.1 Ideenwettstreit

b. 3D-Schaukeln: Diese Schaukel kann in 3 Richtungen schaukeln.

c. Überlebensauto: Dieses Auto kann Treppen hochfahren.

Mit freundlicher Genehmigung von Honda Motor Co.

Abb. 6.1 Fortsetzung

Mit freundlicher Genehmigung von Xerox

Abb. 6.2 „Tag des Teamworks“

Notwendige Einstellung für aktives Problemlösen

Wenn die entsprechende Umgebung geschaffen wird, können Leute sehr kreativ sein. Doch es gibt eine Anzahl von Gründen, warum wir es vielleicht nicht schaffen, Schwierigkeiten zu überwinden und die Verwirklichung von Verbesserungen zu genießen. Interessanterweise ist die überwiegende Mehrheit der Gründe auf die traditionelle Einstellung der Leute zurückzuführen (in Abb. 6.3 zusammengefaßt).

Diejenigen, die die Schwierigkeiten überwunden und die Gewohnheit der ständigen Verbesserung bereits angenommen haben, verfügen über eine völlig andere Einstellung (siehe Abb. 6.4). Im Zusammenhang mit dem Ideenwettstreit oder „Tag des Teamworks“ sollte es nicht weiter überraschen, daß diejenigen, die an solchen Wettstreits teilnehmen, eine positive Haltung gegenüber der Durchführung von Verbesserungen haben. Besucher des Wettstreits stellten ebenfalls fest, daß Kreativität und die Entwicklung von Ideen Spaß machen und daß auch jeder dazu in der Lage ist.

Bei meinen Begegnungen mit Leuten aus verschiedenen Firmen stellte ich fest, daß diejenigen mit einer positiven Einstellung gewöhnlich über ein Ziel verfügen und sich gut dabei fühlen, zu allem einen Beitrag zu leisten. Außerdem fand ich heraus, daß sich die Kreativität der Menschen in Japan, den Vereinigten Staaten, Europa oder wo auch immer in nichts voneinander unterscheidet. Die Leute glauben allgemein daran, daß sie mehr aus ihrem Leben machen können.

Abb. 6.3 Einstellungen, die Verbesserungen blockieren

Verstand

- „Ich bin sicher, daß alles gut funktioniert. Es gibt kein Problem.“
- „Wir haben alles versucht. Ich kenne alle Gründe, warum die Dinge nicht funktionieren.“
- „So haben wir es schon seit vielen Jahren gemacht. Das ist einfach die beste Methode.“
- „Es ist nicht meine Aufgabe, für Verbesserung zu sorgen.“
- „Verbesserungen kosten Geld. Geben Sie mir 10000 Dollar, dann mache ich es.“
- „Ich bin zu beschäftigt, um noch etwas zu tun.“

Haltung

- Lernen nicht, trotz eines ungenügenden Wissens.
- Versuchen es nicht. Geben leicht auf. Experimentieren nicht.
- Beklagen sich bei Managern, Personal, anderen.
- Bitten nicht um Kommentare oder Vorschläge von anderen.
- Nehmen eine „was habe ich damit zu tun?“-Haltung ein.
- Gehen davon aus, daß die Durchführung von Verbesserungen keine Freude bereitet.

Abb. 6.4 Einstellungen, die Verbesserungen fördern

Verstand

- „Verbesserung hört nie auf.“
- „Denken Sie sich keine Entschuldigungen aus, warum etwas nicht funktioniert. Denken Sie positiv.“
- „Betrachten Sie jede Situation als unvollendet.“
- „Ändern Sie eine bereits festgelegte Meinung.“
- „Lassen Sie uns von einer weiteren Sichtweise aus überlegen.“
- „Arbeiten Sie beständig an Verbesserungen, damit Entlassungen vielleicht aufhören.“

Einstellung

- Wenn wir uns nicht selbst zwingen, entstehen auch keine Ideen.
- Fragen Sie ständig „warum“, um die Ursache herauszufinden und prägen Sie sie sich permanent ein.
- Trachten Sie nach dem Wissen aller Leute, statt sich immer nur auf das Wissen eines einzigen zu verlassen.
- Führen Sie gute Ideen sofort durch; hören Sie mit schlechten Gewohnheiten sofort auf.
- Selbst wenn es noch nicht perfekt ist, lassen Sie uns Schritt für Schritt vorwärtsgehen.
- Arbeit kann Spaß machen. Die Entwicklung von Ideen und ihre Durchführung ist eine befriedigende Erfahrung.

Probleme identifizieren

Um unsere Kreativität zu nutzen, sollten wir uns im folgenden ansehen, wie wir Probleme identifizieren können, d. h. Gelegenheiten für Verbesserungen erkennen. Natürlich können andere Personen auch auf Probleme hinweisen, wie z. B. unsere Manager. Doch wir sollten es uns auch angewöhnen, Probleme zu identifizieren und Lösungen zu finden. Das bedeutet nämlich Selbstmanagement (siehe Abb. 6.5). Wenn wir nicht in der Lage sind, Probleme zu erkennen, haben wir ein weiteres Problem. Das hört sich vielleicht komisch

Abb. 6.5 Einstellung gegenüber der Identifizierung von Problemen

Bewußtsein	• Seien Sie sich bewußt, daß Probleme überall lauern.
Selbstachtung	• Entwickeln Sie Selbstachtung, statt nur auf Anweisung eines anderen zu handeln. • Denken Sie daran, daß wir unseren Arbeitsplatz selbst verbessern müssen.
Den Geist herausfordern	• Nehmen Sie stets an, daß es eine bessere Möglichkeit gibt. • Denken Sie nicht, daß etwas unmöglich ist.
Gesunder Menschenverstand	• Wenn wir uns überlastet fühlen, verschwenderisch oder unbeständig bei QKLSA sind – finden Sie Möglichkeiten, dies zu ändern. • Finden Sie richtig, was geschieht? Wenn nicht, fragen Sie sich, warum.
Kundenorientierung	• Fragen Sie Kunden nach ihren Problemen, hören Sie ihnen aufmerksam zu.
Shop Floor Orientierung	• Suchen Sie nach Problemen auf dem Shop Floor. • Fragen Sie die Leute nach ihren Sorgen. • Gebrauchen Sie Werkzeuge, um Probleme effektiv aufzudecken.
Objektivität	• Beurteilen Sie die Situation objektiv und vorurteilsfrei. • Ziehen Sie keine hastigen Schlußfolgerungen. • Fragen Sie wiederholt „warum", wenn die Ursache des Problems schwer erkennbar ist. • Wenden Sie Meßsysteme und statistische Methoden an.
Teamwork	• Nutzen Sie die Fertigkeiten, das Wissen und die Erfahrung anderer Leute. • „Keiner ist so klug wie alle zusammen."

an, doch weist es auf eine fehlende Vision bzw. Mission hin. Wir müssen uns vor Augen halten, daß der Unterschied zwischen unserer Vision – wie sie in unserer Mission definiert ist – und der Realität diejenigen Probleme definiert, die wir lösen müssen. Ein Manager von NUMMI, eines Gemeinschaftsunternehmens von Toyota und General Motors in Kalifornien, sagte folgendes über seine Lernerfahrungen:

> „Als ich zum ersten Mal dazu aufgefordert wurde, an der Konferenz der Generalmanager teilzunehmen, war ich froh. Ich glaubte sagen zu dürfen, daß es in meiner Abteilung keinerlei Probleme gäbe. Und das tat ich dann auch, als ich an der Reihe war. Darauf sah mich dieser Generalmanager von Toyota aufmerksam an und meinte: „Steve, wenn Sie sagen, Sie haben kein Problem, dann haben Sie doch eins."
> In diesem Augenblick wurde mir klar, daß ich meine Denkweise total ändern mußte, wenn ich in diesem Geschäft Erfolg haben wollte."
>
> – Aus JIT Kakumei no Shogeki von Kiyoshi Suzaki, S. 14

Problemlösende Werkzeuge

Auch wenn wir positiv denken und unseren Verstand einsetzen, um Probleme zu lösen, können wir ohne entsprechende Werkzeuge und organisierte Schritte gleich den Fuß vom Gaspedal nehmen. Wenn wir z. B. ein sehr kompliziertes Problem in Angriff nehmen wollen, kann uns das schon lange vorher aufregen. Oder wenn wir Leute aus verschiedenen Aufgabenbereichen für ein Treffen zusammentrommeln müssen, dauert es schon eine gewisse Zeit, bis die Kommunikation der einzelnen zustandegekommen ist.

Ich möchte Ihnen einen Besuch schildern, den ich einer bekannten Möbelfirma in den Vereinigten Staaten abgestattet habe. Ein Angestellter erzählte mir, daß ein bestimmtes Teamprojekt schon 1 1/2 Jahre dauern würde, ohne daß irgendwelche Ergebnisse erzielt worden seien. Die Beteiligten trafen sich noch regelmäßig, doch es herrschte Unklarheit darüber, ob sie von anderen irgendwelche Hilfe zu erwarten hätten, noch existierte irgendein Datum für den Abschluß des Projektes.

Ein Top Manager erzählte mir dagegen stolz, daß sie allein im letzten Jahr mehr Trainingsprogramme durchgeführt hätten als in den vergangenen 25 Jahren zusammen. Als ich aber ein in einen dicken, glänzenden Umschlag gebundenes, 80 Seiten starkes Handbuch professioneller Aufmachung entdeckte, das von der Beteiligung der Angestellten als Team handelte und mich in dem Moment an das uneffektive Teamprojekt erinnerte, fiel mir ein störendes Element auf. Die Denkweise des Top Managements wurde nicht angemessen vom Geschehen reflektiert.

Einige Jahre später erfuhr ich, daß diese Firma gerade viele Angestellten entließ. Wir sollten hieraus lernen, daß ein großer Unterschied zwischen Theorie und Praxis besteht, d. h. ein Unterschied zwischen dem Wissen um unser Tun und dem Handeln nach unserem Wissen.

Daher reicht Wissen allein nicht aus – wir müssen es auch anwenden können. Doch auch die Anwendung bedeutet nicht alles: Wir müssen bei der Umsetzung des Wissens auch effektiv vorgehen. Und um effektiv zu sein, müssen wir eine kunden(menschen-)freundliche Einstellung entwickeln (siehe Abb. 6.6).

Mit freundlicher Genehmigung von Alps Manufacturing (USA)

Abb. 6.6 Problemlösende Werkzeuge können kundenfreundlich sein. Diese Cartoons werden dazu verwendet, den Leuten zu zeigen, wie Produktionsprobleme gelöst werden können. Obwohl die Angestellten dieser Firma aus mehr als 12 Ländern kommen, vermittelt dieses leicht verständliche Material das Anliegen effektiv.

Abb. 6.7 Verschiedene problemlösende Werkzeuge

Grundlegende Problembereiche (QKLSA)

- Qualität
- Kosten
- Lieferung
- Sicherheit
- Arbeitsmoral

Grundlegende, problemlösende Konzepte und Techniken

- Nutzen Sie Ihren gesunden Menschenverstand, Ihre Kreativität und Ihre Intuition
- Vereinfachen, kombinieren und eliminieren Sie
- Beseitigen Sie sieben Verschwendungen: Überproduktion, Wartezeit, Transport-, Verarbeitungs-, Inventar-, Maschinen- und Produktschäden
- Beseitigen Sie die achte Verschwendung: Nichtnutzung des Talentes der Leute
- Fragen Sie fünfmal „warum"
- 4 Ms-Checkliste (Mensch, Maschine, Methode und Material)
- 5 Ms-1 U-Checkliste (4 Ms plus Messungen und Umwelt)
- 6 Ms-1 U-Checkliste (5 Ms 1 U plus Managementinformationen)
- Wenden Sie die drei „Realitäten" an, d. h. realer Ort *(genba)*, reale Sache *(genbutsu)* und reales Wissen *(genjitsu)*
- Nehmen Sie zuerst die wichtigsten Bereiche in Angriff (d h. wenden Sie das Pareto-Prinzip an)
- Kontrollieren Sie Streuungen/Unsicherheiten
- Praktizieren Sie das Glass Wall Management
- PAPH-(Planen–Ausführen–Prüfen–Handeln)-Kreislauf
- Betrachten Sie das Geschehen aus der Sichtweise des Shop Floors
- Wenden Sie die Qualitätskontrolle an oder andere organisierte problemlösende Schritte (siehe Kapitel 7 und Anhang 7.3)
- Brainstorming/Gruppentreffen
- Memos zum Festhalten neuer Gedanken oder Probleme, die während der Arbeit auftauchen

Besondere Werkzeuge

1. Industrietechnik (IT)

   - Mensch/Maschine-Diagramm
   - Arbeitskombinationsdiagramm
   - Prozeßanalyse
   - Materialflußanalyse
   - Reduzierung der Umstellungszeit
   - Produktorientierte Planung
   - Einzelstück-Flußproduktion
   - Gegenseitiges Training und Handhabung mehrerer Prozesse
   - Analyse der Kreislaufzeit

2. Qualitätskontrolle (QK)

   - Sieben Werkzeuge der Qualitätskontrolle – Histogramm, Ursache/Wirkung-Diagramm, Kontrollpapier, Pareto-Diagramm, Kontrolldiagramm und Streudiagramm
   - Sieben neue Werkzeuge – Relationsdiagramm, Affinitätsdiagramm, Baumdiagramm, Matrix, Matrix/Daten/Analyse-Diagramm, PEPD (Prozeßentscheidungsprogramm-Diagramm), Pfeildiagramm
   - Andere – Narrensicherer Mechanismus (Poka-Yoke, Einzelheiten siehe Anhang 6.1), Flußdiagramm, Absatzdiagramm, Methode nach Taguchi

(Fortsetzung)

Abb. 6.7 Fortsetzung

3. Werttechnik (WT)

- Wert = Funktion/Kosten
- Gleiche Werkstücke, Reduzierung von Schwankungen

4. Zuverlässigkeit

- Fehlerbaum-Analyse (FBA)
- Störungsmethode und Wirkungsanalyse (SMWA)

5. Produktion und Lagerbestandskontrolle

- Arbeitsplatzorganisation
- Reduzierung der Menge
- Gleichmäßige Produktion
- Zug- gegen Drucksystem (Kanban gegen MBP: System zur Materialbedarfsplanung)

6. Neue Produktentwicklung

- Technische Inventarliste
- Qualitätsfunktionsentwicklung (QFE)
- Design für Herstellbarkeit

7. Management

- Organisation – Führung, Kommunikation, Teamwork, Motivation
- Marketing – Marktsegmentierung, Eigenschaftsanalyse, Sampling
- Wirtschaftlichkeit – Preise, Angebot und Nachfrage, tatsächlicher Nettowert
- Entscheidungstechnik – Betriebsforschung, lineares Programmieren
- Finanzen/Buchhaltung – Finanzanalyse, Bruttoertragszifferanalyse
- Zeitmanagement
- Projektmanagement – Pert(Program evaluation and review technique)-Diagramm, Gantt-Diagramm, Flußdiagramm
- Wettbewerbsstrategie – Benchmarking, usw.
- Andere

Hinweis: Aufgrund von Platzmangel gehen wir auf diese Werkzeuge nicht weiter ein. Wir sollten uns jedoch klarmachen, daß sich bestimmte Werkzeuge je nach Verantwortungsbereich und Art der Arbeit effektiver einsetzen lassen als andere. Sie lassen sich auch miteinander kombinieren. (Siehe Anhänge 6.1 und 6.2, die Beispiele für problemlösende Werkzeuge erläutern.)

Hinsichtlich der Effektivität empfiehlt es sich, mit kleinen Projekten zu beginnen, damit wir uns an die grundlegenden problemlösenden Werkzeuge gewöhnen können. Wir müssen kriechen, bevor wir gehen können. Manager bzw. Berater müssen sich innerhalb des Prozesses so aufmerksam verhalten wie Eltern, damit das Team (Baby) nicht sinnlos versucht, die Wände hochzuklettern.

Die von uns zu verwendenden problemlösenden Werkzeuge reichen von gesundem Menschenverstand und unserer eigenen Kreativität bis hin zu fortschrittlicheren Werkzeugen, die einen scharfen, analytischen Verstand erfordern. Um uns damit vertraut zu machen, sind in Abb. 6.7 verschiedene Werkzeuge aufgeführt. Die meisten von uns müssen nicht alle Werkzeuge kennen, um ihre Arbeit auszuüben. Doch wir sollten dort, wo es möglich ist, die Fähigkeit entwickeln, sie zu nutzen. So wie wir unsere Muskeln aufbauen und bestimmte Techniken erlernen müssen, um Tennis, Golf oder Baseball zu spielen, müssen wir das ebenso bei der effektiven Ausführung unserer Arbeit tun.

Erlernen von Fertigkeiten zwecks Förderung unserer Karriere

Da die Verwendung derjenigen Werkzeuge, die für die Problemlösung nötig sind, von der Art des Problems abhängt, müssen wir einige allgemeingültige Richtlinien festlegen.

Unser Betrieb sollte jedes Jahr mit Hilfe neuer Ziele seine Leistung verbessern. Das gleiche trifft auch auf unser persönliches Wachstum zu. Damit die Effektivität gewährleistet ist, sollten wir es uns bei der Verbesserung unserer Fertigkeiten nicht zu leicht machen. Heutzutage reicht es nicht mehr aus, nur ein paar Fertigkeiten zu erwerben.

Abb. 6.8 zeigt, daß in einer sich verändernden Geschäftswelt eine schmale Fertigkeitenbasis im Vergleich zu einer breiten, wo die Grundfertigkeit einer Person durch mehrere peripherische Fertigkeiten ergänzt wird, verletzlich ist. Da von uns allen stets neue Verantwortlichkeiten erwartet werden, müssen auch wir mehr Manager-, technische und zwischenmenschliche Fertigkeiten usw. erlernen. Statt die traditionelle Haltung anzunehmen und nach jemandem Ausschau zu halten, der über bestimmte Fertigkeiten verfügt, um besonderen Arbeitsanforderungen gerecht zu werden (wie Dübel in ein Loch bohren), müssen wir selbst flexibel genug sein, um uns einer sich verändernden Geschäftswelt anpassen zu können. Die traditionelle Trainingsmethode bedarf sehr der Verbesserung.

Wenn wir uns noch einmal die Liste in Abb. 6.7 anschauen, finden wir Werkzeuge, mit denen wir umgehen können und solche, die uns unbekannt sind – sowohl aus der Sichtweise des einzelnen als auch des Betriebes.

Traditionelles Fertigkeitenprofil (instabil, starr) | Progressives Fertigkeitenprofil (stabil, flexibel)

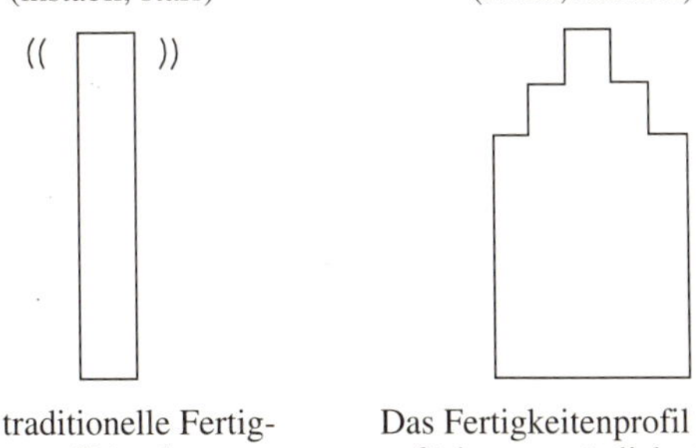

Das traditionelle Fertigkeitenprofil ist derart spezialisiert, daß es plötzlichen Veränderungen gegenüber verletzlich ist.

Das Fertigkeitenprofil ist breit gefächert, ermöglicht der Person und dem Betrieb mehr Flexibilität und Verantwortung gegenüber Veränderungen.

Abb. 6.8 Verbesserung unseres Fertigkeitenprofils

Wir sind aber in der Lage, diejenigen Werkzeuge zu bestimmen, die wir kennen, die wir oft benutzen und deren Anwendung wir anderen vermitteln können. Wir können nun eine Fertigkeitenmatrix entwickeln, um das Niveau der einzelnen Fertigkeitenprofile zu überwachen und mit der Planung der Verbesserung beginnen. Abb. 6.9 zeigt eine solche Matrix, wo Fertigkeiten, die für bestimmte Arten von Tätigkeiten (Operationen) und für die Problemlösung (Werkzeuge) benötigt werden, in einer Tabelle miteinander kombiniert werden. Abb. 6.10a erläutert eine solche, von einem japanischen Hersteller verwendete Matrix, auf der Photos von den Mitarbeitern zu sehen sind. Abb. 6.10b stellt ein ähnliches Konzept eines Kleinbetriebes in Kalifornien dar.

Eine Fertigkeitenmatrix bzw. ein gegenseitiges Trainings-Diagramm wird angewendet, um die jeweiligen Fertigkeiten einer Person zu beurteilen und sie den Bedürfnissen des Geschäftslebens anzupassen. Wenn eine Person oder ein Betrieb über ein einzigartiges Fertigkeitenprofil verfügt, läßt sich auf diese Weise selbstverständlich auch ein einzigartiges Potential erzeugen. Auf der anderen Seite können persönliche Interessen eine Person oder einen Betrieb in eine Richtung dirigieren, die den Bedürfnissen des Geschäftslebens nicht gerecht wird.

So lange dies schlecht koordiniert ist, kann eine Kluft zwischen den Fertigkeiten und den Bedürfnissen des Geschäftslebens entstehen. Deshalb benötigen die Präsidenten einer Minifirma ein regelmäßiges Training und Anleitung, wenn sie ihre Leute bei der beruflichen Ausbildung und richtigen Berufswahl unterstützen wollen – damit das Training sich auch auf diejenigen Fertigkeiten konzentriert, die für die Erfüllung der Mission eines Betriebes erforderlich sind. Dafür müssen wir zunächst einen besonderen Schwerpunkt entwickeln und dann mit der Arbeitsplatzrotation und der Förderung der Fertigkeiten fortfahren, um eine weitere Sichtweise und eine breitere Fertigkeitenbasis entwickeln zu können.

Name des Facharbeiters	Name der Operation A	B	C	D	...	Name des Werkzeugs SPK	Kanban	7 QK Werkzeuge	Kommentare und Plan für Trainingsbedürfnisse

Bedeutung Level I: hat am Training teilgenommen, besitzt Kenntnisse
Level L: kann die Aufgabe mit Hilfe bewältigen
Level U: kann die Aufgabe ohne Hilfe bewältigen
Level O: kann andere unterrichten

Wenn die nächst höhere Fertigkeitenebene erreicht ist, ändert sich der Level in der Matrix, indem ein Strich vor die Buchstaben I, L, U und O gesetzt wird.

Mit freundlicher Genehmigung von Tokai Rika

Abb. 6.9 Fertigkeitenmatrix

Mit freundlicher Genehmigung von Fireplace Manufacturers, Inc.

Abb. 6.10a Ausgestellte Fertigkeitenmatrix eines japanischen Herstellers für Autoersatzteile

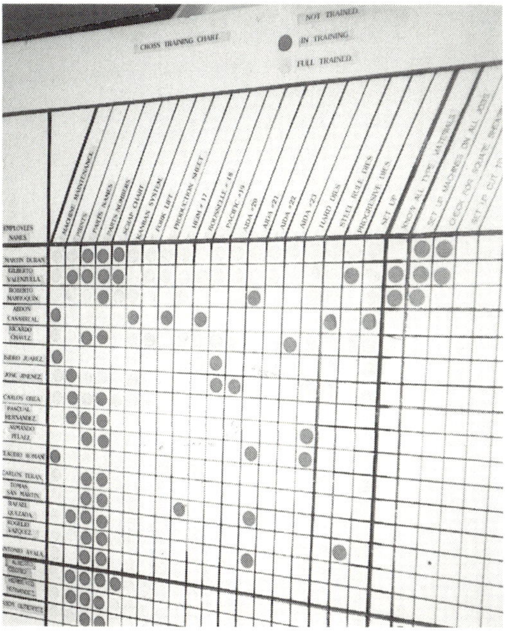

Abb. 6.10b Ausgestellte Fertigkeitenmatrix eines Kleinbetriebes in Kalifornien

Gewohnheit des gegenseitigen Unterrichtens entwickeln

Um problemlösende Fertigkeiten zu erwerben, müssen wir Klassenunterricht und On-The-Job Training betreiben, Bücher lesen, Videos sehen, an Seminaren teilnehmen und andere Abteilungen oder Firmen besichtigen. Wenn wir dies allerdings nur als Einzelpersonen tun, wird unser Wachstum begrenzt sein. Wir können z. B. selber Bücher lesen und an Seminaren teilnehmen, doch wir können unser neu erworbenes Wissen mit keinem anderen teilen. Es geht nicht nur darum, eine Ausbildung zu absolvieren und zu hoffen, daß es schon funktionieren wird. Nein, wir müssen einen guten Mechanismus entwickeln, der die Sache weiterführt.

Wenn wir uns nur auf uns selbst konzentrieren oder Angst vor dem Ideenaustausch mit anderen haben, müssen wir zu unserem dreiarmigen Modell in Abb. 3.13 zurückkehren, wo sich jede Funktion (Person) nur auf ihr eigenes Interesse konzentriert – d. h. lokale Optimierung im Gegensatz zur totalen Optimierung. Die Folge ist, daß der Betrieb als Ganzes darunter leiden muß. Es ist sehr wahrscheinlich, daß langfristig auch die einzelnen darunter leiden werden, weil das gegenseitige Unterrichten und der Anreiz durch andere fehlt.

Um dieses Problem zu lösen, sollten wir uns überlegen, wie wir das gegenseitige Unterrichten fördern können. Wir könnten uns z. B. über die wichtigsten Punkte eines Buches oder eines Seminars austauschen, indem wir eine einseitige Zusammenfassung schreiben, einige Leute damit beauftragt werden, sich mit bestimmten Kapiteln des Buches auseinanderzusetzen und wöchentlich der Gruppe darüber Bericht zu erstatten. Sie können auch diejenigen Ideen, die sie anhand des Buches erworben haben, verwirklichen und die Ergebnisse der Gruppe bei einem Treffen mitteilen.

Tokyo Electric Company, ein japanischer Elektrogerätehersteller, erwirbt häufig Sachbücher, die das Management betreffen. Die Manager werden dann aufgefordert, einen einseitigen Bericht über das Buch zu verfassen mit der Idee, daß jemand, der eine Zusammenfassung schreiben muß, den Inhalt besser begreift, als jemand, der das Buch nur liest. Bei UBISA, einem spanischen Kabelhersteller, lasen Manager mein vorheriges Buch Kapitel für Kapitel mit ihren Angestellten durch und wandten Ideen, die sie darin fanden, an ihrem Arbeitsplatz an. Jede Durchführung wurde in einem einseitigen Bericht festgehalten und an alle Angestellte verteilt. Nach einigen Jahren hatten sie nicht nur mein Buch ins Spanische übersetzt, sondern ebenfalls ein Beratungs- und Weiterbildungsunternehmen gegründet, um ihr Wissen mit anderen Betrieben auszutauschen.

In der Staubsaugerabteilung von Matsushita werden neu erschienene Bücher in den Gängen zur Ansicht ausgestellt, und die Angestellten erhalten anschließend die Möglichkeit, diese aus der firmeneigenen Bibliothek auszuleihen. Viele Firmen verwenden Rundschreiben, Verbesserungsschautafeln bzw. Bücher, in denen die Verbesserungen eingetragen werden, damit sich die Leute darüber austauschen können. Jedes dieser Beispiele beweist, daß die Leute, um ständig weiterlernen zu können, Eigeninitiative entwickeln müssen. Diese Mechanismen für den Austausch von Wissen müssen Hand in Hand mit dieser Eigeninitiative gehen. Abb. 6.11 faßt die verschiedenen Möglichkeiten für den Austausch von Wissen und Erfahrungen zusammen. Beim Durchlesen dieser Liste sollten wir uns fragen, wie gut unsere Minifirma diese Ideen anwendet.

Wenn wir Ideen, Wissen oder Erfahrungen untereinander austauschen und Spaß daran finden, wird auch unsere Arbeit viel erfreulicher, besonders dann, wenn diese Aktivitäten mit der Verbesserung unserer Arbeit und der Erfüllung unserer Mission verknüpft sind. Auf das Thema des Austausches werde ich in Kapitel 8 zurückkommen. Jetzt soll-

Abb. 6.11 Mechanismen für den Austausch von Wissen und Erfahrung

- Selbststudien-Gruppe, die Bücher liest und Techniken anwendet
- Ausstellung neu erschienener Bücher und späteres Ausleihen
- Rundschreiben der Firma, des Werks, in denen Verbesserungen beschrieben werden
- Ausstellung von Verbesserungen, um zu zeigen, was die Leute erreicht haben
- Austausch von Erfahrungen in Memos und Treffen, z. B. Reiseberichte
- Zusammenfassung von Fallbeispielen für Verbesserungen, die bei der Ausbildung vermittelt werden.
- Teilnahme an Treffen, bei denen sich die Leute über ihre Verbesserungen austauschen
- Firmenweiter Ideenwettstreit und „Tag des Teamworks"

ten wir uns einfach darüber klarwerden, daß der Austausch mit anderen oder das Unterrichten anderer eine sehr gute Möglichkeit für den einzelnen bietet, sein eigenes Wissen zu verinnerlichen.

Wenn die Angestellten einfach nur Handbücher oder Bücher erhalten, Videos sehen oder an Seminaren teilnehmen, ist das keine Garantie für ihren Erfolg oder den ihres Betriebes. Wir müssen eine Atmosphäre schaffen, die Verbesserungen fördert und für ein gegenseitiges Feedback sorgen. Dann müssen wir Wege finden, den Verbesserungsprozeß in Gang zu halten, um unsere Mission erfüllen zu können.

Werkzeuge zur Aufdeckung von Problemen

Zwar sind Werkzeuge für das Lösen von Problemen entscheidend, doch es ist gleichermaßen wichtig, Probleme *effektiv* aufzudecken, um die geeigneten Werkzeuge benutzen zu können. Abb. 6.12 stellt einen Kreislauf der ständigen Verbesserung dar. Damit wir unseren Shop Floor besser managen können, benötigen wir die gut ausbalancierte Fähigkeit, jeden dieser Schritte erfolgreich zuwenden.

Wir sollten wissen, daß die effektive Aufdeckung von Problemen nicht nur dabei hilft, Standards zu erhalten, sondern auch dazu beiträgt, uns besser leiten zu lassen und jeden einzelnen an den Verbesserungsaktivitäten zu beteiligen. Wir brauchen einen betriebsweiten „Schmerz-auslösenden-Mechanismus", damit die Probleme aufgedeckt und die Leute wieder auf den richtigen Kurs gebracht werden. Um zu erreichen, daß ein Betrieb als Team funktioniert, sollte die Behandlung der Schmerzen – bzw. Probleme – nicht nur in bestimmten Bereichen erfolgen, sondern in der gesamten Firma.

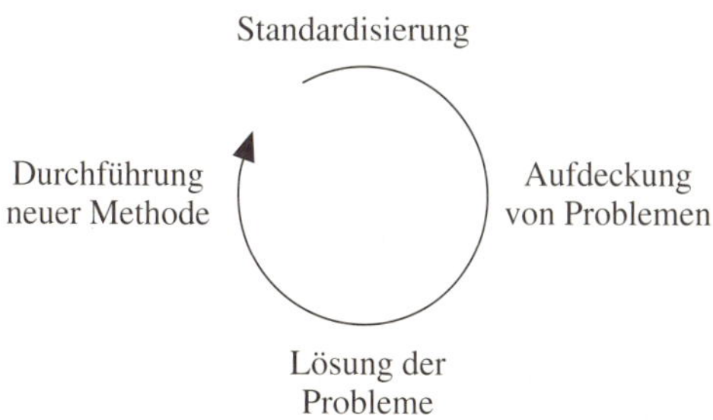

Abb. 6.12 Kreislauf der ständigen Verbesserung

Abb. 6.13 Art der Probleme, die in einer Firma auftreten können

Problem (hier als Kluft zwischen „was ist ideal" und was ist „Realität" definiert)	**Schlüsselfaktoren für die effektive Aufdeckung eines Problems**
• Mission contra aktuelle Orientierung	Klarheit der Mission und Verantwortung ihr gegenüber sowie das Niveau der Überzeugung und Bewußtsein der Leute
• Ziel contra aktuellen Stand	Gültigkeit der Ziele, Verantwortung der Leute und Mittel, Ziele zu erreichen
• Handlungspläne contra Handlungsrealität	Gültigkeit der Pläne, Verantwortung der Leute und Mittel, Handlungsplan durchzuführen
• GBV contra Praxis von GBV	Leichtigkeit, mit der genormte betriebliche Verfahrensweisen angewandt werden, ohne Verschwendung zu erzeugen und die Unzufriedenheit der Kunden hervorzurufen

Da jeder Betrieb über eine Mission, bestimmte Ziele, einen Handlungsplan sowie über Standards verfügen sollte, die das bereits Erreichte bewahren, müssen die betrieblichen Probleme in allen Bereichen aufgedeckt werden, damit der problemlösende Prozeß innerhalb der gesamten Firma stattfinden kann. Abb. 6.13 faßt die Möglichkeiten der Betrachtungsweise von Problemen zusammen. (Es ist wohl überflüssig zu erwähnen, daß die Schmerzebene sorgfältig überwacht werden muß; nicht zu streng, aber auch nicht zu wenig.)

Angesichts der Probleme bzw. Schmerzen heben die Just-In-Time-Produktion oder das Konzept des Lean Manufacturing hervor, daß der Lagerbestand die Wurzel allen Übels ist, Probleme überdeckt und uns von der ständigen Verbesserung abhält (s. Abb. 6.14). Wenn wir versuchen, Lagerbestand durch Reduzierung der Mengengröße oder durch andere Mittel abzubauen, können wir also Probleme aufdecken und in Angriff nehmen. Dann fahren wir mit der Reduzierung des Lagerbestandes fort, decken weiterhin Probleme auf und lösen diese, bis keine Anzeichen mehr für Verschwendung auf dem Shop

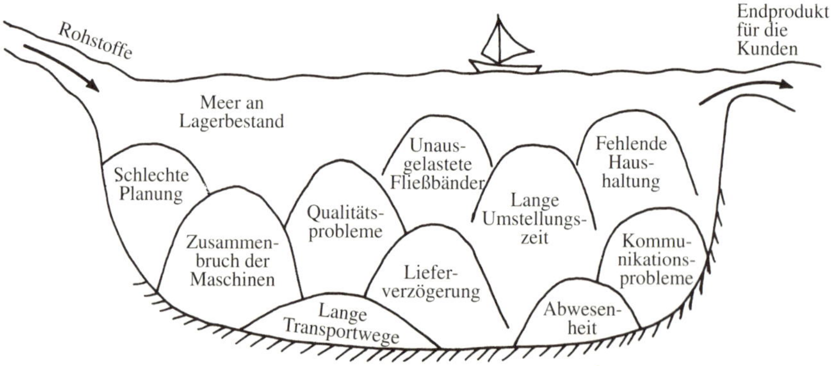

Abb. 6.14 Lagerbestand überdeckt das Problem

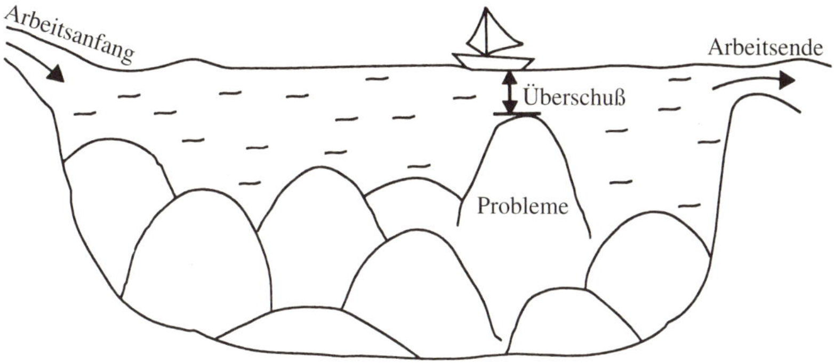

Hinweis: Der Überschuß beinhaltet zuviel menschliche Arbeitskraft, Maschinenleistung, Platz, Material, etc.

Abb. 6.15 Ein Überschuß überdeckt das Problem

Floor zu entdecken sind. Da dieser Prozeß etwas schmerzhaft sein kann, wird es der Firma helfen, wenn sie ihre Kräfte fachkundig auf eine rationelle Vorgehensweise konzentriert.

Abb. 6.15 gibt einen Überblick über eine ähnliche Betrachtungsweise, abgesehen davon, daß hier vom Management unserer Ressourcen im allgemeinen gesprochen wird. Neben Lagerbestand werden wir solche extra oder verschwendeten Ressourcen untersuchen wie die menschliche Arbeitskraft, Maschinenleistung, Platz, Material, was wir benötigen, um das erwartete Leistungsniveau zu erreichen. Wenn wir daher diese verschwendeten oder nicht genügend genutzten Ressourcen beseitigen, können wir unsere Ressourcen besser verwenden und unsere Kräfte darauf konzentrieren, unser Ziel zu erreichen.

Wenn wir z. B. zusätzliche menschliche Arbeitskraft nutzen, bedeutet das nicht nur, daß wir mehr Zeit als nötig für die Erledigung einer Aufgabe haben. Während der Lagerbestand die Zeit darstellt, die das Material als Verarbeitungsprozeß brachliegt, stellt die nicht genügend genutzte Zeit der Leute den Zeitverarbeitungsprozeß dar. Der eine bezieht sich auf die Verarbeitung eines Werkstückes, der andere auf die Zeit, die den Leuten für die Bearbeitung zur Verfügung steht.

Je schneller das Material bewegt wird, desto leichter ist es, Probleme aufzudecken und anzugehen. Je beschäftigter wir sind, desto offensichtlicher wird der Bedarf an Verbesserungen. Statt Ressourcen brachliegen zu lassen und keine zusätzlichen Werte zu schaffen, sollten wir versuchen, extra Ressourcen zu reduzieren, um Verbesserungen durchführen zu können.

Eine solche Methode mag uns hektisch vorkommen. Doch wenn wir uns nicht um die verschwendeten Ressourcen kümmern, werden die Leute ihre Zeit mit Grübeln verbringen, anstatt Werte zu schaffen.

Auch wenn eine gewisse Zeit für kreatives Denken oder Erholung notwendig ist, müssen wir darauf achten, daß dies auf eine vernünftige Art und Weise geschieht.

Wichtige Gründe, die für eine Reduzierung des Lagerbestandes und die Beseitigung zusätzlicher Ressourcen sprechen, sind daher folgende:

- Probleme werden eher auf- als zugedeckt.
- Den Problemen wird durch Anwendung der Idee des „Management by exception" Priorität eingeräumt.

Abb. 6.16 Grundlegende Werkzeuge für das verstärkte Problemlösen

- Übereinstimmung in Ziel und Disziplin bei seiner Verfolgung. Ziele ohne ein festgesetztes Datum sind Ziele ohne Bedeutung. Wenn wir vorwärts gehen wollen, müssen wir uns Termine für die Erfüllung bestimmter Aufgaben setzen. In einigen Fällen müssen wir uns Ziele setzen, auch wenn ausführliche Einzelheiten noch fehlen. Wir müssen auch über die Disziplin verfügen, sie mit Hilfe des PAPH-Kreislaufs zu verfolgen.
- Reduzierung des Lagerbestandes, der Mengengröße. Durch die Reduzierung des Lagerbestandes sind wir in der Lage, bestimmte Probleme, wie z. B. die Umstellungszeit, Qualitätsprobleme, Probleme mit der Planung, Haushaltung, Organisation sowie Abwesenheit der Mitarbeiter aufzudecken.
- Andon (Störlicht). Wenn ein Problem von den Facharbeitern erkannt wurde, das der sofortigen Aufmerksamkeit bedarf, leuchtet automatisch oder manuell betrieben ein Licht auf, damit die notwendige Korrektur vom Abteilungsleiter und/oder den leitenden Angestellten durchgeführt werden kann.
- Jidoka (Autonomation). Dieser Mechanismus hält das Band (oder Maschine, usw.) an, sobald ein Problem auftritt. Dadurch werden die Leute veranlaßt, etwas zu unternehmen. Wenn das Band nie anhält, bedeutet dies Verschwendung. Die Probleme bleiben weiterhin unentdeckt.
- Disziplin bei der Arbeitsplatzorganisation. Wenn wir unseren Arbeitsplatz organisieren, kommen viele Probleme an die Oberfläche. Es können auch Photos, auf denen gute und schlechte Beispiele abgebildet sind, zusammen mit einigen Kommentaren aufgehängt werden.
- Reduzierung der Verteilung von Berichten. So wie der Lagerbestand Probleme verdeckt, ist das auch bei Papiervorräten der Fall. Anhand der Reduzierung bei der Verteilung läßt sich feststellen, ob die Empfänger bestimmte Berichte als absolut notwendig erachten oder nicht.
- Beschränkung der Zeit für Treffen, Präsentationen, usw. Dies zwingt die Leute, sich auf die wichtigen Themen zu konzentrieren.
- Reduzierung der menschlichen Arbeitskraft. Dies zwingt die Leute, Ideen zu entwickeln, um die Produktivität zu verbessern. (Es ist empfehlenswert, die Person in der Gruppe mit den meisten Fertigkeiten in einen anderen Bereich zu versetzen. Auf diese Weise können sich die anderen entfalten, ohne um ihre Arbeitsplätze fürchten zu müssen.)
- Gegenseitiges Training/Jobrotation. Dies ermöglicht die Ausweitung der Fertigkeiten der Leute und befähigt sie gleichzeitig, frischen Wind in ihre Arbeitsbereiche hineinzubringen. Die Aushängung des Einstellungsdatums und der Qualifikationen für bestimmte Tätigkeiten soll dabei das Wachstum eines jeden demonstrieren.
- Verwendung von Checklisten. Die regelmäßige Verwendung geeigneter Checklisten hilft dabei, Probleme zu identifizieren. Eine ausgehängte Checkliste zeigt z. B. den Stand der Maschinenwartung, die Bedienung, die Befolgung bestimmter Arbeitsverfahren, die Inspektion, die Haushaltung und die Organisation des Arbeitsplatzes an.
- Verwendung von Kontrolldiagrammen, Produktionskontrolltafeln. Abweichungen werden identifiziert, damit eine Korrektur eingeleitet werden kann.
- Aufhängung von Minifirmen(QKLSA-)-Schautafel. „Was meßbar ist, kann auch geleistet werden.“ Diese Tafel zeigt an, welches Spiel und wie gut wir es spielen – es darf natürlich nicht dazu verwendet werden, mangelnde Leistung zu bestrafen.
- Mustertafel. Diese Mustertafel zieht die Aufmerksamkeit der Leute auf sich und veranlaßt sie, die Qualitätskriterien zu beachten.
- Ausstellung von problematischen oder defekten Teilen. Dies bietet den Leuten Anreiz, für eine gute Qualität zu sorgen.
- Aushängung der genormten Betriebsverfahren an jedem Arbeitsplatz. Diskrepanzen zwischen tatsächlicher Arbeit und Arbeitsverfahren weisen auf einen Bedarf an Training oder Verbesserung der Arbeitsverfahren hin. Wenn GBV nicht aktualisiert wird, bedeutet dies, daß auch keine Verbesserung stattgefunden hat.
- Aushängung der zehn schlechtesten Lieferanten. Probleme müssen aufgedeckt werden, damit die Leute sie lösen können.

(*Fortsetzung*)

Abb. 6.16 Fortsetzung

- Aushängung der Anzahl von Tagen vor der Einführung eines neuen Produktes, Anzahl von Tagen ohne Unfälle, Anzahl von Tagen ohne irgendwelche Beanstandungen, usw. Diese Aushängungen werden den Leuten dabei helfen, als Team zusammenzuarbeiten. Sobald ein Problem auftaucht, wird es erkannt.
- Rundschreiben. Vorbereitung und Diskussion von Neuigkeiten innerhalb der Abteilung können Ideen für Verbesserungen auslösen. Wenn eine bestimmte Abteilung einen Artikel bis zum Stichtag nicht erhält, ist es möglich, daß das Rundschreiben zwar pünktlich herausgegeben wurde, aber für diese Abteilung eine Fläche freigelassen wurde.
- Andere Werkzeuge.

Ausstellung neuer Produkte mit der Bitte um allgemeine Vorschläge; die Leute können z. B. Zettel an dem Produkt befestigen.
Prämienprogramm, z. B. für Haushaltung, Abteilung des Monats, Sicherheit, usw. mit Ergebnissen, die ausgehängt werden.
Jährlicher oder halbjährlicher Bericht der Minifirma, um sich über den Erfolg auszutauschen und bestehende Probleme aufzudecken.
Einsatz des Top Managements, Personals oder eines Beraters als Stimulatoren bzw. periodisches Publikum.
Bewerbungen um Preise – wie um den Preis der Malcolm Baldrige National Quality.
Präsidialprüfung, Qualitätsrevision, usw. (Einzelheiten siehe Kapitel 11).
Einladungen von Kunden zwecks Ideenaustausch.
Besichtigung anderer Werksanlagen, anderer Fabriken.
Kundenbesuche und Gutachten von Kunden.
Anwendung von Memos und Klappdiagrammen auf dem Shop Floor, die als Erinnerung hinsichtlich der Aufdeckung von Problemen dienen.

- Die Aufmerksamkeit konzentriert sich auf die Probleme.
- Es wird ein Antrieb erzeugt, um die Kreativität zu nutzen.
- Unsere Ressourcen werden konstruktiv genutzt.

Die Idee ist einfach: „Kein Schmerz, kein Gewinn“. Um den Schmerz (Probleme) anzugehen, können wir unsere Kreativität und alle relevanten problemlösenden Werkzeuge nutzen. Wenn Schmerz nicht das passende Wort sein sollte, können wir es durch Anreiz oder Herausforderung ersetzen. Wenn wir dennoch der Ansicht sind, daß die Anwendung der Werkzeuge etwas mit Schmerz zu tun hat, sollten wir daran denken, daß ein kontrollierter, begrenzter Schmerz im allgemeinen besser ist als ein plötzlicher, starker Schmerz (wie eine größere Entlassungswelle oder ein Konkurs). Dies läßt sich auch mit einer immer gleichbleibenden physikalischen Übung vergleichen, die unsere physische Fähigkeit aufbaut, um unsere Gesundheit zu bewahren und eine plötzliche Herzattacke zu vermeiden. Wenn es daher in einem Betrieb Leute gibt, die Probleme nicht erkennen, könnte dies ein Zeichen dafür sein, daß sie ihre kreativen Ressourcen zu einer ständigen Verbesserung nicht gut nutzen. Diese Art, den Prozeß der Problemlösung zu erleichtern, könnte man „verstärkte problemlösende Aktivität“ nennen.

Abb. 6.16 (Seite 165–172) beschreibt die grundlegenden Werkzeuge für ein verstärktes Problemlösen und Beispiele für deren Anwendung, mit der wir uns vertraut machen sollten. (Wenn Sie mehr Informationen wünschen, können Sie diese in meinem Buch: Das Moderne Management im Produktionsbetrieb, Kapitel 7, „Stärkung von Nerven und Muskeln“, nachlesen.)

Abb. 6.16a Uhr zur Überwachung des Fließbandstops. Wenn der Facharbeiter das Fließband wegen Knappheit an Teilen oder irgendeines anderen Problems anhält, wird die Gesamtausfallzeit mit Hilfe dieser Uhr (grüne, gelbe und rote Zonen) überwacht.

Bilder, die aufgehängt wurden, um Stolz bei den Leuten hervorzurufen.

Mit freundlicher Genehmigung von Fireplace Manufacturers, Inc.

Abb. 6.16b Verschiedene Einstellungen, die für die Schwerpunkte Haushaltung und Organisation genutzt werden. Nach mehreren Jahren der Anstrengung, bei der jeden Monat 100 oder mehr Photos von dem Shop Floor-Betrieb aufgenommen wurden, wurde diese Firma nicht nur erfolgreicher, sondern sie legte auch Dutzende von „Familienalben" an, die ihre Geschichte festhielten.

Zahlreiche Alben, die Aufschluß über den Erfolg geben.

Prämien als Anerkennung.

Mit freundlicher Genehmigung von Fireplace Manufacturers, Inc.

Abb. 6.16b Fortsetzung

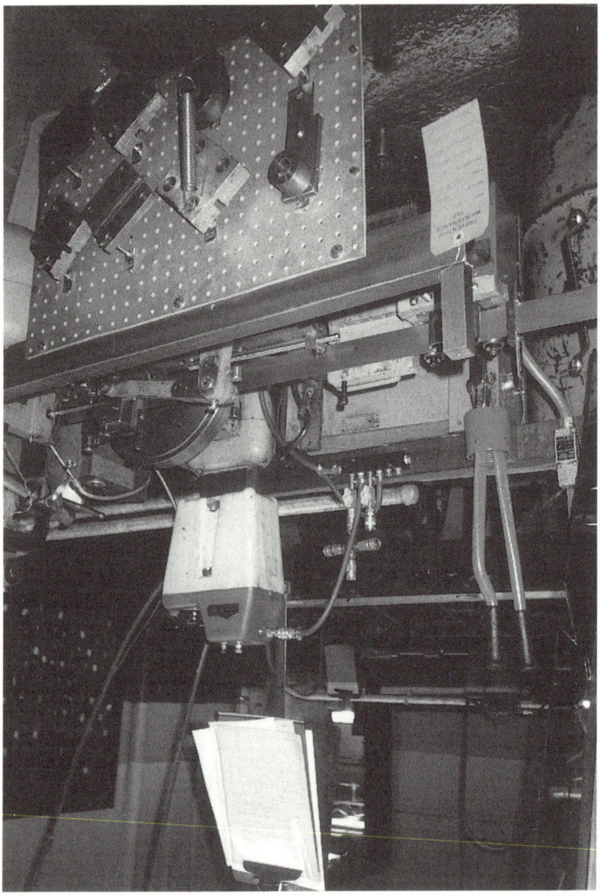

Mit freundlicher Genehmigung von Grand Rapids Spring & Wire

Abb. 6.16c Aufhängung von Checklisten. Der Arbeitsplatz sollte neuen Angestellten oder fremden Besuchern verständlich sein. Dieses Bild zeigt eine Maschinencheckliste mit GBV, die an der Maschine befestigt wurde. Während diese Checkliste einen dafür vorgesehenen Platz hat, könnte die Anordnung anderer Dokumente noch übersichtlicher aussehen. Obwohl es sich so anhört, als würde es sich um eine Nebensächlichkeit handeln, werden diejenigen, die über Erfahrungen mit Verbesserungsaktivitäten auf dem Shop Floor verfügen, der Notwendigkeit zustimmen, auf Einzelheiten zu achten und den Leuten zu vermitteln, daß es immer etwas zu verbessern gibt.

Mit freundlicher Genehmigung von Fireplace Manufacturers, Inc.

Abb. 6.16d Anwendung einer Produktionskontrolltafel

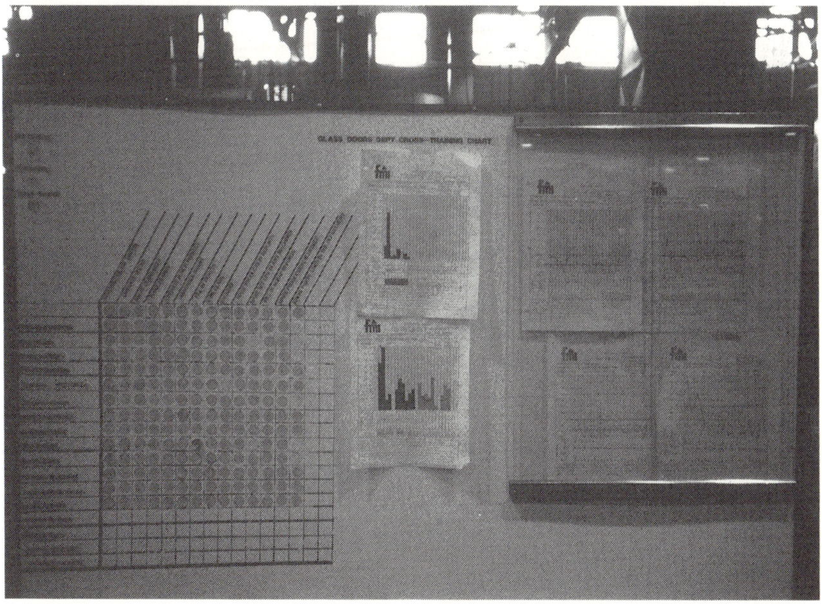

Mit freundlicher Genehmigung von Fireplace Manufacturers, Inc.

Abb. 6.16e Anwendung einer statistischen Prozeßkontrolle (SPK) und eines Fertigkeitenmatrix-Diagramms

Die Tafel wird bei Nichtgebrauch hochgezogen. Die Tafel wird bei Gebrauch heruntergelassen.

Mit freundlicher Genehmigung von Grand Rapids Spring & Wire

Abb. 6.16f Aufhängung einer Minifirmaschautafel. Um den begrenzten Platz bestmöglich zu nutzen, kamen die Leute auf die Idee, die Tafel mit einer Seilrolle derart zu befestigen, daß die Tafel bei Nichtgebrauch hochgezogen werden kann.

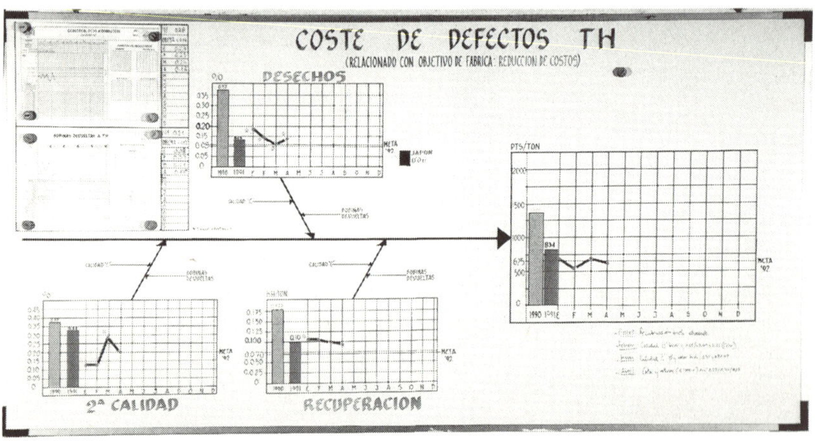

Mit freundlicher Genehmigung von UBISA

Abb. 6.16g Ausstellung von Qualitätsproblemen. Diese Art der Ausstellung weist auf die Wichtigkeit hin, die Ursache des Problems anzugehen, indem die Informationen über die Qualität in einem Ursache/Wirkung-Format ausgehängt werden.

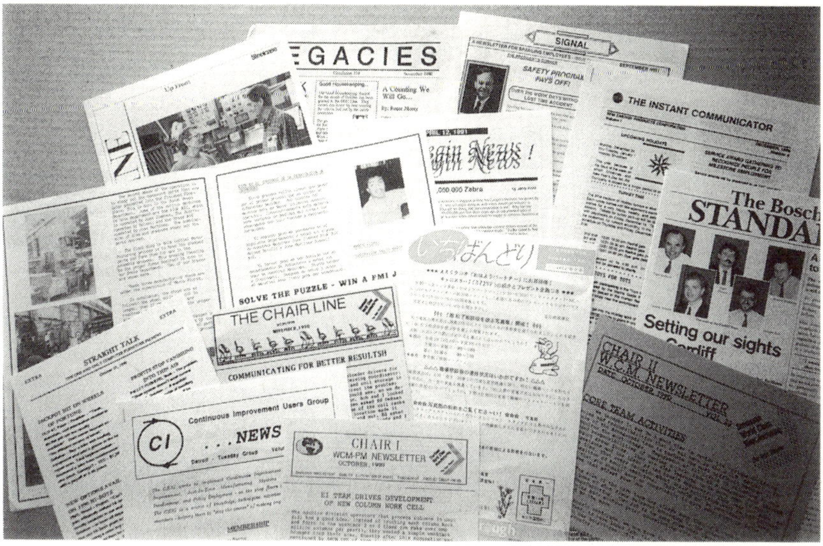

Abb. 6.16h Rundschreiben für Angestellte

Diese Techniken orientieren sich alle an den Leuten auf dem Shop Floor, damit wir die Probleme sofort in Angriff nehmen können. Wie bereits vorher erwähnt, sollten wir, wenn etwas nicht stimmt, das Symptom 30 Minuten lang auf dem Shop Floor überwachen – oder falls notwendig, einen ganzen Tag lang – bis wir die Ursache des Problems herausgefunden haben. Wir brauchen Einstellungen oder Werkzeuge, die uns dabei helfen, Probleme zu erkennen und die Kreativität aller besser zu nutzen. Wenn die Leute erst einmal daran gewöhnt sind, Probleme miteinander zu teilen, dann werden sie auch mehr Ideen beisteuern.

Die Manager und leitenden Angestellten sollten sich daher – statt selbst die Probleme zu lösen – lieber damit beschäftigen, diese Einstellungen effektiv in die Tat umzusetzen, damit mehr Menschen ihr Talent beitragen können. So wie jede plötzliche Bewegung für unseren Körper schädlich sein kann, müssen wir auch auf bestimmte Aspekte dieser Aktivitäten achten:

- Wir müssen mit der Einführung dieser Werkzeuge sorgfältig umgehen, damit die aufgedeckten Probleme angegangen werden können, bevor sie zu übermächtig geworden sind.
- Wir brauchen problemlösende Fertigkeiten, die zu den problemaufdeckenden Systemen und Werkzeugen passen.
- Wir müssen über einen Mechanismus verfügen, der den ganzen Prozeß unter Kontrolle behält.
- Wir müssen das Problem sowohl als Individuen als auch als Team in Angriff nehmen.
- Wenn sich Fortschritte abzeichnen, sollten wir diese mit allen feiern und das Vertrauen entwickeln, weiter vorwärts zu gehen.

Wenn diese Werkzeuge zufällig eingesetzt werden, können sie dem Betrieb schaden und die Leute demoralisieren. Das Management verliert dadurch vielleicht an Glaubwürdigkeit, und es könnte schwierig werden, die Anstrengungen der Leute zu festigen. Daher werden solche Faktoren wie die Koordination der Planung, die Unterstützung und das Feedback des Managements sowie die Ausbildung sehr wichtig.

Zum Abschluß dieses Kapitels sollten wir uns noch eine Checkliste von Toyota ansehen, die sich mit der Identifizierung von Problemen beschäftigt (Abb. 6.17).

Die einzelnen Punkte sind pragmatisch, doch nicht zu begrifflich. Die Adressaten sind die Leute auf dem Shop Floor, nicht die Spezialisten. Die Schlüssel zum Erfolg sind Disziplin, Beteiligung und Einsatz.

Da wir mit selbstmanagenden Leuten ein neues Territorium erforschen, sollten wir uns den wichtigen Begriff „Kundenfreundlichkeit" merken. Ob es sich um ein neues Werkzeug oder ein neues Programm handelt, das wir einführen wollen, wir müssen uns in die Rolle der Kunden versetzen und die Fähigkeit entwickeln, aus ihrer Sicht eine Situation zu beurteilen.

Wir sollten uns daher fragen:

- Stimmen wir der Meinung zu, daß die Notwendigkeit die Mutter aller Erfindungen/ Verbesserungen ist?
- Welche Werkzeuge oder Einstellungen sollten wir bei der Aufdeckung von Problemen verwenden, damit mehr Leute ihre kreative Kraft zur Problemlösung nutzen?
- Über welche Erfolgsgeschichten können wir uns austauschen, um die Effektivität des verstärkten Problemlösens herauszustellen?

Abb. 6.17 Checkliste, um Problembereiche zu erkennen

Verbesserung von Betriebsmethoden und Maschinenwerkzeugen

- Werden die Materialien, Werkzeuge und Produkte richtig aufbewahrt?
- Können Maschinenbetrieb und Verarbeitungsmethoden verbessert werden, damit die gesamte Operation einfacher wird?
- Können Maschinenlayout und Transportmittel verbessert werden, damit die gesamte Operation einfacher oder effizienter wird?

Materialeinsparungen und Verbrauchsartikel

- Werden Öle und andere Verbrauchsartikel effektiv verwendet?
- Gibt es Möglichkeiten, den Austritt von Dampf, Luft, usw. zu verhindern?
- Können wir Materialien, Verarbeitungsmethoden, Werkzeuge und Maschinen derart verbessern, daß der Materialertrag ebenfalls besser wird?

Verbesserung der Leistung von Büroarbeit, Einführung von Kontrollmethoden

- Wird an mehreren Orten überflüssige Arbeit geleistet?
- Kann die Arbeit eliminiert werden?
- Gibt es Möglichkeiten, den Papierverbrauch einzuschränken?
- Gibt es Möglichkeiten, Arbeitsmethoden zu verbessern?

Verbesserung der Arbeitsumgebung und Unfallverhütung

- Werden Licht, Luft und Temperatur richtig überwacht?
- Werden Staub, Gas und schlechte Gerüche effektiv entfernt?
- Ist die Sicherheitsausrüstung richtig installiert? Funktioniert sie auch gut?

Verbesserung der Leistung und Präzision

- Können Design oder Verarbeitungsmethoden geändert werden, damit die Leistung verbessert wird?
- Gibt es Möglichkeiten, eine bessere Produktbeschaffenheit zu erreichen?

Hinweis: Siehe auch Anhang 6.3 im Hinblick auf Checklisten für die Entstehung von Ideen.

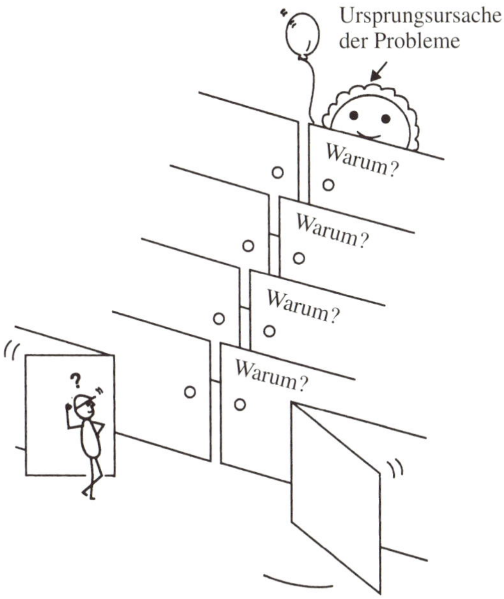

Abb. 6.18 Fragen Sie wiederholt „warum?" bei der Lösung eines Problems

Zusammenfassung

- Alle verfügen über die Fähigkeit, sich zu verbessern. Es kann auch jeder Ideen beisteuern.
- Die meisten Verbesserungsideen entspringen unserem gesunden Menschenverstand. Sie lassen sich auch einfacher durchführen und beibehalten als komplizierte Lösungen.
- Ein gutes Maß zur Beurteilung der Gesamtkreativität eines Betriebes ist die Anzahl der eingereichten Vorschläge. Sie geben über vielerlei Aufschluß, wie z. B. das Niveau der Qualität, der Kosten, der Lieferung, der Sicherheit und der Arbeitsmoral.
- Wir müssen erst typische geistige Blockaden abbauen, bevor sich viele Leute an den Veränderungsaktivitäten beteiligen können, wie z. B. „Wir haben alles versucht", „Was bedeutet das für meine Person?", usw. Wichtige Aussagen sind daher: „Es gibt immer etwas zu verbessern", „Positiv denken", „Flexibel sein", „Beharrlich sein", „Als Gruppe denken", „Einen Schritt nach dem anderen machen", „Arbeit kann auch Spaß machen".
- Es gibt viele verschiedene Möglichkeiten der Problemlösung, doch eine der wichtigsten ist folgende: „Nehmen Sie sich am Anfang nicht zu viel vor. Führen Sie nur ein paar Ideen gleichzeitig durch. Warten Sie ab, wie sich die Dinge entwickeln und nehmen Sie dann schwierigere Sachen in Angriff." Ständige Verbesserung bedeutet eine Reise, keinen Kurzausflug.
- Problemlösende Werkzeuge verhalten sich wie die Werkzeuge von Tischlern: Wir müssen gut mit ihnen umgehen können.
- Wir müssen erkennen, wie wichtig es ist, unsere Fertigkeiten als Teil unseres Karriereplans zu erweitern. Gegenseitiges Unterrichten wird zu einem wichtigen Prozeß innerhalb der heutzutage rasch wechselnden Umgebung.

- Wenn alle die Notwendigkeit begriffen haben, die Kunden mit einem Minimum an Verschwendung zufriedenzustellen und das Prinzip des „Überlebens der Stärkeren" von jedem beherrscht wird, dann wird auch der Begriff „verstärktes Problemlösen" wesentlich leichter zu verstehen sein.
- Um Verbesserungsaktivitäten zu fördern, müssen wir Probleme effektiv aufdecken können. So können sich die Leute darauf konzentrieren, diese in Angriff zu nehmen. Anderenfalls wissen sie nicht, wo sie ihre Schwerpunkte setzen sollen. Besonders dann, wenn unsere Fähigkeiten ungenügend genutzt werden, sollten wir für bestimmte Reize oder Herausforderungen empfänglich sein, damit wir vorwärts gehen können.
- Die Aufdeckung von Problemen (durch verstärktes Problemlösen), die Unterstützung von problemlösenden Aktivitäten, die Verwirklichung von Lösungen und Standardisierung sollten Hand in Hand gehen. Eine wichtige Aufgabe der Manager ist es dabei, all diese Aktivitäten auf einer weiterführenden Ebene miteinander zu koordinieren.

7. Kapitel

Anwendung problemlösender Fertigkeiten

Bisher haben wir gelernt, daß wir unsere Kunden zufriedenstellen, jeden beteiligen, Fertigkeiten verbessern und problemlösende Fertigkeiten erwerben müssen, um Perfektion auf dem Shop Floor zu erlangen. Doch da das Erwerben von Fertigkeiten allein noch keinen Wert darstellt, werden wir in diesem Kapitel effektive Wege kennenlernen, jene Fertigkeiten anzuwenden.

Zunächst werden wir uns mit den verschiedenen Aktivitäten des Problemlösens beschäftigen. Anschließend werden wir mehr über Vorschlagsprogramme und Verbesserungsaktivitäten innerhalb von Teams erfahren. Um diese Aktivitäten besser miteinander koordinieren zu können, werden wir auch grundlegende Managementkonzepte für die ständige Verbesserung studieren.

Erbarmungslose Jagd nach Verbesserungen

Da der Konkurrenzkampf im Geschäftsleben immer härter wird, bedeutet das Streben nach Höchstleistungen, um in diesem Wettbewerb bestehen zu können, etwas mehr als das, woran viele von uns gewöhnt sind.

Auch wenn z. B. eine hohe Prozeßleistung für die Produktion von Qualitätsgütern festgelegt wurde, heißt das noch lange nicht, daß wir unsere Jagd nach Verbesserungen beenden können. Die nächste Herausforderung kann der vorsichtige Abbau von Rohmaterialien oder die Erhöhung der Produktionsquote sein. Trotzdem müssen wir noch Wege finden, den Kundenbedürfnissen bei niedrigeren Kosten und höherer Qualität gerecht zu werden.

Dies ist eine Anwendung von *jidoka* oder des Bandstop-Konzeptes. Es läßt sich auch mit der Reduzierung des Wasserspiegels vergleichen, wie in Abb. 6.14 und 6.15 gezeigt wurde. Im vorhergehenden Kapitel sprachen wir davon, daß wir auch behutsame Maßnahmen zur Aufdeckung von Problemen ergreifen und anschließend unsere Kreativität einsetzen können, um diese zu lösen.

Wir müssen einfach den Status Quo herausfinden und die konventionelle Denkweise mit Hilfe der Nutzung unserer gesamten Kreativität aufgeben.

Die Beispiele von drei japanischen Firmen der Unterhaltungselektronikbranche dienen dazu, diese Punkte zu erläutern:

1. Beispiel. Während einer verlangsamten Konjunktur in den 70ern wurde eine Elektronikfirma von einem größeren Automobilhersteller in Japan gebeten, die Preise für ihr Autoradio deutlich zu senken. Statt diesen Vorschlag als unzumutbar zurückzuweisen, entsprach die Firma dieser Bitte. Nach vorsichtigen Anstrengungen, die Kosten zu reduzieren, erreichten sie ihr Geschäftsziel – mit einer weitaus größeren Gewinnspanne als erwartet.

2. Beispiel. Während einer Rezession in den 30ern, als die meisten Firmen ihre Angestellten entließen, kam ein Firmenpräsident auf die Idee, Fabrikarbeiter so umzuschulen, daß sie bisher unverkaufte Lagerware verkaufen konnten. Nach sechs Monaten verkaufte die Firma nicht nur diese Ladenhüter, sondern war wieder voll im Geschäft – an der Spitze ihrer Konkurrenz.

3. Beispiel. Als eine größere Elektrogerätefirma in den 80ern mit der Lieferung von Motoren begann, wurde sie angewiesen, den Stahlgehalt ihrer Produkte zu senken, um Kosten einzusparen. Obwohl dieser Lieferant auf die hohe Qualität seines Produkts stolz war und ein ernormes Geschäftswachstum zu verzeichnen hatte, stellte dies für das Management einen wichtigen Lernprozeß dar.

Die ersten beiden Beispiele zeigen, daß es selbst in sehr schwierigen Situationen möglich ist, eine Lösung zu finden. Die Leute mögen es natürlich nicht, wenn sie gezwungenermaßen Antworten auf Probleme finden müssen. Eine Möglichkeit ist es, diesen Druck überhaupt zu vermeiden. Eine andere, Probleme als Herausforderung zu sehen und danach zu streben, etwas zu erreichen. Tatsächlich entwickeln diejenigen, die sich unter Druck Ideen ausdenken müssen, Vertrauen zu sich selbst und wachsen daran.

Wenn die Leute einmal Erfolg hatten, ist dies ähnlich wie bei einem siegreichen Sportteam. Der Betrieb speichert das in seinem Gedächtnis und äußert es in Energie und Ausdauer. Und wenn sich diese Erfahrungen häufen, führt dies zu einer vermehrten Stimulation, neu auftretende Probleme zu lösen und vorwärts zu gehen. Die Leute fangen an, ein Licht am Ende des Tunnels zu sehen bzw. daran zu glauben, daß sie die Nummer Eins unter den Herstellern der Welt werden können. So zieht Erfolg Erfolg nach sich.

Das dritte Beispiel veranschaulicht, wie sich Kampfgeist durch Training, Führung oder Überzeugung seitens des Herstellers bei einem Lieferanten auswirken kann. Die heutigen Firmen treten miteinander in Konkurrenz, um festzustellen, wer von ihnen erfolgreicher bei der Bildung einer Gesamtkette wertehinzufügender Netzwerke ist. Wenn diese Firmen eine Armlänge über sich hinausblicken würden, könnten Beziehungen und sich entwickelnde gemeinsame Werte zu einem wichtigen Band untereinander werden.

Einstellung gegenüber problemlösenden Aktivitäten klären

Sie sehen, so unterschiedlich wie Probleme sein können, gibt es auch verschiedene Prozesse des Problemlösens. Ein kleines Problem erfordert vielleicht nur die Anstrengungen einer Person oder einer kleinen Gruppe von Leuten und einen geringen Zeitaufwand; kompliziertere Probleme können dagegen mehrere Leute und mehr Zeit in Anspruch nehmen. Egal ob es sich daher um unsere Arbeit oder um Baseball handelt – je mehr wir trainieren und je unterschiedlichere Fertigkeiten wir erwerben, desto besser können wir auch mit den einzelnen Situationen umgehen.

Wenn eine Firma oder Minifirma eine gute Leistung erzielen will, muß sie für ihre Leute eine Reihe von Einstellungen (Aktivitäten) entwickeln, damit diese ihre problemlösenden Fertigkeiten gänzlich anwenden können. Eine verständliche und einfach zu erlangende Einstellung ist genauso wichtig wie die problemlösenden Fertigkeiten selbst. Die Schlüsselfrage lautet daher: „Wird den Leuten eine Reihe von Einstellungen angeboten? Und sind diese kundenfreundlich?"

Wenn Werkzeuge für die Problemlösung nicht genutzt werden oder bestimmte Einstellungen keine Früchte tragen, sind die Manager diejenigen, die dieses Problem lösen müssen. Wir erinnern uns, mehr als 80% aller Firmenprobleme hängen mit dem Management zusammen.

Um die Bedürfnisse eines Betriebes anzusprechen, faßt Abb. 7.1 eine Reihe typischer Einstellungen gegenüber dem Problemlösen zusammen, welche von vielen progressiven Firmen ausgeübt wird:

Abb. 7.1 Einstellungen zum Problemlösen

Einstellung	Teilnehmer und Art der Aktivitäten	Messung der Effektivität
Vorschlagsprogramm	Individuen oder Gruppen; Probleme sind immer unmittelbar. Der Schwerpunkt liegt zunächst auf der Beteiligung der Leute und dann auf der Effektivität des Programms.	Anzahl der Vorschläge als Schlüsselindex; dann Inhalt der Vorschläge
Selbstmanagendes Team, Qualitätskreislauf, Verbesserungsaktivitäten innerhalb des Teams	Hauptsächlich Gruppen von Leuten aus dem gleichen Arbeitsbereich; Unterstützung und Führung kann seitens des Managements und leitenden Angestellten erfolgen. Der Schwerpunkt liegt auf dem Selbstmanagement.	Anzahl der erledigten Projekte; Inhalt der Verbesserung
Vom Management gesteuerte Projektgruppe, Projektteam, Arbeitsgruppe	Gruppe von Leuten; Mitglieder können gemäß der Art des Problems bestimmt werden. Oftmals wird eine multifunktionelle Einstellung angenommen.	Wahl des richtigen Zeitpunktes und Ergebnisse
Verbesserung basierend auf funktionellen Verantwortlichkeiten des Betriebes	Jeder innerhalb der gleichen Betriebseinheit leistet seine üblichen funktionellen Verantwortlichkeiten. Gleichzeitig wird die Leistung des Betriebes verbessert, wie es im jähr- oder halbjährlichen Geschäftsplan festgesetzt wurde.	Einstellungen und Ergebnisse mit Schwerpunkt auf Beständigkeit
Strategische Planung, Policy Management	Management und Personal orientieren sich an der strategischen Richtung der Firma. Typisch langfristige Ausrichtung. Entwickeln sich eine angemessene Strategie oder Politik innerhalb des gesamten Betriebes, werden andere hier beschriebene Einstellungen benutzt.	Klarheit in den Gesamteinstellungen und erreichten Ergebnisse
Kreuzfunktionelles Management	Kreuzfunktionelle Teams setzen sich mit kreuzfunktionellen Themen der Firma auseinander. Typische Komiteestruktur, befaßt sich mit firmenweiten Themen wie Qualität, Kosten und Lieferung	Identifizierung von Schlüsselproblemen und Überwachung des Fortschritts

Grundstufen des Problemlösens

Wenn wir mit der Zeit Erfahrung mit dem Umgang von problemlösenden Werkzeugen haben und diese Erfahrungen mit anderen austauschen, werden wir feststellen, daß es bestimmte Stufen gibt, die wir alle gemeinsam bei der Verwirklichung von Verbesserungen nehmen. Wenn wir diese gemeinsamen Stufen firmenweit nutzen, wird es für den Betrieb als Ganzes einfacher, seinen Mitarbeitern den Verbesserungsprozeß zu vermitteln.

Um mit einem solchen Prozeß vertraut zu werden, sollten wir zunächst ein Beispiel für die Lösung eines Problems studieren (Abb. 7.2). Dieses Beispiel mag banal klingen, doch wenn wir problemlösende Aktivitäten firmenweit ausüben wollen, stellt das Verstehen von Denkprozessen eine wichtige Voraussetzung für die Manager dar.

Wenn wir begreifen, auf welche Weise bestimmte Leute bei ihrer Arbeit erfolgreicher sind, können wir Unklarheiten mit Hilfe verständlicher Kriterien beseitigen. Facharbeiter müssen z. B. einen Inspekteur oder Abteilungsleiter fragen, ob das Produkt, das sie gerade bearbeiten, den Qualitätsanforderungen entspricht. Auf diese Weise wird viel Zeit darauf verwendet, nach jemandem Ausschau zu halten, der verantwortlich ist. Andererseits kann es zu vielen Reklamationen kommen, wenn die Arbeiter die Angelegenheit selbst beurteilen sollen, ohne über ein klares Verständnis für die Anforderungen zu verfügen.

Solche verschwenderischen Praktiken lassen sich durch die Ausstellung guter und schlechter Produkte auf dem Shop Floor in Form einer Mustertafel auf ein Mindestmaß reduzieren (siehe Abb. 7.3). Dadurch wird erreicht, daß die Leute sich an die Richtlinien halten können, ohne Zeit oder Material zu verschwenden.

Abb. 7.2 Stufen des Problemlösens

Stufe	Beispiel für Denkprozeß	Kommentare
1. Erkennen des Problems	Ich verbringe viel Zeit damit, Dinge zu suchen.	• Die Bewußtseinsebene sollte so hoch sein, daß bei der Arbeit über Probleme nachgedacht werden kann. • Das kann der Führung oder Unterstützung des Abteilungsleiters oder dem Einfluß von Kollegen zuzuschreiben sein.
2. Entstehung der Idee	Was, wenn ich Dinge farblich markiere?	• Sie können fragen warum das Problem existiert und was zu tun ist. • Eine Idee kann daraus entstehen, daß andere ähnliche Ideen durchführen oder sich aufgrund eines früheren Trainings bzw. einer Ausbildung entwickeln.

Abb. 7.2 Fortsetzung

Stufe	**Beispiel für Denkprozeß**	**Kommentare**
3. Experimentieren mit der Idee	Ich werde die Dinge kategorisieren und die Farben je nach Kategorie wählen.	• Die Energieebene sollte hoch genug sein, um selbst handeln zu können. • Vorherige Erfahrungen und der Einfluß von Kollegen kann zur Orientierung beitragen.
4. Kontrolle der Effektivität	Es sieht nett und ordentlich aus. Die Handhabung scheint einfach zu sein. Doch andere kooperieren nicht mit ihrer Einstellung von Disziplin.	• Nach der Verwirklichung der Idee kontrollieren Sie, ob das Endergebnis wie erwartet ausfällt.
5. Entstehung von mehr Ideen	Was, wenn ich die Schilder so anbringe, daß jeder begreift, welche Farbe welchem Begriff entspricht?	• Wenn das Ergebnis nicht so wie erwartet ausfällt, analysieren Sie es und fragen Sie erneut nach der Ursache. • Es bedarf zusätzlicher Energie und Ausdauer, weiter darüber nachzudenken. Hinweise können aus jeder Richtung kommen, einschl. Abteilungsleiter, Kollegen, Bücher, usw.
6. Experimentieren mit der Idee	Ich werde es einfach so machen, daß jeder die Bedeutung der Farbenkodierung begreift.	• Es ist leicht, aufzugeben. Doch wenn das Problem gelöst werden kann, erhöht dies das Selbstbewußtsein.
7. Kontrolle der Effektivität	Nun sind die Dinge jederzeit griffbereit.	• Überprüfen Sie, ob das Endergebnis befriedigend ist. • Überprüfen Sie, ob die neue Methode einfach zu handhaben ist.
8. Bei Effektivität standardisieren	Ich werde dieses System so handhaben. Wenn neue Sachen gelagert werden sollen, werde ich die Kategorisierung, die Bestimmung der Farbe und die Aktualisierung der Schilder übernehmen.	• Wenn das Endergebnis befriedigend ist, standardisieren Sie es, damit der Zustand problemlos aufrechterhalten werden kann.

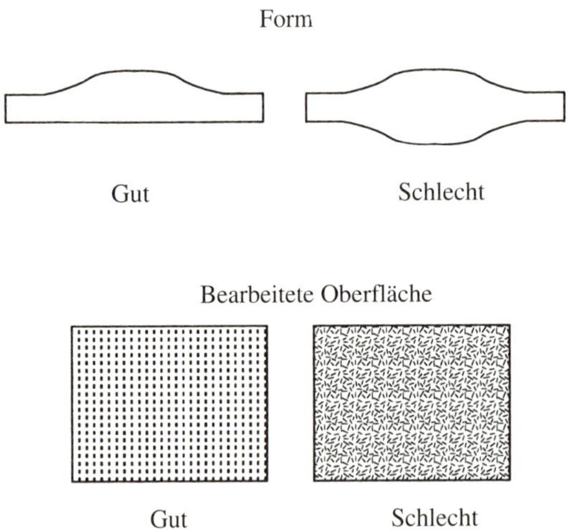

Hinweis: Ein ausgestelltes Musterphoto erleichtert es, zwischen gut und schlecht zu unterscheiden.

Abb. 7.3 Beispiele einer Mustertafel für einen Ledergürtel

Ein Fall von ständiger Verbesserung „Meine Finger schmerzen“

Das nächste Beispiel beschäftigt sich mit einer Mitarbeiterin bei Sony in Japan. Eine neue Angestellte wurde damit beauftragt, eine Endkontrolle bei Videorecordern durchzuführen. Dazu mußte sie an einem Tag Hunderte von Malen Kabel ein- und ausstöpseln, was bei ihr schließlich zu Beschwerden an Händen und Fingern führte (siehe Abb. 7.4a, Fall 1).

In solchen Situationen beklagen wir uns entweder oder gewöhnen uns einfach daran. Sie beklagte sich über diese Arbeit. Hätte man sich nicht um sie gekümmert, hätte sie sich vielleicht daran gewöhnt. Doch ihr Abteilungsleiter besorgte ihr ein rechenähnliches Stöckchen und fragte, ob sie es einmal damit probieren wolle (siehe Abb. 7.4a, Fall 2).

Die Angestellte war sehr überrascht. Anstatt die Situation so zu akzeptieren, wie sie war, versuchten die Leute, die Situation zu verbessern. Obwohl das Stöckchen primitiv war, funktionierte es, und ihre Finger hörten auf zu schmerzen.

Nach einer Woche ging sie auf ihren Abteilungsleiter zu und sagte: „Vielen Dank für das Stöckchen. Meine Arbeit fällt mir jetzt viel leichter. Und beim Benutzen des Stöckchens ist mir noch etwas anderes eingefallen.“ Sie zeigte ihm ein neues Stöckchen: „Da ich stets vier Kabel auf einmal einstöpseln muß, habe ich das Stöckchen mit vier zusätzlichen Löchern versehen. Außerdem habe ich es noch mit einer Art Gummi umwickelt, damit die Produkte nicht verkratzen.

Da die Stöpsel jedesmal herausfielen, wenn das Stöckchen nach vorne gedrückt wurde, habe ich ebenfalls den Winkel geändert ... Und ich habe das hölzerne Stöckchen so verändert, daß ich es leichter in der Hand halten kann“ (siehe Abb. 7.4a, Fall 3).

Diesmal war der Abteilungsleiter überrascht. Nur eine Woche, nachdem diese Angestellte bei der Firma angefangen hatte, führte sie schon Verbesserungen durch, die zu

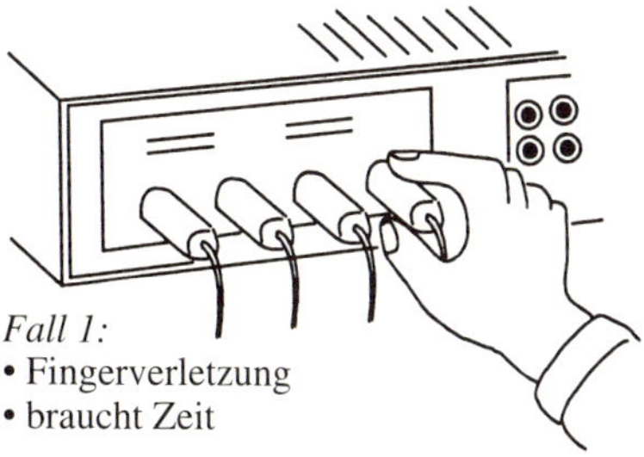

Fall 1:
- Fingerverletzung
- braucht Zeit

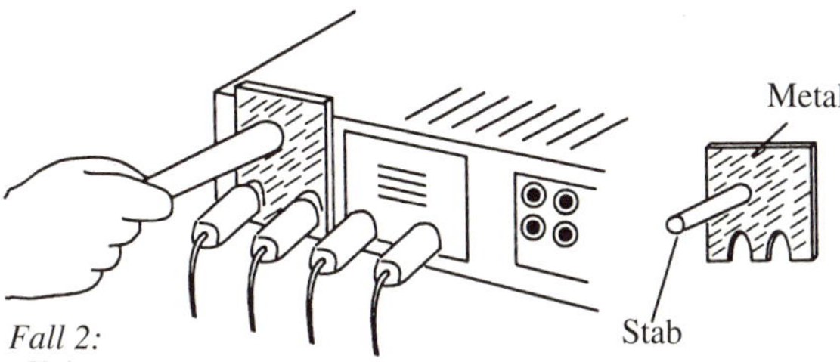

Fall 2:
- Keine Fingerverletzung
- braucht wenig Zeit

Fall 3:
- Vier Stecker mit einer Bewegung
- Oberfläche ist geschützt durch Gummi
- Winkel ermöglicht einfachen Gebrauch
- Leichte Handhabung

Abb. 7.4 Verbessertes Ausstöpseln von Steckern bei Sony

einer Steigerung der Produktivität und Verbesserung der Qualität führten. Der Abteilungsleiter schlug vor, daß sie sich um eine Prämie für Vorschläge bewerben sollte. Später erhielt sie nicht nur einen Geldpreis, sondern ebenfalls die Auszeichnung „Neuling des Jahres".*

Wir könnten jetzt fragen: „Was hat sie dazu veranlaßt, ihre Kreativität einzusetzen?" Der ausschlaggebende Moment war wohl, als sie sagte: „Meine Finger schmerzen." Wenn ihre Kollegen ihr erzählt hätten, daß es bei einem Anfänger immer eine gewisse Zeit dauert, bis ihm die Arbeit leichter fiele, dann hätte sich wahrscheinlich jahrelang nichts geändert. Auch wenn ein Problem gelöst zu sein scheint, weil man sich daran gewöhnt hat, ist die Ursache des Problems noch lange nicht beseitigt.

* Basierend auf einem Gespräch mit Bunji Tozawa, Japan HR Association.

Statt geduldig zu sein, haben Sätze wie „Was ist los?" oder „Was, wenn Sie es einmal damit versuchen?" die Denkweise dieser Angestellten beeinflußt. Daher verbesserte sich nicht nur die Fortschrittsquote, sondern die Person selbst veränderte sich, was viel wichtiger ist. Solche Formulierungen können der Auslöser dafür sein, daß Leute mehr nachdenken und damit beginnen, Verbesserungen selbst durchzuführen. Sie nehmen sogar mehr Techniken oder Wissen in sich auf, anstatt untätig zu bleiben. Und da solche Leute, die Gefallen an Verbesserungen finden, persönlich wachsen, werden auch andere diesen Weg einschlagen.

Um Verbesserungen daher firmenweit zu fördern, sollten wir uns als nächstes eine der grundlegendsten Einstellungen für das Problemlösen anschauen, nämlich das Vorschlagsprogramm.

Effektiver Einsatz von Vorschlagsprogrammen

Da viele Vorschlagsprogramme in den Vereinigten Staaten entweder versagt haben oder unbenutzt blieben, sollten wir uns zunächst über die dafür typischen Ursachen klarwerden (Abb. 7.5).

Wenn ein Vorschlagsprogramm nicht erfolgreich ist, dann liegt das entweder daran, daß (1) das Management das Potential der Leute nicht gebührend respektiert und (2) die Willenskraft innerhalb des Betriebes fehlt – insbesondere im Management – das Programm zu verbessern und es einfach funktionieren zu lassen. Daher würde ich sagen, daß das Management zu 99,9% für das Versagen eines Programms verantwortlich ist. (Außerdem sollte bei einem erfolgreichen Programm die Tatsache berücksichtigt werden, daß jeder dazu beigetragen hat und der Erfolg nicht nur auf das Management zurückzuführen ist.)

Es gibt jedoch auch viele erfolgreiche Programme, die erst durch den Ideenbeitrag der Leute funktionierten. Abb. 7.6 zeigt solche Beispiele.

Auf jeden Fall sollte die Vergabe von Geldpreisen eingeschränkt werden, wenn wir uns auf die Beteiligung aller Arbeitskräfte konzentrieren wollen. Einige andere Aktivitäten, die die Entstehung von Ideen fördern, sind der Austausch von Beispielen bei Zusammenkünften oder die Aushängung von Photos an eigens dafür vorgesehenen Tafeln. Bestimmte Vorschlagsprogramme können besonders dadurch hervorgehoben werden, daß für Schwerpunktthemen wie Sicherheit oder Haushaltung einen Monat lang Extrapunkte verliehen werden. Ebenso können neben einzelnen Prämien „Abteilungsprämien" vergeben werden.

Um die Teilnahme aller zu erreichen, können Vorschläge bei einem Treffen ausgetauscht, „Vorher und Nachher"-Bilder auffällig postiert oder interessante Beispiele in einem Rundschreiben zusammen mit der Anzahl der Vorschläge jeder Abteilung veröffentlicht werden. Abb. 7.7 zeigt „Vorher und Nachher"-Bilder von Verbesserungen, die für alle sichtbar aufgehängt wurden. Da jeden Monat Photos eingehen, setzen sich die Abteilungsleiter zusammen und entscheiden, wer den 1., 2. und 3. Platz erhält. Es werden Geldpreise vergeben, die jedoch zur Förderung von Teamwork nur von der jeweiligen Gruppe ausgegeben werden dürfen.

Eine allgemeine Empfehlung ist, sich zunächst auf die kleinen Verbesserungen zu konzentrieren, um die Beteiligung der Leute hervorzuheben und bei Zunahme der Anzahl der Vorschläge daran zu arbeiten, daß sich die Qualität der Vorschläge verbessert. Vorschlagsprogramme durchlaufen normalerweise vier Entwicklungsphasen, wie in Abb. 7.8 beschrieben.

Abb. 7.5 Warum Vorschlagsprogramme versagen

- Die Leute stürzen sich ohne viel Vorbereitung oder Initiative in das Programm.
- Das Programm wird mehr als unabhängige Einheit statt als Teil einer Gesamteinstellung gegenüber ständiger Verbesserung entwickelt.
- Die meisten Leute können folgendes nicht begreifen: Je höher die Anzahl der Vorschläge ist, desto besser wird auch die Arbeitsmoral der Leute und die Leistung hinsichtlich Qualität, Kosten, Lieferung und Sicherheit.
- Es wird nicht für wichtig erachtet, die Leute bereits an geringfügigen Verbesserungen zu beteiligen.
- Die Leute, die die Vorschläge machen, sind nicht die gleichen, die sie durchführen, d. h. die Leute sind keine Projektleiter, welche für die Verwirklichung der Ideen verantwortlich sind.
- Der Bewertungsprozeß ist zu kompliziert; er dauert zu lange und erfordert zu viel Kraft. Der Versuch, fair und genau zu sein, führt zu einem bürokratischen Alptraum.
- Es fehlt die Initiative, von erfolgreichen Firmen zu lernen, wie ein Programm gefördert werden kann.
- Die Erfolge werden nicht mit den Leuten geteilt. Folglich erhalten die Leute weder ein Feedback noch einen Anreiz.
- Das fehlende Feedback – egal ob es sich um ein gutes oder schlechtes handeln würde – läßt die Leute denken, daß das Programm für das Management nicht von Bedeutung ist.
- Das Feedback, das eine Person für einen Vorschlag erhalten sollte, wird als unwichtig erachtet. Die einzelne Person erhält zu wenig Training bzw. Führung, um wachsen zu können.
- Wenn Prämien erst bei einem sehr hohen Niveau der Vorschläge vergeben werden, denken die Leute, daß ihre simpleren Ideen nicht zählen.

Abb. 7.6 Beispiele für ein Vorschlagsprogramm

Typ	Beschreibung des Programms	Kommentare
Informell	Es werden keine Prämien verliehen. Vorschläge werden als Teil der Arbeit betrachtet.	Bewußtseinsgesteuert, leicht zu handhaben.
Kuchen/Mittagessen	Das Team erhält kostenlosen Kuchen und ein Mittagessen, wenn es eine bestimmte Anzahl von Vorschlägen gemacht hat.	Der Schwerpunkt liegt auf Teamwork.
Jackpot	Jeder darf für einen Vorschlag eine Karte aus dem Jackpot zu ziehen, um eine Prämie zu gewinnen.	Der Schwerpunkt liegt darauf, Spaß zu haben. Formelleres Programm.
Formell	Die Prämien reichen von Teilnahmeprämien bis zu Gewinnbeteiligungen. Mäntel, Hüte, usw. werden ebenfalls verschenkt.	
„Nach begangener Tat"	Nur diejenigen Ideen qualifizieren sich, die auch durchgeführt worden sind. Besonders für die Leute geeignet, die bereits Erfahrungen damit haben.	Leicht zu handhaben; der Schwerpunkt liegt auf der Eigenverantwortlichkeit der Leute, die Ideen auch zu praktizieren.

Mit freundlicher Genehmigung von Fireplace Manufacturers, Inc.

Abb. 7.7 Ausgehängte Vorschläge der Leute

Abb. 7.9 zeigt gute Beispiele für Vorschläge, die in einer Broschüre zusammmengefaßt wurden. Auf diese Weise bekommen die Leute ein Gefühl für ein Vorschlagsprogramm. Außerdem verschafft es denjenigen Anerkennung, die dazu beigetragen haben. Auf jeder Seite der Broschüre ist ein Vorschlag abgebildet. Sie beinhaltet außerdem (1) den Titel des Vorschlags, (2) den Namen der Person, die den Vorschlag gemacht hat, (3) die Beschreibung des Problems, (4) die Entstehung der Idee, (5) die Verwirklichung der Idee mit Abbildung (Cartoon) und (6) das Ergebnis. Natürlich dienen die Cartoons dazu, die Erklärung interessant und leicht verständlich zu gestalten. Diese 50seitige Broschüre stellt den Jahresbericht über ein Vorschlagsprogramm dar und teilt mit allen Mitarbeitern die kleinen Verbesserungen auf dem Shop Floor.

Da einige Leute lieber Ideen austauschen oder verwirklichen, ohne ein Vorschlagsprogramm durchlaufen zu müssen, zeigt Abb. 7.10 die Vorteile eines formalen Programms auf. Um einen Eindruck zu bekommen, was die Leute von einem Vorschlagsprogramm halten, enthält Anhang 7.1 den Kommentar eines Praktikanten zu einem Vorschlagsprogramm in der Staubsaugerabteilung bei Matsushita Electric Industries in Japan. Die Gesamtanzahl von Vorschlägen beträgt bei Matsushita über 4 Millionen; die

Abb. 7.8 Durchführung eines effektiven Vorschlagsprogramms

1. *Vorbereitungsphase.* Die Manager beginnen damit, ein neues Programm aufzustellen oder ein ruhendes wieder zum Leben zu erwecken. Ohne ihre Unterstützung kann das Programm zwar mit hohen Erwartungen gestartet werden – ähnlich wie ein Feuerwerk – doch es wird nicht lange überleben. Um dies zu vermeiden, bedarf es der richtigen Vorbereitung. Das Top Management muß den Willen haben, das Programm funktionieren zu lassen. Ziel ist die Entwicklung eines erfolgreichen und langfristigen Programms. Wenn die Erwartungen unrealistisch hoch sind, verlieren die Leute ihr Vertrauen, und das Programm wird nicht von Dauer sein. Eine wirkungsvolle Übung, das Verständnis für ein Programm zu vertiefen, ist die Auflistung von bereits auf dem Shop Floor durchgeführten Ideen. Das vermittelt den Leuten ein Gefühl dafür, was sie alles mit Hilfe ihrer Eigeninitiative erreichen können.
2. *Aufwärmphase.* Wichtig ist es hierbei, Gefallen am Erfolg zu finden. Wenn die Anzahl der Vorschläge abnimmt, wie es meistens der Fall ist, ist es Zeit, daß die Manager (und die Angestellten) Ideen zur Verbesserung der Situation beitragen. Vielleicht enthielten Vorschläge der Leute noch zu wenig Eigeninitiative. Die Ungeduld der Manager, die Unfähigkeit, Vorschlägen zu folgen oder mangelndes Verständnis bzw. Führung im Rahmen des Programms können auch die Ursache sein. So lange diese Probleme nicht gelöst sind, ist die Zukunft des Verbesserungsprogramms gefährdet.
3. *Erweiterungsphase.* Wenn die Anzahl der Vorschläge zunimmt und sich stabilisiert, werden die Leute bereits über viel mehr Erfahrungen verfügen. Die Ideen können sowohl interessanter als auch einfacher Natur sein. Da in dieser Phase die Teilnahme der Leute wichtiger ist als der Inhalt der Ideen, kann die Qualität der Vorschläge schwanken. Seitens des Managements könnte es noch Probleme wie den mangelnden Austausch von Verbesserungsideen, mangelnde Anerkennung (Prämien, Artikel in Firmenrundschreiben, usw.) und unzulängliche Führung geben. Diese Probleme müssen erst einmal gelöst werden, bevor das Programm erfolgreich werden kann.
4. *Weitere Verbesserungsphase.* In dieser Phase verbessert sich der Inhalt der Vorschläge, und viele Ideen lassen sich auch verwirklichen. Die Leute sind jetzt stolz auf ihre Fähigkeit, Verbesserungen durchzuführen. Eine höhere Arbeitsmoral führt zu einem vermehrten Interesse, problemlösende Techniken zu erlernen. Die Durchführung von Verbesserungsaktivitäten als Team funktioniert ebenfalls. Die Leute erkennen in vielerlei Hinsicht, daß Vorschläge eben ein Teil ihrer Arbeit sind.

Hinweis: Da mehr Wert auf die Verwirklichung von Vorschlägen gelegt wird, sprechen viele japanische Unternehmen von „nach begangener Tat".

jährliche Durchschnittsanzahl pro Angestellten beläuft sich auf 45. Die höchste Anzahl von Vorschlägen eines einzelnen Angestellten in der Abteilung betrug mehr als 2000 in einem Jahr.

In der Abb. 7.11 wird ein regelmäßiges „Mittwochstreffen" der Staubsaugerabteilung von Matsushita gezeigt, wo Leute Manager und leitende Angestellte treffen und ihre Ideen austauschen können. Obwohl die Teilnahme freiwillig ist, werden diese Treffen als wichtige Gelegenheit für die Manager betrachtet, ihre Führungs- und Trainingqualitäten zu beweisen. Wenn die Leute nicht richtig angeleitet werden, kommen die Leute auch nicht wieder. Daher bietet dieses Treffen einen guten Hintergrund für eine Ausbildung, ein schwieriges Testgebiet für Manager und unterstützt gleichzeitig die Führungsqualitäten der Leute.

Mit freundlicher Genehmigung von Japan Railway – West Japan

Abb. 7.9 Der Austausch von Vorschlägen mit Hilfe einer Broschüre

Abb. 7.10 Vorteile eines formalen Vorschlagsprogramms

- Vorschläge und der Austausch der Erfolge eines Programms dienen dazu, unser Unbewußtes am bewußtseinsorientierten Verstand zu orientieren. (Dies trägt zur Veränderung des Verhaltens der Leute, ihrer Gewohnheiten und sogar ihres Schicksals bei.)
- Die einfache Handlung, einen Vorschlag schriftlich festzuhalten, erhellt unseren Denkprozeß.
- Jeder einzelne kann seine Fortschritte nachvollziehen, indem er eigene Unterlagen führt.
- Der Chef und seine Mitarbeiter können etwas über den Fortschritt erfahren. Die Anzahl der Vorschläge stellen die Kreativität bzw. die Gesundheit eines Betriebes dar.
- Die Kommunikation mit anderen wird erleichtert, d. h. Ideen werden mit Leuten aus anderen Abteilungen, neuen Angestellten, usw. ausgetauscht.
- Es werden Bereiche aufgedeckt, in denen Unterstützung notwendig ist. (Wenn sich die Leute weigern oder verlegen sind, etwas aufzuschreiben, sollte man ihnen Hilfe zur Überwindung dieser Probleme anbieten.)
- Wenn die Leute die Vorschläge überdenken, entwickeln sie für die Zukunft noch mehr Vorschläge. Dies gibt auch Aufschluß über das Muster für Vorschläge.
- Wenn die Anzahl der Vorschläge von jedem überwacht wird, können die Manager dort Unterstützung anbieten, wo sie benötigt wird. Außerdem führt dies auch zu einer gesunden Konkurrenz unter den Leuten.
- Dieses Programm sorgt für eine wichtige Schnittstelle zwischen dem einzelnen Angestellten und seinem Chef hinsichtlich der richtigen Unterstützung, Führung und Feedback.

Mit freundlicher Genehmigung von Matsushita

Abb. 7.11 Der wöchentliche Beratungstag

Effektive Anwendung von Verbesserungsaktivitäten im Team

Während der Schwerpunkt von Vorschlagsprogrammen hauptsächlich auf Einzelpersonen liegt, stellt die teamorientierte Verbesserungsaktivität eine weitere wichtige problemlösende Aktivität für Gruppen von Leuten dar. Ob sie selbstmanagende Teams, Qualitätszyklen oder Verbesserungsaktivitäten kleiner Gruppen heißen, die Betonung liegt dabei stets auf einer Gruppe von Leuten, die Eigeninitiative zur Lösung von Problemen in ihren Arbeitsbereichen entwickeln. Die Hauptmerkmale dieser Verbesserungsaktivitäten sind in Abb. 7.12 zusammengefaßt.

Die praktische Anwendung von Verbesserungsaktivitäten im Team richtet sich – ebenso wie die Vorschlagsprogramme – nach einem Vorbereitungsprozeß, einer Aufwärm- und Ausweitungsphase bis hin zu weiteren Verbesserungen. Der Unterschied besteht jedoch darin, daß es sich um teamorientierte Aktivitäten handelt, die darauf zielen, die Fertigkeiten der Leute für das Selbstmanagement zu verbessern. Daher sollten diese Teams als Minifirmen arbeiten können und gleichzeitig die richtigen Verbindungen zum Gesamtbetrieb der Firma herstellen (s. Abb. 7.13).

Abb. 7.12 Hauptmerkmale für Verbesserungsaktivitäten im Team

- Das Team besteht hauptsächlich aus Leuten aus dem gleichen Tätigkeitsgebiet.
- Der Schwerpunkt liegt auf der Verbesserung von Problemen auf dem Shop Floor, z. B. QKLSA.
- Die Betonung liegt auf Selbstmanagement und der Nutzung des kollektiven Teamwissens.
- Unterstützung und Führung wird durch das Management gewährleistet.
- Das Team trägt dazu bei, die Mission der Firma sowie ihre eigene zu erfüllen.
- Das Team erforscht die Kreativität und die Selbstachtung aller.
- Das Team benutzt solche problemlösende Werkzeuge wie die sieben QK-Werkzeuge.
- Das Team beschäftigt sich mit Verbesserungen und mit Aktivitäten, die der Erhaltung dienen.
- Das Team arbeitet kontinuierlich und zielt auf ständige Verbesserung, wobei alle beteiligt werden.
- Das Team zollt jedem einzelnen für seine Kreativität Respekt.

Mit freundlicher Genehmigung von Borg-Warner

Abb. 7.13 Die Leute verwenden zur Beschreibung des problemlösenden Prozesses eine Ausstellungstafel. Eine große Tafel dient dazu, den Fortschritt der Verbesserungsaktivitäten im Team aufzuzeigen. Die Informationen werden bei Treffen erstellt und auf dem Shop Floor ausgehängt.

Entwicklung einer teamorientierten Umgebung

Da eine Minifirma eine Betriebseinheit ist, die aus Leuten besteht, welche zusammen an der Erreichung gemeinsamer Ziele arbeiten, ist Teamwork ein absolutes Muß. Wenn die Teams gut arbeiten, sollten ihre Erfolge mehr als nur die Summe des Erfolgs des einzelnen Mitglieds darstellen.

Abb. 7.14 Wichtige Charakteristika eines effektiven Teams

- Verfügt über eine klare Teammission und klare Ziele.
- Stellt starke Führungsqualitäten zur Schau.
- Das Zusammenwirken der Teammitglieder ist offensichtlich.
- Beweist eine gute Kombination aus Fertigkeiten und Wissen.
- Tauscht Informationen gut aus, d. h. Glass Wall Management.
- Die Mitglieder unterstützen sich gegenseitig.
- Arbeitet hart und hat Spaß zusammen.
- Lernt beim Vorwärtsschreiten kontinuierlich weiter.
- Die einzelnen spüren, daß sie mit Hilfe des Teams gewachsen sind.
- Macht gute Fortschritte.

Dies steht im Gegensatz zu der Ansicht von Spezialisten und Managern, die oftmals denken, daß die Dinge gerade durch das Zusammenbringen vieler Leute und der Verteilung einfacher Aufgaben funktionieren. Wir sollten jedoch die Wichtigkeit von Teamwork erkennen, bei dem sich die einzelnen gegenseitig helfen und effektiv zusammenarbeiten. Abb. 7.14 zeigt wichtige Charakteristika für ein effektives Team. Anhang 7.2 liefert mehr Einzelheiten für die Merkmale eines Teams und eine Checkliste zur Bewertung der Effektivität eines Teams.

Da die Teams Interessen miteinander teilen, ihre Anstrengungen konzentrieren und die Fähigkeiten aller Mitglieder kollektiv nutzen, beginnen sie, wie gut trainierte Sportteams zu funktionieren. So wie eine Spielstrategie je nach Fertigkeit des einzelnen Spielers variiert, so spiegelt auch das Verhalten des Teams die Talente seiner Mitglieder wider.

Wenn ein Team von seinen Mitgliedern keine Kooperation erhält, wird es nicht in der Lage sein, seine Ziele zu erreichen. Wenn wir uns z. B. ein Baseballteam vorstellen, bei dem jeder Feldspieler auf Kosten der anderen versucht, ein Star zu werden, oder während des Spiels zu träumen beginnt, dann wird dieses Team kaum Gewinnchancen haben. Wenn der „Short-Stop" und dritte „Baseman" grübeln, wer von ihnen den Ball fangen soll, wird dieser durch die entstandene Lücke ins Aus fliegen, bevor sie ihre Überlegung beendet haben.

So unwahrscheinlich dies klingen mag, wir können auch sehr leicht in eine solche Falle tappen.

Im Hinblick auf die einzelnen Persönlichkeiten in einem Team müssen wir bedenken, daß unterschiedliche Charaktere unser Leben interessanter machen. Wir stellen fest, daß jeder von uns gebraucht wird. Bei einem Team, das aus Mitgliedern besteht, die unterschiedliche Eigenschaften aufweisen, kann einer langsam, einer zu streng, usw. sein. Doch jeder kann seine eigene Begabung beitragen. Der Langsame kann das Wesentliche von Dingen besser erfassen als andere. Der Strenge kann sicherstellen, daß bestimmte Schritte eingehalten werden, was wiederum die Qualität gewährleistet. Aber auch ein Team, das insgesamt aus sehr „klugen" Leuten besteht, tritt oftmals mitten im Projekt auf der Stelle.

Der Arbeitsplatz reflektiert die turbulente Beschaffenheit unseres Marktes. Da unsere Arbeit stets komplizierter wird und raschere Reaktionen erfordert, wird es für jeden von uns schwieriger, etwas zu erreichen. Es ist mehr Beteiligung nötig; keiner sollte seinen Beitrag zum Team als unwichtig einstufen.

Um die Kommunikationsbarrieren zu durchbrechen und als Team arbeiten zu können, bevorzugen viele japanische Firmen offene Büros. Honda entwickelte dafür sogar seinen eigenen Begriff, *wai-gaya*, der das Geräusch von Leuten darstellen soll, die in verschiedenen Bereichen der Shop Floor-Büros Brainstorming betreiben. Das gesamte Top Management teilt sich ein Großraumbüro, damit es ebenso *wai-gaya* betreiben kann.

So offensichtlich dies auch sein mag – wenn jeder einzelne sich nur auf seine individuellen Ziele konzentriert, dann wird das Endergebnis zumindest kein Teamerfolg sein. Beim Teamsport werden ein guter Trainer und ein bereitwilliger Athlet benötigt. Wir brauchen für unsere Arbeit das gleiche.

Problemlösen als Team

Es ist nicht einfach, Probleme als Team zu lösen, zumal, wenn es sich um ein neues Team handelt. Ist das Team unerfahren, ist es wichtig, Vertrauen und Ehrlichkeit zu entwickeln. In dem Moment, wo wir uns sozialisieren, Freuden und Sorgen miteinander teilen und überdenken, was nach einem Arbeitstag gut oder schlecht gelaufen ist, werden wir ein besseres Verständnis für Teamwork bekommen und uns selbst besser als Individuen begreifen. Da wir alle menschliche Wesen sind, müssen wir solche Bedürfnisse bei unserer Arbeit und auch außerhalb dieses Bereiches befriedigen.

Bei der Ausübung problemlösender Aktivitäten als Team ist eines der in Japan allgemein verwendeten Werkzeuge die QK-(Qualitätskosten-)Geschichte. Sie beschreibt die typischen Schritte bei der Problemlösung hinsichtlich einer besseren Qualitätskontrolle. Einige nennen sie auch SV-(Ständige Verbesserungs-)Geschichte. Wie in Abb. 7.15 erläutert wird, hilft uns dieses Format dabei, den Verbesserungsprozeß schrittweise zu durchdenken und anzuwenden sowie den Verbesserungsprozeß anderen klar und deutlich zu vermitteln. (Obwohl es verschiedene problemlösende Schritte gibt, die unter anderen Namen bekannt sind, ist die Ausgangsidee die gleiche wie hier beschrieben.)

Abb. 7.16a gibt an, wie die Teams der Firma Juki, ein japanischer Nähmaschinenhersteller, ihre Fortschritte überwachen. Jeder Schritt stellt hier ein Loch bei einem Golfspiel dar. Wenn das Team gemäß den Schritten der QK-Geschichte vorwärtsgeht, bewegt sich der Magnet ebenfalls einen Schritt nach vorn, bis die neun Löcher (neun Schritte) gespielt sind. Abb. 7.16b zeigt, wie die Leute einer „Gruppe für ständige Verbesserung" die QK-Geschichte für eine Präsentation nutzen. Die große Tafel erleichtert nicht nur den Präsentatoren ihren Vortrag, sondern dieser wird auch für das Publikum leichter verständlich. (Um die Verbesserungsprojekte eines Teams besser bewerten zu können, erläutert der Anhang 7.3 ausführlich wichtige Kontrollpunkte für diejenigen Teams, die ein Projekt erfolgreich abschließen wollen.)

Wie bereits vorher erwähnt, orientieren wir uns auf dem Shop Floor am Selbstmanagement. Wenn den Leuten die richtige Gelegenheit geboten wird, können sie oftmals

Abb. 7.15 Die QK-Geschichte

1. Identifizieren Sie das Problem
2. Beschreiben Sie die Situation
3. Setzen Sie Ziele
4. Analysieren Sie die Ursachen
5. Entwickeln Sie Gegenmaßnahmen
6. Ergreifen Sie Gegenmaßnahmen
7. Bewerten Sie die Ausführung
8. Standardisieren Sie
9. Diskutieren Sie die gelernten Lektionen und zukünftigen Pläne

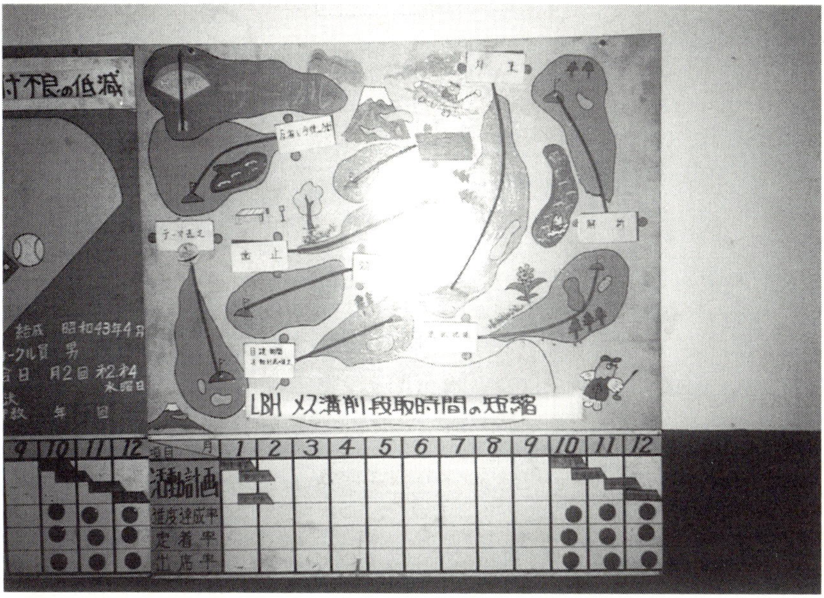

Mit freundlicher Genehmigung von Yuki

Abb. 7.16a Ausstellung der Fortschritte des Teams, welches die QK-Geschichte anwandte

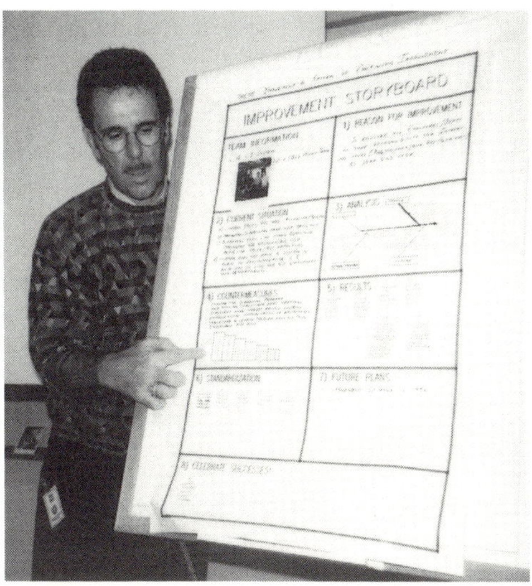

Mit freundlicher Genehmigung von Clipper Belt Lacer/„Gruppe für ständige Verbesserung"

Abb. 7.16b Die Benutzung einer „Geschichtstafel" für eine Teampräsentation mehr vollbringen, als ihnen die traditionellen Manager zugetraut hätten – selbst wenn es auf diesem Wege viele Schwierigkeiten zu überwinden gilt.

Um daher den Lernprozeß zu erleichtern, müssen die Manager und leitenden Angestellten die Leute trainieren und sie experimentieren lassen – auch wenn sie ein paar Fehler machen. Aus diesen können sie jedoch etwas lernen. Gleichzeitig müssen die Leute die Initiative ergreifen, ihr Potential zu erforschen.

Da die Steigerung der Selbstmanagement-Fähigkeiten auf das Wachstum einer Firma übertragen werden sollte, müssen wir dies als natürliche Art der Geschäftsführung betrachten. So wie der starke Wunsch nach Ausdruck der eigenen Persönlichkeit bei einem Kind vorhanden ist, stellt dieser Prozeß den Wachstumsprozeß der Leute in unserem Betrieb dar.

Betriebliches Austauschprogramm

Wenn wir den Traum der ständigen Verbesserung und der Beteiligung aller miteinander teilen, dann können wir die Definition von Team auch auf diejenigen ausdehnen, die sich außerhalb der Firma befinden. Hersteller und Lieferanten können z. B. kooperieren und sogar Firmen nicht verwandter Industrien können den Prozeß der ständigen Verbesserung teilen. Diese Aktivität bezeichnen wir hier als betrieblichen Austausch.

Bei Toyota haben sich z. B. „Toyota Produktionssystem-Studiengruppen" gemeinsam mit Lieferanten gebildet, um die Idee der ständigen Verbesserung mit Schwerpunkt auf der Kontrolle des Toyota-Produktionssystems miteinander zu teilen. Ebenso starteten eine Gruppe einzelner Leute der „Organisation junger Präsidenten (OJP)" und das „Exekutivkomitee (EK)" in Südkalifornien ihre eigenen Selbststudienaktivitäten hinsichtlich der ständigen Verbesserung. Firmengruppen, wobei jede Gruppe aus sieben oder acht Firmen bestand, bildeten „Gruppen für ständige Verbesserung (GFSV)" im Mittleren Westen zur Förderung der Idee der ständigen Verbesserung. (Nähere Einzelheiten siehe Anhang 7.4.)

Ein anderes Beispiel für einen solchen Austausch ist, daß die Teams solcher Firmen wie Northern Telecom, Digital Equipment und Kodak Teams bei Motorola besucht haben, um Ideen und Erfahrungen zwecks gegenseitigen Unterrichtens auszutauschen. Randy Bauder, ein Ausbilder bei Motorola's Government Electronic Groups, meinte: „Wir hatten hier Teams, die mit unseren Teams gesprochen und ihre Erfahrungen ausgetauscht haben. Das war extrem positiv zu bewerten. Die Energie, die Kreativität, die Aufregung, die Spontanität und die Aufrichtigkeit dieser anderen Betriebe haben wirklich dazu beigetragen, unsere eigenen Leute wieder anzuspornen." (Aus dem „The New Shop Floor Management"-Videokurs von Kiyoshi Suzaki, SME, 1992.)

Mit Hilfe einer gemeinsamen Vision der ständigen Verbesserung können wir selbst ein solches Programm entwickeln bzw. an einem betrieblichen Austauschprogramm als ein Mittel zur Fortsetzung unseres Selbstverbesserungsprozesses teilnehmen.

Management des Verbesserungsprozesses mit Hilfe von PAPH (Planen–Ausführen–Prüfen–Handeln)

Wenn wir problemlösende Werkzeuge anwenden und Vorschlagsprogramme, Problemlösung im Team oder betriebliche Austauschprogramme durchführen, dann wird unser Betrieb als Ganzes die notwendigen Fertigkeiten verinnerlichen und seinen Weg in die

Abb. 7.17 Grundlagen eines Managementkonzeptes für ständige Verbesserung: PAPH

Planen	Verdeutlichen Sie Ziele, Mission. Legen Sie Mittel zur Erreichung der Ziele fest (entwickeln Sie Pläne).
Tun	Führen Sie Pläne aus.
Kontrollieren	Verifizieren Sie, ob die Pläne wie erwartet ausgeführt werden. Prüfen Sie, ob die Ziele wie geplant erreicht werden.
Handeln	Wenn die Ziele nicht erfüllt werden, analysieren Sie sie und entwickeln Sie Gegenmaßnahmen. Wenn diese geeignet sind, entwickeln Sie Standards und übertragen Sie das Gelernte auf die nächste Planung.

Zukunft finden. Wie in jedem Wettbewerbssport sind die wichtigsten Voraussetzungen der Wunsch nach Selbstverbesserung, Disziplin und harte Arbeit.

Um diesen Prozeß firmenweit managen zu können, ist der Planen–Ausführen–Prüfen-Handeln–Kreislauf (PAPH) ein sehr nützliches Konzept (siehe Abb. 7.17). Wir erinnern uns, daß dieser Kreislauf auf verschiedene Themenbereiche anwendbar ist – wie bei der Erreichung einer Mission, von Zielen, Kontrollpunkten und Standards (siehe Kommentar bei Abb. 4.14) oder der Ausbildung (siehe Kommentar bei Abb. 5.8).

Da sich die Leute das PAPH-Konzept leicht merken können, läßt sich dieses einfache Prinzip bei der Prozeßführung der ständigen Verbesserung auch firmenweit anwenden. Wir sollten jedoch bei der Durchführung dieses Kreislaufs beachten, daß die Schritte „Kontrollieren“ und „Handeln“ vor „Planen“ in Angriff genommen werden sollten. Und zwar deshalb, weil eine richtige Kontrolle und Handlung die Voraussetzungen für eine gute Planung sind. Nichtsdestotrotz nennen wir diesen Kreislauf PAPH. Da es sich um einen fortschreitenden Prozeß handelt, der den Betrieb erfolgreicher werden lassen soll, wird er in Abb. 7.18 auch als Kreislauf dargestellt.

Die bildhafte Darstellung des Verbesserungsprozesses sieht so aus, als würden wir ein PAPH-Rad einen Berg hochrollen (Abb. 7.19). Jeder problemlösende Kreislauf entspricht einem PAPH-Kreislauf. Da mehrere Betriebsebenen diesen Kreislauf durchlaufen müssen, läßt sich der Managementkreislauf von PAPH wie in Abb. 7.20 veranschaulichen, wo jede Betriebseinheit den PAPH-Kreislauf anwendet und ein Problem nach dem anderen löst.

Die Anwendung des PAPH-Kreislaufs erfordert jedoch eine bestimmte Art von Disziplin. Wenn wir diese Disziplin nicht anwenden, sondern weiterhin Entlassungen durchführen – d. h. Planen–Ausführen–Planen–Ausführen – werden wir keine Fortschritte erzielen.

Abb. 7.18 PAPH-Kreislauf

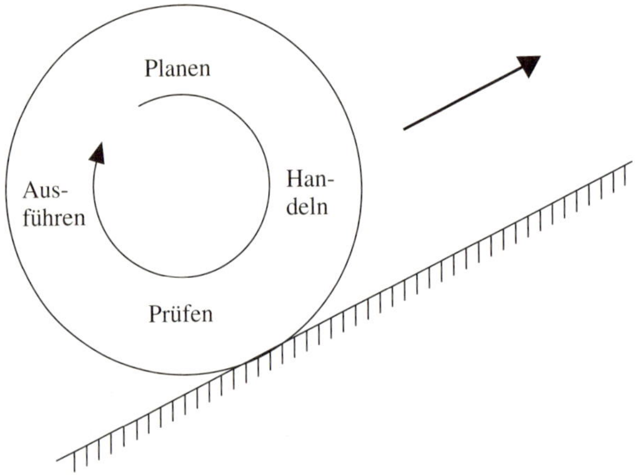

Abb. 7.19 Hochrollen des PAPH-Rads zwecks ständiger Verbesserung

Pläne werden unkoordiniert ausprobiert, als ob den Leuten vorher die Augen verbunden worden wären. Auf jeden Fall macht es einen erheblichen Unterschied in Bezug auf die Firmenleistung, ob der Betrieb den PAPH-Kreislauf anwendet oder nicht.

Selbstverständlich sind auch analytische Fähigkeiten sehr wichtig. Bei der Entlassungsmethode übersehen die Leute oftmals, wie wichtig es ist, das Geschehene zu kontrollieren und die Gründe dafür zu analysieren. Daher sollten wir sorgfältig beobachten, ob der PAPH-Kreislauf folgerichtig angewendet wird – Schritt für Schritt.

Idealerweise wird der PAPH-Kreislauf auf jeder Ebene harmonisch eingebettet, ähnlich wie der Herzschlag eines Betriebes. Auch wenn wir die Einzelheiten der Koordination erst in den Kapiteln 9 und 10 besprechen werden, sollten wir uns merken, daß die Entwicklung eines Mechanismus zur Gewährleistung der Kraft des gesamten Teams innerhalb eines Betriebes schwieriger ist als die Entwicklung firmenweiter Verbesserungsmaßnahmen.

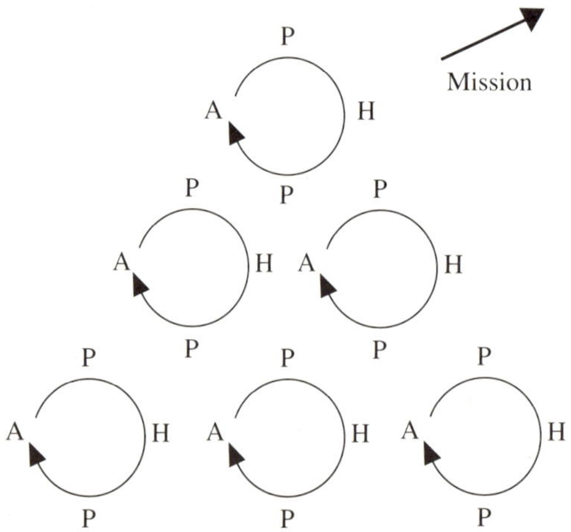

Abb. 7.20 Anwendung des PAPH-Kreislaufs innerhalb des Betriebes

Zusammenfassung

- Das Erlernen problemlösender Werkzeuge und ihre Ausübung auf dem Shop Floor müssen Hand in Hand gehen.
- Die Anwendung problemlösender Werkzeuge ähnelt dem Erlernen einer Sportart. Wir müssen in der Lage sein, unsere Fähigkeiten in dem Moment einzusetzen, wo sie benötigt werden. Der Shop Floor ist der Punkt, an dem der Reifen die Straße berührt. Es ist eher eine pragmatische und ausführbare Denkweise als eine zu akademische oder theoretische Einstellung nötig.
- Der Betrieb muß den Leuten verschiedene Einstellungen liefern, damit diese ihre problemlösenden Fertigkeiten beitragen können. Sie beinhalten Vorschlagsprogramme und Verbesserungsaktivitäten kleiner Gruppen.
- Die Manager müssen den Prozeß kundenfreundlich (menschenfreundlich) gestalten, damit jede Einstellung sinnvoll ist. Gleichzeitig sollten die Leute den Wunsch nach Selbstverbesserung haben.
- Einige allgemeine Schritte haben sich bei der Problemlösung als effektiv herausgestellt, wie z. B. die QK-Geschichte. Jeder von uns kann davon profitieren, ohne Methoden der Vorzeit anwenden zu müssen. Mit Hilfe dieser Schritte können wir den Verbesserungsprozeß anderen klar und verständlich vermitteln.
- Um die Problemlösung firmenweit anzuwenden, muß der Betrieb als Ganzes solche menschenfreundlichen Konzepte wie die QK-Geschichte und PAPH praktizieren.
- Die Problemlösung als Team erfordert Initiative, effektive Führung und Förderung sowie eine unterstützende Umgebung. Ein Team sollte sich wie eine Minifirma verhalten, um seine Mission erfüllen zu können.

8. Kapitel

Anleitung zur ständigen Verbesserung

In den vorhergehenden Kapiteln haben wir uns mit der Vision eines perfekten Shop Floors, Kundenorientierung, Beteiligung der Leute und dem Problemlösen zwecks ständiger Verbesserung beschäftigt. Jetzt wollen wir wissen, welchen Stellenwert die „Führung" bei all diesen Themen einnimmt.

Zunächst sollten wir die neue Rolle derjenigen überdenken, die heutzutage eine Führungsposition innehaben. Die Betonung liegt auf der Tatsache, daß Führung eher situationsbedingt ist, anstatt von Titeln oder Verantwortlichkeiten abhängig zu sein. Wir werden uns mit verschiedenen Situationen auseinandersetzen, damit wir erfahren, wie Leute bei Verbesserungsaktivitäten geführt werden sollten, um ihnen die Idee von Verantwortung und Selbstverbesserung nahezubringen. Anschließend werden wir Wege kennenlernen, wie Erfolge miteinander geteilt und die Kommunikation auf dem Shop Floor verbessert werden können – sowohl verbal als auch visuell, damit eine Art Kameradschaftssinn entstehen kann.

Und letztendlich werden wir die positive Bestärkung bei der Veränderung unseres Verhaltens oder unserer Gewohnheiten diskutieren, um unser Schicksal besser in die Hand nehmen zu können.

Manager als Führungskräfte: Angestellte als Kunden

Irgendjemand sagte einmal: „Manager sind diejenigen, welche die Dinge richtig machen, Führungskräfte sind Leute, welche die richtigen Dinge tun." D. h. es ist wichtig, die Dinge richtig zu machen (Leistung), doch das zählt nur, wenn auch die richtigen Dinge getan werden (Wirksamkeit). Die Manager müssen heutzutage ein großes Verständnis für das Geschäftsleben und ein hohes Maß an Führungsqualitäten entwickeln, um effektiv sein zu können, anstatt ihre Anstrengungen auf eng gesteckte Ziele zu konzentrieren.

Das bedeutet, daß das Potential des Betriebes oftmals dadurch bestimmt wird, wie sehr der Manager die Leute dazu anspornen kann, ihre Arbeit selbst zu managen. Anstatt zu versuchen, alles selbst zu erledigen, muß der Manager die Leute herausfordern, ihr Potential auszudehnen. Je mehr er unterrichtet und je mehr die Leute Fertigkeiten verinnerlichen und dadurch Vertrauen gewinnen, desto mehr kann der Manager Verantwortung delegieren und sich auf zukünftige Ereignisse besser vorbereiten.

Obwohl die Beseitigung unserer augenblicklichen Arbeitsaufgaben entgegen unserer Intuition sein mag, sollten uns die jüngsten Ereignisse in den osteuropäischen Ländern daran erinnern, daß sich ein Machtmonopol bzw. ein Monopol an Fertigkeiten langfristig nicht auszahlt. Für diejenigen, die in einer freien Marktwirtschaft leben, gilt die kluge

Strategie, mutig vorwärts zu gehen und gleichzeitig mehr Fertigkeiten und Einsichten zu erlangen, um die Zukunft zu erschließen. Daher sollte sich das Glass Wall Management nicht darauf beschränken, den Informationsaustausch zu gewährleisten; es sollte vielmehr auch den Austausch von Fertigkeiten, Einsichten und der Managementphilosophie fördern.

Die Manager sollten deshalb ihre Angst überwinden, die Kontrolle zu verlieren. Da sie für andere Vorbild sind, sollten sie die Leute als Kunden betrachten, ihnen Fertigkeiten vermitteln und andere dazu ermutigen, das gleiche zu tun. Abb. 8.1 vergleicht die Eigenschaften eines traditionellen Managers mit denen eines progressiven Managers. Natürlich hat unsere Erziehung derart viel Einfluß auf uns gehabt, daß wir unsere Einstellung, Verhalten und Gewohnheiten nicht so einfach ändern können. Doch genau wie die Leute in den osteuropäischen Ländern um Verbesserungen kämpfen mußten, muß auch jeder von uns eher konstruktiv an Veränderungen arbeiten, anstatt den Fortschritt zu blockieren.

In gewissem Sinne sind die Angestellten die Kunden des Managers. Ob der Manager in der Lage ist, sie effektiv anzuleiten oder nicht, hängt von seiner Fähigkeit ab, sich an ihre Stelle zu versetzen. Nur so kann er Entscheidungen treffen und den Nutzen für den Betrieb als Ganzes im Auge behalten.

Diese Idee trifft nicht nur auf Manager, sondern auf uns alle zu.

Wenn wir eine kundenorientierte oder selbstlose Haltung annehmen, können wir die Fähigkeit entwickeln, unterschiedliche Meinungen zu verstehen und zu respektieren.

Wenn wir dies zusammenfassen, verfügt eine gute Führungskraft folglich über diese Eigenschaften:

- Sie hört den Leuten (Kunden) aufmerksam zu und lernt von ihnen, um die Bedürfnisse des Betriebes identifizieren zu können.
- Sie findet die Probleme der Leute heraus und hilft ihnen dabei, sie zu lösen.
- Sie unterrichtet die Leute und vermittelt ihnen Fertigkeiten, Ideen und Vorschläge.
- Sie respektiert die Leute und lebt ihnen beispielhaft vor, woran jeder glauben kann.
- Sie beteiligt die Leute am Bewertungsprozeß – sowohl von Problemen als auch von Gelegenheiten – und entwirft neue Richtlinien für den Betrieb.

Die Anwendung dieser Punkte wird nicht nur den Leuten und dem Betrieb als Ganzes hilfreich sein, sondern auch zur persönlichen Entwicklung der Führungskräfte beitragen und ihr Leben bereichern.

Abb. 8.1 Merkmale traditioneller und progressiver Manager

	Traditioneller Manager	**Progressiver Manager**
Einstellung zu Fertigkeiten	Monopolisiert Fertigkeiten	Läßt andere an den eigenen Fertigkeiten durch Unterrichten teilhaben
Einstellung zu Informationen	Monopolisiert Informationen	Tauscht Informationen aus
Einstellung zu Macht	Bevorzugt zentralisierte Machtstruktur	Bevorzugt dezentralisierte Machtstruktur
Einstellung zu Leuten	Verschlossen, unsicher	Offen, vertrauensvoll
Managementstil	Überwacht Leute, setzt Regeln durch	Leitet die Leute effektiv, fördert Selbstmanagement

Führung ist situationsbedingt

Ob am Arbeitsplatz oder zu Hause, ob mit Freunden oder Geschäftsleuten, es gibt Augenblicke, wo jeder Eigeninitiative entwickelt. Unsere freie Marktwirtschaft und unsere Orientierung an der Informationsfreiheit sind gute Beispiele für diese Ansicht. Anstatt uns von anderen sagen zu lassen, was wir tun müssen, sollten wir in der Lage sein, unsere eigenen Ansichten ausdrücken und unser eigenes Schicksal innerhalb eines vorgegebenen Sachverhaltes bestimmen zu können.

Ob es sich z. B. darum handelt, Abfall vom Boden aufzuheben, ohne jemanden danach zu fragen oder darum, frei vor Leuten zu sprechen – wenn wir ehrlich gegenüber unseren Gefühlen und Verhaltensnormen handeln, werden sich andere Leute dadurch angezogen fühlen und sogar durch unser Verhalten erleuchtet.

Daher ist es meine Meinung, daß diese Art von Führung nicht in traditionellen Betrieben zu finden ist, wo nur jemand, der über Macht verfügt, den Rest des Betriebes beeinflussen kann. Statt dessen ist Führung situationsbedingt und hängt von Zeit, Ort und Gelegenheit ab. Es gibt Momente, in denen die Manager führen, doch ebenso Augenblicke, in denen die Individuen führen müssen. Manager können jedoch für Gelegenheiten sorgen, in denen die Leute mehr Initiative ergreifen können, als es die Situation eigentlich zuläßt.

Pete Machuga, ein Werksmanager bei General Electric's Lamp Plant in Ohio, kommentiert:

> Ich bin der Meinung, daß Führung eine undurchsichtige Sache ist. Man muß wissen, wann zu führen ist, wissen, wann nur zu dirigieren ist, wissen, wann man zuhören oder reden muß, und dabei handelt es sich nicht um Dinge, bei denen bestimmte Regeln herrschen. Dein Verstand muß dir das einfach sagen.
>
> – Aus „The New Shop Floor Management"-Videokurs von Kiyoshi Suzaki, SME, 1992 –

Wenn wir darauf warten, daß diejenigen, die Machtpositionen innehaben, Tag für Tag Entscheidungen treffen, sieht es aus der Sicht des Geschäftslebens natürlich so aus, daß wir hinter progressiveren Firmen zurückfallen, die Selbstmanagement fördern und die Kreativität der Leute effektiv nutzen.

Wunsch nach Selbstverbesserung läßt die Dinge geschehen

Soichiro Honda, der Gründer von Honda Motor Company, veranschaulicht Führungsqualitäten auf seine Weise.

> Wenn wir entschlossen sind, die Dinge in die Hand zu nehmen, dann bin ich einfach davon überzeugt, daß den Menschen das meiste gelingt. In den Anfangstagen von Honda erwarben wir halb verbrannte Maschinen und richteten sie wieder her. Als wir Kolbenringe herstellten, bauten wir selbst Prüfvorrichtungen, weil wir uns keine anschaffen konnten. Als wir kein Geld hatten, bedeutete das einfach, daß wir die Dinge selber bauen mußten. Und das taten wir auch.
>
> Als wir unsere Fabrik bauten, mischte ich selbst Beton an. Als der Bau fertig war, hatten wir keine Fenster. Deshalb sammelten wir zerbrochenes Glas, schmelzten es in einem Hochofen ein und machten daraus Glas – was nicht unbedingt an jeder Stelle glatt war. Wenn wir kein Geld haben, müssen wir einfach unser Wissen und unsere Muskeln gebrauchen.
>
> – Aus One Day, One Story von Soichiro Honda, S. 29 –

Je mehr Wohlstand in unserer Gesellschaft herrscht, desto mehr nehmen wir alles für selbstverständlich und nutzen seltener unser Wissen. Viele Firmen und viele Individuen sind bereits in diese Falle getappt. Um eine Gruppe von Leuten so zu führen, daß sie eine bestimmte Mission erfüllen können, dürfen wir diese grundlegende Sache nicht vergessen. Wir sollten uns selbst die nächste fundamentale Frage stellen: „Was können wir ohne unseren Willen und unsere Kreativität eigentlich erreichen?“

Ob wir eine Firma leiten oder ein Team bei einem Verbesserungsprojekt betreuen, alle Führungskräfte sollten den starken Wunsch danach haben, die Mission zu erfüllen – mehr als irgend jemand anders innerhalb der Gruppe. Andernfalls sollten sie keine Führungskräfte sein. Dies steht im Gegensatz zur traditionellen Ansicht, daß „managen“ wichtiger als „führen“ ist. Lassen Sie uns daher folgende Fragen beantworten:

- Warum sind im heutigen Geschäftsleben Führungsqualitäten gefragter als je zuvor?
- Wenn die Erfüllung einer Mission für einen Betrieb die höchste Priorität hat, dann werden Titel, Büroeinrichtungen, usw. zweitrangig. Doch einige von uns klammern sich immer noch daran. Was bedeutet das? Ist uns die „Form“ wichtiger als der „Inhalt“? Wenn ja, warum?

Verbesserungsaktivitäten leiten

Wenn Leute problemlösende Fertigkeiten erlernen und damit beginnen, diese anzuwenden, ist es gar nicht so einfach, für die richtige Art von Führung zu sorgen. Obwohl Manager im allgemeinen unter Zeitdruck stehen, wird die wenige Zeit, die investiert wird, um den Leuten bei ihren Verbesserungsaktivitäten zu helfen, einen enormen Gewinn nach sich ziehen – sowohl in wirtschaftlicher als auch in persönlicher Hinsicht. Vorausgesetzt, diese Zeit wird sinnvoll genutzt.

Zunächst sollten wir uns mit dem Trainingsprozeß bei der Verwirklichung von Verbesserungen beschäftigen. Wenn wir uns an die Stelle des Trainers versetzen, können wir herausfinden, was in den unterschiedlichen Stadien der Verbesserungsaktivitäten geschieht. Wenn Führungskräfte geleitet werden sollen, müssen sie den Verbesserungsprozeß auf dem Shop Floor begreifen und in der Lage sein, je nach Situation für Führung zu sorgen.

1. Wenn die Leute anfangen, über Verbesserungen nachzudenken, fällt ihnen oftmals nicht viel ein. In solchen Fällen sollte der Trainer Ratschläge erteilen:
   - „Denken Sie zunächst lieber über kleine statt über große Verbesserungen nach.“
   - „Ein guter Ausgangspunkt ist oftmals die Arbeitsplatzorganisation (Haushaltung, Organisation und Anordnung). Dann sollten wir an Dinge denken, die wir nicht gerne tun, Dinge, die gefährlich, unbequem, überflüssig oder ärgerlich sind.“
2. Wenn ein Manager merkt, daß jemand bei seiner Arbeit Schwierigkeiten hat, sollte er folgendes sagen, um ihn dazu anzuspornen, über Verbesserungen nachzudenken:
   - „Finden Sie diesen Schritt nicht etwas unbequem? Ich überlege, ob wir nicht etwas dagegen tun können.“
   - „Ich hörte, daß Mr. X. eine interessante Idee hatte. Warum fragen wir ihn nicht einmal danach?“
3. Der Manager sollte für alle ein Vorbild sein, indem er über Verbesserungen nachdenkt. Statt nur an Vorschlags-, Prämienprogrammen und ähnlichem teilzunehmen, sollten die Manager auch das praktizieren, was sie predigen:

- „Ihre Idee ist großartig. Warum ist mir das nicht eingefallen?"
- „Hier ist meine Idee. Was halten Sie davon?"
- „Das stellt ein wesentliches Problem für unseren Betrieb dar. Hat irgend jemand Vorschläge?"

4. Der Manager sollte die Leute dazu anleiten, darüber nachzudenken, was sie zur Verbesserung der Situation beitragen können, anstatt mit dem Finger auf jemanden zu zeigen:

- „Was können wir für unseren Betrieb tun? Gibt es nicht vieles, was wir selbst verbessern können, anstatt andere für Verbesserungen verantwortlich zu machen?"
- „Enttäuschung ist o. k. Wenn wir nicht enttäuscht würden, wären wir Menschen heute noch nicht so weit fortgeschritten, wie wir es sind. Soweit ich weiß, nutzen wir unser Gehirn nur zu 3%."

5. Um diejenigen Leute, die nicht gerne schreiben, darin zu bestärken, Vorschläge schriftlich festzuhalten, sollten folgende Ratschläge erteilt werden:

- „Lassen Sie mich Ihnen zeigen, wie Sie eine solche Idee aufschreiben und beim Vorschlagsprogramm einreichen können."
- „Nicht, wie Sie schreiben, ist wichtig, sondern der Inhalt Ihrer Idee."
- „Eine kleine Zeichnung ist genau richtig, um die Botschaft weiterzugeben."
- „Schauen Sie sich das Beispiel von Herrn Soundso an. Stellen Sie fest, wie er die Skizze effektiv nutzt, um sie anderen verständlich zu machen."

6. Wie Sie Wege finden, Ideen von anderen zu unterstützen und in die Tat umzusetzen:

- „Wie kann ich Ihnen helfen?"
- „Ich werde Sie so viel wie möglich darin unterstützen, Ihre Ideen selbst zu verwirklichen. Die Person, die einen Vorschlag gemacht hat, sollte auch Projektleiter dieses Vorschlags werden."
- „Wenn eine Idee schwer zu realisieren ist, sollten wir über etwas einfacheres nachdenken, was Sie tun könnten."

7. Nach der Verwirklichung:

- „Nun sehe ich, daß sich die Dinge aufgrund Ihrer Idee ganz anders darstellen. Sie können stolz auf sich sein!"
- „Selbst wenn einige meinen, daß es sich nur um eine kleine Verbesserung handelt, denke ich, daß es eine großartige Idee ist. Aus meiner Erfahrung kann ich Ihnen sagen, daß jeder kleine Schritt uns weiterbringt."
- „Das ist eine großartige Idee! Wir sollten uns in dem Abteilungstreffen darüber austauschen und „Vorher/Nachher"-Photos verwenden, damit die anderen auch davon profitieren können. Vielleicht sollten wir darüber auch einen Artikel in unserem Rundschreiben verfassen."
- (Herr X. wird Herrn „wichtige Persönlichkeit" vorgestellt.) „Herr X. hat einen großartigen Beitrag zur Verbesserung seines Arbeitsplatzes geleistet. Warum erklären Sie Herrn „wichtige Persönlichkeit" nicht Ihre Idee?"

8. Um die Leute weiterhin anzuspornen, kann eine Präsentation für Kollegen und Management sehr hilfreich sein. Der folgende Kommentar stammt von jemandem, der die Präsentation seines „Klassenkameraden" über das Angestellten-Vorschlagsprogramm aus Anlaß einer Betriebsversammlung verfolgte.

Abb. 8.2 Leute anhand von Beispielen führen

> Als ich sah, daß er an die Reihe kam, schlug mein Herz plötzlich schneller. Doch ich war noch erstaunter, als er anfing, zu sprechen. Er erläuterte sein Thema gut. Er benutzte Graphiken und Diagramme, um seine Punkte klar zu machen. Er schien ganz selbstbewußt zu sein. Da erkannte ich, daß es zu simpel war, einfach nur zur Arbeit zu erscheinen. Ich war irgendwie verwirrt und nach der Versammlung nicht in der Lage, mit ihm zu reden.

Unsere Titel innerhalb der Firma sollten uns nicht bei der Entstehung von Ideen oder Leistung von Beiträgen hinderlich sein. Wichtig ist, welche Ideen oder Entscheidungen am meisten beitragen, nicht wessen Idee oder Entscheidung es ist. Der Wert einer Person sollte nichts damit zu tun haben, welchen Titel oder welche Ausbildung er hat. Bezüglich des Gegenstandes der Verbesserung sollte die Großartigkeit einer Person nach seinem Beitrag für die Gesellschaft bewertet werden. Soichiro Honda meinte zu diesem Punkt:

> „Großartige Leute sind nicht an der Spitze eines Unternehmens zu finden. Sie neigen dazu, sich zu verstecken, obwohl gerade sie die wichtigsten Aufgaben erledigen und damit einen Beitrag für unsere Gesellschaft leisten."
>
> – Aus One Day, One Story von Soichiro Honda –

Stolz auf unsere Arbeit sein

„Leute befähigen", „Leuten Stolz vermitteln" oder „Leute zur Verbesserung anleiten" – all dies sind wichtige Dinge. Doch wenn wir mit Entlassungen beschäftigt sind, kann uns dies verwirren bzw. dazu führen, daß wir unsere Vision in Bezug auf diese wichtigen

Themen aus den Augen verlieren. Damit wir aber auf dem richtigen Weg bleiben, sollten wir uns fragen, wie wir unsere Überzeugungen stärken und Freude an unserer Arbeit finden können.

Folgendes Beispiel dient der Erläuterung. Jemand kann damit beschäftigt sein, durch Konstruktion eines Gebäudes „Geld zu machen", ein anderer sieht darin den „Bau einer Kirche", wo Leute zusammenkommen, um ihren Glauben miteinander zu teilen. Obwohl die Arbeit die gleiche ist, existiert ein deutlicher Unterschied auf der Wahrnehmungsebene. Für denjenigen, der damit beschäftigt ist, Geld zu verdienen, liegt die Antwort beinahe auf der Hand (d. h. die Freude über die Erfüllung der Mission, eine Kirche zu bauen), aber er kann sie nicht sehen, weil sich sein Verstand mit etwas anderem beschäftigt.

Ähnliche Situationen gibt es auch auf dem Shop Floor. Einer arbeitet nur wegen des Geldes; ein anderer sucht ständig nach Möglichkeiten, Produkte zu verbessern, Kunden zu befriedigen oder danach, die Arbeit einfacher bzw. sicherer zu gestalten. Die Arbeit kann vielleicht die gleiche sein, doch die Ebene des Stolzes und der Befriedigung ist eine andere.

Warum ist die Wahrnehmung der Leute so unterschiedlich? Ist der eine materialistischer und der andere mehr geistig orientiert? Wer hat recht? Wer ist glücklicher? Welche Wirkung hat das auf uns als Individuen? Soichiro Hondo gibt uns einen Hinweis:

> Unsere Arbeit muß jederzeit wieder neu für uns sein. Wir können auch jede Aufgabe mit Hilfe neuer Betrachtungsweisen lösen. Ich freue mich jedesmal darauf, die Fabriken von Honda zu besichtigen, da es immer wieder Veränderungen gibt und neue Dinge passieren.
> Wenn ich am Fließband entlanggehe, sprechen mich junge Angestellte an: „Wir haben die Veränderungen so und so durchgeführt. Das erleichtert uns unsere Arbeit und führt zu mehr Produktivität, usw." Ihre Gesichter sind lebendig und nicht die Gesichter von Menschen, die von Maschinen beherrscht werden. Das liegt vielleicht daran, daß sie ihre Aufgaben lösen und die Zukunft im Auge haben – sie machen es heute schon besser, und morgen liegt eine noch bessere Zukunft vor ihnen.
>
> – Aus One Day, One Story von Soichiro Honda, S. 23 –

Ein Abteilungsleiter, der ein Vorschlagsprogramm bei Toyota vorstellte, teilt diese Gedanken:

> „Eine Führungskraft erhält keinen Geldpreis. Die Leute denken vielleicht, daß ich verrückt bin, mich um andere zu kümmern. Doch ich mache lieber etwas besonderes, als darum zu kämpfen, mehr Geld zu verdienen oder einen besseren Titel zu erlangen. Die Gedanken der Leute verbinden sich und das bestärkt mich darin, weiter zu machen. Wenn ich in ihre Augen sehe und ihr einfaches „Dankeschön" höre, dann fühle ich etwas wunderbares."
>
> – Entnommen aus „Toyota Suggestion Program" von Yuzo Yasuda, S. 61 und 62. –

Obwohl jeder die Antwort für sich selbst finden muß, sollten wir uns fragen: Ist es nicht besonders für Führungskräfte wichtig, die Vision und die Mission des Betriebes mit ihren Leuten zu teilen, damit sie an der Freude und Sorge über Fortschritte teilhaben?

Ist es nicht auch für jeden von uns wichtig, Bedeutung in unserer Arbeit zu finden? Wenn wir stolz darauf sind, was wir tun und auch davon überzeugt sind, was können wir dann erreichen? Oder was können wir nicht erreichen?

Bei einem kürzlichen Besuch einer namhaften europäischen Firma fragte ich einen Facharbeiter: „Wissen Sie, ob Sie der Planung voraus sind oder hinterher hinken?" Der Facharbeiter konnte nicht antworten. Ich war entsetzt und informierte sofort das Management darüber. Meiner Ansicht nach dürfen Manager solche Situationen nicht entstehen lassen. Obwohl in dieser Firma bemerkenswerte Verbesserungen stattfinden, hat dieser Vorfall in mir die Befürchtung ausgelöst, daß die Talente der Leute nicht genutzt werden. Für mich ist es beinahe ein Verbrechen, wenn die Leute ihren Wunsch nach Selbstverbesserung verlieren oder nicht die Gelegenheit erhalten, ihrem Potential Ausdruck zu verleihen.

Erfolg miteinander teilen

Erfolgreiche Führungskräfte finden im Laufe ihres Arbeitstages immer Zeit, den Leuten zuzuhören oder sie zu motivieren. Ein weitaus formellerer Weg ist es aber, das Interesse an Verbesserungen mit Hilfe regelmäßiger Versammlungen oder Konferenzen zu wecken, wo die Leute sich über ihre Leistungen austauschen können.

Einige Firmen nennen eine solche Gelegenheit „Zusammenkunft zwecks Austausches“ oder „zeigen und erzählen“, um ihre Absicht kundzutun, gute Neuigkeiten innerhalb der gesamten Firma zu verbreiten. Wie bereits der Kommentar des Toyota-Angestellten zeigt, entdecken wir oftmals ungenutztes Potential in uns, vorausgesetzt, wir befinden uns in einer anspornenden Umgebung.

Die Vorteile einer gut organisierten „Zusammenkunft zwecks Austausches“ sind zahlreich. Abb. 8.3 faßt die Hauptpunkte zusammen. Zusätzlich zu den in Abb. 8.3 aufgeführten Punkten gibt es noch andere Vorteile, z. B. dann, wenn ein bestimmtes Format, wie die QK-Geschichte, bei der Präsentation verwendet wird. Es wird dadurch nicht nur leichter, den einzelnen Schritten der Präsentation zu folgen, sondern die QK-Geschichte trägt auch dazu bei, die Schritte des Problemlösens anhand aktueller Beispiele schneller zu erlernen. Wenn die Leute über mehr Erfahrung verfügen und die Schritte des Problemlösens selbstverständlich geworden sind, können sie verändert oder in einer freieren Form dargestellt werden.

Wenn die Leute solchen Ereignissen wie „Zusammenkunft zwecks Austausches“, „zeigen und erzählen“ und Treffen aller Angestellten beigewohnt haben, entwickeln sie ein Gespür dafür, daß alle zusammenarbeiten müssen, um die Mission der Firma zu erfüllen. So ist die Bestätigung des Erfolgs mit Hilfe dieser Art von regelmäßigen Versammlungen ein wichtiger Schritt, die Firma zum Erfolg zu führen.

Abb. 8.3 Vorteile von „Zusammenkünften zwecks Austausches“

Für die Präsentatoren

- Die Vorbereitung hilft, Gedanken zu ordnen. Der Prozeß bietet eine optimale Trainingsgelegenheit, ein guter Vortragender, Planer und Manager zu werden.
- Die Orientierung am PAPH-Kreislauf sowie die regelmäßige Teilnahme an „Zusammenkünften zwecks Austausches“ trägt dazu bei, einen Rhythmus der ständigen Verbesserung zu entwickeln. Der Prozeß hilft, die Gewohnheit zu entwickeln, ein Projekt zu „vollenden“ und schafft die Gelegenheit, zu überdenken, was bereits verwirklicht wurde und was noch nicht.
- Das Sprechen vor Publikum gibt Selbstvertrauen. Eine Präsentation ist wie ein Sportwettbewerb. Das gute Gefühl, was jemand durch die Veranstaltung einer Präsentation über die Verbesserung der Arbeit erhält, läßt sich mit dem Gefühl vergleichen, was durch Erzielen von „Home Runs“ im Baseball erreicht wird.

Abb. 8.3 Fortsetzung

- Kommentare und Fragen während der Präsentation sind anspornende Lernerfahrungen. Das Interesse des Publikums an Ihrer Arbeit, die Sie in der Präsentation erläutern, frischt Ihre eigene Einstellung gegenüber Ihrer Arbeit auf. Sie werden überrascht sein, wie gut Sie die Fragen Ihrer Zuhörer beantworten können. Außerdem vermitteln Ihnen die Kommentare der Leute neue Einblicke.
- Anerkennung führt zu mehr Energie bei der ständigen Verbesserung. Eine harmonische Atmosphäre, Prämien, Preise und Worte der Anerkennung werden dem Präsentatoren lange in Erinnerung bleiben. Auch der Erfahrungsaustausch mit Freunden, Ehefrau und anderen läßt den Arbeitsplatz humaner erscheinen und nicht nur als Ort, an dem sich Geld verdienen läßt.

Für Führungskräfte (als Organisator, Berater, Experte oder Referent einer „Zusammenkunft zwecks Austausches")

- Wenn die Leute vor und nach der Präsentation Führung erhalten, können Führungskräfte mehr über die Fertigkeiten der Leute erfahren und danach ihre weitere Vorgehensweise planen. Dieser Ideenaustausch mit Präsentatoren schafft auch eine Gelegenheit, Wissen auszutauschen und das Publikum zur gleichen Zeit zu trainieren.
  Führungskräfte werden über die versteckten Fähigkeiten, die während dieses Prozesses aufgedeckt werden, überrascht sein.
- Führungskräfte können solche Versammlungen als Gelegenheit nutzen, über die Lage der Firma Bericht zu erstatten und erneut die Werte der Firma hinsichtlich ständiger Verbesserung und Zufriedenheit der Kunden bestätigen.
- Führungskräfte können dies als eigene Lernerfahrung nutzen. Lehren, trainieren, führen, kommunizieren bzw. die Motivierung der Leute sind notwendige Fertigkeiten für eine Führungskraft des heutigen Geschäftslebens. Mit Hilfe des gegenseitigen Austausches werden erfolgreiche Führungskräfte in der Lage sein, die Gesamtkreativität des Betriebes zu maximieren. Ob die Zusammenkunft ein Erfolg wird oder nicht, hängt von der Fähigkeit der Führungskraft ab, alle Aktivitäten in der Vorbereitungsphase harmonisch aufeinander abzustimmen. Die Zusammenkunft findet vor dem Hintergrund statt, daß die Führungskräfte erfahren, wieviel sie noch nicht über das potentiale Talent ihrer Leute wissen. Seien Sie bescheiden und lernen Sie von allen! Das tut nicht weh und bereichert unser aller Leben.

Für das Publikum

- Durch die Teilnahme an der Präsentation und die Möglichkeit, Fragen zu stellen, wird das Publikum sowohl Präsentationsfertigkeiten als auch die Anwendung verschiedener Werkzeuge des Problemlösens erlernen. Obwohl es die Präsentatoren und die Führungskräfte sind, die den Prozeß der Verwirklichung von Verbesserungen vermitteln, liegt es am Publikum, das Beste daraus zu machen.
- Die Zuhörer können durch die Tatsache angespornt werden, daß einige Leute etwas für ihren Betrieb leisten. Sie wollen auch ein Teil eines guten Teams sein. Ein solches Ereignis dient auch der Erfolgskonditionierung und beweist, daß der Betrieb auf dem Weg zur Erfüllung seiner Mission ist. Da Erfolge aufbauend wirken, können die Leute sogar die Mentalität entwickeln, daß nichts unmöglich ist.
- Das Publikum kann ein Gefühl der Zusammengehörigkeit und Kameradschaft als Team entwickeln. Wenn die gegenseitige Wechselwirkung und der Erfolgsaustausch stattgefunden haben, dann können die Leute die Vision ihrer Arbeit bestätigen und sich an der Tatsache erfreuen, daß alle für eine bessere Zukunft zusammenarbeiten.

Verbesserung der Kommunikation auf dem Shop Floor

Es ist zwar seltsam, doch in vielen Firmen ist es immer noch nicht üblich, daß die Abteilungsleiter regelmäßige Treffen auf dem Shop Floor veranstalten. Das Fehlen solcher täglicher oder wöchentlicher Treffen beweist, daß bisher noch keine geschlossene Verbindung zwischen dem Management und den Leuten auf dem Shop Floor zustandegekommen ist.

Einige Abteilungsleiter mögen sagen: „Wir brauchen solche Treffen nicht, weil sich jeder mit jedem austauscht. Sie sind daher Zeitverschwendung." Doch wie können sich alle über die Interessen des Betriebes austauschen, Erfolge und Mißerfolge von Verbesserungsideen miteinander teilen, Leistungen als Gruppe überdenken und Verbesserungsideen zustimmen, ohne an derartigen Treffen teilzunehmen?

Wenn wir uns an die Stelle des Shop Floor-Personals versetzen, sollte es klar sein, wie es sich dabei vorkommt. Abb. 8.4 zeigt einige der typischen Kommentare von Shop Floor-Leuten in traditionell gemanagten Firmen:

Abb. 8.4 Kommentare der Shop Floor-Leute in traditionell gemanagten Firmen

- Alle Diskussionen, die in den Managementbüros geführt werden, haben nichts mit den Dingen zu tun, mit denen wir uns auf dem Shop Floor auseinandersetzen müssen.
- Es gibt keinen Ort, wo wir dazu ermutigt werden, unsere Meinungen zu äußern; egal ob wir wenig oder viel zu sagen haben.
- Das Management sagt, daß wir jederzeit unsere Meinungen äußern können, doch es ist kein Kommunikationskanal vorhanden, den wir gerne nutzen würden. Es besteht zuviel Distanz zwischen uns, um unsere Gedanken austauschen zu können.
- Das Management behauptet, daß es eine „Politik der offenen Tür" betreibt. Doch nur wenige Leute gehen zu einem von unseren Managern und sprechen mit ihm.
- Da die Manager uns nicht zuhören, haben wir auch nicht das Gefühl, uns mit ihnen auszutauschen. Selbst wenn wir großartige Ideen hätten, wie wir der Firma Geld einsparen könnten, warum sollten wir uns die Mühe machen, ihnen diese mitzuteilen?
- Es handelt sich auch nicht nur um die Kommunikation zwischen dem Management und uns, sondern auch darum, daß wir untereinander große Probleme haben. Da es für uns keinen Ort gibt, an dem wir über unsere Sorgen reden können, egal ob kleine oder große, werden wir allmählich frustriert. Selbst wenn durch den Ideenaustausch das eine oder andere Problem gelöst werden könnte, tun wir es nicht. Wir zögern, etwas in Bewegung zu bringen.
- Da wir so gut wie gar nichts mit dem Management austauschen, haben wir auch keine Basis für den nötigen Respekt. Es ist eine reine Geschäftsbeziehung. Wir kommen zur Arbeit, werden dafür bezahlt und gehen wieder nach Hause. Unsere Arbeit könnte doch mehr für uns bedeuten, besonders deshalb, weil wir hier so viel Zeit verbringen. Doch da wir nicht darüber sprechen, wissen wir auch nicht, wie das aussehen soll.

Um die Wettbewerbsfähigkeit der Firma zu verbessern, wurden auf dem Shop Floor viele Programme eingeführt. Einige Leute sprechen von statistischer Prozeßkontrolle, Management der Gesamtqualität, Just-In-Time-Produktion, Lean Produktion, Erhaltung der Gesamtproduktion, usw. Doch egal wie diese Programme auch heißen, wenn die in Abb. 8.4 beschriebenen Meinungen die Mehrheit der Einstellungen der Leute ausdrücken, dann wird meiner Meinung auch nichts davon funktionieren. Oberflächlich betrachtet funktionieren vielleicht einige Programme, doch die Leute vom Shop Floor sind dabei so gut wie gar nicht beteiligt.

Abb. 8.5 Tägliches Shop Floor-Treffen. Ein Abteilungsleiter veranstaltet zusammen mit seinen Leuten ein Treffen. Die meisten dieser Angestellten verfügten kaum über eine Ausbildung, als sie in die Firma eintraten. Doch in dem Moment, wo sie problemlösende Werkzeuge erlernt hatten, wurden sie zu wichtigen Mitarbeitern. Hier verwendet ein Junior-Abteilungsleiter ein Pareto-Diagramm, um die wichtigsten Interessen seiner Minifirma mitzuteilen.

Wenn Abb. 8.4 die jetzige Situation der Firma darstellt, sollte sich jede Führungskraft bzw. jeder Abteilungsleiter überlegen, was dagegen unternommen werden könnte – wie der Präsident einer Minifirma oder ein Jungunternehmer, der gerade anfängt, eine Firma zu leiten. Er sollte die Vision, Missionen, Ziele und den problemlösenden Prozeß mit den anderen teilen. Jedes Treffen auf dem Shop Floor wird dann zu einer Vorstandssitzung der Minifirma.

Natürlich sollte dafür ein entsprechender Ort eingerichtet werden. Obwohl anfangs „Treff-Fertigkeiten" fehlen werden und die Anwesenheit eines Managers bei der Vorbereitung der Tagesordnung und der Leitung eines Treffens erforderlich sein wird, werden die Leute mit der Zeit die Fertigkeit entwickeln, ein gut funktionierendes Treffen abzuhalten.

Kommunikation anhand visueller Hilfsmittel

Die Anwendung visueller Hilfsmittel wird für die Kommunikation auf dem Shop Floor als sehr effektiv empfunden (siehe Abb. 8.6).

Zur Förderung der Kommunikation und Motivation auf dem Shop Floor dienen Ausstellungen in Konferenzräumen, Cafeterien oder in den Fluren. Ich lernte Firmen kennen, die weder Shop Floor-Treffen veranstalteten noch große, freie Wände nutzen, was mir

Abb. 8.6 Visuelle Hilfsmittel zur Förderung der Kommunikation

Ausstellungen

- Betriebsleistung-Schautafel der QKLSA:
  Diese können wie eine Anzeigetafel beim Baseball betrachtet werden.
- Prämien:
  Diese repräsentieren die Erinnerung an harte Arbeit oder wichtige Stationen des Fortschritts.
- Spruchbänder mit wichtigen Botschaften oder Slogans:
  Sie dienen als Erinnerung an die gemeinsame Überzeugung.
- Verbesserungstafel:
  Beschreibungen von Verbesserungen werden auf Photos und anhand von Ausstellungsstücken mit Kommentaren festgehalten.
- QK-Geschichte-Tafel:
  Zusammenfassung der Materialien, wie sie auch beim Treffen präsentiert werden.
- Photos:
  Zeigen die Arbeitsplatzorganisation, „Vorher und Nachher"-Photos von Verbesserungen erinnern die Leute daran, wichtige Aufgaben zu bearbeiten.
- Diagramme des gegenseitigen Trainings, Fertigkeitenmatrix:
  Zeigen die grundlegenden Fertigkeiten eines jeden Teammitglieds.
- Diagramme über Beteiligung und Anzahl der Vorschläge:
  Geben Aufschluß über die Firmensituation.

Artikel in Firmenrundschreiben

- Thema des Monats
- Abteilungsneuigkeiten, geschrieben von den Abteilungsleitern
- Bekanntmachung von Prämien
- Anzahl der Vorschläge pro Abteilung
- Beispiele für Vorschläge
- Erfolgsgeschichten
- Vorstellung neuer Angestellten
- Quize, Geburtstage, „Rubrik für den Mitarbeiter", usw.

signalisierte, daß dort keine Beteiligung der Mitarbeiter erfolgte. Bitte merken Sie sich jedoch auch, daß Diagramme, die nicht aktualisiert werden, eine falsche Botschaft übermitteln. Wenn dies irgendwo der Fall ist, nenne ich diese oftmals „Todeszertifikate" anstelle von „lebende Dokumente".

Bei Rundschreiben ist nicht die Seitenzahl oder der professionelle Stil ausschlaggebend, sondern die Fähigkeit, Freude, Anerkennung und Teamwork zu vermitteln und die Mitarbeiter über alles zu informieren. Daher sollten sich die Leute besser an dem Verfassen der Artikel beteiligen, anstatt nur eine Person mit dieser Aufgabe zu beauftragen.

Prägen Sie sich bitte ein, daß ein Bild mehr sagt als tausend Worte. Um die Leute über zukünftige Ereignisse innerhalb und außerhalb der Fabrikanlage zu informieren, wird bei Matsushita täglich für die 800 Angestellten der Staubsaugeranlage ein einseitiges Rundschreiben, namens „Frühaufsteher", veröffentlicht. Statt jetzt darüber nachzugrübeln, daß dies doch Zeit und Kraft erfordert, müssen wir zu der Überzeugung gelangen, daß die Dinge irgendwie funktionieren werden – vorausgesetzt, es handelt sich um wichtige Dinge. (Als ich dieses Beispiel erwähnte, begann eine Abteilung von Robert Bosch in Deutschland, ein Rundschreiben ins Leben zu rufen, das alle 14 Tage erscheint. Obwohl 75% der ungefähr 100 Angestellten Gastarbeiter sind, hat diese Art von Initiative die Gruppe angespornt).

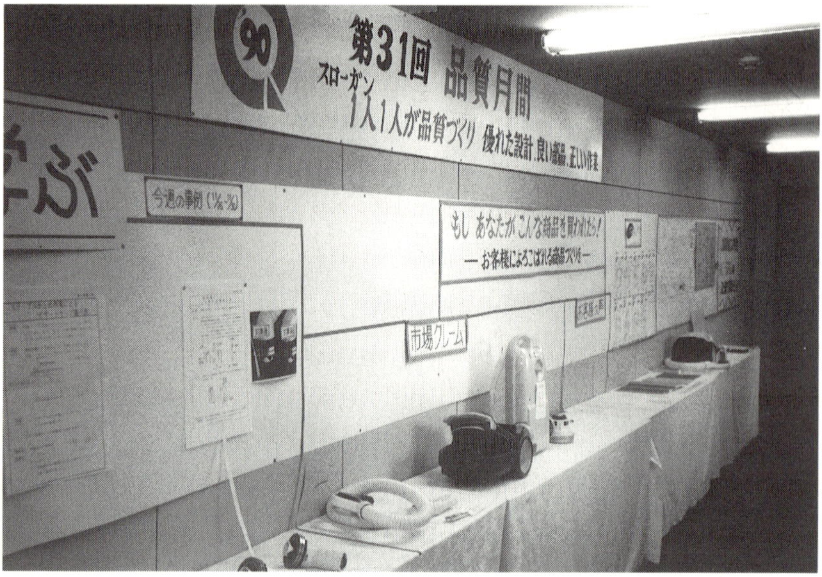

a. Ausstellung von Kundenreklamationen

b. Ausstellung von für untauglich befundener Ware innerhalb des Prozesses

Mit freundlicher Genehmigung von Matsushita

Abb. 8.7 Ausstellung defekter Muster

Mit freundlicher Genehmigung von Leegin Creative Leather Products

Abb. 8.8 An der Wand ausgehängte Materialien nach erfolgter Verbesserung

Abb. 8.7a und 8.7b zeigen Beispiele für Kundenreklamationen und für untauglich befundene Ware innerhalb des Prozesses. Auf diese Weise kann jeder die Wirkung seiner Arbeit auf die Kunden deutlich erkennen. Die Kommentare über diesen Ausstellungsstücken lauten: „Was würden Sie denken, wenn Sie ein solches Produkt kaufen würden?“ und „Bei der Herstellung von Qualitätsprodukten sind gerade Sie der Wichtigste.“

In Abb. 8.8 werden die in den Präsentationen verwendeten Materialien an die Wand gehängt, nachdem die Verbesserungen erfolgt sind. So werden die Leute an die guten Gewohnheiten der ständigen Verbesserung erinnert.

Um von der heutigen High-tech-Umgebung zu profitieren, wird am Schnellfließband von Grand Rapids ein Videoband genutzt, das dem Austausch der Leistung der Leute dient. Diejenigen, die für Verbesserungen in einem bestimmten Bereich zuständig sind, berichten auf dem Videoband über ihre Fortschritte.

Wie Sie sehen, gibt es viele verschiedene Möglichkeiten, Fortschritte miteinander zu teilen. Wenn diese Möglichkeiten effektiv angewendet werden, trägt das zur Entwicklung einer motivierenden Umgebung bei, in der die Menschen Freude an ihrer Arbeit haben und diese Energie in den Betrieb zurückfließen lassen.

D. h. selbst wenn wir viel zu tun haben, dürfen wir nicht vergessen, den Erfolg mit anderen zu teilen und für ein angemessenes Feedback zu sorgen. (Mehr Einzelheiten zur Anwendung visueller Hilfsmittel finden Sie in Anhang 8.1.)

Doch wenn ich mich in vielen Firmen umschaue, muß ich feststellen, daß die Leute immer noch wenig Feedback hinsichtlich ihrer Leistung erhalten. Ob positiv oder negativ, wir müssen Wege finden, um den Leuten diese Informationen so zu vermitteln, daß sie wissen, wo sie stehen und wo sie im Verhältnis zu ihren Zielen stehen sollten. Daher müssen wir uns fragen:

1. Was bedeutet es, für ein angemessenes Feedback zu sorgen und den Erfolg miteinander zu teilen? Wie effektiv ist das?
2. Welche anderen Möglichkeiten gibt es noch, sich über den Erfolg auszutauschen?

Zwar gibt es viele andere Möglichkeiten, den Erfolg miteinander zu teilen, wie Rundschreiben, Verbesserungstafel, Phototafel, Geschichte-Tafel, Shop Floor-Treffen oder Prämienprogramme, doch Konsequenz und Ausdauer sind die wichtigsten Voraussetzungen.

Anerkennung und Prämien

Da positive Bestärkung jeden zum Lernen und Wachsen motivieren kann, ergreifen erfolgreiche Führungskräfte oftmals die Gelegenheit, die Leistung ihrer Mitarbeiter anzuerkennen und zu belohnen. Die wichtigste Einstellung lautet hier „Arbeit kann Spaß machen". Eine wichtige Aufgabe des Trainers besteht darin, eine Umgebung auszumachen oder zu entwickeln, in der die Leute Interesse an ihrer Arbeit finden können. Dies kann eine Art innovatives Denken erforderlich machen. Doch wenn wir nicht aufpassen, entwickeln wir vielleicht ein Programm, das zu Verwirrung und Zwietracht unter den Leuten führt.

Eine Form der Anerkennung, die oftmals Streitigkeiten auslöst, ist der Geldpreis. Das Programm muß gerecht sein, und die Führungskräfte sollten den fundamentalen Gedanken hervorheben, der hinter dem Programm steckt – nämlich die gute Arbeit der Leute anzuerkennen. Folglich hat eine Firma, die Juristen und Wirtschaftsprüfer zur Beurteilung einer realisierten Idee oder zur Einschätzung des Nutzens eines Vorschlages benötigt, das Wesentliche nicht begriffen. Auf der anderen Seite haben erfolgreiche Anerkennungs- und Prämienprogramme wichtige Eigenschaften gemeinsam (s. Abb. 8.9).

Die Leute sollten ein Gespür dafür bekommen, daß ein Teil ihrer Aufgabe darin besteht, zur Zufriedenheit der Kunden, Beseitigung von Verschwendung, Erleichterung der Arbeit und zur Zusammenarbeit als Team beizutragen. Gleichzeitig sollten die Führungskräfte wissen, daß es zu ihrem Aufgabengebiet gehört, für Gelegenheiten zu sorgen, Erfolge zu feiern und jeden darin zu bestärken, vorwärts zu gehen. Bezüglich der unterschiedlichen Ausbildung der Leute im heutigen Arbeitsleben müssen die Programme jedoch durch richtige Führung seitens des Managements für ein gutes Gleichgewicht zwischen monetärem Anreiz und Anerkennung sorgen. Es ist auch ratsam, die Anerkennungs-/Prämienprogramme von Zeit zu Zeit auf ihre Effektivität hin zu prüfen. Und wenn wir schließlich das gleichzeitige Wachstum der Leute und der Firma in unsere Überlegungen miteinbeziehen, ist auch unsere Karriereplanung an diese Prämien und Anerkennungen gebunden.

Abb. 8.9 Wichtige Merkmale erfolgreicher Anerkennungs- und Prämienprogramme

- Einfache, unbürokratische Handhabung
- Rasche Reaktion und Bewertung
- Bescheidene Geldpreise
- Persönliche Anerkennung
- Schwerpunkt liegt auf Spaß und Freude
- Interesse und Einsatz des Top Managements

Leute gemeinsam mit der Firma wachsen lassen

Damit sich Betriebe ständig verbessern, müssen Manager begreifen, daß letztendlich nur die Ideen der Leute für Verbesserung und deren Realisierung zählen, unabhängig von Titeln oder Ausbildung.

Soichiro Honda praktizierte diese Idee, indem er niemals den Eigentümer der Firma herauskehrte, die er gegründet hatte. Er war stets der Auffassung, daß die Wirkung auf seine Angestellten destruktiv wäre, wenn er ihnen durch Ausübung seiner Macht und Autorität seine Ideen aufzwingen würde.

Abgesehen von den Anfangsjahren der Honda Motor Company, hat er sich z. B. nie daran beteiligt, die Direktoren des Vorstands zu bestellen oder etwa ihren Versammlungen beigewohnt. Er sagte: „Wenn Sie bloß solche Leute einstellen, die Sie verstehen, dann wird die Firma niemals bessere Leute als Sie bekommen . . . Sie müssen sich merken, daß Sie oftmals herausragende Persönlichkeiten unter denjenigen finden, die Sie überhaupt nicht leiden können. (Aus Honda Motor – The Men, The Management, The Machine von Tetsuo Sekiya, S. 161.)

Was die Ausübung von Macht bei einer Firmengründung angeht, meinte Hoichiro Honda folgendes: „Wir verfügten über viel mehr Macht als diejenigen, die später in die Firma eintraten. Stellen Sie sich vor, was passiert wäre, wenn wir einer Vorstandssitzung mit so viel Macht beigewohnt hätten. Bei einer solchen Konferenz wären die Beschlüsse bereits vorher festgelegt gewesen. Wenn sich ein Vorstand dagegen selbst überlassen wird, gibt er sein Bestes" (s.o., S. 185). Er trat sogar in seiner Eigenschaft als Präsident der Honda Motor Company relativ früh zurück und „eliminierte so seinen eigenen Job", damit der Betrieb Fortschritte machen konnte.

Honda glaubte an junge Leute, weil sie keine Vergangenheit haben und über Kreativität verfügen. Wenn wir uns von der Vergangenheit einengen lassen, können wir nicht kreativ sein oder neue Ideen leicht erlernen. Daher sollten wir alle lernen, alte Ereignisse oder Wissen von uns abzustreifen, die keinen Wert zu unserer Arbeit beitragen. Statt an der Vergangenheit festzuhalten, müssen wir die Leute anspornen, zu wachsen.

Unter Berücksichtigung unserer möglichen Leistung auf den verschiedenen Betriebsebenen, faßt Abb. 8.10 Möglichkeiten zusammen, unsere jetzigen Aufgaben zu eliminieren und unsere Kreativität zur Gewinnung zukünftiger Aufgaben zu nutzen.

Wenn wir diese Abb. mit Abb. 5.3 vergleichen, die sich mit der Verbesserung unserer Aufgaben beschäftigt, sollten wir erkennen, daß es sich hierbei um die zwei Seiten einer Münze handelt. Mit Hilfe des Trainings und der Führung anderer sollten wir versuchen, unsere eigene Arbeit zu eliminieren. Und bei diesem Versuch können wir andere ebenso motivieren sowie selber vorwärts gehen. So paradox das auch klingen mag, wir müssen diesen Prozeß verinnerlichen und gemeinsam einen Weg finden, diesen anzuwenden. Wir sollten uns auch vor Augen führen, daß uns unsere Umgebung, die voller Wettbewerb ist, keine Alternative ermöglicht, uns anders zu verhalten.

Wenn unser Betrieb inmitten eines rauhen Konkurrenzkampfes nach besserer Leistung strebt, werden wir alle von solchen Dingen wie Reduzierung der Betriebsschichten, um schnellere Entscheidungen treffen zu können, Auslassung des Zwischenhändlers, um effizienter zu sein bzw. Eliminierung bestimmter Operationsstufen, um produktiver zu werden, beeinflußt werden. So schmerzhaft das auch manchmal sein kann – das ist der Prozeß, den viele von uns durchlaufen müssen, um unsere Firmen – und unsere Gesellschaft – vorwärts zu bringen. Der Punkt ist, daß wir die „Verschwendung" und nicht die „Person" eliminieren müssen. Der Ausgangspunkt unserer Anstrengungen sollte sein, daß wir der Gesellschaft bei allem, was wir tun, Werte hinzufügen.

Ein bemerkenswertes Beispiel für diese Denkweise ist die Geschichte von Dr. Jonas Salk. Im Jahre 1955 entwickelte der medizinische Wissenschaftler den Impfstoff gegen Polio (Kinderlähmung). Als ihm zahlreiche Eltern ihren tiefempfundenen Dank aussprachen, bestand er darauf, daß es sich ja nicht um seinen Impfstoff handeln würde. Er

Abb. 8.10 Unsere jetzigen Aufgaben eliminieren

Betriebsebene	Mittel	Ergebnisse
Top Management	Training, Führung und Delegation	Motivierte Leute mit verbesserten Selbstmanagement-Fertigkeiten. Es werden mehr Zeit und Ressourcen freigesetzt, um wichtigere Themen zu behandeln.
Mittleres Management	Training, Führung und Delegation mit verbesserten Selbstmanagement-Fertigkeiten	Motivierte Leute mit verbesserten Selbstmanagement-Fertigkeiten. Es werden mehr Zeit und Ressourcen freigesetzt, um wichtigere Themen zu behandeln, z. B. neue Prozesse, neue Produkte, usw.
Angestellte	Entstehung von Ideen mittels Verantwortung und Stolz, d. h. Selbstmanagement	Verbesserte Maschinen, Werkzeuge, Systeme, Operationen. Es werden mehr Zeit und Ressourcen freigesetzt, um wichtigere Themen zu behandeln, z. B. mehr Fertigkeiten.
Werkzeuge, Maschinen, Systeme, usw.	Verbesserte Maschinen, Werkzeuge, Systeme	Bessere Nutzung der Talente der Leute und der verfügbaren Ressourcen, um die Kunden zu befriedigen, was zur Verminderung der Belastung der Leute führt.

meldete ihn niemals zum Patent an, erhielt niemals irgendwelche Tantiemen für den Verkauf des Impfstoffs, stellte aber sicher, daß alle qualifizierten Laboratorien den gleichen Zugang zu der Formel erhielten.

In einem kürzlich erschienenen Zeitungsartikel sagte Dr. Salk: „Im Augenblick ist es meine Aufgabe, den Leuten dabei zu helfen, das zu sehen, was ich sehe. Wenn das irgendwie von Bedeutung ist, schön. Und wenn es das nicht ist, dann habe ich zumindest all das gegegeben, was ich geben kann.“ (Aus Vis à Vis, ein Monatsmagazin der United Airlines, Januar 1992.)

Wenn Manager sehr viel Wert auf Geldpreise legen, kann das dazu führen, daß wir uns für betriebliche Belange nur noch kurzfristig interessieren und der eigentliche Schwerpunkt auf materialistischen Bedürfnissen liegt. Im Gegensatz dazu steht die Befriedigung höherer Bedürfnisse unserer Bedürfnishierarchie, wie z. B. die Selbstverwirklichung. Ähnlich ist es, wenn sich die Firma darauf konzentriert, die Fähigkeiten der Leute zu entwickeln und langfristig ihre Mission zu realisieren. Die Anerkennungs- bzw. Prämienprogramme müssen mit der Karriereplanung der Leute, dem Grundgehalt und Bonus, Sicherheit des Arbeitsplatzes, usw. übereinstimmen.

Beim amerikanischen Hersteller Honda kombiniert das „freiwillige Beteiligungsprogramm“ (FBP) Verbesserungsaktivitäten als Team – ein Vorschlagsprogramm – sowie Qualitäts- und Sicherheitsprämienprogramme unter einer Gesamtrubrik. Für jede Realisierung werden Punkte vergeben, und diese Punkte werden von jedem Angestellten (bzw.

Abb. 8.11 Möglichkeiten, die Anstrengungen der Leute zu würdigen

- Auf die Schulter klopfen
- Ein Anerkennungsschreiben
- Lohn, d. h. regulärer Lohn und Lohn für Überstunden
- Beteiligung am Gewinn, Zahlung eines Bonus
- Prämien für Qualität, Sicherheit, Team, Vorschläge, Teilnahme
- Zertifikate für verbesserte Fertigkeiten
- Karriereplanung, Beratung
- Beförderung
- Vorteile, d. h. Krankenversicherung, Betriebsrente, usw.
- Urlaub
- Sicherheit des Arbeitsplatzes
- Spaß bei der Arbeit

Teilhaber, wie Honda sie nennt) während seiner beruflichen Laufbahn gesammelt. Der höchste Preis, der „Honda-Preis", ist ein Honda Accord und eine Reise für 2 Personen.

Wie dieser Fall zeigt, kann eine Firma die Anstrengungen der Leute auf unterschiedliche Weise honorieren und dabei auch den Unterschied zwischen Wert und Fertigkeiten der Leute reflektieren. Manager müssen sowohl die Bedürfnisse der Leute als auch die Mission der Firma begreifen, um die bestmögliche Kombination für beide hinsichtlich ihres Wachstums herauszufinden. (Abb. 8.11 faßt verschiedene Arten von Prämien zusammen.)

Prämien und Anerkennung sind zwar mit Realisierungen und Beiträgen zum Betrieb verknüpft, doch sie sind nicht von der Ausbildung eines Mitarbeiters abhängig. Im Fall von Honda sind die meisten der Angestellten davon überzeugt, daß jeder von ihnen Präsident von Honda werden könnte, ungeachtet seiner akademischen Ausbildung. Soichiro Honda betonte sogar, daß eine Kinokarte besser als ein Diplom wäre, da man für einen Kinobesuch kein Diplom benötigte. Diese Worte hatte ein stellvertretender Werksmanager, den ich bei Honda in den Vereinigten Staaten traf, wörtlich genommen. Er hatte nicht einmal einen Collegeabschluß und begann seine Karriere als Facharbeiter.

Aussprüche, die seitens der Manager vermieden werden sollten

Bisher haben wir verschiedene Möglichkeiten untersucht, wie die Führungskräfte effektiv auf dem Shop Floor tätig sein können. Egal ob bei einer kurzen Unterhaltung auf dem Flur oder bei einem Treffen, es gibt gewisse Aussprüche, die Manager vermeiden sollten, wenn sie das Vertrauen der Leute gewinnen wollen. Abb. 8.12 demonstriert Beispiele für solche Ausdrücke, die von Toyota zusammengetragen wurden.

Schlüsselbegriff ist wieder einmal die „Kundenorientierung". Manager müssen sensibel sein und sich in die Lage ihrer Kunden versetzen können. Als Zentrum des Shop Floors müssen die Menschen gelten und nicht die Maschinen oder Systeme.

Je freundlicher wir miteinander reden, desto mehr können wir auch unser kollektives Wissen ins Spiel bringen. Je stärker die Leute beteiligt sind, desto mehr Leistung kann auch erzielt werden – was dazu beiträgt, all unsere Ziele zu verwirklichen. Um diese Leistung zu erreichen, faßt Abb. 8.13 einige wichtige Merksätze für Abteilungsleiter und Manager hinsichtlich ihrer Beziehungen zu den Leuten auf dem Shop Floor zusammen.

Abb. 8.12 Aussprüche von Managern, die die Beteiligung der Leute verhindern

- So viel sollte jeder begreifen . . .
- Da wir das vorher nicht ausprobiert haben, wird es wahrscheinlich auch nicht funktionieren.
- Es funktionierte schon nicht, als ich es vorhin ausprobierte. Sicherlich wird es auch jetzt nicht klappen.
- Das ist zu spät.
- In der Realität funktioniert es nicht so reibungslos, wie es die Berechnungen vorher ergeben haben.
- Da wir viele Pläne vorliegen haben, werde ich mir Ihre Idee später ansehen, wenn ich Zeit habe.
- Lassen Sie uns darüber an einem anderen Tag diskutieren.
- Schauen wir einmal, ob es für eine Weile funktioniert.
- Warum sollten wir das ändern? Es funktioniert doch gut.
- Wir haben dafür Regeln, gegen die nicht verstoßen werden darf.
- Ich denke, Ingenieure würden das für unmöglich halten.
- Die Idee ist vom Tisch. Manager würden eine solche Idee nicht kaufen.
- In unserer Firma funktioniert das nicht.
- Das können sie in den Vereinigten Staaten machen. In Japan ist das unmöglich.
- Die Welt ist komplizierter.
- Ich denke nicht, daß Sie das verstehen würden.
- Die Idee ist zwar gut, aber wir haben dafür kein Geld.
- Später könnte das zu einigen Unannehmlichkeiten führen.
- Es ist nicht üblich, sich mit mir zu unterhalten.
- Stören Sie mich nicht, ich arbeite.
- Was für eine Art Idee ist das? Können Sie damit etwas anfangen?

Mit freundlicher Genehmigung von Toyota; entnommen aus dem Trainingsmaterial für Manager/Abteilungsleiter

Eine andere Sache ist die, daß Sie nicht immer recht haben müssen. Wenn es doch so ist, dann haben die Leute Angst, Ihnen ihre Ideen mitzuteilen. Wenn Sie also der Meinung sind, daß Sie unrecht haben, dann sollten Sie auch so demütig sein und dies vor Ihren Untergebenen zugeben. Dadurch gewinnen die Leute Vertrauen und sind viel mehr dazu bereit, sich zu beteiligen. Da die Leute auch oftmals denken, daß Manager mit Entlassungen beschäftigt sind, ist es für sie schwierig, ein Gespräch ohne Signalisierung

Abb. 8.13 Merksätze für Manager

- Signalisieren Sie Ihre Gesprächsbereitschaft
  - Beobachten Sie die Leute, ihre Haltung und ihren Arbeitsbereich, um zu sehen, ob irgendwelche Veränderungen stattfinden
  - Zeigen Sie Interesse an der Person
  - Demonstrieren Sie eine selbstsichere und ruhige Haltung, anstelle eines unsicheren und nervösen Auftretens
  - Sehen Sie der anderen Person in die Augen
- Signalisieren Sie aufmerksames Zuhören
  - Nicken Sie bei passender Gelegenheit, um zu zeigen, daß Sie zuhören
  - Bestätigen Sie die wichtigen Punkte der Unterredung
  - Stellen Sie konstruktive Fragen, dehnen Sie die Diskussion aus und verknüpfen Sie sie mit Themen, die für den Betrieb wichtig sind
  - Bieten Sie Ihre eigene Meinung an, doch nicht als endgültige Aussage und fragen Sie nach Kommentaren

eines Interesses seitens des Managers zu beginnen. Doch die Manager wünschen sich häufig, daß die Leute mit ihnen wie mit Freunden sprechen. Ich kann mich noch an einen Manager bei Komatsu in Japan erinnern, der sagte, daß es der schönste Teil seiner Tätigkeit gewesen sei, wenn ihn Facharbeiter angesprochen hätten.

Trotz der Tatsache, daß Anerkennung, Prämien oder Karriereplanungsprogramme dazu beitragen, eine positive Arbeitsatmosphäre zu entwickeln, kann sich dies ins Gegenteil umkehren, wenn Manager solche Aussprüche verwenden, die in Abb. 8.12 aufgelistet sind.

Qualifikation als Führungskraft

Neulich überraschte mich der Kommentar eines Vizepräsidenten eines mittleren Betriebes. Angesichts der Schwierigkeit, neue Produkte mit kürzeren Lieferfristen einzuführen, sagte er in einer Konferenz des Top Managements: „Wenn wir Honda wären, könnten wir innerhalb von 3 Jahren ein neues Produkt einführen, da sie über viele Ingenieure und viel Geld verfügen."

Da ich wußte, wie hart Herr Honda und seine Mitarbeiter gearbeitet hatten, als die Firma noch klein war und wie sorgfältig sie ihre Fähigkeiten entwickelt hatten, stimmte mich dieser Kommentar traurig. Vielleicht kam dieser Vizepräsident von einer größeren Firma, deren Budget ausreichte, um Ingenieure zu engagieren. Doch ich denke, eine Führungskraft darf so etwas trotzdem nicht kundtun.

Wenn eine Führungskraft sich dafür entschuldigt, warum etwas nicht getan werden kann, dann schränkt dies sicherlich auch die Leistung des Betriebes als Ganzes ein. Ich bin der Auffassung, daß qualifizierte Führungskräfte ihren Leuten motivierende Botschaften übermitteln müssen, mit ihnen – auch unter schwierigen Bedingungen – positive, aber vernünftige Visionen teilen und andere an der Suche nach Möglichkeiten, Fortschritte zu machen, beteiligen sollten.

Was dieses Thema und die Annahme einer positiven Haltung in Bezug auf die Bestärkung der Leute angeht, ihre Träume zu verwirklichen, möchte ich noch eine weitere Geschichte von Soichiro Honda erwähnen. Als die Firma noch in den Anfängen steckte und kleine Motoren zur Befestigung an Fahrrädern herstellte, versammelte Honda eines Tages seine Angestellten um sich, stellte sich auf eine orangenfarbene Kiste und verkündete seinen ungefähr 30 Mitarbeitern, daß diese Firma eines Tages die Nummer Eins unter den Herstellern in der gesamten Welt werden würde.

Nicht viele würden sich trauen, so etwas zu sagen. Aber zeichnet nicht gerade das eine Führungskraft aus, Leute davon zu überzeugen, selbst bei schwierigen Bedingungen weiter vorwärts zu gehen? Jeder, der etwas erreichen will, muß mutig sein. Er muß kreativ sein und Vertrauen in seine Fähigkeiten und die seiner Mitstreiter haben. Kreativ zu sein, bedeutet, unkonventionelle Denkweisen zu entwickeln. Sie müssen Ansichten teilen, Leute führen, sie herausfordern und beweisen können, daß diese Ansichten Früchte tragen werden. Das ist keine leichte Aufgabe. Doch diese Merkmale qualifizieren Sie als Führungskraft.

Erzeugung positiver Bestärkung zwecks Veränderung unseres Verhaltens

Dieses Kapitel erläutert, daß diejenigen, die sich über Erfolg austauschen, ihr eigenes Vertrauen stärken und gleichzeitig andere motivieren werden, ob dies nun mit Hilfe von Präsentationen, Schautafeln, Rundschreiben, Prämien- oder Anerkennungsprogrammen geschieht. Manager, die managen, indem sie umhergehen (MISU) und die, welche Ideen austauschen oder Karriereplanung betreiben, können die Einstellung der Leute gegenüber ständiger Verbesserung beeinflussen.

Erfolgreiche Führungskräfte werden daher bei der Suche nach Wachstum für ihre Leute und des Betriebes jede Gelegenheit nutzen, für ein angemessenes Feedback zu sorgen und das Wachstum der Leute zu lenken. Wenn wir diese Erfahrungen gemeinsam machen und die Leiter unseres Verhaltenänderungsmodells erklimmen, werden wir allmählich unser eigenes Schicksal selbst bestimmen können (s. Abb. 8.14).

Wenn wir uns mit jeder Stufe weiter vorwärts bewegen, nähern wir uns der Veränderung unseres Schicksals. Es kann aber auch passieren, daß wir bei bestimmten Stufen blockiert sind – unfähig, weiter zu klettern. Bestimmte „Reize" oder Informationen können unsere Denkweise verändern bzw. sie vielleicht auch überhaupt nicht beeinflussen. Oder selbst wenn sie beeinflußt wird, ändern wir trotzdem nicht unsere Einstellung, usw.

Hier ein Beispiel. Als ich eine Firma aufsuchte, empfahl ich dem Management, für jede Minifirma eine Schautafel aufzustellen, um die realisierten Verbesserungen darzustellen.

Da schon viele Verbesserungen stattgefunden hatten, ohne daß sich die Mitarbeiter darüber irgendwie ausgetauscht hätten, würden anhand der ausgehängten Photos mit Kommentaren nicht nur die Leute honoriert, welche die Verbesserungen realisiert hatten, sondern es könnte sich auch eine Atmosphäre entwickeln, in der der Austausch von Erfolg innerhalb der gesamten Firma möglich wäre. Prämien könnten gemäß dem Niveau der Verbesserungen oder der Anstrengung der Leute vergeben werden. Wenn die Firma dies alle sechs Monate im Zusammenhang mit dem halbjährlichen Bericht der Minifirmen durchführen würde, könnte das die Leute motivieren, die Gewohnheit der Anwendung von PAPH anzunehmen.

Ich habe dann versucht, dieses Modell in Abb. 8.14 näher zu erklären, indem ich die Wichtigkeit hervorgehoben habe, unser Verhalten aufgrund der Bedürfnisse im Geschäftsleben zu ändern.

Die Manager und Abteilungsleiter diskutierten dann im Konferenzraum, ob die Durchführung dieser Idee in den nächsten drei Monaten möglich sei. Ungefähr zehn Minuten später beschlossen sie, daß es sich zwar um eine gute Idee handeln würde, ihre Durchführung aber nicht einfach sei.

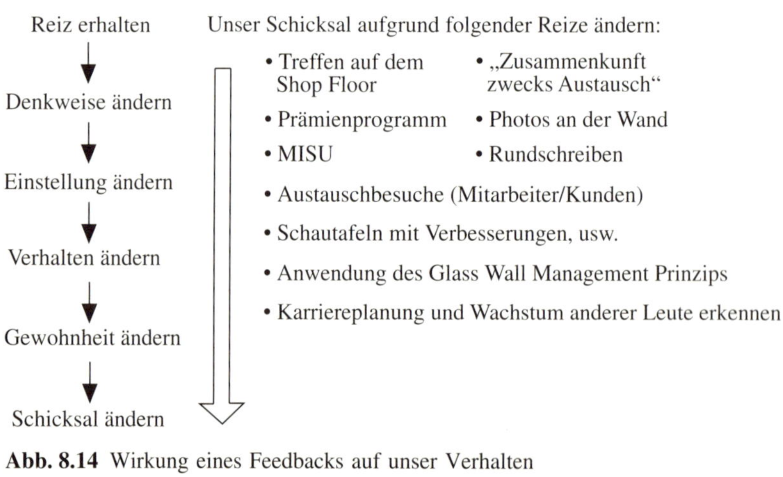

Abb. 8.14 Wirkung eines Feedbacks auf unser Verhalten

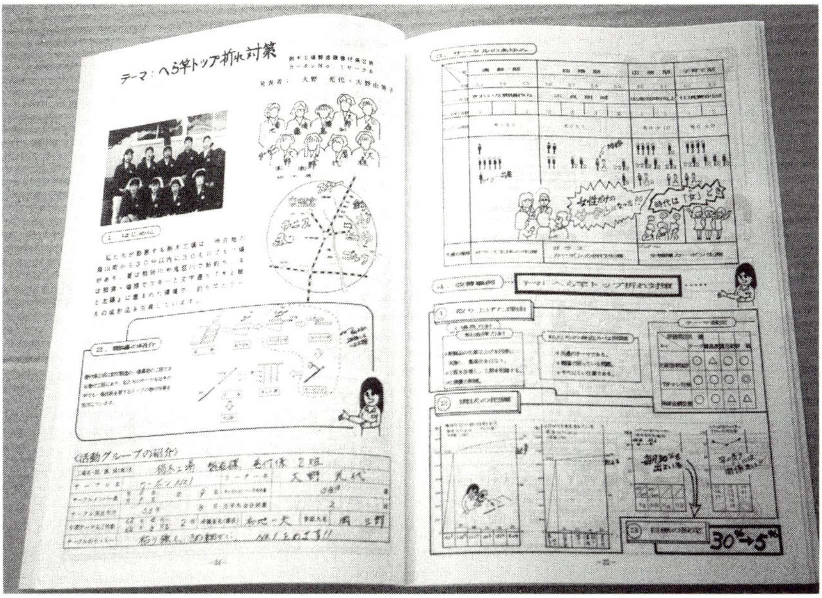

Mit freundlicher Genehmigung von Daiwa Seiko

Abb. 8.15 Veröffentlichung von Verbesserungen als Team. Da in dieser japanischen Firma mit 1000 Angestellten viele Qualitätszyklen Verbesserungen realisieren, wird nur eine Auswahl von Verbesserungen getroffen. Diese werden in einem Buch zusammengestellt, das den Angestellten einmal im Jahr als Nachschlagewerk überlassen wird. Es gibt ebenfalls eine Qualitätszyklus-Versammlung, in der sich einige ausgewählte Teams um verschiedene Prämien bewerben. Diese Teams haben einen ganzen Tag zur Verfügung, um ihre Präsentationen abzuhalten. Nahezu jedes Team verwendet das QK-Geschichten-Format.

Ich fragte nach dem Grund, und sie erläuterten mir die „Schwierigkeiten" anhand eines Flipcharts. Diese waren: Zeit, Mangel an Arbeitskräften, Einstellung der Leute und ähnliches. Dann erkundigte ich mich, welches wohl die Mittel seien, diese Schwierigkeiten zu überwinden. Sie antworteten: mehr Zeit, mehr Leute, mehr Überzeugung, usw.

Natürlich erfordert die Annahme neuer Ideen oftmals Zeit und Kraft. Auch wenn diese Leute das in Abb. 8.14 dargestellte Modell als Konzept verstanden, ist unser Verhalten in der Realität einfach anders. Ich stellte außerdem fest, daß die „Schwierigkeit" nicht so sehr in der Denkweise der Leute bestand. Es handelte sich eher um die Denkweise des Managements, daß die Sache blockierte. Konosuke Matsushita sagte: „Zuerst müssen Sie davon ausgehen, daß Sie erfolgreich sein werden. Das ist der Schlüssel zum Erfolg. Und wenn Sie das erst einmal denken, dann bin ich sicher, daß Sie auch Erfolg haben werden." So einfach sich das auch anhören mag, ich denke, daß alle, die in Führungspositionen sitzen, seine Worte vollständig verinnerlichen müssen. Erstaunlich fand ich dabei, daß ich solche Worte allgemein bei Matsushita zu hören bekam.

Um Leute zu führen oder zu befähigen, müssen wir an das, was wir tun, glauben. Und wenn wir gelegentlich in den Spiegel schauen, müssen wir uns selbst folgende Fragen stellen:

- Wie oft loben die Leute eine Arbeit, die gut erledigt wurde?
- Wie oft sehen wir Schautafeln mit aktualisierten Verbesserungen?
- Wie oft stehen die Namen von Leuten in Firmen- oder Werksrundschreiben?
- Haben wir regelmäßige Shop Floor-Treffen, in denen wir unsere Verbesserungsideen austauschen?
- Wie effektiv sind Prämien- oder Anerkennungsprogramme?
- Wie effektiv ist die Karriereplanung?
- Wie reflektieren diese Programme den Wert der Firma?
- Was können wir tun, um noch mehr Verbesserungen zu realisieren?

Zusammenfassung

- Die Manager von heute müssen stärkere Führungsqualitäten entwickeln. Eine effektive Führung ermöglicht es, die Fertigkeiten der Leute zu verbessern. In dem Maße, wie die Fertigkeiten der Leute verbessert werden, wird auch die Führungs- und Trainingsfunktion von Managern wichtiger als jemals zuvor.
- Führung ist situationsbedingt. Der Rang oder Titel sollte in progressiven Firmen nicht mit der Aufgabe einer Führungskraft gleichgesetzt werden. Führung zusammen mit Selbstverbesserung ist die Reflektion unseres selbstmanagenden Antriebs.
- Es ist die Aufgabe von Managern, ihre eigenen Aufgaben zu eliminieren und wichtigere Tätigkeiten für sich zu schaffen, damit der Betrieb als Ganzes kontinuierlich wachsen kann. Die Leute sollten das gleiche tun und mehr Fertigkeiten erwerben, um vorwärts zu gehen.
- Obwohl traditionelle Manager dazu neigen, Fertigkeiten zu monopolisieren, wird ein progressiver Manager/Führungskraft Fertigkeiten durch das Unterrichten anderer weitergeben, um die Mission zu erfüllen. Wenn er sich der Mission verschreibt, statt auf Macht und Autorität zu bauen, wird er andere ebenfalls dafür einnehmen. Ein Manager muß seine Leute als Kunden betrachten, damit Ideen ausgetauscht werden können.
- Bei der Anleitung von Leuten zu Verbesserungsaktivitäten muß der Manager als Trainer fungieren und dort seine Hilfe anbieten, wo sie benötigt wird.
- Manager können ihre Trainingsfähigkeiten durch Management, indem sie umherwandern (MISU), anwenden und die Leute vom Beginn einer Idee bis zu deren Verwirklichung bestärken.
- Das Veranstalten regelmäßiger Treffen auf dem Shop Floor und die Schaffung eines Bereichs, wo sich die Facharbeiter treffen können, fördert die Verantwortung der Leute. Die Verwendung visueller Kommunikationsmittel wie Schautafeln ist ebenfalls eine effektive Möglichkeit, eine Atmosphäre für ständige Verbesserung zu entwickeln.
- Manager müssen über Beharrlichkeit und Ausdauer bei der Verfolgung ihrer Vision verfügen. Ist das nicht der Fall, verliert das Management an Glaubwürdigkeit. Und wenn dies einmal geschehen ist, dann ist es nicht einfach, sie wieder zu erlangen.
- Leistungen von Leuten müssen nicht notwendigerweise mit Geldpreisen verknüpft sein, sondern sollten mit Anerkennung, Karriereplanung, Grundgehalt und Bonus und Sicherheit des Arbeitsplatzes einhergehen.

- Die Führung von Leuten ist kein einfacher Prozeß. Es hängt davon ab, wie gut wir uns an die Mission anpassen können. Das Erreichen von Führungsqualitäten erfordert oftmals eine Kombination aus Mut, Kreativität, Ausdauer, Kommunikationsfertigkeiten und Vertrauen. Sie erfordern ebenfalls eine lebenslange Anwendung. Doch handelt es sich eher um einen Prozeß, unseren Verstand zu trainieren als bestimmte Techniken zu erwerben.
- Wenn wir anhand solcher Mittel wie Schautafeln, Rundschreiben, Treffen, Präsentationen, MISU, Karriereplanung und Beratung, usw. für ein angemessenes Feedback oder den entsprechenden Anreiz für die Leute sorgen, können sich die Einstellung, das Verhalten und die Gewohnheiten der Leute ändern. Das führt zur Definition eines neuen Schicksals für den Betrieb und jeden einzelnen, der in ihm verhaftet ist.

9. Kapitel

Shop Floor-Aktivitäten managen

Wenn wir eine Vision entwickeln, Kunden identifizieren, Leute beteiligen, Problemlösen praktizieren und Wege finden, Leute zu führen, benötigen wir noch eine gute Managementdisziplin, um diese Aktivitäten miteinander zu koordinieren. In diesem Kapitel werden wir erfahren, wie wir Ziele und PAPH-Kreisläufe zwecks ständiger Verbesserung anwenden können. Wir werden ebenfalls untersuchen, wie wir mit der Zeit auf dem Shop Floor besser zurechtkommen können – am Beispiel von Abteilungsleitern. Außerdem werden die Themen Kontrollpunkte, Dokumentation und Präsentationen als Möglichkeiten eingeführt, unsere Managementprozesse besser zu durchschauen.

Zielsetzung

Obwohl die Kontrollspanne von der Verantwortung des einzelnen abhängt, sollte jeder Betriebsangehörige einige Ziele vor Augen haben – egal ob es sich um individuelle Ziele oder Ziele eines Teams handelt – gerade so wie ein Baseballteam mehr „Runs" als seine Gegner erzielen möchte, um das Spiel zu gewinnen. Wenn wir die Regeln des Spiels, das wir spielen, besser verstehen, haben wir eine auch weitaus größere Chance, bessere Leistungen zu erzielen und den Prozeß zu genießen.

Traditionell wurden die Ziele jedoch stets von der Spitze des Betriebes festgesetzt, ohne die unteren Ebenen miteinzubeziehen. Oftmals wurden den Leuten diese Ziele nicht genau erklärt oder noch schlimmer, die einzelnen Ziele widersprachen sich. Das Ergebnis war, daß die Leute das System manipulieren mußten, um ihre vorgeschriebenen, individuellen Ziele zu erreichen, anstatt zum Gesamtziel des Betriebes beizutragen. Doch wenn wir ein besseres Verständnis für das Geschäftsleben entwickeln und geeignetere Messungen für die Leistung der Leute definieren können, werden wir die Ziele der einzelnen mit dem Gesamtziel des Betriebes verbinden können. Um diesen Punkt weiter zu verfolgen, sollten wir uns die Aufgabe eines Abteilungsleiters auf dem Shop Floor ansehen.

Während wir in den vorhergehenden Kapiteln Qualität, Kosten, Lieferung, Sicherheit und Arbeitsmoral (QKLSA) als wichtigste Ziele untersuchten, haben sich einige Abteilungsleiter vielleicht nur auf das Thema Planerfüllung konzentriert, wohingegen andere sich mit mehreren Zielen wie QKL oder QKLSA beschäftigt haben. Selbstverständlich trachten wir danach, alle unterschiedlichen Bedürfnisse der Kunden zu befriedigen. Je mehr Abteilungsleiter die Fertigkeit entwickeln, mit verschiedenen Funktionen und Zielen umgehen zu können, desto besser kann auch der Betrieb als Ganzes funktionieren.

Abb. 9.1 Ziele der Abteilungsleiter in den verschiedenen Stadien des Shop Floor Managements

Ebene 1 (unterste):	Die Planerfüllung ist das wichtigste Ziel. Die Qualität wird von einer anderen Abteilung überwacht. Die Reduzierung von Kosten ist ebenfalls ein Ziel, doch damit beschäftigen sich hauptsächlich die Herstellungsingenieure. Es erfolgt ein Minimum an Planung.
Ebene 2:	Qualität und Lieferung (QL) bzw. Kosten und Lieferung (KL) werden als Hauptziele betrachtet. Andere Ziele existieren ebenso, doch die meiste Energie wird auf das Managen einzelner Personen gelegt, statt auf das Bearbeiten von Prozessen. Eine Planung zur Erreichung der Ziele erfolgt kurzfristig.
Ebene 3:	Qualität, Kosten und Lieferung (QKL) sind die wichtigsten Ziele. Arbeitsmoral und Sicherheit werden ebenfalls als wichtig angesehen, gehören aber nicht zur Zielsetzung. Die Kommunikation mit den Angestellten wird häufiger, und die Diskussion mit ihnen ist nicht länger einseitig. Einige problemlösende Werkzeuge werden bei der Planung verwendet.
Ebene 4:	QKLSA sind die Hauptziele. Die Abteilungsleiter erkennen die Bedeutung der Beteiligung der Leute. Wenn diese mehr Verantwortung übernehmen, können die Abteilungsleiter mehr Zeit für wichtige, langfristige oder chronische Probleme verwenden. Wenn sich Ziele entwickeln, werden die Einstellungen, die zur Erreichung der Ziele notwendig sind, ebenfalls bewertet. Dies reflektiert die Fähigkeit der Leute zum Problemlösen. Der häufigere Austausch von Erfolg unter den Leuten wird offensichtlich.
Ebene 5 (höchste):	Es gibt verschiedene Ziele mit verschiedenen Prioritäten. Veränderungen im Design und die Entwicklung eines neuen Produktes sowie Themen, die die Lieferung betreffen, werden diskutiert und dabei andere Abteilungen miteinbezogen. Die Ziele der Abteilungsleiter verlaufen jetzt viel stärker parallel zum Gesamtziel des Betriebes. Die Ziele werden in dem Moment realistischer, wo die Leute ihre Fertigkeiten verbessern. Die Zusammenarbeit mit Kunden und Lieferanten wird zu einem integrierten Teil der Planung. In diesem Stadium sind die Leute in der Lage, die Interessen ihres Betriebes zu beschreiben, wie diese die Firmenleistung beeinflussen und wie die Leute selbst die Probleme lösen.

Abb. 9.2 Wichtige Punkte für die Zielsetzung

- Ziele sollten für die Leute eher eine Herausforderung darstellen als eine Einschätzung dessen sein, was passieren könnte.
- Ziele müssen für die Leute so verlockend sein, daß sie sich damit identifizieren können und auch dafür Verantwortung übernehmen.
- Ziele sollten meßbar sein, d. h. was meßbar ist, kann auch geleistet werden.
- Ziele können gesetzt werden, indem die Leistung mit anderen Betrieben oder Firmen verglichen wird, d. h. „Benchmarking".
- Ziele können gemäß den Erfordernissen des Betriebes gesetzt werden.
- Ziele können von den Mitarbeiten vorgeschlagen und anschließend mit den Managern diskutiert werden.
- Ziele können leicht über dem Niveau der Fertigkeiten der Leute liegen, um eine Herausforderung für sie darzustellen.
- Ziele sollten die Analyse vergangener Leistung reflektieren.
- Bestimmte Werkzeuge, wie problemlösende Techniken, sollten zusammen mit Zielen für die Leute bereitgestellt werden.
- Das Verantwortungsgefühl der Leute sollte respektiert sowie die notwendige Unterstützung für die Nutzung ihrer Kreativität gewährleistet werden.
- Das Erreichen von Zielen sollte dazu beitragen, die Mission zu erfüllen.

Damit wir eine solche Denkweise bei unserer Arbeit verinnerlichen können, faßt Abb. 9.1 die Art der Zielsetzung in verschiedenen Stadien des Fortschritts im Shop Floor Management zusammen. In dem Maße, wie sich die Fertigkeiten der Leute verbessern, wird sich auch der Zielsetzungsprozeß verbessern. Jedoch müssen wir auf eine Anzahl wichtiger Punkte achten (Abb. 9.2).

„Benchmarking"

Eine Möglichkeit, mit der Zielsetzung besser zurechtzukommen, ist die, von den Praktiken anderer Firmen oder Abteilungen zu lernen. Besonders dann, wenn wir mit Entlassungen oder anderen betrieblichen Belangen beschäftigt sind, ignorieren wir häufig, was andere machen – solange, bis sie uns überflügelt haben. Um das „Benchmarking" zu verdeutlichen, zeigt Abb. 9.3 die Ergebnisse eines Halbleitertests, der von Hewlett-Packard durchgeführt wurde. Abb. 9.4 ist eine weitere Studie von International Motor Vehicle Program (IMVP), welche Automobil-Montagewerke miteinander vergleicht.

Die Daten in diesen Abbildungen sprechen für sich selbst, was die Notwendigkeit einer Verbesserung für diejenigen betrifft, deren Ergebnisse nicht zufriedenstellend sind. Im Vergleich zur Messung der Wettbewerbsfähigkeit einer Firma anhand des Verkaufsvolumens, der Rentabilität oder Marktanteilen kann sich diese Art von Studie mit spezielleren Themen für die Leute auf dem Shop Floor befassen: Fehlerquote, Bestand, Platz, usw.

Wenn unsere Firma bei dieser Studie schlechte Ergebnisse erzielt, müssen wir akzeptieren, daß die in der Vergangenheit angenommenen Einstellung nicht gut genug ist. Wir müssen sie daher überdenken, bevor es zu spät ist.

Bei Xerox wurde die erste „Benchmark"-Studie 1982 durchgeführt, um die Rentabilität des Wire Harness Service Center innerhalb Xerox beurteilen zu können. Man verglich Qualität, Kosten und Lieferleistung des Centers mit der externer Lieferanten, um festzustellen, ob es sinnvoller wäre, einen preisgünstigen, externen Lieferanten zu beauftragen als die Bügel intern herstellen zu lassen. Da dabei Hunderte von Arbeitsplätzen auf dem Spiel standen, waren auch Gewerkschaftsmitglieder an der Studie beteiligt. Die Ergebnisse wiesen einen enormen Kostenunterschied in der Drahtbügelherstellung auf, d. h. Xerox war 25% teurer als andere inländische Lieferanten.

Abb. 9.3 Vergleichsstudie von Halbleiterqualitäten (1980)

Firma	**Inspektion**	**Fehlerquote pro 1000 St.**	**Qualitätsbeurteilung**
J1	0,00	0,010	89,9
J2	0,00	0,019	87,2
J3	0,00	0,012	87,2
A1	0,00	0,090	86,1
A2	0,11	0,059	63,3
A3	0,19	0,267	48,1

Abb. 9.4 Vergleich von Automobil-Montagewerken (1987)

	GM Framingham	**NUMMI Fremont**	**Toyota Takaoka**
Montage Stunden/Auto	31	19	16
Montage Mängel/Auto	135	45	45
Montage Reifen/Autojahr	8,1	7,0	4,8
Bestandsaufnahme von Ersatzteilen	2 Wochen	2 Tage	2 Stunden

Hinweis: NUMMI (New United Motor Manufacturing Inc.) ist ein Gemeinschaftsunternehmen von Toyota und GM in Freemont, Kalifornien.

Aus „The Machine That Changed The World“ von J. Womack, et al., S. 83

Aufgrund dieser Benchmark-Daten, die niemand anzweifeln konnte, bildete Xerox einen Mitarbeiterstab, bestehend aus drei Managern und drei Gewerkschaftsmitgliedern, die eine Strategie herausfinden sollten, um wettbewerbsfähig zu bleiben. Nach sechs Monaten harter Arbeit präsentierte der Mitarbeiterstab Ideen, die eventuell zu einer Verbesserung der Leistung führen und 300 Arbeitsplätze retten konnte. Seit dieser Zeit gehört Benchmarking zum Standardverfahren der Firma Xerox.

Das Testen von Konkurrenzprodukten, Sammeln von Lieferanteninformationen und die Verwendung öffentlicher Informationen tragen dazu bei, Benchmarks zu entwickeln. Auf diese Weise lassen sich Ziele hinsichtlich der Leistung setzen. Benchmark-Studien werden ebenfalls angewandt, um die Arbeitsmethoden einer Firma zu beurteilen und Wege zu finden, Verbesserungen durch Beteiligung der Leute zu realisieren. Wir gewinnen z. B. auch neue Einblicke in bessere Möglichkeiten der Papierverarbeitung, Reaktionen auf Kundenreklamationen, Reduzierung der Lieferzeit oder des Umgangs mit Kunden.

Hier sind noch weitere Beispiele. (1) Als Xerox eine Benchmark-Studie über Serviceleistungen von Kopiergeräteherstellern durchführen ließ, wurde untersucht, wie die Konkurrenz auf Serviceanfragen reagierte – vom Anruf bis zur Reparatur. Auf diese Weise sollte herausgefunden werden, was man von den anderen noch lernen konnte. (2) Als Soichiro Honda, der Gründer von Honda Motor, zum ersten Mal Europa besuchte, sah er zum allerersten Mal Schrauben der Firma Philipps. Als er deren Anwendung zu Hause einführte, wurden Montagearbeiten viel leichter. (3) Ein Facharbeiter bei Matsushita meint, daß er in seiner Freizeit Heimwerkerläden aufsuchen würde, um sich neue Anregungen von den dort ausgestellten Produkten zu holen.

All diese Beispiele zeigen, daß wir uns selbst motivieren können, indem wir uns ständig durch das Benchmarking anderer verbessern. Selbst wenn es schwierig ist, von Konkurrenten direkte Informationen zu erhalten – wenn wir neugierig und daran interessiert sind, Dinge besser zu machen, können wir andere Abteilungen oder Nichtkonkurrenten zwecks Ideensammlung aufsuchen.

Wenn wir diese Gelegenheiten nutzen und Hilfe bzw. Führung vom Management erfahren, können wir uns auch schwierigere Ziele setzen.

Die Ziele können mit QKLSA verknüpft sein, und besondere Benchmarks lassen sich sogar von einigen abschauen – die prompte Lieferung vom bekannten Marktführer

McDonald's, den Kundenservice von Nordstrom, die Qualität von Toyota oder die Anregungen für Ideen von einem Heimwerkerladen. Selbst wenn die Kluft zwischen der gegenwärtigen Operationsebene und dem Benchmark groß ist, können wir die Anstrengungen der Leute darauf konzentrieren, solche Informationen als Maßstab zu nehmen und die Kluft schrittweise zu verringern.

Sobald die Ziele gesetzt sind, sollten die Manager ihren Leuten dabei helfen, in einem weiteren Rahmen zu denken und den Schwerpunkt nicht nur auf z. B. die Produktionsmenge zu legen.

Dies verlagert die Planung einer Art Ritual auf einen bedeutungsvolleren Prozeß mit besonderen Handlungsplänen. Dann sollte der Prozeß überwacht werden, und die Leute erhalten, falls notwendig, Unterstützung.

Benchmarking kann auch bei Gehaltsfragen betrieben werden. Auf der einen Seite wollen wir die Löhne erhöhen, wenn die Leute mehr Fertigkeiten erwerben. Doch die Realität sieht so aus, daß bei hartem Konkurrenzkampf und verdeckten Gewinnen die Löhne nicht immer in dem Maße erhöht werden können, wie sich die Fertigkeiten der Leute erhöhen. Diese Art Benchmarking gibt Aufschluß über die nüchterne Realität. Doch um in dem heutigen Konkurrenzkampf zu überleben, dürfen wir nicht unsere Augen verschließen und nur auf innerbetriebliche Belange fixiert sein. Wir müssen uns Ziele setzen und die Kreativität aller nutzen, um diese Ziele auch zu erreichen.

Managementkreislauf

Sobald die Ziele gesetzt sind, müssen wir über ihre Verwirklichung nachdenken. Wir können hierbei den PAPH-(Planen–Ausführen–Prüfen–Handeln)Kreislauf für ständige Verbesserung als grundlegende Managementdisziplin anwenden. Dies läßt sich mit dem Segeln eines Bootes und der Erreichung eines Bestimmungsortes vergleichen, wobei das Vorwärtskommen überwacht wird (Abb. 9.5).

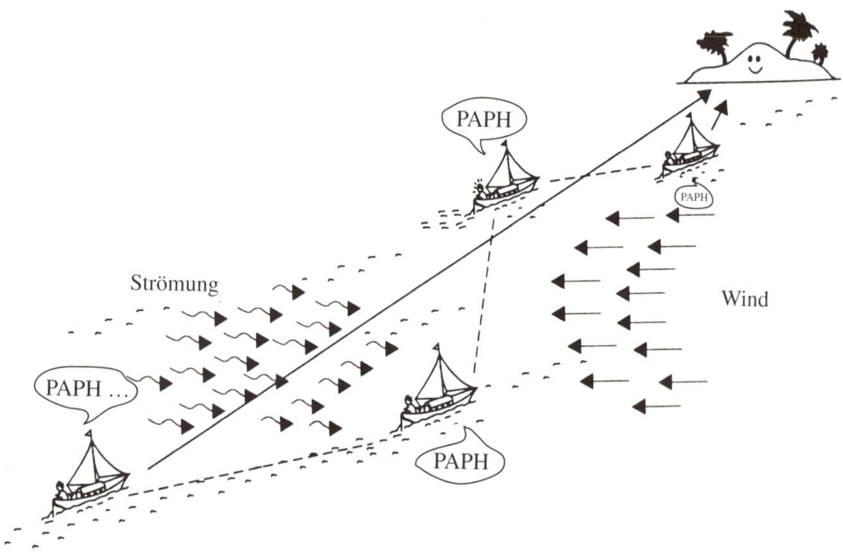

Abb. 9.5 Anwendung des PAPH-Kreislaufs beim Segeln

Wir müssen z. B. einen Kurs setzen, indem wir die Windrichtungen, die Wetterlage und ähnliches beachten (Planen). Dann segeln wir plangemäß mit dem Ziel, einen bestimmten Punkt auf dem Kompaß zu erreichen (Ausführen). Später werden wir unser Vorwärtskommen überprüfen, indem wir unseren Standort mit dem Originalplan (Prüfen) vergleichen. Wenn wir die Gründe für eine Abweichung herausfinden (Handeln), können wir den Kurs erneut berechnen (Planen), den Kurs unseres Schiffes korrigieren (Ausführen) und diesen Prozeß solange wiederholen, bis wir an unserem Bestimmungsort angelangt sind.

Die für diesen Kreislauf benötigte Zeit hängt von der Art der Arbeit und den Anforderungen ab. Bei unseren Shop Floor-Aktivitäten kann der PAPH-Kreislauf eine stündliche Überprüfung der Produktionsziele oder sogar viertelstündliche Operationskontrollen erforderlich machen. Der Kreislauf läßt sich in der Tat täglich, wöchentlich, monatlich, halbjährlich oder jährlich durchlaufen. Wenn wir alles besser im Griff haben, werden wir alle Aktivitäten derartig manifestiert haben, daß jeder weiß, was er zu tun hat, ohne darüber nachdenken zu müssen – ähnlich wie auch unser Biorhythmus funktioniert.

In der Realität gibt es jedoch verschiedene Stadien des Fortschritts, um diesen Managementkreislauf vollständig zu verinnerlichen. Abb. 9.6 zeigt als Beispiel dafür einen Shop Floor-Abteilungsleiter und die Aktivitäten seiner Mitarbeiter. Die Effektivität von PAPH äußert sich hier in der Art und Weise, wie die Treffen abgehalten werden. Je mehr Prüfung und Handlung stattfinden, desto einfacher wird die Planung.

Entwicklung des PAPH-Rhythmus

Die Entwicklung des PAPH-Kreislaufs funktioniert so, als würde man regelmäßige Übungen zur Entwicklung der Muskeln machen. Je öfter Sie den Kreislauf durchlaufen, desto besser entwickeln sich die Dinge. Gehen Sie zunächst langsam vor und lösen Sie einfache Probleme. Dann können Sie allmählich die Geschwindigkeit steigern und etwas schwierigere Probleme lösen, bis der gesamte Betrieb so „starke Muskeln" hat, daß er wesentliche Aufgaben bewältigen kann und sich in einem kontinuierlichen Rhythmus vorwärts bewegt (s. Abb. 9.7). Daher läßt sich der PAPH-Kreislauf in vielerlei Hinsicht auch mit dem menschlichen Herzschlag vergleichen, d. h., je stärker und beständiger der Herzschlag ist, desto schneller und leichter können wir uns bewegen. (Und wenn wir keinen Herzschlag haben, brauchen wir natürlich CPR, um ihn wieder herzustellen.)

Wenn wir uns umschauen, läßt sich dieser biologische Rhythmus auf eine Gruppe von Leuten anwenden. Selbst Leute auf Gehwegen, die sich nicht kennen, haben die Tendenz, Gruppen zu bilden und irgendwann im Gleichschritt zu marschieren. Die gleiche Art biologischer Rhythmus läßt sich auch in der Natur beobachten. In den Bergen von Asien erzeugt z. B. eine Spezie von Glühwürmchen ein zufälliges Muster an Lichtblitzen, wenn sie sich an Sommerabenden zum ersten Mal zeigen. Wenn die Nacht jedoch fortschreitet, werden die Blitze immer mehr synchron, bis endlich der ganze Berg in regelmäßigen Abständen erleuchtet wird.

Im Geschäftsleben treibt jede Revolution des PAPH-Kreislaufs den Betrieb genauso vorwärts wie unser Herzschlag das Blut, um im ganzen Körper zu zirkulieren. Wenn der Kreislauf jedoch aufhört, hört auch der Fortschritt auf, und der Betrieb verliert seinen Antrieb.

Abb. 9.6 Kontroll-PAPH-Kreislauf in verschiedenen Stadien

Ebene 1 (niedrigste):	Es gibt keine Planung. Alles wird unmittelbar entschieden. Es handelt sich um eine Art Feuerwehrübung. Der Prozeß lautet PA–PA–PA ... (Planen–Ausführen–Planen–Ausführen) ohne viel Kontrolle, Analyse oder Standardisierung. Das Resultat ist, daß das gleiche Problem immer wieder auftaucht.
Ebene 2:	Es findet ein Minimum an Planung statt, d. h. eine tägliche oder wöchentliche Überprüfung der Operationen. Dies geschieht zahlenmäßig. Es existiert kein mittel- oder langfristiges Denken. Jeder glaubt, sein Bestes zu leisten. Der PAPH-Kreislauf wird kaum „überwacht". Alle meinen, daß für die Analyse von Problemen nicht genügend Zeit vorhanden ist. Wenn die Leute analysieren, versuchen sie es, indem sie Meinungen bei Treffen kundtun und Lösungen anbieten, die eher auf Erinnerungen als auf Fakten oder Daten beruhen. Das führt dazu, daß eine Menge Zeit verschwendet wird, bevor irgendein richtiger Beschluß zustandekommt.
Ebene 3:	Es gibt regelmäßige Treffen auf täglicher, wöchentlicher oder monatlicher Basis, um die Leistungsindikatoren zu überdenken. Entlassungen sind noch an der Tagesordnung, doch da die Leute sich Mühe geben, sich an den PAPH-Kreislauf zu halten, zeigen sich allmählich Erfolge. Diagramme können auf dem Shop Floor ausgestellt werden, um den Fortschritt zu dokumentieren. Doch es erfordert im allgemeinen drei Durchgänge des PAPH-Kreislaufs, bevor der Kreislauf von jedem verinnerlicht ist. Dies macht eine starke Führung erforderlich. Jeder muß sich an die Pläne halten und sich davor hüten, in alte Gewohnheiten zurückzufallen.
Ebene 4:	Treffen werden veranstaltet, um eine Reihe verschiedener Themen zu besprechen, einschließlich Qualität, Kosten, Lieferung, die Einführung neuer Produkte, Veränderungen im Design, usw. Es gibt auf verschiedenen Ebenen verschiedene Projekte, oftmals auf kreuzfunktionaler Basis, und mehrere Hauptprojekte können erfolgreich abgeschlossen werden. Die Leute können sich vom Ganzen ein besseres Bild machen, wenn sie einige PAPH-Kreisläufe durchlaufen haben. Gute Gewohnheiten und Vertrauen werden entwickelt. Die Kommunikation unter den Leuten fließt besser als vorher.
Ebene 5:	Die Treffen sind effizienter, es bilden sich vielleicht Komitees, die planen und die Leistung kontrollieren. Es existieren engere Verbindungen mit der höheren Ebene der PAPH-Kreisläufe im Betrieb, d. h. Strategieentwicklung und Ausführung. Die Leute haben Vertrauen zu der Anwendung von PAPH, und die Verbesserungsaktivitäten sind für jedermann ersichtlich. Es gibt viele Ereignisse, bei denen sie sich über die Erfolge austauschen und Verbesserungen würdigen können. Daraus und aus Gesprächen, die auf dem Shop Floor geführt werden, läßt sich ersehen, daß sich die Fertigkeiten der Leute enorm verbessert haben.

Wenn wir uns einen Betrieb näher anschauen, finden wir jedoch mehrere Ebenen von PAPH-Kreisläufen. Eine tägliche Kontrolle der Leistung auf dem Shop Floor könnte eine sein, ebenso wie auch wöchentliche, monatliche und jährliche PAPH-Kreisläufe auf anderen Betriebsebenen. Nur wenn diese gut aufeinander abgestimmt und koordiniert werden, können sie die Kräfte der Leute vereinigen, damit diese wie gut trainierte Körper zusammenarbeiten können.

Dies erfordert Zeit, doch sobald sich ein solcher Rhythmus eingestellt hat, wird er zum autonomen Herzschlag des Betriebes. Der PAPH-Kreislauf sorgt für einen soliden Managementprozeß, der klar und einfach ist, und treibt den Betrieb vorwärts. Wenn sich jeder

Abb. 9.7 Die Entwicklung des PAPH-Rhythmus läßt sich mit der Entwicklung von Muskeln mittels regelmäßiger Übungen vergleichen

innerhalb dieses Prozesses einsetzt und kooperativ ist, wird der Betrieb zu einer eng verbundenen, vollkommen integrierten Einheit (s. Abb. 9.8 zur Erläuterung verschiedener Ebenen eines PAPH-Kreislaufs, der innerhalb des Betriebes angewandt wird).

Die Leute nehmen irrtümlicherweise häufig an, daß sie PAPH anwenden, auch wenn sie es gar nicht so nennen. In der Realität ist das jedoch selten der Fall. Die Disziplin, eine Sache zu verfolgen, fehlt oftmals. Es erfolgt keine Analyse, und ein Lernprozeß ist in zukünftigen Plänen nicht erkennbar. Außerdem werden keine Daten gesammelt, keine

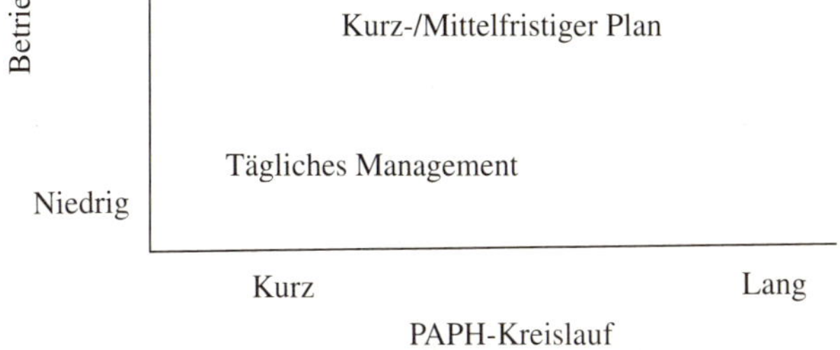

Abb. 9.8 Betrieb und PAPH-Kreislauf

Standards festgelegt sowie keine Dokumente erstellt, die beweisen, daß man sich an irgendwelche Pläne gehalten hat. Das Ergebnis ist, daß der Austausch von Ideen erschwert wird und sich die gleichen Fehler ständig wiederholen.

Ein weiteres typisches Problem ist, daß die gemeinsame Grundlage fehlt, den Fortschritt miteinander zu teilen. Obwohl jede Betriebseinheit seinen eigenen PAPH-Kreislauf durchläuft, existiert kein genau definierter Mechanismus, der die Kreisläufe miteinander verbindet. Wenn jeder PAPH-Kreislauf unabhängig von den anderen eingerichtet und angewandt wird, ist es sehr schwierig, die gesamten Kräfte verschiedener Operationen freizusetzen. Statt dessen mangelt es an Klarheit und Disziplin, und es herrscht Verwirrung.

Daher sollten wir uns fragen:

- Sind unsere PAPH-Kreisläufe für jeden verständlich?
- Was bedeuten diese PAPH-Kreisläufe?
- Verfügt jeder Betriebsangehöriger über die Disziplin, den PAPH-Kreislauf zu durchlaufen?
- Wie sind diese PAPH-Kreisläufe miteinander verbunden?

Zeit auf dem Shop Floor managen

Die Kraft des PAPH-Kreislaufs steckt in seiner Konsequenz und in der Disziplin seiner Anwendung. Dies läßt sich mit der Ausübung von Standards vergleichen, wo die Wiederholung eine solide Basis für den Fortschritt des Betriebes darstellt. Wenn Standards dagegen fehlen, werden Probleme verschleiert, und es wird für die Leute schwierig, einen Korrekturkurs vorzunehmen. Jeder von uns sollte PAPH anwenden, auch wenn einige das immer noch nicht tun. Wenn Gruppen von Leuten den PAPH-Kreislauf durchlaufen und die standardisierten Verfahren effektiv anwenden, wird ihre dadurch gewonnene Kraft beachtlich sein. Um dies auf dem Shop Floor zu erreichen, sollten wir die PAPH-Kreisläufe in Verbindung mit den Aufgaben eines Abteilungsleiters untersuchen. Wenn wir uns damit beschäftigen, wie die Abteilungsleiter ihre Zeit auf dem Shop Floor verbringen, dann sollten wir herausfinden können, wie gut das Managementsystem der Firma funktioniert (s. Anhang 9.1 bezüglich eines Beispiels für die täglichen, wöchentlichen, monatlichen und jährlichen Aktivitäten eines Abteilungsleiters).

Wie Sie dem Anhang entnehmen können, gibt es viele Aktivitäten, denen sich ein Abteilungsleiter im Laufe eines Tages, einer Woche, eines Monats oder Jahres widmen muß. Daher nenne ich einen Abteilungsleiter auch „General Manager" oder „Präsident" seines Shop Floors. Die Aufgabe eines Abteilungsleiters ist bei der Ausübung des Shop Floor Managements nicht gerade einfach. (Probleme entstehen oftmals deshalb, weil viele Manager und leitende Angestellte nicht die Bedeutung erkennen, die die Arbeit dieser Abteilungsleiter und Shop Floor-Leute hat.)

Wenn wir unsere eigene Situation mit diesem Anhang vergleichen, sollten wir uns jedoch (1) fragen, kontrollieren Abteilungsleiter, die mit diesen Aktivitäten beschäftigt sind, effektiv die Situation auf dem Shop Floor und (2) haben sie einen bestimmten Rhythmus entwickelt, damit die Dinge funktionieren, ohne von Entlassungen stark beeinträchtigt zu werden?

Obwohl die Struktur jeder Firma und die Aufgaben und Verantwortlichkeiten der Mitarbeiter unterschiedlich sind, sollte uns der Anhang 9.1 dabei helfen, die Wichtigkeit der effektiven Anwendung von PAPH in unserem Arbeitsbereich entsprechend anzuerkennen. Unabhängig von unserem Rang und Titel dürfen wir nicht vergessen, das Geschäftsleben aus der Sicht des Shop Floors zu betrachten und Wege zu finden, auftretende Probleme sofort lösen zu können.

Verbesserungsaktivitäten mit Hilfe von Kontrollpunkten managen

So wie wir häufig die Fahrgeschwindigkeit unseres Autos und unseren Standort auf der Landkarte kontrollieren oder während einer Reise den Tank auffüllen, läßt sich ein ähnliches Konzept auch bei der Leitung einer Firma oder Minifirma anwenden. Ob die Reise

Abb. 9.9 Beispiele für Kontrollpunkte

Kategorie	Beispiele
Absatz und Marketing	
Qualität	Anzahl der Kundenreklamationen, Ergebnisse einer Umfrage über die Zufriedenheit der Kunden
Kosten	Marketing, Verkaufsunterstützung, Ausgaben im Servicebereich
Lieferung	Absatzvolumen, Marktanteil, Reaktionszeit im Kundenservicebereich, vorausgeplante Präzision
Sicherheit	Anzahl der Unfälle, Anzahl der Vorschläge auf dem Gebiet der Sicherheit
Arbeitsmoral	Anwesenheit, Anzahl der Vorschläge, Anzahl der Präsentationen
Forschung und Entwicklung	
Qualität	Produktverläßlichkeit, Herstellbarkeit, Service, Rückgabefaktor, Anzahl der technischen Veränderungen
Kosten	Effektivität des Service, Ausgaben
Lieferung	Anzahl neuer Produkte, Patente, benötigte Zeit für Kreisläufe, vorausgeplante Präzision
Sicherheit	Anzahl der Unfälle, Anzahl für Vorschläge im Sicherheitsbereich
Arbeitsmoral	Anwesenheit, Anzahl der Vorschläge, Anzahl der Präsentationen
Herstellung	
Qualität	Anzahl der Kundenreklamationen, Fehlerquote, Ablehnung von Operationen
Kosten	Produktion pro Arbeitsstunde, Ausgaben, Überstunden, Ertrag
Lieferung	Anzahl fehlender Lieferungen, Produktions-Lieferfrist, Bestandsmenge
Sicherheit	Anzahl der Unfälle, Anzahl der Vorschläge im Sicherheitsbereich
Arbeitsmoral	Anwesenheit, Anzahl der Vorschläge, Anzahl der Präsentationen
Finanz- und Managementinformations-System	
Qualität	Anzahl der fehlerhaften Rechnungen, Präzision des Finanzberichtes, Niveau der internen Bücherrevision
Kosten	Produktivität von Computern, Effektivität der Ausnutzung des Computersystems
Lieferung	Rechtzeitige Meldung, rechtzeitige Lohnlisten, Außenstände und Verbindlichkeiten
Sicherheit	Anzahl der Unfälle, Anzahl der Vorschläge im Sicherheitsbereich
Arbeitsmoral	Anwesenheit, Anzahl der Vorschläge, Anzahl der Präsentationen

Abb. 9.10 Beispiele für Kontrollpunkte bei einer Autoreise

Kontrollstück: Kontrollpunkt beim Prozeßergebnis
- Fahrgeschwindigkeit
- Richtung

Prüfstück: Prüfpunkt bei den Prozeßursachen

– Mensch (Fahrer):	Müde, gelangweilt, schläfrig, usw.
– Maschine (Auto):	Temperatur des Motors, Öldruck, usw.
– Methode:	Steuerung, Wahl der Gänge, usw.
– Material:	Tank, Ölstand, usw.

in einem Auto, Segelboot oder Unternehmen erfolgt, ohne die richtige Kontrolle und ein angemessenes Feedbacksystem werden wir uns verirren – auch wenn uns der Bestimmungsort und die festgelegte Route bekannt sind. Der PAPH-Kreislauf dient hier wiederum als notwendiges Feedbacksystem, um auf dem richtigen Weg zu bleiben.

Das bedeutet, daß die Ziele, Einstellungen und die oben diskutierten PAPH-Kreisläufe so harmonisch aufeinander abgestimmt werden sollten, daß der Betrieb zur richtigen Zeit am richtigen Ort ist. Dabei gehen wir von der Erfüllung der Mission aus. Um klare Kontrollpunkte für Managementaktivitäten zu setzen und ein Kontrollnetzwerk innerhalb des Betriebes einzurichten, müssen wir uns zunächst das Konzept für Kontrollpunkte oder Managementpunkte, wie sie auch genannt werden, anschauen – Parameter, die wir bei der Leitung unserer Firma häufig benötigen. Abb. 9.9 zeigt Beispiele für Kontrollpunkte eines Herstellungsbetriebes.

Ob es sich nun um eine Autoreise, einen Produktionsprozeß oder den eigentlichen Managementprozeß handelt – wir müssen nicht nur das Ergebnis, sondern auch die Ursachen des Ergebnisses prüfen, wenn der Prozeß einer Kontrolle unterliegen soll. Kontrollpunkte werden daher aufgrund ihrer Eigenschaften in *Kontrollstücke* beim Prozeßergebnis und in *Prüfstücke* bei den Prozeßursachen eingeteilt. (Hinweis: Kontrollstücke werden auch *Grundliniengrößen* und Prüfpunkte *Ursachengrößen* genannt.)

Im Falle einer Autoreise kann das Kontrollstück z. B. die Fahrgeschwindigkeit sein. Wir wollen sie innerhalb eines bestimmten Rahmens überwachen, sagen wir zwischen 50 und 60 Meilen pro Stunde, damit wir pünktlich und sicher an unserem Bestimmungsort ankommen. Es gibt verschiedene Prüfstücke, wie in Abb. 9.10 gezeigt. Beispiele für Kontroll- und Prüfstücke in einer Firma werden in Abb. 9.11 erläutert.

Die Bedeutung dieser Ideen steht im Zusammenhang mit einem häufig verwendeten Ausdruck: „Was meßbar ist, kann auch geleistet werden." Diese Meßgrößen sind wichtig für die Definition des Namens des Spiels, das wir spielen. Bei der Auswahl und Anwendung von Kontrollpunkten bei der Arbeit müssen jedoch einige Punkte beachtet werden (s. Abb. 9.12).

Abb. 9.11 Beispiele für Kontrollpunkte im Geschäftsleben

Kontrollstück: Kontrollpunkt beim Prozeßergebnis
- Produktionsmenge, wie bei der Produktion angewandt
- Absatzmenge des Verkäufers, wie beim Absatz angewandt

Prüfstück: Prüfpunkt bei den Prozeßursachen
- Produktionskapazität, Maschinenschaden, Anwesenheit von Arbeitern, usw., wie bei der Produktion angewandt
- Niveau der Fertigkeiten, Anzahl der Verkaufsgespräche, Produktwissen, usw., wie von den Verkäufern angewandt

Abb. 9.12 Wichtige Betrachtungsweisen bei der Anwendung von Kontrollpunkten

Kontrollstücke

- Kontrollstücke werden anhand der Leistung unserer Arbeit ausgewählt, z. B. QKLSA.
- Die Anzahl der Kontrollstücke schwankt je nach Funktion und Verantwortlichkeit. Eine größere Verantwortung bedeutet automatisch auch mehr zu bearbeitende Stücke, welche die Kontrollspanne der jeweiligen Person reflektieren.
- Um eine rasche Reaktionszeit zu gewährleisten, müssen die Kontrollstücke von repräsentativen Meßgrößen ausgewählt werden, die leicht zusammengetragen werden können.
- Die Aushängung von Diagrammen, die eine angemessene Zeitperiode abdecken, ist für eine bequeme Überprüfung empfehlenswert.
- Um schnell handeln zu können, wenn etwas ungewöhnliches geschieht, müssen folgende Überlegungen von vornherein feststehen:
  - Klare Kriterien, die Abweichungen während des Prozesses erkennbar machen
  - Analyse möglicher Ursachen und Entwicklung von Verfahren, die dem entgegenwirken
  - Definition der Aufgaben und Verantwortlichkeiten der Leute in Bezug auf Berichterstattung und Gegenmaßnahmen

Prüfstücke

- Prüfstücke werden aus den Stücken ausgewählt, die den Ertrag beeinflussen.
- Analytische Fähigkeiten sind erforderlich, um diejenigen Stücke auszuwählen, die der Situation am besten entsprechen.
- Die Anzahl der Prüfstücke kann von den möglichen Ursachen abhängen, die kontrolliert werden sollen. Je geringer das Risiko ist, desto weniger Prüfstücke gibt es.
- Eine Beurteilung bzw. eine empirische Probe können bei der Auswahl der wichtigen Prüfstücke erforderlich werden.
- Um schnell reagieren zu können, müssen Prüfstücke von repräsentativen Meßgrößen ausgewählt werden, die leicht zusammengetragen werden können.
- Die Anwendung von Prüfpapieren, Kontrolldiagrammen und anderen Mitteln der visuellen Darstellung ist für eine bequeme Überarbeitung empfehlenswert.

Abb. 9.13 Kontrollpunkte für die Herstellung eines Produkts (ein Auszug aus einer QK-Prozeßtabelle)

Prozeß	**Kontrollpunkt**	**Kreislauf**	**Einzelangabe**	**Graph. Darstellung**	**Verantwortlichkeit**	**Berichterstatter**	**Standards**
Annahme	Visuelle Inspekt.	1 pro Menge	Kein Rost	ins-11	Abtlg.-leiter	Inspektor	FS-0103
Lathe-2	Außendiagramm	2 nach Umstellungszeit	100 + 1	ch-21	Abtlg.-leiter	Abtlg.-leiter	FS-1123
...	...	...	...	...	...	...	...
...	...	...	...	...	...	...	...

Abb. 9.14 Kontrollpunkte für Manager (ein Auszug aus einer Managementprozeßtabelle für Produktion)

Ziele	**Kontroll-punkt**	**Kreis-lauf**	**Kontroll-ebene**	**Graph. Darstel-lung**	**Verant-wort-lichkeit**	**Bericht (Tag des Monats)**
Produk-tion	% Plan-erfüllung	Mo.	100% ± 5	GK-21	Präs.	Verwal-tung (5)
	% Erfül-lung für Produkt X	Mo.	110% ± 5	GK-23	Manager	Produk-tion (5)
	Durch-schnitt-liche Reaktions-zeit	Mo.	30 Tage ±2	GK-24	Präs.	Produk-tion (5)
...	...	...	...	...	...	...

Abb. 9.13 und 9.14 zeigen Beispiele für Kontrollpunkte, die in einem Herstellbetrieb praktiziert werden. Die Tabelle in Abb. 9.13 stellt die wichtigen Kontrollpunkte im Verhältnis zum Material-(oder Informations)fluß in einer kreuzfunktionalen (horizontalen) Richtung dar.

Die Tabelle in Abb. 9.14 stellt die wichtigen Managementkennziffern in Verbindung mit der hierarchischen (vertikalen) Richtung dar. Zusammen mit der QK-Prozeßtabelle lassen sich diese mit einem Segel vergleichen, das sowohl horizontale als auch vertikale Fasern benötigt, um zu funktionieren.

Bitte merken Sie sich, daß das gleiche Konzept trotz unterschiedlicher Themen sowohl auf einen Herstell- als auch Managementprozeß anwendbar ist. Diese Tabellen erklären Kontrollpunkte und -methoden und erleichtern es den Leuten, schwierige Informationen zu finden, die mit dem Prozeß verknüpft sind, d. h., wer, was, wann, wo, warum, wie und wieviel (7 Ws). Abb. 9.15 demonstriert, wie wichtig es ist, daß die Informationen in eine für die Leute auf dem Shop Floor verständliche Form gebracht werden. Diese Dokumente in einem Büroschrank wegzuschließen, hieße, SFM falsch anzuwenden. Um die Bedeutung der Prozeßkontrolle hervorzuheben, lautet die Botschaft über dem QK-Prozeßpapier: „Wir üben unsere Arbeit aus, indem wir uns an das Prozeßpapier halten."

Die Ideen für die Zielsetzung, die PAPH-Kreisläufe und die Kontrollpunkte werden in diesen Tabellen zusammengefaßt, einschließlich solcher Faktoren wie Standort, Verantwortlichkeiten, Meßmethoden, Häufigkeit der Messungen, usw. Sobald Abweichungen auftreten, wird das Problemlösen gemäß dem PAPH-Kreislauf angewandt, um die Situation kontrollieren zu können (s. Abb. 9.16). Das Ursache/Wirkung-Diagramm zeigt das Verhältnis zwischen Prüfstücken (Ursachen) und Kontrollstück (Wirkung).

Wenn wir wieder das Beispiel einer Autoreise nehmen, bemerkt der Fahrer beispielsweise, daß der Wagen plötzlich langsamer fährt. In diesem Fall wird er die Prüfstücke durchgehen, um zu sehen, ob irgendetwas nicht in Ordnung ist. Bei einer raschen Überprüfung solcher wie in Abb. 9.10 dargestellten Stücke stellt er vielleicht fest, daß er zu

Mit freundlicher Genehmigung von Matsushita

Abb. 9.15 QK-Prozeßtabelle bei Matsushita

müde ist, den Fuß immer auf dem Gaspedal zu halten. Die Lösung lautet hier, entweder jemand anderen fahren zu lassen oder eine Tasse Kaffee zu trinken.

Die spezielle Situation in unserem Betrieb wird im Vergleich zu diesem Beispiel anders und komplexer sein. Doch die Idee, die dahintersteckt, ist die gleiche. Diese Punkte müssen auf jeden Fall geklärt werden, damit nicht nur einer mit der Situation umgehen kann, sondern auch alle anderen den einzelnen Schritten mühelos folgen können. Daher ist Standardisierung so wichtig.

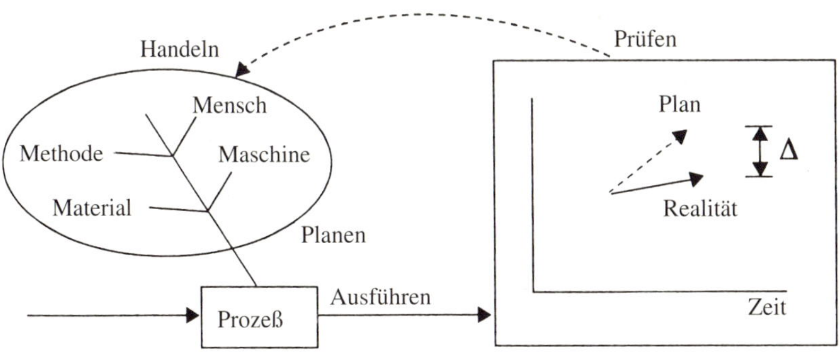

Hinweis: Das Kontrolldiagramm rechts zeigt das Kontrollstück. Die Begriffe links, d. h. Mensch, Maschine, Methode und Material sind Prüfstücke.

Abb. 9.16 PAPH-Kreislauf zur Prozeßkontrolle

Die Vorbereitung solcher Tabellen wie in Abb. 9.13 und 9.14 ermöglicht es uns daher, Verfahren zu erklären und diese Informationen selbst mit neuen Angestellten sofort auszutauschen. Ein gutes Netzwerk an Kontrollpunkten in einer Firma kann als Nervensystem des Betriebes dienen. Durch die Überwachung dieser Kontrollpunkte – ähnlich wie die Überwachung von Meßgeräten in einem Flugzeug, um einen sicheren, angenehmen und plangemäßen Flug zu gewährleisten – müssen wir sagen können, ob wir uns auf dem richtigen Weg zur Erfüllung unserer Mission befinden oder nicht.

Einen Treffpunkt für unsere Minifirma einrichten

Der Segler, Autofahrer und der Pilot müssen Zielsetzung, Kontrollpunkte und PAPH-Kreisläufe anwenden, um dorthin zu gelangen, wo sie hin wollen. Das gleiche gilt auch für uns. Wir müssen unseren Betrieb dorthin lenken, wo wir unsere Vision verwirklichen können. Doch welche speziellen Werkzeuge lassen sich auf dem Shop Floor anwenden? Wie können wir die Idee der QK-Prozeßtabelle und der Managementprozeßtabelle effektiv nutzen, beispielsweise aus der Sicht eines Abteilungsleiters?

Eine pragmatische Möglichkeit wäre die Verwendung einer visuellen Schautafel, welche die wichtigen Managementkennziffern (Kontrollpunkte) anzeigt. Eine Schautafel deshalb, weil unsere Situation einem Spiel ähnelt (z. B. einem Baseballspiel), bei dem eine Gruppe von Leuten zusammenspielt, um ein gemeinsames Ziel zu erreichen.

Und je nach Bedürfnis der Minifirma können wir (1) einen Reihe von wichtigen Kennziffern (wie in Abb. 9.9) entwickeln, um die Geschäftsführung zu überwachen, (2) diese mit der Gruppe austauschen, (3) den Fortschritt hinsichtlich der Ziele des Betriebes bei Shop Floor-Treffen aktualisieren und (4) Strategien suchen, um die Ziele regelmäßig zu erreichen.

Der Treffpunkt unserer Minifirma kann mit einer Schautafel und anderen wichtigen Managementwerkzeugen (Abb. 9.17) ausgestattet sein. Auf diese Weise können wir allen die wichtigen Ideen der Zielsetzung, die Kontrollpunkte und PAPH-Kreisläufe verständlich machen.

Die Zahlen in Abb. 9.17 beziehen sich auf die folgenden Merkmale eines gut organisierten Treffpunktes:

1 Name der Minifirma
2 Mission
3 Namen und Photos der Leute
4 Kunden/Lieferanten-Beziehungsdiagramm
5 QKLSA-Messungen (Beispiel)
  Q: Fehlerquote (%)
  K: Produktivität (Einheit/Stunde)
  L: Pünktlicher Versand
  S: Unfallfreie Tage
  A: Anzahl der Vorschläge
6 Ergebnisse von Kundenumfragen (z. B. wöchentlich von internen Kunden)
7 Handlungsplan (Zusammenfassung des Geschäftsplans)
8 Fehlerhafte Muster (mit Kommentaren)
9 Fertigkeitenmatrix (Gegenseitige Trainingsmatrix)
10 Status der Teamprojekte
11 Verbesserung des Monats (Beschreibung anhand von „Vorher und Nachher"-Photos)

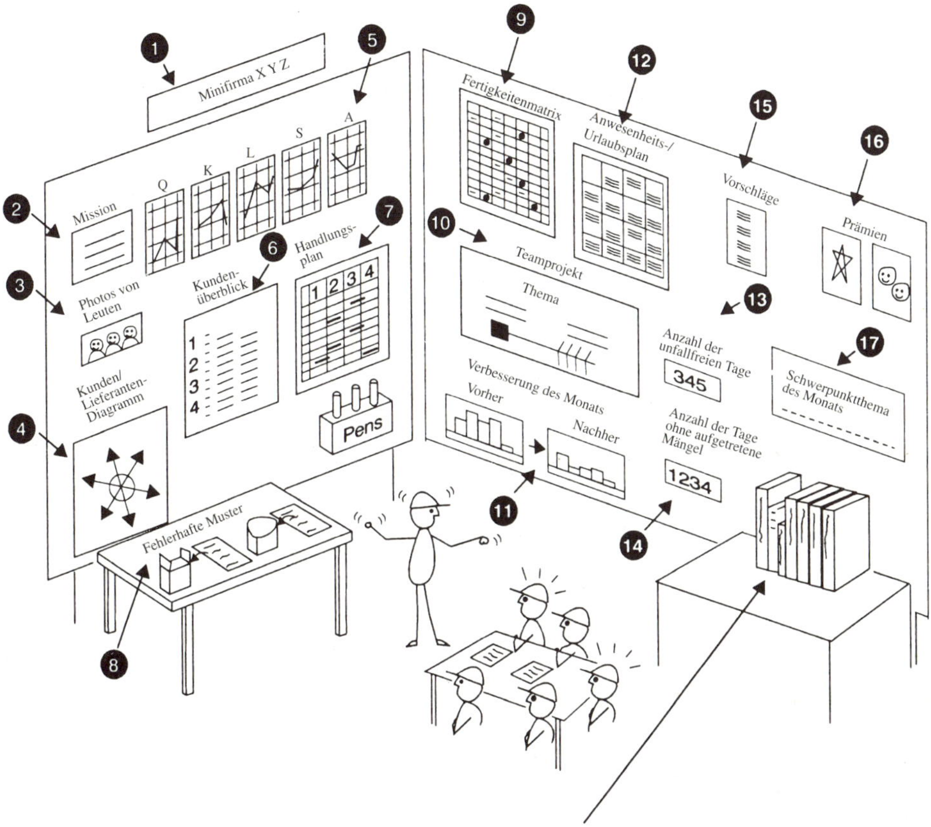

18
- Jahresbericht der Minifirma
- Monatlicher Geschäftsbericht
- Schichtplan, Notizbuch für tägliches Treffen
- Fallbeispiele von Vorschlägen
- Nachschlagewerke (Shop Floor Management)

Abb. 9.17 Einen Treffpunkt für unsere Minifirma einrichten

12 Anwesenheitsdiagramm und Urlaubsplan
13 Sicherheitsuhr (Anzahl der unfallfreien Tage)
14 Qualitätsuhr (Anzahl der Tage ohne aufgetretene Mängel)
15 Status der Vorschläge: Anzahl der Vorschläge mit Namen der Person
16 Erhaltene Prämien
17 Schwerpunktthema des Monats; Slogan des Monats
18 Dokumente, Nachschlagewerke
- Jahresbericht der Minifirma
- Monatlicher Geschäftsbericht
- Schichtplan, Notizbuch für tägliches Treffen
- Fallbeispiel von Vorschlägen
- Verschiedenartige Handbücher, usw.

Mit freundlicher Genehmigung von Glass Master Control

Abb. 9.18 Treffen einer Minifirma mit Schautafel

Mit freundlicher Genehmigung von Glass Master Control

Abb. 9.19 Beispiel einer Schautafel auf der Top Management-Ebene

Wir müssen uns daher wie in Anhang 8.1, wo die effektive Anwendung visueller Hilfsmittel diskutiert wird, fragen:

- Sind diese Werkzeuge gut organisiert, z. B. farbcodiert, beschriftet, usw.?
- Sagen uns diese Diagramme und Ausstellungen etwas?
- Sind sie auch für Außenstehende ohne Erklärung verständlich?

Die Begriffe in dieser Abbildung sollen das Kontrollniveau zeigen und es jedem erleichtern, schwierige Informationen zu finden, die mit der Operation der Minifirma verbunden sind – wer was zu tun hat, wann, wo, wie und wieviel (7 Ws) (s. Abb. 9.18).

Tag für Tag begegnen sich die Leute an dem Treffpunkt der Minifirma, um wichtige Punkte der Operation (QKLSA) zu überarbeiten. Da die Kommentare der Leute innerhalb des Betriebes nach oben weitergeleitet werden, dient das Treffen auch dazu, die Interessen des Managements darzustellen. Dies führt zu einer ausgewogenen Kommunikation.

Natürlich wird eine schwierige Operation von einer Schautafel mit vielen Kontrollpunkten begleitet. Auf der Ebene des Top Managements kann eine solche Schautafel das Absatzvolumen, die Profitabilität, Einkünfte aus Investitionen, Kundenreklamationen, Leistungen hinsichtlich pünktlicher Lieferung, usw. zeigen (s. Abb. 9.19).

Organisation des Arbeitsplatzes

So sehr wie wir den Austausch wichtiger Managementinformationen zwischen Minifirma und Top Management in organisierter Form benötigen, sollten wir ebenso wichtige Kontrollpunkte bzw. Managementpunkte an jedem Arbeitsplatz klären. Wenn wir jeden Arbeitsplatz mit einer Schautafel und anderen wichtigen Managementwerkzeugen ausstatten, können wir jedem einzelnen die wichtigen Ideen der Zielsetzung, Kontrollpunkte und PAPH-Kreisläufe verdeutlichen. Auf diese Weise können wir alle – vom Facharbeiter bis zum Top Management – als Minifirmen funktionieren und das Glass Wall Management anwenden. Der einzige Unterschied besteht im Ausmaß der Verantwortung.

Abb. 9.20 verdeutlicht eine Reihe von Möglichkeiten, wie ein leistungsstarker Arbeitsplatz organisiert werden kann. Die Zahlen in der Abbildung beziehen sich auf folgendes:

1 Name und Beschreibung des Arbeitsplatzes
2 Name und Photo des Facharbeiters
3 Genormtes Betriebsverfahren
4 Andon (Störlicht, um den Abteilungsleiter zu rufen)
5 Bandstopknopf (um den Abteilungsleiter mittels Störlicht zu rufen)
6 Mustertafel (um die Produktqualität zu überprüfen)
7 Erklärung von Poka-Yoke, d. h. installierter narrensicherer Mechanismus
8 Maschinencheckliste für die Selbstwartung (Prüfpunkte und Schmierpunkte)
9 Maschinenbedingte Verlustzeit
10 Sicherheitsprüfpunkt
11 Beschreibung der neusten Verbesserung (anhand von „Vorher und Nachher"-Photos)
12 Planung des Bereiches
13 SPK-(Statistisches Prozeßkontroll-)Diagramm
14 QK-Prozeßtabelle

Abb. 9.20 Organisation unseres Arbeitsplatzes

15 Muster
16 Produktionskontrolltafel
17 Bodenmarkierung (Platz für alles mögliche)

Wie die Abbildung zeigt, können wir über eine Schautafel mit einer Reihe von Kontrollpunkten für jede Operation verfügen, die mittels GBV oder QK-Prozeßtabelle beschrieben werden. Diese Schautafeln können auch solche Punkte wie das SPK-Diagramm, die Produktionskontrolltafel, maschinenbedingte Verlustzeit oder das Umstellungsdiagramm beinhalten. Prüfstücke für Facharbeiter können in Form von Checklisten, GBV, Mustertafel, Schmierpunkt und Poka-Yoke (narrensicherer Mechanismus) auftreten.

Wenn die Verantwortlichkeit oder Kontrollspanne einer Person erhöht wird, können das Prüfen, Analysieren und Aktualisieren der Kontrollpunkte einen wesentlichen Teil seiner Arbeit ausmachen. Und diejenige Person, welche in der Lage ist, eine Minifirma zu leiten, ist natürlich ein guter Kandidat für eine Beförderung.

Wenn wir die Idee der Kontrollpunkte nutzen und dabei auch das Glass Wall Management anwenden, wird jeder Betriebsangehörige sehen können, wie die Firma geführt wird, und das wird ihn dazu ermutigen, eigene Ideen beizutragen. Diese Situation ist grundverschieden von derjenigen, die im Black Box oder Brick Wall Management herrscht, wo überhaupt kein Informationsaustausch stattfindet.

Anwendung der Kontrollpunkte erlernen

Kontrollpunkte lassen sich beispielsweise auch mit Gehirnzellen vergleichen. Um auch auf einer höheren Intelligenzebene eine hochentwickelte Kontrolle ausüben zu können, müssen wir über mehr Gehirnzellen verfügen, die untereinander gut vernetzt sind.

Da immer mehr Aufgaben auf dem Shop Floor der Kontrolle unterliegen müssen, sollte auch eine höhere Dichte von Kontrollpunkten in unserem Shop Floor vorhanden sein. Wenn wir die Idee der Kontrollpunkte derart ausweiten, daß sie die Intelligenz in Maschinen einschließt – d. h. Kontrollmechanismen zur Gewährleistung der Qualität jeder Operation – können wir vielleicht begreifen, daß die Anzahl der Kontrollpunkte im Betrieb erhöht werden muß, um unsere Fähigkeiten an Maschinen, Werkzeuge, Poka-Yoke, Farbcodierung, genormtes Betriebsverfahren und ähnliches delegieren zu können.

Doch wir wissen, daß eine bloße Theorie auf dem Shop Floor nicht funktionieren wird. Wenn wir nun ein Netzwerk von Kontrollpunkten, ähnlich dem menschlichen Nervensystem, einrichten wollen, wie können wir dies am effektivsten tun? Wir sollten lernen, Kontrollpunkte in drei verschiedenen Phasen anzuwenden:

Einführungsphase. Dies ist die Zeitperiode, in der wir überlegen, daß es interessant sein müßte, etwas neues zu beginnen. Doch wir können das tun, ohne eigentlich zu wissen, warum. Daher sind die Weiterleitung von Ideen und die Entwicklung von Verantwortung so wichtig. Die Anzahl der Kontrollpunkte, mit denen wir uns beschäftigen können, wird entsprechend unserer Fähigkeiten und der Komplexität der Aufgaben festgelegt. Eine ungefähre Schätzung könnte so aussehen:

- Facharbeiter: 1–10
- Abteilungsleiter: 5–15
- Manager: 10–50

Kritische Phase. An einem gewissen Punkt können wir der Anwendung von Kontrollpunkten vielleicht überdrüssig werden. Wir verlieren den Antrieb, Informationen zu sammeln, den Fortschritt zu aktualisieren und Kontrollpunkte zu überdenken, wie das auch bei jedem anderen Verbesserungsprojekt der Fall ist, wenn die Vorteile nicht klar auf der Hand liegen oder kein Feedback erfolgt. Diese Periode ist daher als kritisch einzustufen – hinsichtlich der Beeinflussung zukünftiger Erträge. Schlüssel zum Erfolg sind daher: sich über den Fortschritt innerhalb der Gruppe austauschen, die Vision erneut bestätigen und Probleme direkt in Angriff nehmen.

Stabilisierungsphase. Der Erfolg beginnt, die ersten Früchte zu tragen, und die Praxis macht uns die Bedeutung der PAPH-Kreisläufe, Kontrollpunkte, Standards, den Beteiligungsprozeß sowie die Anwendung problemlösender Fertigkeiten klar.

Wenn uns der Erfolg beginnt, Spaß zu machen, wird der Betrieb als Ganzes die Idee verinnerlichen und einheitlich vorwärts gehen.

Wie hier verdeutlicht wurde, wird die Kontrollebene des Betriebes letztendlich ebenso gut wie die Fähigkeit der Leute sein, diese Ideen zu verwirklichen. Daher sollten erfolgreiche Manager das Konzept der Kontrollpunkte als ein Mittel zur Verbesserung der Fähigkeiten der Leute und umgekehrt anwenden. Wenn wir die Mission und Funktion des Betriebes also genau studieren – ob es sich dabei um die Produktion, Wartung, Verkauf oder Verwaltung handelt – und die Kontrollpunkte dieser Funktionen entsprechend aktualisieren, werden wir feststellen, daß Verbesserungen niemals aufhören.

Kontrollpunkte können auch als eine Zusammenfassung der wichtigsten Managementkennziffern eines Betriebes betrachtet werden. Besonders, wenn es verschiedene Arten von Kennziffern gibt, ist es wichtig, einen derartigen Rahmen zu entwickeln, damit sich jede Person oder jede Ebene des Betriebes auf einige wichtige Kennziffern konzentrieren kann.

Entwicklung des Netzwerkes von Kontrollpunkten

Da die Kontrollpunkte der Topebene und jeder Einheit des Betriebes miteinander verbunden werden, was die Ziele und Mittel angeht, diese zu erreichen, wird die Koordination all dieser Kontrollpunkte zu einer sehr wichtigen Aufgabe für das Top Management (s. Abb. 9.21).

Die Kontrollpunkte für die in Abb. 9.10 beschriebene Autoreise lassen sich wie folgt darstellen:

- Die Führungskraft plant, ihren Bestimmungsort zu erreichen und ihr Vorwärtskommen auf der Karte zu überwachen (Punkt A).
- Die Führungskraft prüft den Standort des Wagens anhand der Karte, usw. (Punkte A1, A2, . . .).
- Der Navigator überwacht den Standort des Wagens und informiert die Führungskraft über den neusten Stand (Punkt A1).
- Der Navigator prüft die Geschwindigkeit des Wagens, usw. (Punkte A11, A12, . . .).
- Der Fahrer überwacht die Geschwindigkeit des Wagens und informiert den Navigator über den neusten Stand (Punkt A11).
- Der Fahrer prüft den Benzinstand, Öldruck, usw. (Punkte A111, A112, . . .).

In einer Firma könnte es folgendermaßen aussehen:

- Der Präsident plant die Reduzierung von Mängeln, damit die Firma überleben kann und überwacht daher die Fehlerquote (Punkt A).

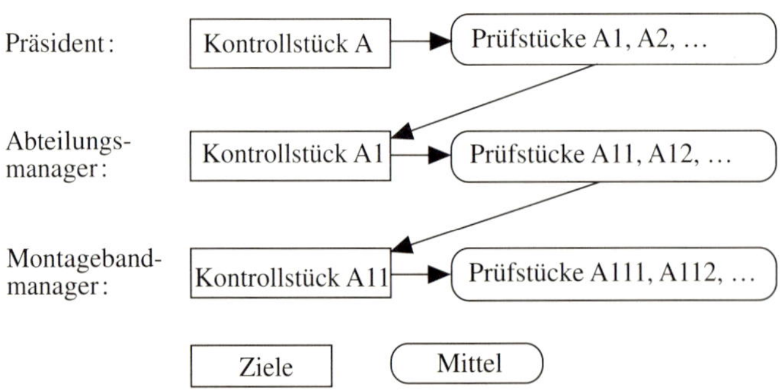

Abb. 9.21 Kontrollpunkte spiegeln die Ursache/Wirkung-Beziehungen in der Firma wider

- Der Präsident prüft die Fehlerquote des Fließbands, usw. (Punkte A1, A2).
- Der Montageband-Manager überwacht die Fehlerquote und informiert den Präsidenten über den neusten Stand (Punkt A1).
- Der Montageband-Manager prüft die Fehlerquote am Arbeitsplatz A, usw. (Punkte A11, A12, . . .).
- Der Facharbeiter des Arbeitsplatzes A überwacht die Fehlerquote und informiert den Manager über den neusten Stand (Punkt A11).
- Der Facharbeiter des Arbeitsplatzes A prüft die Bedingungen der Maschine, z. B. Temperatur, Druck, usw. (Punkte A111, A112,. . .).

Zusätzlich zu diesen hierarchischen Schritten, die der Überwachung des Prozesses dienen, kann das Top Management den Prozeß auf unteren Betriebsebenen innerhalb einer Präsidialprüfung kontrollieren (s. Kapitel 11).

Wie Sie anhand der Abb. 9.21 ersehen können, bilden diese Kontrollpunkte untereinander Ursache/Wirkung-Beziehungen. Für eine bessere Koordination müssen erfolgreiche Manager daher ein besseres Verständnis dafür haben, wie die verschiedenen Faktoren untereinander in Wechselbeziehung stehen und wie das Konzept der Kontrollpunkte angewandt werden kann, um (1) die Dinge in einem Netzwerk zusammenzufügen, (2) Probleme aufzudecken und (3) bei Bedarf Maßnahmen zu ergreifen. Abb. 9.22 zeigt ein Beispiel für den Einsatz von Kontrollpunkten in einer Firma. (Für ausführlichere Informa-

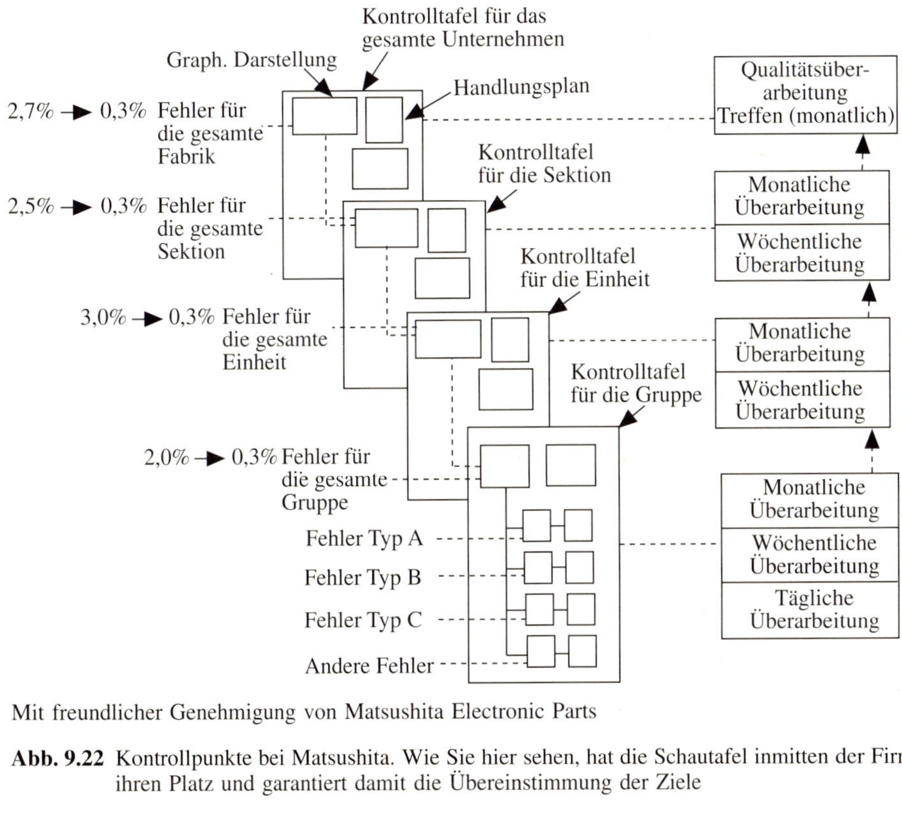

Mit freundlicher Genehmigung von Matsushita Electronic Parts

Abb. 9.22 Kontrollpunkte bei Matsushita. Wie Sie hier sehen, hat die Schautafel inmitten der Firma ihren Platz und garantiert damit die Übereinstimmung der Ziele

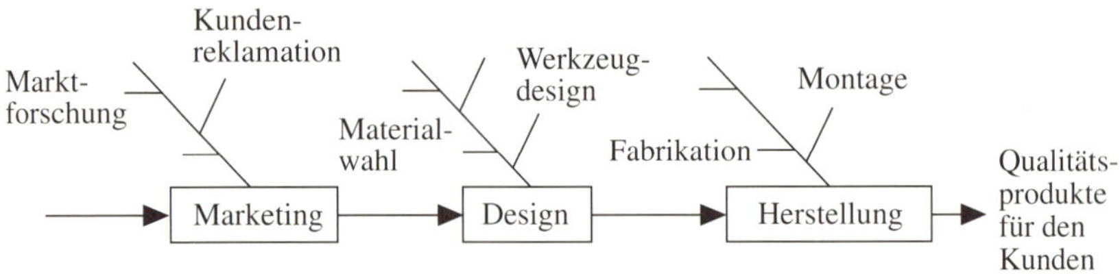

Abb. 9.23 Kontrollpunkte aus horizontaler Sicht (Beispiel: Qualität)

tionen bezüglich der Entwicklung von Zielen innerhalb des Betriebes lesen Sie bitte den Abschnitt über Policy Management in Kapitel 11).

Im Gegensatz zur Entwicklung eines vertikalen Rahmens der Firmenstruktur produziert das Herausgreifen eines Punktes, wie die Qualität eines Produktes sowie seine Verknüpfung mit allen entsprechenden Prozessen innerhalb des Betriebes, d. h. horizontal durch die Firmenstruktur, ebenfalls ein Ursache/Wirkung-Diagramm (s. Abb. 9.23). (Für ausführlichere Informationen lesen Sie bitte den Abschnitt über kreuzfunktionales Management in Kapitel 11.)

Es ist wie mit der Anwendung des PAPH-Kreislaufs – je mehr Leute das Konzept der Kontrollpunkte verstehen und anwenden, desto stärker wird die Managementstruktur der Firma. Gleichzeitig wird die Kommunikation innerhalb der Firma enorm gefördert, und das Teamwork erfährt eine bessere Koordination. Solange sich daher keine bestimmte kritische Menge von Leuten der Idee geöffnet hat und kein bestimmtes Erfolgsniveau erreicht ist, wird sich auch keine deutliche Verbesserung abzeichnen. Folglich bleiben Ausbildung und Feedback bezüglich eines Fortschritts sehr wichtige Faktoren. Da dieses Thema im Zusammenhang mit der Verknüpfung des SFM mit dem Firmengeschäft als Ganzes wichtig ist, werden wir diese Methoden in den Kapiteln 10 und 11 ausführlicher diskutieren. Jetzt sollten wir uns aber fragen:

- Haben wir in unserem Betrieb Konzepte für Kontrollpunkte angewandt?
- Wenn ja, welche und wie reflektieren sie die Mission unseres Betriebes?
- Wurde ein übersichtliches Netzwerk von Kontrollpunkten innerhalb der Firma eingerichtet?
- Verfügen wir über eine verständliche Zusammenfassung von wichtigen Managementkennziffern?
- Wenden wir den PAPH-Kreislauf für jeden Kontrollpunkt an?

Entwicklung von Dokumentations- und Präsentationsfähigkeiten

In dem Maße, wie wir unsere Kontrollpunkte klären und einen verständlichen Managementrahmen errichten müssen, um Perfektion auf dem SF zu erreichen, müssen wir unseren gesamten Kommunikationsprozeß modernisieren – nicht nur bei Treffen und Gesprächen auf dem Shop Floor, sondern ebenfalls bei der Dokumentation und bei Präsentationen. So wie die Einrichtung von Kontrollpunkten von Nutzen ist, hat auch die Entwicklung dieser Fertigkeiten mehrere Vorteile:

Abb. 9.24 Wichtige Punkte für eine Präsentation

- Der Zweck der Präsentation muß bekannt sein.
- Identifizieren Sie die wichtigsten Ideen.
- Sie müssen das Verständnisniveau Ihres Publikums und das Interesse an dem Gegenstand Ihrer Präsentation kennen.
- Entwickeln Sie eine Präsentationsgeschichte; gehen Sie dabei logisch vor.
- Heben Sie interessante Punkte hervor, um die Aufmerksamkeit des Publikums auf sich zu ziehen.
- Falls erforderlich, machen Sie einen Probedurchlauf.
- Wenden Sie effektive Hilfsmittel effektiv an, doch gestalten Sie diese einfach und zur Sache gehörig.
- Setzen Sie eine bestimmte Zeit für die Präsentation fest und halten Sie sich daran.

- Wir können uns unsere Ideen innerhalb des Prozesses der Vorbereitung von Dokumenten bzw. Präsentationen klarmachen. Dies trägt dazu bei, den Wirrwarr an Informationen zu reduzieren. Natürlich sollten dabei Objektivität, Präzision und eine klare Logik beachtet werden.
- Mit Hilfe effektiver Kommunikationsfertigkeiten werden bestimmte Punkte verdeutlicht, die Lieferung erfolgt rasch, pünktlich und reibungslos, und die Präsentation wird für Zuhörer oder Leser gleichermaßen interessant gestaltet.
- Wissen, Know-How und Ideen werden effektiv zum Nutzen anderer vermittelt.
- Durch Anwendung eines standardisierten, problemlösenden Prozesses wie die QK-Geschichte wird die Kommunikation fortschrittlicher.

Auf diese Weise können wir begreifen, daß Qualität, Kosten und Lieferung (QKL) bei einer effektiven Kommunikation eine große Rolle spielen. Wenn wir die Bedeutung einer effektiven Übermittlung von Botschaften verstanden haben, sollten wir als nächstes die Hauptpunkte für eine effektive Präsentation überdenken. Das Geheimnis besteht darin, daß sich der Präsentator an die Stelle des Kunden versetzen muß – des Publikums (s. Abb. 9.24 und 9.25).

Ähnliche Richtlinien gelten auch für geschriebene Dokumente. Besonders für die Kommunikation auf dem Shop Floor sind Prägnanz, Klarheit und Einfachheit wichtige Komponenten. So wie das Shop Floor-orientierte Denken *(genba)* das sofortige Verständnis realer Dinge *(genbutsu)* mit realem Wissen *(genjitsu)* bevorzugt, müssen wir diese Ideen durch Nutzen realer Teile, Photos, Diagramme und Abbildungen bei der Übermittlung der Botschaft reflektieren. Und es wäre natürlich ideal, wenn diese Abbildungen für sich alleine sprächen.

Um mehr Leute an effektiven Präsentationen und Dokumentationen zu beteiligen, sollte besonders viel Wert darauf gelegt werden, die Dinge einfach und vor allem zur Sache gehörig zu gestalten (s. Abb. 9.26).

Wenn sich jeder von uns daran gewöhnt, Präsentationen zu veranstalten und Dokumentationen zu schreiben, wird die Kommunikation innerhalb des Betriebes verbessert.

Der Betrieb kann seine eigene Terminologie oder sein eigenes Vokabular entwickeln, um die Botschaft zu übermitteln – so etwas wie *wai-gaya*, Glass Wall Management, Minifirmen und Schautafeln. Wenn wir uns dagegen unorganisiert und auf uns selbst bezogen verhalten, kann die Kommunikation erschöpfend und zeitraubend sein. An dieser Stelle sollten wir wieder kundenorientiert sein und uns selbst die Disziplin auferlegen, die Kommunikation auf den Punkt zu bringen.

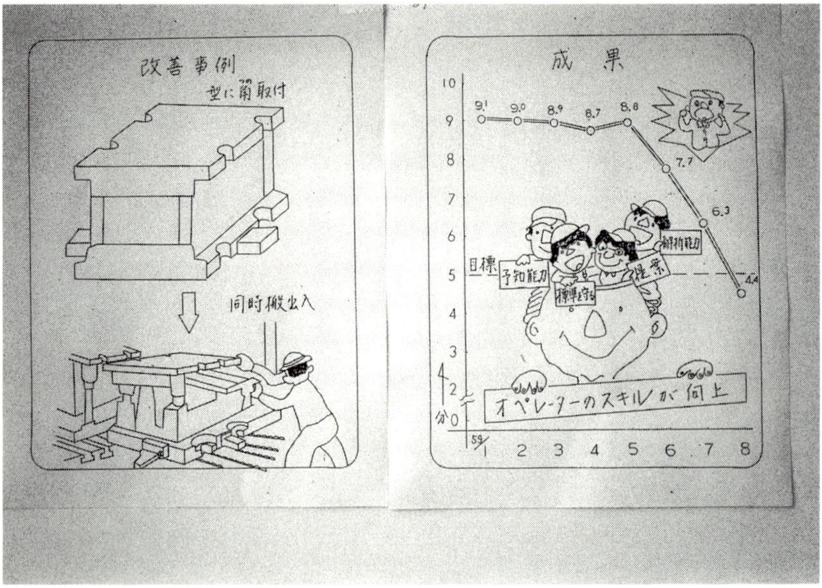

Hinweis: In diesem Beispiel verwenden Mitglieder eines Qualitätskreislaufs Cartoons, um ihre Botschaft dem Publikum mitzuteilen. Sie haben sich ebenfalls an die Schritte der QK-Geschichte gehalten, was es den Präsentatoren und dem Publikum erleichtert, den logischen Schritten zu folgen.

Mit freundlicher Genehmigung von Daihatsu

Abb. 9.25 Verwendung eines Cartoons zur Argumentation

Überprüfung des Fortschritts der Verbesserungsaktivitäten

Eine regelmäßige Überprüfung der Verbesserungsaktivitäten ist zusammen mit klaren Dokumentationen und Präsentationen ein wichtiger Kontrollpunkt in unserem Managementkreislauf. Ich verweise hier auf den Anhang 7.3, wo eine Checkliste typischer Team-Verbesserungsaktivitäten aufgeführt ist. Die Überlebensfähigkeit eines Betriebes hängt davon ab, wie interessiert die Leute an ihrer Arbeit sind und wie ihre Kreativität genutzt wird. Wenn wir Probleme anhand dieser Checkliste erkennen, sollten wir Möglichkeiten finden, diese Punkte in Angriff zu nehmen und dabei den PAPH-Kreislauf fortlaufend zu wiederholen.

Selbst wenn sich ein Team selbst managen kann, bedeutet das nicht, daß seine Mitglieder machen können, was sie wollen. So wie die Teams ihre Leistung anhand von Checklisten, usw. überprüfen, haben auch die Banker und Investoren ein wachsames Auge, denn sie stellen dem Team Ressourcen zur Verfügung. Folglich muß jede Minifirma sicherstellen, daß die Banker oder Manager genau über ihren Fortschritt mittels regelmäßiger Treffen oder Berichte, die monatlich, vierteljährlich oder jährlich erscheinen, informiert sind.

Abb. 9.26 Beispiele für effektive Kommunikationstechniken auf dem Shop Floor

Mittel	**Beschreibung**	**Kommentare**
Drei-Minuten-Präsentation	Dabei handelt es sich um eine Exekutivanweisung, die auf dem Shop Floor statfindet, wo die Leute dem Manager Verbesserungsaktivitäten mitteilen.	Ein schneller und prägnanter Prozeß ermöglicht eine rasche Überarbeitung
Ein-Minuten-Gespräch	Beim täglichen Shop Floor-Treffen wird ein Teammitglied gebeten, über irgendetwas zu sprechen. Wenn das jeder tut, lernt man sich besser kennen und wird beim Vortrag entspannter.	Das Durchbrechen der psychologischen Hemmschwelle ist wichtig für die Entwicklung des einzelnen
Einseitiger Bericht über Fortschritte	Dies kann ein täglicher, wöchentlicher oder monatlicher Bericht über wichtige Aufgaben oder QKLSA-Indikatoren für einen Managementbericht sein.	Ein Zusammenfassungsbericht zwingt die Leute, organisiert zu denken
Anwendung der Geschichtstafel	Wie eine Schautafel dazu dient, Managementinformationen transparent zu machen, lassen sich Flipcharts und Geschichtstafeln, usw. dafür verwenden, daß die Leute ihre Ideen aufschreiben	Tafeln repräsentieren ausgestellte Notizbücher voller Ideen aller Teammitglieder.

Auch wenn einige Banker nicht unbedingt einen ausführlichen Fortschrittsbericht benötigen, sollte der Präsident einer Minifirma die Vorbereitung einer ordentlichen Dokumentation als eine wichtige Pflicht ansehen und zwar zu seinem eigenen Vorteil. Diese Gewohnheit wird uns dabei helfen, unsere Fortschritte zu verfolgen. Wenn Berichte gut aufgebaut sind – mit zweckmäßigen Beweisdaten, Logik, Analysen und Beurteilungen von Nutzen – werden Manager viel mehr Vertrauen entwickeln, so wie Banker Vertrauen in diejenigen Kunden entwickeln, deren Konten ein Guthaben aufweisen.

Wenn wir mit solchen Praktiken vertraut werden, hilft uns das nicht nur, unsere Gedanken zu ordnen, sondern auch dabei, eine gute Managementdisziplin zu entwickeln. Sobald die Fertigkeiten entwickelt sind, kann der informelle Ideenaustausch in einigen Fällen ausreichen, aber bis dahin sollte die Disziplin einer guten Dokumentation und Präsentation ernst genommen werden.

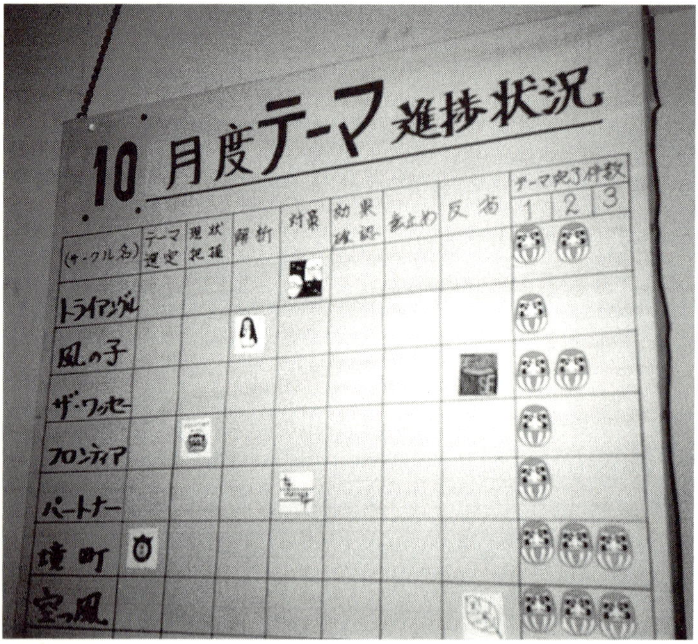

Mit freundlicher Genehmigung von Daiwa Seiko

Abb. 9.27 Ausstellung eines Projektstatus in Bezug auf Verbesserungen. Eine Schautafel gibt den Status an, den jedes Team bezüglich Verbesserungen erreicht hat. Jede Säule entspricht hier jeder Stufe der QK-Geschichte und ermöglicht es den Leuten, festzustellen, wieviel Fortschritte sie im Verhältnis zu anderen Teams erzielt haben. Macht ein Team Fortschritte, rückt das Zeichen einen Schritt weiter nach rechts. Wenn Teams ihre Projekte abgeschlossen haben, wird die Anzahl der beendeten Projekte in der rechten Säule addiert, wie wir es auch von einigen Gesellschaftsspielen her kennen.

Zusammenfassung

- Die Geschäftsführung muß von einem verständlichen Managementsystem unterstützt werden.
- Da unser System der freien Marktwirtschaft die Idee des Überlebens der Stärkeren fördert, bringt die Beurteilung der Wettbewerbsfähigkeit mittels Benchmarking neue Einsichten, auf die wir unser Interesse konzentrieren können.
- Damit wir unsere Leistung verbessern, gibt es bei der Entwicklung der Fertigkeit, Ziele setzen zu können, verschiedene Stadien. Es existieren ebenso verschiedene Entwicklungsstadien bei der Fertigkeit der Leute, den ständigen Verbesserungsprozeß durch Anwendung des PAPH-Kreislaufs managen zu können.
- Die Entwicklung dieser Fertigkeiten ist ähnlich wie die Bildung und die Entwicklung von Muskeln. Sie erfordert jedoch, wie das auch bei jedem Teamsport der Fall ist, die Kooperation und die Disziplin aller.

- Wenn wir untersuchen, wie ein Abteilungsleiter seine Zeit verbringt, stellen wir fest, daß er viele Aufgaben zu erledigen hat, wobei jede einen PAPH-Kreislauf darstellt. Je mehr wir die Fertigkeiten auf dem Shop Floor durch die kollektive Anwendung des PAPH-Kreislaufs verbessern, desto größer wird die Wettbewerbsfähigkeit des gesamten Betriebes.
- Die Anwendung von Kontrollpunkten innerhalb des Betriebes dient dazu, die wichtigen Managementpunkte des Betriebes zu verdeutlichen.
- Auch wenn die Anwendung des Konzeptes für Kontrollpunkte Zeit und Fertigkeiten erfordert, wird uns ihre effektive Anwendung dabei helfen, Probleme zu erkennen und unsere Kreativität in konzentrierterer und geordneter Form zu nutzen.
- Wenn unser Betrieb wächst, müssen wir ebenfalls effektive Kommunikationsfertigkeiten entwickeln, d. h. Dokumentations- und Präsentationsfertigkeiten. Dies wird unseren Betrieb dazu befähigen, reibungslos zu funktionieren, wie dies auch unsere Körperfunktionen zusammen mit einem autonomen Nervensystem tun.
- Wenn sich unsere Kommunikationsfertigkeiten verbessern, können wir nicht nur unsere eigene Leistung effektiv überprüfen, sondern auch unsere Banker über unsere Fortschritte informieren. Demgemäß lassen sich Probleme erkennen sowie rasch und effektiv lösen.

10. Kapitel

Verknüpfung des SFMs mit dem Firmengeschäft als Ganzes

Um unsere Firma besser managen und sie wettbewerbsfähiger machen zu können, haben wir folgendes untersucht: die Entwicklung wesentlicher Werte, die Orientierung jedes einzelnen und des Betriebes am Kunden, die Verbesserung von Fertigkeiten und die Entwicklung von Führungsqualitäten. Im vorhergehenden Kapitel haben wir die Grundlagen des Managements von Shop Floor-Verbesserungsaktivitäten studiert. Um dies alles zu vertiefen, werden wir uns jetzt mit der Verknüpfung des firmenweiten Managementsystems mit dem Shop Floor Management (SFM) beschäftigen.

Firmenweite Planung

Wir haben gelernt, daß wir den Prozeß dort kontrollieren müssen, wo sich alles abspielt – nämlich auf dem Shop Floor. Dies ist eine Grundvoraussetzung, wenn wir die heutige Geschäftswelt beeinflussen wollen. Die Entwicklung einer Firmenstrategie und der Entwicklungsprozeß insgesamt sollten dieses Denken widerspiegeln. Doch wenn wir uns an die Stelle anderer versetzen und uns die Geschäftstätigkeiten von verschiedenen Ebenen des Betriebes anschauen, stellen wir fest, daß jeder einzelne bestimmte Dinge besser kann als andere – egal, ob im Top Management, mittleren Management, bei den leitenden Angestellten oder auf dem Shop Floor.

Dies reflektiert die Idee, daß jeder einzelne als Präsident seines Verantwortungsbereiches oder, wie bereits diskutiert, als Präsident seiner Minifirma betrachtet werden sollte. Wenn wir ein System zur Unterstützung einer besseren Koordination, Kooperation und Kommunikation zwischen den verschiedenen Gruppen innerhalb der Firma entwickeln können, ist es uns auch möglich, das Shop Floor Management in das gesamte Firmengeschäft einzubinden und es zu einem wichtigen Bestandteil eines vollständig integrierten Geschäftssystems zu machen. Besonders wichtig ist hierbei jedoch der Planungsprozeß, in dessen Verlauf für die Firma als Ganzes Prioritäten gesetzt werden.

In traditionellen Betrieben werden eine von oben gesteuerte Politik und eine strategische Leitung als Schlüssel zum Erfolg angesehen (erinnern wir uns an das Spindelmodell in Abb. 1.8). Obwohl die Führung von oben immer noch wichtig ist, kann eine bessere Nutzung aller kreativen Ressourcen innerhalb eines Betriebes die Machtstruktur derart verlagern, daß sie sich grundlegend von der einer traditionellen Firma unterscheidet.

Statt daher darauf zu vertrauen, daß eine Strategie von oben entwickelt wird, muß unser Betrieb flexibel genug sein, oben und unten sowie kreuzfunktionale Managementprozesse miteinander verbinden zu können, um die bestmögliche Nutzung der Talente der Leute innerhalb der Firma ausfindig zu machen. Besonders dann, wenn wir die Grenzen

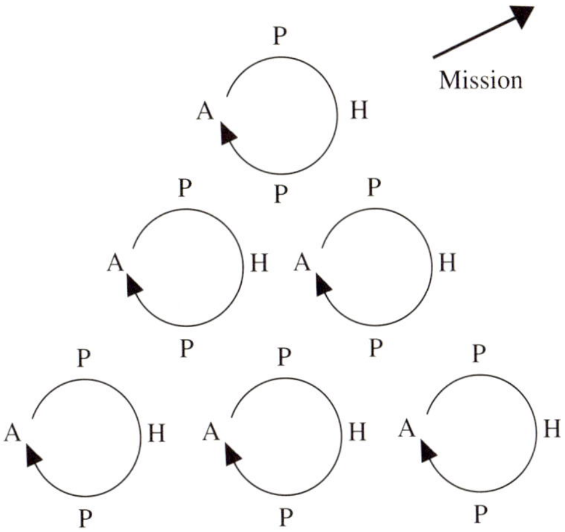

Abb. 10.1 Anwendung des PAPH-Kreislaufs innerhalb des Betriebes

der traditionell geführten Firmen erkannt haben, sollte eine derartige Orientierung sowohl für die Firma als auch für ihre Mitarbeiter zu einer wichtigen strategischen Richtlinie werden.

Geschäftsplanung hinsichtlich Selbstmanagement

Wie bereits in Kapitel 7 erwähnt, kann der Plan-Ausführen–Prüfen–Handeln–Kreislauf wie das Diagramm in Abb. 10.1 ausschauen, bei dem jede Betriebseinheit PAPH-Kreisläufe zwecks ständiger Fortschritte anwendet.

Das erste Kriterium für eine bessere Planung ist die Fähigkeit, eine Situation analysieren und Lösungen finden zu können. Dies entspricht den Prüf- und Handlungsschritten des PAPH-Kreislaufs. Wenn die Leute sowohl als Individuen wie auch als Team problemlösende Fertigkeiten entwickeln und den PAPH-Kreislauf immer wieder durchlaufen, wird sich ihre Planungsfertigkeit verbessern. Unser Ziel ist es natürlich, eine Situation zu planen und Lösungsmöglichkeiten zu entdecken, um einen überzeugenden Plan entwickeln zu können, der gute Aussichten auf Erfolg hat.

Entwicklung eines Geschäftsplans für eine Minifirma

Wie im Fall einer Neugründung einer Firma ist die Fähigkeit, einen guten Geschäftsplan mit tauglichen Hintergrundsinformationen und Analysen zu erstellen, eine wichtige Voraussetzung für das Betreiben eines Geschäftes. Ob wir unseren Geschäftsplan intern oder externen Betrieben wie Bankern oder Investoren vorstellen – die Vorgehensweise ist ähnlich. Zwar gibt es verschiedene Möglichkeiten, einen Geschäftsplan zu entwickeln, doch ich persönlich halte das in Abb. 10.2 dargestellte Format für sehr sinnvoll.

Wie Sie vielleicht bemerkt haben, handelt es sich überwiegend um das gleiche Format wie das, welches in Abb. 3.4 erläutert wurde, als wir uns zunächst mit dem Konzept der

Abb. 10.2 Inhalte eines Geschäftsplans einer Minifirma

1. Name für die Firma (d. h. Minifirma)
2. Formulierung der Mission
3. Firmenprofil
4. Kunden/Lieferanten-Beziehungen
5. Hauptziele
6. Analyse zur Erreichung der Ziele
7. Handlungspläne
8. Messungen und Methoden

Minifirma befaßten. Eine kurze Wiederholung jedes Punktes kann unserer Sache nützlich sein:

1. *Der Name für die Minifirma* wird von den Mitgliedern des Teams oder den Leuten aus der gleichen Betriebseinheit entworfen. Dies erleichtert die Entwicklung einer Identität für die Gruppe.
2. *Die Mission wird formuliert*, indem die Leute darüber nachdenken, warum es die Gruppe gibt, warum sie arbeiten, usw. Wenn sich in dieser Mission die Interessen der Leute der Minifirma widerspiegeln, kann sie sich natürlich von der Mission für die Firma als Ganzes deutlich unterscheiden. Doch solange die Leute über Verantwortung verfügen, wird dies der Förderung von Teamwork dienen, und die Arbeit wird erledigt (Beispiele siehe Abb. 3.8).
3. *Das Firmenprofil* listet die Mitglieder des Teams auf und beschreibt ihre Fertigkeiten, einschließlich der Maschinen, welche sie benutzen, sowie einer Beschreibung der Dienstleistungen oder der erzeugten Produkte. Die Prozesse lassen sich in Form eines Prozeßflußdiagramms darstellen. Die Leute werden überrascht sein, daß sie sich mit komplizierten Prozessen beschäftigen, eine Vielzahl von Ausrüstungen, Werkzeugen sowie Vorrichtungen benutzen und darüber, daß sie ein sehr sachkundiges Team repräsentieren.
4. *Die Kunden/Lieferanten-Beziehung* beschreibt das Verhältnis zu internen und externen Parteien, die entweder für Produkte, Teile oder Informationen sorgen bzw. diese erhalten. Wird dies schriftlich festgehalten, können die Leute die Bedeutung der Kundenorientierung besser begreifen (Beispiele siehe Abb. 2.3 und 3.3). Vielleicht stellen wir dann auch fest, daß wir bisher unseren Kunden noch nicht in dem Maße zugehört haben, wie wir es sollten.
5. *Hauptziele* sind Schlüsselbegriffe, welche das Team in seiner Planungsperiode erreichen will. Diese können mit der Mission und der Funktion der Firma verknüpft sein. Qualität, Kosten, Lieferung, Sicherheit und Arbeitsmoral (QKLSA) stellen dabei wichtige Faktoren dar (Beispiel siehe Abb. 4.3).
6. *Analyse* ist dort, wo problemlösende Werkzeuge objektiv genutzt werden, um die Situation beurteilen und folgerichtig Lösungsmöglichkeiten entwickeln zu können. Ursache/Wirkung-Diagramme und Paretoprinzipien können vom Team verwendet werden, um Gegenmaßnahmen zur Verwirklichung ihrer Ziele ergreifen zu können. Objektivität, Klarheit und Überzeugungskraft sind hier die Schlüsselbegriffe.
7. Sobald Gegenmaßnahmen entwickelt worden sind, werden sie als *Handlungspläne* zusammengefaßt, in denen die 7 Ws (wer macht was, wann, wo, warum, wie und wieviel) Anwendung finden. Die Knappheit der Ressourcen muß hierbei sorgfältig im Auge behalten werden.

8. Um die Kontrollpunkte zu klären und die Fortschritte in einer verständlichen Weise zu überwachen, werden *Messungen* und *Methoden* zusammengefaßt (Beispiel s. Abb. 9.14).

Wie Sie hier sehen, sind all diese Faktoren bereits in den vorhergehenden Kapiteln besprochen worden: unsere Vision und Mission in Kapitel 1, Kundenorientierung und das grundlegende Konzept für eine Minifirma in den Kapiteln 2 und 3, die Beteiligung aller sowie die Verbesserung der Fertigkeiten in den Kapiteln 4 und 5, das Erwerben und Anwenden problemlösender Fertigkeiten in den Kapiteln 6 und 7, die Ausübung von Führungsqualitäten in Kapitel 8 und das Managen von Shop Floor-Verbesserungsaktivitäten in Kapitel 9. Daher sorgt diese gesamte Minifirmaübung für einen verständlichen Rahmen, um das Shop Floor Management ausüben zu können. (Bitte denken Sie daran, daß – im Zusammenhang mit dem Geschäftsplan und der ausführlichen Befassung mit speziellen Projekten – eine QK-Geschichten-Form oder ein einfaches Papier der Projektzusammenfassung als Hintergrundsinformation zur Verfügung stehen sollte.)

So wie man für das Lösen eines Problems die koordinierten Kräfte der Leute aus unterschiedlichen Disziplinen benötigt, sind diese auch für die Entwicklung eines Geschäftsplans erforderlich. Ein guter Geschäftsplan kann nicht in einem Vakuum reifen. Solange keine Leute aus anderen Aufgabengebieten den Plan überdenken oder untersuchen bzw. ihre Ansichten darin wiederfinden, fehlt einfach eine solide Basis.

Wenn die Kunden über einen solchen Plan nicht informiert werden, können auch ihre Ideen und wichtigen Interessen nicht entsprechend gewürdigt werden. Wenn die Lieferanten nicht beteiligt werden, kann ihre Sicht der Dinge bezüglich der Lösung von Problemen nicht in den Geschäftsplan integriert werden. Wenn die Manager und leitenden Angestellten nicht miteinbezogen werden, können die Ressourcen nur unzureichend verteilt werden, und die Koordination der Kräfte kann sich als unzulänglich herausstellen. In vielerlei Hinsicht ähnelt dies einem Ballspiel, an dem verschiedene Gruppen von Leuten teilnehmen. Der Ball repräsentiert die Koordination, Kooperation und Kommunikation. Wenn sich alle über ihre Ideen austauschen und Wege finden, sich gegenseitig zu helfen, läßt sich auch jeder Plan leichter entwickeln. Das trägt dazu bei, sowohl die Ziele der Firma als Ganzes als auch die individuellen Ziele zu realisieren.

Sicherlich läßt sich dieses Konzept einfach verinnerlichen, doch sind es Teamwork, analytische Fertigkeiten und der Willen, eine Minifirma zu leiten, die den Prozeß funktionieren lassen. Wenn mehr Leute an diesem Prozeß teilnehmen, können die freigesetzten Kräfte phänomenal sein; wir können ein neu definiertes Netzwerk oder Nervensystem entwickeln, das es in dieser Form noch nie zuvor gegeben hat.

Diese Übung läßt sich sogar in einer traditionell gemanagten Umgebung praktizieren – vorausgesetzt die Leute sind dazu bereit, es zu versuchen. Es ist wirklich wichtig, dies in einer solchen Umgebung zu praktizieren, einfach weil das Bedürfnis nach Veränderung größer ist. Auch wenn wir dazu neigen, andere für Probleme verantwortlich zu machen, sollten wir stets versuchen, unseren eigenen Weg in die Zukunft zu finden.

Den Entwicklungsprozeß für den Geschäftsplan koordinieren

Damit der Prozeß der Geschäftsplanung erfolgreich wird, sollten sich die Mitarbeiter schon während der Entstehung der Geschäftspläne darüber austauschen. Dies Vorgehen hat mehrere wichtige Vorteile, welche in Abb. 10.3 erläutert werden. Solche Treffen zwecks Austausches sorgen für einen angemessenen Hintergrund in Bezug auf Kontrollen sowie Gegengewicht der Meinungen und stellen sicher, daß die Geschäftspläne nicht in einem Vakuum entstehen – d. h. ohne Berücksichtigung der Kundenmeinung oder vollständige Ausnutzung begrenzter Ressourcen wie Mensch, Material, Maschine oder Geld.

Abb. 10.3 Vorteile eines Austausches von Geschäftsplänen unter Präsidenten von Minifirmen

- Jeder Präsident sieht, welche Fortschritte die anderen machen.
- In der Eigenschaft als Kunde oder Lieferant der anderen kann jeder Präsident Fragen stellen, wenn die anderen Geschäftspläne der Minifirmen wichtige Interessen außer acht lassen.
- Jeder Präsident kann Engpässe identifizieren und versuchen, sie frühzeitig durch den Austausch von Ressourcen zu verhindern.
- Die Präsidenten können ihre Ideen oder Techniken zur Entwicklung guter Geschäftspläne untereinander austauschen.
- Jeder Präsident kann den anderen helfen und umgekehrt von den anderen Hilfe erhalten.
- Es entwickelt sich durch die gegenseitige Hilfe Teamgeist.

Um den Prozeß der Entwicklung eines Geschäftsplans ausführlicher zu erläutern, sollten wir uns zunächst mit dem Beispiel eines Automobilzulieferers aus dem mittleren Westen beschäftigen. Traditionell wurde der Geschäftsplan in dieser Firma von oben nach unten entwickelt, wobei die besondere Betonung auf den Zahlen lag. Die Ideen der Leute wurden bei dem Prozeß der Geschäftsplanung nicht berücksichtigt, was zu einem Defizit an Verantwortung führte. Außerdem wurden die Leute durch den Druck, die von oben festgesetzten Zahlen zu erreichen, veranlaßt, sich kontraproduktiv zu verhalten, und es verstärkte sich der Eindruck, daß die Ziele einiger Leute auf Kosten der anderen verwirklicht werden sollten.

Einige hielten den Prozeß sogar lediglich für ein Ritual.

Logischerweise betrachteten die Leute die Minifirmaübung, wie sie hier beschrieben wird, als eine Veränderung. Zwar klang die Idee von Verantwortung und Selbstmanagement gut, doch die meisten Leute, die an die traditionelle Art der Geschäftsführung gewöhnt waren, hatten Schwierigkeiten mit der Anpassung ihrer Denkweise – besonders am Anfang. Einige waren skeptisch:

- „Das ist ja wieder wie die Schulbank zu drücken und einen Bericht zu schreiben."
- „Abwarten und Tee trinken, ob das Management das hier wirklich ernst meint."
- „Das hört sich gut an, doch ich fühle mich unwohl, frei vor der Gruppe zu sprechen."

Andere wiederum sagen:

- „Machen wir das einfach. Wenn wir das tun, was wir schon immer getan haben, bekommen wir auch das, was wir schon immer bekommen haben."
- „Wenn uns dies nicht gelingt, dann müssen wir halt wieder das tun, was wir früher getan haben – wir haben nichts zu verlieren, also können wir es auch versuchen."
- „Ich verstehe, warum wir das tun müssen. Auch wenn ich nicht weiß, wie gut uns das gelingen wird, denke ich, daß es wichtig genug ist, es zu versuchen."

Daraufhin beschlossen alle Manager, diesen neuen Prozeß der Geschäftsplanung zu durchlaufen und auch diejenigen zu unterstützen, die der Sache noch skeptisch gegenüber standen. Nach ein paar Wochen waren mehr Stimmen zu hören. Einige meinten:

- „Ich bin zu beschäftigt, um dies zu machen. Ich muß so viele andere Dinge tun."
- „Es ist einfacher, wenn ich es selbst tue, anstatt meine Leute damit zu beauftragen und ihnen damit die Zeit zu stehlen."

- „Zeigen Sie mir ein Beispiel, wie andere das gemacht haben. Dann ist es für mich einfacher."

Doch es gab auch andere Ansichten:

- „Ich bin froh, daß sich die Leute dafür begeistern können. Wir haben noch niemals zuvor auf diese Weise gearbeitet."
- „Lassen Sie mich darüber sprechen, was wir getan haben, damit andere von meinen Erfahrungen profitieren können."
- „Ich habe dies meinen Untergebenen erklärt und sie wollen jetzt selbst Minifirmen gründen – ein Schneeballeffekt."

Das Management traf sich jede Woche, um die Entwicklung der Prozesse in den einzelnen Minifirmen miteinander zu vergleichen. Gelegentlich erschienen auch einige, die sich auf die Gespräche kaum vorbereitet hatten. Doch die Manager enthielten sich kritischer Bemerkungen, da die Orientierung „Selbstmanagement" lautete. Viele boten auch ermutigende Kommentare und ihre Hilfe an, damit jede Gruppe vorwärtsgehen konnte.

In dem Moment, wo sich die Leute über ihre Erfahrungen austauschten, sich gegenseitig halfen und anleiteten, begann der Schneeballeffekt. Interne Kunden und Lieferanten tauschten sich über ihre Interessen aus und versuchten, Handlungspläne zu erstellen – manchmal sogar gemeinsam. In einem Fall wurde eine Kundenbefragung seitens einer Minifirma durchgeführt, um die Bedürfnisse der Kunden besser zu verstehen. Und als die Ergebnisse bei einem wöchentlichen Treffen vorgestellt wurden, übernahmen andere Minifirmen gleich mehrere Kundenumfragen und profitierten auf diese Weise auch von dieser guten Idee.

In einem anderen Fall präsentierte jemand die Materialien völlig neu, indem er bessere Graphiken verwendete. Ein anderer wiederum entdeckte eine effektive Möglichkeit, Computersoftware für die Erstellung von Diagrammen zu nutzen. Diese Ideen wurden fast augenblicklich den anderen mitgeteilt, und alle begannen, sich gegenseitig zu helfen. Daher kann wirklich jeder von einem solchen Ideenaustausch profitieren.

Ein weiteres Beispiel: Eine Wartungsgruppe identifizierte die Produktionsgruppe als Kunden. Sie trafen sich, um ihre Interessen auszutauschen, analysierten die Situation und behandelten Handlungspläne vordringlich. So sehr wie die Wartungsgruppe eine effektive, präventive Wartung durchführen wollte, wollte dies auch die Produktionsgruppe – allerdings mit einem Minimum an Unterbrechung. So erarbeiteten sie einen neuen Plan für präventive Wartung, damit sie sich um bestimmte komplizierte Maschinen vorrangig kümmern konnten. Es wurde ebenfalls ein Plan erstellt, die Arbeiter hinsichtlich Wartung zu trainieren. Auf diese Weise konnten sich die Leute aus der Produktion bei der Bedienung von Maschinen an korrekte Verfahren halten und die anderen bei der Wartung unterstützen.

In einem weiteren Fall tauschten sich die Leute über die Idee einer Minifirma und ihren Geschäftsplan aus und setzten die Idee in die Tat um. Daraufhin zeigten immer mehr Leute ihr Interesse und begannen, ihre eigenen Minifirmen oder Mini-Minifirmen zu gründen. Als sich dieser Prozeß fortsetzte, erkannten auch immer mehr die Bedeutung und den Spaß der Zusammenarbeit. Sie waren überrascht, festzustellen, daß sie auch von anderen Hilfe erfuhren, indem sie anderen halfen – d. h. ihren Kunden. Als sich die Leute über diese neuen Wechselbeziehungen klar wurden, geschah dies ähnlich wie bei Lichtkugeln, die ab und zu aufblitzen und schließlich alles erhellen. Die beste Beschreibung dafür lautet meiner Meinung nach: „betriebliche Erleuchtung".

Es ist beinahe unnötig, darauf hinzuweisen, daß diese Geschäftsplanung durch eine verbesserte Kommunikation der Leute gründlicher erfolgte als diejenige, die in traditionellen Betrieben durchgeführt wurde. Sie reflektierte die Kreativität und Verantwortung vieler Menschen im Gegensatz zu Bürokratie und Machtpolitik. Die Konsequenz war, daß das Top Management sämtliche entwickelten Pläne genehmigte.

Ausführung des Geschäftsplans

Wenn die Geschäftspläne entwickelt sind, ist der nächste Schritt ihre Realisierung mit Hilfe des PAPH-Kreislaufs. Zur Überwachung des Fortschritts können für bestimmte Bereiche „Tafel-Räume" der Minifirmen eingerichtet werden, in denen die Leute Treffen abhalten und über genügend Platz verfügen, wichtige Informationen auszuhängen, die Aufschluß über den Fortschritt geben und einen Vergleich zwischen geplanter und tatsächlicher Leistung ermöglichen.

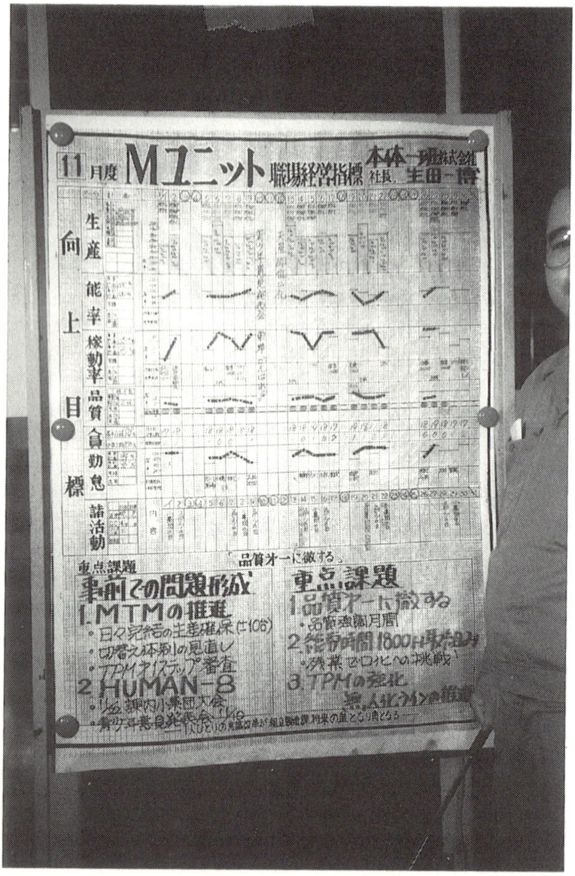

Mit freundlicher Genehmigung von Matsushita

Abb. 10.4 Schautafel einer Minifirma bei Matsushita

Ein Besuch dieses Bereiches zeigt jedem, welche Projekte gerade bearbeitet werden und wie der Stand der Dinge ist. Er wird ebenfalls feststellen, daß diese Aktivitäten eng mit der Erreichung der wichtigen Ziele und damit auch mit der Mission der Minifirma verknüpft sind. Die Kombination dieser Aktivitäten innerhalb des Betriebes wird dazu beitragen, die Ziele und die Mission der Firma als Ganzes zu realisieren. Die Messungen lassen sich auch hier wieder mit der Anzeigetafel beim Baseball vergleichen, welche die Leistung des Teams reflektiert, statt nur mit „Zahlen" zu operieren, die in keinster Weise den Stolz und die Verantwortung der Leute ausdrücken.

Der Ideenaustausch gleicht denen in Vorstandssitzungen. Beim Treffen der Minifirma dient er – zusammen mit der Schautafel der Minifirma – dazu, Möglichkeiten für die Verwirklichung des Geschäftsplans zu erkennen. Bei Bedarf können die Pläne zwar angeglichen werden, doch das PAPH-Prinzip bleibt auf jeden Fall erhalten. (Abb. 10.4 zeigt ein Beispiel für eine solche Schautafel. Hier werden die Schwerpunktthemen des Monats – zusammen mit den Ergebnissen der Schlüsselbegriffe hinsichtlich QKLSA – am unteren Ende der Tafel dargestellt. Für diesen Monat lauten sie Qualität, produktive Gesamtwartung und Reduzierung von Überstunden.)

Sich über den Fortschritt austauschen

Während der Ausführungsphase des Geschäftsplans sollten wir uns eins merken, nämlich daß es für den Präsidenten einer Minifirma selbstverständlich sein sollte, in regelmäßigen Abständen an seine „Banker" bzw. „Investoren" zu berichten. Dies schließt lediglich an typische Geschäftspraktiken an, wo die meisten Banker regelmäßige Berichte über den Fortschritt fordern. Banker lieben keine Überraschungen. Sie legen Wert auf Objektivität, übersichtliche Diskussionen, die Punkt für Punkt behandeln, gute Analysen und beweiskräftige Daten. Natürlich orientieren sich viele auch an einer Endbewertung, doch ein guter Fortschrittsbericht sollte Analysen, Beschreibungen besonders wichtiger Aktivitäten und zukünftige Prognosen beinhalten, damit die Banker einen Eindruck von dem erhalten, was wirklich geschieht.

Abb. 10.5 zeigt einen solchen Bericht, der von einer Abteilung einer kleinen kalifornischen Firma, namens Sparling Instruments, erstellt wurde. Dieser Bericht entspricht der Schautafel einer Minifirma, was QKLSA betrifft. Der Präsident der Firma überprüft diese Berichte jeden Monat, und die Mitarbeiter erhalten ein Feedback. Je nach Inhalt der Berichte verleiht er in seinen monatlichen Treffen, an denen alle Angestellten teilnehmen, die „Abteilung des Monats"-Prämie.

Am Anfang waren einige unwillig, die Berichtsformulare auszufüllen. Doch da der Präsident die Berichte jeder Abteilung regelmäßig mit Kommentaren versah, die mit roter Tinte geschrieben wurden, gewöhnten sich die Leute allmählich daran und fanden die Idee sinnvoll.

Abb. 10.6 zeigt einen Fortschrittsbericht, der von einer japanischen Sportartikelfirma entwickelt wurde. Wie Sie hier sehen, werden meßbare Ziele verfolgt, die den umfassenden Gebrauch von Kontrollpunkten reflektieren. Es wird ebenfalls eine Farbkodierung verwendet, um die Ausübung des Managements by exception zu erleichtern.

Wenn ein Bericht für die Banker erstellt wird, ist es auch sinnvoll, den Erfolg mit den Kollegen, d. h. einer Gruppe von Präsidenten der Minifirmen, auszutauschen. Da sie als Kunden oder Lieferanten eine wichtige Rolle spielen, die bei der Entwicklung des Geschäftsplans Hinweise geben, können regelmäßige, aktualisierte Berichte ihrer Infor-

Schautafel

Abteilung des Monats
Fällig um 12.00 Mittag jeden ersten Freitag im Monat

Abteilung Maschinenproduktion — Monat Februar 1992
Teamleiter Lambert de Vera — Ausgefüllt von: Lambert de Vera & Ray Bolin

Qualität (Verbesserung der Ablehnungsquote, Prozeßverbesserung)

- Neuer Entwurf des Gehäuses 625; Reduzierung der Maschinenzeit um 75% und Materialkosten um $ 1,5 pro Gehäuse.
- Abänderung der Bohr- und Stichbefestigung der Muffe P/N 121244 und Reduzierung der Kreislaufdauer um 10%.
- 10stündiges CNC-Training (Jesse Casillas), 10stündiges Training im Platten zersägen (William Garcia).

Kosten (Verbesserung der Produktivität, Kostenreduzierung)

- Erwerb einer CNC-Station (Teilprogramm des Managementsystems); ermöglicht dem Arbeiter augenblicklich, das Teilprogramm zu planen und zu bearbeiten – geschätzte Einsparungen:
  a) Maschinenproduktion 168 Stunden/Jahr
  b) Technikabteilung 45 Stunden/Jahr
- Einrichtung eines problemlösenden Teams zur Verbesserung des Herstellungsprozesses des Magnetometers, welches die Produktivität erhöht, die Arbeitskosten senkt sowie die Qualität verbessert.
- Herstellung von Klemmbacken, Fräsen und ausgerichteten Befestigungen für den vertikalen Stiel, 239 Muffen, Dübel & 6" & 8"-Magnetometer. Reduzierung der Maschinenzeit um 10–20%.

Lieferung (Prompte Lieferung, Schreibarbeit, Berichte)

- 82% Fertigstellung der Produktion „Hot List", 43 von 52 ausgeführten Arbeitsaufträgen
- Neuerteilte Arbeitsaufträge = 74
- Fertiggestellter Arbeitsauftrag = 89

Sicherheit (Verbesserungen, Training, usw.)

- Keine Unfälle oder Verletzungen. Einführung einer wöchentlichen Sicherheitsinspektion innerhalb der Maschinenproduktionsabteilung.
- Im Laufe des Treffens zwecks Sicherheit diskutierten wir über Maßnahmen, die im Fall einer Augenverletzung durch Chemikalien zu ergreifen sind.

Arbeitsmoral

a. Anzahl der Leute im Team 18	b. Anzahl von Vorschlägen 50	B/A 277%
c. Anzahl der Leute mit Vorschlägen 6		C/A 33%
d. Anzahl der Abwesenden 5		D/A 27%

Mit freundlicher Genehmigung von Sparling Instruments

Abb. 10.5 Monatsbericht über den Fortschritt

Abb. 10.6 Monatlicher Fortschrittsbericht einer japanischen Sportartikelfirma

Kategorie	Kontrollpunkte	Verantwortlichkeit	Monat 1	Monat 2	Monat 3	Prüfen & Handeln 4 5 6 7 8 9...	Problem	Gegenmaßnahmen
Qualität	• Techn. Veränderungen	KS	65	70	...	....	Unklare Dokumentation	...
	• Prozentsatz des Beschlusses für Prozeßproblem	HS	77	80	...	....	...	...
Kosten	• Übereinstimmung der Teile & Werteanalyse	FD	92	...	...	....	...	...
	• Reduktion von Überstunden	HS	92	...	...	....	...	...
Lieferung	• Neue Produkteinführung	FD	...	...	...	....	...	...
Arbeitsmoral	• Anzahl von Vorschlägen	FD	...	...	...	....	...	
...	.....	...	...	...	...	....	...	
	Prüfen & Handeln	Gesamt-%	90	89	97	....	Gesamtbewertung	
• Kontrollebene = >80%		Beurteilung	O	O	O	....	• Es werden mehr verständliche Designüberarbeitungsverfahren benötigt...	
		Probleme	...			....		
• Gesamt-% $= \frac{\text{\# Punkte, die den Plan erfüllen}}{\text{\# Gesamtpunkte}}$		Gegenmaßn.	...			....		

mation dienen und für einen Kontroll- und Gleichgewichtsmechanismus unter den Präsidenten der Minifirma sorgen. Während Vorgesetzte als Banker angesehen werden, können andere Präsidenten als Vorstandsmitglieder der Minifirmen betrachtet werden.

Bei solchen Austauschtreffen kann die Berichterstattung hinsichtlich des Fortschritts von jedem Präsident einer Minifirma übernommen werden. Doch da Handlungspläne üblicherweise einige Monate oder länger für ihre Realisierung benötigen, empfiehlt es sich, daß einige Präsidenten ausführlichere Berichte bei jedem Treffen verfassen – in einer Art „Round robin" (Bericht etc., bei dem die Unterschriften kreisförmig erfolgen). Auf diese Weise können sich die Präsidenten besser auf einen ausführlicheren Bericht vorbereiten und einige Schwerpunktthemen herausgreifen.

Dadurch wird vermieden, daß die Angelegenheit zu einem Ritual wird, bei dem lediglich Zahlen vorgetragen werden. Zusätzlich können wir diese Fortschrittsberichte für jedermann sichtbar ausstellen. So offensichtlich dies auch sein mag – je mehr Glass Wall Management wir praktizieren, desto mehr Gelegenheiten können wir den Leuten bieten, sich zu beteiligen.

Mit freundlicher Genehmigung von Sparling Instruments

Abb. 10.7 Photo eines in einer Cafeteria ausgehängten Fortschrittberichts

Zusammenfassung des Fortschritts in einem Jahresbericht

Am Ende des Jahres bzw. alle sechs Monate kann jeder Präsident einer Minifirma einen Jahres- oder Halbjahresbericht seinen Bankern vorlegen und sich darüber mit seinen Kollegen (z. B. Vorstandsmitgliedern) und Teamkollegen austauschen. Diese Berichte stellen die Würdigung der Leistung der Minifirma dar. Sie beschreiben die Art und Weise, wie Probleme analysiert sowie Ziele und Handlungspläne entwickelt und ausgeführt werden, zusammen mit einer Zusammenfassung von bereits verwirklichten Vorhaben und zukünftigen Aufgaben. Diese Dokumente können sogar als Basis für eine „Würdigung“ bzw. ein „Resumée“ der Leistung jedes Präsidenten dienen, wenn sie über eine Zeit lang gesammelt werden.

In diesen Zeiten, wo sich die Dinge derart schnell ändern, kann die Entwicklung von Geschäftsplänen und zusammenfassenden Berichten auf einer halbjährlichen Basis angemessener sein, als damit bis zum Ende eines Jahres zu warten. So werden auch die Pläne häufig aktualisiert.

Abb. 10.8 Inhalte eines Jahresberichtes einer Minifirma

1. Name der Firma (z. B. Minifirma)
2. Mission
3. Firmenprofil
4. Kunden/Lieferanten-Beziehung
5. Hauptziele
6. Analyse zur Erreichung der Ziele
7. Verwirklichung
8. Bestehende Probleme

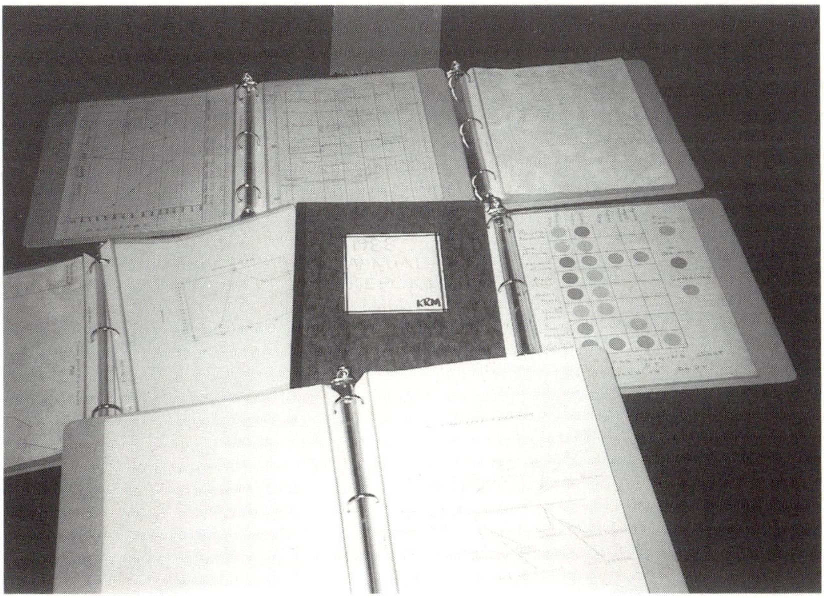

Mit freundlicher Genehmigung von Fireplace Manufacturers, Inc.

Abb. 10.9 Beispiele für Verwirklichtes, festgehalten in einem Jahresbericht
a. Dieses Photo zeigt Beispiele aus dem ersten Jahresbericht, der von Abteilungsleitern erstellt wurde, die alle gerade erst in die Vereinigten Staaten immigriert waren.

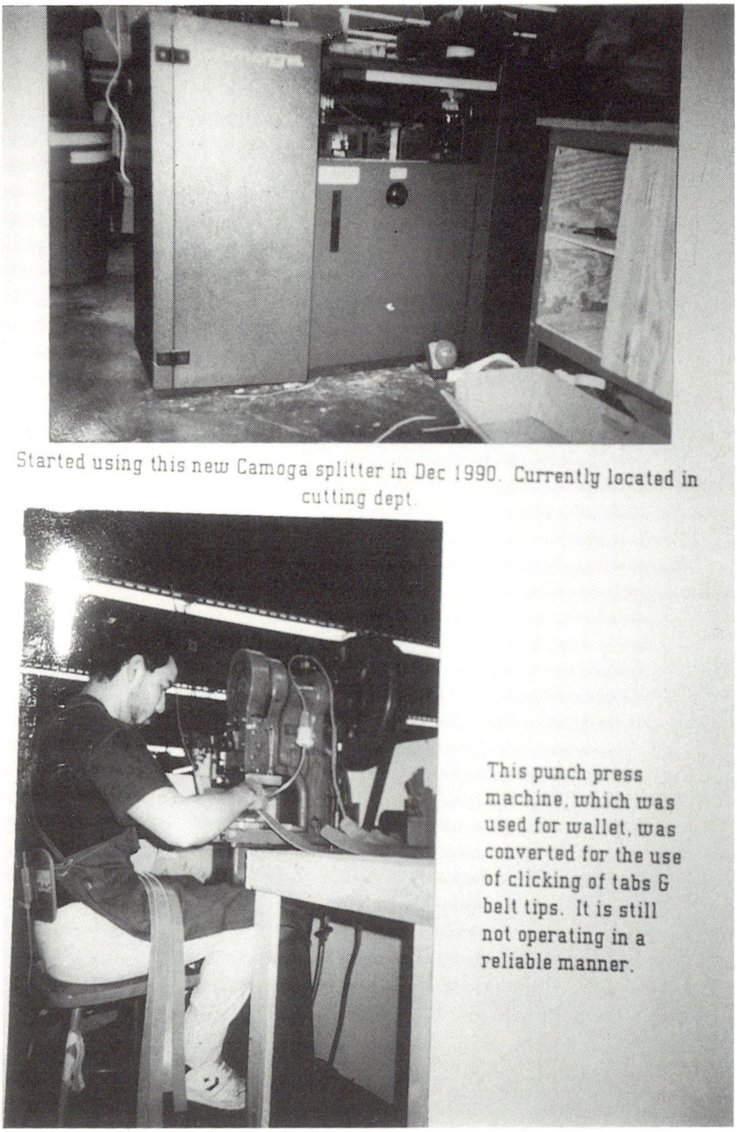

Mit freundlicher Genehmigung von Leegin Creative Leather Products

b. Diese Abbildung zeigt einen Ausschnitt aus einem sehr verständlich verfaßten Jahresbericht. Photos werden hier effektiv eingesetzt, um Dutzende von Verwirklichungen zu zeigen.

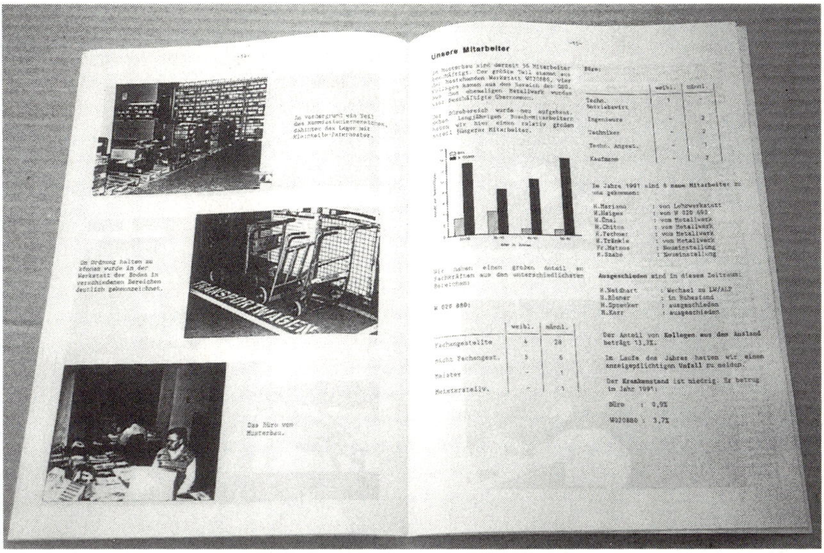

c. Dieses Photo zeigt den ersten Jahresbericht einer Minifirma, der in einer großen europäischen Firma veröffentlicht wurde, um das Potential der Selbstmanagement-Fähigkeiten der Leute zu erforschen.

Abb. 10.8 zählt die Inhalte eines solchen Berichtes auf, die sich als sinnvoll herausstellen können. Die Begriffe unter den Punkten 1–6 sind die gleichen wie die des Geschäftsplans. Ich empfehle besonders den Abteilungsleitern, Photos von Verbesserungen auszuhängen, da Photos mehr sagen können als tausend Worte. Dadurch wird der Bericht auch wesentlich interessanter für den Leser (s. Abb. 10.9, Seite 237–239). Der Begriff unter Punkt 8 beschreibt Probleme, z. B. daß die Menschen sich angesprochen fühlen wollen. (Siehe Abb. 10.10 bezüglich einiger Beispiele für derartige Probleme, die in einem Jahresbericht zusammengefaßt werden.)

Wie Sie anhand dieser Beispiele feststellen können, haben die Leute die Diagramme und Photos zwecks Austausches über die realisierten Vorhaben dieses Jahres effektiv benutzt, auch wenn sie vorher nicht über Shop Floor-Treffen, einen organisierten Arbeitsplatz oder Diagramme auf dem Shop Floor verfügten und viele von ihnen nicht mit dem Lesen der Graphiken vertraut waren.

Abb. 10.11 zeigt die Vorteile auf, die es haben kann, etwas Zeit in die Erstellung solcher Jahresberichte der Minifirma zu investieren.

Ein Abteilungsleiter bei Fireplace Manufacturers, Inc. in Kalifornien sagte einmal zu mir: „Wenn es mir bei der Arbeit gefühlsmäßig schlecht geht, lese ich meinen Jahresbericht aus dem vergangenen Jahr. Dann fällt mir wieder ein, daß unsere Fortschritte nur ganz allmählich vor sich gingen. Wenn ich mir dann vor Augen führe, welche Schwierigkeiten zu überwinden waren und daß unsere vielen Verbesserungen nur mit der Hilfe aller zustandekamen, kehrt mein Lächeln wieder auf meine Lippen zurück, und ich kehre erfrischt an meine Arbeit zurück.“

Bei Rapid-Line, einem Hersteller in Michigan, bereiteten die Mitarbeiter einen Jahresbericht mittels eines Videobandes vor. Da die Arbeiter aus verschiedenen Arbeitsbereichen die Beispiele der Verbesserungen, die auf dem Shop Floor erfolgt waren, unter-

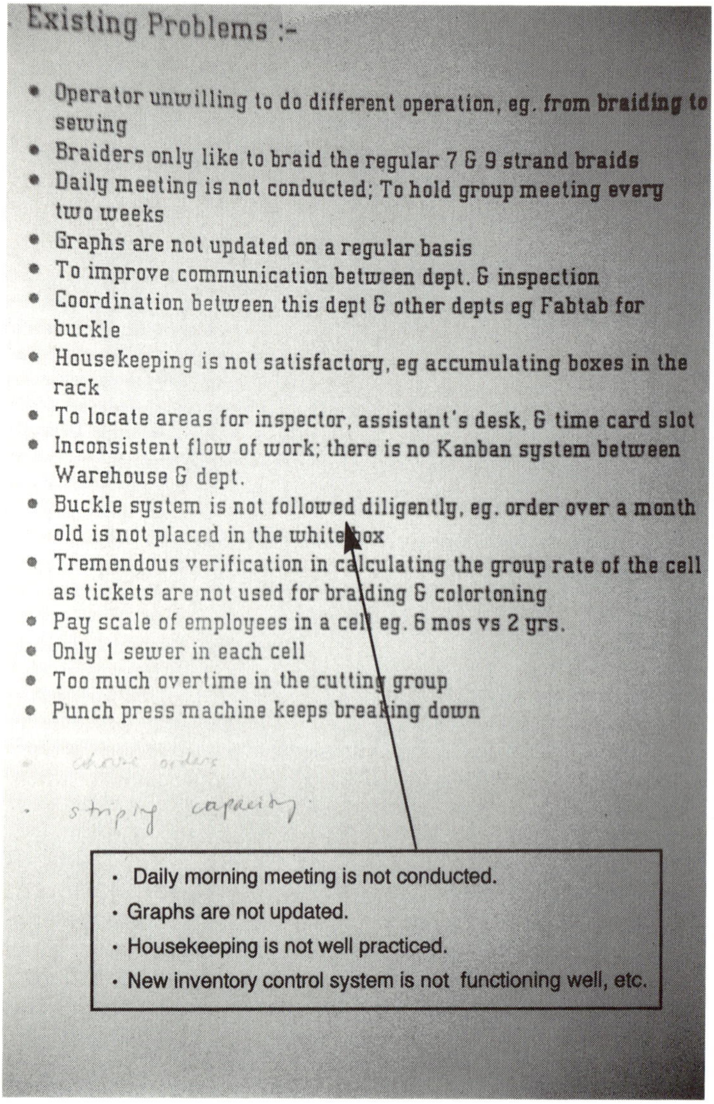

Existing Problems :-

- Operator unwilling to do different operation, eg. from braiding to sewing
- Braiders only like to braid the regular 7 & 9 strand braids
- Daily meeting is not conducted; To hold group meeting every two weeks
- Graphs are not updated on a regular basis
- To improve communication between dept. & inspection
- Coordination between this dept & other depts eg Fabtab for buckle
- Housekeeping is not satisfactory, eg accumulating boxes in the rack
- To locate areas for inspector, assistant's desk, & time card slot
- Inconsistent flow of work; there is no Kanban system between Warehouse & dept.
- Buckle system is not followed diligently, eg. order over a month old is not placed in the white box
- Tremendous verification in calculating the group rate of the cell as tickets are not used for braiding & colortoning
- Pay scale of employees in a cell eg. 6 mos vs 2 yrs.
- Only 1 sewer in each cell
- Too much overtime in the cutting group
- Punch press machine keeps breaking down

- Daily morning meeting is not conducted.
- Graphs are not updated.
- Housekeeping is not well practiced.
- New inventory control system is not functioning well, etc.

Mit freundlicher Genehmigung von Leegin Creative Leather Products

Abb. 10.10 Beispiele für bestehende Probleme, die in einem Jahresbericht aufgeführt sind
Hinweis: Wichtig ist hierbei, daß die Liste den Konsens der Leute darstellt. Obwohl diese Begriffe für Fehler stehen, ist es dennoch wundervoll, daß die Leute keine Angst davor haben, sich mit ihnen auseinanderzusetzen. Die Leute denken eher über Möglichkeiten nach, sich zu verbessern, anstatt andere dafür verantwortlich zu machen.

einander austauschten, wurde jedermann bewußt, daß bereits viele Verbesserungen zum Fortschritt der Firma beigetragen hatten. Da auf dem Videoband viele Leute mit vielen interessanten Geschichten zu sehen waren, wurde es wiederholt in der Cafeteria gezeigt, damit jeder die Möglichkeit erhielt, sich zu informieren.

Einige sahen es sogar mehrere Male.

Eine weitere Hilfestellung für diejenigen, die Geschäftspläne und Jahresberichte erstellen, ist es, Realisierungen und bestehende Probleme zunächst im Jahresbericht zusammenzufassen. Denn auch der PAPH-Kreislauf funktioniert besser, wenn wir mit den Prüf- und Handlungsstufen beginnen. Anschließend kann dies als Basis für die Entwicklung eines Geschäftsplans genutzt werden, anstatt als erstes den Geschäftsplan zu erstellen – ohne Berücksichtigung der Leistungen in der Vergangenheit.

Abb. 10.11 Vorteile der Veröffentlichung eines Jahresberichtes einer Minifirma

- Der Schreibprozeß trägt dazu bei, die Gedanken objektiv zu ordnen.
- Die Leute erhalten ein Feedback hinsichtlich ihrer Arbeit – d. h. waren die Fortschritte gut, gibt es Anlaß zur Freude; waren die Fortschritte nicht zufriedenstellend, wird gemeinsam gelitten – damit die Leute kreativer sein können.
- Durch Austausch des Fortschritts entwickeln die Leute mehr Stolz und Verantwortung für das, was sie tun.
- Dieser Prozeß hilft, Schwächen zu erkennen und das Problem als Team statt als einzelner anzugehen.
- Ein Verständnis dessen, was warum geschieht, wird den Weg in die Zukunft ebnen.
- Aufgrund des regelmäßigen Durchlaufens des Prozesses entwickeln wir eine Disziplin dafür, den Rhythmus für PAPH zu finden.
- Diese Übung erstellt einen Rahmen, die Probleme gemeinsam als Gruppe zu diskutieren.

Vom Prozeß der Geschäftsplanung lernen

Eine Anzahl von Firmen hat mit mir den Prozeß in Japan, in den Vereinigten Staaten und Europa durchlaufen. Einige haben ihn ausführlicher angewandt als andere. Andere haben diesen Prozeß mit Prämienprogrammen in Verbindung gebracht. Einige benutzten ihn als Teil der Leistungsanerkennung. So wie ständige Wiederholung und Ausdauer die Schlüsselbegriffe dafür sind, alles zu erreichen, gilt dies auch für diesen Prozeß.

Bei der Überarbeitung der Lektionen, die wir bei der Geschäftsplanung gelernt haben, wurden in Abb. 10.12 die Kommentare von Mitarbeitern einer Firma aus dem mittleren Westen zusammengefaßt. Der Vizepräsident der Herstellung unterhielt sich mit mir über die Ansichten des Reformers Jacob Riis und gab an mich die Erfahrung weiter, die er während dieses Prozesses gemacht hatte: „Wenn nichts mehr funktioniert, gehe ich zum Steinmetz, der an seinem Stein vielleicht hundertmal herumklopft, ohne daß auch nur der kleinste Riß entsteht. Doch beim 101. Mal bricht er. Ich weiß aber genau, daß nicht dieser letzte Schlag dafür verantwortlich ist, sondern all die Schläge zuvor."

Egal ob die Firma groß oder klein ist, das Durchlaufen dieses Prozesses mit Hilfe der Führung des Managements und der Verantwortung der Leute führt zu ausgeprägten Selbstmanagement-Fähigkeiten. In dem Fall der Erstellung eines Geschäftsplans, wie es hier beschrieben ist, wird die Verbindung zur höheren Ebene des Betriebes mittels Führung des Managers erreicht. Das Top Management, das sich wie die Banker oder Inspektoren verhält, kann den Prozeß leiten oder beeinflussen, ohne den Leuten die Verantwortung, die Kreativität oder die Chance zu nehmen, gemeinsam mit der Firma zu wachsen.

Wir wissen jedoch, daß Manager in einigen Fällen diktatorisch sind und ihre Mitarbeiter nicht unterstützen. Wenn dies zutrifft, sollten wir uns folgendes in Erinnerung rufen: „Wir können den Wind nicht steuern, doch wir können die Segel so setzen, daß wir überall dahin gelangen, wo wir hin wollen." Selbst ein diktatorischer Vorgesetzter möchte irgendetwas irgendwie erreichen. Wenn Sie und Ihre Gruppe dann die Vorteile eines Prozesses der Geschäftsplanung aufzeigen können, der sich durch die sorgfältige Ausführung des Plans und die Erstellung objektiver Hilfsdaten und Analysen erreichen läßt, können Sie, die Shop Floor-Unternehmer, Ihren Vorgesetzten vielleicht von den Vorteilen dieses Prozesses überzeugen.

Und außerdem lieben Banken und Investoren eine leistungsstarke Firma. Gleichzeitig müssen wir uns merken, daß wir einen Geschäftsplan nicht deshalb entwickeln, um uns an die üblichen Verfahren zu halten. Letztendlich sollten wir für das Ergebnis verantwortlich sein. Diese Ideen sind ein Mittel, das Ergebnis zu erreichen und bedeuten nicht etwa, daß sie für sich allein stehen können.

Abb. 10.12 Vom Prozeß der Geschäftsplanung lernen

Verantwortung
Beseitigung von Hindernissen
Schwerpunkt auf Zielen
Kunden identifizieren
Benötigte Ressourcen identifizieren
Offenheit/Ehrlichkeit
Meinungen anderer respektieren
Annahme extern auferlegter
Ziele
Einsatz
Kreuzfunktionale
Integration
Verflechtungen
Kein richtig oder falsch
Schmerzen
Revolution

Seele bloßlegen
Beteiligung
Zielübereinstimmung erreichen
Teamwork
Kommunikation
Kontrollen und Gegengewicht der Meinungen
Beständigkeit der Ziele
bessere Nutzung
vorhandener Ressourcen
Reduziert Ängste
Vertrauen
Visuelle Demonstration
keine Betonung auf finanziellen Dingen
von unten nach oben
Nutzen

zeitbeanspruchend
Messung
gesunder Menschenverstand
Konsens
Gruppendynamik
Klare Ziele
Prozeßorientiert
Dokumentation
Flexibilität
Fortschritte
ständige Verbesserung
Reduzierter Überfluß
Entschlossenheit
Entwicklung
Schwächen zugeben
gegenseitige Abhängigkeit
verständlich

Prozeß erfolgt mehr in einer Säbelzahnmanier
Identifikation und Quantifikation wesentlicher Prozeßfaktoren
PAPH-Prozeß läßt sich im Alltag anwenden
Ausweitung auf allen Ebenen/Gebieten des Betriebes
Es handelt sich um eine derart gute Idee, daß sie eigentlich vom Vorstand kommen sollte
Zieht Ehrlichkeit und Beteiligung nach sich, reduziert Ängste
Fähigkeit, neue Themen auf die niedrigste sowie höchste Betriebsebene auszuweiten (vertikal und horizontal)

Den Geschäftsplan mit dem Budget verknüpfen

Je nachdem, welche Aufgabe wir innerhalb des Betriebes haben, haben wir vielleicht keinerlei Entscheidungsbefugnisse bei Budgetfragen. Doch zu Hause haben wir es als Ernährer unserer Familie irgendwie gelernt, das Haushaltsbudget zu managen – zumindest in den meisten Fällen.

Selbstmanagement ohne Verantwortung im Budgetbereich darf laut Definition nicht Selbstmanagement genannt werden. Um daher mehr Selbstmanagement-Fähigkeiten zu erwerben, ist es notwendig, daß sich jeder mit den finanziellen Seiten einer Geschäftsoperation auseinandersetzt. Wenn wir die Daten der Buchführung und der finanziellen Verflechtungen unseres Geschäftsplans besser begreifen, sind wir viel eher in der Lage, unsere eigene Firma zu führen. Außerdem stehen wir in den Augen unserer Banker in einem günstigeren Licht dar, wenn wir erklären können, warum unsere Ideen eine sichere Investition für unsere Firma darstellen.

Doch in vielen Firmen sind Missionen, Pläne, Ziele und Budgets nicht gerade optimal miteinander verknüpft. Schauen wir uns einmal an, wie wir diese Verbindung herstellen können:

- Zunächst haben wir eine Mission (um die Gründe für unsere Existenz anzugeben).
- Die Ziele unseres Plans unterstützen diese Mission.
- Dann ist ein Handlungsplan notwendig, um diese Ziele zu erreichen.
- Anschließend müssen wir die Ressourcenverteilung definieren (wer was, wann, wo, warum, wie und wieviel macht), damit die Pläne sorgfältig ausgeführt werden.
- Als letzten Schritt – vorausgesetzt die Pläne wurden erfolgreich realisiert – müssen wir Standards entwickeln, damit wir weitere Fortschritte erzielen können.

Wenn wir dies mit Hilfe von Graphiken ausdrücken, kann es so wie in Abb. 10.13 aussehen, wo die Hauptziele die QKLSA-Faktoren sind und „a“, „b“ und „c“ die verschiedenen Pläne angeben, welche zur Erreichung der Ziele entwickelt wurden. Plan „a“ kann z. B. der Ausbildung auf dem Shop Floor entsprechen. Die Matrix auf der linken Seite zeigt die gegenseitigen Beziehungen. Wenn Plan „a“ z. B. „Qualität“ und „Arbeitsmoral“ verwirklicht, geben die Markierungen in der Matrix solche Wechselbeziehungen an.

Die Matrix rechts zeigt die Zusammenfassung der Pläne, damit wir leicht sehen können, was geschieht und wer beteiligt ist. Die Säule „Wieviel“ entspricht dem Budget bzw. der Ressourcenverteilung hinsichtlich Geld, Arbeitskraft, usw. Die gesamte Säule sollte daher dem Gesamtbudget entsprechen. Wenn wir die Budgetzahlen, die wir für die Ausführung unserer Pläne benötigen, addieren, müssen wir diese Zahl gemeinsam mit unserem Banker (z. B. unserem Vorgesetzten) prüfen. Wenn er Einwände hat, müssen wir die Pläne erneut prüfen und mit den Verhandlungen fortfahren.

Wenn wir diese Tabelle auf das Budget anwenden, können wir sehen, wieviel Geld und wie viele andere Ressourcen bei welchem Projekt verwendet werden. Das trägt wiederum dazu bei, die Ziele und unsere Mission zu realisieren.

Wir müssen dabei jedoch einigen Punkten besondere Aufmerksamkeit schenken. Komplexe Buchhaltungsverfahren werden zumeist von oben kontrolliert, es fallen gleichzeitig zusätzliche Verwaltungsaufgaben an, und die Kreativität der Leute auf dem Shop Floor wird dadurch erstickt. Dies kann ebenso für ein Budgetverfahren zutreffen, wenn wir nicht aufpassen.

Da die meisten Banker erst dann ins Detail einer Operation gehen, wenn es wirklich nötig erscheint, sollten uns unsere Banker oder Investoren (z. B. unsere Vorgesetzten) garantieren, daß sie den Shop Floor nicht „mikromanagen“, indem sie den Budgetprozeß zu kompliziert gestalten. Wenn wir über gute Mechanismen verfügen, das Gesamtbudget zu kontrollieren und uns dadurch Vertrauen entgegengebracht wird, werden die Leute mehr Initiative übernehmen und gleichzeitig auch mehr Befugnisse erhalten.

Obwohl die Herstellung eines Gleichgewichts zwischen Kontrolle und Delegation nicht einfach ist, sollten wir versuchen, finanzielle Verantwortung immer dort zu delegieren, wo es sinnvoll erscheint – wenn wir erkennen, daß die Leute, die dem Geschehen am nächsten sind, wahrscheinlich auch diejenigen sind, welche die Situation am besten beurteilen können.

Wenn wir den in Abb. 10.13 beschriebenen Konzeptrahmen haben, sollten wir uns sachkundig verhalten und keine zeitraubende Zahlenjongliererei betreiben. Statt dessen sollten wir den Prozeß mittels Verbesserung der Fähigkeiten der Leute vereinfachen, damit sich die Banker mit den umfangreichen Budgetposten und dem Gesamtbudget der Minifirma einverstanden erklären und die ausführliche Analyse dem Urteil der Leute überlassen wird.

Da die Standards die Mission, die Ziele und das Niveau des Shop Floor Managements reflektieren sollten, müßten die komplexen Buchhaltungskontrollen durch die Ausübung von Standards auf dem Shop Floor so oft wie möglich ersetzt werden.

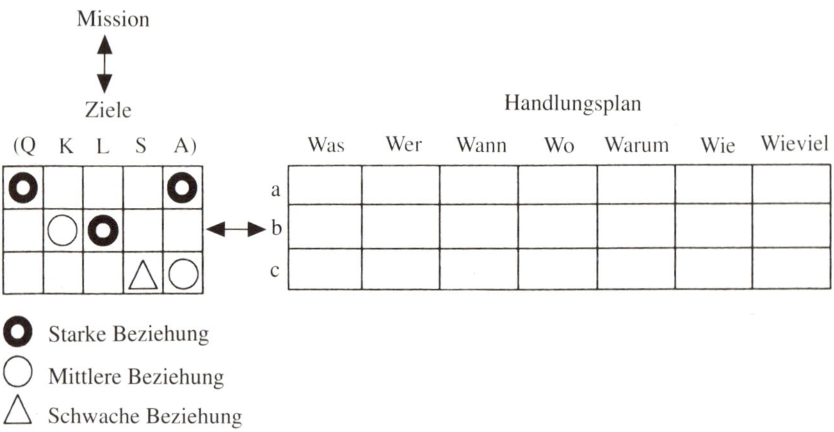

Abb. 10.13 Verknüpfung zwischen Mission, Zielen, Handlungsplan und Budget

„Policy Management“ (Management der strategischen Führung)

- Der hier verwendete Begriff „Policy Management“ ist eine Übersetzung des japanischen Ausdrucks *„hoshin kanri“*. *Hoshin* bezieht sich auf eine Firmenpolitik oder strategische Führung; *kanri* bedeutet Management oder Kontrolle. Policy Management ist daher die Entwicklung von Politik innerhalb der Firma. In einem weiteren Sinne stellt dies einen Prozeß zur Verwirklichung der Mission einer Firma dar.

Als erstes sollten wir untersuchen, wie die Denkweise des Top Managements hinsichtlich der strategischen Führung und Politik mit der Geschäftsplanung und Ausführung des oben beschriebenen Prozesses verknüpft werden kann. In einer Welt voller Wettbewerb ist es einfach ein Muß, eine klare und verständliche Strategie sowie eine Mission zu haben, die von den Leuten verinnerlicht werden kann.

Da die gesamte strategische Führung einer Firma von oben genauer festgelegt und dann erst unter den Leuten verbreitet wird, erhält jeder einzelne ein klares Verständnis dafür, wo die Firma als Ganzes hin will und wie sie dort hin kommen wird. Im übertragenen Sinne bewegen wir uns bei dem Versuch, das Policy Management zu realisieren, von dem linken zum rechten Modell (Abb. 10.14).

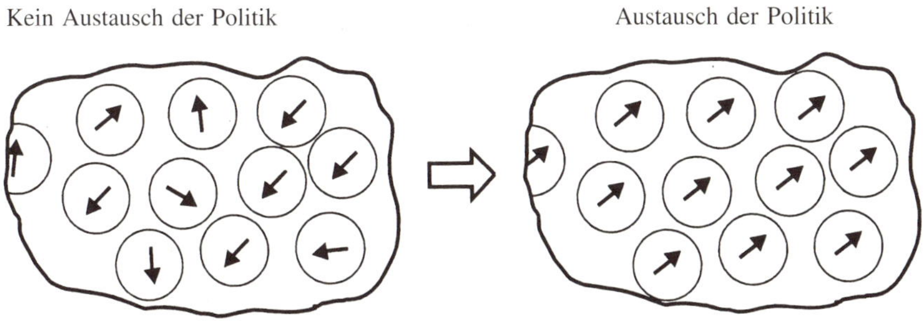

Abb. 10.14 Austausch der Firmenpolitik innerhalb des Betriebes

Doch die traditionelle Gesamtstrategie, die von den Leuten an der Spitze eines Betriebes entwickelt wird, hat bei vielen keinen Anklang gefunden. Wie wir vorher schon besprochen haben, schränkt sie das Potential einer Firma ein. In dem Moment, wo der Shop Floor ein Ort von scheinbar unüberwindlichen Problemen und schwacher Leistung wird, werden die Fähigkeiten der Leute auf dem Shop Floor zu einem Hauptthema, das die Zukunft der Firma betrifft.

Statt die Führung zu verändern, um auf den Börsenkurs reagieren zu können, müssen die Firmen ihre Kunden mit einem Minimum an Verschwendung zufriedenstellen. Ich bin der Meinung, daß der Börsenkurs nur so die Leistung der Firma langfristig widerspiegeln wird. Wenn aber die Topmanager nur damit beschäftigt sind, Geld aus ihren Aktienbezugsrechten herauszuschlagen und die Leute auf dem Shop Floor ihre Arbeit gegen eine bessere Bezahlung wechseln, wird es nichts mehr geben, um die Leute für eine solche Firma zu interessieren – abgesehen von Geldpreisen.

Die gesamte Mission hat dann im Vergleich zu finanziellen Interessen eine sehr geringe Bedeutung. Obwohl finanzielle Dinge bei der Leitung einer Firma wichtig sind, müssen diese zwar ein Mittel zur Erreichung unserer Mission sein, aber nicht die Mission selbst.

Wenn wir uns daher der Mission der Firma und der Beteiligung der Leute am politischen und strategischen Entwicklungsprozeß zuwenden wollen, müssen wir einen verständlichen Prozeß für jedermann entwickeln. Abb. 10.15 erläutert einen solchen Versuch. Wir können uns bei den Entwicklungsstufen der Politik an den unten aufgeführten Schritten orientieren. Die Zahlen entsprechen denen in der Abbildung.

1. Überarbeitung der Leistung der vorangegangen Periode durch die Abteilung. Jegliche größeren Probleme, die noch ausstehen, werden in die laufende Periode übernommen. Zukünftige wichtige Interessen des Betriebes werden ebenfalls bewertet.
2. Unterbringung der Firmenpolitik. Der Abteilungsmanager entwickelt eine Abteilungspolitik. Die Politik besteht aus zwei Teilen: Zielen und Handlungsplänen.

3. Die Ziele der Abteilung werden für einen gewissen Zeitabschnitt entwickelt. Wenn die Situation für die Firma schwierig wird, können einige Ziele und Einstellungen von dem Vorstand vorgeschlagen werden. (Der Fangball in der Abbildung gibt den Koordinationsprozeß zwischen Abteilung und Firma an.)
4. Es werden Handlungspläne für die Abteilung zur Erreichung der Ziele entwickelt.
5. Der Manager einer Einheit überprüft die Leistung aus der vorangegangenen Zeitperiode. Wichtige Probleme, die noch gelöst werden müssen, werden in die jetzige Periode übernommen. Ebenso werden wichtige zukünftige Interessen des Betriebes bewertet.
6. Unterbringung der Abteilungspolitik. Der Manager einer Einheit entwickelt eine Einheitspolitik. Wieder besteht die Politik aus zwei Teilen: Zielen und Handlungsplänen.
7. Die Ziele werden für diese Periode entwickelt. Wenn die Situation für die Firma und/oder Abteilung schwierig wird, können einige Ziele und Einstellungen von dem Vorstand oder der Abteilungsebenen vorgeschlagen werden. (Der Fangball in der Abbildung gibt hier den Koordinationsprozeß zwischen Einheit und Abteilung an.)
8. Es werden Handlungspläne für die Einheit zur Erreichung der Ziele entwickelt.

Hinweis: „Politik" bezieht sich hier auf die strategische Leitung der Firma, zusammen mit Zielen und Einstellungen. Natürlich sollte die strategische Leitung die Mission der Firma widerspiegeln.

Abb. 10.15 Prozeß des Policy Managements

Bei dem Entwicklungsprozeß einer solchen Politik sollten die Punkte in der Abb. 10.16 bei der Auswahl von Handlungsplänen besonders berücksichtigt werden. Wir müssen uns an dieser Stelle wieder auf wichtige Begriffe des Betriebes konzentrieren, uns an den PAPH-Kreislauf halten und Kontrollpunkte (z. B. Planbegriffe) auf einer firmenweiten Ebene verwenden.

Ebenso wie der Geschäftsplanungsprozeß auf der Ebene der Minifirma mit den Angestellten, Kunden, Lieferanten und Bankern geteilt wurde, hat dieser Policy Managementprozeß ähnliche Ziele, wobei hier der besondere Wert auf die Entwicklung der elementaren Firmenpolitik gelegt wird, d. h. auf ihre Ziele und Handlungspläne innerhalb der Firma. Dies ist in der Tat eine Möglichkeit, dem Betrieb an Stärke zu verleihen.

Einige mögen jetzt denken, daß das Policy Management dem Management by objectives (Mbo) ähnelt. Der Unterschied zwischen den beiden ist jedoch wichtig (s. Abb. 10.17). Wie Sie anhand der Abbildung ersehen können, entspricht das Mbo mehr einem traditionellen Betrieb, bei dem nur Ergebnisse zählen – ungeachtet der Einstellung. Das Policy Management befaßt sich in einer progressiven Weise mit einem breiteren Themenumfang und versucht, die Kreativität der Leute bis zum Äußersten zu fördern.

Abb. 10.16 Wichtige Überlegungen bei der Auswahl von Handlungsplänen

- Wenn eine Abteilung für eine bestimmte Politik verantwortlich ist, wird auch dieser Abteilungsmanager für die Entwicklung einer solchen Politik innerhalb des Betriebes verantwortlich sein.
- Ein weiterer Abteilungsmanager, der nicht direkt für diese Politik verantwortlich ist, kann die erfolgreiche Ausübung der Politik unterstützen bzw. dazu beitragen sowie diese bei der Beurteilung seines Abteilungsplans miteinbeziehen.
- Wenn die oben ausgewählten Planbegriffe zu viele werden, sollten sie auf die wichtigsten begrenzt werden.
- Wenn es vorteilhafter ist, einen bestimmten Plan auf der Einheitsebene statt auf der Abteilungsebene durchzuführen, sollte der Begriff dem Einheitsplan angegliedert werden.
- Pläne, die für die Abteilung von Bedeutung sind, sollten in den Abteilungsplänen enthalten sein, selbst wenn sie kein Bestandteil der Firmenpläne sind.

Abb. 10.17 Vergleich eines Managements by objectives mit dem Policy Management

	Management by objective	**Policy Management**
Hauptorientierung	Ergebnisorientiert (oft finanzorientiert)	Prozeß- und ergebnisorientiert (mehr strategieorientiert)
Strategischer Schwerpunkt	Kurz- bis mittelfristig	Kurz- bis langfristig
Verantwortlichkeit	Individuumorientiert	Teamorientiert
Managementstil	Delegation; strenge Kontrolle	Partizipation; mit Kontrolle (jeder ist verantwortlich)
Beteiligung der Leute	Von oben nach unten	Von oben nach unten und von unten nach oben (zwei Richtungen: Fangball)
Veränderungsprozeß	Erfolg, Innovation	Erfolg, Innovation, plus ständige Verbesserung (PAPH-Kreislauf)
Managementprozeß	Bürokratisch	Weniger bürokratisch, verknüpft mit der Verantwortung der Leute
Befriedigung der Bedürfnisse der Leute	Finanzielle Kompensation	Finanzielle und humanistische Bedürfnisse

Wenn wir das Policy Management anwenden, kann das Gesamtbild wie in Abb. 10.18 aussehen. Sie zeigt den Rahmen für das Policy Management von Komatsu, der in den sechziger Jahren entwickelt wurde. Die Ziele und Einstellungen der Firma werden mitgeteilt und innerhalb des Betriebes durch Nutzung der Ursache/Wirkung-Beziehungen und des Pareto Prinzips entwickelt.

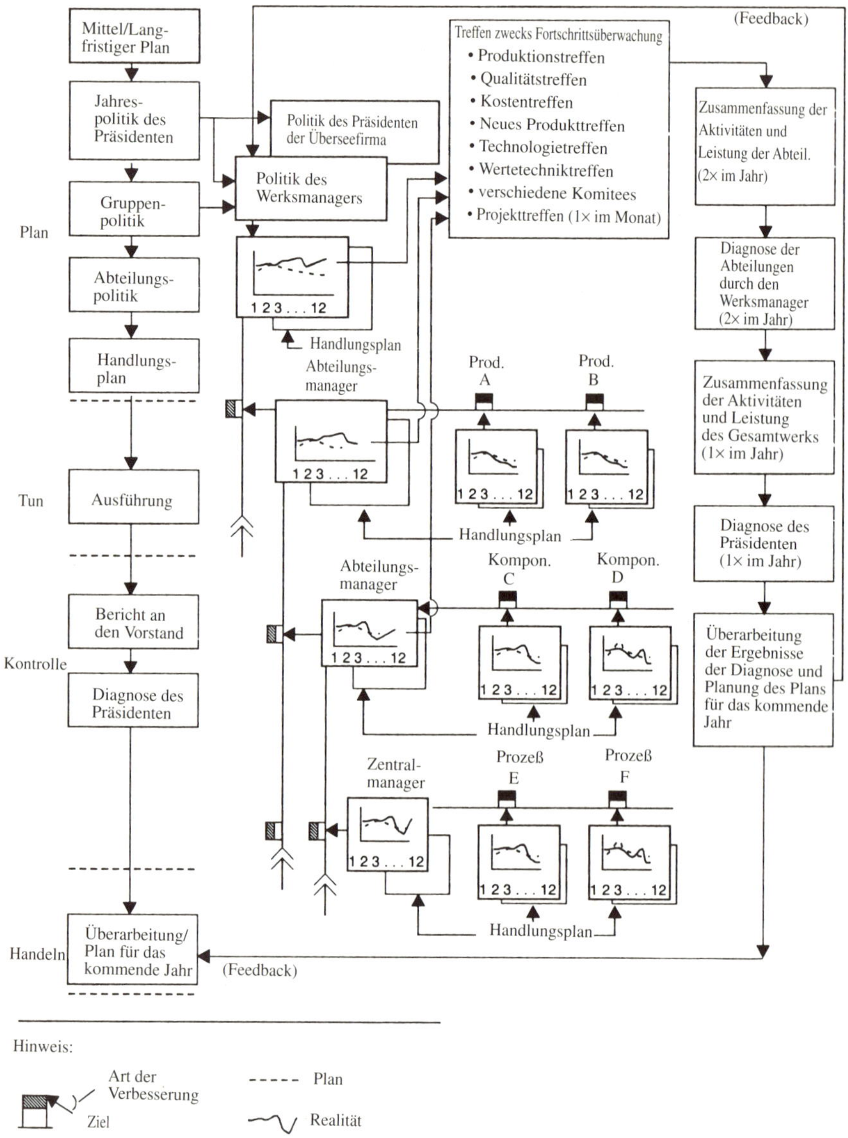

Abb. 10.18 Policy Management bei Komatsu

Mit freundlicher Genehmigung von Komatsu

In der Staubsaugerabteilung von Matsushita wird das Policy Management mit Hilfe einer großen Tafel auf dem Shop Floor dargestellt (Abb. 10.19). Dadurch können sich alle über QKL bzw. Qualität, Kosten und Lieferung (sie nennen es schnelle Lieferung oder SL) austauschen. Diese QKL-Messungen werden in Abteilung und Projekt aufgegliedert, damit die Ursache/Wirkung-Beziehungen zur Erreichung der Werksziele für jedermann klar ersichtlich sind.

Mit freundlicher Genehmigung von Matsushita

Abb. 10.19 Darstellung des Policy Management bei Matsushita. Der Werksmanager, Jiro Izumi, steht vor der großen Tafel, die sich im Eingang zur Fabrikhalle befindet. Dort ist der Strom der Leute am stärksten.

Der Fortschritt bezüglich der Realisierung der Pläne wird den Angestellten vom Werksmanager jeden Monat mitgeteilt. Jede Einheit trifft sich einmal täglich auf dem Shop Floor, um die Fortschritte auf ihren Schautafeln zu aktualisieren (s. Abb. 10.4).

Eine Zusammenfassung des Vergleiches zwischen traditionellen und progressiven strategischen Entwicklungsprozessen wird in Abb. 10.20 gezeigt.

Eine traditionelle, tayloristische Firma funktioniert eher wie ein „Geschäfte machender“ Betrieb, in dem die Macht zentralisiert ist (die Leute werden mehr wie Werkzeuge behandelt), während sich eine progressive Firma eher an den Leuten orientiert und über eine dezentralisierte Machtbasis verfügt. Die Werte in einem progressiven Betrieb konzentrieren sich mehr auf die Zufriedenheit der Kunden, den langfristigen Wohlstand der Leute, den Aufbau der Fertigkeiten der Leute – gestärkt durch gute Führungskräfte und ein verständliches, das Management unterstützende System.

Abb. 10.20 Strategischer Entwicklungsprozeß
Traditionell vs. progressiv

	Traditioneller Betrieb	**Progressiver Betrieb**
Stil der Entscheidungsfindung	Autokratisch; wenig Koordination unter den Leuten	Demokratischer; bessere Koordination unter den Leuten
Anzahl der beteiligten Leute	Einige Spezialisten und Manager	Viele; mittels des PAPH-Kreislaufs entwickelt sich das Niveau der Fertigkeiten der Leute zur selben Zeit
Verinnerlichung	Nein; das Interesse einer kleinen Anzahl von Leuten wird optimiert	Ja; das Interesse einer größeren Anzahl von Leuten wird optimiert
Zeit für die Entscheidungsfindung	Relativ kurz	Relativ lang, wenn die betriebliche Fertigkeit begrenzt ist
Art der Entscheidung	Oftmals radikal; kann die Führung ziemlich verändern	Eher fundamental als radikal; es ist nicht einfach, die Führung zu verändern, wenn die betriebliche Fertigkeit begrenzt ist
Entscheidungskriterien	Oftmals finanziell; kurzfristiger Vorteil für wenige Leute	Eher ganzheitlich; langfristiger Wohlstand für den Betrieb als Ganzes
Realisierung	Kann die Koordination der Leute erfordern	Ständige Berücksichtigung der wichtigen Interessen des Betriebes

Kreuzfunktionales Management

Zusätzlich zur Stärkung und Verdeutlichung der vertikalen Verkettung mit dem Policy Management muß ebenfalls die horizontale oder kreuzfunktionale Verkettung gestärkt werden. Um eine Kundenorientierung zu gewährleisten und gleichzeitig ein firmenweites Teamwork zu fördern und Barrieren abzubauen, die zwischen einzelnen Abteilungen bestehen, schafft das kreuzfunktionale Management ein wichtiges, das Management unterstützende System. (Siehe Abb. 10.21 als Beispiel für einen japanischen Hersteller für Automobilersatzteile.)

Wenn wir einmal ans Weben denken, würde unsere Kleidung ohne vertikale und horizontale Verflechtungen unpraktisch sein. Zwar sind Qualität, Kosten, Lieferung und die Entwicklung eines neuen Produktes Beispiele für Begriffe des kreuzfunktionalen Managements, wie die Abbildung zeigt, doch andere betriebliche Interessen – wie Personal und Ausbildung, Technologie und Verwaltung – gehören ebenfalls dazu.

Das typische kreuzfunktionale Management kann durch die Gründung eines Komitees zur (1) Verdeutlichung des Systems, der Regeln, der Aufgaben und Verantwortlichkeiten Anwendung finden und (2) Probleme erforschen und Lösungsmöglichkeiten anbieten. Das Komitee funktioniert dabei wie ein Zentrum der Intelligenz und dient als aktives Nervensystem, welches Schlüsselinformationen von den verschiedenen Funktionen sammelt,

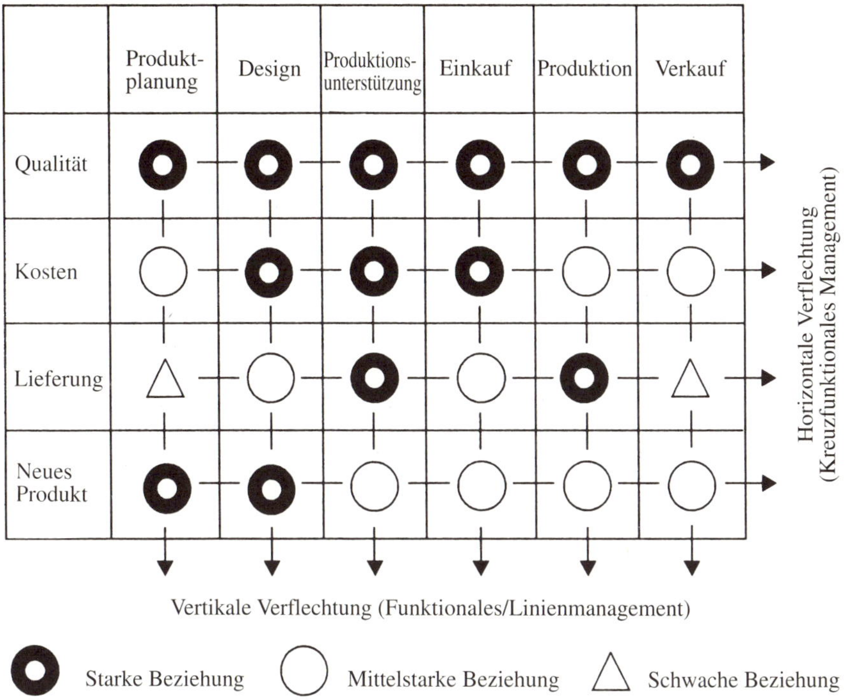

Abb. 10.21 Beziehung zwischen vertikalen und horizontalen Verflechtungen eines Betriebes

um bei der Entscheidungsfindung und Ausführung der Pläne zu helfen. Die Ausführung erfolgt üblicherweise von der jeweils beauftragten Abteilung.

Ebenso wie beim Policy Management, wo der PAPH-Kreislauf auf allen Ebenen praktiziert wird, können wir das kreuzfunktionale Management auf verschiedenen Ebenen anwenden und uns auf verschiedene Betriebsbereiche konzentrieren – vorausgesetzt wir behalten dabei den PAPH-Kreislauf im Auge. Es können Vorstandskomitees ebenso wie Gruppen-, Werks- und Abteilungskomittees entstehen, je nach Bedarf.

Bitte denken Sie daran, daß die Leute so daran gewöhnt sind, nur an ihre eigenen Aufgaben zu denken, daß es normalerweise über ein Jahr dauert, bis die Leute die Idee des kreuzfunktionalen Managements verinnerlicht haben und es erfolgreich anwenden können. Daher ist auch der erste Schritt, kreuzfunktionale Treffen regelmäßig zu veranstalten.

Koordination der Einstellungen zwecks ständiger Verbesserung

Wie Sie vielleicht bei der Diskussion um das Policy Management und das kreuzfunktionale Management festgestellt haben, schwankt das Maß der Integrationmöglichkeit der Managementprozesse von Firma zu Firma – ähnlich wie beim Baseballspiel, wo es auch unterschiedliche Arten von Teamwork gibt.

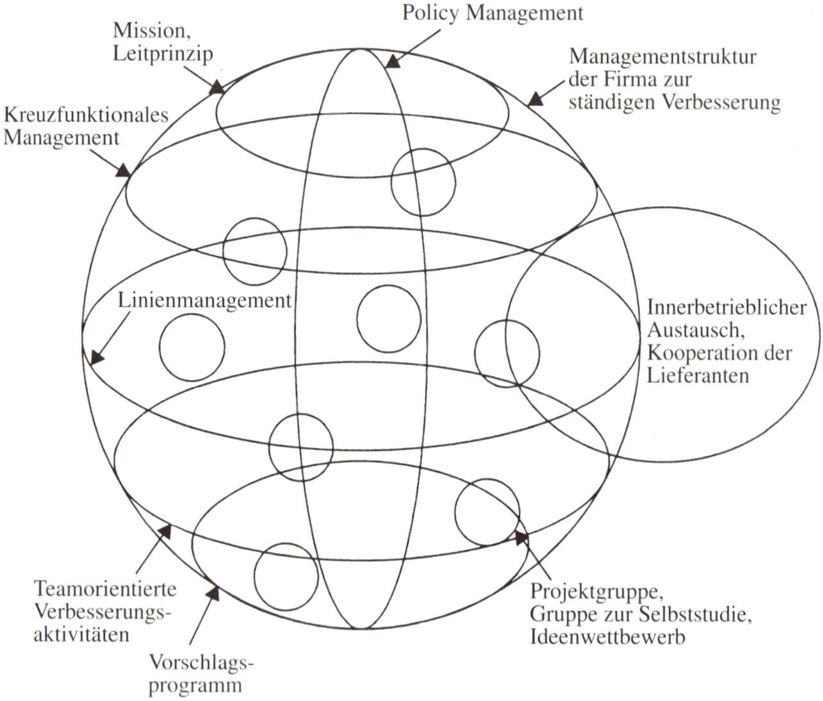

Abb. 10.22 Nutzung verschiedener Einstellungen zwecks ständiger Verbesserung

In einigen Fällen kann ein Team durch Glück oder einen „Home Run" gewinnen. Doch langfristig gesehen, wird das Team wahrscheinlich keinen Siegesrekord aufstellen, wenn es nicht über ein gutes Teamwork verfügt. Daher sind das Policy Management und das

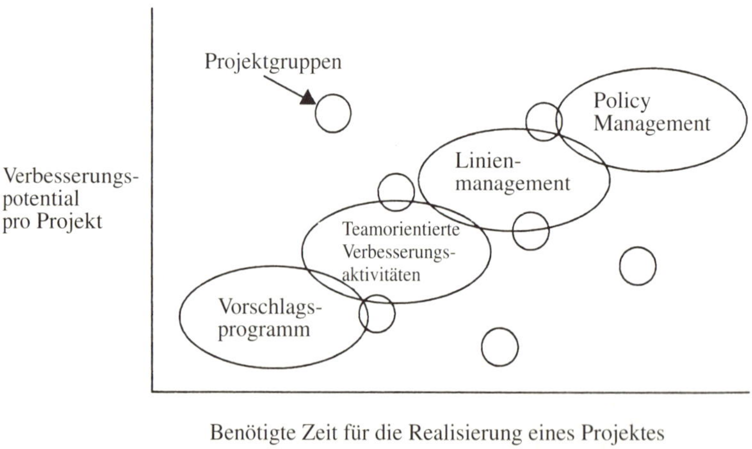

Abb. 10.23 Potential der verschiedenen Einstellungen zwecks ständiger Verbesserung

kreuzfunktionale Management Werkzeuge, die den Leuten helfen (und sie in gewissem Sinne auch zwingen), Teamwork zwecks Erreichung gemeinsamer Ziele zu entwickeln.

Die Verwirklichung dieser Konzepte bei angemessener Führung dauert für einen mittelgroßen Betrieb, der 500 bis 1 000 Angestellte hat, normalerweise ein bis zwei Jahre.

Sie erfordert den Einsatz des Top Managements, die effektive Unterstützung der Fertigkeiten der Leute und die Bereitschaft aller, zusammenzuarbeiten.

Es gibt verschiedene Möglichkeiten, das Policy Management und das kreuzfunktionale Management zu realisieren. Wir können z. B. an der Spitze oder auf der Ebene der Minifirma anfangen. Doch den Verwirklichungen einer Firma sind Grenzen gesetzt, wenn die Leute auf dem Shop Floor nicht über die Fertigkeiten verfügen, den PAPH-Kreislauf zu durchlaufen oder unfähig sind, sich selbst zu managen.

In Abb. 10.22 werden die verschiedenen Einstellungen zwecks ständiger Verbesserung, die wir bisher besprochen haben, aufgelistet. Je höher die Betriebsebene ist, desto wichtiger wird die Koordination, welche diese Punkte miteinander verbindet. Für uns als Betrieb lassen sich eine Reihe von Einstellungen bei unserer Reise zur ständigen Verbesserung miteinander kombinieren. Aus der Sicht der Leute können diese ihr Potential durch Auswahl von Einstellungen erforschen, die ihren Talenten am ehesten entsprechen.

Obwohl das Verbesserungspotential von der jeweiligen Situation abhängt, ist die Abb. 10.23 hilfreich, diese Einstellungen richtig zu bewerten. Die vertikale Skala entspricht hier der Verbesserung pro Projekt, d. h. jedem Vorschlag oder jedem Teamprojekt; die horizontale Skala entspricht der Zeit, die benötigt wird, um jedes Projekt zu verwirklichen. Bei der Bewertung der Beiträge der verschiedenen Aktivitäten muß eine Firma ein gutes Gleichgewicht zwischen diesen Einstellungen finden, damit der Beitrag der Leute maximiert werden kann.

Zusammenfassung

- Um die besten Ressourcen ausnutzen zu können, über die unsere Firma verfügt, müssen wir ein das Management unterstützendes System für die Koordination, Kooperation und bessere Kommunikation zwischen den verschiedenen Gruppen innerhalb des Betriebes entwickeln.
- So wie ein biologischer Organismus gut koordinierte Nerven und Muskeln hat, müssen wir oben–unten, unten–oben und die kreuzfunktionale Planung zusammen mit ihren Ausführungsmechanismen koordinieren.
- Mittels der richtigen Unterstützung können die Leute auf dem Shop Floor als Shop Floor-Unternehmer tätig werden, wobei jeder seine eigene Minifirma leitet. Ihre Vorgesetzten können eher als Banker oder Investoren fungieren und für die angemessene Führung der Leute sorgen.
- Ähnlich wie im Fall einer Geschäftsgründung ist die Fähigkeit entscheidend, einen guten Geschäftsplan erstellen zu können. Ein solcher Plan sollte den Firmennamen, die Mission, das Firmenprofil, die Kunden/Lieferanten-Beziehung (Beschreibung der Geschäftsumgebung), wichtige Ziele, Analysen zur Erreichung der Ziele, Handlungspläne, Messungen und Methoden enthalten.
- Der Austausch von Geschäftsplänen, die Überwachung des Fortschritts sowie die Entwicklung von Jahresberichten als Gruppe unterstützen die Leute dabei, sich selbst besser zu managen. Die Entwicklung eines gesunden Wettbewerbs unter den Gruppenmitgliedern wird ebenfalls zum betrieblichen und persönlichen Wachstum beitragen.

- Auch wenn der Vorgesetzte seinen Mitarbeitern nicht hilft, ihre Fertigkeiten zum Selbstmanagement zu entwickeln, sollten wir lernen, das Konzept der Minifirma anzuwenden, damit wir den Kurs in unsere Zukunft selbst bestimmen können.
- Um ein starkes Band zwischen Shop Floor Management und dem gesamten Firmenbetrieb knüpfen zu können, müssen wir das Konzept des Policy Managements und des kreuzfunktionalen Managements praktizieren. Dadurch sind wir in der Lage, den gesamten Betrieb als ein einzelnes Team funktionieren zu lassen, welches an der Verwirklichung der Firmenmission arbeitet und gleichzeitig das Selbstmanagement der Leute fördert.

11. Kapitel

Uns selbst im Spiegel betrachten

Bis jetzt haben wir die Schlüsselelemente des Shop Floor Managements untersucht.

Bei der Zusammenfassung werden wir uns damit beschäftigen, wie diese Elemente miteinander verknüpft werden können, damit sich ihre Kräfte voll entfalten lassen. Ebenso werden wir Wege zur Bewertung eines Prozesses finden, der Präsidialprüfung genannt wird. Weiterhin werden wir uns Möglichkeiten überlegen, wie es uns gelingt, viele Leute zu erreichen und den Verbesserungsprozeß zu beschleunigen.

Verknüpfung der Dinge

Abb. 11.1 zeigt die Schlüsselelemente des Shop Floor Managements, die wir bisher besprochen haben. Um die Vorteile des Shop Floor Managements zu maximieren, müssen wir uns bei jedem dieser Hauptelemente auszeichnen. Abb. 11.2 nutzt diese Elemente als Grundlage und faßt den Unterschied zwischen einem traditionellen und progressiven Betrieb zusammen.

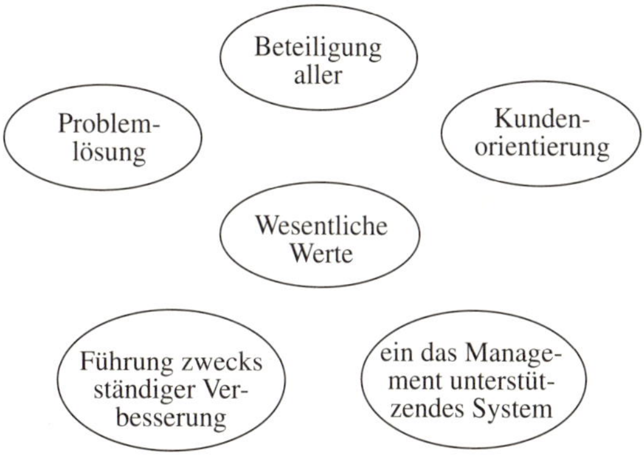

Abb. 11.1 Wichtige Elemente des Shop Floor Managements

Wenn es auch wichtig ist, die Probleme innerhalb jedes Elementes in Angriff zu nehmen, müssen vor allen Dingen die Verkettungen zwischen diesen einzelnen Faktoren stärker werden. Die wesentlichen Werte werden z. B. mit den anderen fünf wichtigen Elementen verbunden. Das gleiche gilt für jedes der anderen fünf Elemente. Jedes dieser Elemente muß das andere unterstützen.

Abb. 11.2 Unterschiede zwischen traditionellem und progressivem Betrieb

Elemente des SFMs	Traditioneller Betrieb	Progressiver Betrieb
Wesentliche Werte (Vision)	– Werden nicht von den Leuten geteilt – Schwerpunkt auf Finanzen	– Werden von den Leuten geteilt – Schwerpunkt auf Respekt vor den Leuten
Kundenorientierung	– Gesteuert von Eigeninteresse – Verstehen nicht, wer der Kunde ist	– Gesteuert von Kundenbefriedigung – Der nächste Prozeß ist der Kunde
Beteiligung aller	– Arbeit als Erweiterung der Maschine – Schmale Fertigkeitenbasis	– Grundlegendes Element zur ständigen Verbesserung – Breite Fertigkeitenbasis
Problemlösung	– Periodische Erfolge – Problemlösung durch wenige Spezialisten/ Fachleuten	– Ständige Verbesserung – Problemlösung von allen
Führung zwecks ständiger Verbesserung	– Berufsmanager – Machtgesteuert	– Führungskraft, Ausbilder, Förderer, Mentor – Gesteuert von den Leuten
Ein das Management unterstützendes System	– Zentralisierte Planung – Gesteuert von finanziellen Ergebnissen	– Zentralisierte und dezentralisierte Planung – Gesteuert von geteilten Werten, Vision, Zielen und Mitteln, diese zu erreichen

Abb. 11.3 versucht, diese Verkettungen zu beschreiben. Die Abbildung soll bewirken, daß wir unsere Vorstellung vom Shop Floor aus einer ganzheitlichen Sichtweise beziehen. Andererseits dürfen wir jetzt nicht annehmen, daß es sich hier schon um das komplette Bild handelt. Wenn wir die Essenz dieses Buches mit Hilfe dieser Abbildung erklären müßten, könnte es jedoch folgendermaßen aussehen:

- Zuerst müssen wir wesentliche Werte und eine Vision entwickeln, die die Leute im Betrieb teilen können (Kapitel 1).
- Einer der Werte sollte sich auf die Kundenorientierung beziehen (Kapitel 2 und 3).
- Um die internen sowie externen Kunden zu befriedigen, müssen wir den Ausdruck anwenden, daß „der nächste Prozeß Ihr Kunde ist", und die Bedürfnisse des Kunden verstehen.
- Da jeder Kunden hat, brauchen wir auch die Beteiligung aller (Kapitel 4 und 5).
- Doch die Beteiligung aller reicht allein nicht aus. Wir müssen problemlösende Fertigkeiten entwickeln (Kapitel 6 und 7).
- Um dies zu praktizieren, brauchen wir die „Verbesserung aller".
- Dann ist Führung erforderlich, damit die Leute zusammenarbeiten und die Problemlösung richtig anwenden (Kapitel 8).
- Die Führungskräfte müssen die Leute ermutigen, indem sie selbst „einen Hang zum Experimentieren" haben, anstatt andere für sich die Arbeit erledigen zu lassen.

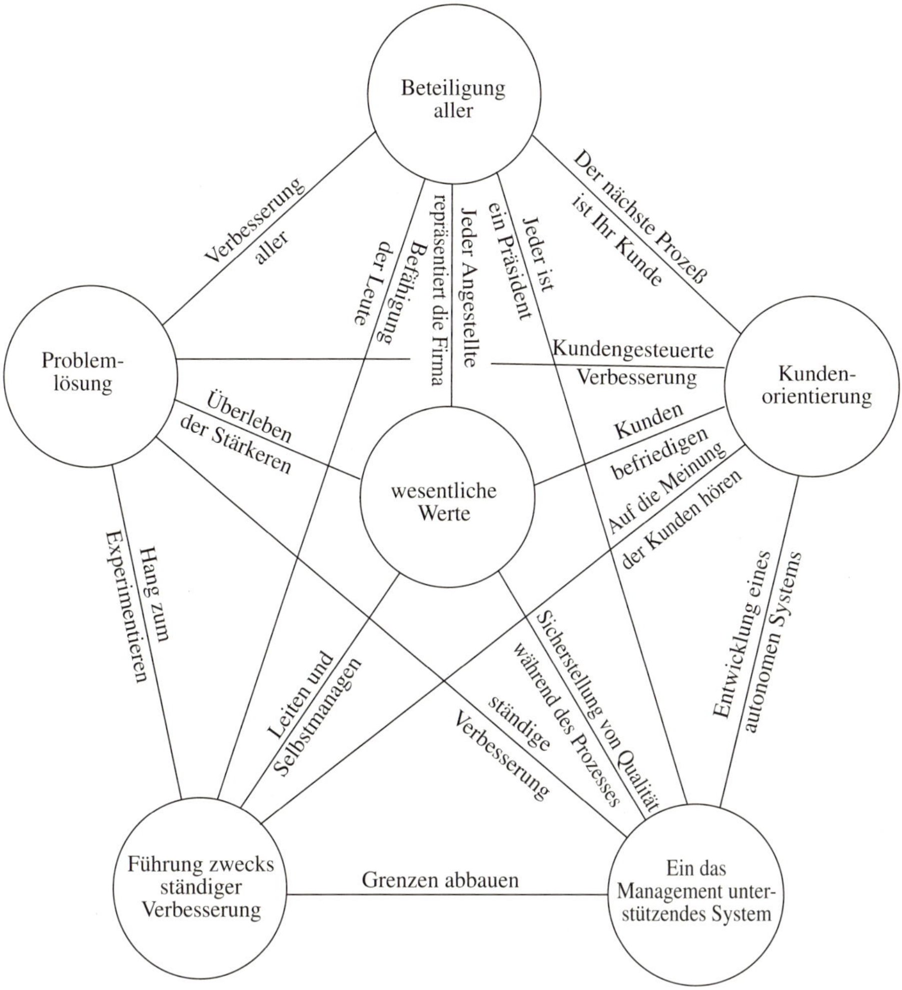

Abb. 11.3 Wichtige Elemente des Shop Floor Managements und ihre Verflechtungen

- Doch Führung allein ist keine Erfolgsgarantie im heutigen Geschäftsleben. Wir brauchen noch ein verläßliches und verständliches System, welches das Management unterstützt.
- Um die Führung zu stärken, muß dieses das Management unterstützende System dazu beitragen, „die Hindernisse zu beseitigen", damit die Dinge erledigt werden können.

Damit wir wettbewerbsfähig werden und gleichzeitig sämtliche Aktionäre der Firma – Management, Angestellte, Kunden, Lieferanten, Aktionäre und die Gemeinde – begünstigen, dürfen wir uns nicht nur auf einen oder zwei Bereiche konzentrieren, sondern auf alle Elemente des Shop Floor Managements. Wir müssen die grundlegende Verkettung dieser Schlüsselelemente verstehen und uns den schwachen Bereichen zuwenden sowie gleichzeitig von den Stärken des Betriebes profitieren.

Bewertung des Niveaus des SFMs

Anhand der Ideen aus Abb. 11.3 führte ich bei drei Firmen Schnellbewertungen durch. Jedes Merkmal erhielt eine Skala von 0 (absolut schlecht) bis 10 (ausgezeichnet) (s. Abb. 11.4). Jede Firma verfügt über ihre eigenen, besonderen Merkmale. Hier sind Auszüge aus der Bewertung:

Abb. 11.4 Bewertung des Shop Floor Managements in drei Firmen

	Firma A	**Firma B**	**Firma C**
Wesentliche Werte (Vision)	9	9	5
Kundenorientierung	7	8	9
Beteiligung aller	8	9	4
Problemlösung	3	9	4
Führung	9	8	3
Ein das Management unterstützendes System	5	7	4
Gesamt	41	50	29

- Die Firma A wird stark von oben geführt. Die Leute sind darüber aufgeregt, daß sie beteiligt werden sollen. Doch das Problem liegt in den fehlenden, problemlösenden Werkzeugen und der mangelnden Erfahrung, wie diese anzuwenden sind.
- Die Firma B erhält die beste Bewertung aller drei Firmen. Doch ihr Managementsystem ist schwach, besonders an der Spitze. Da sich Flexibilität als die besondere Stärke dieser Firma herausgestellt hat, kann eine formellere Struktur dazu beitragen, den PAPH-Kreislauf innerhalb der Firma zu praktizieren.
- Die Firma C schneidet am schlechtesten ab. Das Problem hängt hier mit dem Erfolg zusammen. Die Firma war bei der Einführung des richtigen Produktes auf dem Markt erfolgreich. Doch die Konkurrenz folgte auf dem Fuß, und die Firma reinvestierte ihre Ressourcen unüberlegt. Solange sich das Top Management nicht wieder auf die Firmenstrategie konzentriert, werden ernsthafte Probleme weiterhin existieren.

Abb. 11.5 zeigt hier ein Beispiel für eine solche Bewertung, die für die oben beschriebene Firma A durchgeführt wurde. Da diese Art von Prüfung wichtig ist, um dem Top Management vor Augen zu führen, wie es aus der Sicht der Shop Floor-Leute um die Gesundheit des Betriebes steht, sollten wir unsere Gesundheit nicht prüfen, weil der Präsident daran interessiert ist, sondern weil wir es sowieso tun sollten. Als Präsidenten von Minifirmen müssen wir darauf vorbereitet sein, die Frage in Abb. 11.6 beantworten zu können. Für diejenigen, die das Niveau des Shop Floor Managements durch Anwendung der Abb. 11.2 bewerteten, mag es ebenfalls sinnvoll sein, eine erneute Bewertung mittels der nachstehend beschriebenen Checkliste durchzuführen.

Abb. 11.5 Bewertung des Shop Floor Managements in Firma A

Kategorie	Skala	Kommentare
Wesentliche Werte (Klarheit der Vision)	9	Es findet ein Austausch über die Vision des Top Managements unter den Leuten statt, und diese wird gut angenommen.
Kundenorientierung	7	Es existiert kein klares Konzept der Kundenorientierung, außer daß jeder an seinen Produkten interessiert zu sein scheint.
Beteiligung aller	8	Es herrscht eine offene Atmosphäre, in der Leute ihre Ideen und Beschwerden austauschen. Die Gewerkschaftsmitglieder scheinen dem Management zu vertrauen.
Problemlösende Fertigkeit	3	Die analytische Fähigkeit, Probleme zu lösen, ist schwach ausgeprägt. Noch wird nicht viel Training angeboten. Es besteht ein mangelnder Austausch von Ideen.
Führung zwecks ständiger Verbesserung	9	Der neue Top Manager wird von den meisten gemocht. Er ist engagiert und um das Wohl der Firma besorgt. Er kümmert sich um Probleme.
Ein das Management unterstützendes System	5	Es ist ziemlich schwerfällig. Aufgrund der langen Geschichte des Werks und seines vorhergehenden Managementstils, wurde bisher kein neuer Gedanke zur Verbesserung des Managementsystems eingeführt.

Abb. 11.6 Checkliste zur Bewertung des Niveaus des Shop Floor Managements

Wesentliche Werte

- Hat unser Betrieb, d. h. unsere Minifirma, eine klare Mission, die sich von dem Firmenauftrag unterscheiden kann?
- Übernehmen die Leute Verantwortung hinsichtlich der betrieblichen Mission und stimmen sie ihr Verhalten darauf ab?
- Ist ein klares Verständnis dafür vorhanden, wie unsere betriebliche Mission mit dem Firmenauftrag verknüpft ist?

Kundenorientierung

- Wissen die Leute, wer ihre internen sowie externen Kunden sind?
- Sprechen die Leute oft mit den Kunden?
- Überwachen die Leute den Grad der Kundenzufriedenheit?
- Sind Anzeichen vorhanden, daß sich die Zufriedenheit der Kunden verbessert?
- Verfügen die Leute über klare Ziele?

Abb. 11.6 (Fortsetzung)

Kundenorientierung (Fortsetzung)

- Ist ein klares Verständnis für folgendes vorhanden:
  - Wer sind die Kunden, die Lieferanten, die Banker, usw.?
  - Was sind die Aufgaben und Verantwortlichkeiten des einzelnen bei der Verwirklichung der betrieblichen Mission?
  - Welche Fertigkeiten sind dafür erforderlich?
- Wurden im Betrieb verständliche Kommunikationskanäle entwickelt?
- Verstehen unsere Leute die Aufgaben und Verantwortlichkeiten anderer Betriebe?

Beteiligung aller

- Haben die Leute einen Sinn für das Leiten ihrer eigenen Minifirmen?
- Besteht ein kollektives Verständnis hinsichtlich der Betriebsstrategie und des Beitrags des einzelnen zur Realisierung der Ziele?
- Gibt es meßbare Ebenen, wie die Leute beteiligt sind, d. h. Abwesenheit, Anzahl der Vorschläge, usw.?
- Ist unser Shop Floor derart organisiert, daß es selbst für Fremde leicht verständlich ist, was dort vor sich geht? (Falls nicht, ist dies ein Zeichen dafür, daß es kein Glass Wall Management gibt?)

Beteiligung aller

- Werden die Standards von allen gebilligt? Waren die Leute bei der Festlegung der Standards so kreativ, daß diese auch für neue Angestellte leicht verständlich sind?
- Gehen die wichtigen Schritte und Schlüsselbegriffe aus den Standards klar hervor?
- Werden die Standards häufig entsprechend der ausgehängten Prüfunterlagen aktualisiert?
- Wenn den Standards nicht entsprochen wird, gibt es irgendwelche Verfahrensweise, die Korrekturmaßnahmen ermöglichen?
- Gibt es auf jeder Betriebsebene Ausbildungs- und Trainingsprogramme, die dem Bedarf der Fertigkeiten der Leute angepaßt sind?
- Wie überwachen Sie die Effektivität eines solchen Programms?
- Wenn die Effektivität nicht gewährleistet ist, was wird dann unternommen?

Problemlösung

- Existiert ein Prozeß, der die Hauptinteressen des Betriebes in regelmäßigen Abständen vorrangig behandelt und den PAPH-Kreislauf durchläuft?
- Werden problemlösende Fertigkeiten ohne Schwierigkeiten angewandt?
- Gibt es sowohl problemlösende Aktivitäten, die das Team als Grundlage haben, wie auch individuelle Aktivitäten?
- Ist die Datensammlung angemessen, z. B. Häufigkeit, Mustergröße, usw.?
- Werden die problemlösenden Schritte logisch angewandt?
- Werden die Daten auch dort effektiv genutzt, wo der Ort des Geschehens ist?
- Tauschen sich die Leute über problemlösende Schritte wie das QK-Geschichten-Format aus?
- Tragen die problemlösenden Aktivitäten effektiv zur Betriebsleistung bei?

Führung

- Besteht ein kollektives Verständnis für die Mission der Firma oder stellt die Mission nur ein Wortgebilde dar, um das sich keiner kümmert?
- Wird das konventionelle Wissen herausgefordert?
- Werden die Ideen von den Leuten als Team ausgetauscht und diskutiert oder sind die Leute zu unsicher, um sich auszutauschen bzw. offen zu diskutieren?
- Zeigt die Führungskraft Einfühlungsvermögen bei dem Wachstum der Leute?

Abb. 11.6 (Fortsetzung)

Führung (Fortsetzung)

- Gefällt es der Führungskraft, als Team zu gewinnen und teilt sie die Früchte des Erfolgs?
- Verbringt die Führungskraft Zeit auf dem Shop Floor, spricht sie mit den Leuten und kümmert sie sich um das, was geschieht?

Managementprozeß

- Wird der PAPH-Kreislauf von dem gesamten betrieblichen Managementprozeß angewandt?
- Werden die Kontrollpunkte effektiv im Betrieb genutzt?
- Werden die Informationen richtig gesammelt und wird ein Analysenprozeß entwickelt, z. B. Messung der Kundenzufriedenheit, Status der Planausführung?
- Gibt es ein verständliches Berichtsverfahren, das jeder begreift?
- Ist der Berichtsprozeß genau und für jeden verfügbar?
- Werden problemlösende Werkzeuge wie Pareto und Ursache/Wirkung-Diagramme bei der Analyse und Ergreifung von Maßnahmen genutzt, um den Hauptinteressen des Betriebes zu entsprechen?
- Ist die Kooperation mit anderen Betrieben beim Erhalt oder Anbieten von Unterstützung ausreichend?
- Entspricht der Plan der Firmenleitung/-strategie?
- Deckt der Plan die 7 Ws ab (wer macht was, wann, wo, warum, wie und wieviel)?
- Übernehmen die Leute bei der Entwicklung und Ausführung des Plans Verantwortung?
- Wird die Überprüfung des Fortschritts angemessen durchgeführt?
- Wird klar kontrolliert/geprüft und sich an den Kreislauf gehalten?

Wie wir feststellen, sind diese Fragen hartnäckig und ausführlich. Einige Leute werden sich jetzt vielleicht abwenden, weil sie über zu viele Dinge nachdenken müssen. Doch selbst wenn wir wissen, daß wir auf jede dieser Fragen eine Antwort finden sollten, sind wir oftmals derart mit Entlassungen beschäftigt, daß wir vergessen, uns um die wichtigen Aufgaben zu kümmern. Nichtsdestotrotz müssen wir von Zeit zu Zeit in den Spiegel schauen und an diesen Punkten arbeiten, wenn wir eine ständige Verbesserung anstreben.

Die Präsidialprüfung

Es ist wichtig, diese Checkliste durchzugehen. Doch da wir mit alltäglichen Aufgaben ausgelastet sind, kann ein Prüfungsausschuß objektiver urteilen und uns daran erinnern, die wirklich wichtigen Jobs zu erledigen. Es ist so, als würde uns jemand einen Spiegel vorhalten.

Zusätzlich zur eben erwähnten Checkliste können die in Abb. 11.7 aufgeführten, grundlegenden Fragen gestellt werden. Um objektiv zu sein und eine Einsicht zu erhalten, wie gut sich die Dinge aus der Sicht der Firma entwickeln, kann unser Management (d. h. die Banker unserer Minifirmen) diese Fragen stellen. Ich schlage vor, diesen Prozeß *Präsidialprüfung* zu nennen. (Um der Diskussion in diesem Abschnitt willen werden wir die Person, welche die Prüfung durchführt, Präsidenten nennen. Dies bezieht sich ebenfalls auf den Präsidenten einer Minifirma, d. h. Top Management einer Gruppe oder einen Werksmanager und sein Personal.)

Abb. 11.7 Grundlegende Fragen für eine Präsidialprüfung

1. Welche sind unsere Aufgaben und Verantwortlichkeiten? (z. B. unsere Mission, Politik (Ziele und Einstellungen), Delegation von Verantwortung)
2. Welche sind unsere wichtigen Interessen? (z. B. Qualität, Kosten, Lieferung, Sicherheit, Arbeitsmoral)
3. Wie nehmen wir diese Interessen in Angriff? (z. B. Einstellungen zur Problemlösung, Anwendung von Werkzeugen, zwischenmenschliche Beziehungen)

Der Begriff Präsidialprüfung klingt ein wenig formell, doch solange wir einer solchen Prüfung positiv und objektiv gegenüberstehen, kann jeder innerhalb des Betriebes davon profitieren. Damit eine solche Prüfung sinnvoll ist, sollte der „Präsident" (die Person(en), die die Prüfung durchführ(en)t) nicht nach Fehlern bei den Leuten suchen bzw. ihnen die Schuld zuweisen. Ziel ist es, die Leute zu führen und sie darin zu bestärken, vorwärts zu gehen.

Diejenigen, die geprüft werden, sollten nicht etwa Probleme verschweigen oder nur die guten Dinge zeigen. Zweck dieser Prüfung ist es, ehrliche und objektive Meinungen und Einblicke vom Management zu erhalten, um Wege zu finden, etwas besser machen zu können. Wir betrachten uns selbst, versuchen, bescheiden und objektiv zu sein und Möglichkeiten zu finden, uns weiter zu verbessern.

Wenn wir eine solche Prüfung gut leiten, kann das Management für folgende Punkte ein besseres Verständnis entwickeln:

- Die Art des Politik- bzw. Missionsentwicklungsprozesses, gemeinsame Werte, Kommunikationsprozesse und organisatorische Verantwortung
- Die Stärken und Schwächen des Betriebes
- Die Probleme und Möglichkeiten, die mit den kreuzfunktionalen und hierarchischen Themen des Betriebes verbunden sind.

Daher ist es für den Präsidenten ein wichtiger Bestandteil der Prüfung, für eine angemessene Reaktion der Leute zu sorgen. So offensichtlich dies auch sein mag, die Reaktionen der Leute werden je nach Feedback unterschiedlich sein.

Wenn der Präsident z. B. keinen Bereich erkennen kann, in dem sinnvolle Kommentare möglich sind, werden die Leute, die einer Prüfung unterzogen werden, enttäuscht sein oder vielleicht gleichgültig werden. Doch wenn der Präsident gute Verfahren und Bereiche identifiziert, die von den Leuten verbessert werden können oder bei denen der Präsident selbst seine Unterstützung anbieten kann, dann wird die Reaktion der Leute doch positiv ausfallen.

Für eine sinnvolle Prüfung benötigt der Präsident daher nicht nur die Fertigkeiten der Leute, sondern auch ein breites Wissen über Verfahren und den Einblick in wichtige Schlüsseldisziplinen, von der Qualitätskontrolle bis zur Betriebstechnik, von der Wartung bis zu problemlösenden Aktivitäten als Team. Die Leute müssen über die Partei, welche geprüft wird, einen verständlichen Überblick erhalten und den Präsidenten so „erziehen", daß er ein ausgewogenes Urteil über die Realität auf dem Shop Floor fällen kann.

Der Prüfungsprozeß

Widmen wir uns nun den besonderen Merkmalen des Prüfungsprozesses. Normalerweise besteht er aus zwei Teilen. Der erste Teil kann im Büro erledigt werden. Diejenigen, die an der Prüfung beteiligt sind, können Präsentationen abhalten, Berichte erstellen oder

Themen diskutieren, die mit der Verbesserung auf dem Shop Floor verknüpft sind oder solche, die die Verflechtung des Shop Floors mit dem Erfolg der Firma betreffen.

Der Präsident wird nun überprüfen, inwieweit den Leuten die Probleme auf dem Shop Floor bewußt sind. Nach Beendigung der Präsentationsveranstaltung sollte der Präsident auf die Probleme im einzelnen eingehen, indem er gezielt Fragen stellt. Eine allgemeine Vertrautheit mit der Situation reicht dabei nicht aus. Statt oberflächliche Diskussionen zu führen, muß der Präsident die Lage rasch einschätzen, nach dem Kern des Problems suchen und für eine angemessene Führung sorgen können.

Der zweite Teil besteht darin, sich auf den Shop Floor zu begeben und die Gesundheit der Firma mittels Besichtigung eines Bereichs zu überprüfen. Dies nennen wir Diagnose vor Ort. Sie kann mit Hilfe der in Anhang 11.1 beschriebenen Shop Floor-Besichtigungscheckliste erfolgen.

Da wir schon die ganze Zeit die Bedeutung der Inangriffnahme der Probleme auf dem Shop Floor unterstreichen und auch die Ärzte ihre Patienten sehen müssen, bevor sie eine genaue Diagnose stellen können, muß der Präsident ebenfalls *genba*, *genbutsu* und *genjitsu* (die drei Realitäten realer Ort, reale Sache und reales Wissen) sehen, um die Situation richtig beurteilen zu können.

Während der Besichtigung können die für den Bereich verantwortlichen Personen auf die Verbesserungen hinweisen, die erfolgt sind oder Aufgaben diskutieren, die sie gerade bearbeiten.

Der Präsident kann dann folgende Fragen stellen:

- Welche Bereiche interessieren Sie besonders?
- Was halten Sie von diesen Problemen?
- Was wurde zur Verbesserung der Situation getan?
- Welche sind Ihre Handlungspläne?
- Wie werden Sie die effektive Verwirklichung dieser Pläne sicherstellen?
- Wie kann ich Ihnen bei der schnelleren Realisierung der Verbesserung helfen?

Abb. 11.8 Themen für eine Präsidialprüfung

Themen, die mit hierarchischen Fragen des Betriebes verknüpft sind

Aus der Sicht des Top Managements nach unten

- Wenn die Mission, Aufgaben, Verantwortlichkeiten, Schwerpunktbereiche und die Handlungspläne nicht deutlich mittels Worten erklärt werden, sondern anhand von Dokumenten, Diagrammen, usw., fragen Sie, ob sie klar organisiert sind, d. h. wer was, wann, wo, warum, wie macht und wieviele unterschiedliche Betriebseinheiten miteinander im Zusammenhang stehen. Finden Sie weiterhin heraus, wie die wichtigen Ideen ausgetauscht und bearbeitet werden – von wem, wann, wo, warum und wie.
- Wenn bestimmte Punkte unklar sind, besichtigen Sie den Shop Floor, klären Sie den Prozeß und beurteilen Sie die Situation anhand von Fakten und präzisen Beispielen.

Aus der Sicht des Shop Floors nach oben

- Beobachten Sie, wie der Ort organisiert ist, wie Standards angewandt, Schlüsselinformationen ausgetauscht, Daten gesammelt sowie analysiert werden und wie man sich über Realisierungen austauscht.
- Diskutieren Sie mit den Leuten auf dem Shop Floor die Mission, ihre Aufgaben und Verantwortlichkeiten, die Schwerpunktbereiche und die Handlungspläne. Prüfen Sie, ob der Managementprozeß für alle verständlich ist, d. h. wie Ziele und Verantwortlichkeiten festgelegt werden.

Abb. 11.8 (Fortsetzung)

Aus der Sicht des Shop Floors nach oben (Fortsetzung)

Dann klären Sie die einzelnen Punkte und beurteilen Sie die Situation mittels Gesprächen mit den Managern. Sprechen Sie z.B. über den Zielsetzungsprozeß, die Planentwicklung, die Planausführung, das Feedback bei seiner Verwirklichung, den Informationsaustauschprozeß und den Prozeß hinsichtlich der Würdigung der Leistung.

Themen, die mit kreuzfunktionalen Fragen im Zusammenhang stehen

- Überprüfen Sie den Informations- und Materialfluß seitens der Lieferanten an die Endverbraucher. Prüfen Sie ebenfalls, ob eine enge Verbindung zu dieser Kunden/Lieferanten-Beziehung besteht, damit das Funktionieren der ständigen Verbesserung mit Hilfe des PAPH-Kreislaufs sichergestellt ist.
- Überprüfen Sie, ob sich die Leute über die Kundenorientierung austauschen. Kontrollieren Sie, ob die Kunden/Lieferanten-Beziehung und der wesentliche Fluß von Material und Informationen für alle klar verständlich und logisch aufgebaut sind.

Fragen, die mit den Leuten auf dem Shop Floor verknüpft sind

- Wie überwachen Sie die Leistung? (Welche sind die Ziele und wie wissen Sie, ob Sie sie erreicht haben oder nicht?)
- Wie sammeln Sie Daten? Wo bekommen Sie sie her?
- Wie tauschen Sie Informationen über die Leistung Ihres Teams aus?
- Welche Dokumente verwenden Sie, um die Leistung zu kommunizieren?
- Wie oft treffen Sie sich mit Ihren Kunden? Worüber diskutieren Sie? Wie sieht es in der Hinsicht mit Ihren Lieferanten aus?
- Auf welche Weise erhalten Sie von Ihren Kunden ein Feedback? Wie von Ihren Lieferanten?
- Wie oft treffen Sie sich mit Ihren Managern? Wie oft mit Ihren Leuten? Worüber diskutieren Sie?
- Wie erhalten Sie von Ihren Managern hinsichtlich Ihrer Leistung ein Feedback? Wie geben Sie Ihren Leuten ein Feedback?
- Wie wissen Sie, ob alles unter Kontrolle ist? Welche ist die Basis für die Entscheidungsfindung?
- Was tun Sie, wenn etwas außer Kontrolle gerät? Gibt es dafür eine klare Vorgehensweise?
- Können Sie mir einige Beispiele für das genormte Betriebsverfahren zeigen?
- Wann haben Sie die Verfahren zuletzt aktualisiert?
- Wie wissen Sie, ob sich die Leute an diese Verfahren halten?
- Wie leiten Sie die Arbeitsplatzrotation?
- Mit welcher Art von Problemen befassen Sie sich?
- Wie nehmen Sie das Problem in Angriff?
- Wann haben Sie zum letzten Mal ein Teamprojekt durchgeführt oder Ideen zur Verbesserung beigetragen?
- Um was ging es bei dem Projekt und wer war daran beteiligt? Welche Art von Werkzeugen wurden verwendet? Wie erfolgreich war der Problemlösungsprozeß?
- Sind die Probleme erneut aufgetreten?
- Sind Sie der Ansicht, daß sich die Dinge im allgemeinen verbessern? Warum oder warum nicht?
- Was muß Ihrer Meinung nach verbessert werden?
- Sind Sie mit Ihrer Arbeit zufrieden? Warum oder warum nicht?
- Was unternehmen Sie gegen Ihre Konkurrenten?

Gelegentlich können die Leute auch zweideutige Antworten geben. Wenn dies der Fall ist, sollte der Präsident weiter nachfragen, um auf eine objektive und logische Weise zum Kern des Problems vorzudringen und zu sehen, ob die Person das Problem wirklich verstanden hat oder versucht, über das Problem hinwegzugehen.

In anderen Fällen versuchen die Leute vielleicht, einen anderen Betrieb für das Problem verantwortlich zu machen. Doch wir sollten alle erkennen, daß wir auch von dem Problem betroffen sind – d. h., uns fragen, warum das Problem existiert und wie wir Gegenmaßnahmen ergreifen können – aber nicht, *wer* dafür verantwortlich ist.

Um den Präsidenten bei der Prüfung zu unterstützen, sind in Abb. 11.8 ausführliche Fragen aufgelistet. (Bitte denken Sie daran, daß die Abb. 11.6 mit dieser Abbildung kombiniert werden kann. Die zwei Abbildungen erläutern verschiedene Möglichkeiten der Fragestellung, um das Wesentliche herauszufinden.)

Es ist außerdem eine gute Idee, eine Polaroidkamera bei der Prüfung zu verwenden. Die Bilder können später ausgehängt werden und dienen auf effektive Weise der Veranschaulichung (siehe Abb. 11.9). In der Abbildung werden gute und schlechte Verfahren des SF-Managements mit kurzen Kommentaren aufgelistet, damit die Werksangestellten die einzelnen Punkte klar vor Augen haben und später in der Lage sind, die Probleme anzugehen. Wenn die Leute an eine solche Vorgehensweise nicht gewöhnt sind, sollte dies jemand bei den ersten Prüfungen demonstrieren, der Erfahrungen mit diesem Prozeß hat.

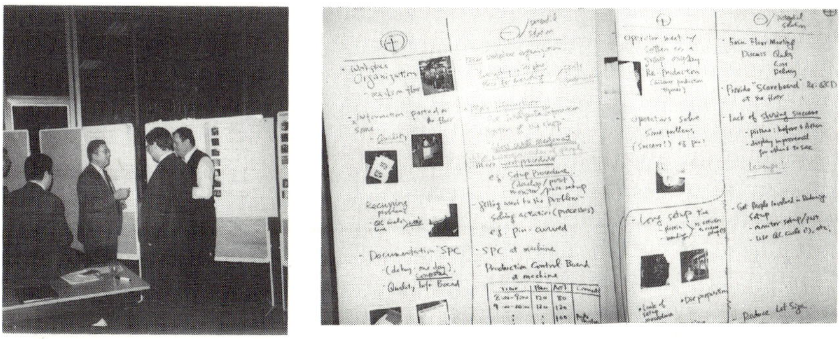

Mit freundlicher Genehmigung von Borg-Warner

Abb. 11.9 Polaroidbilder, die für die Ausstellung der einzelnen Punkte einer Vor-Ort-Besichtigung verwendet werden

Von der Präsidialprüfung lernen

So wie Ärzte verschiedene Tests bei der Diagnosestellung durchführen, sollten wir diese Fragen stellen, um die Gesundheit des Betriebes einer gründlichen Untersuchung zu unterziehen. Sogar die Kontrolle, ob die Leute diese Fragen ohne Schwierigkeiten beantworten können, kann ein wichtiger Hinweis auf die Probleme des Betriebes sein.

Wenn die Leute nur einen Bruchteil der Fragen beantworten können, sollte dies zeigen, daß eine große Kluft an Erwartungen zwischen dem Präsidenten und den Leuten auf dem Shop Floor besteht. Doch wenn die Leute andererseits alle Fragen rasch beantworten können, kann dies ein Anhaltspunkt für das niedrige Niveau der Fertigkeit des Präsidenten sein, Probleme identifizieren zu können.

Beide Situationen sollten daher als negativ betrachtet werden. Die ideale Situation wäre, wenn der Präsident die Bereiche identifizieren könnte, in denen die Leute erhebliche Fortschritte erzielen, diese Bemühungen loben würde und gleichzeitig einige weitere Bereiche identifizieren könnte, welche die Leute weiterhin erforschen und verbessern müssen. (Dies ähnelt einer 1a Profi-Unterrichtsstunde beim Tennis oder Golf.)

Wenn die Präsidialprüfung beendet ist und die Leute ein angemessenes Feedback erhalten haben, können nachfolgende Besichtigungen mittels dieser Fragen erfolgen:

- Ist der PAPH-Kreislauf angewandt worden, um die wichtigen Probleme in Angriff nehmen zu können?
- Was geschah mit den wichtigen Punkten, bei denen nachgefaßt werden mußte?
- Welche Schwierigkeiten sind seit dem letzten Besuch bei dem Versuch aufgetreten, Fortschritte zu machen?
- Welche sind die wichtigen Ziele und Handlungspläne?

Die Präsidialprüfung benötigt also ein gewisses Maß an Anstrengung – sowohl seitens des Präsidenten als auch seitens der Leute. Wir sollten uns ebenfalls merken, daß die Prüfung nicht nur vom Präsidenten durchgeführt werden kann, sondern auch von den Präsidenten der Minifirma, wie dem Vizepräsidenten oder einem Werksmanager.

Die Leute müssen so geleitet werden, daß sie sich an den PAPH-Kreislauf halten und ihre Selbständigkeit entwickeln und gleichzeitig die Probleme auf dem Shop Floor angegangen werden.

Eine solche Prüfung kann diejenigen Vorteile mit sich bringen, wie sie in Abb. 11.10 aufgeführt sind.

Wie eine solche Prüfung aussehen kann, demonstriert das Beispiel einer japanischen Sportartikelfirma, Daiwa Seiko, in Abb. 11.11.

Diese Firma hat einen Jahresumsatz von $ 300 Millionen und 1000 Angestellte in drei Fabriken. Einige Prüfungspräsentationen hielten sich an die QK-Geschichten-Form, beschrieben den Prozeß, die Ergebnisse, die gegenwärtigen Interessen und zukünftige Auffassungen. Zeitplan, Tagesordnung, Sitzungsberichte und andere Verwaltungsangelegenheiten wurden von den leitenden Angestellten koordiniert – in diesem Fall von der Qualitätssicherungsabteilung.

Die Überprüfung der Präsentation, die von den Leuten auf dem Shop Floor abgehalten wird, und die Bereitstellung von Anerkennung, Ermutigung und Ratschlägen können als wesentliche Aufgaben des Top Managements angesehen werden. So wie Abteilungsleiter den Interessen ihrer Leute regelmäßig zuhören und Facharbeiter dem Geräusch ihrer Maschinen lauschen können, wenn diese ihre tägliche Checkliste durchlaufen, sollte die Präsidialprüfung für die Top Manager ein unentbehrliches Element des Shop Floor Managements sein, um die Integration der Firmenoperationen sicherzustellen.

Abb. 11.10 Vorteile der Prüfung

- Das Top Management kann die Gesundheit der Firma prüfen, indem es direkt den Puls der Firma fühlt.
- Das Top Management kann prüfen, wie der Austausch der Firmenpolitik funktioniert und wie Pläne ausgeführt werden, statt nur auf die Ergebnisse zu warten.
- Das Top Management kann sich selbst in der Hinsicht erziehen, wie die Firma durch direkte Wechselwirkung mit den Leuten geleitet werden muß.
- Die Leute spüren, daß das Top Management an dem, was sie tun, interessiert ist.
- Die Leute können ihre Interessen direkt mit dem Top Management austauschen.
- Die Leute können die Strategie der Firma und das Bedürfnis aller bestätigen, zusammenzuarbeiten.
- Die Prüfung kann für alle einen starken Anreiz bieten. Sie dient auch der Überprüfung, Anerkennung und Belohnung des Betriebes als Ganzes.

Abb. 11.11 Zeitplan für eine Präsidialprüfung

1. Vorbereitung eines Dokumentes, das die gegenwärtige Situation des Betriebes für das Top Management beschreibt (wird dem Präsidenten vor seiner Besichtigung übermittelt)
2. Besichtigung der Fabrik (Dauer: 2 Stunden)
   a. Besichtigung des Shop Floors (30 Minuten)
   b. Aktualisierung der Operationen (5 Minuten)
   c. Überprüfung des Halbjahresplans (10 Minuten)
   d. Qualitätsverbesserung seitens der Lieferanten – Fallbeispiele (15 Minuten)
   e. Produktivitätsverbesserung – Fallbeispiele (15 Minuten)
   f. Reduzierung der Lieferzeit – Fallbeispiele (15 Minuten)
   g. Frage und Antwort, zwanglose Diskussion (30 Minuten)
   h. Bericht über die Prüfung und Sitzungsbericht der Diskussion (wird nach der Besichtigung der Fabrik übermittelt)

Wie eine effektive Präsidialprüfung durchgeführt wird

In der Realität ist es jedoch einem mangelnden Wissen und Interesse an Shop Floor-Aktivitäten zuzuschreiben, daß nur eine begrenzte Anzahl von Senior Managern in der Lage ist, diese Prüfungen erfolgreich durchzuführen. Doch das Top Management sollte nichtsdestoweniger an seiner Fertigkeit arbeiten, gezielt Fragen stellen, Kommentare liefern und Ratschläge während der Prüfung mit Hilfe der leitenden Angestellten erteilen zu können.

Merken Sie sich bitte ebenfalls, daß eine bloße Überprüfung des Fortschritts ohne nachfassende Befragung nicht viel bewirkt. Wenn das Top Management mehr über die Shop Floor-Aktivitäten erfährt und die Leute auf dem Shop Floor gleichzeitig versuchen, die Shop Floor-Aktivitäten für andere leicht verständlich zu machen, dann werden solche Bemühungen dazu beitragen, das Talent der Leute zu nutzen und die Grenzen zwischen dem Shop Floor und der Geschäftsführung des Unternehmens abzubauen.

Wir sollten hier zur Kenntnis nehmen, daß eine Möglichkeit, das vielleicht anfangs noch geringe Interesse des Top Managements zu wecken, darin besteht, die Shop Floor-Leute bei der Präsidialprüfung oder einer Vorstandskonferenz Präsentationen veranstalten zu lassen. Auch wenn die Zeit knapp ist, wird der Austausch von Ideen in einer solchen Umgebung für alle Beteiligten ein besseres Themenverständnis erzeugen. Offen gesagt, handelt es sich hierbei mehr um eine Ausbildung für das Top Management als für das Shop Floor-Personal.

Aus meiner Erfahrung läßt sich sagen, daß die Leute sich im allgemeinen mit ein wenig Anleitung sehr viel Mühe bei ihrem Gedankenaustausch geben. Sie können darauf vertrauen, daß sie mehr als irgendein anderer auf der Welt über ihr Aufgabengebiet wissen. Sie können auch sehr offen und direkt beim Austausch ihrer Interessen sein, da sie sich vorher noch nie selbst über solche Themen haben reden hören. Wenn das Top Management oder der Vorstand ausgebildet sind, den Betrieb aus der Sicht des Shop Floors zu betrachten, dann hilft dies, den Geschäftsbetrieb effektiv zu kontrollieren und andererseits auch kontrolliert zu werden.

Auch wenn keine formelle Prüfung stattfindet, kann eine dreiminütige Rede, die dem Top Management von jedem der ungefähr 12 Teams des Shop Floors vorgetragen wird, dazu beitragen, daß ein Verständnis für die auf dem Shop Floor erzielte Fortschrittsquote entwickelt wird. Auch regelmäßig geplante „Frühstückskonferenzen" mit Angestellten können hilfreich sein, die benötigte Kommunikation zu erleichtern und potentielle Probleme frühzeitig abzuwenden. Wenn alles gut aufeinander abgestimmt ist, werden wir alle über das Ausmaß des Anreizes bzw. der Ermutigung überrascht sein, das diese Art von Aktivität innerhalb des Betriebes erzeugen kann.

Wenn wir diese Ideen ausprobieren, können wir unsere Orientierung am Shop Floor hervorheben und uns die Bedeutung von *genba* (realer Ort), *genbutsu* (reale Sache) und *genjitsu* (reales Wissen) in Erinnerung rufen. Wenn die Dinge für jeden klar organisiert sind, wissen wir, daß der Betrieb kundenfreundlich genug ist, die Leute am Prozeß der ständigen Verbesserung zu beteiligen.

Externe Prüfung

Zusätzlich zur internen Prüfung/Prüfungsprozeß können externe Prüfungen ebenfalls von Vorteil für den Betrieb sein. Eine Prüfung seitens der Lieferanten kann durch einen Grundausrüstungshersteller (GAH) wie eine Automobil- oder Kundengeräte-Firma erfolgen. Wie bei der internen Prüfung, können diese Lieferanten mit den GAHs wachsen, wenn sie die richtigen Diagnosen, Empfehlungen und nachfassenden Befragungen erhalten.

Selbstverständlich brauchen die Prüfer bestimmte Fertigkeiten, um eine Diagnose erfolgreich stellen zu können. Sonst wird die Prüfung lediglich zu einem Ritual, Diagramme und Leistungsdaten zu kontrollieren, ohne entsprechende Empfehlungen für die Lösung von Problemen. Der zu prüfende Betrieb muß ebenfalls die Einstellung haben, daß die Prüfung eine Gelegenheit ist, die Leute im Betrieb anzuspornen.

Ein weiteres Beispiel für eine externe Prüfung ist eine Qualitätsprämie, die solchen Firmen verliehen wird, die sich in der Qualitätsleistung und -management auszeichnen. Es gibt z. B. den Malcolm Baldrige National Quality Award in den Vereinigten Staaten, den Deming Award in Japan und den European Quality Award in Europa. Abb. 11.12 listet diejenigen Kriterien auf, die beim Baldrige Award eine Rolle spielen. Da jeder innerhalb des Betriebes als Präsident einer Minifirma betrachtet werden kann, können die für den Baldrige Award geltenden Kriterien als Leistungsstandards für diejenigen Betriebe gelten, die nach dem höchsten Niveau der Gesamtqualitätsleistung streben.

Abb. 11.12 Schlüsselkonzepte für die Baldrige Award-Prüfungskriterien

- Qualität wird vom Kunden definiert.
- Die ranghöhere Führungskraft des Betriebes muß klare Qualitätsmaßstäbe setzen und diese Werte in den Geschäftsablauf integrieren.
- Qualitätsleistung ergibt sich aus gut durchdachten und ausgeführten Systemen und Prozessen.
- Die ständige Verbesserung muß ein Teil des Managements aller Systeme und Prozesse sein.
- Die Firmen müssen Ziele ebenso wie strategische und betriebliche Pläne entwickeln, um auf dem Gebiet der Qualität führend zu sein.
- Die Verkürzung der Reaktionszeit aller Operationen und Prozesse der Firmen muß ein Teil der Bemühung um Qualitätsverbesserung sein.
- Die Operationen und Entscheidungen der Firma müssen sich auf Fakten und Daten stützen.
- Alle Angestellten müssen entsprechend trainiert und an Qualitätsaktivitäten beteiligt werden.
- Die Qualität des Designs und die Verhinderung von Mängeln und Fehlern sollten Hauptelemente des Qualitätssystems sein.
- Die Firmen müssen den Lieferanten ihre Qualitätsansprüche mitteilen und daran arbeiten, die Qualitätsleistung der Lieferanten zu verbessern.

Abb. 11.13 Shop Floor Management und Malcolm Baldrige National Quality Award

Kategorie/Punkt	Entspricht folgenden Kapiteln im Buch									
	1	**2**	**3**	**4**	**5**	**6**	**7**	**8**	**9**	**10**
Führung										
– Ranghöhere Führungskraft	×							×		
– Qualitätsmaßstäbe	×	×						×		
– Management für Qualität		×						×	×	×
– Allgemeine Verantwortung	×	×						×		
Informationen und Analyse										
– Umfang und Management von Qualitätsdaten und -informationen			×	×			×		×	
– Vergleiche mit der Konkurrenz und Benchmarks									×	×
– Analyse der Qualitätsdaten und -informationen						×	×			
Strategische Qualitätsplanung										
– Strategischer Qualitätsplanungsprozeß									×	×
– Qualitätsziele und -pläne				×					×	×
– Nutzung der Arbeitskraft										
– Management der Arbeitskraft			×	×	×					
– Beteiligung der Angestellten			×	×	×					
– Qualitätsausbildung und -training				×	×	×	×			
– Anerkennung der Angestellten und Messung der Leistung								×		×
– Wohlergehen und Arbeitsmoral der Angestellten	×	×	×	×				×	×	×
Qualitätssicherung der Produkte und Dienstleistungen										
– Design & Einführung von Qualitätsprodukten & -dienstleistungen			×						×	
– Prozeß- und Qualitätskontrolle						×	×			
– Ständige Verbesserung des Prozesses						×	×			
– Qualitätsbewertung									×	×
– Dokumentation									×	
– Geschäftsprozeß und Unterstützung der Qualität im Kundendienst			×		×	×				
– Qualität der Lieferanten							×		×	×
Qualitätsergebnisse										
– Ergebnisse der Qualität bei Produkt und Kundendienst									×	×
– Geschäftsprozeß, Betrieb und Unterstützung			×						×	×
– Ergebnisse der Qualität im Kundendienst									×	×
– Ergebnisse der Qualität der Lieferanten									×	×

Abb. 11.13 (Fortsetzung)

	Entspricht folgenden Kapiteln im Buch									
Kategorie/Punkt	**1**	**2**	**3**	**4**	**5**	**6**	**7**	**8**	**9**	**10**
Kundenzufriedenheit										
Bestimmung der Kundenbedürfnisse und Erwartungen		×		×						
Management der Kundenbeziehungen		×	×	×					×	×
Kundendienststandards		×							×	
Engagement den Kunden gegenüber	×	×								
Aufhebung von Reklamationen durch Qualitätsverbesserung			×			×			×	×
Bestimmung der Kundenzufriedenheit		×	×							
Ergebnisse der Kundenzufriedenheit		×					×		×	×
Vergleich der Kundenzufriedenheit		×							×	

Hinweis: Die Kategorien der Baldrige Kriterien wurden den Bewerbungsrichtlinien von 1991 entnommen.

Abb. 11.13 beschreibt die Beziehung zwischen dem Shop Floor Management und den Baldrige National Quality Award-Prüfungskategorien. Da das Shop Floor Management sozusagen dem Betreiben einer Minifirma ähnelt, sollten alle, die das Shop Floor Management studieren, bzw. die Shop Floor-Unternehmer in der Lage sein, ihre eigene Leistung mit den beim Baldrige Award beschriebenen Punkten zu vergleichen.

Ein Kommentar seitens eines Firmenpräsidenten in Japan beim Wettbewerb um den Deming-Preis faßt das Gefühl in Worte, etwas verwirklicht zu haben:

> Ich bin seit über 20 Jahren Präsident dieser Firma, doch ich habe noch nie so etwas erlebt wie bei dem Wettbewerb um den Deming Preis. Genau dann nämlich begriffen alle meine Angestellten, was ich von ihnen erwartete. Sie verstanden plötzlich die Ziele, die ich der Firma gesetzt hatte. Sie arbeiteten engagiert, und alle versuchten, als Gruppe die gleichen Ziele zu erreichen.
>
> – *What is total quality control?* von Kaoru Ishikawa, S. 192

Prämien- und Belohnungssysteme

Wenn ein sinnvoller Umgang gewährleistet ist, können Prämienprogramme wie der Baldrige National Quality Award, die Präsidentenprämie, die Lieferantenprämie, die Werksmanagerprämie, die Prämie für Vorschläge oder Prämien für die Abteilung des Monats, den Abteilungsleiter des Monats, die Verbesserung des Monats, Haushaltung, Sicherheit bzw. Anwesenheit die Leute dazu anregen, für ein gemeinsames Ziel zusammenzuarbeiten. Innerhalb des Prozesses können solche Anstrengungen nicht nur den Horizont der Firma, sondern auch den der Leute erweitern.

Arbeit kann als etwas betrachtet werden, was getan werden muß, um Geld zu verdienen. Doch gleichzeitig kann sie auch als erfreuliches Vorkommnis gesehen werden – wie Sport treiben oder Spiele spielen.

So wie die Leute unterschiedliche Geschmäcker bei ihren Freizeitaktivitäten haben, trifft dies auch auf den Wettbewerb um verschiedene Arten von Prämien zu. Die Leute werden auf unterschiedliche Weise daran teilnehmen (siehe Abb. 11.14).

Doch wenn das Management abrupt mit den Prämienprogrammen anfängt, Strategien ändert oder diese Programme öfters abbricht, wird es seine Glaubwürdigkeit bei den Leuten verlieren. Die Tatsache, daß den Vorstellungen bzw. Gefühlen der Leute auf dem Shop Floor wenig Beachtung geschenkt wurde, hat schon in vielen Firmen dazu geführt, daß die Leute aufgehört haben, das, was das Management sagt, zu verinnerlichen.

Das ist bedauerlich, doch wenn dies für das Management die Ausgangssituation ist, muß es Engagement und Ausdauer bei seinen Aktionen zeigen, um eine neue Atmosphäre zu schaffen. Die Manager werden sich jetzt vielleicht wundern: „Wie können wir die Leute befähigen und die Arbeitsmoral erhöhen, wenn wir gleichzeitig zum Erfolg des Betriebes beitragen sollen?"

Wenn sie kontinuierlich für ein angemessenes Feedback sorgen, haben viele Firmen festgestellt, daß die Energie für weitere Verbesserungen in den Betrieb zurückfließen kann und auf diese Art ständig Verbesserungen stattfinden. Jede Aktion kann als ein kleiner Schritt angesehen werden, doch kollektiv wird der Betrieb weiterhin vorwärts gehen.

Wir sollten uns daher fragen:

- Wie haben sich die Prämienprogramme der Firma bisher entwickelt?
- Wie erfolgreich sind sie?
- Wie können wir uns verbessern? Sind es Belohnungen, ein administrativer Prozeß, Austausch oder mangelnde Anerkennung, woran wir arbeiten müssen?

Abb. 11.14 Ständige Verbesserungen und Belohnungen sowie Anerkennung

Wenn wir erkennen, daß der Shop Floor eine der schwierigsten Umgebungen im heutigen Geschäftsleben darstellt, können wir solche Prämien wie „Minifirma des Monats" für den besten Abteilungsleiter mit seinen Angestellten und am Jahresende „Minifirma des Jahres" vergeben. Es werden sich nicht nur die Leute in der Fabrik, sondern alle Funktionen – Verkauf, Marketing, Design, Forschung und Entwicklung, Arbeitskraft, Buchhaltung, Finanzen, Management-Informationssysteme, Produktion, Administration, usw. – um die Prämien bemühen.

Bei einer kleinen Firma können Minifirmen aus Gruppen oder Abteilungen mit ungefähr fünf bis zwanzig Leuten pro Einheit bestehen. Bei einer großen Firma kann jede Gruppe oder jedes Werk seine eigenen Minifirmen oder Mini-Minifirmen haben; die kleinste Minifirma kann wiederum aus fünf bis zwanzig Leuten bestehen.

Wenn große Übereinstimmung in diesem Punkt herrscht, können firmenweit Minifirmen eingerichtet werden, wobei jede Gruppe oder jedes Werk eine Minifirma aus seinem Bereich für die letztendliche Wahl zur Minifirma des Jahres vorschlägt.

Es können erste, zweite und dritte Plätze vergeben werden.

Die Kriterien können sich nach der in Abb. 11.6 gezeigten Checkliste richten und/oder an den Baldrige-Kriterien orientieren.

Der Geschäftsplan und Jahresbericht dieser Minifirmen können als Bewerbungsunterlagen dienen. Es kann eine Verleihung der Prämien erfolgen, indem der Präsident die Gewinner verkündet und eine kurze Ansprache über das Wahlverfahren und seine Bedeutung für das Unternehmen hält. Die Empfänger – der Präsident und seine Leute aus der Minifirma – finden dies sicherlich höchst befriedigend, vielleicht bietet sich sogar eine Chance zur Beförderung.

Entdeckung der Firmenschätze

Es gibt ein altes, japanisches Sprichwort: „Jene, die die dunklen Ecken der Welt erleuchten – diese sind die wahren Schätze eines Landes". D. h. wir sollten niemals diejenigen vergessen, die unsere Gesellschaft besser machen. Gemeinsam verbreiten sie das Licht, das unsere Gesellschaft erstrahlen läßt. Wenn wir darüber reden, uns selbst im Spiegel zu betrachten und Prämien- sowie Belohnungsprogramme für gutes Betragen einzurichten, sollten wir vielleicht diese Worte berücksichtigen.

In den meisten Ländern gibt es viele Sportereignisse, von lokalen Wettbewerben bis zu wichtigen, nationalen Meisterschaftsspielen wie z. B. das „Super Bowl". Bei diesen Anlässen haben wir gesehen, wie sich die Leute bei einem Sieg freuen können. Einige scheinen auch schon glücklich über ihre Teilnahme zu sein.

Prämienprogramme in unserem Geschäftsleben können eine ähnliche Wirkung haben. Die Leute können das erleben, was es heißt, zusammenzuarbeiten und etwas geleistet zu haben – die Freude über einen Sieg ist nicht nur den Leuten an der Spitze vorbehalten.

Doch da diese Ereignisse für viele Leute sehr attraktiv werden können, sollte das Management bei Beginn eines solchen Prämienprogramms sorgfältig darauf achten, daß es nicht grundlos abgebrochen wird. Dies wirkt sonst auf die Leute demoralisierend. Wenn das Programm offensichtlich nicht gut funktioniert, müssen wir es einfach überarbeiten und Möglichkeiten ausdenken, es mit Hilfe des PAPH-Kreislaufs zu verbessern. Beenden Sie es nicht einfach – arbeiten Sie daran, statt einfach aufzugeben. So wie es in der Natur die Jahreszeiten, den Herzschlag in unserem Körper und den Rhythmus in der Musik gibt, muß auch der Betrieb einen Rhythmus entwickeln, um auf der Vergangenheit aufzubauen und weiterhin Fortschritte zu erzielen.

Zusammenfassung

- Wir müssen uns mit sechs Hauptelementen beschäftigen, um unseren Shop Floor erfolgreich zu gestalten. Diese sind: wesentliche Werte, Kundenorientierung, Beteiligung aller, Problemlösung, Führung zwecks ständiger Verbesserung und ein das Management unterstützendes System.
- Es bestehen erhebliche Unterschiede in der Anwendung dieser Elemente zwischen traditionellen und progressiven Betrieben.

- Wir müssen enge Verflechtungen zwischen jedem dieser Elemente knüpfen, um Perfektion im Shop Floor Management zu entwickeln.
- Der Realisierungsprozeß für das Shop Floor Management wird je nach historischem Hintergrund des Betriebes und seiner Geschäftsumgebung variieren.
- Statt außenstehende Experten hinsichtlich der Verwirklichung des Shop Floor Managements für eine Firma zu befragen, muß die Firma (oder Minifirma) ihre eigenen Fertigkeiten zum „Selbstmanagement" entwickeln.
- Ein wichtiges Verfahren zur Bewertung der Gesundheit eines Betriebes ist die Präsidialprüfung. Doch damit diese erfolgreich durchgeführt werden kann, muß das Top Management bestimmte Fertigkeiten erlernen.
- Externe Prüfungen, solche wie der Wettbewerb um die nationale Qualitätsprämie, können für einen zusätzlichen Anreiz sorgen, sich zu verbessern. Die effektive Anwendung dieser Prämien und Belohnungen kann den Leuten dabei helfen, für ein gemeinsames Ziel zusammenzuarbeiten.
- Auch wenn Prämien- und Belohnungsprogramme für gelegentliche Anerkennung sorgen, sollten wir nicht vergessen, all diejenigen, die hart dafür gearbeitet haben, die dunklen Ecken dieser Welt zu erleuchten, auf jede erdenkliche Art und so oft wie möglich zu würdigen.

12. Kapitel

Wie geht es jetzt weiter?

Ich hoffe, daß wir uns an dieser Stelle über die Bedeutung des Shop Floor Managements, das die Leute in das Zentrum der Aktivitäten führt, klargeworden sind. Doch die Realität sieht immer noch so aus, daß die arbeitende Bevölkerung zur Arbeit geht und einfach immer wieder dasselbe tut, Tag für Tag. Und einige Manager haben immer noch eine sehr traditionelle Einstellung zur Arbeit. Doch wenn auch nur ein kleiner Prozentsatz der Leute damit anfängt, Eigeninitiative bei den Verbesserungen zu ergreifen, wird sich meiner Meinung nach einiges ändern.

Individuen wie wir können eine größere Befriedigung bei dem finden, was wir tun, indem wir uns bemühen, unsere Arbeit zu verbessern und mit Eigeninitiative unsere Talente zu nutzen. Egal ob unsere Arbeit mit der Herstellung, dem Verkauf, der Lieferung, der Verarbeitung von Informationen oder Bereitstellung von Dienstleistungen verbunden ist – es ist für uns alle höchst wünschenswert, daß wir mit unserer Arbeit wachsen und Freude innerhalb dieses Prozesses erfahren.

Von einem zerbrechlichen zu einem starken Betrieb

Wie bereits in den vorhergehenden Kapiteln diskutiert wurde, müssen alle Elemente der wesentlichen Werte, Kundenorientierung, Beteiligung der Leute, Verbesserung der Fertigkeiten, Führung und ein das Management unterstützendes System miteinander verbunden sein, damit die Talente aller besser genutzt werden können. So wie es wichtig ist, diese Verflechtungen innerhalb einer Firma zu entwickeln, müssen wir diese Verkettungen auch in jeder Minifirma herstellen.

Wenn irgendeins dieser Elemente fehlt, wird unser Betrieb nicht gut funktionieren. Folglich kann das Shop Floor Management (SFM) als etwas betrachtet werden, was von Menschen abhängig und gleichzeitig auch zerbrechlich ist – verglichen mit einem traditionelleren System. Da eine sich ständig verändernde Geschäftsumgebung und eine Reorganisierung der Angestellten niemals so aktuell waren wie heute, ist auch unser Shop Floor Management zerbrechlicher.

Wir sollten jedoch daran denken, daß genau das der Grund ist, warum das Shop Floor Management zum Einsatz gelangen sollte, damit wir unseren Kurs selbst bestimmen können. Wir haben den Unterschied zwischen traditionellen und progressiven Betrieben untersucht (Abb. 1.8), wobei die engere Spindel eine traditionelle Machtstruktur darstellte. In solchen Situationen unterliegt das Schicksal der Leute mehr der Kontrolle des Top Managements. Abb. 2.4 und 3.13 zeigten auch den Unterschied zwischen lokaler und totaler Optimierung, wo unsere Selbstinteressen Barrieren aufbauen, die uns daran hindern, uns gegenseitig zu helfen oder eine weitere Sichtweise zu entwickeln.

Wir wissen, daß Leute in traditionellen Betrieben mehr als Werkzeuge oder Maschinen benutzt und ihre Werte nicht respektiert werden. Und wenn die Dinge nicht gut funktionieren, werden sie entlassen, ohne daß ihnen viel Beachtung als Individuen geschenkt wird. Aus ihrer Sicht ist es so, daß sie oftmals keine Initiative mehr zur Nutzung ihrer Kreativität ergreifen, nachdem sie von der Umgebung, in der sie schon lange arbeiten, geprägt worden sind.

Solche Situationen sind überflüssig. In dem Maße, wie das Management nach besseren Möglichkeiten suchen muß, das Talent der Leute zu nutzen, müssen auch die Leute Wege finden, ihre Talente sinnvoll beizusteuern – auch zu ihrem eigenen Nutzen. Keine Seite sollte Zeit damit verschwenden, sich bei der anderen zu beklagen. Es sollte sich eher eine Art Kunden/Lieferanten-Beziehung entwickeln. Alle sollten sich gegenseitig helfen, unabhängig von hierarchischen oder funktionellen Disziplinen.

Wenn jeder Verantwortung übernimmt und versucht, seine Arbeit zu eliminieren, damit sich alle von uns verbessern können, werden sich auch die Fertigkeiten des Betriebes verbessern. Jeder ist verantwortlich, daß der Betrieb als Ganzes integriert wird, wettbewerbsfähig ist, sich unsere Leistung maximiert und unsere eigenen humanistischen Werte respektiert werden.

Während dieses Entwicklungsprozesses kann der gesamte Betrieb zwar zerbrechlich sein, doch vielleicht soll das auch so sein. In dem Maße, wie uns unsere Konkurrenz zwingt, uns durch Reduzierung von Verschwendung, kürzere Lieferzeiten und geringere Produktionskosten zu verbessern, müssen sich unser eigenes Management und die Betriebe selbst entsprechend ändern – sogar wenn sie innerhalb des Prozesses verletzlich werden. Doch wenn wir als Team arbeiten, in dem jeder die Initiative übernimmt und Kundenorientierung entwickelt, können Hindernisse überwunden werden.

Wenn wir uns an Henry Fords Regel halten: „Nichts ist unmöglich, was erstrebenswert und richtig ist", brauchen wir Vertrauen und die feste Absicht, die Dinge funktionieren zu lassen. Unsere Aufgabe ist derart komplex geworden, daß weder eine Einzelperson noch ein mächtiger Top Manager die Arbeit allein erledigen kann. Wir müssen uns alle gegenseitig helfen, damit etwas geschieht und jeder muß die wichtigen Schritte eines Geschäftsbetriebes in Angriff nehmen können.

Probleme rechtzeitig aufdecken

Da unsere Gesellschaft sich ständig weiterentwickelt, werden auch die Aufgaben der einzelnen immer wichtiger. Wenn wir jedoch unvorbereitet sind, können Probleme auf dem Shop Floor zu Störungen des gesamten Betriebes führen. Doch der Betrieb kann sich keine übermäßige Verschwendung in Bezug auf Ressourcen wie zusätzliches Personal, Maschinen, Material und Design leisten. Statt dessen muß der Betrieb lernen, sich selbst gegen mögliche Mißerfolge anhand von Standardisierung, Ausbildung und Beseitigung von Verschwendung zu schützen.

Wenn wir uns Felsen und eine bestimmte Höhe des Wasserspiegels vorstellen, ist es so, daß je mehr wir das Wasser ableiten (d. h. den Überschuß), desto mehr kommt von den Felsen bzw. den Problemen zum Vorschein. (Denken Sie an Abb. 6.14 und 6.15.) In der Welt der Produktion stellt das Wasser den Lagerbestand dar. Die Verminderung des Bestandes führt somit zur Aufdeckung von Problemen. Die Leute können dann gemeinsam daran arbeiten, die Felsen, d. h. die Probleme, abzutragen, damit unsere Arbeit rationalisiert wird. Anschließend können wir unseren Bestand weiterhin reduzieren, um die

Situation kontinuierlich zu verbessern. Die gleiche Idee gilt auch für die Rationalisierung von Informationsverarbeitung.

Im Qualitätsbereich können wir den Prozeß durch Reduzierung der Abweichungen verbessern. Je mehr es uns gelingt, den Prozeß stabiler zu gestalten, desto mehr können wir eine bessere Qualität unserer Produkte und Dienstleistungen gewährleisten. Doch wenn sich der Fortschritt verlangsamt, können wir absichtlich mit Abweichungen experimentieren, um Bereiche aufzudecken, die einer weiteren Verbesserung bedürfen.

Unser System der freien Marktwirtschaft ist sozusagen ein Mechanismus zur kontinuierlichen Reduzierung des Wasserstandes. Manchmal scheint er allerdings unsere Anstrengungen, zu überleben und in einer solchen Umgebung zu Wohlstand zu gelangen, zu untergraben. Doch so ist nun einmal die Welt, in der wir leben.

Und dieser Mechanismus hat der Gesellschaft auch so manches Gutes gebracht. Da die Konkurrenz heutzutage überall lauert, müssen wir den Wasserstand in unserem Betrieb absichtlich senken, bevor es zu spät ist.

Wie es uns gelingt, viele zu erreichen

Wenn das eben Erwähnte eine realistische Sicht unserer Geschäftswelt darstellt, was können wir dann tun? Meine Meinung ist, daß jede Firma eine bestimmte Politik festlegen muß, damit ihre Strategie und Einstellung für alle klar ersichtlich sind. Das Shop Floor Management selbst wird dabei eine wichtige strategische Art der Geschäftsführung darstellen. Dann müssen wir die in Abb. 12.1 beschriebenen Schritte durchlaufen (wie bereits in Kapitel 4 besprochen). Einige der wesentlichen Ideen, die in diesem Buch behandelt werden, lauten wie folgt:

Eine Atmosphäre für Verbesserung schaffen

- Bei der „Zusammenkunft zwecks Austausches" Beifall klatschen
- Verbesserungen ausstellen
- Sich der zunehmenden Konkurrenz bewußt sein

Werkzeuge für Verbesserungen bereitstellen

- Böden und Maschinen farbig kennzeichnen
- Sich an die Disziplin von PAPH halten
- Für Ausbildung und Training sorgen

Für angemessenes Feedback sorgen

- Belohnung und Anerkennung
- Betriebsausflug
- Die Leute müssen Gefallen an Teampräsentationen finden

Am Anfang kann sich der Fortschritt langsam einstellen, doch wenn wir einen gewissen Zeitpunkt überschritten und viele Leute erreicht haben, können wir ganz schnell einen traditionellen Betrieb in einen progressiven umwandeln. Doch damit dies geschieht, müssen wir an dem in Abb. 12.1 dargestellten Kreislauf arbeiten. Innerhalb des Prozesses müssen wir ständig unsere Kreativität nutzen, Ideen verwirklichen und gleichzeitig eine mögliche negative Sichtweise vermeiden.

Ideen zur Realisierung

Um das Shop Floor Management realisieren zu können, müssen wir den PAPH-Kreislauf anwenden. Wenn wir von der „Kontrolle" ausgehen und den in Kapitel 11 dargestellten Prüfprozeß anwenden, sollten wir in der Lage sein, zu verbessernde Bereiche identifizieren, Pläne entwickeln und diese verwirklichen zu können. Danach können wir den PAPH-Kreislauf der ständigen Verbesserung durchlaufen, um die Dinge in Bewegung zu setzen.

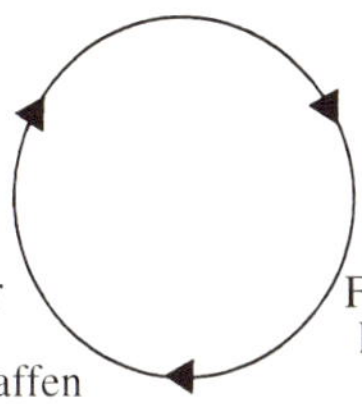

Abb. 12.1 Kreislauf der ständigen Verbesserung

Die unterschiedlichen Firmen befinden sich ständig in verschiedenen Entwicklungsphasen, welche sowohl ihre Geschichte als auch ihre gegenwärtige Umgebung reflektieren. Einige haben eine klare Mission und Vision von der Zukunft, die sie mit ihren Leuten teilen, andere nicht. Einige orientieren sich an den Kunden, andere sind auf diesem Gebiet nicht so erfolgreich. Einige verfügen über eine klare Firmenführung, doch es fehlt ihnen an problemlösenden Fertigkeiten, um ihre Vision in die Tat umzusetzen.

Aus diesem Grund ist es immer noch wichtig, die Orientierung am Selbstmanagement zu bewahren, obwohl Ihnen einige Fremdfirmen sicherlich Realisierungsprogramme anbieten könnten. Letztendlich sollten die Leute auf dem Shop Floor die Situation so gut wie möglich kontrollieren, statt blind der Idee der Arbeitsteilung zu vertrauen und Experten für uns die Arbeit erledigen zu lassen. Da uns niemand das Selbstmanagement abnehmen kann, ist das beständige Lernen ein wesentliches Element. In diesem Sinne kann die Aufgabe einer Fremdfirma die eines Katalysators, Beraters, Ausbilders und Stimulus sein.

Fassen wir nun die wichtigen Ideen für eine erfolgreiche Realisierung des Shop Floor Managements (Abb. 12.2) zusammen. Die Abbildung stellt den PAPH-Kreislauf bzw. das QK-Geschichten-Format dar, dessen Thematik ebenfalls die Verwirklichung des SFMs ist. Daran ist nichts Geheimnisvolles. Ebenso, wie wir Verbesserungen durchführen und problemlösende Fertigkeiten erlernen, müssen wir den Prozeß durchlaufen und ihn schrittweise verinnerlichen. Und wir müssen dies sowohl als Individuen als auch als Team, Firma oder Betrieb tun.

Im Falle des Problemlösens als Team kann sich eine Gruppe von Individuen zusammenfinden, wobei jeder seinen Teil zum Ganzen beiträgt und alle zusammenarbeiten, um das gemeinsame Ziel zu verwirklichen. Nachdem das Team gebildet wurde, identifizieren alle ihre Interessen, erhalten das benötigte Training und lernen, die Werkzeuge zur Durchführung der Verbesserungen anzuwenden. Mit der Zeit werden sie eine Sprache sprechen, Ideen realisieren, Resultate vorweisen, Verfahren standardisieren, am nächsten Projekt arbeiten und auf diese Weise den gesamten, problemlösenden Prozeß als Team größer werden lassen.

Abb. 12.2 Wichtige Ideen für die Realisierung des Shop Floor Managements

- Begreifen Sie die wichtigen Elemente des Shop Floor Managements, ihre Wechselwirkungen und das Gesamtbild.
- Wenden Sie den PAPH-Kreislauf an, beginnen Sie mit der „Kontrolle".
- Analysieren Sie die Situation mit Hilfe von Zwängen und Potential sowie der Ursache/Wirkung-Beziehungen.
- Wenden Sie sich zuerst den wichtigen Bereichen zu.
- Denken Sie daran, daß sich der Wind drehen kann, doch daß wir die Segel so setzen können, daß wir auch dorthin gelangen, wo wir hin wollen.
- Wenn dies gelingt, tauschen Sie sich über diese Erfahrung aus, teilen Sie die Belohnung, sorgen Sie für Anerkennung, standardisieren Sie den Prozeß und gehen Sie weiterhin vorwärts, indem Sie noch ungelöste Probleme in Angriff nehmen.
- Wenn es mißlingt, geben Sie nicht auf. Analysieren Sie die Situation, lernen Sie daraus und versuchen Sie es erneut. Der Schlüssel zum Erfolg ist die Ausdauer. Wenn alles gut funktioniert, strengt sich auch keiner besonders an. Doch die wahren Talente eines Menschen zeigen sich in dem Moment, wo er mit einer schwierigen Situation umgehen muß.

Verwirklichung des Shop Floor Managements auf firmenweiter Ebene

Bei einer firmenweiten Realisierung ist es so: je größer der Betrieb, desto umfangreicher wird die Angelegenheit. Das Wesentliche bleibt jedoch gleich. Wenn wir uns zu Beginn der Kontrollstufe an den PAPH-Kreislauf halten, sollten wir in der Lage sein, die Situation des Betriebes zu bewerten, Schwächen und Stärken herauszufinden, die Gründe dafür zu bewerten und einen Aktionsplan zu entwickeln. Dann fahren wir mit dem PAPH-Kreislauf fort und wenden Techniken und Ideen an, die in diesem Buch beschrieben sind.

Im Prinzip hört sich das einfach an, doch in vielen Fällen sieht es in der Realität anders aus – besonders dann, wenn wir im Schützengraben liegen und gegen viele Probleme ankämpfen müssen. Daher werden wir uns jetzt mit ein paar Beispielen beschäftigen, wie einige Firmen bei der Verwirklichung des SFMs vorgegangen sind. Die Realisierung des SFM-Programms durchläuft – ähnlich wie ein Vorschlagsprogramm – verschiedene Phasen. Abb. 12.3 zeigt typische Beispiele, sowohl erfolgreiche wie auch mißlungene.

Es gibt vier verschiedene Phasen:

1. Einführungsphase. Die Leute sind mittlerweile mit der Idee des Shop Floor Managements vertraut und entwickeln dafür in Bezug auf andere Programme Verständnis. In dieser Phase läßt sich das SFM als eine Art Befähigung der Leute interpretieren, Selbstmanagement zwecks ständiger Verbesserung zu praktizieren.

2. Förderungsphase. In dieser Phase liegt der Schwerpunkt auf der Praxis. Ideen wie Vorschlagsprogramme, Selbststudiengruppen, Projektgruppen und das auf einer bestimmten Branche aufgebaute Management (Minifirmen) werden realisiert, und der PAPH-Kreislauf beginnt. Die Verantwortung der Leute und die Führung seitens des Top Managements müssen gut auf der Ebene des mittleren Managements ineinander greifen. Während dieser zerbrechlichen Phase sind das Verständnis des mittleren Managements für das SFM und seine Fähigkeit, diesen Prozeß zu managen, als schwierig einzustufen.

3. Ausweitungsphase. In dem Moment, wo die Selbstmanagement-Aktivitäten der Leute positive Ergebnisse zeigen, beginnen die Leute auch, Vertrauen zu entwickeln.

Diejenigen, die sich in Bezug auf das SFM noch unsicher waren, verstehen seine Möglichkeiten jetzt genauso gut wie die anderen. Um den Prozeß jedoch noch weiter auszudehnen, ist es notwendig, für Anerkennung und Belohnung zu sorgen. Auch das Durchlaufen einer Präsidialprüfung, das Anwenden von Benchmarking bei Firmen der Weltklasse oder der Wettbewerb um eine Prämie nationaler Qualität dienen der Unterstützung dieser Ausweitungsphase.

4. Stabilisierungsphase. Jeder innerhalb der Firma verinnerlicht diese Idee. Das SFM und seine Vorteile sind für jedermann ersichtlich. Die Konzepte des SFMs, die zu Beginn noch fremd waren, gehören mittlerweile zum Alltag. Wenn die Firma jedoch wächst, mehr Leute angestellt werden und immer neue Produkte hergestellt sowie mehr Märkte erschlossen werden, besteht ein ständiger Bedarf nach Erhaltung und Vertiefung dieser Bemühungen um Verbesserung. Wenn wir weiter vorwärts gehen, werden wir feststellen, daß viele langweilige und alltägliche Aufgaben von Werkzeugen, Maschinen und Computern in einer Weise erledigt werden, damit die Leute kontinuierlich weiter wachsen können.

Wie in Abb. 12.3 gezeigt wird, hat der Veränderungsprozeß die Form eines „S". D. h. am Anfang verhält sich die Veränderungsquote langsam.

Dann wird sie mit der Zeit schneller – mehr Leute verinnerlichen die Idee und werden am Geschehen beteiligt. Vielleicht wird die Quote wieder langsamer und stabilisiert sich. Dieses Phänomen ist auch in der Natur anzutreffen. Wenn sich z. B. die Richtung eines Schiffes oder Wagens ändert, können wir merken, wie eine äußere Kraft auf die Position des Objektes wirkt. Wir sollten auch daran denken, daß es eine gewisse Zeit dauert, bis eine Kraft erreicht ist, welche die Strategie eines Betriebes beeinflussen kann. Natürlich erfordert es mehr Energie, die Denkweise eines Betriebes zu beeinflussen, je mehr Leute daran beteiligt sind. Daher ist es ganz normal, daß wir eher versuchen, Dinge selber zu erledigen, statt andere zu involvieren. Doch wie bereits erklärt, benötigt unser Betrieb die Kooperation eines jeden und ebenso die verbesserten Fertigkeiten aller. Solange wir nicht jeden miteinbeziehen, werden wir als Betrieb nicht viel erreichen.

Wenn aber die Leute mehr Verantwortung übernehmen und weniger Überwachung nötig ist, sollten sie dann nicht auch mehr Lohn erhalten? Meine Antwort lautet ja, wenn alles andere auch stimmt. Doch wenn die Konkurrenz immer stärker wird und sich an unserem Prinzip der Marktwirtschaft orientiert, können die Löhne nicht steigen. Was die Stellung einer Firma und das Fertigkeitenniveau des einzelnen in der Industrie angeht, sollten sich beide erhöhen, wenn wir unseren Job gut machen.

Idealerweise profitieren davon die Firma, Kunden, Lieferanten, Angestellten, Aktionäre, die Gemeinde und die Gesellschaft als Ganzes.

Lassen wir es funktionieren

Wenden wir uns nun den typischen Gründen zu, warum bestimmte Dinge wie erwartet funktionieren bzw. nicht funktionieren, indem wir uns vier verschiedene Betriebsebenen anschauen, wobei jede den jeweiligen Realisierungsphasen entspricht (s. Abb. 12.4). Bitte schenken Sie der Kategorie „Maschinen, Werkzeuge, Systeme und Umgebung" besondere Aufmerksamkeit. Auf diese Weise können wir uns ein objektiveres Bild machen.In den meisten Firmen herrscht eine Situation, die eine Mischung aus den in Abb. 12.4 aufgelisteten Merkmalen ist. Daher sollten sich unsere Anstrengungen darauf konzentrieren, die Stärken des Betriebes aufzubauen und gleichzeitig die Wirkung der Schwächen zu minimalisieren. Es ist z. B. nicht produktiv, Energie an solche Leute zu verschwenden, die nicht bereit sind, etwas zu versuchen oder zu kooperieren. Wenn auf der anderen Seite ein Angestellter eine Erfolgsgeschichte mitteilen und andere damit inspirieren kann, sollten wir einen Weg finden, diese Botschaft anderen zu übermitteln.

Um Probleme zu vermeiden bzw. sich von ihnen zu erholen, faßt Abb. 12.5 Ratschläge zur erfolgreichen Realisierung des SFMs zusammen:

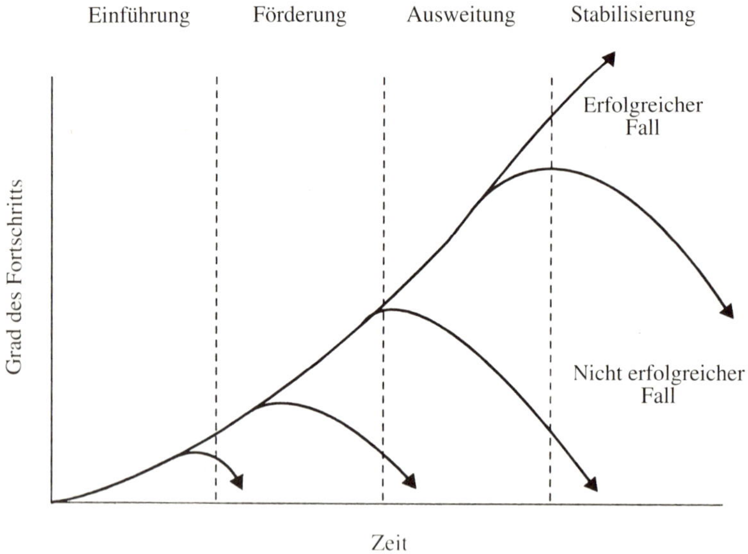

Abb. 12.3 Realisierungsprozeß des Shop Floor Managements

Abb. 12.4 Warum Dinge wie erwartet funktionieren bzw. nicht funktionieren

Phase	**Warum Dinge nicht funktionieren**	**Warum Dinge funktionieren**
1. Einführungsphase		
• Top Management:	– Es gibt keine Führung und Engagement. – Die Bedürfnisse sind nicht klar.	– Es gibt Führung und Engagement. – Es ist ein starkes Gefühl vorhanden, daß das jeweilige Thema wichtig ist.
• Mittleres Management	– Denkt, daß es sich um zusätzliche Arbeit handelt.	– Ist bereit, sich zu verbessern, auch wenn das Thema anfangs schwer verständlich ist.
	– Denkt, daß es sich nur um ein weiteres Programm des Monats handelt.	– Denkt, daß Lernen sowohl für die Firma als auch für die Individuen hilfreich ist.
• Angestellte	– Mißtrauisch, ob diese Idee zu etwas führt.	– Haben bei einem Versuch nichts zu verlieren. Wenn wir das tun, was wir schon immer getan

Abb. 12.4 (Fortsetzung)

Phase	**Warum Dinge nicht funktionieren**	**Warum Dinge funktionieren**
		haben, werden wir auch das bekommen, was wir schon immer bekommen haben.
	– Wir tun, was uns gesagt wird und nicht mehr.	– Was kann ich beitragen und wie kann ich Möglichkeiten für Verbesserungen finden?
• Maschinen, Werkzeuge, Systeme, Umbebung	– Die Leute sollten uns mit mehr Respekt behandeln.	– Wir könnten besser genutzt werden.
	– Unter uns besteht mangelnde Koordination bzw. zwischen den Leuten und uns.	– Wir können uns alle gegenseitig helfen.
2. Förderungsphase		
• Top Management	– Erteilt Ratschläge, wird aber nicht aktiv.	– Ich bin in jeder Hinsicht hilfsbereit und trage zum Ganzen bei.
	– Zeigt Frustrationen, wenn die Fortschritte nur gering sind.	– Denkt über Möglichkeiten nach, den Fortschritt anderen mitzuteilen, auch wenn er nur gering ist.
• Mittleres Management	– Findet Entschuldigungen, warum etwas nicht funktioniert.	– Findet Wege, um es funktionieren zu lassen. Denkt positiv. Fragt nicht, was die Firma (Leute) für uns tun kann; fragt, was wir für die Firma (Leute) tun können.
	– Statt zu versuchen, etwas mit Eigeninitiative zu realisieren, wartet es darauf, daß andere den ersten Schritt tun.	– Wo auch immer ich meinen Beitrag leisten kann, werde ich das auch tun.
• Angestellte	– Unsere Chefs müssen uns zeigen, daß das bei uns funktioniert.	– Was halten Sie von meiner Idee?
	– Wenn wir das tun, müssen Sie uns mehr Lohn zahlen.	– Dies verbessert meine Fertigkeiten und meinen Wert gegenüber der Firma. Da mein Lohn von der Wettbewerbsfähigkeit der Firma abhängt, werde ich noch mehr Fertigkeiten entwickeln, die für den Markt geeignet sind.
• Maschinen, Werkzeuge, Systeme, Umgebung	– Wenn die Dinge nicht organisiert sind, können die Leute uns nicht nutzen.	– Wenn sie uns pflegen, können wir Ihnen nützlicher sein.

Abb. 12.4 (Fortsetzung)

Phase	**Warum Dinge nicht funktionieren**	**Warum Dinge funktionieren**
	– Statt nur über sich nachzudenken, müssen die Leute auch an andere denken.	– Wir können uns gegenseitig helfen.
3. Ausweitungsphase		
• Top Management	– Denkt, daß es zu lange dauert; die Geduld nimmt langsam ab.	– Es wird einige Zeit dauern, doch die Geduld wird sich am Ende auszahlen.
	– Kann nicht begreifen, daß scheinbar kleine Dinge viel bedeuten können.	– Jeder kleine Schritt ist ein wichtiger Beitrag zum Fortschritt. Wenn jeder hilft, können wir es schaffen.
• Mittleres Management	– Theorie und Praxis sind zwei Paar Schuhe.	– Alles, was wünschenswert und richtig ist, muß nicht unmöglich sein.
	– Ergebnisse zählen, nicht der Prozeß selbst.	– Wenn wir einen Prozeß entwickeln, der Ergebnisse hervorbringen kann, werden sie sich auch einstellen.
• Angestellte	– Wir würden lieber unsere Arbeit erledigen, statt unseren Verstand zu gebrauchen.	– Es kann Spaß machen, die uns angeborenen Talente zu nutzen. Schließlich sind wir für unser Familienbudget verantwortlich.
	– Die Manager sind das Problem, nicht wir.	– Um uns ständig verbessern zu können, müssen wir zusammenarbeiten und unser kollektives Wissen nutzen.
• Maschinen, Werkzeuge, Systeme, Umgebung	– Die Leute müssen sich über die Dinge klarwerden und sich besser über ihre Ideen austauschen.	– Wir sollten in der Lage sein, uns darüber auszutauschen, was jeder beitragen kann und voneinander lernen.
	– Maschinensysteme, Leute, Verfahren müssen integriert werden.	– Wenn wir kooperieren und die Aufgaben des einzelnen respektieren, können wir eine starke Einheit bilden, auf die jeder von uns stolz sein kann.
4. Stabilisierungsphase		
• Top Management	– Versteht nicht die Bedeutung dessen, grundlegende Dinge richtig und kontinuierlich zu tun.	– Unser Fortschritt hört nie auf. Die Geschichte der Menschheit beweist das. Doch auch wenn wir uns auf der richtigen Spur

Abb. 12.4 (Fortsetzung)

Phase	**Warum Dinge nicht funktionieren**	**Warum Dinge funktionieren**
		befinden, werden wir überfahren werden, wenn wir nur untätig herumsitzen.
	– Glaubt nicht an das Management des Prozesses der ständigen Verbesserungsaktivitäten; es fehlt an Überzeugung.	– Um den Prozeß der ständigen Verbesserung managen zu können, müssen wir den PAPH-Kreislauf anwenden. Wir benötigen eine Vision und bestimmte Einstellungen, um die Vision mit einem verständlichen Managementsystem verwirklichen zu können.
• Mittleres Management	– Wenn ich meine Aufgabe eliminiere und meine Arbeit an meine Leute delegiere, habe ich nichts mehr, woran ich arbeiten könnte.	– Wir brauchen die Hilfe aller. Je mehr sie ihre Fertigkeiten auf den neusten Stand bringen, desto mehr können wir delegieren. Folglich werden wir alle vorwärts gehen.
	– Ich möchte lieber für mich arbeiten als mit anderen zusammen.	
• Angestellte	– Ich weiß nicht, ob ich das hier ständig tun kann.	– Der Himmel ist die Grenze. Wenn wir träumen können, können wir es auch schaffen.
	– Das Management versucht, unsere Arbeit zu eliminieren.	– Wir sollten die Arbeit, die wir gerade erledigen, eliminieren. Dann können wir weitere Aufgaben erlernen. Diejenigen, die ständig die gleichen Jobs erledigen möchten, können wir hoffentlich zufriedenstellen bzw. einen Job finden, der ihnen gefällt.
• Maschinen, Werkzeuge, Systeme, Umgebung	– Die Leute sollten lieber Probleme vermeiden, anstatt sie nach ihrer Entstehung lösen zu wollen.	– Die Leute können viele ihrer Aufgaben an uns delegieren. Wenn wir die Geschicklichkeit der Leute repräsentieren können, werden wir auch ihr Leben angenehmer gestalten.
	– Wir sollten uns selbst managen. Uns sollte mehr	– Wenn die Leute lernen, uns effektiv zu nutzen und

Abb. 12.4 (Fortsetzung)

Phase	**Warum Dinge nicht funktionieren**	**Warum Dinge funktionieren**
	Intelligenz übertragen werden, damit wir unsere Jobs ohne große Hilfe seitens der Leute erledigen können.	unser Potential zu maximieren, wird sich mehr Harmonie einstellen.

Abb. 12.5 Ratschläge zur erfolgreichen Realisierung des SFMs

1. Einführungsphase

- Studieren Sie Bücher, überarbeiten Sie Videos, nehmen Sie an Seminaren und Versammlungen teil, in denen ein Austausch über andere Firmenstudien stattfindet.
- Besuchen Sie Firmen mit Erfahrung, besichtigen Sie die Fabriken und befassen Sie sich mit der Geschichte der Firmen.
- Tauschen Sie Ideen mit anderen Firmen aus, die an der ständigen Verbesserung interessiert sind bzw. daran arbeiten.
- Lassen Sie sich von Leuten besuchen, die auf diesem Gebiet Erfahrung haben und tauschen Sie Ideen aus.
- Denken Sie daran, daß Ihnen das niemand abnehmen kann. Sie müssen selbst die Lösung für alles finden. Anleitung von Experten kann dabei hilfreich sein. Doch gute Experten können Ihnen keine „Wie man was Schritt für Schritt macht"-Lösungen anbieten.
- Jede Firmensituation ist anders.
- Die Ausbildung innerhalb der Firmen ist unterschiedlich. Die Leute sind verschieden. Die Hindernisse, die bei einer Realisierung überwunden werden müssen, sind ebenso unterschiedlich wie der mögliche Erfolg.
- Entwickeln Sie, so oft es geht, langfristige Visionen und Programme. Es handelt sich hier mehr um eine Reise als einen Kurzausflug.
- Zeigen Sie Engagement. Sagen Sie sich, daß dies der letzte und einzige Versuch ist, die Leute am Geschehen zu beteiligen. Machen Sie sich klar, daß die Reise nicht bequem sein wird. Doch entwickeln Sie die Vision und den Glauben, daß es funktionieren wird – nicht nur wegen einer einzigen Person, sondern aufgrund des kollektiven Wissens. Warten Sie nicht auf Home Runs oder Wunder.

2. Förderungsphase

- Fahren Sie mit der Anwendung der oben erwähnten Punkte fort.
- Entwickeln Sie ein internes Ausbildungs- oder Trainingsprogramm und führen Sie es durch. Gestalten Sie es flexibel. Die Bedürfnisse der Leute müssen dabei berücksichtigt werden.
- Wenn möglich, schalten Sie einen internen Berater, Ausbilder oder Trainer ein. Je mehr Sie anderen beibringen, desto mehr lernen auch Sie. Diejenigen, die unterrichten, sollten praktische Erfahrungen mit den Leuten aus der Produktion auf dem Gebiet von Realisierungen haben.
- Bringen Sie Theorie und Praxis in ein Gleichgewicht, damit die Ausbildung und das Training im Klassenzimmer sowie die Anwendung der Techniken im realen Leben gut ineinandergreifen.
- Machen Sie sich klar, daß jede kleinste Verbesserung wichtig ist. Vertrauen Sie darauf, daß Verbesserungen von allen möglich sind, indem diese ihre Ideen beitragen.
- Wenn die Ideen verwirklicht wurden, halten Sie Vorführ- und Mitteilungstreffen auf dem Shop Floor ab. Wenn möglich, laden Sie dazu das Top Management ein.
- Leiten Sie eine „Zusammenkunft zwecks Austausches", um den Fortschritt zu überwachen. Benutzen Sie Photos, Videos und Ausstellungen, um die Erfolge den anderen mitzuteilen.

Abb. 12.5 (Fortsetzung)

2. Förderungsphase (Fortsetzung)

- Veröffentlichen Sie den Erfolg in einem Firmenrundschreiben oder stellen Sie Beispielsfälle, Photos aus oder schreiben Sie Slogans an Tafeln.
- Führen Sie eine Präsidialprüfung durch, die von Experten angemessen unterstützt wird.
- Seien Sie geduldig, erwarten Sie keine Wunder. Es gibt keine Heilung, die über Nacht erfolgt. Dies ist eine besonders schwere Lektion für alle diejenigen, die beruflich Karriere gemacht haben, ohne andere jemals miteinzubeziehen.

3. Ausweitungsphase

- Fahren Sie mit der Anwendung der oben erwähnten Punkte fort. Dabei halten Sie sich an den PAPH-Kreislauf. Machen Sie sich diese Erfahrung zunutze, indem Sie z. B. den Lernprozeß und den gegenseitigen Austausch mit Hilfe eines Berichtes, einer Zusammenfassung der Verbesserungen oder eines Jahresberichtes der Minifirma fördern.
- Schaffen Sie mehr Möglichkeiten für die Leute, sich über Erfolge, Mißerfolge und Ideen auszutauschen und vergleichen Sie die Leistungen mit Firmen der Weltklasse.
- Unterstreichen Sie die Offenheit beim Austausch von Informationen. Betrachten Sie sich im Spiegel; lernen Sie, objektiv zu sein.
- Entwickeln Sie eine Atmosphäre des gesunden, internen Wettbewerbs, damit die Leute Geschmack am Erfolg finden.
- Sorgen Sie für mehr Belohnungen und Anerkennung.
- Organisieren Sie die Managementinformationen innerhalb der Firma besser, wie z. B. durch die Aufstellung von Schautafeln in Konferenzräumen.
- Wenden Sie das Glass Wall Management so oft wie möglich an.
- Leiten Sie die Präsidialprüfung in einem formelleren und größeren Rahmen.
- Bemühen Sie sich um allgemein anerkannte Prämien wie den National Quality Award.
- Spornen Sie die Leute an. Respektieren Sie diejenigen, die sich viel Mühe geben und daran glauben, daß es so funktionieren wird. Sie sind nicht der einzige, der sich bemüht. Wenn Sie erst einmal viele Leute um sich versammelt haben, wird es auch einfacher sein, die Leute zu involvieren.

4. Stabilisierungsphase

- Fahren Sie mit der Anwendung der oben erwähnten Punkte fort. Prüfen Sie die Effektivität verschiedener Einstellungen und ergreifen Sie entsprechende Gegenmaßnahmen.
- Stellen Sie sicher, daß sich jeder genau an den PAPH-Kreislauf innerhalb der Firma hält.
- Schaffen Sie Anreize wie besondere Aufgaben, Besuche von Experten oder Bewerbungen um allgemein anerkannte Prämien.
- Verbessern Sie weiterhin die Arbeitsqualität, Programme, Ausbildung und Training und Managementprozesse.
- Gehen Sie an den Ausgangspunkt zurück, um die Vision, Mission, Ziele und Einstellungen, Kundenorientierung, problemlösenden Fertigkeiten, Bildung, Führung und ein das Management unterstützendes System erneut zu bewerten. Entwickeln Sie dann eine neue Vision für weitere Verbesserungen.
- Sorgen Sie für weitere Herausforderungen. Tauschen Sie die Erfahrungen mit Leuten aus, die sich außerhalb der Firma befinden, damit diese auch davon profitieren können.
- Auch wenn alles gut zu funktionieren scheint, seien Sie vorsichtig und bescheiden. Denken Sie an schlechte Zeiten. Es gibt viele Firmen, die aufgrund ihrer Erfolge scheiterten.

Hinweis: Der Anhang 12.1 präsentiert Meinungen von Leuten, die sich mit der Anwendung des neuen Shop Floor Managements beschäftigt haben.

Aufgabe des Beraters

Zusätzlich zu den in Abb. 12.5 aufgelisteten Punkten müssen wir auch die Aufgabe verstehen, die ein Berater hat. Je nach Situation können sie eine große Hilfe bei der schnellen Erledigung von Dingen sein und den Prozeß derart transparent machen, daß eine reibungslose Realisierung möglich ist. Da die Verantwortung der Leute der Schlüssel zum Erfolg dieser Aktivitäten ist, müssen die Berater über bestimmte Fertigkeiten verfügen, die Leute zu überzeugen, sich zu beteiligen, anstatt ihre eigenen Ideen zu stark durchsetzen zu wollen oder die Hoffnung der Leute auf Erfolg zu zerstören.

Im Idealfall sind Berater unsichtbar. Sie müssen die Leute dazu veranlassen, die Initiative zu übernehmen und ein Gefühl für Verantwortung zu bekommen. Das bedeutet, daß der Berater die Leute sozusagen als Kunden betrachtet.

Um sich die Bedeutung einer solchen Denkweise vor Augen zu führen, gibt es einen berühmten japanischen Ausspruch über die Aufgabe eines Beraters: „Wir sollten Leute sein, die in einem Betrieb nicht gebraucht werden. Doch wir sollten Leute sein, die für einen Betrieb unentbehrlich sind.“ Obwohl es für uns schwierig ist, eine solche selbstlose Haltung einzunehmen, müssen Berater wissen, daß die Leute keine Initiative übernehmen, wenn sie sich nicht wirklich verantwortlich fühlen. Und ohne ihre Initiative und Hilfe werden die Fortschritte sehr begrenzt sein.

In Kapitel 8 erfuhren wir, daß Führung nicht nur durch Titel oder Rang bestimmt wird, sondern situationsabhängig ist. Die Stellung des Beraters ist ähnlich. Berater können z. B. interne Meister „im Lanzen brechen sein“ hinsichtlich Verbesserungsaktivitäten an der Spitze, im mittleren Management sowie auf dem Shop Floor beschäftigt oder leitende Angestellte sein, je nach Situation.

Unabhängig von der Stellung sind die Schlüsselmerkmale eines erfolgreichen Beraters in der Abb. 12.6 zusammengefaßt:

Abb. 12.6 Schlüsselmerkmale der Berater

- Verfügen über bestimmte Fertigkeiten
- Objektiv; keine beschränkte Sichtweise
- Überzeugend gepaart mit Aufrichtigkeit, logisch, echtes Interesse für die Leute
- Flexibel genug, die verschiedenen Meinungen der Leute in Einklang zu bringen
- Energisch genug, die Idee, Vision und Techniken zu vermitteln
- Geduldig
- Im Bereich des Shop Floors erfahren
- Unzufrieden mit der gegenwärtigen Situation
- Positiv
- Am Veränderungsprozeß interessiert
- Versteht die grundlegenden Werkzeuge des Problemlösens, wie in Abb. 6.7 gezeigt
- Fundamentales Wissen über die gesamten Operationen
- Fundamentales Wissen über das Managementsystem des Betriebes
- Ergebnis- sowie prozeßorientiert
- Gesund und in der Lage, ein gewisses Maß an Streß auszuhalten
- Verfügt über Diplomatie bei der Erledigung von Dingen
- Verfügt über Eigeninitiative, ist kein „Drückeberger“

Obwohl die Beratung situationsabhängig ist, ist es oftmals nützlich, eine bestimmte Person (bzw. Personen) als Berater und Förderer der Firma auszumachen. In einem größeren Betrieb kann es eine engagierte Person geben, die diese Rolle übernimmt und vielleicht sogar von einer höheren Managementebene dabei unterstützt wird. Sie kann ein eigenes Büro haben – ein „SFM Promotion Büro“, oder ein Promotionbüro für das gesamte Qualitätsmanagement, Just-In-Time oder die gesamte produktive Instandhaltung. Die Rolle eines Beraters kann auch von einem Komitee ausgeübt werden. In kleineren Betrieben kann diese Aufgabe von einer Person auf Teilzeitbasis wahrgenommen werden.

Während der Förderungsprozeß, der von den besonderen Bedürfnissen einer Firma abhängig ist, unterschiedlich aussehen kann, wird die Rolle des Förderers in der Abb. 12.7 beschrieben.

Abb. 12.7 Schlüsselrollen der Förderer

- Entwicklung eines firmenweiten Realisierungsplans: Koordinieren Sie die Beurteilung der Stärken und Schwächen der Firma. Machen Sie die Mission deutlich. Identifizieren Sie die Funktion der Berater und entwickeln Sie dementsprechend Pläne.
- Untersuchung, Forschung und Entwicklung: Schaffen Sie ein grundlegendes Wissen für die Leute, damit sie von wissenschaftlichen Büchern, Videos, Seminaren, Ausbildungs- und Trainingskursen, Besuchen anderer Firmen, usw. profitieren können. Entwickeln Sie Ausbildungs- und Trainingskurse. Verleihen Sie Bücher, Videos und andere Lehrmaterialien.
- Ausbildung und Training: Identifizieren Sie die Bedürfnisse des Betriebes, entwickeln Sie einen Ausbildungsplan und leiten und/oder koordinieren Sie Ausbildung und Training – beziehen Sie, wenn möglich, das Top Management dabei mit ein. Tauschen Sie die Erfolgsgeschichten innerhalb und außerhalb der Firma aus.
- Informationsaustausch: Als Informationszentrum überwachen Sie, sorgen Sie oder tauschen Sie Informationen aus mittels Berichten über den Fortschritt, Rundschreiben, Memos, Ausstellungen, Handbücher, „Zusammenkünften zwecks Austausches“ oder Besichtigungen, bei denen etwas gezeigt und anschließend darüber diskutiert wird. Verbreiten Sie die Ideen oder Erfolgsgeschichten firmenweit.
- Beratung, Leitung und Prüfung: Stellen Sie je nach Bedarf Ressourcen für eine Beratung, Leitung oder Prüfung bereit. Leiten Sie Ihre Vorschläge an das Top Management weiter. Koordinieren Sie die Aktivitäten zusammen mit dem betrieblichen Überarbeitungskreislauf des Top Managements.
- Standardisierung: Standardisieren Sie Dokumentationen, Handbücher, Betriebsverfahren, Ausbildungsprozesse, Terminologien und andere Aspekte.

Planung des Realisierungsprozesses

Tatsächliche Realisierungsprozesse können sich je nach Firma oder Einheit innerhalb der Firma unterscheiden. Abb. 12.8 zeigt verschiedene Muster. Im Fall A hängt die Geschwindigkeit der Realisierung davon ab, ob es sich um eine Firma oder eine Einheit innerhalb der Firma handelt. Die Wirkung bestimmter, betrieblicher Umstände und interner Widerstand gegenüber der Veränderung können die Fortschrittsquote beeinflussen. Fall B zeigt die Abnahme des Fortschritts, ähnlich wie in dem in Abb. 12.3 beschriebenen Beispiel. Fall C zeigt Firmen, die sowohl Hochs als auch Tiefs durchlaufen und weist auf die unterschiedlichen Einflüsse hin.

Die sich ständig verbessernde Leistung und die Entwicklung der Leute erfordert Geduld, Hartnäckigkeit und Übereinstimmung. Aus diesem Grund und weil es wichtig ist, die gesamten Verbesserungsprozesse nicht aus den Augen zu verlieren, ist es sinnvoll, den Veränderungsprozeß in einer einfachen Tabelle (Abb. 12.9) zusammenzufassen. Im wesentlichen ist die Zusammenfassung eine Inhaltsangabe der Jahresberichte, die vorher bereits erwähnt wurden. Selbstverständlich können wir dies für die Firma als Ganzes wie auch für Minifirmen und Einzelpersonen tun.

Obwohl die Inhalte einer Tabelle je nach Schwerpunkt der Firma unterschiedlich sein können, hat diese Form von Tabelle zahlreiche Vorteile:

- Die Tatsache, daß der Betrieb eine solche Tabelle erstellen kann, zeigt das Niveau des Teamworks, der Objektivität, Aufrichtigkeit und des Engagements für die ständige Verbesserung.
- Die Leute werden die Anstrengungen würdigen, die in der Vergangenheit unternommen wurden, und an die Zukunft denken. Obwohl eine Umgruppierung der Angestellten stattfindet, wird diese Bemühung den Leuten dabei helfen, sich an PAPH, statt an PAPA (Planen, Ausführen, Planen, Ausführen) zu orientieren.
- Sie dient als ein Werkzeug, das Glass Wall Management anzuwenden und andere zu ermutigen, dieses auf der Ebene der Minifirma ebenfalls zu tun.
- Sie ist derart aufgebaut, daß sich der in jedem Jahr einstellende Fortschritt den PAPH-Kreislauf als Getriebe der ständigen Verbesserung darstellt.

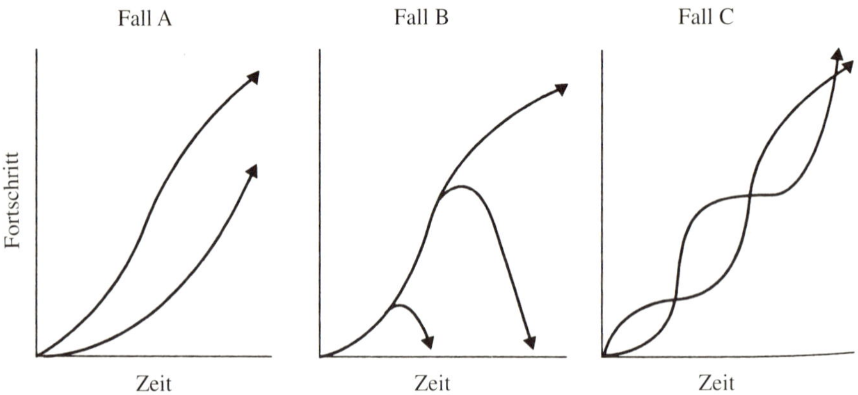

Abb. 12.8 Verschiedene Realisierungsmuster

Ein PAPH-Kreislauf wird bei dieser Firma Jahr für Jahr angewendet, wobei jedesmal die wichtigen Schwerpunkte identifiziert und in Angriff genommen werden. Wenn sich die Situation verbessert, werden neue Prozesse standardisiert, um den Gewinn zu gewährleisten. Anschließend werden mehr Problembereiche identifiziert, um den Kreislauf ständig in Gang zu halten.

Die Erstellung dieser Diagramme dient ebenfalls dazu, Problembereiche aufzudecken. Wenn sie objektiv und sorgfältig ausgewertet werden, sollte klar werden, daß Verbesserungen immer möglich sind. Die Lösung für den nächsten Schritt kann mit Hilfe von Konferenzen, Besuchen anderer Firmen und Büchern gefunden werden. Da sich viele Leute bei der Bearbeitung dieses Diagramms ausgetauscht haben, sollte die Lösung des nächsten Schrittes die Übereinstimmung bzw. das kollektive Wissen der Leute repräsentieren.

Der Realisierungsprozeß hängt von der jeweiligen Situation ab. Obwohl niemand alle möglichen Situationen im voraus planen kann, sollten die Leute als Gesamtheit in der Lage sein, Vorschläge zu machen.

Abb. 12.9 Ständiger Verbesserungsprozeß der Firma (Beispiel)

	1. Jahr	**2. Jahr**	**3. Jahr**
Umgebung	Verstärkter Wettbewerb, verstärkte Kundennachfrage	Der Trend geht zum kleineren, leichteren und vielseitigen Produkt	Kürzere Lieferzeit, Flexibilität, um der sich verändernden Kundennachfrage zu entsprechen
Firmenweiter Schwerpunkt	Kosten verringern	Qualität verbessern	Die Entwicklungszeit eines neuen Produktes verkürzen
Wichtige Managementaktivitäten	Kommunikation verbessern, Vision mitteilen, Leute beteiligen	Konzept der Minifirma einführen, Konzept „Der nächste Prozeß ist der Kunde" praktizieren; Präsidial-Prüfung leiten	Ein das Management unterstützendes System verdeutlichen, um Problemlösen als Team einführen; Präsidialprüfung leiten
Qualität	Inspektion am Montageband durchführen, Leute für Qualität verantwortlich machen	Klare Verfahren einführen, jeden hinsichtlich Qualität trainieren	Verfahren verbessern, Inspektoren abschaffen, Lieferanten trainieren
Kosten	Kernkonzepte verwirklichen, Leute trainieren	Schwerpunkt auf Verminderung von Überarbeitung, Reklamationen	Kernvereinbarungen erfüllen, den Maschinen Zeit widmen, zweite Veränderungsoperation planen
Lieferung	Lagerbestand reduzieren, Lieferantenmanagement verbessern	Lagerbestand weiterhin reduzieren, Kommunikation verbessern	Kanbansystem verbessern, Verfahren deutlich machen, Leute trainieren
Persönliche Entwicklung	Neues Angestelltenprogramm leiten, Prämienprogramm einführen	Anspornprogramm abändern, Vorschlagsprogramm reaktivieren	Prämien, Anerkennung und Bonus-System anwenden, Angestelltenpräsentation leiten
Ergebnisse	Dem Kostenziel entsprechen, Lieferzeit ist um 50% reduziert, Arbeitsmoral und Sicherheit erfassen	Dem Qualitätsziel entsprechen, Leute entwickeln mehr Persönlichkeit	Verkürzung der Lieferzeit ist nicht zufriedenstellend, Probleme in Bezug auf Platz und erhöhte Menge

Abb. 12.9 (Fortsetzung)

	1. Jahr	**2. Jahr**	**3. Jahr**
Bestehende Probleme/Chancen	Problem mit Anspornprogramm, der Schlüssel liegt in der Veränderung der Einstellung	Lieferzeit kann weiterhin verkürzt werden, die rasch steigende Nachfrage verursacht Engpässe	Entwicklung der Leute, Potential für europäische Produktion

Fragen und Antworten zur Realisierung

Es wird immer noch unbeantwortete Fragen geben. Hier nun Vorschläge, wie sich einige typische Fragen beantworten lassen:

Frage 1. Ich bin im mittleren Management tätig. Die Top Manager teilen uns keine klare Strategie mit, was zu tun ist oder wo wir anfangen sollen und weigern sich sogar, irgendetwas zu tun. Was kann ich allein ohne Unterstützung oder Strategie seitens des Top Managements ausrichten?

Vorschlag. Bestimmen Sie, was kontrollierbar ist und was nicht. Konzentrieren Sie dann Ihre Energie auf kontrollierbare Vorgänge.

Finden Sie Ihre Mission und die Werte der Firma heraus, legen Sie den Schwerpunkt auf die Kundenzufriedenheit, beteiligen Sie die Leute, arbeiten Sie an der Problemlösung, leiten Sie die Leute zur ständigen Verbesserung an und verdeutlichen, verbessern Sie ein das Management unterstützendes System. Entwickeln Sie die Geschäftspläne Ihrer Minifirma und halten Sie sich an PAPH.

Frage 2. Ich bin immer sehr beschäftigt und habe weder die Zeit noch das Geld, irgendeins dieser Dinge, von denen wir sprechen, in Angriff zu nehmen. Was kann ich tun?

Vorschlag. Es gibt wichtige und dringende Aufgaben. Wenn wir uns nur mit dringenden Entlassungsaufgaben beschäftigen, können wir – wenn wir Glück haben – die nächsten 20 Jahre immer dieselbe Arbeit tun. Doch wenn wir uns verbessern wollen, müssen wir uns einfach die Zeit nehmen und uns um wichtige Aufgaben kümmern. Dies sollte die Anzahl der dringenden Aufgaben reduzieren, und die Gesamtsituation sollte kontrollierbarer werden. Es ist einfacher, Entschuldigungen für unsere Untätigkeit zu finden. Aber die Frage lautet: „Wird diese Arbeit eine ebenso gute Garantie für den Erfolg des Betriebes darstellen wie die einzelnen Personen?“ Wir müssen uns daher selbst die richtigen Fragen stellen.

Frage 3. Als die Ideen des Shop Floor Managements verwirklicht wurden, war es schwierig, diesen Zustand aufrechtzuerhalten. Anfänglich dachten viele, daß es sich um eine gute Idee handeln würde. Doch jetzt, nach einer stressigen Saison, einem Wechsel im Management, einer Beschwerde eines Großkunden und der Umgruppierung von Angestellten, haben wir unseren Enthusiasmus verloren. Was können wir tun?

Vorschlag. Statt nach einer schnellen Lösung zu suchen, schlage ich vor, zum Ausgangspunkt zurückzukehren. Überprüfen Sie die wesentlichen Einstellungen und das, worauf die Leute stolz sind. Wenn es keine Führungskraft gibt, können Sie vielleicht diese Aufgabe übernehmen. Oder sprechen und diskutieren Sie zumindest mit den Leuten, was richtig und was falsch gelaufen ist. Denken Sie an die erfolgreichen Fälle. Und arbeiten Sie die Lösung als Gruppe aus. Fortschritt kann auch bedeuten: Zwei Schritte nach vorn, ein Schritt zurück – oder manchmal sogar drei Schritte zurück. Doch ist das nicht unseren Versuch wert?

Frage 4. Irgendwie ist das Interesse der Leute und die Disziplin nicht vorhanden, sich nach den grundlegenden Dingen zu richten. Das Vorschlagsprogramm z. B. funktioniert nirgendwo, die Diagramme an der Wand sind überholt, und niemand scheint sie zu aktualisieren. Das Firmenrundschreiben ist bereits drei Wochen überfällig. Selbst das Prämienprogramm und der Kursus für Problemlösung und Shop Floor Management scheinen nicht gut besucht zu sein. Ich bin frustriert. Aber was können wir jetzt tun?

Vorschlag. Es kann in der Tat besser sein, klein anzufangen und alles auf eine kontrollierbare Quote auszuweiten, statt viele Ideen einzuführen und keine zu verwirklichen. Kommen wir wieder auf die Leute zu sprechen. Der Schlüssel liegt darin, viele Leute um sich zu scharen, die diesen Umweg mit Ihnen gehen würden. Es gibt keine Garantie dafür, daß die Dinge funktionieren. Haben Sie und Ihre Leute wirklich den Prozeß verinnerlicht? Wenn Sie der Ansicht sind, daß die Situation außer Kontrolle gerät, dann gehen Sie wieder zum Ausgangspunkt zurück und bauen Sie die Glaubwürdigkeit, das Vertrauen und die Fähigkeiten der Leute auf.

Frage 5. Wie gehen Sie mit einer Person um, die eine negative Einstellung hat?

Vorschlag. Positiv. Doch wenn es zuviel Energie erfordert, etwas immer wieder zu erklären, dann kann es effektiver sein, sich zunächst auf andere Leute zu konzentrieren. Einmal habe ich versucht, einen Wartungsmanager davon zu überzeugen, eine Wartungscheckliste für jede Maschine zu erstellen. Selbst nach einigen Diskussionen war er nicht dazu zu bewegen. Daher konzentrierte ich meine Anstrengungen darauf, mehr Leute in anderen Bereichen miteinzubeziehen. Eines Tages stellte ich fest, daß dieser Wartungsmanager die tägliche Checkliste eingeführt hatte, ohne mir etwas davon zu sagen. Als ich ihn auf dem Shop Floor sah, grinste ich ihm zu. Ich bin optimistisch, daß solche negativen Einstellungen durchaus in positive umgewandelt werden können, wenn die richtige Umgebung vorhanden ist. Wenn das immer noch nicht hilft, kann die Person an einen anderen Arbeitsplatz versetzt werden.

Frage 6. Wie können wir mit lästigen Verfahren bei Gewerkschafts-Management-Themen umgehen bzw. mit der Lohnstruktur?

Vorschlag. Leider dauert es eine Weile, bis diese Probleme gelöst werden können. Wir müssen an diesen Dingen arbeiten, die sich mit der Fairneß befassen, und langfristig eine Situation herstellen, aus der beide Parteien als Sieger hervorgehen. Ebenso müssen wir uns mit den Angelegenheiten beschäftigen, die für alle klar auf der Hand liegen. Hoffentlich können wir offen und vertrauensvoll sein, statt uns engstirnig und defensiv verhalten zu müssen. Wenn wir uns mit den meisten Problemen an die oberste Spitze der Gewerkschaft und des Managements wenden müssen, ist dies das gleiche wie bei einer Planwirtschaft. Wir müssen die Themen mit Hilfe des Selbstmanagements angehen.

Frage 7. Das heißt doch im Prinzip, daß es nie eine einfache Lösung geben wird, oder?

Vorschlag. In den meisten Fällen lautet die Antwort ja. Doch ich möchte Sie ermutigen, daß alles der Mühe wert ist. Eine Firma z. B., die das SFM praktizierte, erhöhte ihren Verkaufsumsatz von 6 Millionen Dollar auf 28 Millionen Dollar innerhalb von sechs Jahren und verbesserte gleichzeitig beträchtlich ihre Profitabilität. Plötzlich entließ ein junger Präsident einen wichtigen leitenden Angestellten mit der Begründung, daß die erzielten Fortschritte nicht ausreichen würden. Natürlich litt die Arbeitsmoral auf dem Shop Floor enorm unter dieser Angelegenheit. Doch nichtsdestotrotz wußten die Leute, daß sie ihr Bestes gegeben hatten und machten dadurch eine wundervolle Erfahrung, die ihnen niemand mehr nehmen konnte.

Frage 8. Können Sie in einem Satz ausdrücken, wie sich das verwirklichen läßt? Oder besser noch, können Sie mir das abnehmen?

Vorschlag. Es tut mir leid, aber diese Fragen kann ich nicht beantworten. Oftmals können wir ein Buch lesen, ein Video sehen, ein Seminar besuchen oder eine Diagnose von einem Experten erhalten und den Eindruck haben, daß wir eine Menge gelernt haben – doch wir tun immer noch nichts. Für mich persönlich muß der Wunsch nach Verbesserung von innen kommen – niemand kann Ihnen das abnehmen. Es ist eher die Anwendung von grundlegenden Dingen, statt das Erlernen anspruchsvoller Theorien. Wir fragen uns, wo wir die Lösung finden können. Ich denke, in uns selbst. Ich kann auch sagen, daß ich sie für Sie finde, wenn Sie engagiert sind. Doch wenn Sie wirklich engagiert sind, werden Sie mich wahrscheinlich auch nicht brauchen.

Shop Floor Management in der Perspektive

Wenn wir das Shop Floor Management anwenden, können wir uns ständig mit Hilfe des PAPH-Kreislaufs verbessern und gleichzeitig eine wie in Abb. 11.6 gezeigte Checkliste gebrauchen. Wir delegieren Verantwortung von oben nach unten, nutzen das kollektive Wissen der Leute und praktizieren kontinuierlich Kundenorientierung. Der Betrieb als Ganzes wird kreativ und findet seinen Weg in die Zukunft.

Doch das Top Management muß eine klare, strategische Richtung angeben und den ganzen Betrieb leiten. Das Policy Management und das kreuzfunktionale Management können hierbei so angewendet werden, daß die Meinungen der Leute berücksichtigt und geachtet werden. Dann werden die Stärken, Schwächen, Gelegenheiten und Probleme auch auf einer firmenweiten Basis angegangen werden können. So sehr wie die einzelnen, die Minifirmen und die Abteilungen versuchen, sich selbst zu managen, muß die Firma als Ganzes all diese Aktivitäten koordinieren.

Um die Führung des Top Managements besser erläutern zu können, hier nun ein Beispiel. Die Tokyo Electric Company (TEC) in Japan hatte die einmalige Gelegenheit, elektronische Registrierkassen einzuführen, als die mechanische Registrierkasse noch weit verbreitet war. Es war eine strategische Entscheidung, die von einigen wichtigen Einzelpersonen an der Spitze getroffen wurde. Die meisten waren jedoch dagegen. Viele Angestellte des Werks waren ausgebildet worden, die mechanischen Registrierkassen zu bedienen, und es gab einen enormen Widerstand gegenüber dieser Veränderung, da die Leute mit ihren Fertigkeiten praktisch wieder bei Null anfangen mußten.

Doch es wurde an der Entscheidung festgehalten. Mit Hilfe der starken Führung des Top Managements konnte die Firma ihren Kurs ändern und es genießen, den gewaltigen Marktanteil ihrer Konkurrenten zu erobern, die immer noch mit mechanischen Registrierkassen arbeiteten. Die Einführung von 3 M der „Post it Notes", einem Stapel von Notizblättern, die sich ebenso leicht befestigen wie abziehen lassen, ist ein weiteres Beispiel dafür, daß die Leute auf dem Shop Floor eine Idee hatten und diese zu einem Erfolg machten. Wie in Kapitel 5 bereits erwähnt, ist da auch noch das Beispiel des Facharbeiters, der über eine Möglichkeit nachdachte, Mängel beträchtlich zu reduzieren.

Unabhängig davon, ob solche innovativen Ideen vom Shop Floor-Personal, mittlerem Management oder Top Management kommen, die Firma muß die Fähigkeit haben, den Nutzen einer solchen Idee zu maximieren. Auch wenn dies ein Hauptgebiet der Selbststudie ist, wird das SFM und die Entwicklung einer Firmenstrategie ständige Koordination erfordern. Da unser Geschäftsleben immer komplexer wird und Veränderungen schneller erfolgen, müssen wir eine weitere Sichtweise entwickeln, um von solchen Ideen zu profitieren.

Wenn die Kunden/Lieferanten-Beziehung an Bedeutung gewinnt, müssen wir in der Lage sein, das Gesamtbild zu begreifen, d. h. wie intelligent Informationen durch unsere Firma fließen, um den dadurch entstehenden Nutzen maximieren zu können. Jede größere Schwierigkeit wird sonst den gesamten Betrieb zum Erliegen bringen. Egal ob solche Verflechtungen horizontaler oder vertikaler Natur sind, wir müssen ein effizientes Netzwerk entwickeln und das Glass Wall Management firmenweit praktizieren.

Wenn wir unsere Vision erweitern, werden sich auch die vertikalen Verflechtungen zwischen den Individuen, Abteilungen und Firma ausdehnen, um die Gemeinde, Nation und Welt miteinzubeziehen. Jede dieser Betriebseinheiten leistet als Lieferant einen Beitrag zu den anderen und erhält gleichzeitig alle Vorteile als Kunden. Wenn wir daher eine bessere Perspektive entwickeln, sollten wir Möglichkeiten finden, Schwierigkeiten zwischen den Betriebseinheiten aus dem Wege zu räumen.

Vorteile des Shop Floor Managements

Bisher haben wir die Vorteile des Shop Floor Managements noch nicht zusammengefaßt – hauptsächlich aus dem Grunde, daß wir die Dinge, die wir irgendwie erledigen müssen, sowieso tun sollten und sich die Vorteile eben aus den Ergebnissen unserer Handlungsweise ergeben. Doch wenn wir sie zusammenfassen müssen – Abb. 12.10 erklärt die Hauptkategorien der Vorteile.

Wie geht es jetzt weiter?

Wir haben das Buch fast beendet, doch unser Lernen sollte hier nicht aufhören. Außerdem ist das, was wir aus Büchern lernen, kein richtiges Lernen – bis zu dem Moment, wo wir diese Ideen in die Praxis umsetzen und die Fertigkeiten verinnerlichen. Denken Sie an unsere Diskussion über das Verhaltensänderungsmodell. Wir müssen Informationen oder Anreize verarbeiten, die unsere Sichtweise, Einstellung, Verhalten und Gewohnheiten verändern, denn dies führt zur einer Veränderung unseres Schicksals.

Im heutigen Geschäftsleben können sich unvorhergesehene Ereignisse direkt vor unseren Augen abspielen. Es werden neue Managementkonzepte entstehen sowie neue Techniken zur Problemlösung unsere Aufmerksamkeit erlangen. Konstante Veränderungen sind die Norm geworden. Doch wenn wir das Wesentliche des Shop Floor Managements verstanden haben, können wir uns selbst unter schwierigen Umständen einen sicheren Weg bahnen. Wenn wir uns dies vorstellen können, bin ich sicher, daß wir es auch schaffen.

So wie ein junger Matrose Fertigkeiten erlernen muß, bevor er zur See fährt, werden uns unsere selbstmanagenden Fertigkeiten bei unserer Reise helfen. Wenn wir in unserer eigenen Umgebung erfahrene Seeleute geworden sind, können wir unseren Nachfolgern vermitteln, daß das Erlernen der grundlegenden Dinge wirklich wichtig ist.

Tau und Mond

Egal ob Sie ein Präsident, Manager, leitender Angestellter, Abteilungsleiter oder Facharbeiter sind und ob wir vorher zusammengearbeitet haben oder nicht – ich bin davon überzeugt, daß wir alle tief in unserem Herzen etwas gemeinsam haben. Ob es sich dabei um unsere Willenskraft, unsere Kreativität oder etwas anderes handelt, wie unsere Orientierung am Shop Floor, wir können in dem Moment das Wesentliche aus den Augen verlieren, wo wir versuchen, „eine solche Sache" mit Worten oder Modellen zu beschreiben. Da die Logik und Worte lediglich eine Interpretation der Wirklichkeit sind, können wir das nur versuchen, weiterzuentwickeln und uns dann über diese Gedankengänge austauschen. Dies kann das Herz des Shop Floor Managements sein.

Nachdem ich in diesem Buch versucht habe, das Wesentliche des Shop Floor Managements zu vermitteln, kommt mir noch eine Analogie in den Sinn. Der Mond scheint am Himmel, und der Tau auf dem Gras reflektiert in jedem Tropfen den Mond. Der Mond repräsentiert die wesentlichen Werte; die Tautropfen stellen die Leute dar, die diese wesentlichen Werte teilen. Da jeder Mensch wertvoll ist, ungeachtet seines Schicksals, ist jeder von uns ein Tautropfen. In jedem von uns steckt etwas, was das Herz unseres Seins darstellt. Und vielleicht entdecken wir den Beweis dafür auch auf unserem Shop Floor, wenn wir aufmerksam und offen sind.

Wenn wir uns das Licht anschauen, was von den Maschinen reflektiert wird, mit den Leuten reden und ihre Energie spüren sowie Dinge erkennen, die bei der Leitung unseres Shop Floors verlorengegangen sind, dann hoffe ich, daß wir die Schönheit, Wahrheit und den Geist der Leute darin finden können.

Unseren Verstand in einer turbulenten Welt trainieren

Das Buch begann mit der Betrachtung unserer Geschäftsumgebung. Wir stellten viele Veränderungen und Unbekanntes fest. Doch wir suchten unaufhörlich nach einem Fundament. Wir fanden heraus, daß wir Fertigkeiten, Stärke und Geist brauchen, so wie wir das auch bei einem Schiffsmanöver in rauher See tun.

Angenommen, der Mond ist die Lösung und ein Finger zeigt auf den Mond, daß dort die Lösung zu finden ist, dann sollten wir anstelle des Fingers den Mond betrachten. Doch aufgrund unserer Erziehung und den verschiedenen Einflüssen, denen unser Betrieb unterliegt, ist es möglich, daß wir das Falsche betrachten, wenn wir nicht vorsichtig sind. Deshalb müssen wir uns *selbst* trainieren, um disziplinierte Ansichten, Einstellungen, Verhaltensweisen und Gewohnheiten zu entwickeln, statt diese zu intellektualisieren. Das ist meiner Meinung nach das Shop Floor Management mit einer selbstmanagenden Disziplin, die wir brauchen.

Wenn ich darüber nachdenke, wie es weiter gehen soll, möchte ich zum Schluß jeden bitten, nach seinem eigenen Shop Floor Management zu suchen. Und selbst wenn wir bei unserem Vorwärtsschreiten Stromschnellen im Wasser finden sollten, wird sich der Mond ruhig darin widerspiegeln.

Der Shop Floor ist der Ort des Geschehens. Der Shop Floor ist dort, wo auch die Realität zu finden ist. In der Welt, in der wir leben, kann es turbulent zugehen. Doch ich denke, es existiert auch immer eine Lösung in dieser turbulenten Welt. Ich bin sicher, daß wir mit Hilfe einer Vision und der unaufhörlichen Frage nach einer Lösung das solide Fundament in uns selbst finden können.

Zusammenfassung

- Das Shop Floor Management kann als ein zerbrechliches, menschenabhängiges System betrachtet werden. Doch es gleicht unserer demokratischen Gesellschaft, wo das kollektive Wissen aller den zukünftigen Handlungskurs bestimmt. Ob das SFM funktioniert oder nicht, ist letztendlich von den Leuten abhängig.
- Damit das SFM erfolgreich ist, hängt der Erfolg von der Fähigkeit der Leute ab, Probleme erkennen und erfolgreich auf dem Shop Floor lösen zu können. Wenn ein solcher Versuch mißlingt, können wir zu einem traditionellen Betrieb (Typ Taylor) zurückkehren.
- Da wir die Fähigkeit der Leute aufbauen müssen, aus diesem zerbrechlichen Betrieb einen starken zu machen, wird es wichtig, eine Menge Leute dafür zu gewinnen.
- Um das SFM zu realisieren, halten wir uns an die Grundlagen des PAPH-Kreislaufs. So wie wir Verbesserungen durchführen oder problemlösende Fertigkeiten erlernen, müssen wir den Prozeß erfahren und die Fertigkeiten schrittweise verinnerlichen.
- Der Realisierungsprozeß kann die Einführungs-, Förderungs-, Ausweitungs- und Stabilisierungsphasen beinhalten. Es gibt viele Gründe, warum das SFM nicht in jeder Phase funktioniert, bevor es sich endlich stabilisiert. Es gibt also viele Bereiche, die der Aufmerksamkeit aller bedürfen.
- Um das SFM erfolgreich firmenweit einzuführen, sind Berater und Förderer bei der Ausarbeitung eines Kurses und der Überwachung der Fortschritte wichtige Organe. Sie haben außerdem die Aufgabe, für die angemessene Führung bei der Koordination aller Aktivitäten zu sorgen.
- Selbst wenn die Welt, in der wir leben, turbulent zu sein scheint, werden wir uns einen sicheren Weg bahnen können, wenn wir Fertigkeiten, Stärke und Geist entwickeln.

Anhang 1.1

Angestelltenumfrage

Folgende Fragen sind das Ergebnis einer Umfrage, die 1990 von amerikanischen Managern in einer Werksanlage durchgeführt wurde. Das Werk hat ungefähr 200 Angestellte. Die Umfrage war vertraulich und wurde von einer dritten Partei durchgeführt, damit die Identität der Leute gewahrt blieb. 40% der Angestellten nahmen an der Umfrage teil. Die Ergebnisse belegen die Schwierigkeiten, denen sich ein typisches, mittelgroßes Werk in den Vereinigten Staaten gegenübersieht.

In gewisser Weise ist eine solche Umfrage eine Art Schautafel für das Management, wie die Leute beteiligt wurden und wie stolz sie auf ihre Arbeit sind. Es ist ratsam, eine solche Umfrage in bestimmten Zeitabständen zu wiederholen. Der Ergebnisvergleich verschiedener Werksanlagen kann sehr aufschlußreich sein, besonders für das Management.

A. Werksmanagement

	JA	NEIN
1. Kennen Sie den Werkmanager?	94%	6%
2. Sollte mehr persönlicher Kontakt zwischen Angestellten und Manager herrschen?	85%	15%
3. Sind regelmäßige Treffen notwendig, damit Sie Ihre Meinung äußern können?	92%	8%
4. Ist unsere Firmenpolitik fair?	67%	33%
5. Benötigen wir eine Firmenpolitik?	96%	4%
6. Kennen Sie Ihren Abteilungsleiter?	98%	2%
7. Ist Ihr Abteilungsleiter fair?	82%	18%
8. Weiß Ihr Abteilungsleiter, was er tut?	95%	5%
9. Respektieren Sie Ihren Abteilungsleiter?	93%	7%
10. Respektiert Ihr Abteilungsleiter Sie?	88%	12%
11. Haben Sie in Ihrem Arbeitsbereich Leute mit guten Führungsqualitäten?	87%	13%
12. Benötigen wir Leute mit Führungsqualitäten?	92%	8%
13. Kennen Sie die Ziele, die Ihre Abteilung hat?	77%	23%
14. Möchten Sie diese Ziele gerne kennen?	94%	6%
15. Haben Sie einen Vorschlag, den Sie gerne vom Management unterstützt hätten?	70%	30%

Kommentare: ______________________________

____

B. Ihre Arbeit

	JA	NEIN
1. Wissen Sie, was Ihre Aufgabe ist?	98%	2%
2. Wissen Sie Möglichkeiten, Ihre Arbeit zu verbessern?	74%	26%
3. Haben Sie den Abteilungsleitern Vorschläge gemacht, wie Ihre Arbeit verbessert werden könnte?	50%	50%
4. Haben sie positiv reagiert?	53%	47%
5. Haben sie Ihren Vorschlag durchgeführt?	53%	47%
6. Möchten Sie gerne in einem Team zusammen mit anderen Angestellten arbeiten?	88%	12%
7. Wie würden Sie Ihre Arbeitsbedingungen beurteilen?		
Ausgezeichnet	14%	
Gut	39%	
Es geht	31%	
Schlecht	6%	
Sehr schlecht	10%	
8. Beeinflussen die Arbeitsbedingungen Ihre Arbeit?	67%	33%
9. Kann die Firma diese Bedingungen verbessern?	92%	8%

Kommentare: ______________________________

____

C. Die Firma

	JA	NEIN
1. Sind Sie stolz auf Ihre Firma?	87%	13%
2. Würden Sie es gerne sein?	91%	9%
3. Schämen Sie sich Ihrer Firma?	7%	93%
4. Wissen Sie, wer wir sind und was wir tun?	90%	10%
5. Möchten Sie gerne direkten Einfluß hinsichtlich Qualität, Produktivität, Vorschriften, usw. nehmen?	84%	16%
6. Sollten wir ein Komitee gründen, um die Interessen der Angestellten in einer anderen Weise darzulegen als die Gewerkschaften?	91%	9%
7. Sollten wir Treffen abhalten, damit jeder seine Meinung äußern kann?	95%	5%
8. Sollten die Abteilungsleiter Treffen innerhalb der Abteilung abhalten?	94%	6%
9. Nehmen Sie an Gewerkschaftsversammlungen teil?	39%	61%

Kommentare: ______________________________

____

D. Sie

	JA	NEIN
1. Werden Sie fair behandelt?	74%	26%
2. Werden Sie aus irgendeinem Grund diskriminiert?	24%	76%
3. Werden Sie respektiert?	80%	20%
4. Haben Sie etwas der Firma anzubieten, was sie bisher noch nicht hat?	43%	57%
5. Kümmert sich die Firma um Sie?	61%	39%
6. Kümmern Sie sich um die Firma?	98%	2%

Anhang 2.1

Kundenumfrage

Diese vierteljährlich durchgeführte Kundenumfrage wurde dem „Hourly Associate Handbook“ entnommen, das im Worthington Werk der Toledo Scale Corporation benutzt wird. Jeder einzelne in der Firma ist damit beauftragt, die Bedürfnisse der sowohl internen als auch externen Kunden zu befriedigen. Diese Form wurde entwickelt, um von den Kunden ein konstruktives Feedback zu erhalten, das bei der ständigen Verbesserung berücksichtigt wird.

Anweisungen für vierteljährliche Kundenbefragungen

Jeder Angestellte des Worthington Werks sollte wissen, wer seine Kunden und Lieferanten sind. Diese Information wird an jeder Arbeitszelle ausgehängt.

Die Arbeitszellen führen als Gruppe vierteljährlich Kundenbefragungen durch. Bei dieser Umfrage wird eine Standardform verwendet. Die jeweiligen Befrager erhalten einige wertvolle Tips, wie nach Beendigung der Umfrage weiter vorzugehen ist.

Die Arbeitszellen befragen ebenfalls vierteljährlich ihre unmittelbaren Vorgesetzten mittels dieser Umfrageunterlagen.

Wenn die Beteiligung an der Umfrage zu gering ist, sind besondere Angaben erforderlich, um Verbesserungen realisieren zu können.

Worthington Werk – vierteljährliche Kundenumfrage
Periode: ____________ Quartal, 19__

Name des Kunden: ____

Lieber Kunde:

Mein Ziel ist es, für Sie der beste Lieferant von Waren und Dienstleistungen zu sein. Da Sie persönlich zu meinen Kunden gehören, würde ich Ihre konstruktiven Kommentare besonders schätzen. Auf diese Weise erhalte ich die Möglichkeit, meinen Service Ihnen gegenüber zu verbessern.

Bitte beurteilen Sie meinen Service mittels einer Werteskala von 0 bis 10, wobei die höhere Zahl mehr Zufriedenheit und die Zahl „10“ vollkommene Zufriedenheit ausdrückt. Die niedrigeren Zahlen stehen für relativ wenig Zufriedenheit, und die Zahl „0“ bedeutet vollkommene Unzufriedenheit.

1. Pünktlichkeit und Zuverlässigkeit der Lieferung:	________	Beurteilung
2. Qualität der Produkte/des Service:	________	
3. Verantwortlichkeit den Kundenbedürfnissen gegenüber:	________	
4. Kommunikation mit dem Kunden:	________	
GESAMTBEURTEILUNG DES LIEFERANTEN:		
Kommentare von dem Kunden:	________	

____

____

Name des Lieferanten/Arbeitsgruppe ________

Einzelpersonen, die eine Arbeitsgruppe bilden ________ ________ ________ ________ ________ ________

Hilfreiche Tips für die Vervollständigung der Kundenbefragung

	(1. Zyklus)				Gesamt
1. Pünktlichkeit und Verläßlichkeit der Lieferung.					
A. Versteht Ihre Bedürfnisse.	0	1	2	___	
B. Reagiert prompt.	0	1	2	___	
C. Liefert pünktlich Infos/Teile/Service.	0	1	2	___	
D. Service ist bei Bedarf vorhanden.	0	1	2	___	
E. Informiert Sie bei bevorstehenden Änderungen.	0	1	2	___	
					___
2. Qualität der Produkte und des Service					
A. Liefert 100%ige Qualitätsteile/Service.	0	1	2	___	
B. Übernimmt Verantwortung für Qualitätsarbeit.	0	1	2	___	
C. Fragt nach konstruktiven Verbesserungen.	0	1	2	___	
D. Positives Feedback.	0	1	2	___	
E. Hilft Ihnen, Ihr Produkt zu verbessern.	0	1	2	___	
					___
3. Eingehen auf Kundenbedürfnisse					
A. Guter Zuhörer.	0	1	2	___	
B. Liefert pünktlich.	0	1	2	___	
C. Bespricht Änderungen mit dem Kunden.	0	1	2	___	
D. Ist da, wenn er gebraucht wird.	0	1	2	___	
E. Scheut keine Hilfe.	0	1	2	___	
					___
4. Kommunikation mit dem Kunden.					
A. Kommuniziert verständlich.	0	1	2	___	
B. Positive Haltung.	0	1	2	___	
C. Versteht die Kundenbedürfnisse.	0	1	2	___	
D. Entwickelt mit Kunden neue Ideen.	0	1	2	___	
E. Hält regelmäßige Kommunikation aufrecht.	0	1	2	___	
					___

$$\text{Gesamtbeurteilung} = \frac{\text{Summe von } 1 + 2 + 3 + 4}{4}$$

Mit freundlicher Genehmigung von Toledo Scale

Anhang 3.1

Checkliste für Aufgaben und Verantwortlichkeiten eines Abteilungsleiters

Beurteilen Sie jeden Punkt von 0 bis 10, wobei die Zahl „0“ die schlechteste und die Zahl „10“ die beste Beurteilung darstellt.

Diese Checkliste kann auch bei allen Präsidenten von Minifirmen verwendet werden – nicht nur bei Abteilungsleitern.

	Beurteilung
1. Verantwortlichkeit gegenüber einzelnen Facharbeitern	_______
1.1 Versteht die Fähigkeit und Charakteristika des einzelnen	_______
1.2 Bei der Beauftragung von Arbeiten berücksichtigt er die Fähigkeit und Charakteristika des einzelnen	_______
1.3 Mißt die Leistung des einzelnen	_______
1.4 Bei der Anerkennung der Leistung der Facharbeiter berücksichtigt er	_______
Aufgaben hinsichtlich ihres zukünftigen Wachstums	_______
1.5 Sorgt für Training	_______
1.6 Bemüht sich, ein gutes Verhältnis zu allen herzustellen	_______
1.7 Bearbeitet Verwaltungsangelegenheiten problemlos	_______
Gesamt ( ) + 7 =	_______
2. Verantwortlichkeit gegenüber Team	_______
2.1 Übermittelt Nachrichten vom Management	_______
2.2 Übermittelt Nachrichten vom Team an das Management	_______
2.3 Verfügt über gute zwischenmenschliche Beziehungen	_______
2.4 Die Arbeitsmoral der Leute ist hoch	_______
2.5 Fördert Vorschläge und Selbstmanagement	_______
2.6 Leitet seinen Verantwortlichkeitsbereich gut	_______
Gesamt ( ) + 6 =	_______
3. Förderung von Teamwork mit anderen Abteilungen	_______
3.1 Tauscht Ideen und Informationen aus, damit die Aufgabe als Gruppe erledigt wird	_______
3.2 Tauscht Ideen und Informationen aus, um jeden anzuspornen, selbst wenn das Thema nichts mit dem eines anderen Abteilungsleiters zu tun hat	_______

(*Fortsetzung*)

3. Förderung von Teamwork mit anderen Abteilungen (*Fortsetzung*) _______
   3.3 Verfügt über gute zwischenmenschliche Beziehungen _______
   3.4 Hilft, wenn in anderen Abteilungen ein Problem auftaucht _______

Gesamt () + 4 = _______

4. Förderung besserer Beziehungen zu Managern _______
   4.1 Versteht die Nachrichten der Manager, vermittelt sie den Facharbeitern mit seinen eigenen Worten _______
   4.2 Leitet ohne Verzögerung Informationen bzw. Meinungen, die während der Arbeit entstanden sind, an Manager weiter _______
   4.3 Wenn Kooperation aus anderen Abteilungen gewünscht wird, erhält er von diesen Managern effektive Unterstützung. _______

Gesamt ( ) + 3 = _______

5. Arbeitsmanagement
   5.1 Kennt die Aufgaben im Verantwortungsbereich besser als irgend jemand anders _______
   5.2 Macht die Aufgaben und wichtigsten Punkte des Tages deutlich _______
   5.3 Beobachtet die Shop Floor-Aktivitäten genau im Hinblick auf Verzögerungen, Fehler oder Qualitätsprobleme _______
   5.4 Berichtet und analysiert die Leistung hinsichtlich der Produktionsmenge, Kosten und Qualität _______
   5.5 Treten Abweichungen wie Maschinen- oder Qualitätsprobleme auf, reagiert er schnell und berichtet an die entsprechenden Abteilungen _______
   5.6 Übernimmt Initiative bei alltäglichen Verbesserungsaktivitäten _______
   5.7 Macht dem Management oder verwandten Einheiten Vorschläge zu Managementangelegenheiten oder technischen Themen _______

Gesamt ( ) + 7 = _______

6. Materialmanagement
   6.1 Für den Erhalt von Materialien gibt es klare Kriterien. _______
   Es werden Anstrengungen unternommen, den Lagerbestand angemessen zu reduzieren. _______
   6.2 Er stellt sicher, daß es für alles einen Platz gibt und sich auch alles an seinem Platz befindet. _______
   6.3 Überwacht die Richtigkeit der Lagerung sowie die Verwendung von Waren _______
   6.4 Verhält sich aufmerksam und macht sogar Verbesserungsvorschläge gegenüber Nachlieferungen _______

Gesamt ( ) + 4 = _______

7. Maschinenmanagement
   7.1 Leitet tägliche Wartungsaufgaben _______
   7.2 Sucht nach Maschinenabweichungen mit Hilfe von Inspektionsberichten _______

(*Fortsetzung*)

7. Maschinenmanagement (*Fortsetung*)
   - 7.3 Bedient Maschinen gemäß den korrekten Betriebsverfahren ______
   - 7.4 Treten Abweichungen auf, handelt er dementsprechend und informiert die dafür zuständige Abteilung ______
   - 7.5 Macht der Wartungsabteilung oder dem Management Vorschläge, wie die Maschinenleistung verbessert werden kann ______

   Gesamt ( ) + 5 = ______

8. Sicherheitsmanagement
   - 8.1 Verfügt über ein klares Verständnis für Sicherheit auf dem Shop Floor im Verhältnis zu Ausrüstung, Arbeitsverfahren, usw. ______
   - 8.2 Überprüft häufig die Ausrüstung unter dem Sicherheitsaspekt ______
   - 8.3 Überprüft die Anordnung und Standort des Materials, Öl, usw. ______
   - 8.4 Überprüft die Arbeitsmethode für den Maschinenbetrieb und die Materialbearbeitung, usw. ______
   - 8.5 Überprüft den Bereich, der außerhalb seiner Verantwortung liegt, ebenfalls ______
   - 8.6 Leitet die Sicherheitsunterweisung, wenn neue Angestellte eintreffen ______
   - 8.7 Bereitet auf diejenigen Maßnahmen vor, die im Falle eines Unfalls getroffen werden müssen ______
   - 8.8 Befestigt Sicherheitsschilder, hängt Verfahren aus, usw. ______
   - 8.9 Vermittelt Sicherheitsverhalten ______

   Gesamt ( ) + 9 = ______

9. Umgebungsmanagement
   - 9.1 Bestimmt Kriterien für Haushaltung und Arbeitsplatzorganisation ______
   - 9.2 Bestimmt Kriterien für Lärm, Rauch, ausgestoßene Gase, Staub, Hitze, usw. ______
   - 9.3 Weist die Leute an, diese Kriterien zu beachten ______

   Gesamt ( ) + 3 = ______

10. Andere
    - 10.1 Verhält sich aufmerksam gegenüber der Gewerkschaft, auch wenn es keine unmittelbaren Berührungspunkte gibt ______
    - 10.2 Folgt der Firmenstrategie, leitet die Arbeit, erledigt Verwaltungsaufgaben mühelos ______

    Gesamt ( ) + 2 = ______

Fassen Sie die Ergebnisse in einem Radardiagramm, wie unten abgebildet, zusammen. Die Gesamtsumme eines Punktes wird hier in der entsprechenden Skala des Diagramms eingetragen. Dann werden alle zehn Skalen mit Linien miteinander verbunden. Je größer der Bereich innerhalb der Linie ist, desto besser ist auch das Ergebnis.

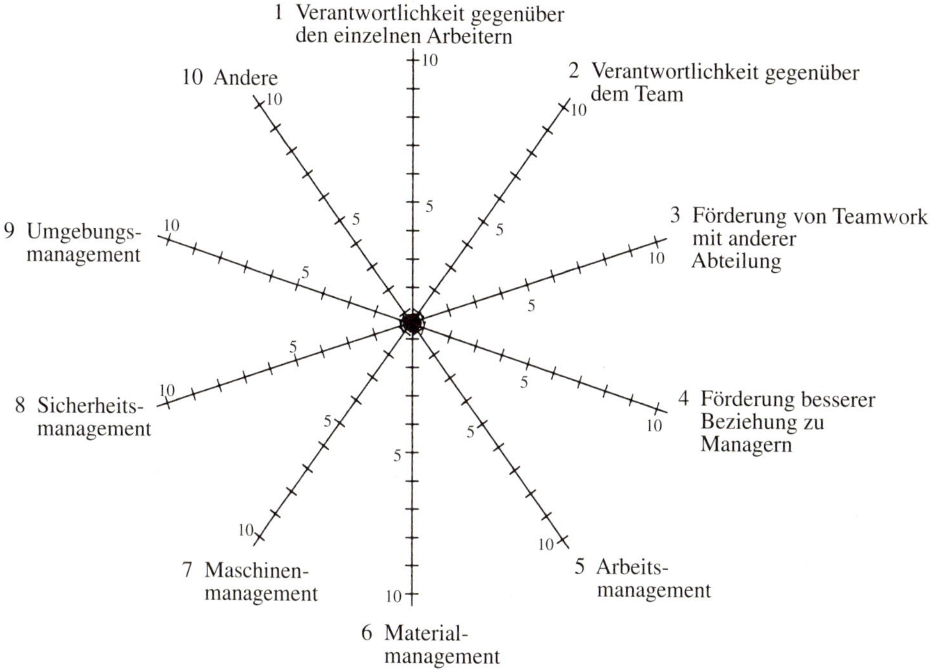

Abb. 3.1.1 Radardiagramm, das der Zusammenfassung der Ergebnisse dient

Anhang 3.2

Entwicklung einer Mission

Dieser Anhang beinhaltet ein Beispiel für die stufenweise Entwicklung einer Mission, entliehen von einer Fabrik namens Borg-Warner aus Wales mit 400 Angestellten. Die Mission dieser Fabrikanlage wurde zuerst von einem Dutzend Leute aus unterschiedlichen Zweigen entwickelt, einschließlich Top Management und Gewerkschaftsvertretern, und später den restlichen Angestellten vorgelegt, damit diese ihre Kommentare dazu abgeben konnten.

Stufe 1. Beschreibung der Vision

Zunächst zählte die Gruppe die Elemente der Mission auf – mittels Beschreibung der Zukunftsvision, welche zu erreichen galt. Sie beinhalteten:

- Vertreibung der Angst
- Vertrauen
- Zufriedenheit der Kunden
- Führung
- Mitteilung von Erfolg
- Glückliche Angestellte
- Gesicherter Arbeitsplatz
- Glückliche Kunden
- Hohe Löhne
- Hohe Produktivität
- Bestes Produkt
- Ehrlichkeit
- Gute Verarbeitung
- Gute Umgebung
- Sicherheit am Arbeitsplatz
- Training
- Stabilität
- Teamwork
- Ständige Verbesserung
- Vereinbarkeit der Ziele
- Überwindung von Hindernissen
- Gesicherter Arbeitsplatz
- Vollbeschäftigung
- Zusammenarbeit
- Systematischer Prozeß
- Geschlossene Führung
- Profit machen
- Vertrauen
- Gute Kommunikation
- Gute Maschinen
- Gutes Material
- Gesundheit
- Fähige Angestellte
- Gleichheit der Leute

Stufe 2. Kategorisierung anhand von Eigenschaften

Da die Liste sehr lang war, wurden Begriffe durch ähnliche Eigenschaften kategorisiert, wobei für jeden Begriff eine Karteikarte verwendet wurde und ähnliche Begriffe in Gruppen zusammengefaßt wurden. Jede Kategorie wurde anschließend mit einer Überschrift versehen:

Ständige Verbesserung

- Bestes Produkt
- Gute Verarbeitung
- Gute Maschinen

- Gutes Material
- Training
- Systematischer Prozeß
- Gute Kommunikation
- Stabilität

Vereinbarkeit der Ziele

- Zusammenarbeit
- Führung
- usw.

Andere Überschriften lauteten „Zufriedenstellung der Kunden“ und „Vertrauen, Ehrlichkeit und Belohnungen“.

Stufe 3. Entwicklung eines Satzes, der die Überschriften beinhaltet

Die Voraussetzung hierbei ist, daß die Überschriften den Sinn der Begriffe in der Originalliste treffen.

„Um uns eine langfristige Zukunft zu sichern, vertrauen wir darauf, den Kunden mit Hilfe ständiger Verbesserung, die durch Vertrauen, Ehrlichkeit und Vereinbarkeit der Ziele erreicht wird, zufriedenzustellen.“

Stufe 4. Erkennen der Bedeutung der Mission, Sicherstellung der Reflexion aller Interessen

Es gab eine Diskussion um den Gebrauch bestimmter Wörter, die relative Bedeutung von Wörtern, usw., bevor die letztendliche Mission entwickelt wurde. Der Begriff „gesicherter Arbeitsplatz“ wurde nach einiger Diskussion verworfen, da er eher als Ergebnis der Vision als die Vision selbst betrachtet wurde. Die Leute wollten nicht selbstgefällig werden, nur weil ihr Arbeitsplatz sicher ist.

Stufe 5. Entwicklung eines Mechanismus, der die Botschaft der Mission durchführt

In diesem Stadium wird die Mission allen übrigen Mitarbeitern mitgeteilt. Im folgenden sind einige Methoden aufgeführt.

- Tippen Sie den Wortlaut der Mission mit der Schreibmaschine und verteilen Sie ihn. Erklären Sie den Leuten die Mission.
- Entwickeln Sie eine kleine Plastikkarte, die die Leute bei sich tragen können (siehe Abb. 3.2.1). Die Karte soll die Bedeutung haben, daß unser Verhalten sich an der Mission orientiert.
- Austausch mit Hilfe visueller Mittel:
  Schautafel – die „Zufriedenheit der Kunden“ sicherstellen und beobachten, wie wir uns verhalten.
  Verbesserungsprozeß zeigen – „ständige Verbesserung“ gewährleisten und den Prozeß für die Leute sichtbar machen durch den Gebrauch von Photos, Tafeln, auf denen Geschichten abgebildet sind, usw.
  Photos von Leuten – „Vertrauen, Ehrlichkeit und Führung“ sicherstellen und sehen, wie die Leute mit solchen Ereignissen wie Prämienfeiern, Treffen, Betriebsausflügen, usw., umgehen.
- Den Wortlaut der Mission als Teil einer Kommunikation von Mensch zu Mensch bei Treffen, usw. aushängen.
- Die Bedeutung der Mission innerhalb des Trainings der Angestellten aufzeigen.
- Die Mission einer Minifirma entwickeln und diese als Mittel zur Entwicklung einer gemeinsamen Vision gebrauchen.
- Prämien und Anerkennungsprogramme ins Leben rufen, um die Mission zu unterstützen und die Leute positiv zu animieren.

Zusammenarbeiten (Mission)

„Um uns eine langfristige Zukunft zu sichern, vertrauen wir darauf, den Kunden (1) mit Hilfe ständiger Verbesserung (2), die durch Vertrauen, Ehrlichkeit und Vereinbarkeit der Ziele (3) erreicht wird, zufriedenzustellen."

Zufriedenheit der Kunden (1)

- Qualität (Q)
- Kosten (K)
- Lieferung (L)
- Sicherheit (S)
- Arbeitsmoral (A)

Ständige Verbesserung (2)

Problemlösende Schritte

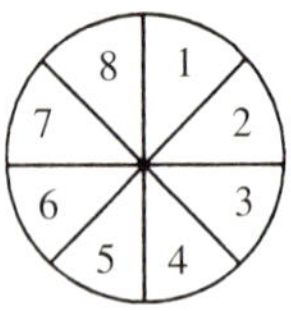

1 Thema
2 Ziele
3 usw.
4 ...
5 ...
6 ...
7 ...
8 ...

Planen-Ausführen-Kontrollieren-Handeln

Vertrauen, Ehrlichkeit und Vereinbarkeit der Ziele (3)

- Ideen fördern
- Positiv sein
- Anhand von Beispielen leiten
- Offen sein
- Barrieren abbauen
- Angst überwinden . . .

Abb. 3.2.1 Eine vierseitige Zusammenfassungskarte, die jedem Angestellten ausgehändigt wird (von links nach rechts)

Stufe 6. Vorbereitung auf die Zukunft

Wenn die Zeit vergeht und die Leute beschäftigt sind, nimmt erwartungsgemäß die Anzahl der Leute ab, welche die Mission erfüllen wollen. Damit der Inhalt der Mission nicht verlorengeht und sich die Idee in unserem Verhalten widerspiegelt, muß unsere Mission immer wieder aufgefrischt werden. Die Skizze in Abb. 3.2.2 zeigt den Verfall der Mission, die am Anfang Zusammenhang aufweist und sich am Ende in viele einzelne Ideen aufsplittert.

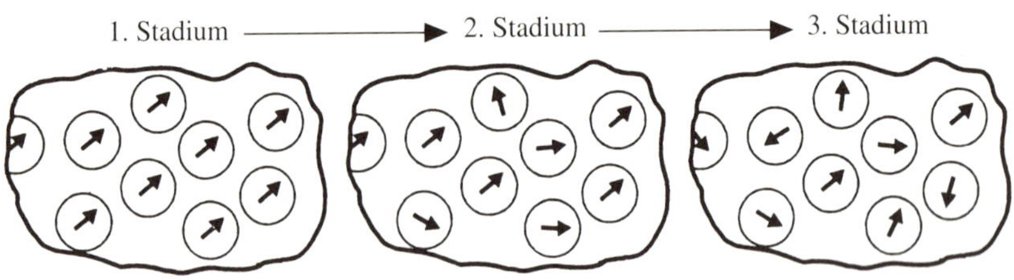

Abb. 3.2.2 Selbst eine zusammenhängende Vision verfällt, wenn sie nicht erneut bestärkt wird

Damit unser Betrieb so einheitlich wie im 1. Stadium der Skizze wird, muß die Mission mit Hilfe von Beispielen, Prämien, Erfolgsgeschichten und positiver Bestärkung belebt werden. Sie muß auch neu überdacht, aktualisiert, bewußt angewandt und gelebt werden. Sonst wird sie schnell an Bedeutung verlieren und zu einem Slogan werden, der irgendwo an der Wand hängt.

In einem Buch über Kindererziehung namens „Kinder: Die Herausforderung" von Rudolf Dreikurs, M.D. (Hawthorn Books, 1964) bezieht sich ein Satz besonders auf all diejenigen, die Führungspositionen innehaben: „Wir müssen erkennen, daß wir nicht mehr in einer autokratischen Gesellschaft leben, welche unsere Kinder „überwachen" kann, sondern in einer demokratischen Gesellschaft, die sie „führen" muß." Wir können das Wort „Kinder" durch „Leute auf dem Shop Floor" ersetzen. Wir müssen die Leute dazu veranlassen, ein bestimmtes Verhalten zu erlangen. Mehr können wir nicht forcieren.

Anhang 4.1

Checkliste zur Sicherstellung der Grundlagen von Just-In-Time-Produktion

Diese Checkliste wurde von einem der fortschrittlichsten Automobilhersteller Japans mit dem Absicht entwickelt, die Grundlagen der Just-in-time Produktion zu gewährleisten. Sie werden feststellen, daß hier sehr ausführliche Kontrollen durchgeführt werden, um die Integrität von Shop Floor-Operationen sicherzustellen.

Gegenstand	Kontrollpunkt	Kommentare
Methode		
GBV[1]	1. GBV (genormtes Betriebsverfahren) existiert	________
	2. Deutlich gekennzeichnete Schlüsselpunkte der Operation	________
	3. Geleistete Arbeit gemäß GBV*	________
	4. Angewandtes GBV als Werkzeug für Verbesserung	________
Arbeitskombinations-Diagramm[2]	1. Arbeitskombinations-Diagramm existiert	________
	2. Arbeit wird in genügende Menge Einzelteile aufgesplittet	________
	3. Angemessenes Arbeitstiming	________
	4. Fließband ist genügend ausgelastet*	________
QK-Prozeßtabelle[3]	1. QK-Prozeßtabelle existiert	________
	2. Deutlich gekennzeichneter Kontrollpunkt	________
	3. Qualitätskriterien werden klar und effektiv angewandt*	________
Checkliste[2]	1. Checkliste existiert	________
	2. Klar angeordnete und leicht verständliche Checklisten	________
	3. Checklisten werden angemessen angewandt	________
Mustertafel[4]	1. Mustertafeln existieren	________
	2. Klar angeordnete und leicht anzuwendende Mustertafeln	________
Fließbandstop[5]	1. Angewandtes Fließbandstop-Konzept	________
	2. Leicht anwendbarer Fließbandstop	________
	3. Effektiv von allen genutzter Fließbandstop*	________
Andon[5] (Störlicht)	1. Andon existiert	________
	2. Andon ist für jeden verständlich, z. B. Standort und Art des Problems	________

Gegenstand	Kontrollpunkt	Kommentare
	3. Andon funktioniert störungsfrei	____
	4. Andon wird effektiv angewandt*	____
Überarbeitung	1. Überarbeitete Materialien werden gekennzeichnet und in einem klar definierten Bereich gelagert	____
	2. Regeln und Verfahren sind klar im Fall von Überarbeitung	____
	3. Regeln werden angemessen befolgt*	____
	4. Gegenmaßnahmen zu Problemen werden effektiv ergriffen*	____
Poka-Yoke[6] (narrensicherer Mechanismus)	1. Darstellung von Poka-Yoke existiert	____
	2. Verfahren zur Kontrolle und Anwendung von Poka-Yoke sind klar	____
	3. Anwendung von Poka-Yoke wird effektiv mitgeteilt*	____
Produktionsanpassung/ Zyklische Zeitkontrolle[2]	1. Es existieren klare Regeln für die Produktionsanpassung	____
	2. Zyklische Zeitkontrolle existiert	____
	3. Fließbandstop und Andon werden zur zyklischen Zeitkontrolle zusammengefaßt, um Probleme aufzudecken und entsprechende Maßnahmen zu ergreifen*	____
Produktionskontrolltafel	1. Produktionskontrolltafel existiert	____
	2. Produktionskontrolltafel wird effektiv angewandt*	____
	3. Elektronische Darstellung von Plan und aktuellem Produktionsvolumen wird effektiv genutzt*	____
QKLSA-Schautafel	1. QKLSA-Schautafel existiert	____
	2. QKLSA-Schautafel ist leicht zu benutzen	____
	3. QKLSA-Schautafel wird effektiv genutzt*	____
Material		
Bestandskontrolle	1. Lagerung von Teilbeständen wird identifiziert, z. B. gekennzeichnete Stapel	____
	2. Bestandsmenge ist nicht zu hoch, z. B. Mengengröße, Kanbanquantität*	____
	3. Keine Diskrepanz zwischen Anzahl der Teile und Informationen*	____
	4. Für richtige Instandhaltung wird gesorgt, um Niveau und Lagerung des Bestandes den geplanten Veränderungen anzupassen*	____
Maschine		
Tägliche Wartung	1. Wartungscheckliste existiert	____
	2. Informationen bei Maschinenschaden werden an der Maschine befestigt	____

Gegenstand	Kontrollpunkt	Kommentare
	3. Tägliche Wartung wird durchgeführt, z. B. Ölen, Sauberhalten*	______
	4. Präventive Wartung wird gemäß den Regeln durchgeführt*	______
	5. Maschinen funktionieren störungsfrei*	______
	6. Gegenmaßnahmen zu Problemen werden effektiv ergriffen	______
Umgebung		
Treffpunkte	1. Es wird für Treffpunkte gesorgt	______
	2. Wichtige Informationen werden ausgetauscht	______
	3. Treffen werden effektiv abgehalten*	______

Hinweis: Aus Platzgründen wurde die Checkliste gegenüber der Originalform leicht abgewandelt.

* Gibt das Disziplinniveau an, das von den Leuten auf dem Shop Floor verlangt wird

[1] Siehe Anhang 4.2
[2] Siehe Anhang 6.2
[3] Siehe Abb. 9.13
[4] Siehe Abb. 7.3
[5] Siehe Abb. 6.16
[6] Siehe Anhang 6.1
[7] Siehe Abb. 9.17

Anhang 4.2

Grundlagen des genormten Betriebsverfahrens (GBV)

Um unser Verständnis für GBV zu vertiefen, werden wir in diesem Anhang die wichtigen Punkte zusammenfassen:

Auch wenn wir uns die Anleitung für den Zusammenbau eines Kinderspielzeugs durchgelesen haben, machen wir anschließend aufgrund mangelnder Konzentration leicht Fehler. Das gleiche gilt auch für Facharbeiter. Abb. 4.2.1 listet einige typische Beispiele für die Anwendung von GBV auf.

Abb. 4.2.1 Typische Probleme bei der Anwendung von GBV

- Wir achten nicht auf Einzelangaben.
- Wir lesen die Anleitung nicht sorgfältig.
- Die Inspektionsanweisung ist nicht klar.
- Einzelangaben fehlen.
- Die technische Zeichnung ist von der Instruktion getrennt.
- Zu viel Papier.
- Wir sind mit den Teilen nicht vertraut.
- Wir denken, daß es o.k. ist, wenn alles zusammenpaßt.
- Wir sind zu sehr von Bildern abhängig und lesen die Anleitung gar nicht.
- Abhängig von verschiedenen Interpretationen.

Um diese Probleme zu vermeiden, müssen wir uns mit den wichtigen Punkten für die Prozeßkontrolle, wie in Abb. 4.2.2 beschrieben, befassen. Doch oftmals beinhaltet unser Training diese Punkte nicht. Noch öfter heißt es allerdings: „Schauen und anwenden" und „Sollen sie es doch selbst herausfinden". Statt daher mit GBV zu leichtfertig umzugehen, müssen wir Wege finden, die Leute effektiv mit dem Umgang von GBV zu trainieren, damit wir solche Vorteile wie:

- Angenehmes Training
- Gestärktes Vertrauen
- Leichte Fehlersuche
- Verstärkte Wiederholbarkeit, Übereinstimmung, usw.

nutzen können.

Um davon zu profitieren, müssen wir die Art und Weise begreifen, wie genormte Betriebsverfahren geschrieben werden. Dies ist besonders dann wichtig, wenn die Leute den Umgang mit den Aktivitäten auf dem Shop Floor noch zu leicht nehmen. Wir müssen uns genau an die Schritte zur Entwicklung von GBV, wie sie in der Abb. 4.2.3 erläutert sind, halten.

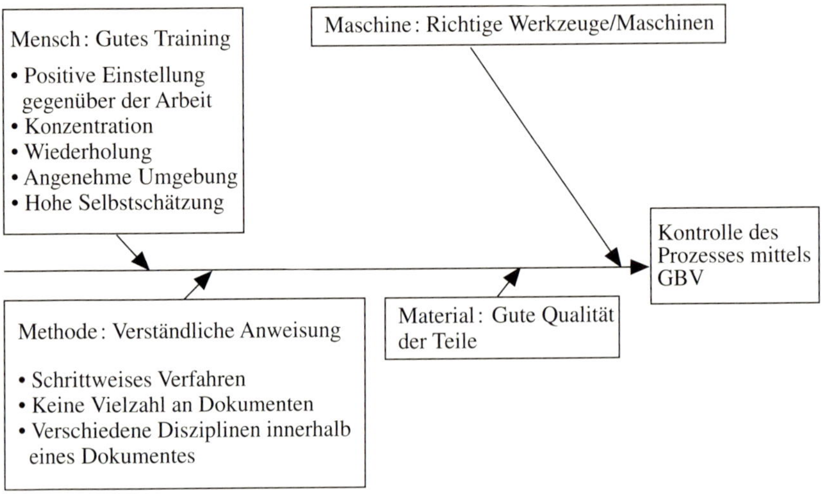

Abb. 4.2.2 Wichtige Einstellungen mittels GBV, den Prozeß zu kontrollieren

Abb. 4.2.3 Schritte zur Entwicklung von GBV

1. Schreiben Sie die wichtigsten Aufgaben auf.
   Beispiel: Montage eines Modellwagens
   - Orientieren Sie sich an der Bodenplatte
   - Montieren Sie das linke Vorderrad an die Bodenplatte
   - Montieren Sie das rechte Vorderrad an die Bodenplatte …
     (usw.)
   - Installieren Sie den Auspuff
   - Führen Sie eine letzte Qualitätssicherungs-Kontrolle durch
2. Gliederung in ausführliche Anweisungen
   Beispiel: Orientierung an der Bodenplatte
   - Nehmen Sie die Bodenplatte hoch
   - Nehmen Sie das Metallineal in Ihre freie Hand
   - Messen Sie so, daß das zweite Loch vom Mittelpunkt zur kurzen Kante 35 mm beträgt

   (Hinweis: Sagen Sie nicht „Vorderkante", da Vorder- jede Seite bedeuten kann) …
   (usw.)
3. Schreiben Sie die wichtigen Schritte auf, indem Sie die Hauptaktivität identifizieren
   - Bringen Sie die Bodenplatte in die richtige Position
   - Identifizieren Sie das Loch für das linke Vorderrad in der Bodenplatte …
     (usw.)
4. Schreiben Sie die wichtigen Kontrollpunkte auf, indem Sie die wichtigen Einzelangaben identifizieren
   - Sie müssen direkt auf die kurze Kante schauen können
   - Die Entfernung zwischen dem Mittelpunkt des Loches und der kurzen Kante muß 35 mm betragen …
     (usw.)
5. Fassen Sie 3 und 4 zusammen:
   - Versuchen Sie, eine Anweisung zu erstellen
   - Verbalisieren Sie
   - Genehmigen Sie die Anweisung

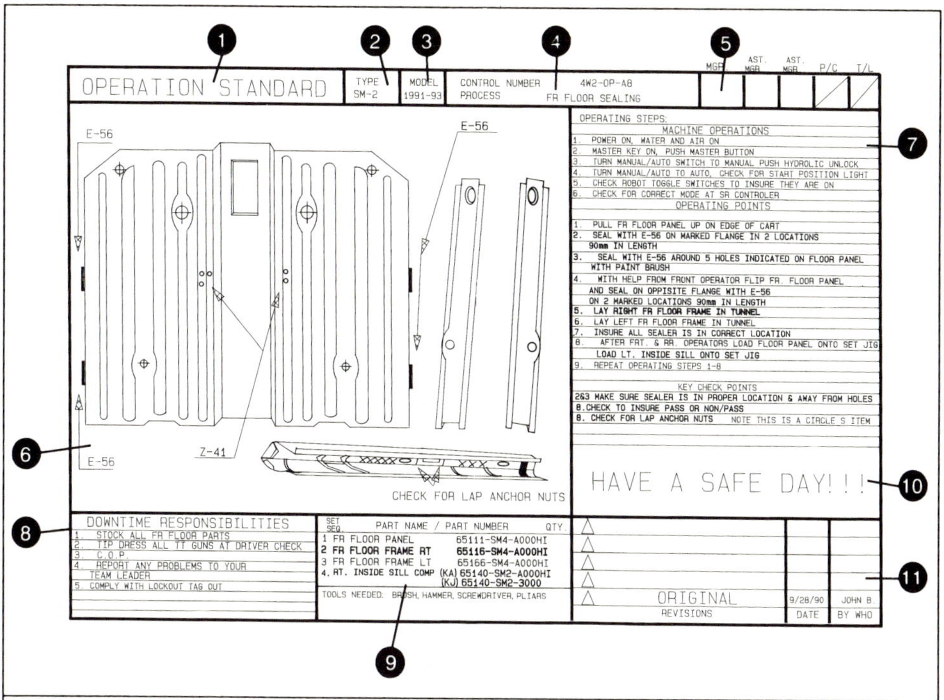

Hinweis:

1. Operationsstandard
2. Typ
3. Modell
4. Kontrollnummer
5. Genehmigung
6. Erläuterung des herzustellenden Teils (wichtiger Bereich ist markiert)
7. Operationsschritte

   A. Maschinenoperationen
   1. Power an, Wasser und Luft an
   2. Hauptschalter an, Hauptschalter ziehen
   3. Manuell-/Auto-Schalter drücken …

   B. Hauptschritte (Betriebspunkte)
   1. Bodenplatte auf den Wagenrand legen.
   2. Mit E-56 auf dem markierten Flansch versiegeln.
   3. Mit Hilfe des vorderen Facharbeiters bewegen . . .

   C. Wichtige Kontrollpunkte
   2. & 3. Stellen Sie sicher, daß sich die Versiegelung an der richtigen Stelle befindet und von Löchern weit entfernt ist.
   8. Überprüfen Sie die Bolzenmuttern.
8. Andere Verantwortlichkeiten
   A. Bringen Sie alle Teile ins Lager.
   B. Kippen Sie alle TT-Drosselhebel.
   C. Teilen Sie Ihrem Teamleiter jedes Problem mit.
9. Name der benötigten Teile/Werkzeuge:
10. Wir wünschen einen angenehmen Tag!
11. Überarbeitungen
    Datum
    Von (Name)

Abb. 4.2.4 Beispiele für bei Honda in Amerika Mfg. angewandtes GBV

Um diese Anstrengungen zu erläutern, zeigt Abb. 4.2.4 ein Beispiel für GBV bei Honda in Amerika.

Das Schreiben von GBVs bedeutet noch nicht alles. Wir müssen uns im Umgang mit GBV üben (s. Anhang 5.1). Es gibt ebenfalls gewisse Fragen, die sich jeder stellen sollte:

- Warum kommen beim Endprodukt immer noch Abweichungen oder Streuungen vor?
- Wie wählen wir die Standardzeit aus?
- Warum treten je nach Facharbeiter Unterschiede auf?

Diese Fragen sollten uns zur weiteren Verbesserung führen.

Anhang 5.1

Job-Training

Nehmen wir als Beispiel, wie ein Facharbeiter eine neue Fertigkeit erlernt. Dieser Anhang beschreibt Techniken für das Job-Training. Bitte bedenken Sie jedoch, daß diese Methode sich nicht nur auf das Job-Training, sondern auch auf Mathematik, Lesen, Lesen von Plänen oder problemlösende Fertigkeiten anwenden läßt. Wichtig ist, daß die Schnelligkeit, mit der wir Fertigkeiten vermitteln, die Wettbewerbsstärke eines Betriebes bestimmen kann.

Ein bestimmtes Wissen können wir uns mit Büchern oder mit Hilfe von Vorlesungen aneignen, doch wirklich verinnerlichte Fertigkeiten können wir nur mit der Praxis erlangen. Dies ist mit Schwimmenlernen vergleichbar. Unterricht im Klassenraum ohne praktische Anwendung fällt dabei kaum ins Gewicht. Außerdem rosten Werkzeuge oftmals, die nicht benutzt werden.

1. Vorbereitung

- Überarbeiten Sie die genormten Betriebsverfahren (GBV), bevor Sie mit dem Training beginnen. Beschreiben Sie die Operationsschritte und wichtigen Punkte der Operation hinsichtlich Qualität, Sicherheit, usw. GBV kann dabei als Checkliste für die richtige Lehrmethode dienen. Wenn es keine klar definierten Schritte gibt, legen Sie welche fest.
- Denken Sie daran, daß die Kunden, Trainer, Facharbeiter und die Firma als Ganzes in einem größeren Zusammenhang von der effektiven Lehrmethode und dem Training profitieren wird.
- Bereiten Sie alles vor, was für das Training benötigt wird, d. h. Mensch, Maschine, Methode, Material, Messungen und Umgebung (5 Ms 1 U) (Checkliste s. Abb. 5.1.1).
- Finden Sie heraus, wieviel die Trainees bereits über ihre Aufgaben wissen.
- Bewerten Sie die Fertigkeiten der Trainees und entwickeln Sie Ziele für sie.
- Damit die Leute neue Fertigkeiten erlernen können, müssen sie entspannt und in der Lage sein, sich auf das Lernen zu konzentrieren.
- Die Trainees sollten die Notwendigkeit eines Trainings begreifen. Daher muß der Trainer ihr Interesse wecken.
- Führen Sie das Training am jetzigen Arbeitsplatz so oft wie möglich durch.

2. Erklärung und Demonstration der Aufgabe durch den Trainer

- Erklären Sie, was unterrichtet wird – d. h. wer, was, wann, wo, warum, wie und wieviel (7 Ws). Weisen Sie auf die wichtigen Punkte des Jobs hin. Erklären Sie die Aufgabe und ihr Verhältnis zum Gesamtbild. Lehren Sie die Trainees ebenfalls die für den Job notwendige Terminologie.
- Verwenden Sie so oft wie möglich das genormte Betriebsverfahren, Photos, Abbildungen und Diagramme. Während des Trainings sollten die Lehrer fragen, ob diese Werkzeuge kunden-(arbeiter-)freundlich sind, d. h. ob sie beim Erlernen des Jobs hilfreich sind. Stellen Sie ebenfalls sicher, daß alle wichtigen Schritte richtig erläutert werden.

Abb. 5.1.1 Checkliste zur Vorbereitung des Trainings

	Kommentare
• Mensch	
Wer	
Wann	
Auf welcher Ebene	
• Maschine	
Welche Aufgabe:	
Organisation o. k.?	
Zustand o. k.?	
• Methode	
Probieren Sie die Operation aus, bevor Sie mit dem Training beginnen	
Stimmen die Operationsschritte?	
Stimmen die wichtigen Punkte?	
• Material	
Vorrichtungen, Werkzeuge	
Ersatzteile	
Materialien	
Handschuhe, andere Hilfsmittel	
• Messungen	
Meßinstrumente o.k.?	
Sind die Standards klar?	
Sind die Prüfpapiere fertig?	
Umgebung	
Lärm, Temperatur, usw. o.k.?	
Sicherheitsrisiko?	

- Erklären Sie die Bedeutung der Aufgabe. Erklären Sie, was passiert, wenn etwas nicht richtig erledigt wird.
- Erklären Sie jede Stufe der Aufgabe. Demonstrieren Sie die Verfahren langsam, damit sie von den Trainees leicht verstanden werden können.
- Wiederholen Sie das Verfahren, weisen Sie auf die wichtigen Schritte und die Schlüsselpunkte der Operation hin – mit Hinblick auf Qualität, Sicherheit, usw. Erkundigen Sie sich, ob jemand Fragen hat. Prüfen Sie die Konzentration der Trainees.
- Lehren Sie nicht mehr, als die Trainees behalten können.

3. Ausführung der Aufgabe seitens der Trainees

- Lassen Sie die Trainees den Job in einer angenehmen Geschwindigkeit ausführen und schauen Sie zu, ob ihnen dies laut Anweisung gelingt. Korrigieren Sie die Fehler, wenn nötig.
- Während die Trainees ihre Aufgabe erfüllen, sollen sie die wichtigen Schritte der Operation erklären. Ermutigen Sie sie ebenfalls, Fragen zu stellen.
- Wenn sie den Job an einer bestimmten Stelle nicht weiter ausführen können, kehren Sie zu dem Schritt zurück, den sie noch verstanden haben und wiederholen Sie die Erklärung und/oder Demonstration.
- Wiederholen Sie das Verfahren, bis die Trainees die Aufgabe völlig beherrschen. Bitten Sie sie, die Gründe noch einmal aufzuzählen, warum bestimmte Punkte der Operation wichtig sind. Stellen Sie Fragen aus verschiedenen Blickwinkeln.
- Wenn die Trainees ihren Job gut machen, ermuntern Sie sie weiterhin. Bitten Sie sie, Ideen zur Verbesserung zu entwickeln. Oftmals fallen ihnen viele Ideen ein, wenn sie wie hier frisch ans Werk gehen.

4. Abschlußbefragung

- Die Trainees müssen ihre Verantwortung richtig verstehen. Selbst wenn sie die einzelnen Schritte zu diesem Zeitpunkt gut beherrschen, bedeutet das nicht, daß sie in Zukunft keine Fehler mehr machen.
- Sagen Sie den Trainees, an wen sie sich wenden können, wenn sie später Fragen haben. Normalerweise ist es der Dozent oder der Stellvertreter der Trainees.
- Übertragen Sie den Trainees ihre jeweiligen Aufgaben. Ermutigen Sie sie, Fragen zu stellen. Die Dozenten sollten die Fragen ausführlich und geduldig beantworten. Besonders diejenigen, die viel Erfahrung haben, zögern oftmals, Fragen zu stellen. Doch wenn sie sich nicht über ihre Interessen austauschen, können sie ihre eigene Handlungsweise entwickeln und bringen das Fundament der Standards zum Einsturz. Daher bestärken Sie sie, Fragen zu stellen. Fragen führen oft zu verbesserten GBVs.
- Überwachen Sie nach Erteilung der Anweisungen die Arbeit der Trainees sorgfältig. Kontrollieren Sie nicht nur das Endprodukt, sondern auch die Operationsschritte. Sorgen Sie auch für moralische Unterstützung.
- Die Dozenten sollten jede Gelegenheit wahrnehmen, ihre Leute zu unterrichten. Die Trainees sollten so viel wie möglich von ihnen lernen. Die Kommunikation und die zwischenmenschlichen Beziehungen sollten eine feste Basis haben.
- Wenn die Trainees bei ihrer Aufgabe selbständig werden, müssen Sie die Kontrolle verringern. Das Training ist abgeschlossen, wenn die Trainees den Job routinemäßig ausführen können.

Das oben erwähnte Trainingsverfahren läßt sich vereinfachen und zwar mit Hilfe der vier Schritte des Job-Trainings (Abb. 5.1.2). Diese Anweisungen sind sehr einfach, weil jede Stufe mit einem Verb erklärt wird, das die notwendige Aktion klarmacht. Wir sollten auch daran denken, daß sich diese Schritte an den PAPH-Kreislauf halten.

Abb. 5.1.2 Vier Schritte des Job-Trainings

1. Vorbereitung

GBV* überarbeiten
Wichtige Schritte* verdeutlichen
Trainingshilfsmittel* vorbereiten
Das bestehende Wissen der Trainees prüfen
Ziele erklären
Dafür sorgen, daß sich die Trainees wohl fühlen
Interesse für das Lernen wecken

2. Erklärung und Demonstration

Erklären und zeigen, wie der Job erledigt wird
GBV und andere visuelle Hilfsmittel anwenden
Wichtige Punkte der Aufgabe erklären
Jeden Schritt der Aufgabe erklären
Das Verfahren wiederholen
Klar und geduldig Anweisungen erteilen
Nur so viel unterrichten, wie die Trainees aufnehmen können

3. Ausführung seitens der Trainees

Die Trainees müssen den Job ausführen
Wenn nötig, Fehler korrigieren
Die Trainees müssen die wichtigen Punkte des Jobs erklären
Das Verfahren wiederholen

Abb. 5.1.2 (Fortsetzung)

4. Abschließende Befragung

Die Verantwortlichkeiten der Trainees deutlich machen
Namen der Leute angeben, die bei Problemen helfen können
Die Leute ermutigen, Fragen zu stellen
Für eine abschließende Befragung sorgen

* Vorbereiten, bevor sich die Trainees treffen

Abb. 5.1.3 Lehren bedeutet eine Aufgabe

Ein letzter Hinweis: Viele haben in meinen Seminaren gesagt: „ Die Leute sind so engagiert, Perfektion auf dem Shop Floor zu erreichen, weil sie Japaner sind. Doch wir sind ganz anders als Japaner."

Lassen Sie mich nur sagen, daß viele Japaner die gleiche Schwierigkeit haben, Leute zu managen. Die Japaner sind nicht von Natur aus anders. Menschen sind überall Menschen:

> Wir machen es selbst,
> wir erklären und sagen den Leuten, wie etwas erledigt wird,
> wir lassen sie ihre Arbeit tun, und wir würdigen ihre Arbeit,
> würden wir das alles nicht tun, blieben die Leute passiv.

Anhang 6.1

Fehler vermeiden

Fehler können in unterschiedlicher Form auftreten. Wir können z. B. eine Operation auslassen, Teile falsch anbringen, falsche Ersatzteile verwenden oder vergessen, Schrauben festzuziehen. Oder wir gehen davon aus, daß eine bestimmte Maschine unsere Aufgabe erledigt, obwohl in Wirklichkeit das Werkzeug defekt ist bzw. die Maschine falsch bedient wurde.

Um uns diese möglichen Fehler ständig vor Augen zu führen, kann die folgende Checkliste dafür verwendet werden, die häufigsten Fehler zu vermeiden. Wir können diese Liste bei der sorgfältigen Ausübung unserer Aufgaben gut gebrauchen. Sie kann uns auch dabei helfen, Lösungen zu finden, wenn wir uns plötzlich Problemen gegenübersehen.

Abb. 6.1.1 Checkliste zur Vermeidung von Fehlern

- Sind bei der Ausübung der Aufgabe irgendwelche Fehler aufgetreten oder Operationsstufen ausgelassen worden?
- Wurde der Facharbeiter ausgewechselt?
- Wurden irgendwelche Veränderungen bei den Meßinstrumenten festgestellt?
- Wurde die Kalibrierung wie benötigt durchgeführt?
- Wurden Teile ausgetauscht?
- Wurden die Lieferanten gewechselt?
- Gab es Veränderungen bei den Plänen?
- Gab es Veränderungen im Design?
- Sind die Anweisungen mißverständlich?
- Sind die Verfahren mißverständlich?
- Träumen wir bei der Arbeit, sind wir aufmerksam genug?
- Sind unsere Vorrichtungen und Befestigungen sicher?
- Werden die Reserven gut ausgeschöpft?

Um diese Probleme zu vermeiden, ist die ideale Lösung ein Mechanismus, der vor Problemen schützt – ein „narrensicherer" Mechanismus oder auf japanisch *poka-yoke*.

Es gibt zwei Arten von *poka-yoke*: Einer ist ein Mechanismus, der menschliches Versagen verhindern soll und der zweite einer, der die Aufmerksamkeit der Leute auf die entstandenen Fehler lenkt. Abb. 6.1.2 listet spezielle Methoden des *poka-yokes* auf.

Die Abb. 6.1.3a bis 6.1.3c sind Beispiele.

Abb. 6.1.2 Methoden zur Vermeidung von Fehlern

Methode	**Mechanismen zur Vermeidung von Fehlern**
Design von Produkten oder Teilen	• Teile können nicht irrtümlich ausgewechselt werden
Werkzeuge und Befestigungen	• Maschine kann nicht mit Teilen beladen werden
Arbeitsverfahren	• Arbeitsschritte werden mittels Elektrorelais überwacht
Methode	**Mechanismen, die die Aufmerksamkeit der Leute erlangen**
Design von Produkten oder Teilen	• Teile sind entsprechend des Verwendungsortes farbig kodiert
Werkzeuge und Befestigungen	• Verwendung von Unterlegbalken
Arbeitsverfahren	• Wenn der Arbeiter aus Versehen einen Operationsschritt oder mehrere ausläßt, wird dies vom Relais gemeldet, indem es rot aufleuchtet oder sich ein Tor nicht öffnet

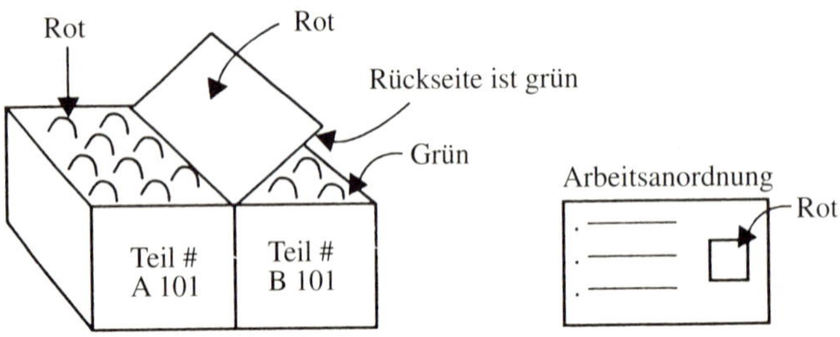

Abb. 6.1.3a Einsatz von farbiger Kodierung

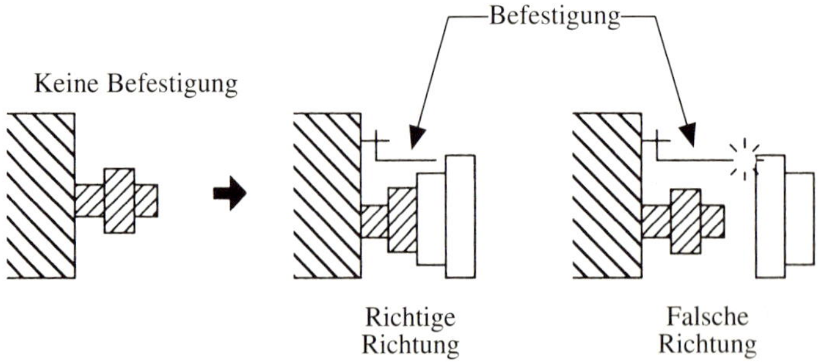

Abb. 6.1.3b Befestigung, die als *poka-yoke* verwendet wird (von links nach rechts)

Mit freundlicher Genehmigung von Kanto Auto Works

Abb. 6.1.3c Tor, das als *poka-yoke* verwendet wird. Als die Facharbeiter viele Schweißgeräte gleichzeitig bedienen mußten, kam es zu zahlreichen Fehlern. Ein Tor wurde eingebaut und mit dem Relais verbunden. Das Tor öffnete sich nur, wenn die Facharbeiter ihre Aufgabe in der richtigen Reihenfolge erledigt hatten.

Anhang 6.2

Problemlösende Werkzeuge

Obwohl auf dem Shop Floor viele Werkzeuge verwendet werden, sind die untenstehenden Werkzeuge diejenigen, die am häufigsten benutzt werden. Wichtig ist hierbei, ob wir die Werkzeuge entsprechend der Art des Problems verwenden können oder nicht und ob wir in der Lage sind, den anderen das Problem rasch mitzuteilen. Wenn die Erfahrungen auf diesem Gebiet noch gering sind, ist es das beste, bei der Verwendung des Pareto- und des Ursache/Wirkung-Diagramms zu beginnen.

1. Histogramm
2. Ursache/Wirkung-Diagramm
3. Prüfpapier
4. Pareto-Diagramm
5. Graphische Darstellung
6. Kontrolldiagramm
7. Streudiagramm
8. Kuchendiagramm
9. Ausstelldiagramm (illustrierte Graphik)
10. Beziehungsdiagramme
11. Affinitätsdiagramme
12. Baumdiagramm
13. Matrixdiagramm
14. Pfeildiagramm
15. Ganttdiagramm
16. Radardiagramm
17. Problemanalysepapier
18. Kreislaufzeit-Analysepapier
19. Arbeitskombinations-Diagramm
20. Prozeßflußdiagramm (Flußdiagramm)

Wenn wir (1) das Problem und die möglichen Ursachen oder (2) die Ziele und Mittel zur Erreichung dieser Ziele formulieren können, haben wir Probleme oft schon halb gelöst bzw. das Ziel halb erreicht. Wir sollten diese Werkzeuge anwenden können, wann immer es die Situation erfordert. Doch ähnlich wie wir lernen, bestimmte Werkzeuge bei Renovierungsarbeiten zu verwenden, dauert es eine gewisse Zeit, bis wir qualifiziert genug sind.

Die Werkzeuge, die wir verwenden, werden je nach unserem Fertigkeitenniveau unterschiedlich sein – einfachere für Anfänger und kompliziertere für Fortgeschrittene. Laut Tadasu Fujita sind die für die QK-Kreisläufe am häufigsten verwendeten Werkzeuge das Pareto- und das Ursache/Wirkung-Diagramm. („Transition of QC Circle in the 1980s“ von Fujita, T., Total Quality Control, Band 40 (Dezember 1989)).

1. Histogramm
(Beispiel: Gewicht)

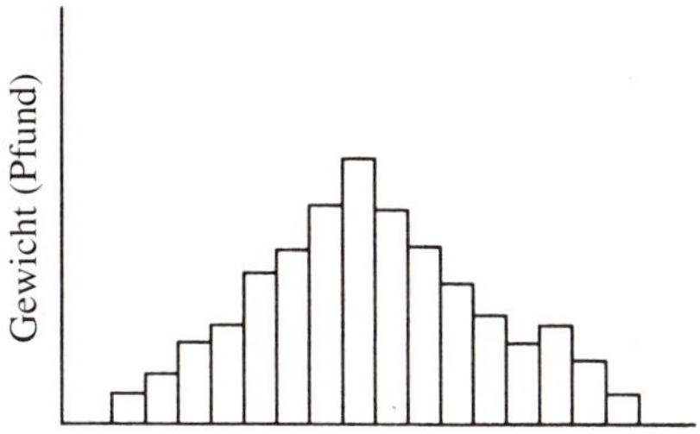

2. Ursache/Wirkung-Diagramm
(Beispiel: Qualität)

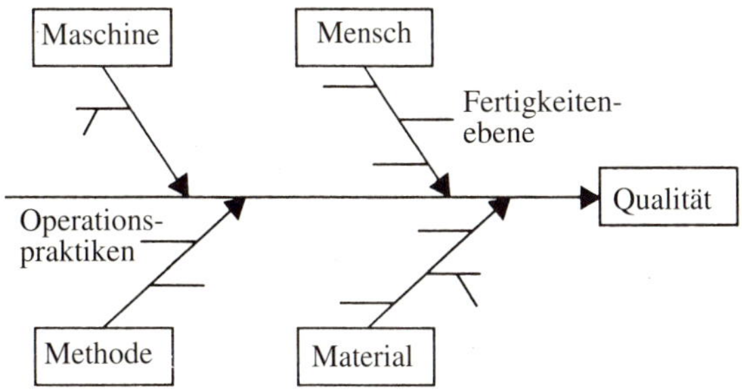

3. Prüfpapier
(Beispiel: Fehler)

Art	Anzahl der Vorfälle	Gesamt
Sprünge	卌 卌 卌 II	17
Verfärbung	卌 卌 卌 卌 I	21
Verkrümmungen	卌 卌 I	11
Schrammen	卌	5
Andere	卌 I	6

4. Pareto-Diagramm
(Beispiel: Maschinenlaufzeit)

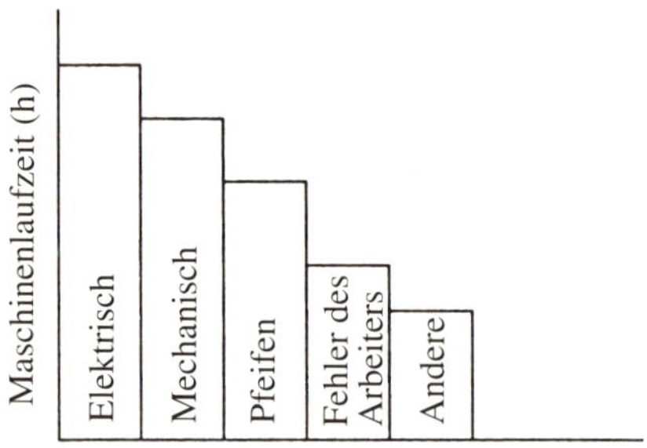

5. Graphische Darstellung
(Beispiel: Produktionsbericht)

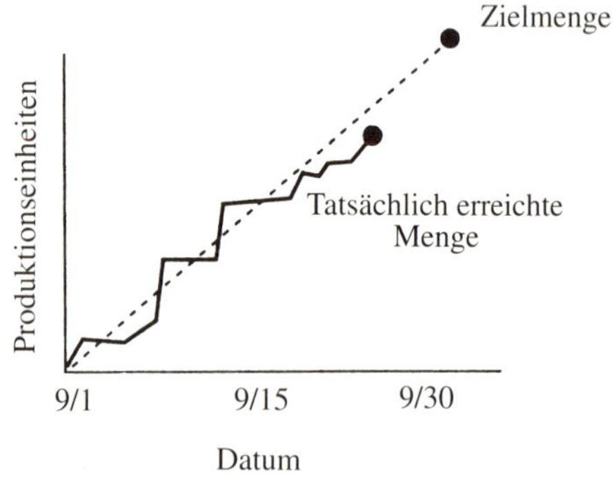

6. Kontrolldiagramm
(Beispiel: Abmessungen)

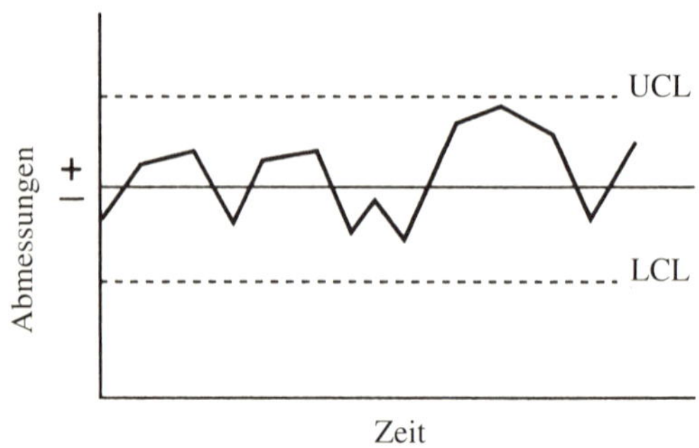

7. Streudiagramm
(Beispiel: Fehler – Temperatur)

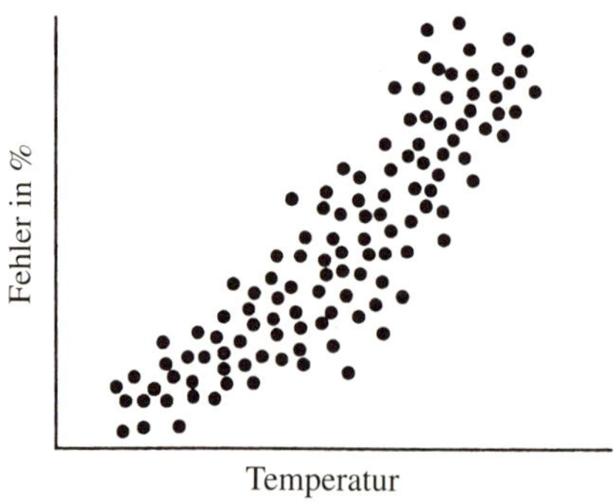

8. Kuchendiagramm
(Beispiel: kleine Gruppenverbesserungsaktivitäten der Industrie in Japan)

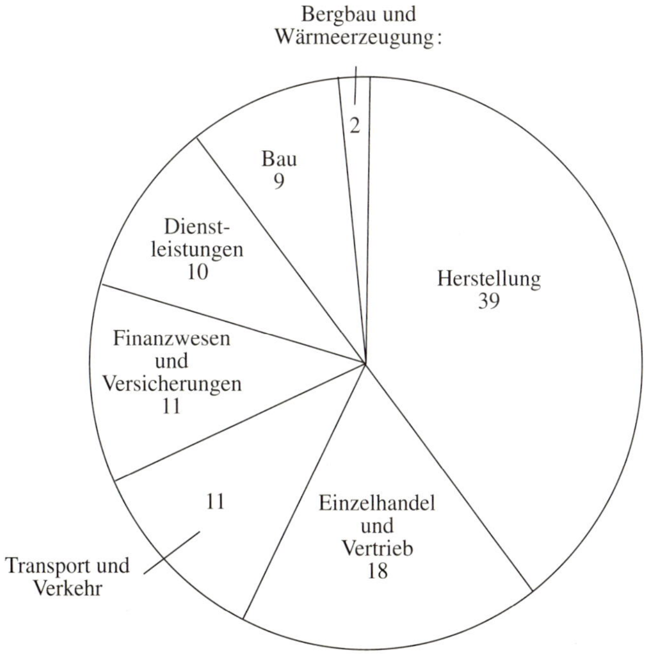

Quelle: „Transition of QC Circle in 1980s" von Fujita, T., Total Quality Control, Dezember 1989, Band 40)

9. Ausstelldiagramm (Piktograph)
(Beispiel: Fehler an der Produktionskontrolltafel)

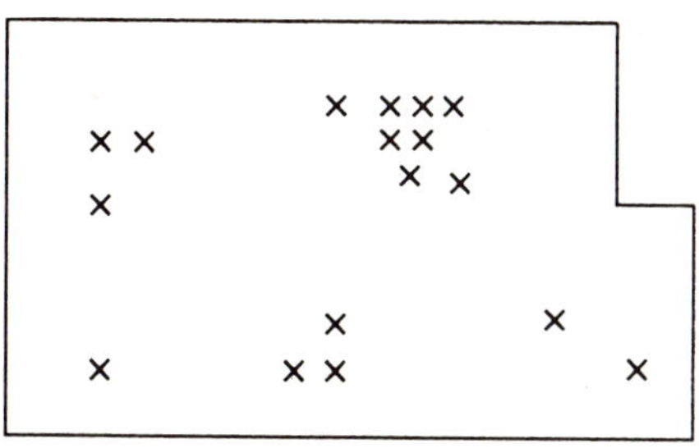

Hinweis: „×" bedeutet Fehler.

10. Beziehungsdiagramm
(Beispiel: Techniken und ihre Beziehungen hinsichtlich der Beseitigung von Verschwendung)

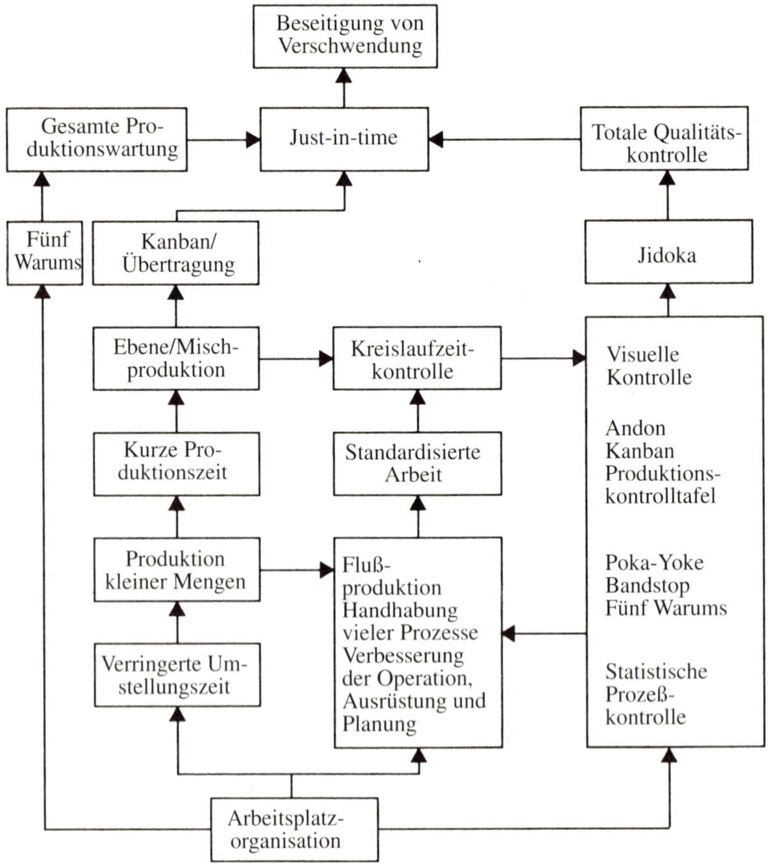

Hinweis: Das Diagramm zeigt die Wechselbeziehungen verschiedener Techniken, um die Eliminierung von Verschwendung zu erreichen. Verglichen mit dem Ursache/Wirkung-Diagramm erleichtert es dieses Diagramm jedoch, selbst eine komplizierte Beziehung darzustellen. Abb. 11.3 (Hauptelemente des Shop Floor Managements) ist ein weiteres Beispiel für Beziehungsdiagramme.

11. Affinitätsdiagramm
(Beispiel: Mission)

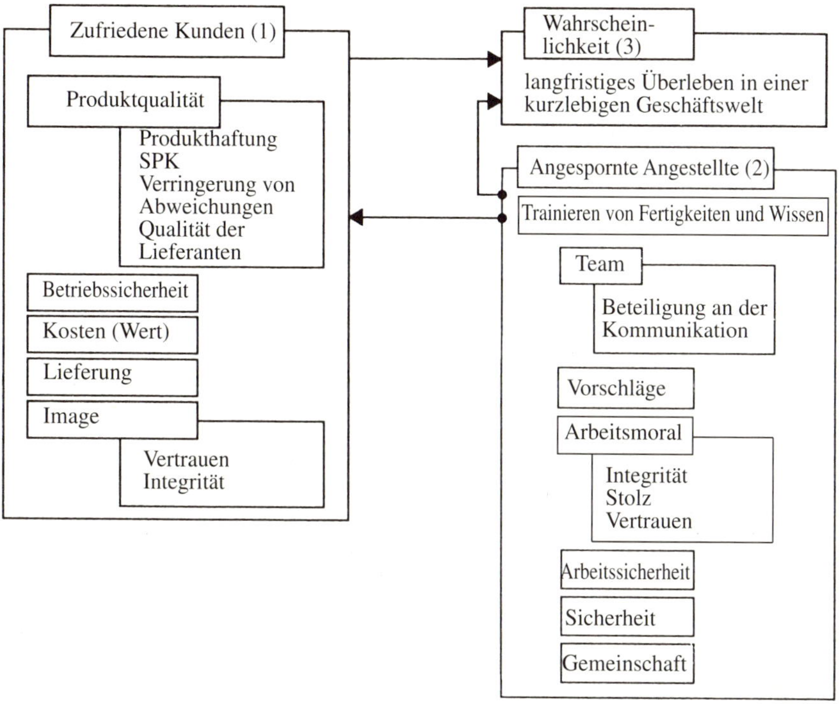

Hinweis: Bei vielen verschiedenen Gedankengängen ist es oftmals schwierig, sie auf eine verständliche Art und Weise zu ordnen. In diesem Fall kann ein Affinitätsdiagramm entwickelt werden. Auf jeder Karte wird ein Gedanke festgehalten, und anschließend werden alle Gedanken unter verschiedenen Überschriften zusammengefaßt. Diese Form erleichtert es, einen Satz zu konstruieren, der eine Zusammenfassung der Gedanken darstellt. In diesem Fall lautet die Mission folgendermaßen: „Wir wollen langfristig in der Geschäftswelt durch zufriedene Kunden (1) mit angespornten Angestellten (2) und der Verwirklichung rascher Profitabilität (3) überleben.“

12. Baumdiagramm

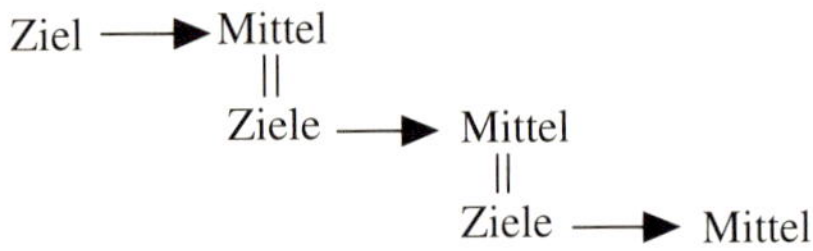

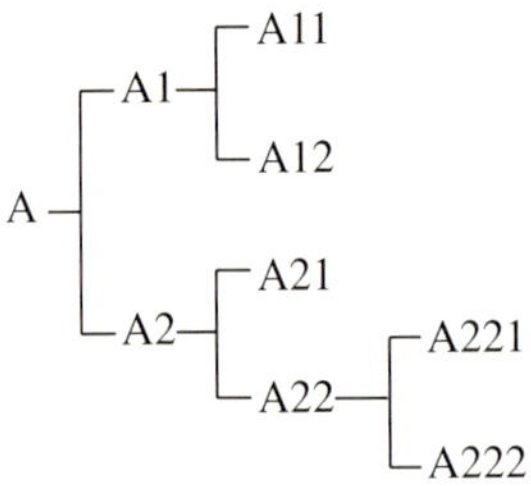

Hinweis: Das Baumdiagramm beschreibt die Beziehung zwischen Zielen und Mitteln in der Form einer Kaskade. Abb. 9.21 ist ein Beispiel für eine solche Anwendung.

13. Matrixdiagramm

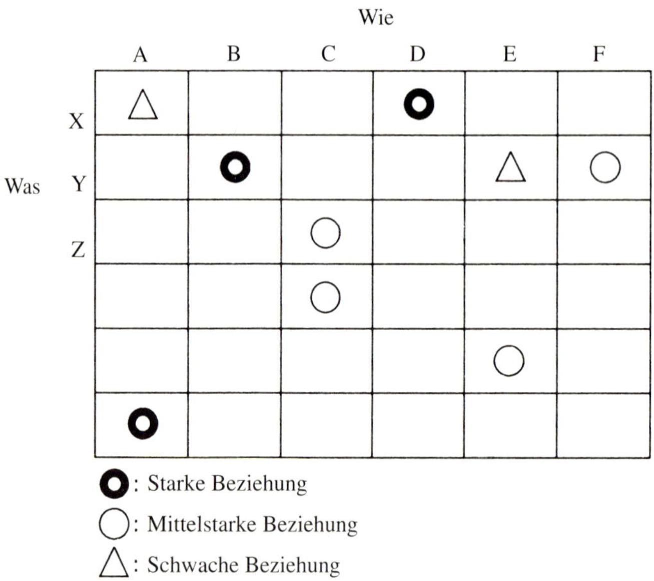

Hinweis: Das Matrixdiagramm beschreibt die Beziehung zwischen zwei verschiedenen Arten von Merkmalen, wie die Ziele und die Mittel zur Erreichung der Ziele bzw. die Art von Problemen und mögliche Lösungen. Um das „was" der Kunde erwartet und das „wie" solchen Erwartungen entsprochen werden kann zu verbinden, verknüpft die Matrix „Was" und „Wie" wie hier dargestellt. Die Wechselwirkungen werden allgemein in stark, mittelstark und schwach eingeteilt.

Im Fall, daß sich eine Beziehung zwischen Kundenbedürfnissen und Designmerkmalen entwickelt, kann ein Kundenbedürfnisbaum (s. Abb. 2.12) mittels einer „Was"-Säule dargestellt werden, während Designmerkmale durch die „Wie"-Reihe veranschaulicht werden. Auf diese Weise wissen wir, daß die Leute verstanden haben, wie wir die Kundenbedürfnisse im Designprozeß ansprechen können. (Diese Matrix ist das Kernstück der Qualitätsfunktionsentwicklung, bei der sich Qualitätsmerkmale innerhalb der Firma mittels dieser Matrixdiagramme übersetzen lassen.) Abb. 2.14, 10.13 und 10.21 sind Beispiele für eine solche Anwendung.

14. Pfeildiagramm
(Beispiel: Projektplanung)

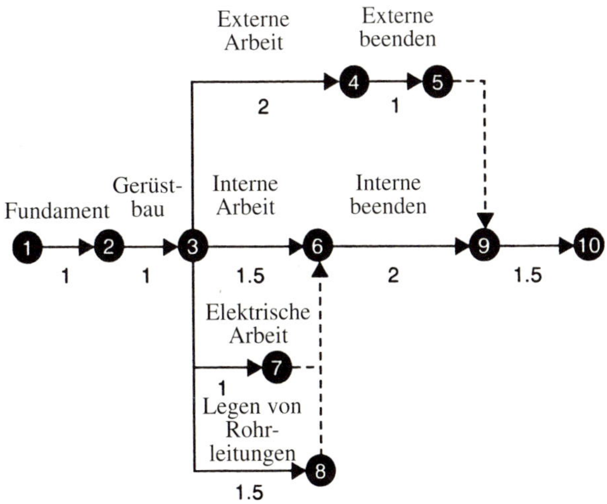

Hinweis: ❶ : Nummer des Projektes

1 : Zeit für die Erledigung der Aufgabe

——▶ : Aufgabe, die Zeit erfordert

- - - -▶ : Angabe der Wechselwirkungen zwischen den Aufgaben

Verglichen mit dem Ganttdiagramm, beschreibt das Pfeildiagramm die Wechselwirkung zwischen den Aufgaben viel klarer.

15. Ganttdiagramm
(Beispiel: Projektplanung)

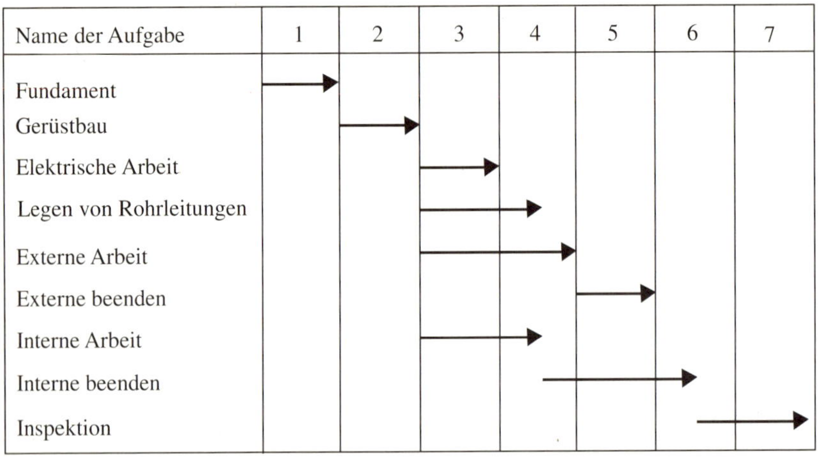

16. Radardiagramm
(Beispiel: Ebene des Shop Floor Managements)

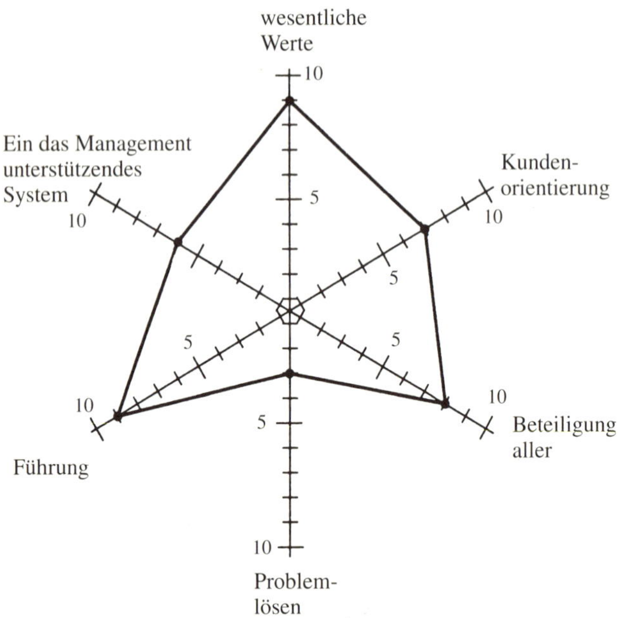

Hinweis: Dieses Beispiel entspricht der Firma A in Abb. 11.5. Dieses Diagramm erleichtert die Beurteilung der Bereiche, die im Vergleich zu einigen Standards stark oder schwach sind.

Betrachten Sie bitte auch die Abbildungen am Ende des Anhangs 3.1, wo die Bewertung der Aufgaben und Verantwortlichkeiten des Abteilungsleiters mit Hilfe eines Radardiagramms festgehalten werden.

17. Prozeßanalysenpapier

Stufe	Entf. in Fuß	Zeit in Min.	Diagramm-symbole	Prozeßbeschreibung	Quan-tität
40				Elektronik, die der Verbesserung bedarf	
41		0,5		Block in PCBA # s	
42	40			Übertragung auf die Verbesserung des Arbeitsplatzes	
43	40			Rückkehr zum Arbeitsbereich (Test)	
44				Lagerung der Artikel	
45				Tafeln, die der Verbesserung bedürfen	
46		3,0		Tafeln verbessern	
47	32			Übertragung der Tafeln auf den Testbereich	

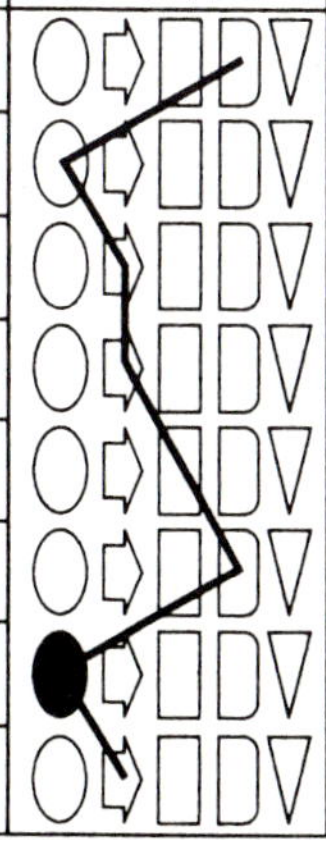

Operation (nicht wertsteigernd) — Transport — Verzögerung

Operation (wertsteigernd) — Lagerung — Inspektion

Hinweis: Das Prozeßanalysepapier hebt die nicht wertsteigernde Arbeit hervor.

18. Kreislaufzeit-Analysepapier

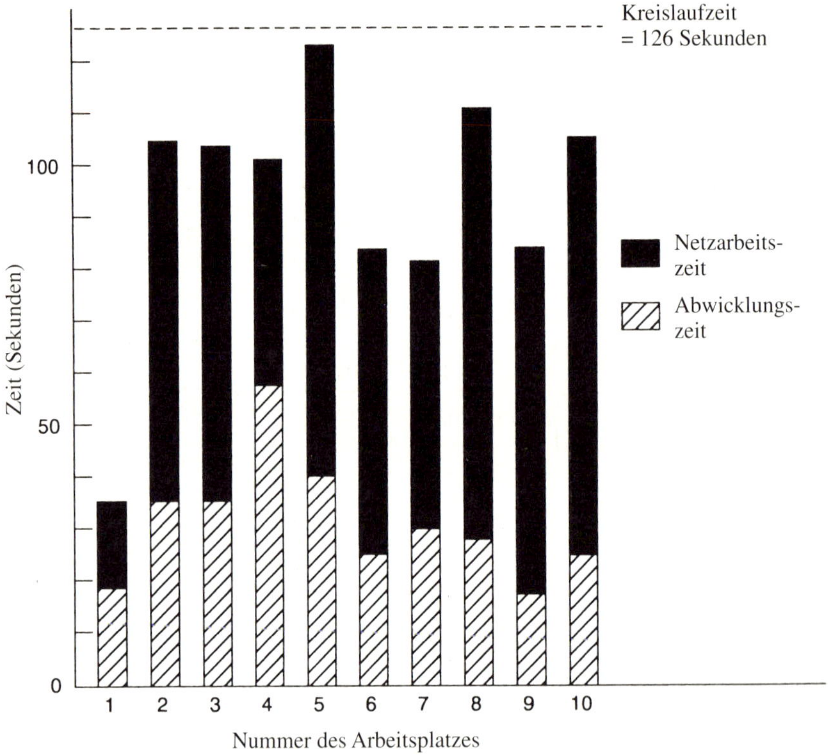

Gesamtabwicklungszeit = 318 Sekunden (34%)

Gesamtnetzarbeitszeit = 611 Sekunden (66%)

Gesamtbetriebszeit = 929 Sekunden (100%)

$$\text{Ausnutzung der Zeit des Facharbeiters} = \frac{\text{Gesamtbetriebszeit}}{\text{Kreislaufzeit} \times \text{Anzahl der Facharbeiter}}$$

$$= \frac{929}{126 \times 10} = 74\%$$

Hinweis: Die Analyse der Kreislaufzeit dient dazu, die unzureichend genutzte Zeit für sich wiederholende Operationen zu identifizieren – wie die Fließbandarbeit für die Auslastung des Bandes.

19. Arbeitskombinationsdiagramm

Arbeitsplatz Nr. 3

Zeit

* A = Abwicklungszeit
M = Maschinen-/Arbeitszeit
W = Arbeitszeit

	H	M	W*
Karte mit Einheit ziehen (Kartenkäfig)	2		
In die Hand nehmen, inspizieren, hinstellen oder Vorgang beenden	11		
Eine andere Tafel ziehen	5		
Neun Schrauben an Tafel befestigen		20	
Sorgfältig die Tafel mit den Schrauben in der Karte hinstellen		15	
Kraftantrieb anstellen	1		
Antrieb für neun Schrauben		18	
Nach linkem Kabel greifen und zusammenklemmen	5		
Kabel befestigen		5	
Nach rechtem Kabel greifen und überprüfen	8		
Kabel befestigen		10	
Einheit in den Ofen schieben und diesen verriegeln	3		

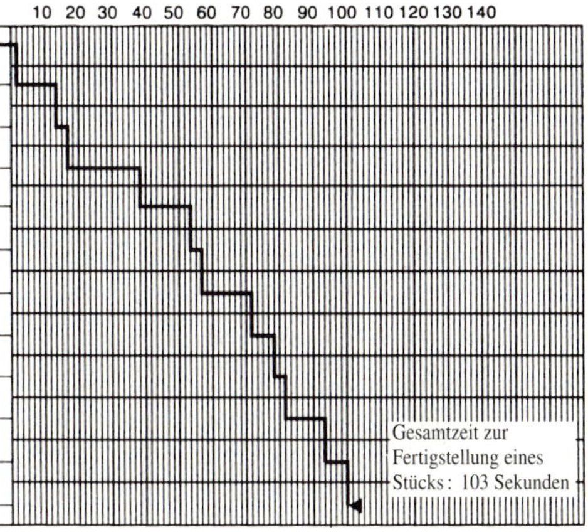

Hinweis: Zeit und Bewegungsstudien lassen sich mit Hilfe dieses Diagramms durchführen. Wenn die Idee der Kreislaufzeitkontrolle angewandt wird, lassen sich die Arbeiten kombinieren, und das Band wird ausgelastet.

20. Prozeßflußdiagramm
(Beispiel: Qualitätsverbesserungsprozeß)

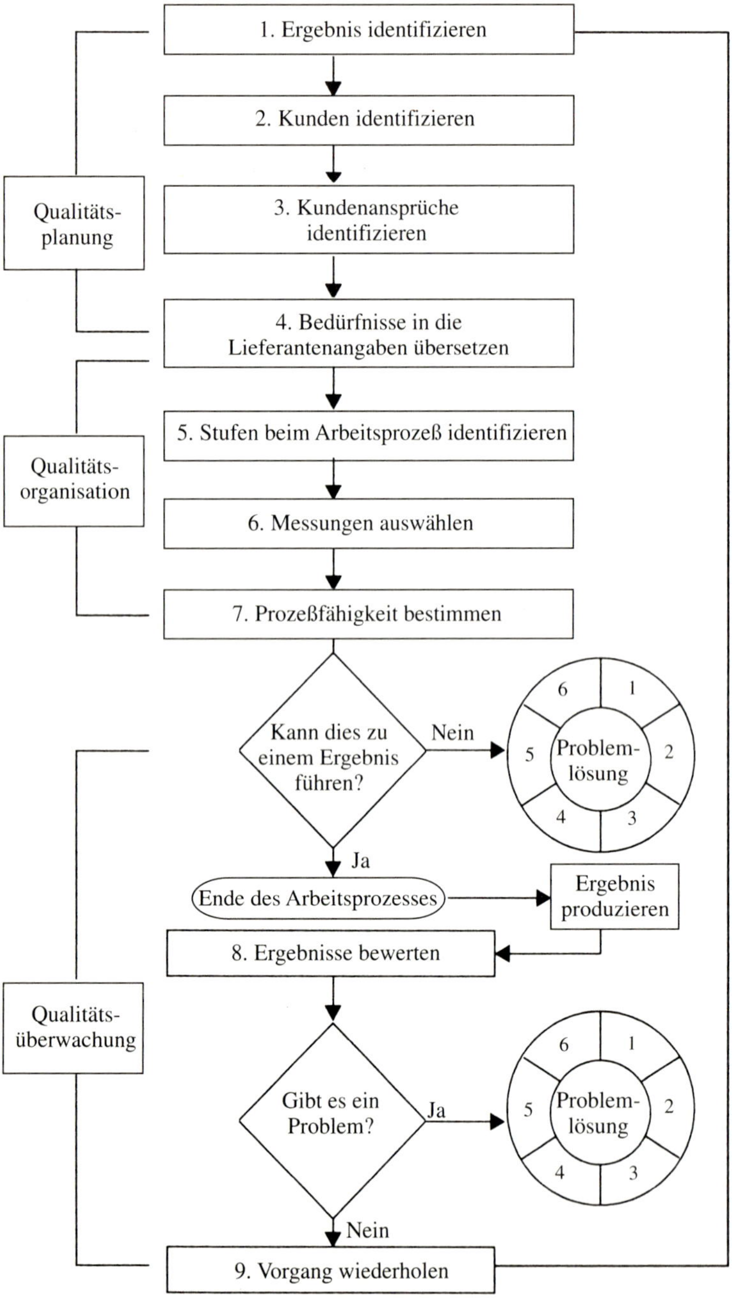

Mit freundlicher Genehmigung von Xerox

Hinweis: Um die Beziehung zwischen aufeinanderfolgenden Stufen in visueller Form zu beschreiben, wird ein Prozeßflußdiagramm verwendet. Indem wir dem Pfeil folgen und Entscheidungen treffen, werden alle wichtigen Schritte verdeutlicht und standardisiert. Diese Abbildung zeigt den Qualitätsverbesserungsprozeß bei Xerox.

Natürlich bezieht sich das Wort „Kunde" sowohl auf interne als auch externe Kunden. Der problemlösende Prozeß (Rad) entspricht den folgenden Schritten:

1. Das Problem identifizieren und auswählen
2. Das Problem analysieren
3. Eine mögliche Lösung herausfinden
4. Die Lösung auswählen und planen
5. Die Lösung realisieren
6. Die Lösung beurteilen (zurück zu Schritt 1)

Dieses Beispiel stellt den ständigen Verbesserungsprozeß selbst dar, ähnlich wie die QK-Geschichte. Wenn jeder innerhalb des Betriebes diesen Prozeß anwendet, sollte der Betrieb als Ganzes Fortschritte auf dem Gebiet einer kundenorientierten Firma machen.

Anhang 6.3

Checkliste für die Entwicklung von Ideen

Die folgende Liste kann dazu verwendet werden, ein bestimmtes Thema zu finden, um die Leute an der Problemlösung zu beteiligen. Die Idee ist folgende: diejenigen, die sich unmittelbar in der Situation befinden, sollen bei den Aktivitäten beteiligt werden, anstatt andere für sich die Arbeit erledigen zu lassen. Hier werden die 5 Ms-1 I-Checkliste, die 7 Ws-Checkliste und Osbornes Checkliste als grundlegende Techniken der Entwicklung von Ideen beschrieben. Besonders dann, wenn Ihnen die Ideen ausgehen, können Ihnen diese Checklisten Anregungen geben.

Die folgende 5 Ms-1 U-Checkliste beinhaltet die Grundlagen einer Geschäftsoperation: Mensch, Maschine, Methoden, Material, Messungen und Umgebung.

Abb. 6.3.1 5 Ms-1 U-Checkliste

Mensch

- Können wir uns bei dem, was wir tun, noch besser ausbilden?
- Können wir besser kommunizieren?
- Können wir die Einführungsverpackung des neuen Angestellten oder des gegenwärtigen Personals verbessern?
- Können wir die Leute problemlos an diejenige Person verweisen, die mit einer bestimmten Aufgabe betraut ist?
- Können wir uns unsere Arbeit mit anderen effektiv teilen, wenn wir überlastet sind?
- Können wir mehr Training und Job-Rotation durchführen?
- Können wir die Depotmöglichkeiten für persönliche Utensilien verbessern?
- Können wir die Bedingungen der Arbeitsumgebung verbessern, besonders im Hinblick auf Gesundheit und Sicherheit?
- Können wir die Schnittstelle mit den internen wie auch externen Kunden verbessern?

Maschine

- Können wir die Verarbeitungsmethode verbessern?
- Können wir den effektiven Einsatz von Maschinen, Computern und anderen Anlagen verbessern?
- Können wir Maschinen einsetzen, die für uns unsere Arbeit erledigen?
- Können wir die Maschinen richtig warten?
- Können wir die Leistung der Maschinen verbessern, indem wir sie verändern, aufrechterhalten oder steigern?
- Können wir allgemeine Gründe für das Versagen von Maschinen identifizieren und Lösungen finden, dies zu vermeiden?
- Können wir auf irgendeine Weise Werkzeuge und Befestigungen noch verbessern?
- Können wir die Werkzeuge auch in anderen Bereichen anwenden?
- Können wir die Verfahren im Fall von Maschinen- oder Anlagendefekten verbessern?

Abb. 6.3.1 (Fortsetzung)

Methoden

- Können wir unsere Arbeit, Materialien, Ersatzteile, usw. vereinfachen, kombinieren oder eliminieren?
- Können wir die überflüssige Arbeit eliminieren, die an vielerlei Orten geleistet wird?
- Können wir dies auch schon beim ersten Mal richtig tun?
- Können wir die Standards besser deutlich machen und das Management by exception anwenden?
- Können wir die Arbeitsmethode ändern?
- Können wir die Anwendung von GBV so verbessern, daß es uns leichtfällt, uns nach ihnen zu richten?
- Können wir die Trainingsmethode verbessern?
- Können wir die Haushaltung und Arbeitsplatzorganisation in Bezug auf Materialien, Werkzeuge, Ersatzteile, usw. verbessern?
- Können wir die Leistung der Operation, Maschine oder des Fließbandes verbessern?
- Können wir die Planung verbessern?
- Können wir die Mengen-(Chargen-)größe der Produktion reduzieren?
- Können wir die Umstellungszeit reduzieren?
- Können wir Überproduktion stoppen?
- Können wir den Lagerbestand verringern?
- Können wir unnötige Maßnahmen verringern?
- Können wir effektive Transportwege herausfinden?
- Können wir über verbesserte Transporteinrichtungen nachdenken?
- Können wir die Wartezeit der Leute besser ausnutzen?

Material

- Können wir die effektive Ausnutzung der Ressourcen, wie Materialien, die Unterstützung des Personals, usw. verbessern?
- Können wir unnötige Verschwendung bei der Verarbeitung eliminieren?
- Können wir Abfall und Überarbeitung des Produktes reduzieren?
- Können wir eine effektive Verwendung für Materialien, wie z. B. Öl, Luft, Dampf, Papier, Handschuhe und andere Verbrauchsartikel finden?
- Können wir die Etikettierung, Farbkodierung, Markiersysteme verbessern?

Messungen (Informationen)

- Können wir die Organisation von Informationen derart verbessern, daß wir besser miteinander kommunizieren? (Sind wir uns darüber im klaren, welche Informationen wir brauchen oder ob wir sie vielleicht schon haben?)
- Können wir das Verfahren der Berichterstattung verbessern?
- Können wir das Computersystem bestmöglich ausnutzen?
- Können wir visuelle Hilfsmittel verbessern?
- Können wir das Verfahren der Informationssammlung verbessern?
- Können wir die Anzahl der Berichte reduzieren, die verteilt werden?
- Können wir die unnötige Verschwendung von Papier eliminieren?
- Kann die Berichterstattung per Hand besser sein als der Einsatz des Computers?
- Können wir den Nutzern (Kunden) eines Berichts helfen, die Information besser zu nutzen?
- Können wir die Formulare verständlicher gestalten?
- Können wir zwecks einer leichteren Anwendung ein verbessertes Verfahren entwickeln?
- Können wir die Informationsverarbeitung beschleunigen?
- Können wir die Aufbewahrung von Dokumenten verbessern? (Haben wir zu viele oder zu wenige?)
- Können wir rasch über aktualisierte Informationen verfügen?
- Können wir den Prozeß oder das Produkt mit denen unseres Konkurrenten vergleichen und über Verbesserungsmöglichkeiten nachdenken?

Abb. 6.3.1 (Fortsetzung)

Umgebung

- Können wir die Beleuchtung, Luft, Temperatur, Lärm, Staub, Gas, schlechte Gerüche oder andere Arbeitsbedingungen verbessern?
- Können wir die Sicherheitsverfahren verbessern?
- Können wir die Sicherheitsausrüstung verbessern?

Eine weitere Checkliste – die 7 Ws (was, warum, wo, wann, wer, wie und wieviel) – wird bei der Entwicklung eines Handlungsplans verwendet und ist auch bei der Identifizierung von Problemen nützlich.

Abb. 6.3.2 7 Ws-Checkliste

Was (Objekt)

Was ist zu tun?
Was wurde bereits getan?
Was sollte getan werden?
Was kann noch getan werden?
Was sollte sonst noch getan werden?
Warum können wir diese Aufgabe, dieses Material, usw. nicht eliminieren?

Warum (Zweck)

Warum macht er das?
Warum wird das getan?
Warum wird das dort getan?
Warum wird das auf diese Weise getan?
Warum wird das in diesem Fall getan?

Wo (Ort)

Wo wird das getan?
Wo ist das getan worden?
Wo sollte das getan werden?
Wo kann das sonst noch getan werden?
Warum sollte das da getan werden?

Wann (Zeitpunkt, Reihenfolge)

Wann ist das zu tun?
Wann ist das getan worden?
Wann sollte das getan werden?
Ist es notwendig, das dann zu tun?

Wer (Person)

Wer macht das?
Wer macht das zur Zeit?
Wer sollte das tun?
Wer kann das sonst noch tun?
Wer sollte das sonst noch tun?
Warum soll ich (oder er/sie) das tun?

Abb. 6.3.2 (Fortsetzung)

Wie (Methode)

Wie wird das getan?
Wie ist das getan worden?
Wie sollte das getan werden?
Gibt es eine andere Möglichkeit, das zu tun?
Ist das die beste Möglichkeit?

Wieviel (Kosten)

Wieviel ist das?
Wieviel kostet das?
Wieviel sollte das kosten?
Wieviel können wir sparen?

Die letzte Checkliste wurde von Osborne erstellt (Applied Imagination, A.F. Osborne, New York: Scribners, 1963).

Abb. 6.3.3 Osbornes Checkliste

Etwas anders nutzen

- Gibt es eine andere Nutzungsmöglichkeit, während die jetzige Umstellung aufrechterhalten wird?
- Kann irgendetwas anderes produziert werden?

Eine Idee von etwas ähnlichem entleihen

- Ideen entstehen durch Kombinieren.
- Prüfen Sie, ob sich Ideen, die anderswo genutzt werden, an Ihr Verbesserungsprojekt anpassen lassen.

Verändern oder ersetzen Sie es

- Verändern Sie die Gestalt, Farbe, Geräusch, Geruch, Bewegung, Ort, Orientierung, Kraftquelle, usw.
- Wechseln Sie es turnusmäßig aus.
- Entfernen Sie dort etwas, wo etwas ist.
- Fügen Sie hinzu, was nicht vorhanden ist.

Erweitern Sie es

- Fügen Sie etwas hinzu, bringen Sie mehr Zeit auf, erhöhen Sie die Anzahl der Wiederholungen.
- Machen Sie es stärker, länger oder dicker.
- Fügen Sie einen anderen Wert hinzu.
- Verdoppeln, verstärken oder vergrößern Sie es.

Reduzieren Sie es

- Entfernen Sie etwas.
- Machen Sie es kleiner oder größer.
- Teilen Sie es.
- Vereinfachen, reduzieren Sie es, machen Sie es leichter.
- Stellen Sie es in gemäßigter Form dar.

Abb. 6.3.3 (Fortsetzung)

Verwenden Sie Alternativen

- Setzen Sie jemand anderen oder etwas anderes ein.
- Verwenden Sie andere Elemente, Bestandteile, Materialien, Methoden, Orte, Einstellungen oder Stimmlagen.

Ersetzen Sie es

- Verwenden Sie verschiedene Elemente oder Bestandteile, Formen, Layouts, Reihenfolgen oder Anordnungen.
- Drehen Sie Ursache und Wirkung um.
- Verändern Sie den Weg, die Geschwindigkeit oder den Plan.

Drehen Sie es um

- Drehen Sie das Oberste nach unten, drehen Sie es um, kehren Sie die Positionen um, vorne und hinten, positiv und negativ.
- Verändern Sie die Aufgaben, die Orientierung, die Umstellung.

Kombinieren Sie es

- Vermischen Sie es.
- Setzen Sie es zusammen.

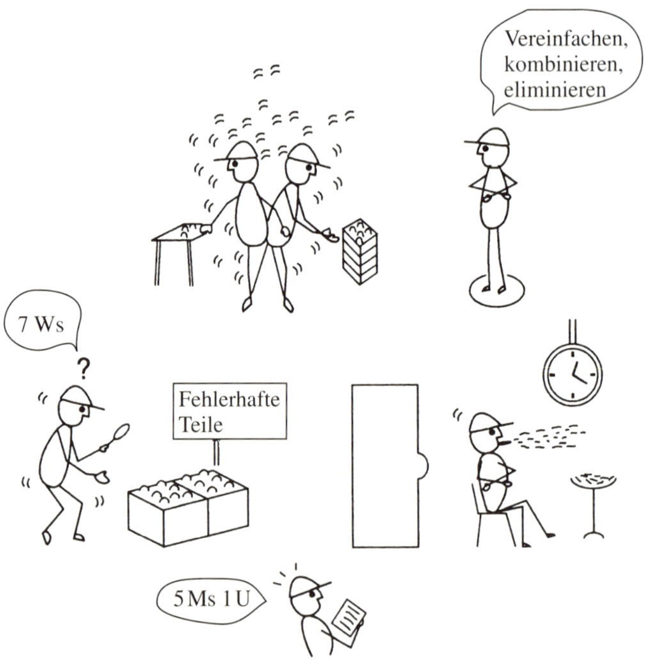

Abb. 6.3.4 Die Anwendung verschiedener Methoden der Ideenentwicklung

Anhang 7.1

Ratschläge für Vorschlagsprogramme

Die folgenden Kommentare stammen von Mitarbeitern der Staubsaugerabteilung der Matsushita Electric Industries, die auf Vorschläge für ihre Programme antworten:

Die Leute tragen also mit Vorschlägen bei – was machen Sie, um Ideen für Vorschläge zu sammeln?

- Machen Sie sich Notizen, wenn Ihnen etwas auffällt, was nicht in Ordnung ist.
- Sammeln Sie Informationen aus der Arbeit anderer Firmen oder anderer Abteilungen. Sie können sie aus Präsentationen, Büchern, Fernsehen, usw. erhalten.
- Studieren Sie „Produktideen“, indem Sie Läden wie Heimwerkermärkte aufsuchen.
- Experimentieren Sie zuerst, indem Sie schneiden, kleben, biegen, usw. und dabei alternative Materialien wie Papier verwenden.
- Studieren Sie viele Beispiele für Verbesserung.
- Fragen Sie sich stets, ob die Situation für Sie so zufriedenstellend ist, wie sie sich zur Zeit darstellt.
- Beobachten Sie stets alles, was auf dem Shop Floor passiert.
- Überarbeiten Sie Verbesserungsideen, die den Verbesserungsaktivitäten kleiner Gruppen entstammen.

Wenn Sie Manager wären, was würden Sie tun, um die Leute dazu zu ermutigen, Vorschläge beizusteuern?

- Sorgen Sie für so viel Unterstützung wie möglich, damit jeder zehn Vorschläge pro Monat macht.
- Da wir die Arbeitssituation dadurch verbessern, daß wir unsere Leute beteiligen, müssen wir die Ideen, die durch die Vorschläge entstehen, miteinander verknüpfen.
- Erteilen Sie den Leuten Ratschläge, damit sie Gewohnheiten, Bereitschaft, Geduld und Vertrauen in sich selbst entwickeln.
- Vermeiden Sie, die Ideen zu kritisieren.
- Beobachten Sie stets die Arbeit der Leute und erteilen Sie Ratschläge.
- Bewirken Sie, daß Fragen auftauchen und bitten Sie die Leute, darüber nachzudenken.
- Demonstrieren Sie stets, daß Verbesserungen auch durch das Management entstehen.
- Um das Interesse der Leute für Verbesserungen zu wecken, müssen Sie bei der Ausführung von Ideen assistieren.
- Bestärken Sie die Leute darin, sich mit der Realität auseinanderzusetzen, statt auf einer gedanklichen Ebene zu verharren.

Wenn die Manager und die Leute Ideen beitragen, was empfehlen Sie dann denjenigen, die ein Vorschlagsprogramm erfolglos durchführen?

- Es ist notwendig, Vorschlagsprogramme als einen Teil in die Verbesserungsaktivitäten aufzunehmen.
- Es ist erforderlich, daß das Top Management starke Eigeninitiative zeigt.
- Vermitteln Sie den Leuten die Bedeutung, die es hat, die Ideen aller zu sammeln und den Spaß, die Ideen in die Tat umzusetzen.

- Denken Sie zuerst daran, Ihre eigene Arbeit zu erleichtern, indem Sie Vorschläge einreichen. Und gleichzeitig sollten Sie dafür monetär belohnt werden.
- Bauen Sie das System so auf, daß den Leuten ihre Arbeit leichter fällt und sie gleichzeitig Geld verdienen.
- Indem Sie eine kleine Idee beitragen, erfahren Sie das Gefühl, was es heißt, Ihre Teammitglieder glücklich zu machen.

Hinsichtlich der Beurteilung der Vorschläge werden Punkte entsprechend der folgenden Richtlinien vergeben. Als Beispiele werden hier die Kriterien von Matsushita und Toyota miteinander verglichen.

	Ergebnis (Punkte)	
	Matsushita	**Toyota**
Nutzen/Vorteile	0–50	0–40
Idee/Kreativität	0–30	0–10
Entwicklung von Ideen	nicht bekannt	0–10
Anstrengungen	0–10	0–10
Potential für die Realisierung	0–10	0–10
Berichtigungen, Änderungen	−10% – +10%	−20% – +20%
Gesamtpunktzahl	0–100	0–75

Hinweis: Nutzen/Vorteile werden in materielle (solche wie die Reduktion von Kosten, Materialien oder Arbeitskraft) und immaterielle (solche wie Sicherheit, Umgebung, Hygiene oder bestimmte Qualitätstypen) unterteilt. Die Punktzahl ergibt sich aus ihrer Kombination. Berichtigungen erfolgen hinsichtlich solcher Faktoren wie Verantwortung, Verhältnis in Bezug auf die hauptsächliche Aufgabe, usw.

Ein wichtiger Punkt hierbei ist, daß die meisten Belohnungen ungefähr zehn Dollar oder weniger pro Vorschlag entsprechen und wir uns nicht unbedingt an die Punktebewertung der Tabelle halten müssen. Dies überlassen wir dem jeweils verantwortlichen Manager.

Um die Bedeutung eines Vorschlagsprogramms für die Firma aufzuzeigen, sollten Sie sich merken, daß im Fall von Toyota der Vorsitzende des Vorschlagskomitees ebenfalls ein Vizepräsident von Toyota und der Vizevorsitzende des Komitees ein leitender Direktor ist. Wenn das Top Management erst einmal die Wirkung auf den Firmenbetrieb erkannt hat, wird es kaum auf die Belohnungszeremonie und die Präsentationen der Vorschläge verzichten.

Anhang 7.2

Aufbau eines erfolgreichen Teams

Bei den folgenden Punkten handelt es sich um die Schlüsselmerkmale eines erfolgreichen Teams. Ich empfehle, die Leistung des Teams oder der Minifirma gemäß diesen Punkten zu bewerten sowie den Austausch der Ideen, damit die Teammitglieder sehen, was zur Verbesserung getan werden kann. Bewerten Sie jeden Punkt mit der Skala von 0–10, wobei 0 die schlechteste und 10 die beste Punktzahl darstellt.

Schlüsselmerkmale	Punkte
1. Hat eine klare Mission und klare Ziele: Jeder im Team versteht, teilt und engagiert sich für die Mission und Ziele des Teams.	______
2. Beweist eine starke Führung: Diese ist situationsabhängig. Es handelt sich nicht immer um die gleiche Führungskraft. Je nach Prozeß oder Art der Leute wechselt die Führungskraft. Jeder verfügt über bestimmte Fertigkeiten oder ein bestimmtes Wissen, das er beitragen kann.	______
3. Das Zusammenwirken der Leute ist offensichtlich: Die Meinungen der Leute werden angehört und als Grundlage genommen, die Probleme und Chancen des Teams in Angriff zu nehmen. Die Idee einer Person löst als Kettenreaktion mehr Ideen aus.	______
4. Beweist eine gute Kombination aus Fertigkeiten und Wissen: Die Teammitglieder tragen auf unterschiedliche, aber ergänzende Weise zum Zusammenwirken bei.	______
5. Tauscht sich gut über Informationen aus und wendet das Glass Wall Management an: Ideen werden ungehindert zum Ausdruck gebracht, bei Diskussionen werden alle Mitglieder miteinbezogen, und es wird bei den Treffen aktiv zugehört. Das Ergebnis ist, daß die Leute flexibel arbeiten können, um ihre Ziele zu erreichen.	______
6. Die Mitglieder unterstützen sich gegenseitig: Um die Mission zu verwirklichen und die Arbeitsatmosphäre als Team zu genießen, entwickeln sie eine unterstützende Umgebung. Es bestehen Vertrauen, Ehrlichkeit und Vereinbarkeit der Ziele, aber keine Angst.	______
7. Arbeitet hart und hat Freude: Ein gutes Team arbeitet hart, um die Mission und die Ziele zu verwirklichen. Doch das Team vergißt dabei nicht, Freude zu entwickeln.	______
8. Lernt kontinuierlich beim Vorwärtsgehen: Beim Durchlaufen des PAPH-Kreislaufs lernt ein gutes Team ständig – sowohl von Erfolgen als auch von Mißerfolgen.	______

Schlüsselmerkmale	**Punkte**
9. Die einzelnen spüren, daß sie innerhalb des Teams als Individuen gewachsen sind: Es ist für die Mitglieder selbst wichtig, daß sie als Individuen sowohl in fachlicher als auch persönlicher Hinsicht gewachsen sind.	____
10. Team hat gute Fortschritte zu verzeichnen: Die Realisierungen des Teams sind unbestreitbar. Wenn das Team Ziele festgelegt hat, werden diese auch in den meisten Fällen erreicht.	____

Hinweis: Nachdem die Gesamtpunktzahl errechnet worden ist, sollten die Teammitglieder nach Möglichkeiten suchen, ihre Leistung zu verbessern.

Abb. 7.2.1 Im Wort „Team“ ist kein „Ich“ enthalten

Anhang 7.3

Checkliste zur Beurteilung der wichtigen Schritte des teamorientierten Problemlösens

Die folgende Checkliste kann verwendet werden, um den Projektprozeß von den Teammitgliedern (1) planen und überarbeiten zu lassen oder (2) ein Teamprojekt und eine Teampräsentation zu bewerten, um Prämien zu vergeben und ein angemessenes Feedback vom Management zu erhalten.

Abb. 7.3.1 zeigt die QK-Geschichte, die eine standardisierte Form des weit verbreiteten Problemlösens als Team in Japan ist.

Abb. 7.3.1 Checkliste zur Überarbeitung des Problemlösen-Prozesses (QK-Geschichte)

1. Auswahl des Themas
   - Wurde das Thema gründlich von allen Teammitgliedern diskutiert?
   - Wurde das Thema freiwillig ausgewählt?
   - Reichen die Fertigkeiten der Teammitglieder für die Realisierung der Ziele aus?
   - Reflektiert es die Erfordernisse des Arbeitsplatzes, der Mission und Ziele der Firma?
   - Gab es eine Bewertung der aktuellen Situation gegenüber dem Plan oder dem Stand der Kundenzufriedenheit?
2. Beschreibung der Situation
   - Wurde sich mit den drei Realitäten angemessen auseinandergesetzt?
   - Werden die Probleme von verschiedenen Gesichtspunkten untersucht?
   - Werden die Problembereiche enger gefaßt?
   - Werden die Daten richtig verwendet?
   - Stammen die Informationen von den Managern, dem Personal, Kunden oder Lieferanten?
3. Zielsetzung
   - Ist der Prozeß der Zielsetzung richtig?
   - Ist das Ziel für Verbesserungen klar definiert?
   - Sind die Gründe für die Ziele überzeugend?
   - Gibt es klare Ziele dafür, was wann und wieviel zu tun ist?
   - Gibt es einen klaren Handlungsplan, der die 7 Ws (wer was, wann, wo, warum, wie und wieviel tun muß) beinhaltet?
   - Gibt es genügend Möglichkeiten, daß jeder dazu beitragen kann?
4. Analyse der Ursache
   - Ist es offensichtlich, daß das Team oftmals „warum" fragt?
   - Ist eine Ursachen/Wirkung-Beziehung klar?
   - Werden die Daten/Informationen richtig verwendet?
   - Werden die einzelnen Technologien und problemlösenden Techniken gut eingesetzt?
   - Trägt jeder Ideen bei?
5. Entwicklung von Gegenmaßnahmen
   - Bestehen starke Beziehungen zwischen Ursachen und Gegenmaßnahmen?
   - Reflektieren die Gegenmaßnahmen die Kreativität aller, einschließlich der Meinungen der Manager, des Personals, der Kunden und der Lieferanten?

Abb. 7.3.1 (Fortsetzung)

- Ist die Lösung einzigartig bzw. neu?
- Gibt es Bewertungen der Effektivität, des erwarteten Nutzens und Verwirklichung der Gegenmaßnahmen?
- Ist der Plan für die Realisierung der Gegenmaßnahmen ausführbar?

6. Durchführung der Gegenmaßnahmen
   - Wird bei der Durchführung der Gegenmaßnahmen die Erfindungsgabe der Leute berücksichtigt?
   - Gibt es Beweise dafür, daß sich die Leute doppelt anstrengen?
   - Hilft jeder bei der Ausführung der Pläne?
   - Gibt es Überlegungen hinsichtlich der zukünftigen Standardisierung?
7. Bewertung der Realisierungen
   - Werden sowohl die materiellen als auch die immateriellen Ergebnisse angemessen überwacht?
   - Bestehen klare Beziehungen zwischen den Gegenmaßnahmen und den Realisierungen?
   - Entwickelt sich das Projekt erwartungsgemäß?
   - Sind die erwarteten Ergebnisse eingetroffen?
   - Wo liegen die Gründe zwischen geplantem und tatsächlichem Ergebnis?
8. Standardisierung
   - Legt das Team nach Lösung des Problems Standards fest?
   - Existiert eine Standardisierung, um das Auftreten des gleichen Problems zu vermeiden?
   - Ist bei der Anwendung von Standardisierung genug Raum für Kreativität?
9. Gelernte Lektionen und zukünftige Pläne
   - Entwickeln die Teammitglieder als Teil des Prozesses Vertrauen und Selbstachtung?
   - Erhält jeder eine angemessene Ausbildung und Training?
   - Ist eine Verbesserung in Bezug auf das vorangegangene Projekt erkennbar?
   - Wurden während des Prozesses viele zusätzliche Vorschläge gemacht?
   - Wurde der PAPH-Kreislauf während der gesamten Verbesserungsaktivitäten durchlaufen?
   - Gibt es Pläne, die Anstrengungen des Teams zu bestärken, um weiterhin Fortschritte zu erzielen?
   - Gibt es in Anbetracht der gelernten Lektionen eine klare Richtung für die Zukunft?

Abb. 7.3.2 zeigt das von Xerox benutztes Bewertungsformular für eine Prämie, die seinem Team für Perfektion verliehen wird.

Abb. 7.3.2 Von Xerox benutztes Bewertungsformular

Name des Prüfers: ____________	Datum: ____________
Name des Teams: ____________	Zweck der Beurteilung: ____________

Anleitung: Kreuzen Sie bei jeder Frage die richtige Zahl an und addieren Sie für das Endergebnis alle Zahlen.

Skala: 1 = sehr schwach, 5 = sehr stark

ERGEBNISSE BEI DER QUALITÄT (70 Punkte)	ERNEUERUNGEN (15 Punkte)
1. Hatte das Team hinsichtlich seines *Potentials* einen wichtigen Einfluß auf das Geschäftsergebnis?	1. Hatte das Team eine kreative oder innovative Lösung zur Hand?
1 2 3 4 5	1 2 3 4 5

Abb. 7.3.2 (Fortsetzung)

2. Entsprachen die Ergebnisse des Teams den Bedürfnissen der Kunden? 1 2 3 4 5	2. War das Team während des Prozesses innovativ bzw. kreativ? 1 2 3 4 5
3. Unterstützten die Ergebnisse des Teams ein Geschäftsziel? 1 2 3 4 5	3. Gab es mehrere mögliche Einstellungen, um das Problem zu identifizieren? 1 2 3 4 5
4. Sind die Ergebnisse des Teams von seiner Kontrollorganisation bestätigt worden? 1 2 3 4 5	4. Wandte das Team kreative Techniken an, um die Hindernisse bei der Verfolgung seiner Lösung zu überwinden? 1 2 3 4 5
5. Konnten die Ergebnisse des Teams langfristige Veränderungen bewirken? 1 2 3 4 5	Gesamt ______ × 7,5 = ______
6. Führte das Team eine Problemursachenanalyse durch? 1 2 3 4 5	TEAMWORK (15 Punkte)
7. Wandte das Team analytische/statistische Werkzeuge und Techniken effektiv an – ausgehend von seinem Wissen? 1 2 3 4 5	1. Bewies das Team ein gutes Arbeitsverhältnis? 1 2 3 4 5
8. Wandte das Team einen erkennbaren systematischen Prozeß an? 1 2 3 4 5	2. Trug die Erfahrung als Team zur Entwicklung der wechselwirkenden Fertigkeiten der Teammitglieder bei? 1 2 3 4 5

Abb. 7.3.2 (Fortsetzung)

ERGEBNISSE BEI DER QUALITÄT (70 Punkte)	ERNEUERUNGEN (15 Punkte)
9. Wandte das Team den Prozeß sowohl in funktioneller (wie) als auch ertragsmäßiger (was) Hinsicht erfolgreich an?	3. Haben sich die Teammitglieder regelmäßig getroffen (mindestens 3/4 der Leute anwesend) und sich über die Anstrengungen des Teams ausgetauscht?
1 2 3 4 5	1 2 3 4 5
10. War das Team bei seinem Lösungsvorschlag effektiv, suchte es nach der notwendigen Anerkennung und entwickelte es einen Prozeß, um den Lösungsergebnissen auf der Spur zu bleiben?	4. Mußte das Team enorme Schwierigkeiten überwinden, um überhaupt als Team zu operieren?
1 2 3 4 5	1 2 3 4 5
Gesamt ______ × 1,4 = ______	Gesamt ______ × 0,75 = ______

Hinweis: Alle Teams werden nach diesem Formular bewertet. Die Ergebnisse zählen wie folgt: Qualität (70%), Teamwork (15%) und Erneuerungen (15%).

Abb. 7.3.3. zeigt das von Komatsu Ltd., Japan verwendete Bewertungsformular, das bei Beendigung eines QK-Kreislaufs zugrundegelegt wird.

Abb. 7.3.3 Bewertungskriterien eines Teams bei Komatsu

Bereich	**Inhalt**	**Punkte***
Umfang der Aktivitäten	• Fanden die Teamaktivitäten wie geplant statt?	______
	• Wurden die einzelnen Technologien, die problemlösenden, Techniken und Informationen richtig angewandt?	______
Verwaltung	• Fanden die Treffen problemlos statt?	______
	• Wurden die Aufgaben und Verantwortlichkeiten von allen Teammitgliedern geteilt?	______
Problemlösung	• Basierte das Problemlösen auf Tatsachen, war der Prozeß logisch?	______
	• Fand kreatives Denken bei der Lösungsfindung statt?	______
Anstrengungen zur Realisierung	• Wurden zusätzliche Anstrengungen unternommen und war der Wunsch nach Realisierung vorhanden?	______
	• Standen die Aktivitäten in Bezug zu der Situation auf dem Shop Floor und dem Denken der Leute?	______
Nutzen/Vorteile	• Gab es wertvolle Realisierungen – sowohl materielle als auch immaterielle?	______

Abb. 7.3.3 (Fortsetzung)

Bereich	Inhalt	Punkte*
	• Gab es die Überlegung, daß eine ähnliche Lösung auch in anderen Bereichen angewandt werden könnte?	______
	• Werden die Gegenmaßnahmen als langfristig erachtet?	______
	• Wurden die Fertigkeiten bzw. die Arbeitsmoral der Leute verbessert?	______

* Bei der Beurteilung jedes Bewertungsbereiches bedeuten fünf Punkte sehr gut und ein Punkt sehr schlecht. Jeder QK-Zyklus wird ebenfalls gebeten, eine einseitige Zusammenfassung der Teamaktivitäten zu schreiben, wobei das QK-Format zur Bewertung des Projektes genutzt wird.

Mit freundlicher Genehmigung von Daiwa Seiko

Abb. 7.3.4 Schautafel der Teamverbesserungen

Hinweis: Wenn die Teamverbesserungsprojekte ausgewählt worden sind und die Aktivitäten begonnen haben, werden die Projektbeschreibungen zusammen mit Photos der Teammitglieder ausgehängt. Einmal im Jahr gibt es eine Konferenz, deren Thema die Realisierungen dieser Teams sind. Es werden Prämien verliehen, und anschließend wird eine kleine Broschüre veröffentlicht, die die Aktivitäten jedes Teams beschreibt.

Anhang 7.4

Ständige Verbesserungsaktivitäten der Arbeitsgruppe

Eine Gruppe von Firmen (bzw. Abteilungen einer Firma) können zusammenkommen, um sich über die Vision der ständigen Verbesserung auszutauschen und Verbesserungsaktivitäten durchzuführen. Wenn sich sieben bis zehn Firmen zusammensetzen und sich alle ein bis drei Monate über ihr Wissen, ihre Techniken und Erfahrungen austauschen, können die Leute die Verbesserungsaktivitäten aus erster Hand vernehmen – wobei die Gastgeberfirma jedesmal eine andere ist. (Bei Toyota werden solche Aktivitäten sowohl intern als auch für Lieferantenfirmen durchgeführt, um das Verständnis für ihr Produktionssystem zu vertiefen. Da hier besonders die Eigeninitiative für Verbesserungen hervorgehoben wird, heißt diese Aktivität Toyota-Produktionssystem-Arbeitsgruppe.)

Die Liste in Abb. 7.4.1 wurde entwickelt, um den Leuten bei der Einführung solcher Gruppenverbesserungsaktivitäten für verschiedene Abteilungen in einer Firma oder in Firmen zu helfen, wobei ein gemeinsames Interesse an der ständigen Verbesserung besteht.

Abb. 7.4.1 Beschreibung der ständigen Verbesserungsaktiväten einer Arbeitsgruppe

Ziele

Austausch von Fachkenntnissen, Ressourcen
Gegenseitiges Unterrichten, Netzarbeit
Effektiver Einsatz von Experten/Beratern als Ressource
Ständige Verbesserung

Motivation der Leute, um der Gruppe beizutreten

Erfahren, was andere machen
Sich über gemeinsame Probleme und Lösungen austauschen
Rückkehr zu alten Gewohnheiten verhindern
Sich zur Selbstdisziplin hinsichtlich Verbesserungen erziehen
Kunden benötigen ständige Verbesserung

Berater/Ressource (ein bis drei Personen)

Experte: Hoher Sachverstand, Vision, starkes Engagement, alles in allem eine verläßliche Person mit Beraterfähigkeiten
Berater: Experte auf dem jeweiligen Sachgebiet, wird auch mit Verwaltungsangelegenheiten betraut, Beraterfähigkeiten

Zuhörerschaft (zwei bis drei Personen pro Firma)

Top Management: Erster oder zweiter aus der Führungsspitze
Mittleres Management: Manager, Betriebsmanager
Shop Floor-Angestellte: Abteilungsleiter (oder je nachdem Facharbeiter)

Abb. 7.4.1 (Fortsetzung)

Jahresagenda

Treffen sich jeden Monat – bis alle drei Monate
Dauert ein bis zwei Tage
Die Gastgeberfirmen wechseln sich ab
Möglicherweise Besichtigungstouren als Gruppe von Weltklassefirmen
Fortschrittsbericht für jede Konferenz und Zusammenfassungsbericht am Ende des Jahres
Jährliche Tagung, um sich über den Erfolg auszutauschen

Themen

Beseitigung von Verschwendung
Haushaltung und Arbeitsplatzorganisation
Reduzierung der Umstellungszeit und Produktion kleiner Mengen
Flußproduktion
Problemlösende Prozesse
Qualitätsverbesserung
Wartung
Jidoka – Bandstop-Konzept
Kanban
PAPH und Managementsysteme
Glass Wall Management
Befähigung der Leute
Kundenorientierung
Beteiligung der Leute
Standards und Verbesserung
Genormte Betriebsverfahren
Job-Training
Visuelle Kontrolle
Minifirmen
Policy Management, usw.

Typische Tagesordnung

Allgemeine Besichtigung, normalerweise von drei Teams durchgeführt – Einsatz von Checklisten
Besprechung der Besichtigung, Zusammenfassung von Plus und Minus
Präsentation des Schwerpunktthemas
Besichtigung des Schwerpunktthemas und Vorbereitung der Präsentation, ebenso gemeinschaftliche Konferenz über die Erfolge der Geschäftsleitung (bei Toyotas Arbeitsgruppe erfolgen Verbesserungen an Ort und Stelle)
Bericht der Geschäftsleitung
Beratung der Geschäftsleitung
Teampräsentation (5–10 Minuten pro Team)
Projektentwicklung und -leitung (5–10 Minuten pro Firma)
Schlußdiskussion

Werkzeuge

Polaroidkamera und Film
Stoppuhren
Videomonitor und 35-mm-Diaprojektor für das Schwerpunktthema und die Projektentwicklung, was von den Mitgliederfirmen vorbereitet wird
Overheadprojektor
Flipcharts und Stative

Abb. 7.4.1 (Fortsetzung)

Austausch von Materialien

Auszüge aus Büchern und Videotrainingsbändern, wenn angemessen
Weitere Lektüre über Problemlösung, Teamwork, Präsentation, Wartung, usw.
Firmenspezifische Informationen, einschließlich Planung, Vorschlagsprogramm, Beispiele für Verfahren, Verbesserungsaktivitäten, was von den Mitgliederfirmen zum Nutzen von anderen vorbereitet wird
Informationen und Materialien werden während oder außerhalb der Konferenz verteilt

Feedback und Bewertung

Beobachtungen, die aus Besichtigungen des Shop Floors gewonnen wurden, werden von den Teams als Plus und Minus zum Nutzen der Gastgeberfirma präsentiert. (Wenn es angemessen erscheint, wird die Präsentation der Teamaktivitäten auf dem Shop Floor zum Nutzen der Angestellten abgehalten.)
Alle Photos, die während der allgemeinen Besichtigung aufgenommen wurden, werden der Firma zu ihrem Nutzen überlassen
In der darauffolgenden Konferenz wird erwartet, daß die Gastgeberfirma eine Präsentation über die von ihr erzielten Fortschritte abhält
Eine Bewertung der Zusammenkunft wird am Ende der Konferenz als Möglichkeit gesehen, den Prozeß zu verbessern

Verwaltung

Rundschreiben; Verteilung von den innerhalb der Konferenz ausgegebenen Materialien
Verteilung von Lektüre
Vorbereitung von Werksbesichtigungen: Auswahl des Projektes, Überarbeitung der Fortschritte
Budget, Verpflegung, Koordination, usw.

Verantwortlichkeit der Teilnehmer

Machen für sich selbst bedeutende Verbesserungen
Beitrag zum Team
Wenn sich keine Fortschritte einstellen, wird der Status als Mitglied widerrrufen

Einige Kommentare von Mitgliedern

Nutzen Sie die Gruppe als Ressource
Stellen Sie Probleme zur Diskussion
Notieren Sie jede gute Idee zwecks späterer Verwendung
Räumen Sie Zeit für Verbesserungen ein
Verwirklichen Sie Ideen innerhalb von 48 Stunden
Haben Sie keine Angst vor Mißerfolgen
Lernen Sie aus Fehlern
Standardisieren Sie, sobald die Verbesserungen erfolgt sind
Teilen Sie Erfolge mit anderen
Feiern Sie Erfolge
Verwenden Sie visuelle Kommunikationsmittel, d. h. „Vorher und Nachher"-Photos, Abbildungen
Verbreiten Sie den Begriff der ständigen Verbesserung
Rufen Sie interne Arbeitsgruppen der ständigen Verbesserung ins Leben

Abb. 7.4.1 zeigt eine Zusammenfassung meiner Erfahrungen mit solchen Aktivitäten wie in der Toyota-Arbeitsgruppe, der Anwendergruppe für ständige Verbesserungen (AGSV), dem Exekutivkomitee (DEK) und dem Industrieforum der südkalifornischen Organisation junger Präsidenten

(OJP). AGSV wurde von Mike Rother, Rick Fleming und mir mit der Unterstützung des Industrial Technology Institute gegründet, um sich über die Bemühungen der ständigen Verbesserung mit kleinen Herstellern auszutauschen. Ein Mitglied sagte: „Die Anwendergruppe ist wie eine Konferenz, die alle sechs Wochen von acht Beratern abgehalten wird; außerdem bleiben wir so der ständigen Verbesserung auf der Spur." Zur Zeit sind mehr als 70 Firmen der Herstellungs- und Dienstleistungsindustrien in unterschiedlichen Regionen der Vereinigten Staaten der AGSV angeschlossen. In Europa und Asien gibt es von dieser Art auch mehrere Gruppen.

Was die Schlüsselfaktoren für den Erfolg dieser Aktivitäten betrifft, halte ich die Realisierung der Notwendigkeit von Verbesserungen auf dem Shop Floor, Aufrichtigkeit, gegenseitiges Unterrichten und Vertrauen in den Prozeß für am wichtigsten.

Wenn eine solche Einstellung der Mitglieder vorhanden ist, können Methoden und Techniken mit der richtigen Anleitung von Beratern erlernt werden. Ich möchte Toyota, Kanto Auto Works, der Organisation junger Präsidenten, dem Industrial Technology Institute und vielen Mitgliedern dieser Gruppen dafür danken, daß sie mir die Gelegenheit gegeben haben, ihr Wissen und ihre Erfahrungen zu teilen.

Mit freundlicher Genehmigung der Anwendergruppe für ständige Verbesserung

Abb. 7.4.2 Szene aus einer Veranstaltung der Anwendergruppe für ständige Verbesserung (AGSV). Ein Team hält eine Präsentation vor Angestellten einer Mitgliedsfirma ab. Wenn ein Feedback erfolgt, kann jeder in der Firma die Empfehlungen der Gruppe für Verbesserungen verstehen.

Anhang 8.1

Effektive Verwendung visueller Hilfsmittel

Da die heutige sich schnell verändernde Umgebung eine bessere Kommunikation verlangt, kann die effektive Verwendung visueller Hilfsmittel eine wichtige Rolle auf dem Shop Floor spielen. Sie sollte dazu dienen:

- *Sich über den Stand der Fortschritte* ohne Verzögerung *austauschen zu können*
- *Allgemeine Interessen* für jedermann ersichtlich *anzusprechen*
- *Die Kreativität aller zu nutzen*, um die allgemeinen Interessen in Angriff zu nehmen
- *Teamwork zu fördern*, damit die Leute sich gegenseitig helfen
- *Spaß* an der Teilnahme am gesunden, internen Wettbewerb *zu haben*
- *Stolz* bei den Leuten *hervorzurufen*, wenn sie die Realisierungen sehen
- Erfolgte *Realisierungen zu würdigen*

Es folgen nun Beispiele solcher visuellen Hilfsmittel. Statt an leeren Wänden vorüberzugehen, können wir den Platz mit Hilfe unserer Phantasie und unserer Freude nutzen. Das Schlüsselkonzept für eine effektive Einsatzmöglichkeit von Ausstellungen liegt darin, sie einfach zu uns sprechen zu lassen. Diejenigen, die die Ausstellung betrachten, sind die Kunden.

Idealerweise sollte es uns gelingen, diese selbst für Fremde verständlich zu machen, d. h. diese sollten sie begreifen können, ohne Fragen stellen zu müssen. Wenn wir ein Diagramm aufhängen, das nur diejenige Person versteht, die es erstellt hat, bzw. das Diagramm schon veraltet ist, haben wir bereits verloren. Natürlich sollten diese Darstellungen nicht gegenüber dem Büro der leitenden Angestellten aufgehängt werden, wenn wir die Beteiligung der Leute beabsichtigen.

Firmenweite Aktivitäten aushängen

Die folgenden Beispiele zeigen firmenweite Aktivitäten, welche die 6 Ws beschreiben. Diese visuellen Hilfsmittel lassen sich in diese sechs Kategorien einteilen:

1. Fortschritte der Firma
2. Prämien
3. Verbesserungsaktivitäten und Schautafeln, die die Leistung anzeigen
4. Kürzlich stattgefundene Präsentationen
5. Stand der Teamprojekte
6. Allgemeine Informationen und Photos vom Shop Floor

Wenn wir diese Punkte überdenken, sollten wir erkennen, daß sich ähnliche Hilfsmittel für unsere Minifirmen entwickeln lassen. Abb. 8, 9.17 und 9.20 dienen auch der Kommunikation der Botschaft durch visuelle Hilfsmittel.

1. Fortschritte der Firma

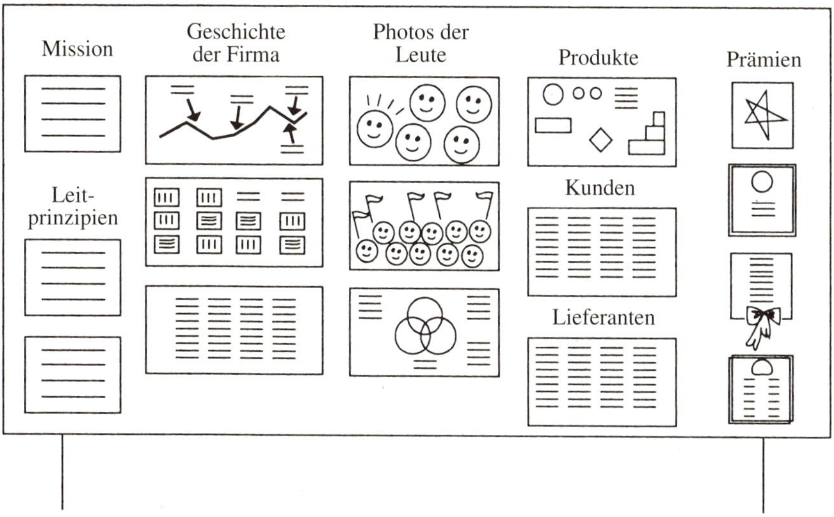

Diese Tafel erläutert die Fortschritte der Firma, erklärt ihre Mission und Leitprinzipien mit Beschreibung der Leute, Produkte, Kunden, Lieferanten und wichtigen Realisierungen.

2. Prämien

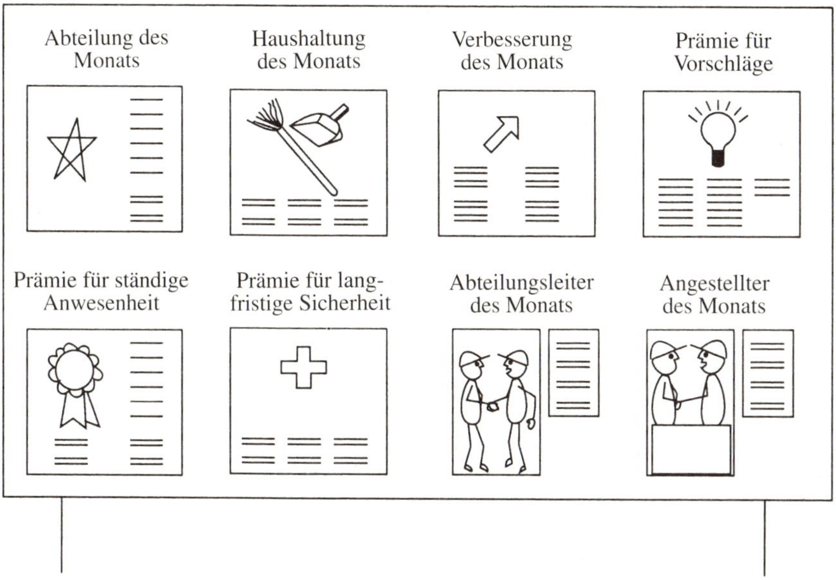

Hier sind einige Beispiele für Prämientafeln, die zusammen mit den Namen der Abteilungen bzw. einzelnen Personen ausgehängt werden. Photos von monatlichen oder jährlichen Prämienempfängern können ebenso gezeigt werden. Geld, das wir durch unsere Arbeit verdienen, ist zwar wichtig, doch diese Prämien bieten einen zusätzlichen Anreiz.

Mit freundlicher Genehmigung von Fireplace Manufacturers, Inc.

Abb. 8.1.1 Ausgehängte Prämien

3. Verbesserungsaktivitäten und Schautafel, die die Leistung (QKLSA) anzeigt

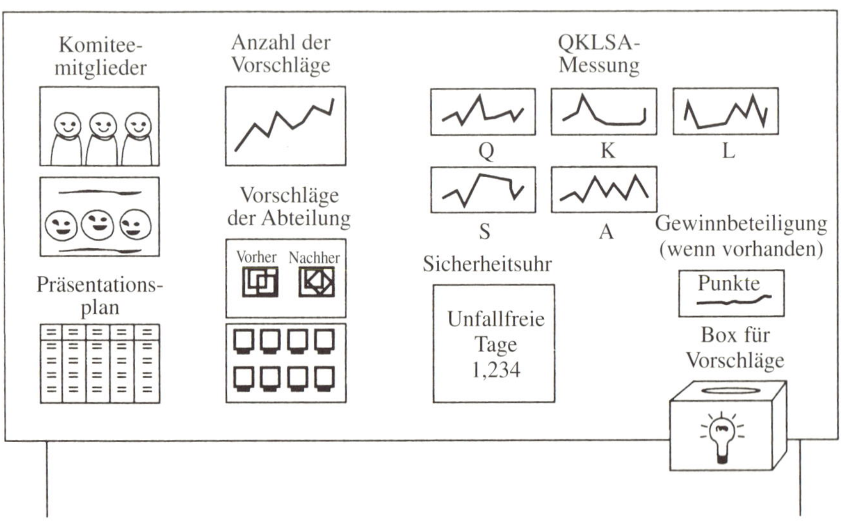

Dies sind Photos von Leuten, die in den Komitees arbeiten (Sicherheit, Verbesserung der Haushaltung, Vorschläge, usw.). Wichtige Messungen der Gesamtverbesserungsaktivitäten bei QKLSA (Qualität, Kosten, Lieferung, Sicherheit, Arbeitsmoral) können ebenfalls ausgehängt werden.

4. Kürzlich stattgefundene Präsentationen

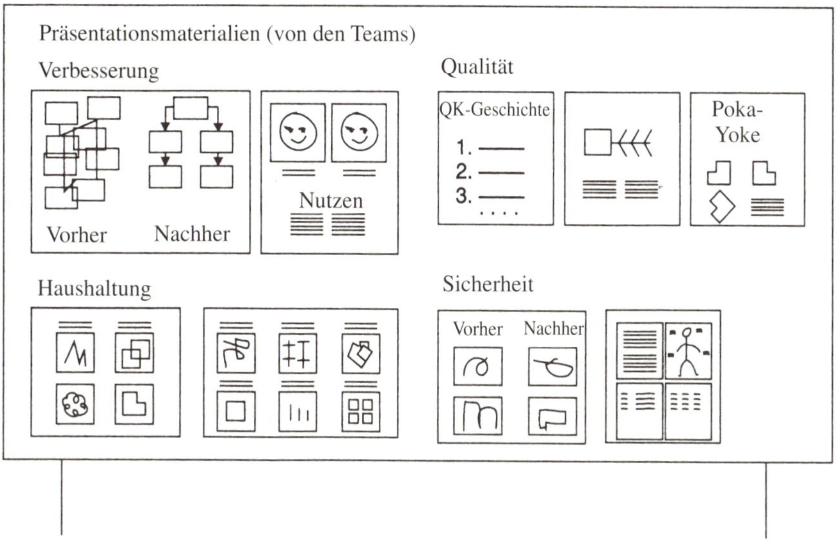

Die Photos der Aktivitäten innerhalb der Gruppen zeigen Leute, die vor dem Management oder ihren Kollegen Präsentationen abhalten. Die Aushängung dieser Photos vermittelt einen Eindruck, welche Anstrengungen von vielen Personen unternommen werden und bestärkt andere darin, weitere Fortschritte zu machen.

Mit freundlicher Genehmigung von Borg-Warner

Abb. 8.1.2 Informationstafel, die die Realisierungen anzeigt. Eine Gruppe von Leuten nutzte eine freie Wand in der Nähe des Ganges und fing an, die Realisierungen eines Teams an einer Tafel auszuhängen. Obwohl eine Firma so nicht unbedingt verfahren muß, könnte es vielleicht trotzdem üblich werden – vorausgesetzt, die Selbstverbesserungen haben den sogenannten Schneeballeffekt.

5. Stand des Teamprojektes

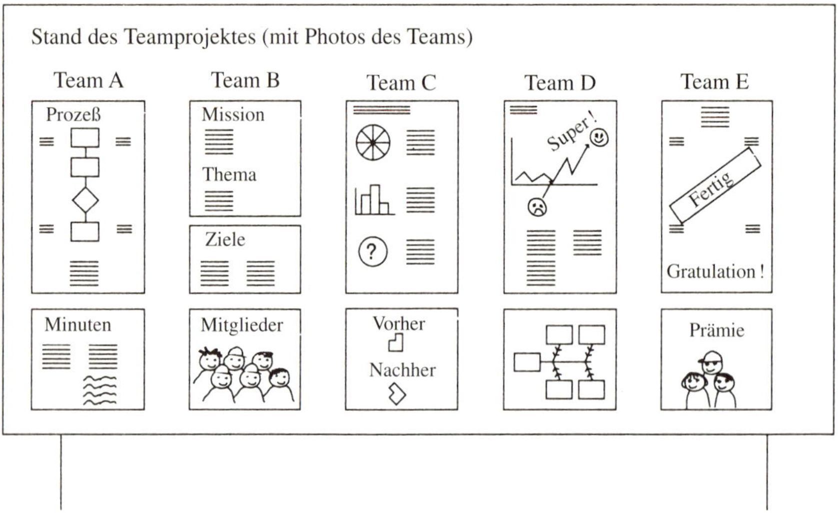

Der Stand der Teamaktivitäten kann ausgehängt werden, um das Maß der Realisierungen anzuzeigen. Beispiele enthalten das Lieferantenentwicklungsprogramm, die Reduzierung der Umstellungszeit, die Reduzierung der Lieferzeit und die Qualitätsverbesserung. Die Fortschritte verschiedener Verbesserungsaktivitäten kleiner Gruppen, von „Teams für den Korrekturkurs", usw. können miteinander verglichen werden.

Mit freundlicher Genehmigung von Bay Cities Containers

Abb. 8.1.3 Informationstafel, die die Fortschritte des Teams angibt. Auf dieser kleinen Wellblechtafel sind mehr als ein Dutzend Teams untergebracht, die an der ständigen Verbesserung arbeiten. Jedes Team besteht sowohl aus Kunden als auch Lieferanten des Betriebes. Jede Woche treffen sie sich eine Stunde lang, um an dem Projekt zu arbeiten. Zweimal im Monat findet eine „Zusammenkunft zwecks Austausches" statt, um das Bewußtsein für die ständige Verbesserung zu vertiefen und über Fortschritte zu berichten.

6. Allgemeine Informationen und Photos auf dem Shop Floor

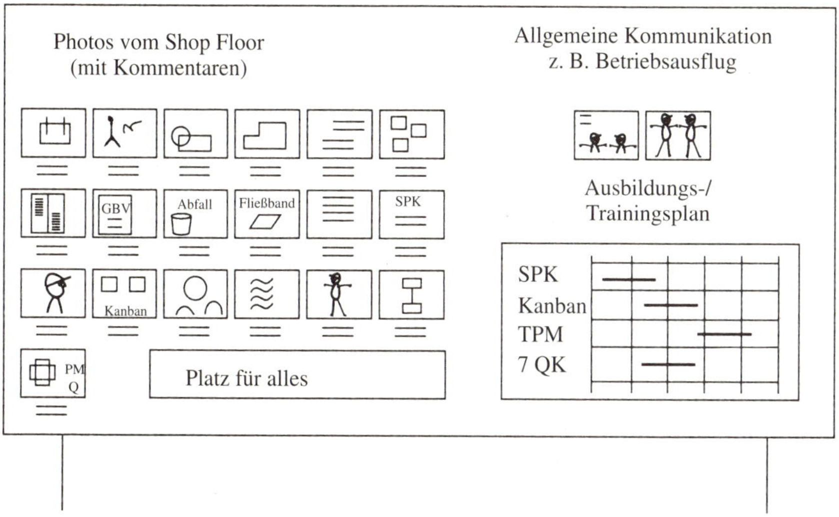

Photos vom Shop Floor und Büro oder Firmenereignisse wie Besuche von Kunden und Lieferanten, Betriebsausflug, usw. können jeden Monat zusammen mit kurzen Kommentaren ausgehängt werden. Die Punkte Haushaltung und Organisation lassen sich ebenfalls darstellen. Je mehr Photos von den Leuten ausgehängt werden, desto öfter werden sich die Leute dort versammeln, um die jeweils aktuellen Bilder zu betrachten.

Mit freundlicher Genehmigung von Quality Rapids Spring & Wire

Abb. 8.1.4 Wände, die mit Hunderten von Photos behängt wurden

Um die Fortschritte zu zeigen, hängte Grand Rapids Spring & Wire Hunderte von Photos auf, auf denen Leute zu sehen sind, die zusammenarbeiten. Auf einem der Photos steht: „Die Schaffung einer fähigen Kultur erfordert Zeit und gute Leute."

Wie es mit der Aushängung der Aktivitäten von Minifirmen oder wichtigen Fließbandinformationen aussieht, können Sie den Abbildungen 9.17 und 9.20 in Kapitel 9 entnehmen.

Anhang 9.1

Tägliche, wöchentliche, monatliche und jährliche Aktivitäten des Abteilungsleiters

Dieser Anhang beschreibt die Aktivitäten eines Abteilungsleiters in einer Firma, die auf dem Gebiet des Shop Floor Managements bereits fortgeschritten ist. Auch wenn viele Aktivitäten hier beschrieben werden, sollten die Abteilungsleiter mit der Zeit, wenn sich ihre Fertigkeiten verbessert haben, mit den meisten Aktivitäten umgehen können. In dem Maße, wie sich die Fertigkeiten verbessern, wird auch der Zeitaufwand für Problemfälle und Konferenzen geringer werden.

Abb. 9.1.1 Tägliche Aktivitäten eines Abteilungsleiters

Vorbereitung für ein morgendliches Treffen

- Überarbeiten Sie die Ergebnisse der vorangegangenen Schicht.
- Machen Sie sich persönlich ein Bild von den Bedingungen des Arbeitsbereiches.
- Bereiten Sie Themen für das Treffen vor, z. B. QKLSA, Firmen- und Werkssituation, Vorschläge, Feedback der morgendlichen Besichtigung, Zustand der Vorrichtungen und Befestigungen, noch zu behandelnde Themen aus vorangegangenen Zusammenkünften.
- Hängen Sie wichtige Themen der Tagesordnung und relevante Informationen an einer Tafel aus, damit die Leute der Tagesordnung besser folgen können.

Leitung des morgendlichen Treffen

- Vermitteln Sie die obigen Themen. Bitten Sie um Fragen, Kommentare oder Vorschläge.
- Erteilen Sie Anweisungen, falls notwendig, und lenken Sie die Aufmerksamkeit der Leute auf wichtige Arbeitsbereiche.
- Ermutigen Sie die Leute dazu, an dem Treffen teilzunehmen.
- Wenn es angemessen erscheint, lassen Sie jemanden aus der Gruppe über ein von ihm gewähltes Thema sprechen.
- Vergewissern Sie sich der Aufmerksamkeit der Leute.
- Wenn einige Themen noch nachbereitet werden müssen, machen Sie sich Notizen. Eine richtige Nachbereitung ist der Schlüssel für erfolgreiche Zusammenkünfte und die Entwicklung guter Beziehungen.

Überarbeitung der Startoperation

- Ergreifen Sie Maßnahmen bei denjenigen Themen, die einer sofortigen Handlung bedürfen, z. B. Sicherheit, Wartung oder Reparaturen.
- Besichtigen Sie das Arbeitsgebiet und überprüfen Sie die Betriebsbedingungen (5 Ms 1 U: Mensch, Maschine, Methode, Material, Messungen und Umgebung).
- Stellen Sie sicher, daß alle Checklisten und Produktionsunterlagen auf dem neusten Stand sind und hängen Sie sie in den entsprechenden Bereichen aus.
- Kontrollieren Sie, ob die Facharbeiter ihre Arbeit wie geplant durchführen. Arbeiten sie im Einklang mit dem genormten Betriebsverfahren? Ist es schwierig, sich an die Standards zu halten?

Abb. 9.1.1 (Fortsetzung)

Ist den Facharbeitern die Bedeutung der Standards klar? Gibt es irgendwelche Vorschläge hinsichtlich Verbesserungen des genormten Betriebsverfahrens? Richten sie sich nach den Sicherheitsbestimmungen, dem Produktionsverfahren und anderen Grundregeln des Operationsbetriebs?

- Stellen Sie fest, ob die Facharbeiter Anleitung benötigen. Bieten Sie bei Bedarf Ihre Hilfe an.
- Kontrollieren Sie, ob die Qualitätssicherung richtig durchgeführt wird.
- Überprüfen Sie die Ergebnisse im Bereich der Qualität, des Produktionsvolumens, des Inventars, der Haushaltung und der Arbeitsplatzorganisation.

Überarbeitung der Operation gemeinsam mit Manager und Kollegen

- Treffen Sie sich mit dem Manager und den Kollegen und erstatten Sie Bericht über die Operation.
- Diskutieren Sie umfassendere Themen, die eine Koordination der Kräfte verschiedener Disziplinen erfordern, z. B. QKLSA in weiterem Sinne, Personal- und Kapazitätsplanung, Zuweisung der Facharbeiter.
- Erklären Sie notwendige Gegenmaßnahmen, die ergriffen werden müssen, überarbeiten Sie die Fortschritte von QKLSA, der Wartung und Verbesserungsaktivitäten, Vorschläge, Anwesenheit, usw.
- Diskutieren Sie und führen Sie Brainstormings durch, was zu Verbesserungsideen auf jedem Sektor führt, der von Interesse ist.

Verschiedene Aufgaben (zwischen zwei Treffen)

- Besichtigen Sie den Shop Floor und sprechen Sie mit den Leuten. Tragen Sie zur Entwicklung einer angenehmen Atmosphäre am Arbeitsplatz bei. Hören Sie den Kommentaren oder Beschwerden zu – gleichgültig ob sie sich auf die Arbeit oder das Privatleben beziehen. Bieten Sie Ihren Rat an, falls nötig.
- Wenn Sie sich mit den Facharbeitern unterhalten, stellen Sie sich vor, es seien Ihre Kunden.
- Prüfen Sie Themen, wie bereits oben in „Überarbeitung der Startoperation" diskutiert.
- Wenn die Produktionskontrolltafel eine Verzögerung in der Produktion anzeigt, müssen Sie die Gründe dafür herausfinden und einen Korrekturkurs vornehmen.
- Überarbeiten Sie die Qualitätsinformationen und übermitteln Sie kontinuierlich Informationen an das Fließbandpersonal, d. h. überdenken Sie, welchen Einfluß die Arbeit haben kann, wenn den Facharbeitern eine neue Aufgabe übertragen wird. Berufen Sie Zusammenkünfte mit den entsprechenden Abteilungen ein, je nach Art des Problems.
- Kümmern Sie sich um administrative Aufgaben, unterschiedliche Büroarbeiten, Datensammlung und Problemanalysen, Überarbeitung von Aktionsthemen und Vorschlägen, Vorbereitung für Treffen und Präsentation, usw.
- Leiten Sie die Arbeit am Fließband, falls nötig. Versuchen Sie, Aufgaben zu erlernen, indem Sie diese so durchführen, daß Sie mit der Arbeit vertraut werden. Vielleicht entstehen während der Arbeit neue Ideen für Verbesserungen. Es können dadurch auch engere Arbeitsbeziehungen zwischen den Abteilungsleitern und Facharbeitern entstehen.
- Bestätigen Sie die Fortschritte beim Job-Training und gegenseitigen Training. Lassen Sie die Leute an Qualifikationstests teilnehmen.

Mit ungewöhnlichen Bedingungen fertigwerden

- Befassen Sie sich mit Themen im Bereich der Sicherheit, geplanter Lieferung, usw. und ergreifen Sie korrigierende Maßnahmen.
- Wenn die Leute im Bereich der Sicherheit nicht ausgebildet sind, müssen Sie sie anweisen, eine Operation sofort zu unterbrechen, um Hilfe zu bitten und auf andere Anweisungen zu warten. Die Leute sollten die Situation nicht selbst beurteilen. Halten Sie sich stets an die von der Firma festgelegten Anweisungen. Im Fall von Feuer, Erdbeben oder anderen Notfällen erteilen Sie den Leuten entsprechend den beschriebenen Verfahrensweisen Anweisungen.

Abb. 9.1.1 (Fortsetzung)

- Weisen Sie die Facharbeiter im Bereich der Qualität an, korrigierende Maßnahmen zu ergreifen, damit weitere Probleme vermieden werden. Wenn es angemessen erscheint, lassen Sie das Fließband stoppen und informieren Sie Ihren Manager über die Situation, damit dieser die Maßnahmen beurteilen kann. Es ist für die Facharbeiter sehr wichtig, daß sie Probleme angstfrei mitteilen können.
- Bei verzögerter Lieferung oder Maschinenschaden, usw. wenden Sie sich an die entsprechende Abteilung (z. B. Produktionskontrolle, Wartung, usw.), erklären die Situation und ergreifen korrigierende Maßnahmen.
- Egal um welches Problem es sich handelt – es ist für die Abteilungsleiter, Manager und leitenden Angestellten unbedingt erforderlich, den Leuten geduldig zuhören zu können, wenn sie Probleme mitteilen wollen. Dies ist für die Entwicklung von Teamwork von fundamentaler Bedeutung.
- Wenn das Fließband länger als 15 Minuten stillsteht, weisen Sie die Facharbeiter an, sich mit Aufräumen, Arbeitsplatzorganisation zu beschäftigen oder ein Gruppentreffen einzuberufen, das sich mit bestimmten Problemen auseinandersetzt. Wenn die Unterbrechung nur kurz ist, können die Arbeiter sich darauf konzentrieren, in ihren unmittelbaren Arbeitsbereichen weiter zu arbeiten.

Mittagspause, Pause und Nach-Feierabend-Aktivitäten

- Kontrollieren Sie den Zustand von Maschinen, Werkzeugen, Befestigungen und die allgemeine Arbeitsplatzorganisation.
- Verbringen Sie Zeit mit Ihren Leuten und lernen Sie sie besser kennen. Neue Angestellte brauchen mehr Aufmerksamkeit, um sich bei der Zusammenarbeit mit ihren Kollegen wohl zu fühlen und sich mit ihren Arbeitsbereichen vertraut zu machen.
- Übernehmen Sie eine aktive Rolle bei Freizeitaktivitäten. Entwickeln Sie Teamgeist, teilen Sie die Begeisterung an der Arbeit als Team und bemühen Sie sich um Prämien, Verbesserungsideen und mehr Kundenzufriedenheit.

Schichtende

- Prüfen Sie, ob alle Verfahren beendet wurden, z. B. Haushaltung, Arbeitsplatzorganisation, Zustand der Maschinen, Werkzeuge, Befestigungen und Sicherheit.
- Fassen Sie die Operation des Tages in einem Schichtbuch zusammen, indem Sie QKLSA protokollieren, d. h. Qualität, Produktivität, Lieferungs-(Produktions-)leistung, Sicherheitsinformationen, Anwesenheit, Überstunden, Maschinenschaden, Materialverbrauch, usw. mit Kommentaren versehen.
- Veranstalten Sie ein Treffen mit den Facharbeitern, um sich über die wichtigen Punkte der Operation auszutauschen. Überdenken Sie, was richtig und was falsch war und finden Sie die Ursachen dafür heraus. Teilen Sie den Plan für den nächsten Tag mit, diskutieren Sie die Aufgabenverteilungen, Urlaubspläne, usw.
- Besprechen Sie sich mit dem Abteilungsleiter der nächsten Schicht. Die Gesprächsthemen können folgendes beinhalten:
  Produktionsinformationen: geplantes und tatsächliches Produktionsvolumen, Lagerbestand, anfallender Arbeitsumfang, Stand der Produktivität
  Qualitätsinformationen: Gegenmaßnahmen bei Qualitätsproblemen, Beauftragung der nächsten Schicht, sich denjenigen Qualitätsproblemen anzunehmen, die während der Tagesschicht nicht gelöst werden konnten, Mängel des Fließbandes
  Stand der Maschinenwartung, Verbesserungsprojekte
  Sicherheitsprobleme, akute Versäumnisse
  Aufgabenverteilung, Wechsel des Personals, usw.
- Planung für den nächsten Tag

Abb. 9.1.2 Wöchentliche oder monatliche Aktivitäten des Abteilungsleiters

Teilnahme am Treffen zwecks Produktionsplanung

- Treffen Sie sich mit Manager und Kollegen.
- Besorgen Sie sich den Produktionsplan und bewerten Sie die Produktionskapazität.
- Überarbeiten Sie die Leistung der Facharbeiter, entwickeln Sie Pläne zur Unterstützung, für Ausbildung oder Training.
- Vermitteln Sie den Lagerbestand von Materialien, Ersatzteilen, usw.
- Verteilen Sie Ressourcen, falls nötig, um den Produktionsplan zu erfüllen.
- Überarbeiten Sie Ihre Aufgabe, den Urlaubsplan der Facharbeiter, Verteilungen von Aufgaben, Job-Rotationen.

Teilnahme an der Besichtigung von Sicherheit und Haushaltung am Arbeitsplatz

- Besichtigen Sie gemeinsam mit Ihrem Manager und Ihren Kollegen das Werk, um solche Bereiche wie:
  Sicherheitspraktiken, z. B. der Einsatz von Sicherheitsgeräten, Handschuhen, Geräten, Masken, Schutzbrillen, usw. und Einhaltung von Sicherheitsvorschriften,
  Ordnungspraktiken, d. h. „Platz für alles und alles an seinem Platz",
  kürzlich durchgeführte Verbesserungen, wie vom Abteilungsleiter oder Arbeiter bereits dargelegt, die Vorschläge in diesem Bereich gemacht haben (sorgen Sie für die nötige Anerkennung),
  Betriebsverfahren, Planung, usw., wenn diese nicht einfach durchführbar sind,
  zu kontrollieren.
- Entwickeln Sie bei der Besichtigung Verbesserungsideen und tauschen Sie Ihre Gedanken mit den anderen aus.
- Sprechen Sie anschließend über die Beobachtungen, die gemacht wurden, und tauschen Sie sich über die Vorschläge aus. Bestimmen oder wählen Sie ebenfalls Kandidaten für Prämien im Bereich der Sicherheit, Haushaltung, Verbesserung des Monats, wenn dies angemessen erscheint. (Um das Teamwork zu fördern, sollten die Prämien in einer Form verliehen werden, worüber sich die Leute des gleichen Arbeitsbereiches austauschen können.)

Teilnahme am Treffen zwecks Verbesserung des Shop Floors

- Treffen Sie sich mit Manager, Kollegen und leitenden Angestellten.
- Vergleichen Sie den Stand von QKLSA mit den Plänen.
- Berichten Sie über Ziele für die nächste Periode (z. B. Woche oder Monat) sowie über Mittel, diese Ziele zu erreichen.
- Überarbeiten Sie den Status verschiedener Projekte hinsichtlich QKLSA und gleichen Sie die Pläne angemessen an.
- Überdenken und diskutieren Sie Vorschläge, die eine Koordination über verschiedene Disziplinen erfordern.

Teilnahme an Treffen zwecks technischer Veränderungen und Einführung eines neuen Produktes

- Treffen Sie sich mit dem technischen Personal zur Besprechung technischer Veränderungen.
- Diskutieren Sie bereits erfolgte Vorschläge hinsichtlich technischer Veränderungen und den Plan für die Einführung eines neuen Produktes.

Leitung oder Teilnahme am Treffen zwecks Teamprojekt und Projektgruppe

- Überarbeiten und aktualisieren Sie den Stand von Projekten.
- Tragen Sie Ideen bei und bieten Sie Unterstützung für die Realisierung von Ideen an, welche die Projekte vorantreiben.

Abb. 9.1.2 (Fortsetzung)

Durchführung von Ausbildung und Training (setzen Sie bei Bedarf leitende Angestellte ein)

- Planen und führen Sie Ausbildung und Training in solchen Bereichen durch wie:
  Wie Betriebsstandards für Facharbeiter eingehalten werden können
  Wie Kanban funktioniert
  Wie Wartung funktioniert
  Wie Unfälle vermieden werden und wie die korrekte Verhaltensweise bei Unfällen aussieht
  Wie Pläne, Zeichnungen und Beschreibungen gelesen werden
- Führen Sie bei Bedarf Tests durch, die den Lernprozeß bewerten.

Besuche von Ausbildungs- und Trainingskursen für Abteilungsleiter

- Um die Fähigkeiten im Bereich der Abteilungsleitung zu verbessern, sollten Sie folgende Kurse belegen:
  Training von Führungsverhalten
  Bildung eines Teams
  Problemlösen
  Wie erfolgreiche Konferenzen abgehalten werden
  Wie Präsentationen abgehalten werden
  Spezielle Themen wie Wartung, Qualitätssicherung, Einsparungen, Betriebsplanung, usw.
- Wenden Sie erlernte Fertigkeiten an und behalten Sie die Überprüfung der Effektivität des Kurses im Auge.

Abb. 9.1.3 Jährliche oder halbjährliche Aktivitäten des Abteilungsleiters

Überprüfung der Betriebsleistung des vorangegangenen Jahres

- Entwickeln Sie einen „Jahresbericht“ der Minifirma, um das vorangegangene Jahr zu bewerten. Themen dieses Berichts können sein:
  1. Mission
  2. Ziele
  3. Betriebsprofil
  4. Kunden- und Lieferantenprofil – sowohl intern als auch extern
  5. Ausgeführte Pläne zur Erreichung der Ziele
  6. Realisierungen
  7. Bestehende Probleme
  8. Gelernte Lektionen
  9. Pläne für das nächste Jahr
- Halten Sie eine Präsentation vor Ihrem Manager und Ihren Kollegen ab.

Entwickeln Sie einen Plan für Ihren Betrieb für das kommende Jahr

- Entwickeln Sie einen „Geschäftsplan“ für das kommende Jahr.
- Koordinieren Sie zusammen mit Manager, Untergebenen, Kollegen, Kunden und Lieferanten Ihres Betriebes, damit der Geschäftsplan die Hauptinteressen des Betriebes abdeckt.
- Wenn die Pläne entwickelt sind, teilen Sie den Entwicklungsprozeß mit, damit die Bedürfnisse der Kunden und die Firmenpolitik (strategische Leitung) in Ihrem Geschäftsplan widergespiegelt werden. Besprechen Sie Ihre Interessen ebenfalls mit den anderen Parteien innerhalb dieses Prozesses.

Abb. 9.1.3 (Fortsetzung)

Überprüfen Sie die Leistung aus dem vorangegangenen Jahr und entwickeln Sie einen Plan für die Facharbeiter für das kommende Jahr

- Überprüfen Sie die Leistung und entwickeln Sie einen Ausbildungsplan, einen Aufgabenverteilungsplan und einen Entwicklungsplan für die Karriere der Facharbeiter.
- Beurteilen Sie den Bedarf nach zusätzlichen Arbeitskräften.
- Beurteilen Sie Lohn und Boni und diskutieren Sie darüber mit Ihrem Manager.

Der Inhalt dieses Anhangs mag zu detailliert erscheinen. Doch gibt es nicht nur viele Firmen, die diese Punkte wie selbstverständlich bei ihrer Geschäftsführung anwenden, sondern auch solche Leute, die von diesen Ideen begeistert sind, wenn sie sich eine Zukunft aufbauen wollen. Ich traf z. B. Angestellte einer Firma, welche tief in den Bergen versteckt liegt und einige Stunden von Jakarta, Indonesien, entfernt ist. Ich war beeindruckt, daß diese Leute hart daran arbeiteten, diese Ideen zu verinnerlichen und anzuwenden, obwohl der Lohn der Arbeiter nur einen Dollar pro Tag betrug.

Anhang 11.1

Checkliste für eine Shop Floor-Besichtigung

Hier handelt es sich um eine Übung, die Betriebsprobleme aus der Sicht des Shop Floors zu betrachten. Je mehr wir unsere Intelligenz auf den Ort des Geschehens konzentrieren, Probleme in Angriff nehmen und je schneller wir Möglichkeiten erforschen, desto mehr Erfolg werden wir auch haben.

Es gibt zwei Abschnitte. Der erste befaßt sich mit generellen Themen. Die „Shop Floor-Checkliste" deckt verschiedene Themen mit einigen repräsentativen Bereichen ab.

Grundlegende Fragen, die auf dem Shop Floor gestellt werden sollten

- Ist für alles ein Platz vorhanden und ist auch alles an seinem Platz?
- Ist alles so organisiert, daß selbst ein Fremder versteht, was vor sich geht?
- Sind die Arbeitsverfahren derart standardisiert, daß selbst ein neuer Angestellter die Arbeit in drei Tagen erledigen kann?
- Sind die wichtigen Operationspunkte für jedermann klar zu erkennen?
- Sind die wichtigen Managementinformationen so ausgehängt, daß Mission, Ziele und Einstellungen selbst von Fremden leicht verstanden werden können?
- Gibt es Mechanismen zur erfolgreichen Aufdeckung von Problemen?
- Gibt es einen klaren Hinweis darauf, daß die Leute auf dem Shop Floor problemlösende Aktivitäten anwenden?
- Werden Beispiele für Verbesserungen ausgehängt, damit andere davon profitieren können?
- Gibt es klare Hinweise, daß die Leute beteiligt sind?
- Gibt es eigens dafür bestimmte Bereiche, wo täglich Treffen stattfinden?
- Sind die Leute auf dem Shop Floor Besuchern gegenüber offen und freundlich?
- Haben die Leute einen Sinn für Zielorientiertheit?
- Werden einzusetzende Techniken/Konzepte von den Leuten tief verinnerlicht oder nur oberflächlich von Spezialisten und dem Management angewandt?

Checkliste für die Besichtigung des Shop Floors

Unter jedem Oberbegriff finden sich hier nur jeweils drei untergeordnete Begriffe. Falls erforderlich, kann die Liste erweitert werden, um die besonderen Bedürfnisse eines Betriebes darzustellen.

Haushaltung und Arbeitsplatzorganisation

Etikettierung, Gelbmarkierung, Kennzeichnung bestimmter Bereiche
Farbkodierung
Haushaltungs- und Organisationscheckliste

Sicherheit

Klare Sicherheitsverfahren
Verfügbarer Feuerlöscher
Aufgeräumter Boden

Leute

Groß geschriebene Vornamen als Kennzeichen, Photos von Teammitgliedern
Anwesenheitsdiagramm, Urlaubsplan
Gegenseitiges Trainingsdiagramm

Arbeitsverfahren

Prozeßdiagramm
Leicht verständliche, genormte Betriebsverfahren am Arbeitsplatz
Checkliste

Plan

Produktionskontrolltafel
Gleichmäßige/gemischte Produktion, Produktion kleiner Mengen
Kontrolle der Kreislaufdauer

Lager

Zuerstentnahme der älteren Vorräte und Bilanzierung zum jeweiligen Buchwert
Lagerbestand
Kanban

Aufdeckung von Problemen

Andon
Jidoka (Bandstop-Konzept)
Diagramme mit Kontrollgrenzen

Problemlösung

Vorschlagsprogramm, Verbesserungsaktivitäten kleiner Gruppen
Einsatz problemlösender Werkzeuge, Bücherei
Verschiedene Bereiche, die als Treffpunkte genutzt werden (Diagramme, Schautafel)

Qualität

Feedback der Kunden
QK-Prozeßtabelle, festgelegte Kontrollpunkte der Qualität
Statistische Prozeßkontrolle, Poka-yoke, Mustertafel

Verbesserung

Ausstellung von Verbesserungen auf dem Shop Floor
Schautafel zur Überwachung der wichtigen Leistungsträger (QKLSA)
Tägliches Treffen auf dem Shop Floor

Büro

Offene Büroanordnung
Klarheit des Informationsflusses
Gleiche Disziplin wie im Werk

Stolz, Verantwortung, Vertrauen, Gleichheit

Saubere Aufenthaltsräume, Schränke und Cafeteria
Freundlichkeit, Offenheit gegenüber Besuchern
Keine Sonderbehandlung für das Management

Belohnungen und Anerkennung

Prämien, Rundschreiben mit Nachrichten aus den Abteilungen
„Zeigen und Erzählen", „Zusammenkunft zwecks Austausches"
Anerkennung für Realisierungen

Anhang 12.1

Meinungen der für das neue Shop Floor Management engagierten Leute

Damit Sie einen direkten Eindruck derjenigen Leute erhalten, die sich für das Shop Floor Management engagieren, finden Sie in diesem Anhang einige Kommentare. Sie stammen von Facharbeitern bis hin zu Präsidenten, die Firmen reichen von der Elektronik- bis zur Automobilindustrie und der Jahresumsatz beträgt 10 Millionen Dollar bis über 10 Milliarden Dollar. Doch sie alle haben eine ähnliche Vision. Da wir um ständige Verbesserung bemüht sind, bei der jeder beteiligt ist, hoffe ich als Autor dieses Buches ebenfalls, daß die Meinungen dieser Leute gehört, geteilt und von vielen verinnerlicht werden.

Alle Kommentare wurden dem Videokurs: Das Neue Shop Floor Management – Die Befähigung der Leute zur ständigen Verbesserung, von Kiyoshi Suzaki, vertrieben von der Society of Manufacturing Engineers, One SME Drive, P.O. Box 930, Dearborn, Michigan 48121, entnommen.

Umdenken im Shop Floor

Es ist genauso, wie wir es sagen – auf dem Shop Floor können Sie die Sünden des gesamten Betriebes aufsammeln. Sie bekommen die Probleme vom Lieferanten, Sie haben Probleme mit dem Design, Materialprobleme, Probleme mit den Arbeitskräften, doch alle konzentrieren sie sich auf dem Shop Floor. Statt einfach den Finger zu heben und zu sagen: „Das ist nicht meine Schuld", denke ich, daß die Probleme auch dort gelöst werden müssen. Sie müssen sich als Team auf dem Shop Floor zusammenfinden und Design, Lieferung, usw. überprüfen und von dort aus das Problem lösen.

– *Victor Fitzsimmons*, Vizepräsident der Herstellung, Printronix

Veränderung der Geschäftsumgebung

Es kostete uns vier bis fünf Jahre, ein Produkt zu entwerfen, zu entwickeln, herzustellen und auf den Markt zu bringen. Unseren Konkurrenten gelang dies in drei Jahren. Als wir drei Jahre benötigten, schafften sie es in zwei. Als es uns in zwei Jahren gelang, benötigten sie nur ein Jahr. Anhand dieses Beispiels können Sie die Verstärkung des gesamten Prozesses feststellen.

– *Nick Argona*, Manager, Organisatorische Effektivität, Xerox Corporation

Es dauerte ungefähr 10–12 Jahre, bis die Leute ihre Fertigkeiten geändert hatten. Heute dauert es zwei bis drei Jahre. Gerade in dieser Industrie geht dies schnell, da rasche Veränderungen in der Technologie, usw. stattfinden.

– *Stu Winby*, Manager, Fabrik der Zukunft, Hewlett-Packard

Traditionelles Management

Es wurde uns nie gestattet, eine eigene Meinung zu äußern. Unsere Meinung mußte verschiedene Kanäle durchlaufen, um gehört zu werden. Wenn die Idee jemandem nicht gefiel, passierte es häufig, daß er sie einfach vergaß. Nichts kam dabei heraus.

– *Rita Haggerty*, Gesellschafterin, Motorola

Das Schlüsselproblem, das wir mit dem traditionellen Managementstil hatten, war seine Unflexibilität. Es war nicht in der Lage, sich schnell genug zu ändern, um den dynamischen Ansprüchen unseres Marktes gerecht zu werden.

– *Mel Waite*, Materialmanager, ALPS

Schaffung einer Vision

Wir müssen eine Umgebung schaffen, in der sich die Leute bei ihrer Arbeit wohl fühlen. Statt der Maschinen werden die Menschen selbst in den Mittelpunkt des Shop Floors gerückt.

– *Hiromi Kawashima*, Zentralmanager, Prototypmontage, Komatsu, Ltd.

Als wir in unserer Eigenschaft als Lampenhersteller über unsere Vision diskutierten, sprachen wir darüber, wie wir uns wohl fühlen würden, wenn wir als Glaskugel aus unserer Glasbläserei in unseren Betrieb kommen würden. Wie würden wir uns fühlen, was würden wir erwarten? Wir würden einen fleckenlosen, sauberen Empfangsbereich erwarten, auch wenn uns die lange Fahrt auf dem Lieferwagen durchgerüttelt hätte. Wir kämen in Bereiche, wo wir Handwerker von Welt und eine sorgfältig gepflegte Ausrüstung vorfinden würden.

– *Pete Machuga*, Werksmanager, General Electric, Ohio Lamp Plant

Kundenorientierung

Unsere Philosophie lautet folgendermaßen: Kauft ein Kunde ein Auto, das Mängel aufweist, hat in den Augen dieses Kunden jedes unserer Autos diese Mängel.

– *William Ray Wilt*, stellvertretender Werksmanager, Honda of America Mfg., Inc.

Ein Angestellter bittet Sie, ein wichtiges Element des Prozesses zu ersetzen. Selbst wenn es sich dabei um einen Schraubenzieher, einen Schraubenschlüssel, eine Zange oder etwas ähnliches handelt, ist die einzige wichtige Frage, die dem einzelnen gestellt werden sollte, folgende: „Sind diese Dinge für die Verfolgung der grundlegenden Ziele notwendig?“ Dieses grundlegende Ziel ist, die höchst mögliche Qualität für den Kunden bereitzustellen ... Nicht etwa „Ist das berechtigt? Benötigen Sie das wirklich?“ Die Frage lautet: „Ist es ein Teil des Prozesses, den Kunden Qualität anzubieten?“

– *John Lucas*, Werksmanager, Toledo Scale Corporation

Um einen Kunden glücklich zu machen, müssen wir seine Sprache verstehen. Um die Angestellten glücklich zu machen, sie dazu zu bewegen, an unserem Programm teilzunehmen, sie zu befähigen, muß ich ihre Sprache verstehen.

– *Clement Khaw*, technischer Ingenieur, Leegin Creative Leather

Das Wissen der Leute zusammentragen

Aufgrund der Wettbewerbsumgebung, in der wir uns befinden (da sich die Industrie so schnell verändert, verändert sich auch die Wirtschaft so schnell), ist es für eine Person oder eine kleine Gruppe von Leuten unmöglich, den besten Weg für ein Vorantreiben des Geschäftes festzulegen. Dies erfordert den Verstand und die Beteiligung aller Angestellten dieser Firma.

– *George Kilishek*, Vizepräsident der Herstellung, ALPS

Wir mögen es, wenn uns die Leute brillant finden. David Packard von Hewlett-Packard ist ein brillanter Mensch, doch er ist nur einer von ungefähr 50000 Angestellten. Wenn jeder nur 10% von der Klugheit eines David Packards hätte und diese 10% mit 50000 multipliziert würden, dann würde das eine 5000mal größere Klugheit als die von David Packard bedeuten. Ich denke, diese Vision ist für meine Denkweise ausschlaggebend.

– *Jerry Kohl*, Präsident, Leegin Creative Leather

Teamwork

Im Wort „Team" ist kein „Ich" enthalten.

– *Todd Skelly*, Teamkoordinator, Honda of America Mfg, Inc.

Selbstmanagement

Wir haben stets auf ihre Fragen geantwortet, und sie sind fortgegangen und haben das getan, was wir ihnen aufgetragen hatten. Nun verlangen wir von den Leuten, daß sie lernen, wie sie diese Entscheidungen selbst treffen können.

– *Gerry Bieber*, Berater der Herstellungabteilung, Toledo Scale Corporation

Es ist so, wie wenn Ihre Kinder zum ersten Mal alleine fortgehen. Sie wollen ihnen helfen und sie beschützen. Und nun beobachte ich meine Leute bei allem, was sie tun und habe das dringende Bedürfnis, ihnen zu sagen, was sie tun sollen. Und ich muß mich zurückhalten . . . Ich muß mich beherrschen und sie alles selbst machen lassen.

– *Eileen Nichols*, Produktionsleiterin, ALPS

Das erste ist, daß Sie es zulassen müssen. Sie können nicht im kleinen Maßstab managen – es ist absolut tödlich, wenn Sie dies versuchen. Das zweite ist, daß Sie den fundamentalen Glauben haben müssen, daß die Leute ihren Job gut machen wollen und daß sie Ihre Erwartungen bei weitem übertreffen, wenn sie die Möglichkeit dazu erhalten. Das dritte ist, daß Sie begreifen müssen, daß Sie als Manager erfolgreicher sein werden, wenn Sie sich so verhalten. Nicht nur, weil Sie sich der Dinge entledigen können, die sowieso nicht viel Spaß machen, sondern weil Sie die persönliche Entwicklung der Leute vorantreiben.

– *Donald M. King*, Projektleiter, Motorola

Sie haben ihren eigenen Prozeß, ihre eigene Ausrüstung, sie können Veränderungen zur Verbesserung vornehmen, wenn es die Planung zuläßt. Sie können Ratschläge erteilen, und es wird ihnen zugehört.

– *Jerry Hekker*, Vizepräsident der Herstellung, Steelcase

Es war schwierig, sich daran zu gewöhnen, daß wir unseren eigenen Weg gehen können, so wie wir es wollen, ohne daß uns jemand sagt, daß wir es so oder so tun müssen. Jetzt gehen wir lieber zur Arbeit, weil wir wissen, daß wir mehr Verantwortung haben, mehr beteiligt sind, und wir sind stolz auf das, was wir für den Kunden leisten.

– *Raymond Winnans*, Gruppenleiter, G.E. Ohio Lamp Plant

Wir sind jetzt ein Teil der Lösung und nicht mehr Teil eines Problems.

– *Michael Witaker*, Arbeiter, Calsonic

Verantwortung

Sie sind für ihre Abteilung verantwortlich, sie sind diejenigen, die wirklich wissen, was vor sich geht. Wir wollen ihnen die Vision geben, die Werte und die Führung. Doch wenn es um die eigentliche Realisierung und Entscheidung geht, was in einem Bereich verbessert werden kann, sollen sie selbst urteilen.

Sie beginnen wirklich, sich selbst in dieser Minifirma zu sehen, und sie fangen an, darüber nachzudenken, welches der beste Weg, der klügste Weg für uns ist, ein Geschäft zu betreiben.
– *Tom Boardman*, Lagerleiter, Printronix

Unser Werksmanager fing auf dem Shop Floor an. Vielleicht fangen auch Sie in der Produktion an und werden Präsident der Honda of America. Jeder glaubt daran.
– William Ray Wilt, stellvertretender Werksmanager, Honda of America Mfg., Inc.

Aufgaben und Verantwortlichkeiten von Abteilungsleitern und Managern

Die Aufgabe eines Managers ist es nicht, die Dinge selbst zu erledigen, sondern anderen beizubringen, diese Dinge erfolgreich zu tun; zu trainieren, zu leiten, zu beraten, alle diese Dinge, die anderen helfen, in ihren Jobs erfolgreich zu sein.
– *James Martin*, Produktionsmanager, Hewlett-Packard

In Ihren täglichen Gesprächen müssen Sie ständig als Berater, Freund und vor allen Dingen als sehr vertrauenserweckender Kollege agieren. Sie sollten sich als Manager niemals auch nur für einen Deut besser halten als ein Shop Floor-Angestellter, weil er nämlich der Experte ist.
– *John Lucas*, Werksmanager, Toledo Scale Corporation

Ich bin weniger an dem Alltagsgeschäft beteiligt. Ich achte mehr auf langfristige Entwicklungen. Wie der Betrieb in einem Jahr, in fünf Jahren aussehen wird. Meine Planung hat sich von einer wöchentlichen, monatlichen in eine jährliche bzw. langfristige Planung geändert.
– *Judith E. Sherrer*, Teamleiterin, Hewlett-Packard

In unserem Betrieb ist der Abteilungsleiter, der für den Bereich Fließband verantwortlich ist, der wichtigste Mann unseres Managementteams. Er hat einen direkten Einfluß und eine direkte Kontrolle auf unseren Herstellungsbetrieb, und Herstellung ist nun einmal unser Geschäft. Daher haben wir uns viel Mühe gegeben, die Rolle dieses Abteilungsleiters als Trainer, Leiter und Lehrer verschiedener Herstellphilosophien zu gestalten, die wir praktizieren wollen.
– *Mel Waite*, Materialmanager, ALPS

Es ist für uns sehr wichtig zu begreifen, daß es wahrscheinlich eins der größten Privilegien für uns ist, an der Eliminierung unserer Jobs zu arbeiten. Es ist auch wichtig, daß wir verstehen, daß wir dadurch unseren Betrieb weiterhin erfolgreich führen können. Auf diese Weise bietet sich uns nach Durchführung dieser Veränderungen die Gelegenheit, weitere Fortschritte zu machen.
– *James Martin*, Produktionsmanager, Hewlett-Packard

Manager verlieren nicht an Macht. Am Ende erreichen sie beim Prozeß mehr, da sie eine bessere Qualität bekommen und von den Leuten respektiert werden.

Statt sich wie ein Polizist oder ein böser Mann im Betrieb zu verhalten, ist es unser Ziel gewesen, den Manager in einen Trainer, Leiter, Lehrer zu verwandeln und dabei zu helfen, Ziele für den Betrieb festzulegen.
– *Mel Waite*, Materialmanager, ALPS

Meine Rolle hat sich geändert. Statt für meine eigenen unmittelbaren Handlungen belohnt zu werden, erziele ich nun meine Erfolge darüber, daß ich sicherstelle, daß die Leute die von ihnen benötigten Informationen bzw. Ressourcen erhalten.
– *Judith E. Scherrer*, Teamleiterin, Hewlett-Packard

Statt daß ich die gesamte Leitung sowie die Überwachung übernahm, eben all die klassischen Aufgaben, die die Dinge passieren lassen, waren wir in der Lage, eine Kultur zu gründen, die folgendes sagte: „Hey, die Leute, die dem Geschehen am nächsten sind, werden die Entscheidungen treffen und es geschehen lassen." Und meine Erwartungen wurden bei weitem übertroffen.

– *Donald M. King,* Projektleiter, Motorola

Vorschläge

Wenn ein Gesellschafter eine Idee hat und diese akzeptiert wird, ist er gleichzeitig der Verantwortliche und der Projektleiter, der diesen Vorschlag realisieren muß.

– *William J. Hayes,* stellvertretender Manager – technisches Training, Honda of America Mfg., Inc.

Leute anweisen

Der Chef würde Ihnen keine genaue Antwort erteilen. Er würde einen Samen pflanzen, damit Sie anfangen, nachzudenken und selbst zu entscheiden, wie das Problem lautet und wie es gelöst werden kann. Ich denke, das ist eine gute Art des Unterrrichtens – ihnen nicht einfach zu sagen, was sie wie tun sollen, sondern ihnen eine Anregung zu geben; sie müssen dann selbst versuchen, das Problem zu lösen.

– *William Ray Wilt*, stellvertretender Werksmanager, Honda of America Mfg., Inc.

Der einfache Weg ist, den Leuten zu sagen, was sie tun sollen, das ist wirklich einfach. Der schwierige Weg ist, das zu sagen, was man denkt.

– *Norio Sugahara*, Generalmanager, Tokai Rika

Diese Methode, den Leuten einen Fisch hinzuhalten, funktioniert nicht mehr. Wir wollen ihnen beibringen, wie sie den Fisch selber angeln können.

– *Randy Bauder*, Trainer für Betriebsentwicklung, Motorola

Meiner Ansicht nach ist es bei der Realisierung einer solchen Umgebung das Größte zu lernen, wie wir Fragen mit Fragen beantworten können . . . Wenn die Leute zu Ihnen als Abteilungsleiter oder Manager kommen, und sie geben ihnen immer Antworten, werden sie sich niemals weiterentwickeln.

– *James Martin*, Produktionsmanager, Hewlett-Packard

Ich erteile den Facharbeitern die Anweisung, ihre Antworten selbst zu finden. In der Vergangenheit kamen sie immer direkt zu mir, wenn ein Problem auftauchte und sagten: „Wie sollen wir das machen? Sollen wir das zuerst befestigen?" Heute gehen wir eine Reihe von Fragen gemeinsam durch und sie beantworten die Fragen selber, statt, daß ich diese beantworte, oder sie finden heraus, wen sie ansprechen müssen, um ihre Fragen selbst beantworten zu können. Auf diese Weise übernehmen sie mehr Verantwortung.

– *Eileen Nichols*, Produktionsleiterin, ALPS

Ausbildung und Training

Ich denke, daß die Ausbildung unsere wichtigste Aufgabe ist, da das, was wir heute in der Schule lernen, in fünf Jahren wahrscheinlich überholt ist. Wenn wir uns nicht um Engagement bei der Ausbildung bemühen, werden wir selbst auch altmodisch.

– *Ted Woods*, Vizepräsident und Direktor der Herstellung & Qualität, Motorola

Unsere Meinung ist folgende: Je mehr wir unterrichten und je mehr wir dies als eine Art persönliche Entwicklung betrachten, desto mehr wollen die Leute auch erreichen und desto mehr werden sie sich entwickeln.

– *Harry Featherstone*, Präsident, Will-Burt

Es ist verwunderlich, wenn Leute sagen, daß sie keine Zeit für irgendein Training haben. Wenn sie diese eine oder zwei Stunden für ein Training nutzen und die Leute bei den Aktivitäten beteiligen würden, dann hätten sie statt einer Woche Hektik eine Woche frei.

– *Eileen Nichols*, Produktionsleiterin, ALPS

Wir können die Leute nicht befähigen, ohne ihnen entsprechendes Werkzeug zur Verfügung zu stellen und Dinge zu übergeben, die sie tun müssen . . . einige Dinge, die Sie sonst üblicherweise erledigt hätten. Ich denke, wenn Sie anderen die Kontrolle über etwas geben, müssen Sie auch dafür sorgen, daß diese Leute wissen, wie sie es erledigen müssen.

– *Doug Boone*, Teammitglied, Designwesen, Motorola

Ich denke, nichts ist unmöglich. Wenn ich denke, daß ich in der Lage bin, etwas zu tun, dann kann ich es auch. Ich weiß nicht, wann, ich weiß nicht, wo, aber ich kann es . . . Ich kenne viele Leute um die Fünfzig oder Sechzig, die studieren. Daher ist es niemals zu spät, etwas zu lernen.

– *Francisco Leon*, Maschinenarbeiter, DACOR

Haben Sie keine Angst, es zu versuchen. Fragen Sie, wenn Sie Probleme haben, egal ob es sich ums Lesen, Buchstabieren, Mathematik, Englisch handelt, fragen Sie einfach.

– *Kenneth R. Reinertsen*, Sägereiarbeiter, Simpson Timber Company

Genormtes Betriebsverfahren (GBV)

Wir beschäftigen uns mit den wichtigen Dingen, wie mit der Qualität, der Sicherheit und der Leichtigkeit, Dinge zu erledigen. Wir identifizieren wichtige Punkte, und wir erläutern diese Punkte anhand von Bildern. Diese Dokumente verwenden wir dann beim Training der Leute und können sicher sein, daß dieser Prozeß standardisiert abläuft. Wenn wir uns einem Problem gegenüber sehen, ist es viel einfacher, zurück zu gehen und festzustellen, um welches Problem es sich handelt.

– *Robert P. Ganger*, Vizepräsident Generalmanager, Glass Master Control

Wenn wir eine Betriebsnorm festlegen, sollten wir dies in einfacher Form tun und sie gut beschreiben, damit jeder diese Aufgabe erledigen kann und in der Lage ist, einen Kreislauf mit den korrekten Schritten anzuwenden. Vielleicht nicht in der gewünschten Zeit, doch sie sollten den Prozeß durchlaufen können, selbst wenn sie dies vorher noch nie getan haben.

– *Rick J. Pfarr*, Teamleiter, Honda of America Mfg., Inc.

Die Betriebsnormen werden durch die Produktionsmitarbeiter verbessert, mit Zustimmung des Managements. Sie sind für ihre Aktualisierung verantwortlich und müssen sie in dem Moment ändern, wo wir sie verbessern.

– *Todd Gordon*, Koordinator, Honda of America Mfg., Inc.

Ich denke, das Wichtigste ist die Detailorientiertheit und zwar auf dem Shop Floor. Wenn Sie detailorientiert sind, schaffen Sie ein beständigeres Produkt.

– *Kathy Gietzen*, Ingenieurin, Richard-Allan Medical Industries

Führung

Um eine gute Führungskraft oder ein guter Trainer zu sein, müssen Sie zeigen, daß Sie sich darum kümmern, daß die Leute lernen, daß Sie an Ihren Gedanken interessiert sind und daß Sie bereit sind, sich selbst als Dummkopf darzustellen, wenn Sie die Leute an etwas beteiligen wollen. Wenn sie sehen, daß Sie dazu bereit sind, wird es das Eis brechen und ihnen die Chance geben, das Experiment zu beginnen.

– *Eileen Nichols*, Produktionsleiterin, ALPS

Versuchen Sie es nicht selbst. Denken Sie daran, daß Sie nicht dafür belohnt werden, was Sie selbst machen, sondern dafür, daß Sie in der Lage sind, die Leute so anzuleiten, daß diese die Arbeit erledigen können.

– *James Martin*, Produktionsmanager, Hewlett-Packard

Entscheidungen treffen

Ich muß mich wörtlich auf meine eigene Zunge beißen, um keine Entscheidungen zu treffen. Ich bin dort, wo ich bin, weil ich Entscheidungen treffen kann, aber jetzt muß ich mir sagen: „Treff' diese Entscheidung nur, wenn sie dich wirklich betrifft."

– *Donald King*, Projektleiter, Motorola

Veränderungsprozeß

Ich habe festgestellt, daß die Facharbeiter einen Wissensdurst haben. Sie wollen mehr Informationen. In unserer Eigenschaft als Abteilungsleiter und Manager neigen wir dazu, ihnen nicht zuviel Informationen zu geben, weil wir denken, daß sie damit nicht umgehen können. Wenn Sie mit dem Training ihrer Leute beginnen, werden Sie merken, daß, je mehr Informationen Sie ihnen geben, desto begeisterter sind sie von dem, was sie tun. Sie begreifen besser, was sie machen und warum, und sie fangen an, Fragen zu stellen, die niemals aufgetaucht wären, wenn Sie Ihnen nicht dieses bißchen an Informationen gegeben hätten.

– *Eileen Nichols*, Produktionsleiterin, ALPS

Ich traute dem Management nicht, doch nicht nur dem nicht, sondern auch den Mitarbeitern nicht. Du hattest stets das Gefühl, daß jeder hinter deinem Job her war. Dann sagten sie auf einmal: „Bemüh' dich", und es war so, als ob jeder versuchen würde, die Aufgaben des anderen zu erledigen und es war so: „Wie machst du das" . . .
Es funktionierte. Es funktionierte dadurch, daß jeder losgelegt hat, jeder einzelne legte los und teilte das, was er wußte, dem nächsten mit. Es wuchs und wuchs einfach. Es war unglaublich, was geschah.

– *Lynn Limbeck*, Monteur, Motorola

Der Zweck des Treffens war es, Bereiche aufzudecken, in denen Verschwendung stattfand, die wir in Angriff nehmen und versuchen konnten, zu verbessern. Der Abteilungsleiter, der das Treffen leitete, hatte es wirklich schwer, die Leute zur Kooperation und zum Vorschlag von Ideen zu bewegen. Und er sagte unaufhörlich: „Los Leute, sagt mir Bereiche, die wir als Bereiche der Verschwendung ausmachen können." Schließlich sagte jemand: „Die größte Verschwendung ist dieses Treffen." Und das ist nur ein Beispiel. Heute ist das lustig, doch damals waren wir sehr besorgt, denn wie sollten wir eine solche Einstellung ändern? Wie ändern Sie die Einstellung, daß keine Zeit verschwendet wird, wenn wir herumsitzen und ein Problem diskutieren. Es war nicht einfach, überhaupt nicht einfach.

– *M. F. Zaldivar*, Direktor der Herstellung, Leegin Creative Leather

Das Wichtigste ist, daß die Veränderung aus sich selbst heraus stattfinden muß – sie muß aus dem Innern des Betriebes kommen.

– *Mel Waite*, Materialmanager, ALPS

Es erfordert eine Menge emotionaler Kraft und Energie, um eine Veränderung zu bewirken und ebenso viel Übereinstimmung und Wiederholung, um irgendetwas zu erreichen. Es ist so, als würde man versuchen, die Queen Mary oder ein Kriegsschiff zu wenden.

– *John Adams*, Präsident, Sparling Instruments

Plötzlich fragten wir sie nach ihren Ideen, ihren Gedanken, ihrer Beteiligung. Vor zehn Jahren, als wir sie ausbildeten, sagten wir, wir sagen euch, was ihr tun sollt, wie ihr es tun sollt, welches Werkzeug ihr benutzen sollt und belästigt uns nicht mit euren Ideen. Ich denke, das war sehr schwierig und erforderte viel Überzeugungskraft, aber sobald diese Person oder diese Gruppe dein Vertrauen hatte, war es sehr einfach.

– *Ann Calahere*, Zentralmanagerin des Betriebes, Xerox Corporation

Ich habe mein eigenes Ego gefüttert, indem ich für jeden eine Antwort parat hatte, auf den Shop Floor ging und sozusagen die Aufgabe einer Zündkerze übernahm, welche die Dinge passieren ließ. Und ich stellte fest, daß wir diese Art Management verändern und den Leuten auf dem Shop Floor ein Gefühl für Realisierungen geben mußten. Und überraschenderweise verhielten sie sich so wie Enten, die zusammen ins Wasser gehen, wenn du ihnen eine Chance und die Gelegenheit dazu gibst.

– *Robert P. Ganger*, Vizepräsident und Generalmanager, Glass Master Control

Viele machten eine Ablehnungsphase durch. Sie wollten es nicht tun. Sie wollten so wie jeden Tag kommen, herumsitzen und ihre Arbeit tun, das gesagt bekommen, was sie jeden Tag hörten und dann nach Hause gehen. Wir haben uns durch all diese Probleme durchgearbeitet, und es dauerte wirklich lange. Es handelte sich nicht um etwas, was über Nacht verwirklicht werden konnte.

– *Robert Bates*, Berater der Herstellungsabteilung, Toledo Scale Corporation

Realisierung

Es ist so wie bei dieser 1000 Meilen-Reise, du mußt den ersten Schritt machen, dann kontinuierlich den nächsten, usw. Jeder Schritt für sich ist nicht schwierig, aber wenn du sie dir alle auf einmal vorstellst, denkst du, daß es äußerst schwierig ist. Bei diesem Prozeß ist es ähnlich. Du fängst einfach mit den Dingen an, die gemacht werden müssen.

– *Robert P. Ganger*, Vizepräsident und Generalmanager, Glass Master Control

Beginn den Prozeß nicht, ohne zu beachten, daß es sich um etwas handelt, was kontinuierlich getan werden muß.

– *John Lucas*, Werksmanager, Toledo Scale Corporation

Wenn du das Management nicht hinter dir hast, versuch trotzdem, es für dich zu gewinnen. Tu das und gründe ein paar kleine Teams, zwei Leute, zehn Leute, egal, bringt eure Ideen zusammen und ihr werdet einige wirkliche Verbesserungen feststellen.

– *David Sweet*, Gruppenleiter, Xerox Corporation

Seid geduldig, seid geduldig, da es lange dauert, Dinge zu realisieren. Doch die Ergebnisse sind vielversprechender als diejenigen, die ich erhalte, wenn ich die Entscheidungen selbst treffe.

– *Ann Calahere*, Zentralmanagerin des Betriebes, Xerox Corporation

Erwartet nicht gleich zu viel. Laßt Mißerfolge zu, denn Mißerfolge können sich oftmals in Erfolge verwandeln.

– *Edward Allen*, Lagerleiter, ALPS

Ihr habt eine Menge gehört, eine Menge gesehen, ich denke, es wird Zeit, aufzustehen und etwas zu tun.

– *Ricky W. Storck*, beschäftigt in der Organisation, PW Pipe

Die Sache ist einfach die, es zu tun. Du mußt bereit sein, die Chance zu ergreifen, doch es ist eigentlich keine Chance. Es kommt einer Garantie am nächsten, wie ich sie in meinen Jahren in der Industrie niemals gesehen habe. Aber du mußt als Manager bereit sein, deutliche Richtlinien zu setzen und die Dummen klein zu halten. Laß es zu und hilf den Leuten, innerhalb dieser Richtlinien zu operieren.

– *Bob Carrol*, Manager der Herstellungsabteilung, Motorola

Es gibt immer Hindernisse, aber das gehört zum Alltag. Du wächst und wächst, und je mehr du wächst, desto mehr lernst du, je mehr lernst du, wie gut es deiner Firma gehen wird – und je besser dein Produkt sein wird.

– *Steve Kroner*, Elektrotechniker, Toledo Scale Corporation

Es gibt eine Menge Variablen, die den Erfolg beeinflussen und interessanterweise ist der Erfolg selbst eine Schlüsselvariable. Sobald die Studenten den Erfolg sehen, beginnt der Motivationsfaktor zu ihren Gunsten zu arbeiten.

– *Dr. Dee Tadlock*, Bildungsberater

Es ist wichtig, es so lange zu tun, bis wir Erfolg haben. Ich bin sicher, daß wir mit dieser Einstellung auch Erfolg haben werden.

– *Jiro Izumi*, Werksmanager, Matsushita

Belohnung und Anerkennung

Du beginnst, den Erfolg zu sehen; du beginnst, Leute wachsen zu sehen und Dinge zu realisieren, was du von ihnen nicht erwartet hättest. Ich denke, die größte Belohnung ist die, das Wachstum der Leute innerhalb des Betriebes zu sehen.

– *John Adams*, Präsident, Sparling Instruments

Er ist jetzt 1 1/2 Jahre bei uns, und er hat niemals gefehlt. Vorher arbeitete er 14 Jahre lang in einer anderen Firma. Er erzählte mir, daß er in diesen vierzehn Jahren einen Tag lang gefehlt hätte, doch das Traurige war, daß niemand ihn für dieses Verhalten in den vierzehn Jahren lobte oder dankte. Die Firma, für die er damals arbeitete, stellte einmal ungefähr 500 Leute auf einen Schlag ein. Heute haben sie nur fünfzig Angestellte.

Wir wollten, daß diese Geschichte so viele wie möglich bei uns hören. Sie alle waren stolz darauf, wie wir uns verhielten. Gleichzeitig wollte ich sie auch daran erinnern, daß wir vor zwei Jahren auch die andere Firma hätten sein können. Wir hätten die Firma sein können, die den Arbeiter nicht in dem Maße gewürdigt hätte, wie es sein sollte.

– *M. F. Zaldivar*, Direktor der Herstellungsabteilung, Leegin Creative Leather

Nachwort:

Dem Regen widerstehen

Wir haben nun einige Zeit mit diesem Buch verbracht und Ideen über das Shop Floor Management ausgetauscht. Um ein holistisches Verständnis für das Thema zu entwickeln, haben wir es aus verschiedenen Blickwinkeln betrachtet, Kapitel für Kapitel. Ich hoffe, daß diese für den Leser in einem Zusammenhang standen.

Als ich mit diesem Manuskript begann, dachte ich, daß diese Arbeit dem Zusammensetzen eines Puzzlespiels gleichkäme. Doch das bedeutet nicht, daß es sich hierbei um ein schwieriges Thema handelt. Es bedeutet, daß wir hier eher über Intuition anstatt Intelligenz verfügen müssen. Wir orientieren uns eben mehr am Shop Floor statt am Büro oder Elfenbeinturm. Wenn wir den Prozeß durchlaufen, Selbstmanagement und Selbstverbesserung zu praktizieren, können die Leser ihre eigenen Lösungen entwickeln – und müssen nicht das tun, was ihnen vordiktiert wird. Zwar muß letztendlich eine sinnvolle Lösung von den Lesern gefunden werden, doch was letztendlich zählt, sind ihre scharfsinnige Einsicht und ihre Praktiken auf dem Shop Floor.

In diesem Buch haben wir solche Themen wie unsere Werte, den Kunden, Problemlösen sowie Führung studiert und ihre Verflechtungen untersucht. Um das Wesentliche des Shop Floor Managements herauszufiltern, sollten wir erkennen, daß diese Ideen nur dann ihre Kraft entfalten, wenn wir sie insgesamt verinnerlichen. So wie uns auch unsere Orientierung an lokaler Optimierung kein Gesamtverständnis liefert, müssen wir dieses stückweise Denken aufgeben. Statt lediglich eine Darstellung von Ideen zu verinnerlichen, sollten wir uns selbst anstrengen, damit wir das Wesentliche direkt, intuitiv und sofort erfassen können.

Frederick Taylor näherte sich dem Thema des Shop Floor Managements von der wissenschaftlichen Seite, unterteilte Dinge, analysierte sie und bot eine Lösung an. Logischerweise ist eine solche Lösung nicht anfechtbar. Doch wenn ich über solche Themen wie den Wunsch der Leute nach Selbstmanagement oder Selbstverbesserung nachdachte, stellte ich bei der tayloristischen Denkweise ein Vakuum fest, das gefüllt werden mußte. Zu seiner Zeit mögen solche Themen als irrelevant betrachtet worden sein. Aber heutzutage sehe ich es geradezu als unsere Verantwortung an, weiter zu denken.

Es scheint, als ob ein logischer, intellektueller Denkprozeß von unserer Kreativität und Intuition bezwungen oder zumindest ergänzt werden muß. Kein Argument um des Argumentes willen, sondern etwas über die Logik hinaus, die unser Bewußtsein durchdringt – bis hin zu dem Punkt, daß wir, sobald wir es verinnerlicht haben, nicht mehr darüber kommunizieren müssen, weil es einfach da ist.

Albert Einstein sagte einst: „Phantasie ist wichtiger als Wissen." Auch auf unserem Shop Floor lassen sich solche Beweise für diese Behauptung finden:

- Konzepte allein lösen Probleme auf dem Shop Floor nicht.
- Wenn wir uns nur auf uns selbst konzentrieren, kann uns unsere Denkweise von der Entwicklung einer Idee abhalten.

- Wenn wir uns auf Spezialisten oder Fachleute verlassen, kann uns dies die Initiative zum Selbstmanagement und unsere Kreativität nehmen, unser eigenes Schicksal zu bestimmen.

So sehr wir diese Punkte als Individuen in Angriff nehmen müssen, trifft das auch auf uns als Betrieb zu. Anderenfalls sehen wir uns dem gleichen Problem wie die Blinden und der Elefant gegenüber: jeder stellt sich den Elefant in einzelnen Körperteilen vor, als Baumstamm (Bein), Decke (Ohr) oder Schlange (Rüssel), statt sich eine Vorstellung vom Gesamtbild zu machen.

Wir können „Elefant" auch als eine begriffliche Vorstellung eines Elefanten sehen, doch nicht den wirklichen „ELEFANTEN", so wie ihn ein kleines Kind vorurteilsfrei sehen könnte. Wir können auch den Finger sehen, der auf den Mond zeigt, ihn untersuchen und denken, daß dort die Lösung liegt – ohne den Mond (die wirkliche Lösung) am Himmel zu betrachten.

Daher müssen wir zum Shop Floor zurückkehren, wo die Wirklichkeit zu finden ist. Wir müssen diese Ideen anwenden und unsere eigenen Fertigkeiten entwickeln. Anschließend können wir viele Leute dafür gewinnen – was zur „betrieblichen Erleuchtung" führt, wo fähige Leute kontinuierlich Verbesserungsaktivitäten ausüben und die dunklen Ecken dieser Welt erleuchten.

Wenn das geschieht, verhält sich dies wie mit der Flüssigkeit, die sich selbst kristallisiert. Unabhängig davon, ob es sich um eine Einzelperson oder einen Betrieb handelt, läßt sich dies mit einem Augenblick der Erleuchtung vergleichen oder dem Zusammensetzen eines Puzzles anhand der Kreativität eines jeden. Es ist der Moment, in dem sich Baum-„stämme", „Decken" und „Schlange" in einen „ELEFANTEN" verwandeln.

Wenn wir jedoch erkannt haben, daß wahre Schöpfung nicht durch ichbezogene, irdische Wünsche erfolgt, sollte unser Verstand nicht mehr irgendwelchen Zwängen unterliegen. Entsprechend muß auch das Management einen angemessenen Rahmen entwickeln und einen Augenblick der Erleuchtung schaffen, wenn es die Weisheit der Leute nutzen will.

Wenn Sie das Vergnügen hatten, einige Verbesserungserfahrungen mit anderen zu teilen, egal ob kleine oder große, bzw. wenn Sie in die vor lauter Arbeitsbegeisterung leuchtenden Augen Ihrer Kollegen geblickt haben, dann werden Sie verstehen, was ich meine. Das ist die Art des Augenblicks und Denkens, die ich letztendlich mit diesem Buch ausdrücken wollte. Solche Momente können am Anfang als kleine Ereignisse auftreten. Doch ich hoffe, daß wir auf unserem Shop Floor und in unserem Leben viele solcher Schätze finden können!

Selbstmanagement ist mit Demokratie verknüpft. Wenn die Leute keine Verantwortung übernehmen, kann die Diktatur die Oberhand gewinnen. Eine gewisse Art von Führung kann dabei unterstützend wirken. Doch um zu verhindern, daß wir Rückschritte machen, muß jedes Individuum seine Fertigkeiten verbessern, um sich selbst besser managen und die Chance für Diktatoren eliminieren zu können.

Unser Sinn für Verantwortung, Bewußtheit und Intelligenz wird der stärkste Schutz vor einer zentralisierten Machtstruktur oder eines Betriebes mit einer Unzahl von Vorschriften sein. Wir müssen mit unserem Selbstmanagementantrieb daran arbeiten, damit das Bewußtsein, in einer Demokratie zu leben, siegen kann.

Kundenorientierung ist mit Marktwirtschaft verknüpft. Im Gegensatz zu einer Planwirtschaft können wir das Wissen aller als einen Beitrag zu unserer gesamten Gesellschaft nutzen, wenn sich jeder selbst managt und versucht, seine Kunden besser zu befriedigen. Die Konkurrenz zwingt uns, unsere Kreativität zum Wohl unserer Kunden zu nutzen. Das ist hart. Doch gleichzeitig sind wir auch die Nutznießer eines solchen Kampfes.

Auf eine gewisse Art sorgen eine Demokratie und eine Marktwirtschaft für einen Rahmen für unser Verhalten. Doch wir sollten in einem weiteren Sinne beständig an einer Gesellschaft arbeiten, die die Identität und die Initiativen der Leute respektiert. Als Menschen sind wir selbst auch Kunden, und daher müssen wir uns auch selbst zufriedenstellen können. Wir sind ebenfalls die Kunden früherer Generationen, die in der Vergangenheit unermüdlich Anstrengungen unternommen haben. Wir können dies heutzutage auch tun, egal was wir machen. Ob es sich um Produktion oder Dienstleistung handelt, ob es auf dem Gebiet der Politik, Umwelt, Schule oder Philosophie ist – wir können zu unserem eigenen Wohl beitragen.

Kreativität bedeutet Leben; wir unterscheiden uns von Robotern oder Maschinen. Um das anzuerkennen, was wir besitzen, müssen wir unsere beschränkte Denkweise abschaffen und die Fakten, Realität, Ideen und die Leute auf dem Shop Floor für sich selbst sprechen lassen. Barrieren sind etwas, was wir selbst aufbauen. Laßt uns Dreijährigen zuhören und von ihnen lernen. Laßt uns offen, bescheiden und vertrauensvoll gegenüber der Verwirklichung unserer Vision sein.

Laßt uns an der Qualität unserer Arbeit und an der Qualität unseres Managements arbeiten. Laßt uns auch an der Qualität unseres Verhaltens arbeiten. Laßt uns dann von diesen Einsichten lernen und denken, daß wir erfolgreich sein werden. Henry Ford sagte: „Alles, was wünschenswert und richtig ist, ist auch möglich." Walt Disney sagte: „Wenn wir von etwas träumen können, können wir es auch tun." Ich glaube ebenfalls, daß wir die Antwort in uns selbst finden – wenn wir vorbereitet sind.

Für die Leute auf dem Shop Floor, die das Licht zur Erleuchtung der dunklen Ecken der Welt verbreiten, möchte ich dieses Buch mit den Worten eines japanischen Poeten, Kenji Miyazawa, beenden. Als Dichter beschäftigten sich seine Gedanken stets mit den Reisfarmern im nordöstlichen Teil Japans, wo Naturkatastrophen an der Tagesordnung waren. Gleichzeitig lebte er sein Leben in seiner Welt des kosmischen Bewußtseins oder in der Welt ohne Grenzen. Er sagte: „Solange die Welt als Ganzes keine Freude erlangt, gibt es auch für das Individuum keine Freude . . . Das Bewußtsein als Person wird sich vom Individuum zur Gruppe, zur Gesellschaft, zum Universum entwickeln."

Das folgende Gedicht wurde nach seinem Tod in seinem persönlichen Notizbuch gefunden. Später wurde es veröffentlicht und brachte vielen Japanern etwas zum Bewußtsein. Irgendwie verbinde ich dieses Gedicht mit den Meinungen der Leute auf dem Shop Floor.

Withstanding the rain

Withstanding the rain
Withstanding the wind
Withstanding the snow or the heat of the summer
Having a strong body
Without earthly desire
Always smiling quietly
Eat a liter of rice in one day
with miso* and small amount of vegetables
Facing all affairs
without thinking of myself

* Miso: Bohnenpaste

See well, listen well, and understand well
and not to forget
Living in a small thatched hut
on the field next to the pine forest
When there is a sick child in the east
visit him to take care
When there is a tired mother in the west
visit her to carry the bundle of rice
When there is a person about to die in the south
visit and assure that there is no need to be afraid
When there is a fight and lawsuit in the north
point out to stop since it is of no use
When there is hot dry weather, shed tears
When there is cold summer, wonder without any hope
Called a fool by every one
Without being appreciated
Without being shunned
I want to become such a person

– *Kenji Miyazawa* (übersetzt vom Autoren: Poetry of Kenji Miyazawa, herausgegeben von Tetsuzo Tanigawa (Iwanami Shoten, Herausgeber, 1950), S. 325)

Bibliographie

Bounine, J., and Suzaki, K. *Produire Juste à Temps – Les Sources de la Productivité Industrielle Japonaise*. Paris: Masson, 1986.

Imai, M. *Kaizen*. New York: Random House, 1986.

Ishikawa, K. *What is Total Quality Control?* Englewood Cliffs, NJ: Prentice Hall, 1985.

Maslow, A. H. *Motivation and Personality*. New York: Harper, 1970.

Matthiessen, P. *Nine-Headed Dragon River*. Boston: Shambhala Publications, 1987.

Osborne, A. F. *Applied Imagination*. New York: Scribner's, 1963.

Peters, T. *Thriving on Chaos*. New York: Alfred A. Knopf, 1987.

Peters, T. and Watermann, R. *In Search of Excellence*. New York: Harper & Row, 1982.

Sekiya, T. *Honda Motor – The Men, The Management, The Machine*. Taipei: Koke-ToSho, 1982.

Suzaki, K. *Modernes Management im Produktionsbetrieb*. München: Carl Hanser Verlag, 1989.

Taylor, F. *Shop Management*. New York: Harper & Brothers, 1919.

Womack, J., Jones, D., and Roos, D. *The Machine That Changed The World*. New York: Harper Perennial, 1990.

Japanische Veröffentlichungen

Honda, S. *One Day, One Story*. Kyoto: PHP Institute, 1985.

Karatsu, K. *TQC: Japanese Wisdom*. Tokyo: JUSE, 1981.

Matsushita, K. *Sayings of Konosuke Matsushita*. Kyoto: PHP Institute, 1983.

Ohno, T. *Taiichi Ohno's Workplace Management*. Tokyo: Japan Management Association, 1982.

Suzaki, K. *Just-in-Time Revolution (JIT Kakumei no Shogeki)*. Tokyo: Diamond Publishing Company, 1987.

Suzaki, K. et al. *"The New Wave of Toyota Production System."* Factory Management, Mai 1985.

Tanigawa, T. *Poetry of Kenji Miyazawa*. Tokyo: Iwanami Shoten, Publishers, 1950.

Tozawa, B. *Kaizen-Teian I & II*. Tokyo: Japan Industrial News, 1989 & 1990.

Yasuda, Y. *Toyota's Suggestion Program*. Tokyo: Japan Management Association, 1989.

Videokurse (Mit Berateranleitung & Arbeitsbuch)

Suzaki, K. *The New Manufacturing Challenge – Techniques for Continuous Improvement*. Dearborn, MI: Society of Manufacturing Engineers, 1988.

Suzaki, K. *The New Shop Floor Management – Empowering People for Continuous Improvement*. Dearborn, MI: Society of Manufacturing Engineers, 1992.

Danksagung

Nachdem ich viele Leute getroffen und viele Bücher gelesen hatte, erkannte ich, daß mich nicht nur die berufstätigen Männer und Frauen inspiriert haben, dieses Buch zu schreiben, sondern auch viele andere. Außerdem bin ich mir nicht sicher, ob es sich um meine eigene Arbeit handelt, da ich mein Wissen von so vielen Menschen erhalten habe. Das Schreiben dieses Buches ist demzufolge ein Interpretationsprozeß all dieser Ideen, kombiniert mit meinen eigenen. In diesem Sinne ist dieses Buch das Produkt vieler Leute.

Meine Jugend in Japan und meine Arbeit als Manager und Ingenieur bei Toshiba und Berater bei der Boston Consulting Group in Tokio lieferten mir einzigartige Erfahrungen. D. h. ich sah die Dinge nicht nur aus japanischer Sicht, sondern konnte sie auch mit der europäischen Situation vergleichen. Später reiste ich viel und lebte in den Vereinigten Staaten, wo meine Studien über das Geschäftsleben, meine Arbeit für amerikanische Firmen und die Gründung meiner eigenen Firmen mir eine andere Einstellung zu meinem Leben vermittelten. Aufgrund dieser Erfahrungen war ich in der glücklichen Lage, Hunderte von Firmen in über zwanzig Ländern zu besuchen, Seminare abzuhalten und meine Beraterdienste anzubieten. Meine früheren Bücher wurden in mehr als acht Sprachen übersetzt.

All diese Begegnungen finden sich in diesem Buch in irgendeiner Form wieder und ebenso die Gedanken vieler Leute. Doch die Umkehrung dieses Prozesses fand auch statt. Als ich z. B. Leute traf, die mein vorhergehendes Buch gelesen hatten, stellte ich fest, daß ich mit einigen von ihnen bereits Ideen ausgetauscht hatte. Selbst ein Mann aus Uzbekistan in Zentralasien, der mein vorhergehendes Buch mehrere Male gelesen hatte, gab mir das Gefühl, daß ich mich mit ihm bei unserer ersten Zusammenkunft über Gedanken austauschen konnte. Ähnliche Situationen gab es auch mit anderen Leuten aus verschiedenen Ländern.

Diese sind stellvertretend für die Freude am gegenseitigen Austausch. Doch jetzt möchte ich denjenigen danken, die mich ermutigt, mir Einsichten gegeben oder mir ihre Ideen und Erfahrungen mitgeteilt haben. Sollte dies Buch bei den Lesern eine positive Denkweise ausgelöst oder als eine Art Ermunterung gedient haben, hoffe ich, daß meine Leser einige dieser Gedanken anderen zu deren Nutzen mitteilen können.

Mich haben jedoch besonders viele durch ihre Bücher, Seminare oder ihre Person inspiriert. Dazu gehören Konosuke Matsushita, Soichiro Honda, Taiichi Ohno, Kaoru Ishikawa, Masakazu Nakayama, Kenichi Ohmae sowie Daisetz Suzuki aus Japan und Henry Ford, Thomas Edison, Tom Peters, Joseph Juran und W. Edwards Deming aus den Vereinigten Staaten.

Als ich dieses Gebiet der Beratung, Ausbildung, Seminare und Schriftstellerei betrat, tauschten auch viele andere ihre Gedanken mit mir aus. Diese waren Kazuwa Iwata, Shoichi Saba, Joichi Aoi, Etsuro Ashiwara, Shigekazu Yoshijima und Tatsuro Ohmura von Toshiba; Masao Nemoto, Tetsuo Kondo und Shoji Moriya von Toyota und Toyotas Filialen; Shutaro Mori von Daiwa Seiko; Salomon Levy, Bob Proebstle und Pat Marriott von General Electric; Bruce Henderson, Dick Lochridge, Bob Ching und George Stalk von Boston Consulting Group; John Schorneck, Deward Watts und Lee Sage von Arthur Young & Company (derzeit als Ernst and Young bekannt).

In der jüngsten Vergangenheit habe ich durch die Firmen Suzaki & Company, Eucalyptus Group, Suzaki-Lochridge and Company, Systems Management Group, Continous Users' Group, Japan Technology Transfer Association, Bekaeart Consulting (Spanien), Productivity and Quality Consultants (Indonesien) und Dymos Consulting (Japan) mit vielen Leuten zusammengearbeitet, die die Ansichten vertreten, welche in diesem Buch beschrieben sind. Dazu gehören Chip Land, Dick Lochridge, Mike Rother, Rick Fleming, Eric Gatmaitan, Larry Richert, Luis Mauleon, Jose Luis Martinez, Leon Bronshteyn, Marc Checheonitsky, Sonny Irawan, Kristanto Santosa, Fumio Goto und Kazuo Moro.

Aufgrund meiner Beratertätigkeit habe ich zahlreiche Menschen kennengelernt und Ideen mit ihnen ausgetauscht. Diesen schulde ich viele, viele Dankeschöns. Indem wir uns mit den Problemen auf dem Shop Floor auseinandersetzten, Ideen austauschten und schwierige Zeiten gemeinsam durchstanden, haben wir bedeutende Fortschritte innerhalb dieser Firmen sowie bei den Einzelpersonen erzielt.

Wenn ich zurückdenke, muß ich zugeben, daß ich bei dem Versuch, etwas von meiner Energie auf andere zu übertragen, oftmals zu grob und unverblümt war. Bei anderen Gelegenheiten habe ich mich dagegen fast schuldig gefühlt, frei herauszusprechen. Doch da ich normalerweise die Firmen jeden Monat bis jedes Jahr besuche, um ihre Fortschritte zu bewerten, weiß ich, daß es für jemanden, der kein persönliches Interesse an einer Firma hat, für jemanden, der unparteiisch und objektiv ist, wichtig ist, das sagen zu können, was er für das beste für die jeweilige Firma hält.

Zwar möchte ich mich für mein atypisches Verhalten entschuldigen, doch bin ich überzeugt, daß sich viele großartige Freundschaften aus der Tatsache entwickelt haben, schwere Zeiten miteinander erlebt, Ansichten ausgetauscht und Offenheit und Ehrlichkeit im Umgang miteinander praktiziert zu haben. Ich verdanke diesen Leuten eine Menge und schätze die Zeit, die wir miteinander verbracht haben.

Da sie von allen Betriebsebenen stammen – vom Arbeiter bis zum Präsidenten – und es einfach zu viele sind, um sie alle mit Namen aufzuzählen, werde ich statt dessen ihre Firmen nennen.

Aus den Vereinigten Staaten: Alcoa, Alps Manufacturing (USA), Amot Control, Apple Computer, Auburn Gear, Bay Cities Container Corp., Blount, Inc., Borg-Warner, Calsonic Climate Control, Inc., Cosmair, CTS Corporation, Cummins Engine, Dacor, Edgewood Tool & Manufacturing Company, Energy Containers (ein BFM Luftfahrtunternehmen), Fireplace Manufacturers, Inc., Firestone Tire, FMC, Ford, General Electric Company, General Motors, Glass Master Control, Grand Rapids Spring & Wire, Harley-Davidson, Hewlett-Packard, Honda of America Manufacturing, IBM, Industrial Technology Institute, Leegin Creative Leather Products, Inc., Lewis Metal Stamping and Manufacturing Co., Masco, Miliken & Co., Motorola, Inc., Pacific Scientific, Priam, Printronix, Puritan-Bennett, PW Pipe, Richard-Allan Medical Industries, Rockwell International, Sam Blount & Company, Simpson Timber Company, Sparling Instruments, Steelcase, Tech Group, Tektronix, Tokai Rika (USA), Toledo Scale Corporation, TRW, Westvaco, Whittaker, Wil-Burt Company, Worldmark, Xerox Corporation und viele Mitgliedsfirmen der Continuous Improvement Users' Group, The Executive Committee und the Young Presidents Organization.

Aus Japan: Aisin Seiki, Canon, Daihatsu, Daiwa Seiko, Fujitsu, Hitachi, Hitachi Kenki, Honda, Iseki, Isuzu, Kanto Auto Works, Komatsu Ltd., Kubota, Matsushita Electric Industrial Co., Ltd., Mazda, Mitsubishi, NEC, Nippondenso, Ricoh, Sanesu, Sanyo, Sharp, Sony, Suzuki, Tokai Rika, Tokyo Electric Co., Tokyo Juki, Toshiba, Toyota, Toyota Gosei, Yamazaki Machinery und Yanmar.

Aus Europa: British Aerospace, Daimler Benz, F. L. Smith, Haviland, L'Oréal, Land Rover, Neuhaus, Plastic Omnium, Robert Bosch, Rover Group, Saab, Siemens und Tyrolit.

Hilfsbereit waren ebenfalls viele Leute von Verbänden: American Production and Inventory Control Society, American Society of Quality Control, American Supplier Institute, Association of Manufacturing Excellence, Diamond Publishing Co., The Executive Committee (TEC), Factory Management, Japan HR Association, Japan Daily Industrial News, Liaison Sociales, Masson, Precision Metal Forming Association, Society of Manufacturing Engineering und the Young Presidents's Organization (YPO).

Eine Reihe von Professoren haben mir wertvolle Unterstützung erteilt: John Banaszak (Rock Valley College), Elwood Buffa (University of California, Los Angeles), Bill Gleeson (Marquette University), Robert Hall (Indiana University), Wald Hancock (University of Michigan), Bob Hayes (Harvard University), Chuck Holloway (Stanford University), Don Kane (Cornell University), Noriaki Kano (Tokyo Science University), Shigeru Mizuno (Tokyo Institute of Technology), Junichiro Nakane (Waseda University), Ahmet Satir (Concordia University), Arthur Swasey (Yale University), Steve Wheelright (Harvard University), Horst Wildermann (Universität Passau) und Hajime Yamashina (Kyoto University).

Ebenso möchte ich den folgenden Kollegen, Freunden und Mitarbeitern danken:

John Adams
Siegfreid Adler
Nick Argona
Elliot Blank
Sam Blount
Jochen Burkhart
Gordon Burns
Jim Campbell
Dick Chandler
Fujio Cho
Richard Cohon
Ron Contino
Dick Dawson
Jim de Los Reyes
Bill Finn
Victor Fitzsimmons
Gary Fukayama
Tsuneo Funabashi
Lee Gardner
Andy Goldfarb
John Grabner
Don Haller
Ed Heizer
Harald Helletsberger
Heinrich Henkel
Akiko Heurich
Mike Joseph
Hajime Karatsu
Toshiwo Kenmochi
Bob Kleist
Jerry Kohl
Shigeki Kurokawa
Harry Koltun
Joel Kotkin
John Lucas
Pete Machuga
Raimo Makinen
Olivier Mitterand
Scott Moon
Jun Mori
Rick Newhauser
Sam Oshikoji
Oscar Reak
Ed Riedel
Barry Rodger
Todd Root

Chava Sanchez
Michel Semerad-Radulescu
Nori Shimizu
Dick Shonbeger
John Stoll
Ken Stork
Norio Sugahara
Larry Sullivan
Ken Thorpe
Eugine Tokarev
Bunji Tozawa
Steve Uhlmann
Thomas Wagner
Jack Warn
Bill Wilcock
Ted Wood
Micky Zaldivar und
Jim Zawacki

Ich würdige ebenfalls die Kooperation und Unterstützung vieler Firmen aus den Vereinigten Staaten, Europa und Asien, die so freundlich waren, mir Photographien und andere Materialien zur Verfügung zu stellen, die sich auf ihr Shop Floor Management beziehen. Ohne ihre Unterstützung hätte ich die Ideen nicht auf eine derart direkte Weise vermitteln können. Selbstverständlich bin ich dafür verantwortlich, sollte ich eine Firma in diesem Buch nicht positiv dargestellt haben. Ich hoffe jedoch, daß die Leser die Hilfe dieser Leute aus diesen Firmen gebührend anerkennen. Diese Firmen sind: Aisin Seiki, Alps Manufacturing (USA), Bay Cities Container, Borg Warner, Clipper Belt Lacer, Continuous Improvement Users Group, Cosmair, Daihatsu, Daiwo, Seiko, Fireplace Manufacturers, Inc., Glass Master Control, Grand Rapids Spring & Wire, Honda of America, Mfg., Industrial Technology Institute, Japan HR Association, Japan Railway – West Japan, Juki, Kanto Auto Works, Komatsu, Ltd., Leegin Creative Leather Products, Inc., Matsushita Electric Industrial Co., Ltd., Mazda, Motorola, NEC, Nissan, Printronix, Robert Bosch, Society of Manufacturing Engineers, Sony, Sparling Instruments, Co., Inc., Tokai Rika, Tokyo Electric Co., Toledo Scale Corporation, Toshiba, Toyota, UBISA und Xerox Corporation.

Die nächste Gruppe von Leuten sind diejenigen, die mir bei der Entwicklung von Ideen geholfen, beim Schreiben Unterstützung geleistet, Videos gedreht haben, usw.

Diese sind meine Eltern in Japan, Matsujiro und Fusako Suzaki; meine Ehefrau Barbara und mein Sohn Kenji; Leute von SME, die mir bei der Entwicklung der Videokurse, *Das Neue Shop Floor Management* und *Modernes Management im Produktionsbetrieb*, geholfen haben, Tom Drozda, Tim Savage, Bill Masterson, Karen Wilhelm und John Paswalk; meine Freunde und Mentoren Fred Newman, Jim Conner, Bob Miner, Gerald Baker, Lee Gillis, Jean Bounine, Bill Harris, John Hornsby, Don Bowker und viele andere.

Ob es sich bei den Beiträgen um Ideen, Photos oder die Teilnahme am Fortschritt des Manuskriptes bzw. die Bereitstellung des Materials handelt – es ist ganz klar, daß ich dieses Buch ohne Hilfe nicht hätte fertigstellen können. Zuletzt möchte ich denjenigen am meisten danken, welche die Dinge auf dem Shop Floor geschehen lassen.

Zu diesem Buch steht auch ein englischsprachiges Trainingsprogramm auf Video mit Begleitmaterial zur Verfügung. Für nähere Informationen wenden Sie sich bitte an Herrn Dr. Harald Henzler, Carl Hanser Verlag, Postfach 86 04 20, 81631 München.

Sachwortregister

Abteilungsleiter
als Chef einer Minifirma, 59–60
Aufgaben und Verantwortlichkeiten, 302–305
Checkliste (Selbstbewertung), 60, 302
Affinitätsdiagramm, 324, 329
Andon (Störlicht), 104, 142
Anerkennung und Prämien, 188, 379
Arbeitskombinationsdiagramm, 324, 335
Arbeitsplatz, organisieren, 142
Arbeitsteilung, 25
Aufgabe des Beraters, 286
Ausbildung und Training, 81, 375
Ausstelldiagramm (Piktograph), 324, 327
Austausch, 80, 138

Baumdiagramm, 324, 330
Bedürfnisbaum, 50
Bedürfnishierarchie, 75
Benchmarking, 200–202
Beteiligung der Leute, 27
Betriebliche Erleuchtung, 231
Betriebliche Neuerungen, 75
Betrieblicher Austausch, 170
Beziehungsdiagramm, 324, 328
Biologische Organisation, 42–43
Black Box Management (Brick Wall Management), 22–23, 66–70
Brainstorming, 133

Checkliste
für das teamorientierte Problemlösen, 347–351
für diagnostische Werkzeuge, 142, 146, 150
für die Entwicklung von Ideen, 338–342
für ein erfolgreiches Team, 167, 345–346
für eine Shop Floor-Besichtigung, 368–370
für Just-in-time-Produktion, 310
für Shop Floor Management, 259–261
4 Ms, 133
5 Ms 1 U, 133, 338–340
6 Ms 1 U, 133
7 Ws, 338, 340–341
Osborne, 338, 341–342

Diagnostische Werkzeuge zur Überwachung der Gesundheit eines Betriebes, 79
Diagramme auf dem Shop Floor, 80
Dokumentation, 220–222
Drei Realitäten (Genba, Genjitsu, Genbutsu), 5, 9, 133, 263

Einstellung
arbeiten an, 41, 71
offene, 110–111
und Verbesserung, 130
Entscheidungen treffen, 377
Erfolg
aufbauen, 101
gemeinsamer, 113
teilen, 181–182
und ständige Verbesserung, 112, 114

Facharbeiterlizenz, 109
Feedback-System, 21
Fehlerbaumanalyse (FBA), 134
Fertigkeiten,
aller verbessern, 99–123
erlernen, 135–136
fördern, 135–136
für das Selbstmanagement, 100
-matrix, 109, 136, 147
-profil, 102, 135
Firmenschätze, 272
Fortschrittsbericht, 233–236, 236–241
Freiwilliges Beteiligungsprogramm (FBP), 190
Führung, 27, 174–197, 376
Führungskraft, Qualifikation als, 193
5 Ms (Mensch, Maschine, Material, Methode und Messungen), 21–22

Ganttdiagramm, 324, 332
Gegenseitiges Training, 142
Genba (realer Ort, Shop Floor), 3, 5–6, 8,
Genba kanri (Shop Floor Management), 3
Genba-orientiert, 5, 7, 111
Genbutsu (reale Sache), 5–6
Genjitsu (reales Wissen), 5–6, 91
Genormtes Betriebsverfahren (GBV), 44–45, 82–83, 313–316, 376
  entwickeln, 93–94, 298–299
  plazieren, 105
  und QKLSA, 94
  wichtige Merkmale, 91–93
Geschäftspläne
  ausführen, 232–233
  Koordination des Entwicklungsprozesses, 229–232
  und Budget, 243
  und ihr Verhältnis zu Standards, 88–89
  und Minifirma, 227–229
„Geschichtstafel", 169
Glass Wall Management, 65–70, 75
  als problemlösendes Werkzeug, 133
  und freie Marktwirtschaft, 174–175
  und Standards, 85
Graphische Darstellung, 324, 326
Grundliniengrößen, 208

Handbuch der Angestellten, 48
Handlungsplan, 228, 247
Haushaltung und Arbeitsplatzorganisation, 8, 80, 144
Herzschlag des Betriebes, 172, 203
Histogramm, 324, 325
Hoshin Kanri (Policy Management), 244

Ichbezogenes Denken, 41–42
Ideen, Checkliste für ihre Entwicklung, 338–342
Ideenwettbewerb, 127–128
Industrietechnik, 133

Jidoka (Bandstop-Konzept), 142, 144
Jobtraining, 107–108, 317
  Schritte, 108, 317–320

Kanban, 40, 45, 52
Kollektive Weisheit der Leute, 113, 372
Kommunikation, 220–221
  Techniken, 223
  verbessern, 183–184
Kontrolldiagramm, 324, 326
Kontrollpunkte, 207–212
  Anwendung erlernen, 217–218
  Entwicklung des Netzwerkes, 218–220
  und Niveau der Standards, 88
Kontrollstück, 208–209
Konventionelles System, 43
Kreativität, 101–102
  aller nutzen, 125–126
Kreislaufzeit-Analysepapier, 324, 334
Kreuzfunktionales Management, 155, 220, 250–251
Kuchendiagramm, 324, 327
Kunden
  -bedürfnisse, 50–51
  Wünsche respektieren, 35–36
Kunden-/Lieferanten-Beziehung, 35, 37, 45
  Diagramm, 38–39
  zwischen dem Chef und seinen Untergebenen, 55
Kundenorientierung, 27, 36, 38, 45–54, 372

Leistung, 174
Leute anweisen, 106–108, 375
Leute machen, bevor Produkte hergestellt werden, 4, 30, 56, 100, 103

Management,
  und PAPH-Kreislauf, 202–203
  und problemlösende Werkzeuge, 133–134
Management by exception, (MBE), 141
Management by objectives (MBO), 246–247
Management-Prozeßtabelle, 210
Matrixdiagramm, 324, 330
Meinungen der Leute zum Shop Floor Management, 371–379
Menschliches Versagen, beseitigen, 321–323
Minifirma (autonome Organisationseinheit), 23, 33, 55–73, 96
  Grundlagen der Minifirma kommunizieren, 96
  Schritte beim Betreiben, 59
  Treffpunkt, 212–215
  und Berichtmechanismen, 70
Mission, 32
  Aussage, 64, 76, 306–309
  entwickeln, 62
Mittleres Management und Verbesserung, 95
Mustertafel, 142

Nervensystem (der Organisation), 42

Optimierung (von lokaler zu totaler), 38–40, 71, 138

Pareto-Diagramm, 324, 326
Paretoprinzip, 133
Pfeildiagramm, 324, 331
Planen–Ausführen–Prüfen–Handel (PAPH-) Kreislauf, 90, 113, 202–206
als problemlösendes Werkzeug, 133
den Rhythmus entwickeln, 203–206
Management des Verbesserungsprozesses, 170–172
und Betrieb, 204–205
verschiedene Stadien, 204
Planung
firmenweite, 226
hinsichtlich Selbstmanagement, 227
Poka-Yoke (narrensicherer Mechanismus), 52, 133, 321–323
Policy Management, 70, 155, 220, 244–249
Prämie, 79, 145, 270–272
für die Perfektion als Team, 347–351
und visuelle Hilfsmittel, 357
Präsentation und visuelle Hilfsmittel, 358–359
Präsidialprüfung, 261–262
Probleme, identifizieren, 130–131
Problemlösen
Einstellungen, 154–155
Stufen, 156–157
Werkzeuge, 139–141, 324–337
Produktionskontrolltafel, 104, 142, 147
Produktion und Lagerbestandskontrolle, 134
Produktivität, 21
Progressiver Betrieb, 22–27, 52, 55–56, 68, 69
Prozeßanalysenpapier, 324, 333
Prozeßflußdiagramm, 324, 336
Prüfpapier, 324–325
Prüfung
externe, 268–270

Qualitätsfunktionsentwicklung (QFE), 134
Qualitätskontrolle,
sieben Werkzeuge, 133
sieben neue Werkzeuge, 134
QK-Prozeßtabelle, 209–211
QK-Story, 168–169, 195
und Problemlösen, 142, 347–348
QKL-Kriterien (Qualität, Kosten, Lieferung), 50, 66
QKLSA (Qualität, Kosten, Lieferung, Sicherheit, Arbeitsmoral), 21, 50–51, 76, 82, 142
Qualitätskreislauf, 155

Radardiagramm, 324, 332
Realisierung (SFM), 277–285, 378–379
Fragen und Antworten, 290–292
Rollen und Verantwortlichkeiten, ändern, 70–71
Rotation am Arbeitsplatz, 40, 136, 142
Rundschreiben, 80, 143, 149, 185

Selbstlosigkeit, 41
Selbstmanagendes Team, 155
Selbstverbesserung, 124–125
Shop Floor
Umdenken, 371
Shop Floor Management
Bewertung, 258–261
Hauptelemente, 255, 257
in traditionellen und progressiven Betrieben, 255–256
Vorteile, 293
7 Ws, 210, 215
Ständige Verbesserung
geistige Haltung, 112–114
jeden beteiligen, 74
Prozeß, 81–82
Standard
Beispiele für, 83–85
erhalten, 94–95
im traditionellen Betrieb, 90
und die Fähigkeiten einer Firma, 88–91
und sein Verhältnis zu Mission, Zielen und Kontrollpunkten, 88–90
Standardisierung, Verbesserung, 81–85
Statistische Prozeßkontrolle (SPK), 147
Störungsmethode und Wirkungsanalyse (SMWA), 134
Stolz auf die Arbeit sein, 179–181
Strategische Planung, 155
Streudiagramm, 324, 326

Tabelle für Qualitätsansprüche der Kunden, 48–49
Taylors Theorien, 10
Team
Aufbau eines erfolgreichen Teams, 345–346
Verbesserungsaktivitäten, 155, 166
Teamaktivitäten und visuelle Hilfsmittel, 359–360
Teamwork, 373
Theorie des Außenstehenden, 67–70
Theorie des Holzfasses, 94–95
Traditionelles Management, 372
Treffen (auf dem Floor, täglich, monatlich, etc.), 25–26, 33, 70, 80, 184

Überleben des Stärkeren, 74
Überschuß, 141
Umwelt, sich verändernde, 14–16, 36, 371

Ursachengrößen, 208
Ursache-/Wirkung-Diagramm, 324–325

Verantwortung, 18, 373–374
Verbesserung
  Einstellung, die blockiert, 130
  leiten, 177
  unsere jetzigen Aufgaben eliminieren, 190
  Verhaltensänderungsmodell, 31, 194
  und Standards, 88
Verschwendungen, sieben, 133
Vision, 16, 27
  eines perfekten Shop Floors, 32
  entwickeln, 113
Visuelle Hilfsmittel, 80, 184–188, 356–361
  Einsatz von Videobändern, 187
  für Reklamationen innerhalb des Prozesses, 186
  für Verbesserungen, 187
  im Fall von Kundenreklamationen, 186–187
Vom zerbrechlichen zum starken Betrieb, 274–275
Vor-Ort-Besichtigung, 265
Vorschläge, 80, 114, 125–126, 375
  Beispiele, 116–121
Vorschlagsprogramm, 155, 160–164, 343–344

Wai-gaya, 167
Wartung/Kontrollpunkt, 105
Wertetechnik, 134
Wichtige bzw. dringende Aufgaben, 106–107, 112
Willenskraft für die eigene Selbstverbesserung, 124–125
Wirksamkeit, 174

Zeichen eines perfekten Shop Floors, 80–81
Zielsetzung, 198–200
Zentrale Planwirtschaft, 47
Zuverlässigkeit, 134